1 : 115 000 000

0 — 3 000 km

© mr-kartographie, Gotha 2018

Map labels

- Malta 1964
- Zypern 1960
- A.D. 42, 43, 44, 45
- Irak 1932
- Kuwait 1961
- Pakistan 1947
- Nord-Korea
- Süd-Korea 1945/48
- Ägypten 1922
- 46, 47, 48
- Indien 1947
- 49
- Myanmar 1948
- Laos 1949/54
- Vietnam 1949/54
- Midwayinseln
- Wake
- Johnston-Atoll
- Sudan 1956
- 41 Jemen 1967
- Oman 1971
- Kam-bodscha 1949/54
- Philippinen 1946
- Nördliche Marianen
- Guam
- Marshall-In. 1990
- Südsudan 2011 vom Sudan
- 40 Somalia 1960
- Malediven 1965
- Sri Lanka 1948
- Brunei 1984
- Malaysia 1963
- Palau 1994
- Karolinen 1990
- Nauru 1968
- Kiribati 1979
- Dem. Republik Kongo 1960
- 32, 33, 34 Kenia 1963
- Tans. 1961
- Seychellen 1976
- Singapur 1965 von Malaysia
- Indonesien 1945/49
- Papua-Neuguinea 1975
- Tuvalu 1978
- Tokelau
- Sambia 1964
- 35, 36 Komoren 1975
- Tschagos-Inseln
- Kokosinseln
- Osttimor 1975
- Salomonen 1978
- Wallis u. Futuna
- 1962 A.S.
- Niue 1974
- Mosambik 1975
- 37 Madagaskar 1960
- Mauritius 1968
- Weihnachtsinsel
- Vanuatu 1980
- Fidschi 1970
- Tonga 1970
- 1965 C.
- 38 Réunion
- Indischer Ozean
- Neukaledonien
- Südafrika 1910 Dominion/1931
- 39 Lesotho 1966
- Amsterdam-Insel
- Australien 1907 Dominion/1942
- Norfolkinsel
- Kerguelen
- Neuseeland 1907 Dominion/1947

Legend

- Kaimaninseln
- Haiti 1804/25
- Dominikanische Republik* 1844 von Haiti
- Puerto Rico, Amerikan. Jungferninseln
- Britische Jungferninseln, Anguilla, Montserrat
- Karibische Landesteile der Niederl.
- Antigua und Barbuda 1981
- Guadeloupe
- Dominica 1978
- St. Kitts und Nevis 1983
- Martinique
- Barbados 1966

- 13 St. Vincent und die Grenadinen 1979
- 14 St. Lucia 1979
- 15 Grenada 1974
- 16 Trinidad u. Tobago 1962
- 17 Senegal 1960
- 18 Gambia 1965
- 19 Guinea-Bissau 1974
- 20 Guinea 1958
- 21 Sierra Leone 1961
- 22 Elfenbeinküste 1960
- 23 Burkina Faso 1960
- 24 Togo 1960
- 25 Benin 1960

- 26 Äquatorial-Guinea 1968
- 27 São Tomé und Príncipe 1975
- 28 Kamerun 1960
- 29 Zentralafrika 1960
- 30 Gabun 1960
- 31 Kongo 1960
- 32 Uganda 1962
- 33 Ruanda 1962
- 34 Burundi 1962
- 35 Malawi 1964
- 36 Mayotte
- 37 Simbabwe 1980
- 38 Botswana 1966

- 39 Eswatini (Swasiland) 1968
- 40 Dschibuti 1977
- 41 Eritrea* 1993 von Äthiopien
- 42 Syrien 1946
- 43 Libanon 1943
- 44 Israel 1948
- 45 Jordanien 1946
- 46 Bahrain 1971
- 47 Katar 1971
- 48 Vereinigte Arabische Emirate 1971
- 49 Bangladesch* 1971 von Pakistan

Buchners Kolleg Geschichte 12
Ausgabe Baden-Württemberg

Unterrichtswerk für die Oberstufe

Herausgegeben von Dieter Brückner, Julian Kümmerle und Markus Reinbold

Bearbeitet von Dieter Brückner, Volker Herrmann, Ursula Hepp, Julian Kümmerle, Thomas Ott, Markus Reinbold, Andreas Schenk, Dagmar Setz, Florian Wagner und Regine Winkle

---

Zu diesem Lehrwerk sind erhältlich:
- Digitales Lehrermaterial **click & teach** Einzellizenz, Bestell-Nr. 320621
- Digitales Lehrermaterial **click & teach** Box (Karte mit Freischaltcode), ISBN 978-3-661-32062-5

Weitere Materialien finden Sie unter www.ccbuchner.de.

Dieser Titel ist auch als digitale Ausgabe **click & study** unter www.ccbuchner.de erhältlich.

1. Auflage, 1. Druck 2022
Alle Drucke dieser Auflage sind, weil untereinander unverändert, nebeneinander benutzbar.

Das Werk folgt der reformierten Rechtschreibung und Zeichensetzung. Ausnahmen bilden Texte, bei denen künstlerische, philologische oder lizenzrechtliche Gründe einer Änderung entgegenstehen.

Auf verschiedenen Seiten dieses Buches finden sich Mediencodes. Sie verweisen auf optionale Unterrichtsmaterialien und Internetadressen (Links).
Haftungshinweis: Trotz sorgfältiger inhaltlicher Kontrolle wird die Haftung für die Inhalte externer Seiten ausgeschlossen.

© 2022 C.C.Buchner Verlag, Bamberg
Das Werk und seine Teile sind urheberrechtlich geschützt. Jede Nutzung in anderen als den gesetzlich zugelassenen Fällen bedarf der vorherigen schriftlichen Einwilligung des Verlages. Dies gilt insbesondere auch für Vervielfältigungen, Übersetzungen und Mikroverfilmungen. Hinweis zu § 52 a UrhG: Weder das Werk noch seine Teile dürfen ohne eine solche Einwilligung eingescannt und in ein Netzwerk eingestellt werden. Dies gilt auch für Intranets von Schulen und sonstigen Bildungseinrichtungen.

Redaktion: Markus Brogl und Julia Luibrand
Korrektorat: Kerstin Rubin
Layout, Satz, Umschlaggestaltung und Grafiken: mgo360 GmbH & Co. KG, Bamberg
Druck und Bindung: Firmengruppe Appl, aprinta Druck, Wemding

www.ccbuchner.de

ISBN 978-3-661-**32052**-6

BUCHNERS KOLLEG

12

Geschichte

Ausgabe
Baden-Württemberg

C.C. Buchner Verlag

Zur Arbeit mit dem Buch 6

West- und Osteuropa nach 1945

Auftakt 8

Orientierung 10

■ Europa 1945 – ein zerrissener Kontinent? 12

  Methode: Quellenarbeit im Archiv 18

■ Grundstrukturen und zentrale Entwicklungen des Kalten Krieges 20

■ Eiserner Vorhang und Marshall-Plan: Beginn der Blockbildung? 28

■ Wirtschaftlicher Aufschwung nach dem
  Zweiten Weltkrieg: ein „Goldenes Zeitalter"? 36

■ Was sind Möglichkeiten und Grenzen staatlicher Wirtschaftssteuerung? 42

  Methode: Filmquellen analysieren 46

  Kompetenzen anwenden 48

■ Proteste in Ost und West – Aufbruch in die Freiheit? 50

  Methode: Mit Karten arbeiten 58

■ Aufstand in Ungarn – ein gescheiterter Freiheitskampf? 60

■ Welche Auswirkungen hat der Kalte Krieg auf Kuba? 62

■ Entspannungspolitik in den 1960er-Jahren – das Ende der Bipolarität? 68

  Methode: Geschichtsdokumentationen analysieren 74

■ Mehr Bürgerbeteiligung in West und Ost – zum Scheitern verurteilt? 76

  Kompetenzen anwenden 82

■ Wirtschaftskrisen in Westeuropa – sind die „fetten Jahre" vorbei? 84

■ Fenster zur Welt: Beschleunigung der Globalisierung 92

  Methode: Mit Statistiken und Diagrammen arbeiten 96

■ Der Zusammenbruch des „Ostblocks" – nur systembedingt? 98

  Methode: Karikaturen interpretieren 108

■ „Samtene Revolution" – eine passende Bezeichnung? 110

■ Die deutsche Einheit – treibende Kraft beim Zusammenbruch
  des „Ostblocks"? 114

  Methode: Zeitzeuginnen und Zeitzeugen befragen 124

Inhalt

- Herausforderungen und Entwicklungsperspektiven Europas ... 126
  Kompetenzen anwenden ... 134
  Kompetenzerwerb überprüfen in Kooperation und Selbsttätigkeit ... 136

Aktuelle Probleme postkolonialer Räume in historischer Perspektive

Auftakt ... 138

Orientierung ... 140

- Ende der Kontinentalimperien 1919 und Fortdauern der Kolonialimperien – mittels Gewalt oder Liberalisierung? ... 142
- Frieden und Selbstbestimmung für alle? ... 148
- Dekolonisierung: mit oder ohne Gewalt? ... 154
- Quit India! Von der Euphorie der gewaltlosen Emanzipation zur ethnisch begründeten Teilung ... 160
- Von Indochina zu Vietnam: erneutes Trauma nach den Weltkriegen? ... 166
- Der Konflikt zwischen Israel und Palästina – nur ein Erbe europäischer Kolonialpolitik? ... 172
- „Mehr als nur dagegen": Emanzipation als gesamtgesellschaftliches Programm im Nahen und Mittleren Osten ... 178
- Südafrika: Unabhängigkeit ohne Dekolonisierung? ... 184
- Ist die Dekolonisierung abgeschlossen? ... 190

Methode: Literarische Quellen analysieren ... 198

Kompetenzen anwenden ... 200

Kompetenzerwerb überprüfen in Kooperation und Selbsttätigkeit ... 202

Anhang

Methodenkarten 204

Musterlösungen zu den Methoden 216

Kooperationsformen 226

Tipps und Anregungen für die Aufgaben 237

Musterlösungen zu „Kompetenzen anwenden"
und „Kompetenzerwerb überprüfen" 240

Hinweise zum mündlichen Abitur 253

Übungsaufgaben zum mündlichen Abitur 257

Lösungen der Übungsaufgaben zum mündlichen Abitur 259

Hinweise zum schriftlichen Abitur 263

Übungsaufgaben zum schriftlichen Abitur 265

Lösungen der Übungsaufgaben zum schriftlichen Abitur 267

Glossar 270

Personenregister 286

Sachregister 287

Bildnachweis

Zur Arbeit mit dem Buch

Auftaktseiten
leiten mit großformatigen Bildern, einem einführenden Text und den Kompetenzerwartungen in das Großkapitel ein.

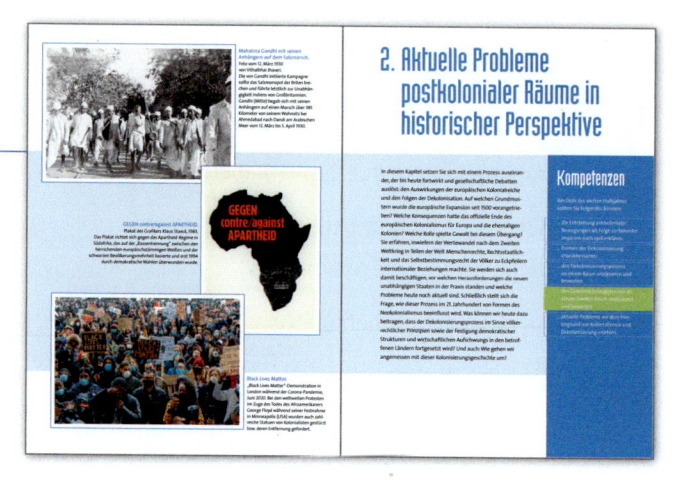

Orientierungsseiten
bieten mit Karten und einer Chronologie Orientierung in Raum und Zeit. Ereignisse und Prozesse, die der Bildungsplan vorgibt, sind hervorgehoben.

Blaue Basisseiten
vermitteln die grundlegenden Kompetenzen, die im Bildungsplan gefordert werden.

Grüne Zusatzseiten
ermöglichen die Aneignung der zusätzlichen Kompetenzen, die im fünfstündigen Kurs gefordert werden.

Leitfragen schaffen einen (zielgerichteten) Zugang für eine problemorientierte Bearbeitung der Darstellungstexte und Materialien.

Begriffe, die der Bildungsplan vorsieht, sind im Darstellungstext hervorgehoben. Erklärungen zu ihnen bietet das Glossar im Anhang. Oberstufengemäße Materialien stärken die wissenschaftspropädeutische Ausrichtung des Geschichtsunterrichts.

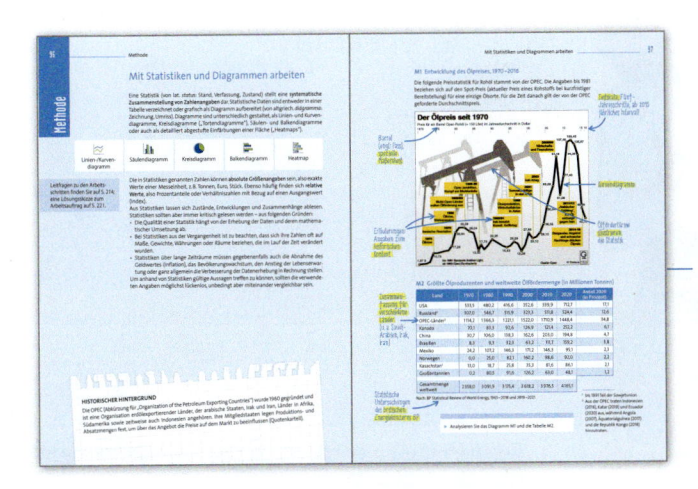

Zur Arbeit mit dem Buch

Methoden
erläutern historische Arbeitstechniken für die eigenständige Erarbeitung und Wiederholung an einem konkreten Beispiel. Leitfragen zu den Arbeitsschritten und Lösungsskizzen zu den Arbeitsaufträgen befinden sich im Anhang.

Kompetenzen überprüfen
In Kooperation und Selbsttätigkeit kann auf diesen Seiten das vergangene Halbjahr in den Blick genommen werden. Auch dazu werden im Anhang Erwartungshorizonte angeboten. Das erleichtert eine effektive Vorbereitung auf das Abitur.

Kompetenzen anwenden
Auf dieser Doppelseite visualisiert ein Schaubild die Bezüge der wesentlichen Aspekte des Kapitels. Ein Rückgriff auf die behandelten historischen Arbeitstechniken ermöglicht die Festigung der erworbenen Kompetenzen. Musterlösungen im Anhang dienen der eigenständigen Überprüfung der Ergebnisse und der Vorbereitung auf das Abitur.

Der Blick aufs Ganze	Diese Arbeitsaufträge rahmen das vorangegangene Kapitel.
👥	Angebot zur Kooperation innerhalb der Lerngruppe
F / H	Angebote zum Fordern (F) und Helfen (H) ermöglichen binnendifferenziertes Arbeiten.
■	Diese Arbeitsaufträge behandeln Inhalte des fünfstündigen Kurses, die sich auf den Basisseiten für den zweistündigen Kurs befinden.
▦	Hinter diesen Codes befinden sich Links oder Zusatzmaterialien.

„Superman CCCP – USA".
Ausschnitt eines Posters des polnisch-französischen Grafikers Roman Cieślewicz von 1968. Die kyrillische Buchstabenfolge CCCP ist die russische Abkürzung für UdSSR (Union der Sozialistischen Sowjetrepubliken).

Studenten zerstören eine Grenzschranke.
Foto vom 7. August 1950.
300 Studenten aus acht europäischen Ländern trafen sich an der deutsch-französischen Grenze, zerbrachen die Grenzschranke zwischen Wissembourg (Weißenburg) und St. Germanshof und verbrannten sie demonstrativ. Zugleich forderten sie ein europäisches Parlament und eine europäische Regierung.

Nach der Maueröffnung in Berlin.
Foto vom 12. November 1989.

1. West- und Osteuropa nach 1945

Der Übergang vom Krieg zum Frieden war nach 1945 angesichts der katastrophalen Zerstörungen, den über 75 Millionen Kriegstoten und den NS-Verbrechen gegen die Menschlichkeit besonders schwer. Der Kampf der Alliierten gegen die „Nazi-Tyrannei" führte – trotz anderslautender Versprechen in der Atlantik-Charta und der Charta der Vereinten Nationen – nicht zu einem Weltfrieden. Stattdessen führte der Kalte Krieg zu einer Teilung Deutschlands, Europas und der Welt. Er endete 1990/91 mit dem Zusammenbruch des sowjetischen Imperiums. Aber auch danach erfüllten sich die Hoffnungen auf eine langfristige stabile und friedliche politische Weltordnung nicht. Die Verschiebung der bisherigen Machtblöcke, verbunden mit dem Aufstieg der Volksrepublik China, neuerliche Konfrontationen zwischen der „westlichen Welt" und Russland sowie zahlreiche Kriege sind dabei nur ein Teil der Herausforderungen in Gegenwart und Zukunft.

In diesem Kapitel beschäftigen Sie sich damit, wie sich innerhalb der jeweiligen politischen und ideologischen Rahmenbedingungen die Zivilgesellschaften nach 1945 entwickelten. Welche Chancen boten sich, welche Probleme waren zu bewältigen? Es stellt sich zudem die Frage, inwiefern Strukturen und Denkmuster aus der Zeit des Kalten Krieges bis heute nachwirken und ggf. einer fortschrittlichen Entwicklung im Wege stehen.

Kompetenzen

Am Ende des ersten Halbjahres sollten Sie Folgendes können:

- ... Grundstrukturen und Entwicklung in Europa von 1945 bis zum Zusammenbruch des Ostblocks darstellen.
- ... die Legitimationen des liberaldemokratischen Modells in West- bzw. des Staatssozialismus in Osteuropa beschreiben und überprüfen.
- ... den wirtschaftlichen Aufschwung in West- und Ostdeutschland analysieren und vergleichen.
- ... den Umgang mit Protest in West- und Osteuropa vergleichen und bewerten.
- ... die Auswirkungen des Kalten Krieges auf Kuba erläutern und bewerten.
- ... Ansätze zur Entspannungspolitik vergleichen und bewerten.
- ... die Folgen der Wirtschaftskrisen der 1970er- und 1980er-Jahre erläutern.
- ... die Beschleunigung der Globalisierung analysieren und bewerten.
- ... die „Samtene Revolution" in der ČSSR analysieren.
- ... die Transformationen ehemaliger Ostblockstaaten erläutern und deren Folgen bewerten.
- ... Herausforderungen und Chancen Europas erläutern und beurteilen.

West- und Osteuropa nach 1945

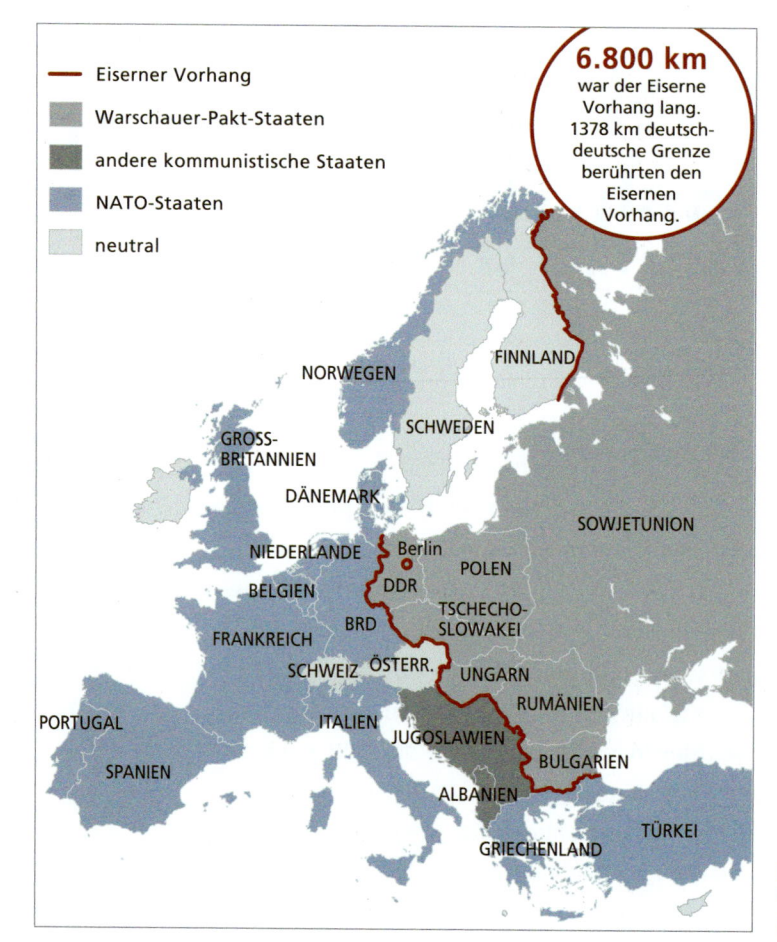

Eiserner Vorhang
Warschauer-Pakt-Staaten
andere kommunistische Staaten
NATO-Staaten
neutral

6.800 km war der Eiserne Vorhang lang. 1378 km deutsch-deutsche Grenze berührten den Eisernen Vorhang.

NORWEGEN, FINNLAND, SCHWEDEN, GROSS-BRITANNIEN, DÄNEMARK, SOWJETUNION, NIEDERLANDE, Berlin, DDR, POLEN, BELGIEN, BRD, TSCHECHO-SLOWAKEI, FRANKREICH, SCHWEIZ, ÖSTERR., UNGARN, RUMÄNIEN, PORTUGAL, ITALIEN, JUGOSLAWIEN, BULGARIEN, SPANIEN, ALBANIEN, GRIECHENLAND, TÜRKEI

Der „Eiserne Vorhang" (1949–1990).

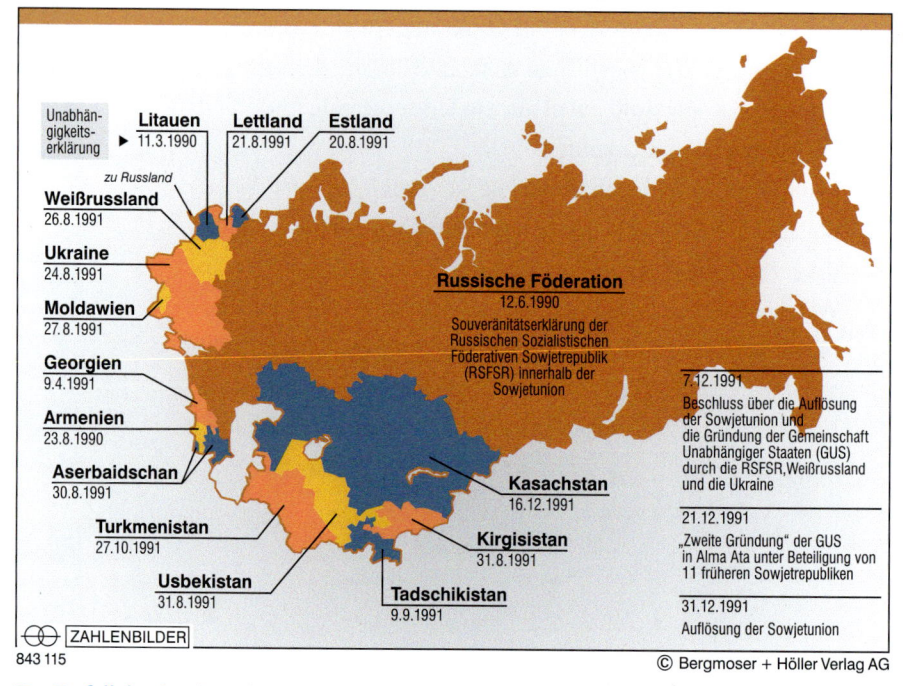

Der Zerfall der Sowjetunion 1990/91.

Unabhängigkeitserklärung

- Litauen 11.3.1990
- Lettland 21.8.1991
- Estland 20.8.1991
- Weißrussland 26.8.1991 (zu Russland)
- Ukraine 24.8.1991
- Moldawien 27.8.1991
- Georgien 9.4.1991
- Armenien 23.8.1990
- Aserbaidschan 30.8.1991
- Turkmenistan 27.10.1991
- Usbekistan 31.8.1991
- Tadschikistan 9.9.1991
- Kasachstan 16.12.1991
- Kirgisistan 31.8.1991

Russische Föderation 12.6.1990
Souveränitätserklärung der Russischen Sozialistischen Föderativen Sowjetrepublik (RSFSR) innerhalb der Sowjetunion

7.12.1991 Beschluss über die Auflösung der Sowjetunion und die Gründung der Gemeinschaft Unabhängiger Staaten (GUS) durch die RSFSR, Weißrussland und die Ukraine

21.12.1991 „Zweite Gründung" der GUS in Alma Ata unter Beteiligung von 11 früheren Sowjetrepubliken

31.12.1991 Auflösung der Sowjetunion

ZAHLENBILDER 843 115

© Bergmoser + Höller Verlag AG

1945	26. Juni: Die Vereinten Nationen (UNO) werden gegründet.	**Blockbildung**
	17. Juli – 2. August: Auf der Konferenz von Potsdam legen die Siegermächte USA, UdSSR und Großbritannien Maßstäbe für eine Neuordnung Deutschlands fest.	
1945–1948	Angesichts der Sowjetisierung Ostmitteleuropas verstärken die USA ihr Engagement in Westeuropa.	
1949	Die USA, Kanada und zehn westeuropäische Staaten gründen die NATO.	
	Gründung der beiden deutschen Staaten Bundesrepublik Deutschland (23. Mai) und DDR (9. Oktober)	
1955	Die Sowjetunion und ihre Satellitenstaaten schließen den „Vertrag über Freundschaft, Zusammenarbeit und gegenseitigen Beistand" („Warschauer Pakt").	
1956	Chruschtschow verkündet das Prinzip der „friedlichen Koexistenz".	
	Der **Volksaufstand in Ungarn** wird von sowjetischen Truppen niedergeschlagen.	
1958–1961	Die zweite Berlin-Krise führt zur faktischen Anerkennung des sowjetischen Machtbereiches in Deutschland durch die Westmächte. **Berlin wird durch eine Mauer geteilt (13. August 1961).**	**Globale Rivalität**
1962	Die **Kuba-Krise** bringt die Welt an den Rand eines Atomkrieges.	
1968	In der ČSSR wird der **„Prager Frühling"** von Truppen des Warschauer Pakts niedergeschlagen.	
1968	Der Atomwaffensperrvertrag soll die unkontrollierte Verbreitung von Kernwaffen verhindern.	**Entspannung und neue „Eiszeit"**
1972	Der SALT I-Vertrag begrenzt das Wettrüsten zwischen den USA und der UdSSR.	
1975	Die erste **Konferenz über Sicherheit und Zusammenarbeit in Europa (KSZE)** endet mit der Schlussakte von Helsinki.	
1979	NATO-Doppelbeschluss zur Nachrüstung von Mittelstreckenraketen in Westeuropa und zu Abrüstungsverhandlungen mit der UdSSR.	
	Die Sowjetunion marschiert in Afghanistan ein.	
1985	Der neue sowjetische Staats- und Parteichef Michail Gorbatschow beginnt seine **Reformpolitik** (Glasnost und Perestroika).	**Zusammenbruch des Ostblocks, Ringen um neue Weltordnung**
1986/87	Die INF-Abrüstungsverhandlungen in Genf führen zu einem Vertrag zwischen den USA und der UdSSR.	
1989/90	**Revolutionen** in Osteuropa, **Fall der Berliner Mauer** (9. November 1989)	
1991	Die Sowjetunion und die Warschauer Vertragsorganisation lösen sich auf.	
seit 1999	Die meisten Staaten Ostmitteleuropas treten der NATO sowie der EU bei.	

Europa 1945 – ein zerrissener Kontinent?

Verheerende Bilanz | Der Zweite Weltkrieg hatte weite Teile Europas in ein Trümmerfeld verwandelt. Ursächlich verantwortlich für das Ausmaß der Verheerungen in Europa waren die deutsche Kriegführung und Gewaltherrschaft – die von Deutschen begonnene Bombardierung der Städte, die Unterdrückung und Ausbeutung der besetzten Länder, die systematischen Verbrechen gegen die Zivilbevölkerung und der Holocaust, die vorsätzlichen Verwüstungen auf den Rückzügen („Strategie der verbrannten Erde") und die Mobilisierung noch der letzten Kräfte gegen die bereits unabwendbare Niederlage.

Die im Verhältnis größten Verluste erlitt Polen, das etwa ein Fünftel seiner Bevölkerung verlor (darunter die Hälfte der insgesamt 6 Millionen ermordeten Juden), ebenso die Sowjetunion (rund 25 Millionen Kriegstote) und Jugoslawien (1,7 Millionen). Auch das bereits vor dem Krieg von Deutschen besetzte Tschechien sowie die Niederlande, Frankreich, Griechenland und Italien hatten schwer unter den deutschen Eroberern gelitten. Aufseiten des Deutschen Reiches (einschließlich Österreichs) waren bis 1945 rund 5,2 Millionen Soldaten und über eine Million Zivilisten ums Leben gekommen.

Deutschland unter alliierter Besatzung | Mit der Kapitulation vom 7./8. Mai 1945 war Deutschland nicht nur militärisch besiegt, es verlor auch seine staatliche Souveränität. Die Siegermächte USA, Sowjetunion, Großbritannien und Frankreich (das von den „Großen Drei" in diesen Kreis aufgenommen worden war) verkündeten am 5. Juni die Übernahme der Regierungsgewalt. Während in den übrigen Ländern Europas neue selbstständige Regierungen entstanden, blieb Deutschland (anfangs auch Österreich) unter einer Besatzungsherrschaft. Deutschland wurde in vier Besatzungszonen, die Hauptstadt Berlin in vier Sektoren eingeteilt. Die deutschen Gebiete östlich von Oder und Neiße gelangten unter sowjetische bzw. polnische Verwaltung.

Im Juli/August 1945 vereinbarten die USA, die Sowjetunion und Großbritannien auf einer Konferenz in Potsdam (Frankreich war nicht eingeladen) ihr weiteres Vorgehen. Deutschland sollte entnazifiziert, entmilitarisiert, dezentralisiert und demokratisiert werden. Die Umsetzung oblag jeder einzelnen Siegermacht in ihrer Besatzungszone, ebenso wie der Abbau und die Entnahme von Industriebetrieben (Demontage) zum Ausgleich für Verluste im eigenen Land. Entscheidungen, die Deutschland als Ganzes betrafen, zumal ein künftiger Friedensvertrag, sollten nur mit Zustimmung aller vier Siegermächte möglich sein.

Zerstörte Altstadt von Warschau.
Aufnahme vom Januar 1945. Von August bis Oktober 1944 unternahmen polnische Freiheitskämpfer in Warschau einen Aufstand gegen ihre Besatzer. Deutsche Truppen schlugen den Aufstand nieder, verübten ein Massaker an der Zivilbevölkerung und vernichteten den Großteil der Stadt.

▶ Informieren Sie sich über den Warschauer Aufstand von 1944 und das diesbezügliche Erinnern in Polen.

▶ Präsentieren Sie Ihre Ergebnisse in Form eines Kurzreferates.

Nach der Niederlage | Trotz dieser Vorkehrungen herrschten bei Kriegsende chaotische Zustände in Deutschland. Die nationalsozialistische Herrschaft war untergegangen, zurück blieb eine Zusammenbruchsgesellschaft, in der die meisten Menschen um ihr tägliches Überleben kämpfen mussten.

Das betraf zum einen den Mangel an Lebensmitteln, Kleidung, Strom und Heizmaterial. Bis 1945 hatte der Einsatz von Zwangsarbeiterinnen und -arbeitern und die Ausbeutung besetzter Gebiete die Versorgung der Deutschen ermöglicht, jetzt entfielen diese „Bezugsquellen" mit einem Mal. „Genießt den Krieg, denn der Frieden wird furchtbar!", hatte ein zynisches Sprichwort gelautet. Die Güterversorgung war angesichts der zerbombten Betriebe, Straßen, Brücken und Eisenbahnen stark eingeschränkt, Handel und Transport wurden auch durch die Trennung in Besatzungszonen blockiert. Der Landwirtschaft fehlten viele Arbeitskräfte, Lebensmittel blieben streng rationiert. Angesichts der Geldentwertung wurden Waren und Verbrauchsgüter von den Besitzern gehortet und nur durch Tauschhandel oder auf dem Schwarzmarkt veräußert. Im Winter 1946/47 brachen Hungersnöte aus, mehrere hundert Menschen erfroren. Spenden und Hilfslieferungen aus dem westlichen Ausland konnten nur punktuell für Unterstützung sorgen.

Auf der Suche nach Zuflucht | Die Notsituation nach 1945 betraf zum anderen die Zerstörung des Wohnraums in den großen und mittleren Städten. Der Bombenkrieg hatte allein in den Westzonen ein Viertel aller Wohnungen vernichtet oder schwer beschädigt. Für viele Ausgebombte gab es nur Notunterkünfte. Unterernährung, Platz- und Hygienemangel führten zu Seuchenausbrüchen.

Verschärfend kam die Präsenz von mehreren Millionen Soldaten der Siegermächte hinzu. Auch nach ihrem Abzug im Sommer und Herbst 1945 blieben Besatzungstruppen, vor allem in der Sowjetischen Besatzungszone (SBZ). Auf deutschem Boden befanden sich 1945 auch rund 10,8 Millionen Heimatlose (Displaced Persons) – Überlebende der Konzentrationslager, Zwangsarbeiterinnen und -arbeiter aus vielen Teilen Europas und ehemalige Kriegsgefangene. Ihre Rückführung oder Aufnahme in anderen Ländern dauerte in manchen Fällen noch bis Anfang der 1950er-Jahre.

Neue Zwangsmigrationen | Zudem hatte der Vormarsch der Roten Armee seit 1944 eine Massenflucht von Deutschen aus den östlichen Gebieten nach Westen ausgelöst. Bei Kriegsende versuchten viele Flüchtlinge wieder zurückzukehren. Allerdings kam es nun zur Vertreibung der meisten Deutschen und Deutschstämmigen aus Ostmittel- und Südosteuropa. Im Potsdamer Abkommen vom August 1945 bestimmten die Siegermächte, die Umsiedlung der Deutschen aus den bisherigen deutschen Ostgebieten, aus der Tschechoslowakei und Ungarn solle „auf geordnete und humane Weise" erfolgen. In der Realität jedoch verliefen die Maßnahmen zunächst ungeregelt und äußerst brutal. Den ethnischen „Säuberungen" im östlichen Europa fielen neben Deutschen auch Polen, Tschechen, Slowaken, Weißrussen, Ukrainer, Ungarn und Litauer zum Opfer.

Hinter diesen Gewaltakten stand oft das Bedürfnis nach Vergeltung für die vormalige Unterdrückung und Verfolgung durch Deutsche und ihre Verbündeten. Ebenso schufen die Vertreibungen „vollendete Tatsachen", sprich: eine Homogenisierung der Bevölkerungen im östlichen Europa. Erst im November 1945 schalteten sich die Siegermächte ein. Sie sorgten nun für eine geregelte Umsiedlung sowie für die Verteilung der Flüchtlinge und Vertriebenen auf die verschiedenen Besatzungszonen in Deutschland. Damit gab es neben den Verfolgten des NS-Regimes, Ausgebombten, Spätheimkehrern aus sowjetischer Kriegsgefangenschaft sowie Kriegsversehrten, -witwen und -waisen eine weitere Opfergruppe von ca. 12,5 Millionen überlebenden Flüchtlingen und Vertriebenen, die in der deutschen Nachkriegsgesellschaft ihren Platz finden mussten.

M1 „Streng und realistisch"

Lucius D. Clay.
Foto, ca. 1947.

Der US-General Lucius D. Clay (1897 od. 1898–1978) äußert sich am 16. Mai 1945 auf einer Pressekonferenz über die weiteren Schritte der USA und ihrer Verbündeten im besetzten Deutschland. In der „Neuen Zürcher Zeitung" werden seine Aussagen wie folgt wiedergegeben:

„Unsere erste Aufgabe wird es sein, die deutschen ‚Kriegsverbrecher' einer gerechten Aburteilung zuzuführen. Sie werden mit ihrem Leben, ihrer Freiheit und ihrem Schweiß und Blut für ihre Verbrechen bezahlen
5 müssen, und die Aburteilung erfolgt so schnell wie möglich. [...] Man wird sie auf einzelne ausgewählte Orte verteilen, wo sie in Kerkerhaft behalten werden, bis über ihre Aburteilung als Kriegsverbrecher entschieden ist. In diesen Gefängnissen werden sie erhalten, was sie zum
10 Leben brauchen, aber nicht mehr, und vor allem keinerlei Luxus." General Clay betonte, es sei das erste Ziel der alliierten Militärregierung, den Nationalsozialismus auszulöschen. Deutschlands „Entnazifizierung" werde seiner Ansicht nach rasch erfolgen können. „Von der gegen-
15 wärtigen deutschen Verwaltung", fuhr er fort, „werden wir höchstens noch die Unterämter für einige Monate belassen. Wir werden keinen Nationalsozialisten irgendwelchen Grades verwenden, solange wir jemanden anders finden können. Was die Militärregierung in der von
20 den Amerikanern gehaltenen Okkupationszone anbelangt, so wird die ganze Verwaltung durch die Armee erfolgen. Was dies bedeutet, werden die Deutschen wohl verstehen. Im Übrigen kann erwartet werden, dass die amerikanischen Streitkräfte wahrscheinlich lange in Deutschland verbleiben werden. Ihre Politik wird in die- 25 ser Zeit streng und realistisch sein."

Der General diskutierte dann einige Probleme der Besetzung Deutschlands und bemerkte: „Die Lebensmittelversorgung für Deutschland wird fürs erste sehr knapp gehalten sein. Es ist zweifelhaft, ob die Minimal- 30 rationen von 1150 Kalorien ohne Schwierigkeiten aufrechterhalten werden können. Amerika wird jedoch nur Lebensmittel nach Deutschland entsenden, wenn sich Anzeichen einer Hungersnot bemerkbar machen. Wenn dies eintritt, werden die alliierten Regierungen[1] die ge- 35 eigneten Beschlüsse fassen. Die deutschen Gerichtshöfe werden unter deutschem Recht weiterbestehen, bis die alliierte Militärregierung vollständige Richtlinien gibt. Um sicherzustellen, dass der Nationalsozialismus nicht wieder auflebt, wird der alliierte Kontrollrat[2] in Deutsch- 40 land einen eigenen Geheimdienst einrichten. Was die Schulen anbelangt, so sind bereits alle nationalsozialistischen Lehrbücher entfernt worden. Sieben neue von den Alliierten gedruckte Lehrbücher stehen schon im Gebrauch in den wiedereröffneten Elementarschulen. Die 45 Wiedereinrichtung der Elementarschulen erfolgt so schnell wie möglich, dagegen dürften die ersten Mittelschulen frühestens im nächsten Herbst wiedereröffnet werden."

Neue Zürcher Zeitung, 116. Jg. (1945), Nr. 797, vom 17. Mai 1945.

---

1. Fassen Sie die von den Siegermächten angekündigten oder bereits durchgeführten Maßnahmen zusammen.
2. Arbeiten Sie aus dem Text heraus, welche Schwierigkeiten sich für die Besatzungsmächte ergaben.
3. Charakterisieren Sie die Haltung der US-amerikanischen Besatzer gegenüber den Deutschen, wie sie in Clays Worten anklingt.
4. Präsentation: Recherchieren Sie über Lucius D. Clay und stellen Sie Ihre Ergebnisse in einem Kurzreferat vor.

---

[1] **alliierte Regierungen**: Regierungen der im Zweiten Weltkrieg verbündeten Mächte USA, Sowjetunion, Großbritannien und Frankreich
[2] **alliierter Kontrollrat**: Seit Ende Juli 1945 in Berlin tagendes Aufsichtsorgan der vier Siegermächte über Deutschland. Hier sollten die vier Militärgouverneure der Alliierten, entsprechend den Weisungen ihrer Regierungen, das Vorgehen in den Besatzungszonen koordinieren. Bei Einstimmigkeit wurden Gesetze und Verordnungen beschlossen, die für Deutschland insgesamt galten.

M2 Umsiedlungen in Mittel- und Osteuropa 1944 bis 1952

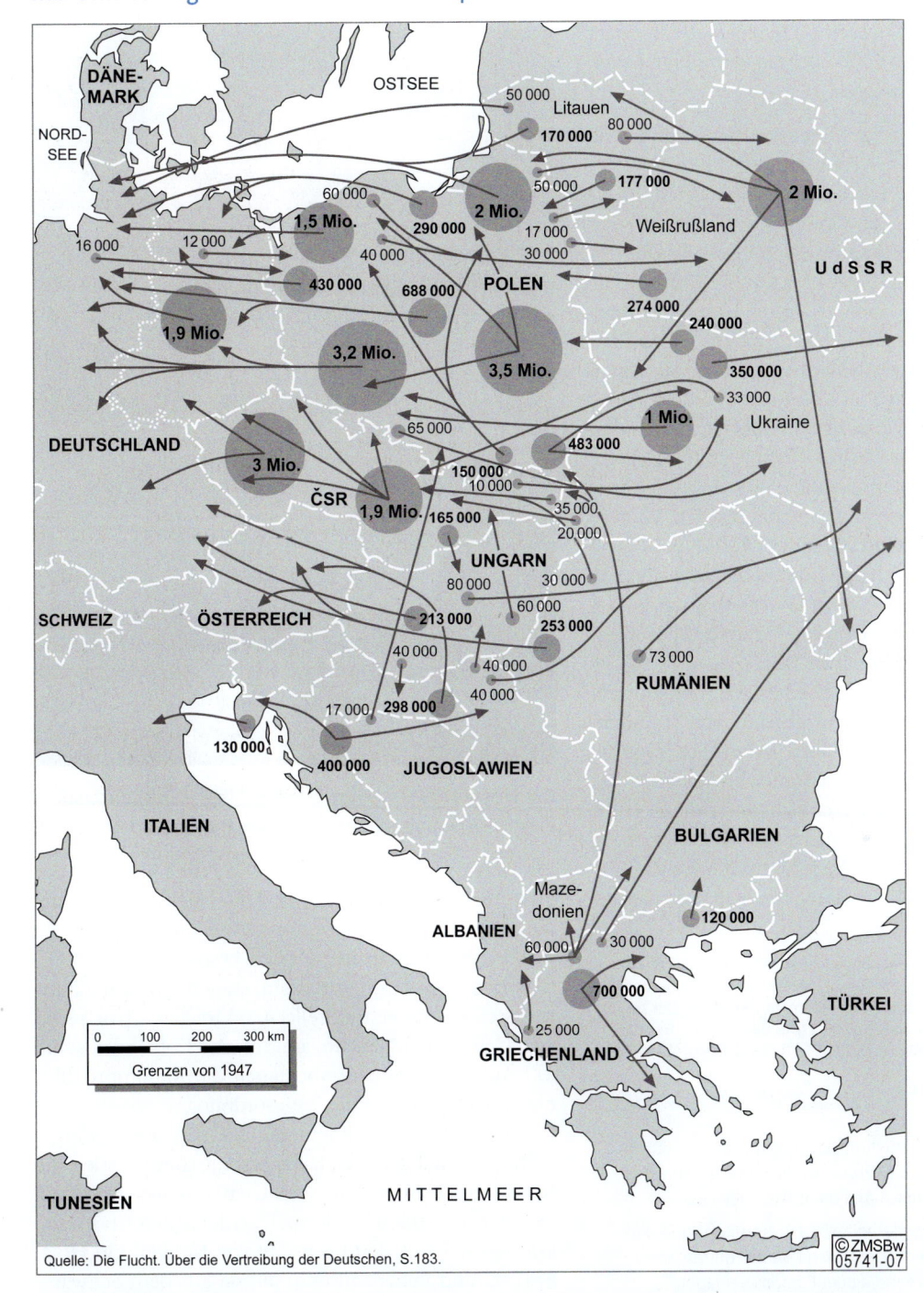

Hinweis: Die seit 1991 unabhängige ehemalige jugoslawische Teilrepublik Mazedonien hat seit dem 1. Februar 2019 den Ländernamen Nordmazedonien.

© Zentrum für Militärgeschichte und Sozialwissenschaften der Bundeswehr

Quelle: Die Flucht. Über die Vertreibung der Deutschen, S.183.

1. Beschreiben Sie die Karte. Gehen Sie dabei auf das Thema der Karte, inhaltliche Aussagen und die grafische Gestaltung ein.
2. Präsentation: Wählen Sie eine der in der Karte skizzierten Umsiedlungen (Kreis mit Zahlenangabe und Wanderungspfeil(en)) aus. Recherchieren Sie im Internet über die näheren Umstände der Umsiedlung und stellen Sie Ihre Ergebnisse in einem Kurzreferat vor. | F

M3 Verbrechen und Versagen

Der Historiker Michael Schwartz (*1963) bemerkt in einem Handbuch aus dem Jahr 2008 über die Vertreibungen am Ende des Zweiten Weltkrieges:

Die totale Kriegsniederlage Hitler-Deutschlands ließ ab 1945 einen beträchtlichen Teil des deutschen Volkes – die vielen bis dahin in Ostdeutschland und Osteuropa ansässigen Deutschen – zu Opfern von Flucht, Vertrei-
5 bung und Massendeportation werden. Nicht zu Unrecht stellte der SED-Politiker Paul Merker 1947 fest, dass durch diese Ereignisse „die von Hitler" und seinen Helfern „mit größter Brutalität" gegen andere Völker „zur Anwendung gebrachte Massenumsiedlung zu einem
10 Bumerang für unser eigenes Volk" geworden sei – eine damals in Deutschland umstrittene Aussage, die mittlerweile auch von der wissenschaftlichen Forschung geteilt wird. Zugleich machten parallele Vertreibungs- und Zwangsmigrationsprozesse zwischen anderen Völkern
15 in Osteuropa (zum Beispiel zwischen Polen und Ukrainern, Slowaken und Ungarn) deutlich, dass der von Deutschland begonnene Zweite Weltkrieg zwar die wesentliche, aber nicht die alleinige Ursache für Massenvertreibungen um 1945 gewesen ist. [...]
20 Diese Politik der ethnischen „Säuberung" der osteuropäischen Nachbarstaaten Deutschlands von [...] deutschen Minderheiten war zu großen Teilen eine Folge der verbrecherischen Politik Hitler-Deutschlands im Zweiten Weltkrieg – aber sie war dies nicht ausschließlich. Sie
25 war zugleich brutale Konsequenz der wechselseitigen Unfähigkeit europäischer Völker, das multiethnische Zusammenleben in Vielvölkerstaaten friedlich zu organisieren.

Michael Schwartz, Ethnische „Säuberung" als Kriegsfolge: Ursachen und Verlauf der Vertreibung der deutschen Zivilbevölkerung aus Ostdeutschland und Osteuropa 1941 bis 1950, in: Rolf-Dieter Müller (Hrsg.), Der Zusammenbruch des Deutschen Reiches, Halbbd. 2 (Das Deutsche Reich und der Zweite Weltkrieg, Bd. 10/2), München 2008, S. 509–656, hier S. 654f.

1. Erläutern Sie die Feststellung des ostdeutschen Politikers Paul Merker (Zeile 6 bis 10) sowie den Hinweis, seine Aussage sei 1947 in Deutschland umstritten gewesen.
2. Führen Sie in Gruppenarbeit eine Pro-und-Kontra-Diskussion durch zum Thema: „Ethnische ‚Säuberungen' nach 1945: Deutschlands Schuld oder Europas Versagen?"

M4 „Am Rand anarchischer Zustände"

Der Historiker Hans-Ulrich Wehler (1931–2014) untersucht die Alltagsbedingungen im Deutschland der Nachkriegszeit:

Ein rasanter Werte- und Normenzerfall hatte unter der Führerdiktatur eingesetzt [...]. Unter den Notstandsbedingungen der Zusammenbruchsgesellschaft setzte er sich bruchlos fort. In allen Zonen, besonders in der Amerikanischen und der Britischen, stieg die Kriminalitäts- 5 rate steil an. An erster Stelle stand freilich – Not kennt kein Gebot – der Nahrungsmittel- und Kohlendiebstahl. [...] Auffällig schnellte aber auch die Raubmordziffer hoch, Betrug war an der Tagesordnung.
Unter den Lebensbedingungen der zerstörten, vierge- 10 teilten ehemaligen Reichshauptstadt [Berlin] stieg die Kriminalitätsrate von Jugendlichen von 346 (1938) auf 850 (1948) je 10 000 Köpfe an. [...] Kleine Banden spezialisierten sich auf den Diebstahl von Kohlen und Holz, Briketts und Lebensmitteln, die sie auf dem Schwarz- 15 markt vertrieben. Die Ortspolizei war diesem Treiben nicht gewachsen, und mancher Uniformierte sympathisierte wohl auch mit dem Nachbarsjungen, den er mit seinem Leiterwagen voll Holz auf dem Weg aus dem nächstgelegenen Wald erwischt hatte. [...] 20
Jeder folgte dem eigenen Überlebensdrang und privaten Egoismus. „Beziehungen" nutzten die Neigung zur Kor-

ruption aus. Flüchtlinge und Vertriebene wurden als unwillkommene Eindringlinge behandelt, nur selten als hilfsbedürftige „Volksgenossen", die ein hartes Schicksal getroffen hatte. In westdeutschen Industrieunternehmen hielt sich damals als höchste Steigerung des Fluchens: „Du Flüchtling".
Der Schwarzmarkt fungierte als Verteilungssystem nach nackten plutokratischen[1] Gesichtspunkten. Geld- und Warenbesitzer wurden nachhaltig privilegiert, Lohn- und Gehaltsempfänger dagegen krass diskriminiert. Vertraute Klassenunterschiede nahmen eine unübersehbar hässliche Fratze an.
Dagegen bewährten sich soziale Netzwerke, die manchen in der Krise auffingen. Betriebe bemühten sich, für ihre Belegschaft Lebensmittel zu tauschen. Evangelische und katholische Kirchengemeinden in der Diaspora[2], die schon über lange Jahre hinweg Zusammenhalt eingeübt hatten, fungierten wie sozialpolitische Institutionen der Notmindcrung. Vor allem aber griffen sich Familienmitglieder nach Kräften unter die Arme. Dennoch gewannen nicht wenige deutsche und alliierte zeitgenössische Beobachter den Eindruck, dass auch noch zwei, drei Jahre nach dem Kriegsende die Zusammenbruchsgesellschaft sich am Rand anarchischer Zustände bewegte. Nur die physische und psychische Erschöpfung nach der Kriegsbelastung, die Apathie des Hungerns, die Angst vor harten Repressalien der Besatzungsmächte verhinderten das offene Aufbegehren, die Rückkehr zum bellum omnium contra omnes[3].

Hans-Ulrich Wehler, Deutsche Gesellschaftsgeschichte, Bd. 4: Vom Beginn des Ersten Weltkriegs bis zur Gründung der beiden deutschen Staaten, 1914–1949, München 2003, S. 953 f.

Andanditestem repudae quo quidem velecea quiatemquis de eatur recae

1. Arbeiten Sie heraus, inwiefern die steigende Kriminalität der Nachkriegszeit als Kennzeichen der „Zusammenbruchsgesellschaft" gelten kann.
2. Ordnen Sie die im Text genannten Beispiele dem Wortfeld Anfeindung und Entfremdung bzw. den damaligen Formen von Zusammenhalt und Solidarität zu.
3. Setzen Sie sich mit der These auseinander, wonach nur Erschöpfung, Hunger und die Angst vor den Besatzungsmächten die Deutschen nach 1945 von offenem Aufbegehren abhielten (Zeile 47 bis 51). | H

---

[1] **plutokratisch** (von altgriech. *plutokratía*: Herrschaft des Reichtums): Zustand, in dem Macht und Mitbestimmung vom materiellen Besitz abhängen
[2] **Diaspora** (altgriech.: Verstreutheit): Dasein als Minderheit (hier: innerhalb einer mehrheitlich andersgläubigen Umgebung)
[3] **bellum omnium contra omnes** (lat.): Krieg aller gegen alle

M5 Heimatvertriebene in Südwestdeutschland 1946–1956

Im Südwesten Deutschlands entstanden nach 1945 mehrere Länder, die nach einer Volksabstimmung von 1951 zum Land Baden-Württemberg vereinigt wurden:

Gesamtbevölkerung	1946	1950	1956
Nordwürttemberg	2 200 615	2 435 325	2 755 175
Nordbaden	1 379 191	1 472 523	1 574 778
Südbaden	1 190 800	1 338 629	1 500 771
Württemberg-Hohenzollern	1 108 800	1 183 748	1 299 614
gesamt	5 879 406	6 430 225	7 150 338

Heimatvertriebene	1946	1950	1956
Nordwürttemberg	321 008	445 726	606 034
Nordbaden	182 639	210 336	261 905
Südbaden	19 900	98 375	177 201
Württemberg-Hohenzollern	27 800	115 623	179 480
gesamt	551 347	870 060	1 224 650

Nach: Thomas Grossner, Die Integration der Heimatvertriebenen in Württemberg-Baden (1945–1961), Stuttgart 2006, S. 38

1. Wandeln Sie die Statistik in geeignete Diagramme um.
2. Erläutern Sie die zahlenmäßige Entwicklung der Heimatvertriebenen in Südwestdeutschland/Baden-Württemberg.
3. Bewerten Sie die Statistik danach, ob und inwieweit sie die Schwierigkeiten der Integration der Heimatvertriebenen abbilden kann.

Der Blick aufs Ganze

1. Arbeiten Sie aus der Darstellung und den Materialien heraus, in welchen Bereichen sich Deutschlands Situation nach 1945 von den europäischen Nachbarn unterschied.
2. Präsentation: Stellen Sie in Gruppenarbeit eine Wandzeitung zusammen, die die Lage in Europa nach dem Ersten Weltkrieg mit derjenigen nach 1945 vergleicht. | H

Methode

Quellenarbeit im Archiv

Wer über ein geschichtliches Thema forscht, wird nicht nur in Bibliotheken und Museen, im Internet oder bei Zeitzeuginnen und Zeitzeugen fündig, sondern auch in Archiven. Archive bewahren originale Dokumente der Vergangenheit auf. Je nach ihrer Zuständigkeit sammeln Archive die Akten von Regierungen, Parlamenten, Behörden und sonstigen öffentlichen Einrichtungen (Staats-, Amts-, Kreis- oder Gemeindearchive), die Unterlagen und Medienerzeugnisse von Sendeanstalten und Verlagen (Rundfunk- und Pressearchive), die Dokumente von Unternehmen und Verbänden (Verbands- oder Firmenarchive) oder den Nachlass berühmter Personen und Familien (Haus-, Adels-, Privatarchive). Diese Quellen können auf Anfrage von Benutzern eingesehen werden, um darin zu recherchieren.

Über die vorhandenen Bestände eines Archivs informieren eigene **Findmittel** (Repertorien). Diese Verzeichnisse sind entweder gedruckt oder handschriftlich verfasst und zunehmend auch als Datenbanken online verfügbar. Archive haben ihre Quellen (**Archivalien** genannt) entweder digitalisiert oder bieten eine Durchsicht vor Ort an. Für die Benutzung gelten **Schutz- und Sperrfristen**: In der Regel sind Dokumente erst 30 Jahre nach ihrer Entstehung frei zugänglich, bei personenbezogenem Material erst nach dem Tod der betreffenden Person.

Bei Archivalien kann es sich um schriftliche Quellen, Grafiken und Karten, um Fotos, Filme und Tonbänder handeln, ebenso um Münzen, Abzeichen, Siegel usw. Um Archivquellen für die eigene Fragestellung auszuwerten, werden häufig Vorkenntnisse benötigt, etwa historisches Hintergrundwissen oder die Fähigkeit, Handschriften zu entziffern.

> Leitfragen zu den Arbeitsschritten finden Sie auf S. 212; eine Lösungsskizze zum Arbeitsauftrag auf S. 216.

HINTERGRUNDINFORMATIONEN

Im Jahr 1947 übernimmt die Internationale Flüchtlingsorganisation IRO (International Refugee Organization) in Deutschland die Versorgung von Displaced Persons (zur Definition dieser Opfergruppe siehe Seite 13) und anderen Menschen ohne Heimat. Viele von ihnen sind psychisch krank und traumatisiert. Für sie wird in der Heil- und Pflegeanstalt Wiesloch bei Heidelberg eine zentrale Anlaufstelle eingerichtet. Die eintreffenden Patientinnen und Patienten sind in einem Aufnahmetagebuch der IRO dokumentiert, das sich heute im Generallandesarchiv (GLA) Karlsruhe befindet.

M1 Auszug aus dem Aufnahmetagebuch des IRO Mental Hospital Wiesloch

Die Einträge sind in englischer Sprache verfasst.

Nr.	Date admitted	Admitted from	Name	First name	Sex	Birthdate	Nationality	Id. Card	Camp of origin	Date disch.	Disch. to	Remarks
113. X	24.4.47	Haina	Stern	Sigmund	M	16.7.19	Hungarian			14.5.47	Wiesloch German M.H.	
114. X	24.4.47	Haina	Serenga	Dimitri	M	4.11.10	U.S.S.R.			8.5.47	Psych. Univ. Cl. Heidelb.	
115. X	24.4.47	Haina	Bredzinski	Eduard	M	23.12.10	Poland			13.6.47	Eglfing	
116. X	24.4.47	Haina	Adamiak	Bonifac.	M	28.1.16	Poland			13.6.47	Eglfing	
117. X	24.4.47	Haina	Gutscher	Iwan	M	26.7.92	U.S.S.R.			10.10.47	Plenchenhof a/c	
118. X	24.4.47	Haina	Jasekiewicz	Janek	M	16.6.99	U.S.S.R.			13.6.47	German M.H. Wiesloch	
119. X	24.4.47	Haina	Ruro	Ferdinando	M	28.7.10	Italian? Portuguese?	770 858			Died 1959	
120. X	24.4.47	Haina	Makohoniak	Iwan	M	25.5.13	Pol./Ukr.			23.1.48	Amberg	
121. X	24.4.47	Haina	Potischin	Anton	M	6.1.99	U.S.S.R.			13.6.47	Germ. M.H. Wiesloch	
122. X	24.4.47	Haina	Radzius	Pranas	M	04.	Lithuanian	770 391			Airport Echterdingen for repatriation to Spain	
123. X	24.4.47	Haina	Sanches	Alberto	M	10.4.44	Spain	770 905		4.12.48		
124. X	24.4.47	Haina	Obradović	Milan	M	22.8.15	Yugosl.			9.6.47	Yugoslavia	
125. X	24.4.47	Haina	Kriaučiunas	Vincas	M	36 y	Lithuanian			13.6.47	German M.H. Wiesloch	
126. Y	28.4.47	Berlin	Poraly	Karta	F	22.9.03	Austrian			1.7.47	German M.H. Wiesloch	
127. X	28.4.47	Berlin	Lavis	Justina	F	11.6.01	Latvian/Jew			28.1.48	Speierhof Heidelberg	
128. X	28.4.47	Berlin	Goldring	Ester	F	28.12.08	Pol./Jew			?	Plunick;	
129. X	7.5.47	███████	███████	███████	M	9.12.18	Latvian			16.10.47	Hanau/Main	
130. X	12.5.47	███████	███████	███████	M	26 y	Poland			13.6.47	Eglfing	
131. X	12.5.47	Frankf. Lutsch.	Naza	Michal	M	3.10.16	Polans			19.5.47	13th Camp Steilbronn	
132. X	12.5.47	Aschaffenburg	Ito	Eufrosia	F	27.2.02	Pol./Ukr.			15.7.47	a/c Aschaffenburg	
133. X	12.5.47	███████	███████	███████	F	25.11.20	Poland			13.6.47	Eglfing	
134. X	15.5.47	Heilbronn	Nczynski	Jos.	M	19.3.16	Poland			10.9.47	a/c Heilbronn	
135. X	15.5.47	Heilbronn	Pietrzak	Janus	M	2.5.19	Poland			19.6.47	a/c Heilbronn	
136. X	17.5.47	Wiesbaden	Podoska	Zofia Suzan.	F	14.7.08	Poland			27.10.47	To: Franco-Paris	
137. X	23.5.47	Merxhausen	Samolenko	Stefi	F	18.9.01	U.S.S.R.			3.7.47	Kassel Singheim	
138. X	23.5.47	Merxhausen	Fuchniewicz	Peter	M	29.6.09	White Ruth.	770 386		27.11.53	To: G.M. Hospital	readmitted
139. X	27.5.47	███████	███████	███████	M	12.2.21	Pol./Ukr.			27.6.47	Aschaffenburg	
140. X	28.5.47	Regensburg	Butkus	Vladas	M	3.10.18	Lithuanian	770 689				

für die Kopie geschwärzte Einträge, zum Schutz der Identität gegebenenfalls noch lebender Personen

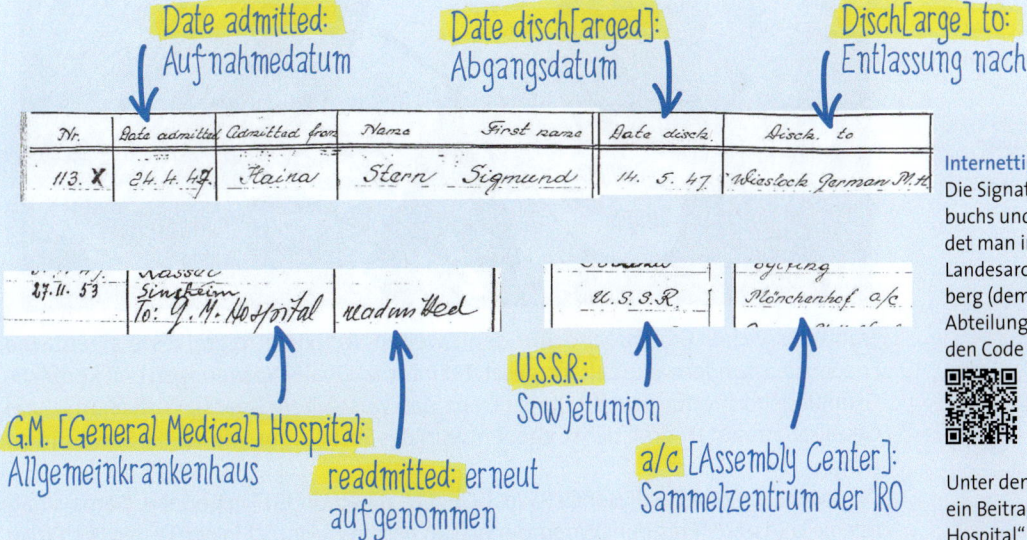

- **Date admitted:** Aufnahmedatum
- **Date disch[arged]:** Abgangsdatum
- **Disch[arge] to:** Entlassung nach
- **G.M. [General Medical] Hospital:** Allgemeinkrankenhaus
- **readmitted:** erneut aufgenommen
- **U.S.S.R.:** Sowjetunion
- **a/c [Assembly Center]:** Sammelzentrum der IRO

Internettipps:
Die Signatur des Aufnahmetagebuchs und weitere Angaben findet man im Online-Katalog des Landesarchivs Baden-Württemberg (dem das GLA Karlsruhe als Abteilung angehört). Siehe hierzu den Code **32052-01**.

Unter dem Code **32052-02** ist ein Beitrag über das „Mental Hospital" in Wiesloch aufrufbar.

Analysieren Sie den Auszug des Aufnahmetagebuches.

Grundstrukturen und zentrale Entwicklungen des Kalten Krieges

„Time to Bridge That Gulch".
Karikatur von Bruce Russel in der „Los Angeles Times" vom 30. November 1945.
Der Titel heißt übersetzt „Zeit, um diese Kluft zu überbrücken". Die Aufschriften auf den beiden Blättern bedeuten: „unverantwortliche Äußerungen" und „sich vertiefendes Misstrauen".

▶ Beschreiben Sie die Karikatur. | H

▶ Beurteilen Sie, wie sich die Haltung der beiden Allegorien unterscheidet.

Traditionsreicher Gegensatz | Auf den Zweiten Weltkrieg folgte keine eigentliche Friedensära, sondern eine Zeit fortgesetzter internationaler Spannungen und Konflikte. Grundlegend hierfür war die Konkurrenz des westlichen Staats-, Wirtschafts- und Gesellschaftssystems mit dem Gegenentwurf des Sozialismus, wie ihn die Sowjetunion prägte.

In Ansätzen hatte dieser Ost-West-Gegensatz schon 1917 begonnen. Damals hatten die USA unter Präsident Woodrow Wilson bei ihrem Eintritt in den Ersten Weltkrieg eine neue Weltordnung gefordert. Sie sollte auf friedlicher Zusammenarbeit, Handelsfreiheit und liberaler Demokratie sowie auf dem Selbstbestimmungsrecht der Völker beruhen. Im selben Jahr war mit der Oktoberrevolution in Russland eine kommunistische Regierung unter Wladimir Iljitsch Lenin an die Macht gelangt, die Staat, Wirtschaft und Gesellschaft nach den Prinzipien eines revolutionären Sozialismus umgestaltete. Die dahinterstehende Ideologie des Marxismus-Leninismus verstand sich als wirtschaftlicher und gesellschaftlicher Gegenentwurf zum Kapitalismus der Industrieländer, im weiteren Sinne auch als Befreiungsbewegung für die von den Kolonialmächten beherrschten Völker.

Nach dem Krieg: kein Konsens | Bis 1945 ließen sich weder die Friedensideen der USA noch die Vision einer globalen Ausbreitung des Sozialismus umsetzen. Erst das Ende des Zweiten Weltkrieges bot dazu Gelegenheit. Doch der Sowjetkommunismus und die liberaldemokratische und marktwirtschaftliche Grundordnung nach US-amerikanischem Vorbild waren kaum miteinander vereinbar. Die Entscheidung, welches dieser Modelle beim Wiederaufbau in Europa und Ostasien bestimmend sein sollte, beschwor einen fundamentalen Systemkonflikt herauf.

Zunächst schien es, als blieben die weltanschaulichen Gegensätze hintangestellt. In vielen Ländern Europas entstanden bei Kriegsende nach freien Wahlen Regierungsbündnisse konservativer und liberaler Kräfte mit sozialistischen oder kommunistischen Parteien. Die Kooperation hatte jedoch nicht lange Bestand. Zwischen 1946 und 1949 übernahmen kommunistische Aktivisten in Osteuropa die Alleinregierung, durch Wahlmanipulation, den erzwungenen Zusammenschluss von Parteien oder per Staatsstreich. Diese Machtwechsel wurden von der Sowjetunion teils geduldet, teils gezielt unterstützt. Sie endeten in allen Fällen mit einer engen Anlehnung der neuen Regime an die Staats- und Parteiführung der Sowjetunion. Nur Jugoslawien gelang es, einen von Moskau unabhängigen Weg des Sozialismus zu beschreiten.

Aus Verbündeten werden Gegner | Die westlichen Siegermächte sahen die Entwicklung als Bedrohung, zumal die Sowjetunion unter ihrem Diktator Josef Stalin versuchte, auch im Iran und in Ostasien an Einfluss zu gewinnen. Im chinesischen Bürgerkrieg, der 1945 erneut ausgebrochen war, siegten die Kommunisten um Mao Zedong, der im Oktober 1949 die Volksrepublik China ausrief und im folgenden Jahr einen Freundschaftsvertrag mit Moskau schloss.

Als Antwort auf die Sowjetisierung Osteuropas und von Teilen Ostasiens gaben die USA ihre Politik des Einvernehmens mit Stalin auf. An ihre Stelle trat seit Frühjahr 1947 eine Politik der Eindämmung (engl. containment policy) des Kommunismus. Gemäß dieser Strategie boten die USA allen Ländern Hilfe beim Aufbau oder der Stützung eines liberaldemokratischen Regierungssystems und marktwirtschaftlicher Strukturen. Viele Länder in Westeuropa nahmen seitdem den Schutz der USA in Anspruch, um einem möglichen sowjetischen Zugriff zu entgehen. Die USA bauten hierzu ihr politisches und wirtschaftliches Engagement sowie ihre militärische Präsenz in Europa beträchtlich aus. Seit 1946/47 begann somit ein Wettlauf der USA und der Sowjetunion um internationale Einflusssphären. Zwischen den beiden ehemaligen Verbündeten des Zweiten Weltkrieges setzte ein offener Machtkonflikt ein – jede Seite sprach der anderen das Recht ab, ihren Machtbereich zu erweitern.

Entzweiung bezüglich Deutschlands | Das amerikanisch-sowjetische Zerwürfnis führte auch dazu, dass die gemeinsame Besatzungsherrschaft über Deutschland scheiterte. Die USA, Großbritannien und Frankreich hatten bis 1948 ihre drei Besatzungszonen zu einem einheitlichen westdeutschen Wirtschaftsgebiet (Trizone) zusammengeschlossen. Als weitere Schritte zum Wiederaufbau eines selbstständigen Staatswesens wurde über eine bundesstaatliche Verfassung beraten und eine Währungsreform angestrengt. Um die Entstehung eines deutschen Weststaates zu verhindern und um ganz Berlin unter ihre Kontrolle zu bringen, verhängte die Sowjetunion

Josef Stalin (Josef Wissarionowitsch Dschugaschwili) (1878–1953): sozialistischer Revolutionär aus Georgien, seit 1924 Chef der Kommunistischen Partei und Staatschef der Sowjetunion, ließ als Alleinherrscher einen Personenkult (Stalin: „der Stählerne") um sich inszenieren

Mao Zedong (1893–1976): chinesischer Revolutionär und Staatsmann; er kam aus einer Bauernfamilie, 1945–1976 Vorsitzender der Kommunistischen Partei Chinas, 1949–1954 Vorsitzender der Zentralen Volksregierung, 1954–1959 Staatspräsident der VR China

im Juni 1948 eine Blockade für Berlin. Die Westmächte konnten die von ihnen kontrollierten Teile der Stadt allerdings durch eine Luftbrücke versorgen, weshalb die Sowjetunion die Berlin-Blockade im Mai 1949 schließlich aufgab. Im selben Monat verabschiedeten die Länder der drei Westzonen auch das Grundgesetz für den neuen deutschen Staat, die Bundesrepublik Deutschland. Dagegen wies die Sowjetunion die kommunistische Führung in ihrer Besatzungszone an, ein eigenes Staatswesen zu gründen, die seit Oktober 1949 bestehende Deutsche Demokratische Republik (DDR). Die Teilung Deutschlands machte den Gegensatz zwischen den USA und der Sowjetunion vollends sichtbar.

Krisen, aber kein neuer Krieg | Für die amerikanisch-sowjetische Rivalität wurde seit Ende der 1940er-Jahre der Begriff „Kalter Krieg" üblich. Er beschrieb ein spannungsreiches Verhältnis, das dennoch in keine direkte militärische Konfrontation umschlug. Schon die Krise anlässlich der Berlin-Blockade war nicht weiter eskaliert. Ebenso vermieden die USA und ihre Verbündeten eine Einschaltung bei den – jeweils erfolglosen – Arbeiter- und Volksaufständen in der Tschechoslowakei und der DDR (1953) sowie in Polen und Ungarn (1956). Selbst in der Berlin-Krise seit 1958, die zur faktischen Abtrennung des Ostens der Stadt vom Westteil und im August 1961 zum Bau der Berliner Mauer durch das DDR-Regime führte, griffen die Westmächte nicht ein. Die Einflusszonen in Ost- und Westeuropa blieben unangetastet. Das galt auch noch 1968, als die Sowjetunion und ihre Verbündeten in die Tschechoslowakei einmarschierten, um den Reformkurs der Regierung („Prager Frühling") gewaltsam zu beenden.

Verfestigung der Fronten | Die äußere Stabilität der Machtbereiche in Europa war das Ergebnis einer umfassenden politischen, wirtschaftlichen und militärischen Integration auf beiden Seiten.

In fast allen osteuropäischen Staaten entstanden Volksdemokratien, die dem Regierungssystem der Sowjetunion nachgebildet waren und sich an den Richtlinien der Kommunistischen Partei der Sowjetunion (KPdSU) orientierten. Das betraf besonders die Wirtschaftsordnung dieser Länder. Nach sowjetischem Muster wurden Landwirtschaft, Industrie und Gewerbe verstaatlicht und gemäß den Prinzipien einer Zentralverwaltungswirtschaft staatlichen Planungsvorgaben unterworfen.

In den meisten westlichen Ländern Europas galt dagegen das politische System einer parlamentarischen Demokratie. Die Wirtschaftsstrukturen in Westeuropa folgten, wie in den USA, dem Leitbild der Marktwirtschaft und seinen liberalen Vorstellungen von Privateigentum und freiem Wettbewerb.

1949 gründeten die USA, Kanada und mehrere Länder Westeuropas die NATO als gemeinsames Verteidigungsbündnis. Ihm gehörten auch Staaten wie Portugal, Griechenland und die Türkei an, deren zeitweilige Diktaturen in der Allianz geduldet wurden, solange sie antikommunistisch blieben. Demgegenüber hatte die Sowjetunion mit ihren „Bruderstaaten" in Osteuropa zweiseitige, de facto aber von ihr dominierte Militärbündnisse geschlossen. Im Mai 1955 wurden diese Abkommen durch den „Warschauer Pakt" ergänzt. Der Zusammenschluss war eine Reaktion auf den kurz zuvor erfolgten Beitritt der Bundesrepublik zur NATO. Damit schien die Blockbildung in Europa vollzogen. Der Kontinent teilte sich seither in einen sowjetisch beherrschten „Ostblock" und den „Westen" unter Führung der USA. Die Spaltung verlief mitten durch Deutschland und Berlin.

Globaler Gegensatz | In den 1960er- und 70er-Jahren erfasste der Kalte Krieg immer weitere Teile der Welt. Dies betraf neben Ländern in Lateinamerika die neugebildeten Staaten im Nahen und Mittleren Osten, in Afrika und Südostasien, die nach der Auflösung der europäischen Kolonialreiche entstanden waren. Die Regierungen suchten die

Anlehnung an eines der beiden politischen Lager und erhielten im Gegenzug Militär- und Wirtschaftshilfe. Die Blockbildung wurde damit zu einer globalen Entwicklung, für die es nur wenige Alternativen gab. So kündigte China der Sowjetunion schon ab Ende der 1950er-Jahre die Gefolgschaft auf, obgleich es kommunistisch regiert blieb. Seither wahrte es Neutralität und Distanz gegenüber den Blöcken. Allgemein überwog jedoch das Prinzip der Bipolarität, die weltanschauliche Teilung des Globus in zwei Hälften, mit den Supermächten USA und Sowjetunion als unbestrittenen Machtzentren.

Wettrüsten | Besonders sichtbar wurde der amerikanisch-sowjetische Weltgegensatz in ungeheuren Rüstungsanstrengungen. Vom Ende der 1940er- bis Mitte der 80er-Jahre vergrößerten die Supermächte und ihre Verbündeten in zahlreichen Schüben die militärische Schlagkraft. Um in dem Rüstungswettlauf zu bestehen, mussten zumal die Ostblockländer große Teile ihrer Wirtschaftsleistung in die Entwicklung und Produktion von Waffen und immer neuer Militärtechnologie abzweigen.

Besonders umstritten war die Rüstung mit Atomwaffen. Die USA besaßen seit 1945 als einzige Kernwaffen, ehe auch die Sowjetunion ab 1949 eigene Atombomben herstellen konnte. In den folgenden Jahrzehnten errichteten die Supermächte gewaltige Bomben- und Raketenarsenale, deren Einsatz die Vernichtung der ganzen Menschheit bedeutet hätte. Die nukleare Rüstung führte einerseits zu einem Bewusstsein ständiger Bedrohung. Andererseits diente das atomare Patt zwischen den Blöcken als wirksame Abschreckung vor einem tatsächlichen Krieg.

Indirekte Kämpfe | Blockbildung und militärisches Gleichgewicht bewahrten die Supermächte und Europa vor einem unmittelbaren Konflikt. In Regionen, in denen diese Bedingungen nicht gegeben waren, kam es dagegen mehrfach zu Stellvertreterkriegen. Im Koreakrieg (1950–1953) und im Vietnamkrieg (1955–1975) versuchten die USA, eine Ausbreitung des Kommunismus durch den Einsatz ihrer Streitkräfte zu verhindern. Dagegen verstrickte sich die Sowjetunion in den Afghanistankrieg (1979–1989), als sie dem dortigen kommunistischen Regime gegen islamische Freiheitskämpfer zu Hilfe kam. Die Konflikte um Vietnam und Afghanistan endeten mit der Niederlage und dem Rückzug der jeweils beteiligten Supermacht.

Krieg in den Köpfen | In der Hauptsache wurde der Kalte Krieg mit nicht-militärischen Mitteln ausgetragen. Dazu gehörte ein erbitterter wirtschaftlicher, wissenschaftlicher und technologischer Konkurrenzkampf, ebenso der Einsatz von Geheimdiensten zur Spionage, Desinformation und Unterwanderung der Gegenseite. Die Rivalität der Systeme übertrug sich auch auf den internationalen Leistungssport. Der Gegensatz zwischen Ost und West prägte den Alltag, von der Verbreitung von Feindbildern im Schulunterricht oder in Wahlkämpfen bis zu Reisebeschränkungen für das nicht-befreundete Ausland. Auch die mediale Berichterstattung war vom Kalten Krieg beeinflusst. Im Ostblock sollte die Öffentlichkeit durch staatliche Propaganda auf die Linie der Regierung gebracht und gegen den Westen eingenommen werden. In den westlichen Ländern versuchten Massenmedien ganz ähnlich, durch ständige Kritik am Ostblock für gesellschaftliche Geschlossenheit zu sorgen.

Szenenfoto aus „Rocky IV". (USA, 1985).
Im vierten Teil der „Rocky"-Serie kämpft der Titelheld Rocky Balboa gegen den sowjetischen Boxer Ivan Drago in Moskau um den Weltmeistertitel im Schwergewicht. In der deutschen Fassung erhielt der Spielfilm den Untertitel „Der Kampf des Jahrhunderts".

▶ Informieren Sie sich über die Handlung des Films und die damaligen Kritiken.

▶ Untersuchen Sie, mit welchen symbolischen Mitteln der Film den Kalten Krieg abbildet. Gehen Sie dabei auch auf die Rollenverteilung der beiden Hauptdarsteller ein.

M1 Die Truman-Doktrin

In einer Rede vor dem US-Kongress am 12. März 1947 fordert US-Präsident Harry S. Truman (1884–1972, Amtszeit 1945–1953) die Bereitstellung von Hilfsgeldern zur Unterstützung Griechenlands und der Türkei. Er führt aus:

Eins der ersten Ziele der Außenpolitik der Vereinigten Staaten ist es, Bedingungen zu schaffen, unter denen wir und andere Nationen uns ein Leben aufbauen können, das frei von Zwang ist. Das war ein grundlegender Fak-
5 tor im Krieg gegen Deutschland und Japan. [...]
In einer Anzahl von Ländern waren den Völkern kürzlich gegen ihren Willen totalitäre Regimes aufgezwungen worden. Die Regierung der Vereinigten Staaten hat mehrfach gegen Zwang und Einschüchterung bei der
10 Verletzung des Jalta-Abkommens¹ in Polen, Rumänien und Bulgarien protestiert. Und weiter muss ich feststellen, dass in einer Anzahl anderer Staaten ähnliche Entwicklungen stattgefunden haben. Im gegenwärtigen Abschnitt der Weltgeschichte muss fast jede Nation ihre
15 Wahl in Bezug auf ihre Lebensweise treffen. Nur allzu oft ist es keine freie Wahl. Die eine Lebensweise gründet sich auf den Willen der Mehrheit und zeichnet sich durch freie Einrichtungen, freie Wahlen, Garantie der individuellen Freiheit, Rede- und Religionsfreiheit und
20 Freiheit vor politischer Unterdrückung aus. Die zweite Lebensweise gründet sich auf den Willen einer Minderheit, der der Mehrheit aufgezwungen wird. Terror und Unterdrückung, kontrollierte Presse und Rundfunk, fingierte Wahlen und Unterdrückung der persönlichen
25 Freiheiten sind ihre Kennzeichen.
Ich bin der Ansicht, dass es die Politik der Vereinigten Staaten sein muss, die freien Völker zu unterstützen, die sich der Unterwerfung durch bewaffnete Minderheiten oder durch Druck von außen widersetzen. Ich glaube,
30 dass wir den freien Völkern helfen müssen, sich ihr eigenes Geschick nach ihrer eigenen Art zu gestalten. [...]
Die Saat der totalitären Regimes gedeiht in Elend und Mangel. Sie verbreitet sich und wächst in dem schlechten Boden von Armut und Kampf. Sie wächst sich voll-
35 ends aus, wenn in einem Volk die Hoffnung auf ein besseres Leben ganz erstirbt. Wir müssen diese Hoffnung am Leben erhalten. Die freien Völker der Erde blicken auf uns und erwarten, dass wir sie in der Erhaltung der Freiheit unterstützen.

---
¹ **Jalta-Abkommen**: Auf ihrer Konferenz in Jalta auf der Krim im Februar 1945 vereinbarten die USA, die Sowjetunion und Großbritannien u. a., in Polen wie in den übrigen befreiten oder besiegten Ländern Europas umgehend freie Wahlen unter Beteiligung aller demokratischen Kräfte zu ermöglichen.

Zitiert nach: Ursachen und Folgen. Vom deutschen Zusammenbruch 1918 und 1945 bis zur staatlichen Neuordnung Deutschlands in der Gegenwart. Eine Urkunden- und Dokumentensammlung zur Zeitgeschichte, hrsg. und bearb. von Herbert Michaelis und Ernst Schraepler, Bd. 25, Berlin o. J. [1977], S. 148–150

1. Fassen Sie die Ziele der US-Außenpolitik zusammen, die Truman hier skizziert.
2. Begründen Sie, weshalb die Aussagen der Rede als „Doktrin" (programmatischer Grundsatz) bezeichnet werden.
3. Analysieren Sie das Bild des weltanschaulichen Gegners, das die Rede entwirft. | H

M2 „Demokratisches" und „antidemokratisches Lager"

Ende September 1947 wird auf einer internationalen Konferenz in Polen das „Kommunistische Informationsbüro" (Kominform) gegründet, das der Zusammenarbeit der Sowjetunion mit den kommunistischen Parteien in Europa dienen soll. In der gemeinsamen Erklärung der Gründungsversammlung heißt es:

Die Sowjetunion und die demokratischen Länder betrachteten als Hauptziele des Krieges die Wiederherstellung und Festigung der demokratischen Systeme in Europa, die Liquidierung des Faschismus, Verhütung der Möglichkeit einer neuen Aggression Deutschlands und
5 allseitige dauernde Zusammenarbeit der Völker Europas. Die USA, und in Übereinstimmung mit ihnen Großbritannien, setzten sich im Krieg ein anderes Ziel, Beseitigung ihrer Konkurrenten auf dem Weltmarkt (Deutschland und Japan) und Festigung ihrer eigenen
10 Vormachtstellung.
Die Meinungsverschiedenheiten in der Zielsetzung des Krieges und der Aufgaben der Nachkriegsgestaltung haben sich in der Nachkriegszeit vertieft. Es bildeten sich zwei einander entgegengesetzte politische Richtungen
15 heraus: auf dem einen Pol die Politik der UdSSR² und der demokratischen Länder, die auf Untergrabung des Imperialismus und Festigung der Demokratie gerichtet ist, auf dem anderen die Politik der USA und Großbritanniens, die auf Stärkung des Imperialismus und Dros-
20 selung der Demokratie abzielt. Da die UdSSR und die Länder der neuen Demokratie ein Hindernis bei der Durchführung der imperialistischen Pläne des Kampfes um die Weltherrschaft und der Zerschlagung der demokratischen Bewegungen sind, wurde ein Kreuzzug gegen 25

---
² **UdSSR**: Union der Sozialistischen Sowjetrepubliken, offizieller Staatsname der Sowjetunion

Grundstrukturen und zentrale Entwicklungen des Kalten Krieges

die UdSSR und die Länder der neuen Demokratie proklamiert, der auch durch Drohungen mit einem neuen Krieg von seiten der besonders eifrigen imperialistischen Politiker der USA und Englands bestärkt wird. Auf diese Weise entstanden zwei Lager: das imperialistische, antidemokratische Lager, dessen Hauptziel die Weltherrschaft des amerikanischen Imperialismus und die Zerschlagung der Demokratie ist, und das anti-imperialistische und demokratische Lager, dessen Hauptziel die Untergrabung des Imperialismus, die Festigung der Demokratie und die Liquidierung der Überreste des Faschismus ist.

Zitiert nach: Keesing's Archiv der Gegenwart 16/17 (1946/47), S. 1208

1. Stellen Sie anhand des Textes die offensiven und defensiven Ziele sowjetischer Außenpolitik gegenüber.
2. Erklären Sie, inwiefern diese Ausführungen als Erwiderung auf die Truman-Doktrin (M1) gelten können.
3. Erläutern Sie den sowjetischen Begriff von Demokratie, der hier anklingt.

M3 Geteilte Welt

Internationale Brennpunkte (Auswahl) und globale Machtblöcke vom Ende der 1940er- bis Ende der 1980er-Jahre.

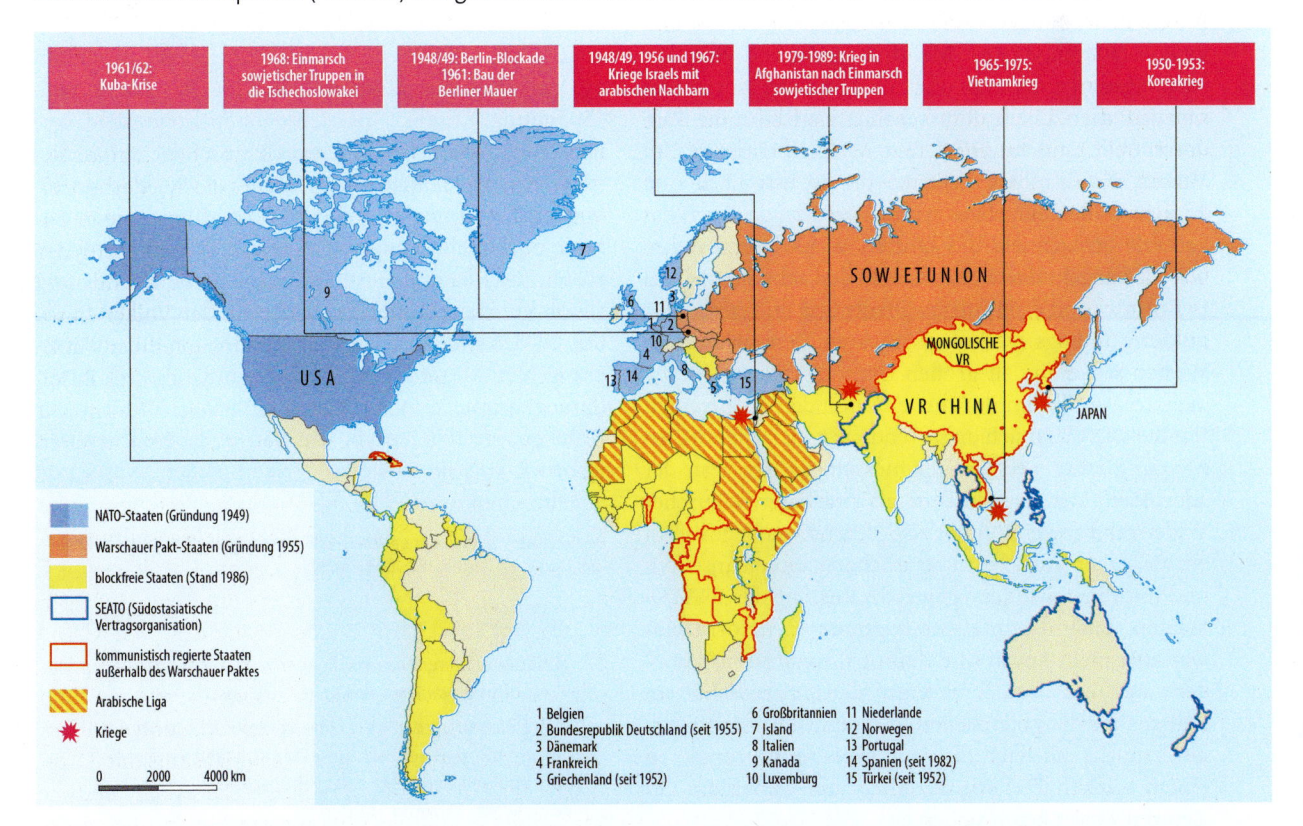

1961/62: Kuba-Krise
1968: Einmarsch sowjetischer Truppen in die Tschechoslowakei
1948/49: Berlin-Blockade 1961: Bau der Berliner Mauer
1948/49, 1956 und 1967: Kriege Israels mit arabischen Nachbarn
1979-1989: Krieg in Afghanistan nach Einmarsch sowjetischer Truppen
1965-1975: Vietnamkrieg
1950-1953: Koreakrieg

Legende:
- NATO-Staaten (Gründung 1949)
- Warschauer Pakt-Staaten (Gründung 1955)
- blockfreie Staaten (Stand 1986)
- SEATO (Südostasiatische Vertragsorganisation)
- kommunistisch regierte Staaten außerhalb des Warschauer Paktes
- Arabische Liga
- Kriege

1 Belgien
2 Bundesrepublik Deutschland (seit 1955)
3 Dänemark
4 Frankreich
5 Griechenland (seit 1952)
6 Großbritannien
7 Island
8 Italien
9 Kanada
10 Luxemburg
11 Niederlande
12 Norwegen
13 Portugal
14 Spanien (seit 1982)
15 Türkei (seit 1952)

1. Recherchieren Sie zu den genannten Organisationen und stellen Sie ihre Rolle im Rahmen des Kalten Krieges dar.
2. Erörtern Sie anhand der Karte, inwieweit der Kalte Krieg für eine lange Übergangsphase vom Zweiten Weltkrieg zur Weltordnung der Gegenwart sorgte.
3. Der Kalte Krieg – ein Konflikt nur der nördlichen Hemisphäre (Erdhalbkugel)? Diskutieren Sie diese These in der Klasse.

M4 Leben im Kalten Krieg

Der Historiker Bernd Stöver (*1961) schildert den Umgang der Menschen mit den Bedingungen des Kalten Krieges:

Der Kalte Krieg mit seinem kontinuierlichen Bedrohungsszenario und seinen Wellenbewegungen von temporär an- und wieder abschwellenden Krisen an unterschiedlichen Orten auf dem gesamten Globus war Alltag und Normalität eines Großteils der Erdbevölkerung für etwa 45 Jahre. Entsprechend richteten sich die unterschiedlichen Gesellschaften in ihm ein. Der Kalte Krieg war selbst in seinen Zentren keineswegs nur durch andauernde Besorgnisse oder gar kontinuierliche Hysterie gekennzeichnet. Normal waren schließlich vielmehr das überwiegende Arrangement mit den anscheinend nicht zu verändernden Tatsachen und die mehrheitliche Verdrängung seiner bedrückendsten Realitäten – jedenfalls so lange, bis diese nicht mehr zu ignorieren waren. [...] Blickt man auf die durch die Atomwaffen symbolisierte größte Bedrohung des Kalten Krieges, so ist selbst hier zu konstatieren, dass die Mehrheit in Ost und West versuchte, sie zu ignorieren oder als alltägliche Normalität hinzunehmen. Dies galt insbesondere auch für die Bundesrepublik und die DDR, auf deren Territorium im Verlauf des Konflikts nicht nur die höchste Dichte an Nuklearwaffen aufgebaut wurde, sondern das auch das zentrale Schlachtfeld des Dritten Weltkriegs gewesen wäre. Man geht davon aus, dass in den achtziger Jahren in Europa rund 6200 Atomwaffenträger und rund 9000 nukleare Sprengsätze verfügbar waren. Dennoch war im Westen selbst an den großen Demonstrationen gegen die Atomwaffen immer nur eine Minderheit beteiligt. Für die DDR lässt sich diese Tendenz in der öffentlichen Meinung zwar viel weniger messen, da Kritik an der Aufrüstung der eigenen Seite als strafbarer politischer Widerstand gewertet und entsprechend wenig geäußert wurde. Aber auch beim staatlicherseits erwünschten und verordneten Protest gegen die Rüstung der „NATO-Staaten" blieb das Interesse begrenzt. [...] Normalität war aber nicht nur in Mitteleuropa, sondern insbesondere auch auf dem Territorium der Supermächte ein Leben nahe der potenziellen Primärziele für Atomwaffen, zumal schließlich fast jede größere Metropole zu einem solchen Ziel wurde. Aber auch außerhalb der Zentren war es kaum sicherer. [...]

In welcher Weise sich Normalitätsgefühl und Krisenbewusstsein zueinander verhielten, machte die erstmals 1947 auf dem *Bulletin of the Atomic Scientists* präsentierte sogenannte *Doomsday Clock* deutlich. Die Weltuntergangsuhr, die als Anzeige für die Wahrscheinlichkeit eines nuklearen Krieges seitdem regelmäßig auf dem Titel der Zeitschrift abgedruckt wurde, sollte veranschaulichen, wie rasch die totale atomare Zerstörung die scheinbare Normalität des Alltags erreichen konnte. Später wurde sie in Krisen- oder Entspannungszeiten per Hand öffentlich vor- oder aber auch wieder zurückgestellt. Die Uhr, die zum Logo der Zeitschrift der kritischen Atomwissenschaftler wurde, stand 1947 auf sieben Minuten vor zwölf Uhr [...]. Mit der Zündung der ersten sowjetischen Atombombe rückte sie 1949 auf drei Minuten, mit der sowjetischen H-Bombe[1] 1953 sogar auf zwei Minuten an den Weltuntergang. Diesen dramatischen Stand erreichte die *Doomsday Clock* niemals wieder. Am nächsten rückte sie noch einmal 1981 an den prognostizierten Weltuntergang: Nach dem Amtsantritt des neuen US-Präsidenten Ronald Reagan stand sie vier, 1984 drei Minuten vor zwölf. Auch wenn dies eine spezifisch amerikanische Erfindung war, spiegelten europäische und speziell deutsche Romane das gleiche Neben- und Miteinander von Normalitätsgefühl und Krisenbewusstsein im Kalten Krieg wider. Wolfgang Koeppen, ein vor allem in der Bundesrepublik, später auch in der DDR viel gelesener Autor, fasste in seinem 1951 erschienenen Roman *Tauben im Gras* zusammen: „Spannung, Konflikt, man lebte im Spannungsfeld, östliche Welt, westliche Welt, man lebte an der Nahtstelle, vielleicht an der Bruchstelle, die Zeit war kostbar, sie war eine Atempause auf dem Schlachtfeld, und man hatte noch nicht richtig Atem geholt, wieder wurde gerüstet, die Rüstung verteuerte das Leben, die Rüstung schränkte die Freude ein, hier und dort horteten sie Pulver, den Erdball in die Luft zu sprengen, Atomversuche in Neu-Mexiko, Atomfabriken im Ural, sie bohrten Sprengkammern in notdürftig geflickte Gemäuer der Brücken, sie redeten von Aufbau und bereiteten den Abbruch vor, sie ließen weiter zerbrechen, was schon angebrochen war [...]."

Bernd Stöver, Der Kalte Krieg, 1947–1991. Geschichte eines radikalen Zeitalters, München 2007, S. 188, 190f. und 195f.

---

1. Charakterisieren Sie die Allgegenwart der atomaren Bedrohung während des Kalten Krieges.
2. Vergleichen Sie die im Text beschriebene Endzeitstimmung mit den politisch-gesellschaftlichen Visionen, die von den herrschenden Weltanschauungen in Ost und West vertreten wurden.
3. Entwickeln Sie eine Deutung des Auszugs aus Wolfgang Koeppens Roman „Tauben im Gras" (Zeile 71 bis 83). | F

---

[1] **H-Bombe**: Wasserstoffbombe, im November 1952 erstmals von den USA erfolgreich getestet, woraufhin die Sowjetunion schon im August 1953 nachzog

Grundstrukturen und zentrale Entwicklungen des Kalten Krieges

M5 Militärausgaben der Supermächte

Die Sowjetunion hat niemals realistische Zahlen über ihren Militärhaushalt veröffentlicht. Nach Schätzungen US-amerikanischer Nachrichtendienste werden in der Sowjetunion zu Beginn der 70er-Jahre 12 bis 14 Prozent ihrer Wirtschaftskraft für militärische Zwecke aufgewendet, Ende der 80er-Jahre beläuft sich dieser Anteil bereits auf vermutlich 20 bis 25 Prozent. In den USA betragen die Aufwendungen für die Rüstung in den 80er-Jahren rd. 7 Prozent der eigenen Wirtschaftsleistung.

Die folgenden Angaben in Milliarden US-Dollar sind inflationsbereinigt (zum Jahr 2003):

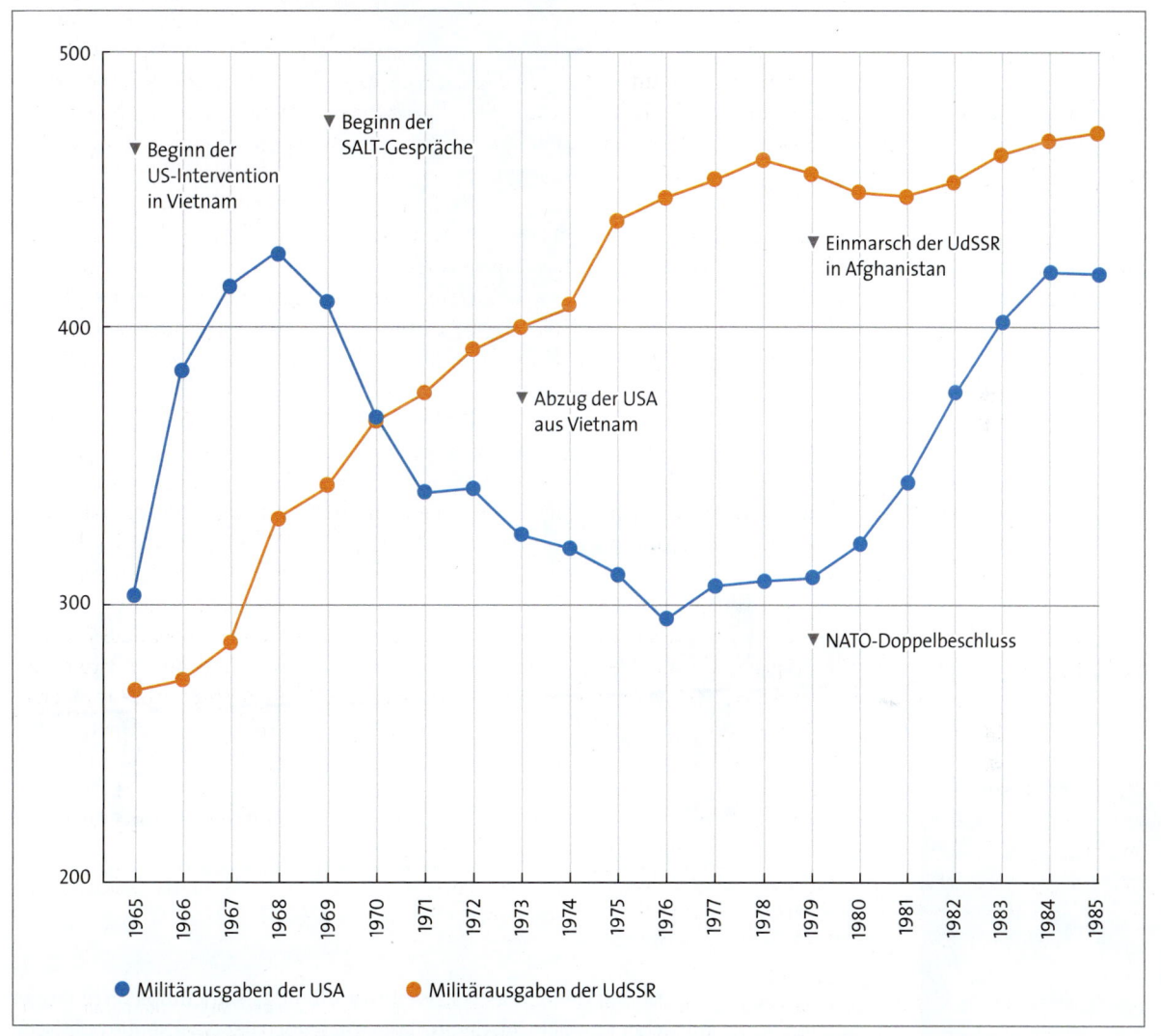

Nach Angaben des US-Department of State, des Bureau of Economic Analysis (BEA) und der Ohio State University (OSU) © Statista

1. Beschreiben Sie in kurzen Worten den Verlauf der beiden Kurven in den Jahren 1965 bis 1985.
2. Zeigen Sie einen Zusammenhang auf zwischen der Entwicklung der Militärausgaben und den politischen Beziehungen der Supermächte.
3. Ermitteln Sie die aktuellen Militärausgaben der USA und Russlands und vergleichen Sie diese mit den in der Grafik genannten Ausgaben in den 1980er-Jahren.

Der Blick aufs Ganze

1. Vergleichen Sie die beiden „Lebensweisen" bzw. „Lager", die in M1 und M2 einander gegenübergestellt werden.
2. Welche möglichen Alternativen zum Kalten Krieg gab es?
Führen Sie dazu eine Fish-Bowl-Diskussion durch. | H

Eiserner Vorhang und Marshall-Plan: Beginn der Blockbildung?

„Ja, der hat's gut, der lebt unter einem besseren Himmel."
Karikatur von Karl Holtz auf dem Titelblatt einer Ausgabe des Berliner Satiremagazins „Ulenspiegel", erschienen im November 1946.

▶ Beschreiben Sie die einzelnen Bildelemente der Karikatur.

▶ Erläutern Sie die Aussage der Szene und des Untertitels.

▶ Beurteilen Sie den Umstand, dass die Karikatur eine Mauer zeigt, während der Mauerbau in Berlin erst 1961 stattfand.

ja, der hat's gut, der lebt unter einem besseren Himmel Zeichnung von Karl Holtz

Winston Churchill (1874–1965): britischer Staatsmann und Schriftsteller; 1940–1945 und 1951–1955 Premierminister, 1940–1955 Führer der Konservativen Partei. 1953 erhielt er den Nobelpreis für Literatur.

Düstere Aussichten | Seit dem Ende des Zweiten Weltkriegs war Europa nicht länger Schauplatz militärischer Konflikte. An deren Stelle trat jedoch der wachsende politische und weltanschauliche Gegensatz zwischen den Westmächten (USA, Großbritannien und Frankreich) und der Sowjetunion. Vor einer Spaltung des Kontinents als Folge dieser Entwicklung warnte etwa der britische Staatsmann Winston Churchill. In einer Rede vor dem Westminster College in Fulton im US-Bundesstaat Missouri sprach er Anfang März 1946 vom „Eisernen Vorhang", der sich über dem Machtbereich der Sowjetunion herabgesenkt habe. Der Begriff führte vor Augen, dass damals die Länder Ostmittel- und Osteuropas gegen den Willen ihrer Bevölkerungsmehrheit, aber mit Billigung oder Unterstützung der Sowjetunion unter die Kontrolle kommunistischer Regime gerieten. Nahezu überall im Osten Europas entstanden sogenannte Volksdemokratien, Scheindemokratien unter der diktatorischen Herrschaft kommunistischer Einheitsparteien.

Churchills Mahnung und andere Lagebeurteilungen westlicher Diplomaten und Politiker veranlassten die Regierung der USA zu einem Umdenken in ihrer Europapolitik. Bislang hatte sie auf die Vereinbarungen mit dem sowjetischen Staatschef Josef Stalin vertraut, freie Wahlen in den befreiten oder besiegten Ländern zuzulassen. Inzwischen verstieß die Sowjetunion in ihrem Machtbereich immer eindeutiger gegen diese Absprachen. Überdies herrschten um 1946/47 auch in Westeuropa weiterhin gewaltige Versorgungsmängel, die zu Streiks und Massenprotesten führten. In dieser Lage befürchteten die USA kommunistische Umstürze auch in den Ländern ihres Einflussbereichs. Der seit Kriegsende begonnene Aufbau oder die Wiedereinführung **parlamentarischer Demokratien** mit Menschen- und Bürgerrechten, Mitbestimmung, Meinungs- und Parteienvielfalt, Rechtsstaat und Gewaltenteilung schien deshalb akut gefährdet.

Amerikanische Aufbauhilfe | Im Zentrum der US-amerikanischen Unterstützung für die erst (wieder) im Entstehen begriffenen Demokratien standen finanzielle Hilfen. Der wirtschaftliche Wiederaufbau in Westeuropa schritt langsamer voran als erhofft, und für die Versorgung mit Lebensmitteln, Rohstoffen und Industrieprodukten aus den USA fehlten die nötigen Devisen. Um diese „Dollar-Lücke" zu schließen, entwickelte die US-Regierung unter Präsident Harry S. Truman seit Frühjahr 1947 das European Recovery Program (ERP, Europäisches Wiederaufbauprogramm), nach dem dabei federführenden US-Außenminister auch als **Marshall-Plan** bekannt. Im April 1948 wurde das ERP als Gesetz verabschiedet. Das 14 Milliarden US-Dollar umfassende Hilfspaket war auf vier Jahre befristet und sah folgende Regelung vor:
- Die US-Regierung trug die Kosten von US-Unternehmen für deren Exporte nach Westeuropa. Die dortigen Abnehmer zahlten den Gegenwert der Einfuhren an ihre nationalen Regierungen.
- Die Länder Westeuropas erhielten damit mehr Spielraum für öffentliche und private Investitionen (Hilfe zur Selbsthilfe). Dies sollte das noch verhaltene Wirtschaftswachstum ankurbeln.
- Die Verteilung von US-Krediten hatten die Empfängerländer gemeinschaftlich zu regeln. Zur Koordinierung wurde die OEEC ins Leben gerufen.

Gewinner und Verlierer | Dank des Hilfsprogramms gelang es, die öffentliche Versorgung spürbar zu verbessern, den Aufbau moderner Infrastruktur und Sozialsysteme zu finanzieren und ein Gefühl des allgemeinen Aufschwungs zu verbreiten. In den Ländern Westeuropas gewannen die Menschen ein festes Vertrauen in die Regierungsform der parlamentarischen Demokratie. Ebenso fand das System der **Marktwirtschaft** allgemeine Akzeptanz, das auf Wettbewerb, unternehmerische Eigenverantwortung und die weitgehend freie Entwicklung von Angebot und Nachfrage setzte. Eine Hinwendung breiter Schichten in der westeuropäischen Bevölkerung zum Sozialismus war danach nicht mehr zu erwarten. Ursprünglich war der Marshall-Plan als Hilfe für alle Länder Europas bestimmt, auch an die Sowjetunion erging das Angebot zur Teilnahme. Stalin lehnte die ERP-Hilfen zuletzt ab, aus Furcht, dadurch in Abhängigkeit von den USA zu geraten. Gleichfalls übte Moskau Druck auf die Staaten des sowjetischen Machtbereichs aus, um sie von einem Beitritt zum Hilfsprogramm abzuhalten. Der Marshall-Plan hätte die von den kommunistischen Regimen betriebene Einführung von **Zentralverwaltungswirtschaften** (mit verstaatlichter Industrie und von der Regierung verordneter Produktion und Vermarktung) erheblich beeinträchtigt, womöglich sogar verhindert. Dagegen band der im Januar 1949 von der Sowjetunion gegründete Rat für Gegenseitige Wirtschaftshilfe die neuen sozialistischen Volkswirtschaften in ein vom Westen abgeschirmtes Wirtschaftsgefüge ein.

Harry S. Truman (1884–1972): Als Vizepräsident wurde er nach dem Tod von Franklin D. Roosevelt im April 1945 US-Präsident. Seine Amtszeit dauerte bis 1953.

George C. Marshall (1880–1959): US-amerikanischer General und Politiker; 1947–1949 Außenminister, 1951–1952 Verteidigungsminister. 1953 erhielt er den Friedensnobelpreis.

"Ricostruzione Europea".
Italienische Ansichtskarte von 1948. Die Aufschrift lautet übersetzt: „Europäischer Wiederaufbau" und „ERP = Frieden und Arbeit".

▶ Analysieren Sie die bildliche und textliche Aussage des Postkartenmotivs.
▶ Erläutern Sie, weshalb Postkarten in Europa als Werbemittel für das ERP eingesetzt wurden.
▶ Präsentation: Recherchieren Sie im Internet nach historischen Werbeplakaten zum Marshall-Plan. Stellen Sie Ihre Ergebnisse im Kurs vor.

Wiederaufbau in Deutschland | Der Gegensatz zwischen den verschiedenen Modellen zum Wiederaufbau betraf auch das besetzte Deutschland. Hier verfolgten die Besatzungsmächte höchst unterschiedliche Ziele.

Die Sowjetunion bestand auf Reparationen (Entschädigungsleistungen) und Demontagen (Entnahme von Industrieanlagen), um damit die eigenen, ungeheuren Kriegsschäden auszugleichen. Zudem sollte, wenigstens in der Sowjetischen Besatzungszone (SBZ), eine sozialistische Wirtschafts- und Gesellschaftsordnung entstehen. Dazu ließ die Sowjetische Militäradministration in einer Bodenreform die landwirtschaftlichen Güter zwangsweise enteignen und in kleinere Betriebe aufteilen. Sämtliche Banken sowie die Mehrzahl der Industriebetriebe gerieten unter staatliche Kontrolle.

Im Juni 1945 wurden politische Parteien in der SBZ zugelassen. Seit Juli jenes Jahres gab es Länderverwaltungen, die der Besatzungsmacht unterstellt blieben. Als verlängerter Arm der sowjetischen Besatzer galt die Kommunistische Partei Deutschlands (KPD). Sie blieb bei Wahlen erfolglos, sodass im April 1946 eine Zwangsvereinigung mit der Sozialdemokratischen Partei zur SED (Sozialistische Einheitspartei Deutschlands) stattfand. Es gelang ihr, die wichtigsten Posten in den Landesverwaltungen zu behaupten, Vertreter anderer Parteien wurden nur zum Schein an der Regierung beteiligt. Die SED mit Walter Ulbricht als faktischem Parteiführer drängte auf die Durchsetzung eines Sozialismus nach sowjetischem Vorbild, wenn möglich in ganz Deutschland.

In den westlichen Besatzungszonen entstanden unter Aufsicht der Siegermächte ebenfalls Länder mit eigenen Verfassungen, Parlamenten und Regierungen. Hier griffen die Besatzungsmächte allerdings nicht in die entstehende Parteienvielfalt ein. Demontagen und Reparationen fanden nur begrenzt statt. Zumal für die USA ging es neben dem Aufbau einer freiheitlich-demokratischen Staatsordnung um die rasche Erholung der deutschen Industrie, die zum Motor einer wirtschaftlichen Erneuerung für ganz Europa werden sollte.

Westliche Zusammenschlüsse | Zu Jahresbeginn 1947 verbanden die USA und Großbritannien ihre beiden Besatzungszonen zu einem Vereinigten Wirtschaftsgebiet (Bizone). Unter Aufsicht der Militärgouverneure tagte nun in Frankfurt am Main ein Wirtschaftsrat aus Vertretern der Länderparlamente. Im März 1948 trat auch das französische Besatzungsgebiet mit Ausnahme des Saarlands der Bizone bei (seithier inoffiziell „Trizone" genannt). Das Vereinigte Wirtschaftsgebiet mit damals elf westdeutschen Ländern wurde auch in den Marshall-Plan aufgenommen. Daneben sollte ein radikaler Währungsschnitt für einen Ausgleich zwischen der stark aufgeblähten Geldmenge und dem tatsächlichen Volksvermögen sorgen und einen funktionierenden Wettbewerb ermöglichen. Die Währungsreform vom Juni 1948 wie auch die Übernahme der ERP-Hilfen bedeuteten eine Vorentscheidung zugunsten eines marktwirtschaftlichen Systems. Da die Sowjetunion ihrer Besatzungszone sowohl den Beitritt zum Marshall-Plan als auch die Teilnahme an der westlichen Währungsreform verbot (stattdessen erfolgte in der SBZ eine eigene Währungsumstellung), verschärften diese Schritte die Spaltung Deutschlands.

Gründung der Bundesrepublik | Die Westmächte trieben seit Mitte 1948 auch die politische Vereinigung ihrer Besatzungszonen voran. In Bonn trat ein Parlamentarischer Rat aus Vertretern der westdeuschen Länder zusammen. Unter dem Vorsitz des CDU-Politikers Konrad Adenauer wurde eine bundesstaatliche Verfassung beraten und – nach Billigung durch die westlichen Militärgouverneure – im Frühjahr 1949 durch die Länderparlamente verabschiedet. Das Grundgesetz für die Bundesrepublik Deutschland wurde am 23. Mai 1949 verkündet und trat einen Tag später in Kraft. Die ersten Wahlen zum Bundestag fanden am 14. August 1949 statt.
Somit war ein Staat entstanden, dessen Regierungssystem den Vorstellungen der westlichen Siegermächte von Rechtsstaat und parlamentarischer Demokratie entsprach. Er repräsentierte den Willen der Bevölkerungsmehrheit, allerdings nur in Westdeutschland. Daher verstand sich die junge Bundesrepublik als Übergangslösung (Provisorium) zu einem wiedervereinigten Deutschland.

Gründung der DDR | In Ostdeutschland hatte die Sowjetregierung zusammen mit der SED ebenfalls eine Staatsbildung erwogen. Dabei versuchte Stalin so lange wie möglich, eine Regelung für ganz Deutschland zu finden, da er ein Mitspracherecht auch im Westen des Landes, zumal bei der Kontrolle des Ruhrgebiets, forderte. Auf Veranlassung der SED tagte Ende 1947 in Berlin ein erster „Deutscher Volkskongress für Einheit und gerechten Frieden". An der Versammlung nahmen nur wenige Westdeutsche teil. Als sich seit Mitte 1948 die Gründung eines Weststaates abzeichnete, änderte Stalin seine Deutschlandpolitik und wies die SED zur Schaffung eines eigenen Staatswesens an.

Im März 1949 beschloss ein zweiter Volkskongress einen Verfassungsentwurf der SED. Ein dritter Volkskongress, der nicht aus freien Wahlen hervorgegangen war, verabschiedete den Entwurf am 30. Mai 1949 und bestimmte die Mitglieder eines „Deutschen Volksrats". Der Volksrat erklärte sich am 7. Oktober 1949 zum vorläufigen Parlament („Provisorische Volkskammer") und setzte am selben Tag die Verfassung in Kraft. Damit war die Deutsche Demokratische Republik (DDR) gegründet. Die Provisorische Volkskammer berief auch eine SED-geführte Regierung. 1950 gab es die ersten Wahlen zur Volkskammer. Wie bei allen Wahlen bis 1989 konnten die Bürgerinnen und Bürger nur eine vorgefertigte Kandidatenliste bestätigen. Damit sicherte die SED ihre Machtposition auf Dauer.

Auf beiden Seiten des „Eisernen Vorhangs" | Bundesrepublik und DDR waren anfangs nur teilsouveräne Staaten unter der Hoheit der drei Westmächte bzw. der Sowjetunion. Ihre weitgehende Selbstständigkeit erlangten sie bis Mitte der 1950er-Jahre durch die Integration in das westliche bzw. östliche militärische Bündnissystem. Mit der Teilung Deutschlands in zwei Staaten, die einander vorerst nicht anerkannten und gegensätzliche politische Systeme und Wirtschaftsordnungen einführten, wurde die **Blockbildung** in Europa besonders sinnfällig.

Walter Ulbricht (1893–1973): kommunistischer Politiker, floh 1938 nach Moskau, kehrte 1945 nach Berlin zurück; 1950–1971 Generalsekretär der SED, 1960–1971 DDR-Staatsratsvorsitzender, 1971 von der SED-Führung abgesetzt

Konrad Adenauer (1876–1967): 1917–1933 Oberbürgermeister von Köln, 1948 Vorsitzender des Parlamentarischen Rates, 1950–1966 Mitbegründer und Bundesvorsitzender der CDU, 1949–1963 Bundeskanzler, 1951–1955 zugleich Bundesaußenminister

M1 Der Marshall-Plan aus sowjetischer Sicht

In der britischen Zeitung „Daily Mail" erscheint am 23. März 1948 folgende Karikatur des walisischen Künstlers Leslie Gilbert Illingworth (1902–1979):

1. Beschreiben Sie die dargestellten Personen und ihr Verhalten. Gehen Sie dabei auch auf Kleidung, Mimik und Gesten ein.
2. Setzen Sie die Szene in Bezug zur damaligen Entwicklung in Europa.
3. Entwickeln Sie im Rahmen eines World Cafés eine passende Bildunterschrift. Beachten Sie dabei, dass die Karikatur in einer westlichen Zeitung erschien.
4. Interpretieren Sie die Rollenzuweisung für Frauen und Männer, die der Künstler vornimmt.

M2 Marshall-Plan-Hilfen

1948–1952, Angaben in Millionen US-Dollar.

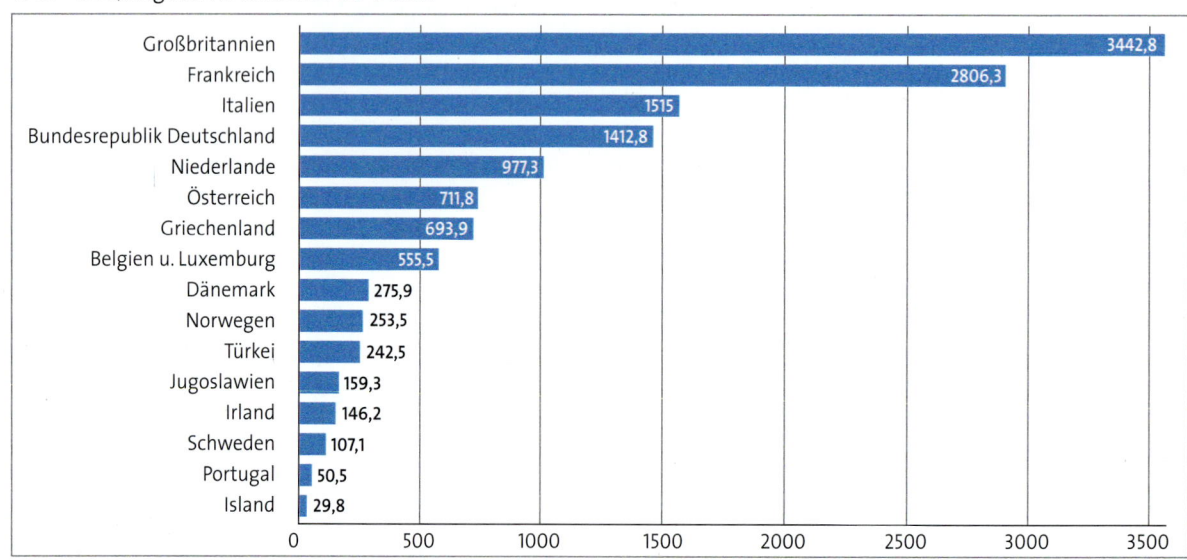

Land	Millionen US-Dollar
Großbritannien	3442,8
Frankreich	2806,3
Italien	1515
Bundesrepublik Deutschland	1412,8
Niederlande	977,3
Österreich	711,8
Griechenland	693,9
Belgien u. Luxemburg	555,5
Dänemark	275,9
Norwegen	253,5
Türkei	242,5
Jugoslawien	159,3
Irland	146,2
Schweden	107,1
Portugal	50,5
Island	29,8

Nach: https://de.statista.com/statistik/daten/studie/249519/umfrage/die-verteilung-der-marshallplan-hilfen-auf-die-laender/ [Zugriff: 01.09.2022]

1. Beschreiben Sie die Aussagen des Diagramms.
2. Erläutern Sie die Abweichungen in der Verteilung der Hilfsmittel zwischen den einzelnen Ländern.

M3 Das Grundgesetz und seine Prinzipien

Grundsätze der Verfassung

Republik
- Freiheitliche, anti-diktatorische Staatsform
- Bestimmung der politischen Exekutivorgane durch Wahlen
- Gewähltes Staatsoberhaupt (Bundespräsident)

Demokratie
- Alle Staatsgewalt geht vom Volke aus
- Mittelbare repräsentative Volksvertretung
- allgemeine, unmittelbare, freie, gleiche und geheime Wahlen
- Meinungsfreiheit
- Versammlungsfreiheit
- Vereins- und Vereinigungsfreiheit

Bundesstaat
- Staatliche Hoheit des Bundes und der Länder
- Verteilung der Kompetenzen in Gesetzgebung, Verwaltung und Rechtsprechung auf Bund und Länder
- Mitwirkung der Länder an der Gesetzgebung des Bundes

Sozialstaat
- Schutz der Menschenwürde
- Schutz von Ehe und Familie
- Gleichberechtigung von Mann und Frau
- Sozialpflichtigkeit des Eigentums
- Schutz vor den großen sozialen Risiken durch Sozialversicherung, Soziale Grundsicherung

Rechtsstaat
- Gesetzlichkeit
- Gewaltenteilung
- Rechtsgleichheit
- Freiheitssicherung

ZAHLENBILDER 60 040 © Bergmoser + Höller Verlag AG

---

1. Erstellen Sie eine Übersicht, in der zu jedem der genannten Grundsätze jeweils eine Alternative oder das Gegenteil angegeben wird.
2. Führen Sie für eine der fünf Säulen ein Gruppenpuzzle durch. Dabei ist zu ermitteln, auf welche Artikel des Grundgesetzes sich die einzelnen Stichpunkte beziehen. Wiederholen Sie das Gruppenpuzzle anschließend für die übrigen Säulen.
3. Arbeiten Sie heraus, auf welche der hier aufgeführten Grundsätze die westlichen Siegermächte besonderen Wert legten. Beachten Sie dabei, dass es den Westmächten darum ging, für Deutschland sowohl die Wiederkehr des Nationalsozialismus als auch eine Herrschaftsform nach Art der Sowjetunion zu verhindern.

M4 Geteilte Auffassung

Der Historiker Hartmut Kaelble (*1940) macht auf die unterschiedlichen Vorstellungen von „Demokratie" im Europa der Nachkriegszeit aufmerksam:

Der Kalte Krieg erzeugte tiefe politische Gegensätze zwischen den beiden Blöcken. Zwar besaßen im östlichen wie im westlichen Europa alle Länder in ähnlicher Weise Verfassungen, Parteien, gesellschaftliche Organisationen, ausgebaute Medienöffentlichkeiten und öffentliche Demonstrationskulturen. In allen Ländern wurden in ähnlicher Weise regelmäßige Wahlen zu Parlamenten abgehalten. Beide Blöcke beriefen sich auf die Demokratie und standen miteinander in antagonistischer Konkurrenz um die Deutung der Demokratie. Ihr Demokratieverständnis war grundsätzlich verschieden.
Im östlichen Europa bedeutete Demokratie die unanfechtbare Vorherrschaft der Kommunistischen Partei, manchmal in einem Einparteien-, manchmal in einem festgezurrten Mehrparteiensystem, gleichgeschaltete

und kontrollierte Medien, bloß akklamierende Parlamente und Scheinwahlen, von der herrschenden Partei abhängige Gerichte und Verletzungen der Menschenrechte bei der Verfolgung der politischen Opposition, darunter Gefängnisstrafen und Lagerhaft für politische Gegner, anfangs auch politische Morde, und Todesstreifen an der Grenze, um die Abstimmung mit den Füßen durch die Bevölkerung zu verhindern.

Im westlichen Europa dagegen gehörten zur Demokratie Regierungswechsel zwischen den Parteien und Parteienkoalitionen, konkurrierende politische Richtungen in den Medien und bei den Wahlen, kontroverse Parlamentsdebatten, Respektierung der Bürger- und Menschenrechte und Klagemöglichkeiten vor den Gerichten gegen deren Verletzungen, Zulassung der Kommunistischen Partei in den meisten Ländern mit der Ausnahme der Bundesrepublik[1], allerdings unter ihrer Ausgrenzung aus den zentralen staatlichen Machtpositionen, wenn auch nicht aus der Leitung von Kommunen.

Hartmut Kaelble, Kalter Krieg und Wohlfahrtsstaat. Europa 1945–1989, München 2011, S. 132f.

1. Stellen Sie die genannten Aspekte des westlichen und östlichen Demokratieverständnisses in einer Tabelle gegenüber.
2. Erörtern Sie im Anschluss an die Gegenüberstellung in Arbeitsauftrag 1, in welchen Bereichen die Unterschiede noch am ehesten überbrückt werden konnten und wo dagegen kaum eine Annäherung möglich war
3. Der Kalte Krieg – ein Krieg um Begriffe? Nehmen Sie dazu Stellung.

[1] Die Kommunistische Partei Deutschlands (KPD) wurde im August 1956 nach einem fünfjährigen Verfahren vom Bundesverfassungsgericht für verfassungswidrig erklärt und verboten.

M5 Einheitsliste

Bei den Wahlen zum Dritten „Deutschen Volkskongress" Mitte Mai 1945 erhalten die Bürgerinnen und Bürger Stimmzettel wie den folgenden:

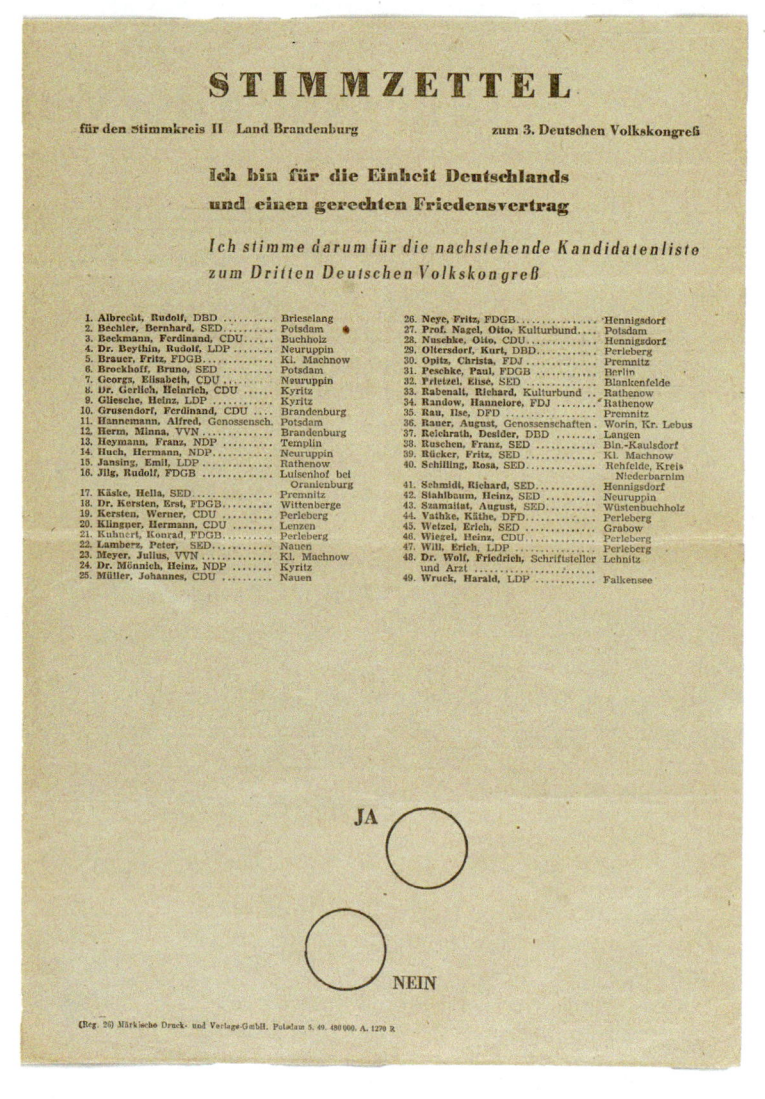

Auflistung der Parteien:
CDU – Christlich-Demokratische Union Deutschlands (Ost)
DBD – Demokratische Bauernpartei Deutschlands
LDP – Liberaldemokratische Partei Deutschlands
NDP – National-Demokratische Partei Deutschlands
SED – Sozialistische Einheitspartei Deutschlands

Massenorganisationen:
DFD – Demokratischer Frauenbund Deutschlands
FDGB – Freier Deutscher Gewerkschaftsbund
FDJ – Freie Deutsche Jugend Kulturbund
VVN – Vereinigung der Verfolgten des Naziregimes

1. Beschreiben Sie den Aufbau des Stimmzettels.
2. Arbeiten Sie heraus, mit welchen textlichen und grafischen Gestaltungsmitteln der Wähler oder die Wählerin auf ein gewünschtes Stimmverhalten hingelenkt werden soll.
3. Erörtern Sie, inwieweit der Stimmzettel demokratische Grundsätze entweder nur zu beachten vorspiegelt oder offen gegen sie verstößt.
4. Recherchieren Sie zu einer der hier genannten Parteien oder Massenorganisationen und stellen Sie Ihre Ergebnisse in einem Kurzreferat vor.

M6 Alleinvertretung

Im September 1949 wird Konrad Adenauer (CDU) der erste Bundeskanzler der Bundesrepublik Deutschland. In einer Regierungserklärung im Bundestag reagiert er auf die Gründung der DDR am 7. Oktober 1949:

Die jüngsten Vorgänge in der Ostzone und in Berlin sind kennzeichnend für den tragischen Weg des deutschen Volkes seit 1933. Sie unterstreichen mit aller Klarheit und Deutlichkeit noch einmal die Zerreißung des deutschen Gebiets in zwei Teile, in einen östlichen Teil, bewohnt von rund 18 Millionen Deutscher, die in der Unfreiheit sowjetischer Satellitenstaaten dahinleben, und einen westlichen Teil mit 45 Millionen Einwohnern, der sich zwar noch nicht im vollen Besitz der Freiheit befindet, in dem aber die Souveränitätsrechte eines demokratischen Staates immer mehr in deutsche Hände gelegt werden und in dem [...] die Menschen sich der persönlichen Freiheit und Sicherheit erfreuen, ohne die ein menschenwürdiges Dasein für uns nicht denkbar ist. [...]

Die Wahlen zum ersten Bundestag wurden am 14. August 1949 abgehalten. An ihnen beteiligten sich rund 25 Millionen von 31 Millionen stimmberechtigter Deutscher. Nur die 1,5 Millionen kommunistischer Stimmen, die abgegeben wurden, kann man als gegen die staatliche Neuordnung abgegeben bezeichnen, sodass rund 23 Millionen Wähler bei dieser Wahl bestätigten, dass sie die staatliche Neuordnung der drei Westzonen, die Schaffung der Bundesrepublik Deutschland billigten. Ich stelle Folgendes fest. In der Sowjetzone gibt es keinen freien Willen der deutschen Bevölkerung. Das was jetzt dort geschieht, wird nicht von der Bevölkerung getragen und damit legitimiert. Die Bundesrepublik Deutschland stützt sich dagegen auf die Anerkennung durch den frei bekundeten Willen von rund 23 Millionen stimmberechtigter Deutscher. Die Bundesrepublik Deutschland ist somit bis zur Erreichung der deutschen Einheit insgesamt die alleinige legitimierte staatliche Organisation des deutschen Volkes. [...]

Die Bundesrepublik Deutschland fühlt sich auch verantwortlich für das Schicksal der 18 Millionen Deutscher, die in der Sowjetzone leben. Sie versichert sie ihrer Treue und ihrer Sorge. Die Bundesrepublik Deutschland ist allein befugt, für das deutsche Volk zu sprechen. Sie erkennt Erklärungen der Sowjetzone nicht als verbindlich für das deutsche Volk an.

Plenarprotokolle des Deutschen Bundestages, 1. Wahlperiode, 13. Sitzung, Bonn, 21. Oktober 1949, S. 307 f., https://dserver.bundestag.de/btp/01/01013.pdf [Zugriff: 01.09.2022]

1. Fassen Sie Adenauers Aussagen in eigenen Worten zusammen.
2. Erklären Sie den Bezug zu „1933", der hier geltend gemacht wird.
3. Führen Sie eine Pro-und-Kontra-Diskussion: „Adenauers Erklärung zur Gründung der DDR: Bruch mit dem Osten oder Wegweiser zur Einheit?"

Der Blick aufs Ganze

1. Führen Sie eine Fish-Bowl-Diskussion durch, die sich mit den Voraussetzungen, Absichten und Folgen des Marshall-Plans auseinandersetzt. Bringen Sie dabei die Perspektive der US-Regierung, der Sowjetführung sowie west- und osteuropäischer Länder zur Sprache.
2. Präsentation: Erstellen Sie einen Zeitstrahl von Mai 1945 bis Oktober 1949, der die Stationen auf dem Weg zur Teilung Deutschlands festhält. Heben Sie dabei den Punkt hervor, der Ihrer Meinung nach den entscheidenden Bruch zwischen Ost und West bedeutete.
3. Charakterisieren Sie die Staatsgründung der Bundesrepublik und der DDR jeweils als Antwort auf den Untergang der Weimarer Republik.

Wirtschaftlicher Aufschwung nach dem Zweiten Weltkrieg: ein „Goldenes Zeitalter"?

„Samstags gehört Vati mir". Plakat des Deutschen Gewerkschaftsbundes (DGB) zum 1. Mai 1956.
In den 1950er-Jahren stieg während des Wirtschaftsaufschwunges in der Bundesrepublik Deutschland die wöchentliche Arbeitszeit für die meisten Beschäftigten von 40 auf 48 Stunden. Schon bald wurde die erneute Reduzierung auf 40 Stunden mit einem arbeitsfreien Samstag eine der Hauptforderungen des DGB. Ab 1959 bis Ende der 1960er-Jahre wurde dieses Ziel dann in allen Wirtschaftsbranchen erreicht.

▶ Beschreiben Sie, mit welchen Gestaltungsmitteln das Plakat für die Forderung wirbt.

▶ Erläutern Sie, welche betrieblichen und volkswirtschaftlichen Voraussetzungen für eine verantwortbare Arbeitszeitreduzierung vorliegen müssen.

▶ Begründen Sie, dass der arbeitsfreie Samstag positive Auswirkungen für die Volkswirtschaft haben konnte.

Folgenreiches Wachstum | Der Wiederaufbau nach dem Zweiten Weltkrieg und Erleichterungen für Handel, Kapital- und Technologietransfer lösten gegen Ende der 1940er-Jahre einen Boom aus, der letztendlich sämtliche Industrieländer erfasste und bis in die frühen 1970er-Jahre anhielt. Ungewöhnlich hohe Produktionszuwächse führten zu Gewinnsteigerungen, viele neue Arbeitsplätze entstanden. Stetig steigende Löhnen versprachen höheren Lebensstandard, höhere Staatseinnahmen vergrößerten den Handlungsspielraum des Staates. Zugleich wechselten immer mehr Arbeitskräfte vom primären Sektor der Land- und Forstwirtschaft in den sekundären der Industrie- und Gewerbebetriebe, und auch der tertiäre Sektor der Dienstleistungen nahm stark zu. Dieser Strukturwandel sowie der neuerliche Schub der Industrialisierung, Technisierung und des Konsums führten zu einem Anwachsen der Städte und Verkehrsnetze, zu steigendem Flächen-, Rohstoff- und Energieverbrauch und zu gewaltigen Umweltschäden.

Westdeutsches „Wirtschaftswunder" | In der jungen Bundesrepublik Deutschland übertraf die Wirtschaftsleistung pro Kopf der Bevölkerung bereits 1953 das Niveau vor Beginn des Zweiten Weltkrieges. Der Boom ließ die Bundesrepublik zu einer der weltweit erfolgreichsten Wirtschaftsnationen aufsteigen.

Für diese Entwicklung war eine ganze Reihe von Faktoren maßgeblich. Trotz der Kriegszerstörungen war der überwiegende Teil der Industrieanlagen erhalten geblieben. Auch hatten die westlichen Besatzungsmächte darauf verzichtet, die Wirtschaft durch zu hohe Reparationen zu schwächen. US-Kredite im Rahmen des „Marshall-Plans" sowie der Zugang zu internationalen Märkten halfen, die zerstörte Infrastruktur rasch wiederherzustellen und die westdeutsche Exportwirtschaft anzukurbeln. Während des Koreakrieges (1950–1953), als die kriegführenden Staaten des Westens ihre Produktion auf Rüstungsgüter konzentrierten und den Bedarf an zivilen Erzeugnissen nicht mehr decken konnten, nutzten westdeutsche Unternehmen die entstandene „Angebotslücke" und erschlossen sich ausländische Absatzmärkte. Seither bildete die Fertigung hochwertiger Konsum- und Investitionsgüter wie Kraftfahrzeuge, Baumaschinen, Haushalts-, Radio- und TV-Geräte einen Schwerpunkt der Industrie. Die Produkte wurden nach dem Vorbild der USA in Massen hergestellt und vermarktet. Die Produktivität westdeutscher Hersteller stieg, deren Erzeugnisse blieben bei hoher Qualität international konkurrenzfähig. Mit zunehmendem Erfolg und steigendem Einkommensniveau wuchs auch die Binnennachfrage.

Die Rolle des Staates | Die erfolgreiche Wirtschaftsentwicklung beruhte auf dem Ordnungskonzept der Sozialen Marktwirtschaft, das von der damaligen Bundesregierung favorisiert wurde. Demnach sollte der Staat einen freien wirtschaftlichen Wettbewerb, z. B. durch Verhinderung von Monopolen, garantieren und nur bei sozialen Härtefällen zum Schutz der Schwachen helfend eingreifen. Ende der 1950er-Jahre bekannte sich auch die damals oppositionelle SPD zu dieser Wirtschafts- und Sozialordnung. Neben Regierung und Parlament wachte die unabhängige „Bank deutscher Länder" (seit 1957 Deutsche Bundesbank) als wirtschaftspolitischer Akteur über die Stabilität der D-Mark und suchte die Inflationsrate niedrig zu halten.

Erträge des Booms | Die Erträge der boomenden Wirtschaft eröffneten der Bundesrepublik große Spielräume. Rasch wurden die Kriegsschäden beseitigt, neuer Wohnraum und eine verbesserte Infrastruktur geschaffen. Mehrere Millionen Vertriebene und Flüchtlinge aus den ehemaligen deutschen Ostgebieten, aber auch aus der DDR wurden erfolgreich eingegliedert. Sie fanden wie die in Westdeutschland angestammte Bevölkerung seit den 1950er-Jahren aufgrund des Wirtschaftswachstums Beschäftigung dank ihrer guten Ausbildung und einer schnellen Einbürgerung. Auch ein Teil der sogenannten „Gastarbeiter" aus Südeuropa, der Türkei und Nordafrika, die angesichts des Arbeitskräftemangels von 1955 bis 1973 angeworben wurden, baute sich in der Bundesrepublik eine langfristige Existenz auf. Der Anteil der Erwerbslosen sank Ende der 1950er-Jahre auf unter zwei Prozent. Bei dieser Vollbeschäftigung blieb es bis zur Mitte der 1970er-Jahre.

Stark steigende Einkommen sowie ein wachsendes Warenangebot führten zu Wohlstand in der Breite der Bevölkerung. Ähnlich wie in den übrigen Ländern Westeuropas entwickelte sich in der Bundesrepublik seit den 1950er-Jahren eine Konsumgesellschaft: Der Alltag wurde nicht mehr nur durch Arbeit bestimmt, sondern auch von Freizeit, in der privater Komfort, Unterhaltung durch Massenmedien, Tourismus und individuelle Mobilität eine immer größere Rolle spielten.

Anhaltend hohe Steuereinnahmen ermöglichten eine Politik der Wiedergutmachung. Die Bundesregierung begann 1953 mit Entschädigungszahlungen für begangenes NS-Unrecht an den Staat Israel und jüdische Opferverbände. Auch deutsche Kriegsopfer und Verfolgte des NS-Regimes erhielten staatliche Zuwendungen. Ebenso gelang die Finanzierung eines modernen Sozialstaats. Die Leistungen der gesetzlichen Sozialversicherung bei Arbeitslosigkeit, Krankheit und im Alter gingen über eine reine Existenzsicherung hinaus, das „soziale Netz" bewahrte vor gesellschaftlichem Abstieg. Wohlstand und soziale Sicherheit sorgten dafür, dass sich eine große Mehrheit der Westdeutschen mit der Bundesrepublik identifizierte und selbst mit den Tatsachen des verlorenen Krieges und der deutschen Teilung abfand.

Der Weg der ostdeutschen Wirtschaft | Im anderen Teil Deutschlands herrschten wesentlich ungünstigere Bedingungen für einen Wirtschaftsaufschwung. Die Siegermacht UdSSR bestand im Gegensatz zu den Westmächten auf Reparationen und Demontagen. SBZ und spätere DDR erhielten keine ausländischen Kapitalhilfen für den Wiederaufbau und durften nicht am „Marshall-Plan" teilnehmen. Durch die Spaltung Europas im Zuge des Kalten Krieges wurden die DDR und ihre östlichen Nachbarn auch vom Zugang zu US-amerikanischer Technologie abgeschnitten.

Nach dem verpflichtenden Vorbild der UdSSR führte die SED schrittweise eine sozialistische Zentralverwaltungswirtschaft ein. Die großen landwirtschaftlichen Güter waren schon 1945 zwangsweise enteignet und in kleinere Betriebe aufgeteilt worden. In den 1950er-Jahren überführte die DDR-Regierung die meisten Agrarbetriebe in Staats- oder Gemeineigentum und fasste sie zu Landwirtschaftlichen Produktionsgenossenschaften (LPG) zusammen. Gleichfalls übernahm der Staat die Kontrolle über

Banken und Versicherungen sowie viele Industriebetriebe und wandelte sie zu Volkseigenen Betrieben (VEB) um. Bis 1972 wurden auch Handwerk und Einzelhandel kollektiviert. Seitdem gab es in der DDR kaum noch private Betriebe.

Diktierte Wirtschaft | Die Staatsführung zog nach und nach die Aufsicht und Lenkung der gesamten Wirtschaft an sich. Dieser Umstellungsprozess überforderte die verantwortlichen Politiker und Wirtschaftsfunktionäre ebenso wie viele Beschäftigte.

Für den fortgesetzten Mangel war auch die Fixierung auf das Wirtschaftsmodell der Sowjetunion verantwortlich. Demnach hatte der Aufbau einer eigenen Bergbau-, Eisen- und Stahlindustrie im Interesse einer zügigen Industrialisierung Vorrang vor anderen Wirtschaftssektoren (Primat der Schwerindustrie). Dasselbe galt auch für die chemische Industrie. Die hier benötigten Arbeitskräfte und Gelder fehlten für die Herstellung oder den Import von Nahrungsmitteln und Verbrauchsgütern. Der Lebensstandard hinkte daher dauerhaft dem in der Bundesrepublik hinterher.

„Schwerindustrie – Grundlage der Unabhängigkeit und des Wohlstandes".
Plakat der SED von 1952.
Das Plakat zeigt Walter Ulbricht (1893–1973), seit 1950 Leiter des Zentralkomitees der SED.

▶ Analysieren Sie die Darstellung und den Werbetext. Gehen Sie dabei auch auf die Frage ein, für wen „Unabhängigkeit" und „Wohlstand" gelten sollten.

▶ Arbeiten Sie heraus, weshalb die Staatspartei SED damals für die Schwerindustrie eigens werben musste.

Selbstbehauptung eines Systems | Den westdeutschen Staat und sein marktwirtschaftliches Wirtschaftssystem begriff die SED-Führung als Konkurrenz – aus weltanschaulichen Gründen (der Sozialismus galt nach eigenem Verständnis dem Kapitalismus als überlegen) wie auch angesichts der Abwanderung vieler Bürgerinnen und Bürger in den Westen, die dort auf ein besseres Leben hofften. Als der andauernde Fortzug Ende der 1950er-Jahre zur Massenflucht geriet, sah die SED-Regierung keinen anderen Ausweg, als die innerdeutsche Grenze abzuriegeln und im August 1961 eine Mauer durch das geteilte Berlin zu errichten. Danach konnte sich das Land wirtschaftlich stabilisieren. Doch das von den Machthabern ausgegebene Ziel, das Wohlstands- und Versorgungsniveau des westlichen Nachbarn zu erreichen, blieb unerreicht. Obwohl die DDR-Wirtschaft in den 1960er- und frühen 1970er-Jahren beachtliche Zuwachsraten aufwies, fiel sie im deutsch-deutschen Vergleich immer weiter zurück.

Trotz seiner geringeren wirtschaftlichen Leistungsfähigkeit fanden sich weite Teile der Bevölkerung mit dem sozialistischen System ab. Das war nicht nur die Folge staatlicher Propaganda, Kontrolle und Einschüchterung. Für Akzeptanz sorgte ebenso ein System sozialer Geborgenheit, in dem etwa Renten, Krankengeld, Kinderbetreuung und ein Recht auf Arbeit garantiert wurden. Diese gesetzlichen Ansprüche machten die DDR zu einem Versorgungsstaat, der öffentliche Fürsorge unabhängig von den dafür nötigen Kosten gewährte und sich dafür im Laufe der Zeit bis zum drohenden Staatsbankrott verschuldete.

Wirtschaftlicher Aufschwung nach dem Zweiten Weltkrieg: ein „Goldenes Zeitalter"?

M1 Der Nachkriegsboom in der Bundesrepublik in Zahlen

a) Entwicklung des Bruttoinlandsprodukts[1], gesamt und pro Kopf:

Jahr	in Mrd. DM	in DM je Einwohner in jeweiligen Preisen	Wachstum in % in konstanten Preisen
1950	97,9	2 100	–
1952	136,6	2 900	9,0
1954	157,9	3 200	7,2
1956	198,8	4 000	7,0
1958	231,5	4 500	3,3
1960	279,8	5 400	8,8
1962	360,5	6 300	4,7
1964	419,6	7 200	6,6

Nach: Fischer-Chronik Deutschland 1949–1999, Frankfurt am Main 1999, Sp. 1209

b) Entwicklung des Arbeitsmarktes (Zahlen zur jeweiligen Jahresmitte, in Tausend):

Jahr	Beschäftigte	regist. Arbeitslose	Quote in %	offene Stellen	„Gastarbeiter"
1950	20 376	1 584	11,0	142	–
1952	21 300	1 385	9,5	128	–
1954	22 395	1 225	7,6	166	72
1956	23 830	765	4,4	236	98
1958	25 530	780	3,7	258	127
1960	26 247	271	1,3	539	279
1962	26 783	154	0,7	607	629
1964	26 979	169	0,8	670	902

Nach: Werner Abelshauser, Die Langen Fünfziger Jahre. Wirtschaft und Gesellschaft der Bundesrepublik Deutschland 1949–1966, Düsseldorf 1987, S. 80

c) Durchschnittliches Monatseinkommen verschiedener Berufsgruppen (in DM):

Jahr	Arbeiterinnen, Arbeiter	Angestellte, Beamtinnen und Beamte	Selbstständige	Rentnerinnen, Rentner
1950	283	346	437	145
1955	474	570	754	232
1960	683	804	1 154	359
1970	1 272	1 469	2 736	737

Nach: Michael von Prollius, Deutsche Wirtschaftsgeschichte nach 1945, Göttingen 2006, S. 134

d) Wirtschaftsentwicklung der Bundesrepublik im Vergleich zum Durchschnitt der OECD[2] (Wachstums- bzw. Inflationsraten in Prozent):

Zeitraum	reales Einkommen pro Kopf		Inflation		Export (Volumen)	
	OECD	D	OECD	D	OECD	D
1948–1952	4,70	12,17	6,85	1,2	13,98	54,89
1953–1957	3,91	7,10	2,30	1,1	8,79	16,01
1958–1962	4,29	5,16	2,83	2,0	9,05	9,15
1963–1967	3,52	2,77	3,97	2,6	7,89	11,04

Nach: Richard H. Tilly, Gab oder gibt es ein „deutsches Modell" der Wirtschaftsentwicklung?, in: Jürgen Osterhammel, Dieter Langewiesche und Paul Nolte (Hrsg.), Wege der Gesellschaftsgeschichte, Göttingen 2006, S. 219–237, hier S. 229

---

1. Vergleichen Sie die Wirtschaftsleistung mit der Entwicklung der Beschäftigten und der Einkommen (Tabelle a bis c).
2. Erläutern Sie die Abweichungen zwischen Westdeutschland und dem Mittelwert der OECD-Länder (Tabelle d). Berücksichtigen Sie dabei, dass der Organisation damals nur westeuropäische Länder, die Türkei, die USA und Kanada angehörten.

---

[1] **Bruttoinlandsprodukt**: Gesamtwert der in einer Volkswirtschaft hergestellten Waren und Dienstleistungen
[2] **OECD:** (*Organization for Economic Co-operation and Development*): Organisation für wirtschaftliche Zusammenarbeit und Entwicklung, 1961 gegründet mit 38 Mitgliedsländern (Stand: 2022). Sie koordiniert weltweit Wirtschaftsbeziehungen und berät zu Fragen der Wirtschaft und Bildung.

M2 Konsumgesellschaft

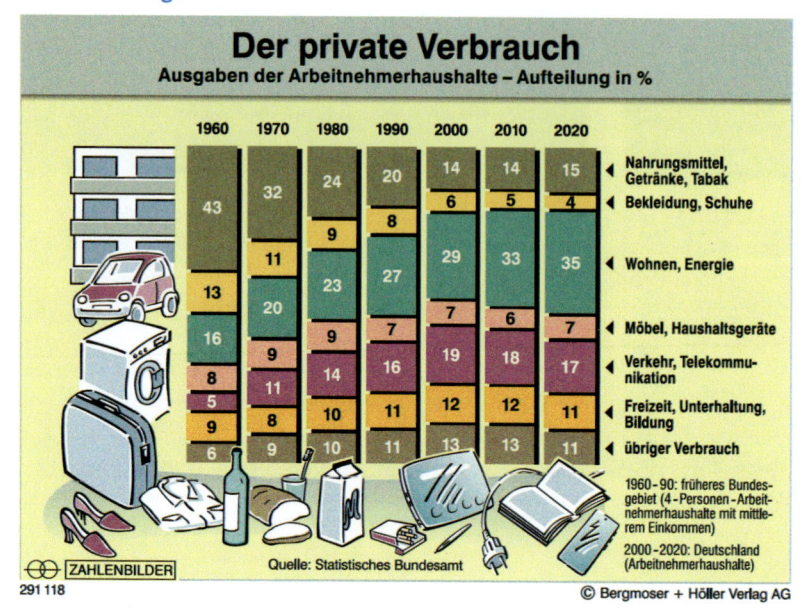

Der private Verbrauch
Ausgaben der Arbeitnehmerhaushalte – Aufteilung in %

	1960	1970	1980	1990	2000	2010	2020	
Nahrungsmittel, Getränke, Tabak	43	32	24	20	14	14	15	
Bekleidung, Schuhe			9	8	6	5	4	
Wohnen, Energie	13	11	23	27	29	33	35	
Möbel, Haushaltsgeräte	16	20	9	7	7	6	7	
Verkehr, Telekommunikation	8	9	14	16	19	18	17	
Freizeit, Unterhaltung, Bildung	5	11	11	12	12	12	11	
übriger Verbrauch	9	8	10	11	13	13	11	
	6	9						

1960-90: früheres Bundesgebiet (4-Personen-Arbeitnehmerhaushalte mit mittlerem Einkommen)
2000-2020: Deutschland (Arbeitnehmerhaushalte)

Quelle: Statistisches Bundesamt

1. Geben Sie die Aussagen der Statistik in eigenen Worten wieder.
2. Begründen Sie die Veränderungen in den einzelnen Ausgabenbereichen.
3. Arbeiten Sie heraus, welche Folgen der Wandel der Ausgaben für die entsprechenden Wirtschaftszweige (z.B. Landwirtschaft, Textilgewerbe, Tourismus) hatte oder hat.

M3 Neue Spielräume

Die Historiker Gerold Ambrosius (*1949) und Hartmut Kaelble (*1940) beschreiben Auswirkungen des Booms:

Der sprunghafte Anstieg der Realeinkommen und Reallöhne hat den privaten Konsum in den westeuropäischen Ländern grundlegend verändert. Die Realeinkommen stiegen so rasch an, dass selbst bei einer erheblichen Ver-
5 besserung der Ernährung und Kleidung der Anteil für diese Ausgaben absank und sich damit der Spielraum der Privathaushalte für bisher unbekannte Ausgaben erweiterte. Die neuen Spielräume wurden vielfältig genutzt: Zu einem großen Teil wurde der Wohnstandard erheb-
10 lich verbessert. Die Wohnflächen, aber vor allem auch die Qualität der Wohnungen, vergrößerte sich in den 1950er und 1960er Jahren rapide. Innentoilette, eigenes Bad, Zentral- bzw. Ölheizung wurden zum Standard erhoben; die Versorgung mit Elektrizität, Frischwasser und
15 Kanalisation setzte sich vollends durch. Neue Formen der Wohnungsnutzung entstanden, Kinderzimmer wurden erst jetzt allgemein üblich. Die Küche, früher oft der einzige beheizbare Raum, verlor immer mehr die zentrale Funktion und wurde Arbeitsklause¹. Das Wohn- und
20 Esszimmer entwickelte sich zum Lebenszentrum der Familie. Die erweiterten finanziellen Spielräume der Privathaushalte sorgten daneben aber für eine noch fundamentalere Veränderung: Sie machten den Einstieg in den Markt der langlebigen Konsumgüter möglich, der sich
25 während des Booms dramatisch erweiterte. Autos, Radios, Fernsehapparate, Plattenspieler, Haushaltsgeräte wie Kühlschränke, Mixer, komplizierte Küchenherde, zu Beginn des Booms noch Privileg kleiner Minderheiten, gehörten am Ende zur Standardausrüstung der bundes-
30 republikanischen Haushalte. Ganz neue Konsumfelder kamen auf: Der Markt für Kinder, für Jugendliche entstand, der Markt für Herren- und Damenmode weitete sich von einer Bevölkerungsminderheit auf eine Bevölkerungsmehrheit aus. Ein weiterer Teil der gewachsenen
35 Einkommen wurde für die verschiedenen Formen der sozialen Sicherung verwandt. Der Anteil der Eigenheimbesitzer in der Bundesrepublik stieg von rund einem Viertel auf fast die Hälfte, in Frankreich und England auf ähnliche oder noch höhere Anteile an. Eine stärkere Min-
40 derheit der Europäer besaß damit eine höhere Sicherheit des Wohnens. Darüber hinaus wurden Versicherungen verschiedenster Art, darunter vor allem Lebensversicherungen, abgeschlossen.

Gerold Ambrosius und Hartmut Kaelble, Einleitung, in: Hartmut Kaelble (Hrsg.), Der Boom 1948–1973. Gesellschaftliche und wirtschaftliche Folgen in der Bundesrepublik Deutschland und in Europa, Opladen 1992, S. 7–32, hier S. 20f.

1. Fassen Sie die Aussagen in einem Schaubild (vor dem Boom/seitdem) zusammen.
2. Stellen Sie Bezüge zwischen den Angaben im Text und der Statistik in M2 her. | H
3. „Der Boom der Nachkriegsjahrzehnte als Zeitalter der Sicherheit" – nehmen Sie zu dieser These Stellung.

---

¹ **Klause:** ursprünglich Bezeichnung für die Behausung eines Einsiedlers bzw. für eine Klosterzelle; hier: kleines Zimmer

M4 Die „überlegene Alternative zum westlichen System"?

Der Historiker André Steiner (*1959) untersucht die wirtschaftlichen Bedingungen in der DDR gegen Ende der 1950er-Jahre:

Die Wirtschaftsentwicklung in der DDR sowie ihre [...] sozialen Konsequenzen wurden sowohl von der SED-Führung wie auch von der Bevölkerung im Osten angesichts des geteilten Landes immer an den entsprechenden Pro-
5 zessen in der Bundesrepublik gemessen. Das dort Erreichte bildete einen der wichtigsten Maßstäbe für Entscheidungen, aber auch für das Urteil über die eigene Lage. Dieser Bezug ergab sich aus dem Anspruch, die überlegene Alternative zum westlichen System zu bilden.
10 [...] Nach DDR-internen Angaben hatte der Reallohn 1959 in Ostdeutschland erst 124,8 Prozent, in Westdeutschland hingegen bereits 153,1 Prozent des Vorkriegsniveaus (1938) erreicht. Unterstellt man für 1938 ein einheitliches Niveau, lag der Reallohn im Osten 18,5 Prozent unter dem
15 im Westen Deutschlands. Das war in erster Linie eine Folge der höheren Preise in Ostdeutschland, da nach Aufhebung der Lebensmittelrationierung 1958 für Waren im Einzelhandel und für Dienstleistungen durchschnittlich 20 Prozent mehr als in Westdeutschland bezahlt werden
20 musste. Die Preise für Butter, Fleisch, Roggenbrot, Fisch und andere Lebensmittel sowie die Wohnungsmieten, Energie- und Verkehrstarife blieben zwar unter denen im Westen. Für Industriewaren wie Benzin, Autos, Fernsehgeräte, Waschmittel, Kühlschränke und Textilien, aber
25 auch Genussmittel mussten die ostdeutschen Konsumenten aber meist mehr als ihre westlichen Nachbarn bezahlen. [...]
In der forcierten Kollektivierung des Agrarsektors im Jahr 1960 wurden die Bauern [...] in die Landwirtschaftlichen
30 Produktionsgenossenschaften (LPG) gezwungen. Dies hatte zum einen zur Folge, dass wieder beträchtlich mehr Menschen in die Bundesrepublik flohen. Zum anderen brach die landwirtschaftliche Produktion ein, da sich die LPGen zunächst als Produktionseinheiten formieren und
35 organisieren mussten. Außerdem war der Leistungsanreiz für die Bauern in den Kollektivwirtschaften anfangs besonders gering. Die daraus resultierende Versorgungskrise konnte durch Importe nur begrenzt ausgeglichen werden [...].
40 Zur gleichen Zeit führten bereits länger wirksame Defekte und Mängel des Wirtschaftssystems [...] zu erheblichen Schwierigkeiten in der Industrie. Der in einer staatssozialistischen Wirtschaft ohnehin gegebene „Investitionshunger" [...] der Betriebe verstärkte sich. Das Stre-
45 ben nach mehr Investitionen war eine Folge davon, dass die Betriebe danach bewertet wurden, inwieweit sie die Aufgaben des Planes – damals in erster Linie die Bruttoproduktion[1] – erfüllten. Je mehr Ressourcen – Materialien, Arbeitskräfte und Investitionen – ihnen zur Verfügung
50 standen, desto einfacher konnten sie die Vorgaben erfüllen. Da die ihnen zugebilligten Investitionen in den 1950er-Jahren kaum bzw. gar nicht mit ihren eigenen wirtschaftlichen Ergebnissen verbunden waren, d. h. in letzter Instanz von ihnen nicht „bezahlt" werden mussten, hatten
55 sie kein Interesse am sparsamen Umgang mit diesen Mitteln. [...]
Ebenso waren die Beschäftigungsreserven in der DDR bereits seit Mitte der 1950er-Jahre weitgehend erschöpft. Eine ungünstige demografische Entwicklung und die Abwanderung nach Westen verschärften die systembedingte
60 Arbeitskräfteknappheit, die auf der Neigung der Betriebe beruhte, im Interesse der sicheren und einfachen Planerfüllung Beschäftigte zu horten. Die Betriebe „konkurrierten" um die knappen Arbeitskräfte und nutzten dafür die gezahlten Löhne. Deshalb konnte die Entwicklung der
65 Durchschnittslöhne nicht im erhofften Maße an die Produktivitätssteigerung gebunden werden. [...] Dahinter stand für die SED-Spitze das grundsätzliche Problem, wie sie die Beschäftigten in einer als Volkseigentum apostrophierten Wirtschaft zu Leistungssteigerungen motivieren
70 bzw. die entsprechenden wirtschaftlichen Anreizstrukturen gestalten sollte.

André Steiner, Von „Hauptaufgabe" zu „Hauptaufgabe". Zur Wirtschaftsentwicklung der langen 60er Jahre in der DDR, in: Axel Schildt, Detlef Siegfried und Karl Christian Lammers (Hrsg.), Dynamische Zeiten. Die 60er Jahre in den beiden deutschen Gesellschaften, Hamburg 2000, S. 218–247, hier S. 219–222

---

1. Vergleichen Sie die privaten Ausgaben in der DDR mit denen der Bundesrepublik in M2.
2. Arbeiten Sie heraus, wodurch die wirtschaftliche Entwicklung in der DDR gebremst wurde. Unterscheiden Sie dabei zwischen vorübergehenden und langfristigen Hindernissen.
3. Begründen Sie, ausgehend vom Text, weshalb soziale Errungenschaften wie das Recht auf Arbeit von der DDR-Führung je länger desto mehr hervorgehoben wurden.

Der Blick aufs Ganze

Veranstalten Sie in der Klasse eine strukturierte Kontroverse zu folgender These: „Die DDR hatte angesichts der deutschen Teilung von Anfang an keine Chance, den Systemwettbewerb zu gewinnen."

---

[1] **Bruttoproduktion:** Gesamtwert der Güter (Waren und Dienstleistungen), die von einer Wirtschaftseinheit für andere Wirtschaftseinheiten in einer Periode produziert werden

Was sind Möglichkeiten und Grenzen staatlicher Wirtschaftssteuerung?

Gesellschaftsentwicklung in Westdeutschland | Der wirtschaftliche Aufschwung der Bundesrepublik in den 1950er- und 60er-Jahren hatte tiefgreifende gesellschaftliche Veränderungen zur Folge. Er führte zu einer bislang nicht gekannten Angleichung der Lebensstile. Schon 1953 kennzeichnete der Soziologe Helmut Schelsky die westdeutsche Gesellschaft als „nivellierte Mittelstandsgesellschaft". Der Begriff schien berechtigt angesichts der erfolgreichen Integration von Millionen von Zuwanderern (Flüchtlinge, Vertriebene, Übersiedler aus der SBZ/DDR). Sie konnten mit der in Westdeutschland angestammten Bevölkerung gleichgestellt werden, weil der Boom genügend Beschäftigung und Aufstiegschancen bot. Der Begriff beschrieb auch die Dominanz einer gesellschaftlichen Mittelschicht. Tatsächlich wurden damals immer mehr Erwerbstätige zu Angestellten, Beamtinnen und Beamten, die zusammen mit den Angehörigen traditioneller Mittelschichten sowie neuerdings mit Facharbeiterinnen und Facharbeitern einen stark vergrößerten Mittelstand bildeten. Durch diese Entwicklungen wurden soziale Klassenunterschiede verringert, aber nicht beseitigt, zumal eine ungleiche Verteilung der Vermögenswerte in Westdeutschland bestehen blieb.

Kurzzeitige Wirtschaftskrise | Angesichts des langanhaltenden Booms in der Bundesrepublik griff der Staat zunächst kaum in die Wirtschaftsentwicklung ein. Mitte der 1960er-Jahre schwächte sich das Wachstum jedoch deutlich ab. Dies führte 1966/67 zu einer Rezession und zu steigender Arbeitslosigkeit. Daher nahm die nach dem Rücktritt von Bundeskanzler Ludwig Erhard (CDU) im Dezember 1966 gebildete Große Koalition aus CDU/CSU und SPD weitreichende wirtschaftspolitische Schritte vor.

Im Mittelpunkt stand das Stabilitäts- und Wachstumsgesetz vom Juni 1967. Es schrieb vier gleichrangige Ziele fest: ein stabiles Preisniveau, hohe Beschäftigung, ein Gleichgewicht zwischen Einfuhren und Exporten sowie ein angemessenes Wirtschaftswachstum („magisches Viereck"). Hierzu dienten Instrumente der Wirtschaftssteuerung wie etwa die „konzertierte Aktion" (Beratungen zwischen Regierung, Verwaltung, Bundesbank, Arbeitgebern und Gewerkschaften), ein Jahreswirtschaftsbericht sowie eine mittelfristige staatliche Finanzplanung. Zudem wurde ein Konjunkturprogramm aufgelegt, d.h. der Staat vergab Aufträge an die Wirtschaft und förderte durch steuerliche Anreize private Investitionen. Ebenso senkte die Bundesbank die Leitzinsen, damit Kredite günstiger wurden. Die Maßnahmen hatten Erfolg: Seit 1968 wuchs die Wirtschaft erneut und die Arbeitslosigkeit sank beträchtlich.

Mehr Plan für die Marktwirtschaft | Seit Mitte der 1960er-Jahre setzte die Wirtschaftspolitik ganz grundsätzlich auf mehr Planung und Steuerung. Theoretische Grundlage waren die Lehren des Keynesianismus. Sie wiesen dem Staat die Funktion eines Krisenmanagers zu: In wirtschaftlichen Schwächephasen sollten Steuern gesenkt und die

Wohlstand für alle.
Foto von 1957.
In seinem 1957 erschienenen Buch „Wohlstand für alle" legte der damalige Bundeswirtschaftsminister und spätere Bundeskanzler Ludwig Erhard (1897–1977) die Prinzipien der Sozialen Marktwirtschaft dar. Erhard und seiner Politik ging es nach eigenen Worten um eine Wirtschaftsverfassung, „die immer weitere und breitere Schichten unseres Volkes zu Wohlstand zu führen vermag."

▶ Diskutieren Sie in der Klasse über den Begriff „Wohlstand".
▶ Charakterisieren Sie die gesellschaftlichen Erwartungen an Wirtschaft und Politik, die sich mit der Formel „Wohlstand für alle" verbinden.

Nachfrage durch zusätzliche staatliche Ausgaben belebt werden. Während eines Aufschwungs konnten dagegen Steuern angehoben und Ausgaben gekürzt werden, um Schulden abzubauen und die Inflation niedrig zu halten (antizyklische Finanz- und Konjunkturpolitik). Eine solche „Globalsteuerung" der Volkswirtschaft war jedoch nur möglich mithilfe zuverlässiger Wirtschaftsdaten und großer finanzieller Spielräume. Die Voraussetzungen hierfür schienen gegeben, angesichts des technischen Fortschritts (verbesserte Statistiken, elektronische Datenverarbeitung) und der hohen Staatseinnahmen während des Booms. Bis Anfang der 1970er-Jahre verbreitete sich die Zuversicht, die wirtschaftliche Entwicklung immer besser beherrschen zu können.

Die DDR als soziales Experiment | Wie die Sowjetunion sollte die DDR zu einem **Arbeiter- und Bauernstaat** werden. In ihm würden die Bedürfnisse der vormals besitz- und einflusslosen Klassen Vorrang vor der übrigen Gesellschaft haben.
Damit Arbeiter und Bauern als künftige Führungsschicht der DDR-Gesellschaft auftreten konnten, waren die bisherigen Eliten zu entmachten. Dem diente die Verstaatlichung der Wirtschaft. Ebenso sollte das Bildungsbürgertum verdrängt und von einer „neuen Intelligenz" abgelöst werden, die sich vor allem aus Angehörigen von Arbeiter- und Bauernfamilien zusammensetzte. Gezielt förderte das SED-Regime Arbeiter und Bauern und ihre Familien – bei der staatlich gelenkten Zuteilung von Wohnungen, der Vergabe von Studien- und Ausbildungsplätzen und bei der Auswahl für Ämter und Karrieren. Mit diesen Maßnahmen wurden soziale Unterschiede verringert und es kam zu einer stärkeren Angleichung der Lebensverhältnisse. Eine klassenlose Gesellschaft, wie sie der Sozialismus versprach, entstand in der DDR jedoch nicht.

Von oben gelenkt | Durch die Überführung der meisten privaten Betriebe in Staats- oder Gemeineigentum erlangten nicht etwa die Beschäftigten mehr Eigenverantwortung und Mitbestimmungsrechte, denn die Gewerkschaften als Arbeitnehmerorganisationen hatten den Führungsanspruch der SED zu beachten. Die Rolle der Unternehmer ging auf den Staat über. Eine von der SED gelenkte Staatliche Plankommission erließ verbindliche Vorgaben für die Arbeitsleistung und Produktion und entschied über die Zuweisung von Personal, Kapital und Rohstoffen an die einzelnen Betriebe. Nach dem Vorbild der Sowjetunion wurden zentrale Mehrjahrespläne erstellt, die für jeden Bereich der Wirtschaft bestimmte Produktionsziele anordneten. Für 1949/50 gab es einen Zwei-Jahres-Plan, danach folgten **Fünf-Jahres-Pläne** (1951–55, 1956–60 usw.), um die Planungsintervalle der DDR-Wirtschaft mit denen der übrigen Staaten im sowjetischen Einflussbereich in Einklang zu bringen.

Reformversuch für die Planwirtschaft | Durch die Planwirtschaft wurde zunächst die Notlage der unmittelbaren Nachkriegszeit behoben und das Recht auf Arbeit, das die DDR-Verfassung garantierte, verwirklicht. Ebenso gelang in den 1950er-Jahren der Aufbau einer eigenen Schwerindustrie. Seit Anfang der 1960er-Jahre zeigten sich jedoch die Grenzen dieses Systems. Bei den Wirtschaftsplänen ging es in erster Linie um das Erfüllen von Mengenvorgaben, nicht um die Qualität der Erzeugnisse oder den benötigten Aufwand. Verglichen mit westlichen Industrieländern wies die DDR eine wesentlich geringere Produktivität auf.
Die SED-Führung beschloss daher 1963 das Neue Ökonomische System der Planung und Leitung der Volkswirtschaft (NÖS). In mehreren Phasen wurden Preise für Rohstoffe neu berechnet, Betriebe erhielten größere Selbstständigkeit und zukunftsträchtige Branchen wurden finanziell gefördert. Die Reformen sahen mehr Wettbewerb und Eigeninitiative vor. Da die Produktivität aber nicht gesteigert werden konnte, brach das SED-Regime das Experiment der NÖS bereits 1970 wieder ab und kehrte zur zentralen Lenkung der Wirtschaft zurück.

M1 Wachstum per Gesetz?

Der Wirtschaftshistoriker Michael von Prollius (*1969) bewertet das 1967 im Deutschen Bundestag verabschiedete Stabilitätsgesetz („Gesetz zur Förderung der Stabilität und des Wachstums der Wirtschaft"):

Als das beste Konjunkturgesetz der Welt wurde das Stabilitätsgesetz von Politikern und Wissenschaftlern bei seiner Einführung am 26. Juni 1967 gefeiert. Das Gesetz sollte die Stabilität und das Wachstum der Wirtschaft
5 fördern. [...]
In der alltäglichen Anwendung scheiterte das Gesetz auf der ganzen Linie. Die Instrumente erwiesen sich als unzureichend. Der Steuerungsoptimismus blieb Illusion. Die Konzertierte Aktion erzielte keine konkreten Festle-
10 gungen. Die anvisierte Vollbeschäftigung von einem Prozent gilt international als Überbeschäftigung und stellte sich als illusorisches Ziel heraus. Der Subventionsbericht[1] blieb hinsichtlich des Abbaus von Subventionen folgenlos. Die Finanzpolitik funktionierte frei nach dem
15 Prinzip „Gas geben funktioniert, nur bremsen nicht", d. h. Ausgaben wurden zwar erhöht, aber nicht gesenkt, geschweige denn Überschüsse erzielt. Zwar bestand die kurzfristig orientierte, antizyklische (keynesianische) Stabilitätspolitik ihre erste Bewährungsprobe. Die Re-
20 zession von 1967 wurde mit zwei staatlichen Konjunkturprogrammen überwunden und die Arbeitslosigkeit 1970 ging auf eine Quote von 0,7 Prozent zurück. Tatsächlich handelte es sich dabei aber nur um ein Strohfeuer, dessen Anteil an der Krisenüberwindung nicht eindeutig ist. Zudem wurde der Grundstein für spätere
25 Fehlentwicklungen gelegt [...]. Allein zu diagnostizieren, in welcher konjunkturellen Lage sich die bundesdeutsche Wirtschaft gerade befand, erwies sich [...] als nahezu unmöglich. Schließlich kam dem Staat die Aufgabe und Bürde zu, für Wohlstand zu sorgen. Wachstumspo-
30 litische Instrumente waren im keynesianischen Instrumentarium jedoch nur rudimentär entwickelt. Gleichwohl verschob sich die Aufgabenteilung vom Markt zum Staat.
Mit der Globalsteuerung des volkswirtschaftlichen Pro-
35 zesses über die Lenkung makroökonomischer Größen[2], die im Laufe der Zeit durch zahllose Eingriffe in spezifische Einzelbereiche flankiert wurde, rückte die Bundesrepublik Deutschland mental und instrumentell der Planwirtschaft der DDR näher [...]. Insofern ist das Sta-
40 bilitätsgesetz Ausdruck einer Neukonzeption der Wirtschaftspolitik.

Michael von Prollius, Deutsche Wirtschaftsgeschichte nach 1945, Göttingen 2006, S. 144 und 147f.

---

[1] **Subventionsbericht:** Seit 1967 alle zwei Jahre vorgelegter Bericht der Bundesregierung über Subventionen (Finanzhilfen und Steuervergünstigungen) des Bundes
[2] **makroökonomische Größen:** Sammelbegriff für alle Indikatoren, die die Gesamtwirtschaft (Makroökonomie) betreffen, etwa das Bruttoinlandsprodukt, die Handelsbilanz (Ein- und Ausfuhren), die Beschäftigungsquote, die Staatsverschuldung, das allgemeine Lohnniveau, Energiekosten und -verbrauch, die Inflationsrate usw.

---

1. Fassen Sie die Kritikpunkte des Verfassers am Stabilitätsgesetz von 1967 zusammen.
2. Begründen Sie, weshalb die Politik damals bemüht war, gerade die Arbeitslosigkeit besonders niedrig zu halten.
3. Erläutern Sie die Aussage, wonach sich „die Aufgabenverteilung vom Markt zum Staat" verschob (Zeile 33 f.).

M2 Über den Plan

Wie nachmals alle Binnenhäfen der DDR unterstanden die Hafenanlagen in Magdeburg der „Deutschen Schiffahrts- und Umschlagbetriebszentrale" (DSU), einem 1949 gegründeten Volkseigenen Betrieb. Das Foto stammt aus dem Jahr 1956.

---

1. Erläutern Sie die Aussage auf der Tafel.
2. Arbeiten Sie anhand der Tafelaufschrift heraus, welche Schwierigkeiten das System der staatlichen Wirtschaftsplanung mit sich brachte. Ziehen Sie dazu auch M4 auf Seite 41 heran.

M3 Hochgesteckte Ziele

Die von der SED herausgegebene Zeitschrift „Einheit" veröffentlicht im Juni 1965 folgende Grafik:

Progressive Entwicklung der führenden Zweige unserer Volkswirtschaft

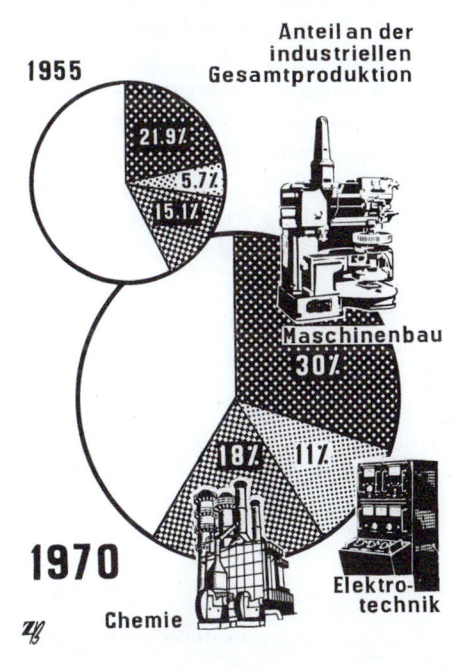

Anteil an der industriellen Gesamtproduktion

1955: 21,9% / 5,7% / 15,1%

1970: Maschinenbau 30% / 18% / 11% / Chemie / Elektrotechnik

Aus: Einheit. Zeitschrift für Theorie und Praxis des Wissenschaftlichen Sozialismus, Jg. 20 (1965), Heft 5, o. S.

1. Beschreiben Sie die Aussage der Grafik.
2. Vergleichen Sie die Zielvorgaben der Grafik mit denen in M2.
3. Entwickeln Sie in Gruppenarbeit einen Maßnahmenkatalog, um die hier dargestellten Planziele zu erreichen. Heben Sie dabei auch hervor, welche Kontroll- und Zugriffsmöglichkeiten diesbezüglich der Staat gegenüber der Wirtschaft haben muss.

M4 Steinkohle-Abbau

Im Dezember 2018 schließt das letzte deutsche Steinkohlebergwerk. Vorausgegangen war eine schrittweise Reduzierung des Kohlebergbaus in der Bundesrepublik über viele Jahrzehnte. Ein Zeitungsbeitrag von 2018 hält Rückschau:

Schon in den frühen 1960er Jahren war die Krise der Steinkohle unübersehbar. Öl und Gas liefen ihr allmählich den Rang ab. Während der [...] Ruhrbergbau immer tiefer graben musste, um die Kohleflöze zu erreichen, drängte billigere Importkohle aus Tagebaurevieren in aller Welt 5 nach Deutschland. So griff ein Zechensterben um sich, das für die Kumpel[1] dramatische Arbeitsplatzverluste nach sich zog. [...] Anfangs kamen viele ehemalige Bergarbeiter in Stahlwerken oder im neuen Bochumer Opelwerk unter. Doch mit dem Konjunkturabschwung 1966 10 wuchsen die Existenzängste der Bergleute. [...]
Was passierte, waren Regierungswechsel im Bund und in Nordrhein-Westfalen, wo die SPD 1966 in die Kabinette einzog. Doch das Zechensterben ging weiter und radikalisierte die Arbeiter. Zehntausende demonstrier- 15 ten gegen fortlaufende Schließungen. In dieser Lage stellte sich Bundeswirtschaftsminister Karl Schiller (SPD) an die Spitze der erbitterten Grubenarbeiter und gegen die Kohlemanager. Unter seiner Regie wurden das Zechensterben zeitlich gestreckt und der Niedergang 20 öffentlich subventioniert abgefedert.
1968 entstand ein neuer Konzern: die Ruhrkohle AG (RAG). Er umfasste zu Beginn 80 Prozent der Steinkohleproduktion in 52 Zechen mit rund 200 000 Beschäftigten. Mit Hilfe einer staatlichen Bürgschaft von 2,1 Milliarden 25 D-Mark ließen die alten Bergwerkseigentümer ihren Besitz in die RAG einfließen und wurden einen Großteil ihrer Schulden los. Der 1969 mit den Stahlkonzernen vereinbarte „Hüttenvertrag" sicherte einen wichtigen Teil des Kohleabsatzes. 1975 wurde der „Kohlepfennig" als 30 Zuschlag auf den Stromtarif eingeführt, mit dem die Verbraucher bis 1995 die Steinkohle subventionierten.
Über Jahrzehnte wurden die staatlichen Kohlesubventionen und Kapazitäten der Branche planmäßig abgebaut. Während zunächst von „nationaler Versorgungssicher- 35 heit" und einem „Mindestsockel" heimischer Steinkohle die Rede war, wurden 2007 endgültig die Weichen für das Ende des Steinkohlebergbaus im Jahr 2018 gestellt.

Hans-Gerd Öfinger, Hüttenvertrag und Kohlepfennig, in: Neues Deutschland, 20. Dezember 2018, https://www.nd-aktuell.de/artikel/1108528.ausstieg-aus-der-steinkohle-huettenvertrag-und-kohlepfennig.html [Zugriff: 01.09.2022]

1. Stellen Sie die Problematik des Steinkohlebergbaus in Deutschland in einer Mindmap dar. Fügen Sie dabei auch Umweltfragen mit an.
2. Bewerten Sie die Rolle des Staates bei den hier beschriebenen wirtschaftlichen Hilfs- und Steuerungsmaßnahmen.

Der Blick aufs Ganze

Vergleichen Sie die Spielräume von wirtschaftlicher Freiheit und staatlicher Lenkung in beiden Teilen Deutschlands in den 1960er-Jahren.

[1] **Kumpel:** Bergarbeiter oder -arbeiterin

Filmquellen analysieren

Seit der Erfindung von Filmkameras gegen Ende des 19. Jahrhunderts gibt es Filmaufnahmen, seit den 1930er-Jahren auch Filme mit integrierter Tonspur und in Farbe. Filmquellen sind **Originalaufnahmen**, die in einem Studio oder vor Ort durch ein Aufnahmeteam bzw. durch Amateurfilmerinnen und -filmer entstanden sind. Sie sind entweder kommentarlos überliefert oder mit Moderationen versehen. Oft dienen sie als **Rohmaterial** (engl. *footage*), um etwa in Nachrichtensendungen, Reportagen oder historische Dokumentationen eingebaut zu werden.

Filmquellen zeigen Menschen, Orte und Handlungen der Vergangenheit bisweilen mit mehr Genauigkeit und eindrucksvoller, als dies durch überlieferte Texte, Fotos und Grafiken möglich ist. So kann z. B. ein Filminterview eine historische Person, ihre Stimme, Sprechweise oder ihr Auftreten sehr anschaulich wiedergeben. Filme halten neben den vordergründigen Aussagen viele Details fest: Kleidung und räumliche Ausstattung, die Stimmung einer Volksmenge, die Atmosphäre oder Geräuschkulisse bei einer Veranstaltung usw.

Zum Einstieg in die Analyse einer Filmquelle werden die gezeigten Aufnahmen protokolliert. Das **Szenenprotokoll** enthält auch die Mitschrift (Transkription) wichtiger gesprochener Aussagen und kann ebenso Eindrücke oder Fragen vermerken, die sich bei der Betrachtung ergeben.

Leitfragen zu den Arbeitsschritten finden Sie auf S. 211, eine Lösungsskizze zu den Arbeitsaufträgen auf S. 217.

HDW.
Foto von 1974.
HDW steht für Howaldtswerke-Deutsche Werft GmbH, ein Schiffbauunternehmen in Kiel

HISTORISCHER HINTERGRUND

Durch das rasante Wirtschaftswachstum in den 1950er- und 60er-Jahren wurden in der Bundesrepublik zusätzliche Arbeitskräfte benötigt. Die Bundesregierung schloss Abkommen u. a. mit Ländern in Südeuropa, Nordafrika und mit der Türkei, die den befristeten Zugang zum westdeutschen Arbeitsmarkt ermöglichten. Bis 1973 folgten etwa 14 Millionen ausländische Beschäftigte diesem Angebot. Für sie wurde der Begriff „Gastarbeiter" üblich.

Der Film „Gastarbeiter Deutschland HDW Kiel" ist eine 19-minütige **Sammlung von Kurzreportagen aus der Zeit um 1970**. Die sechs Filmberichte stammen augenscheinlich vom **Norddeutschen Rundfunk (NDR)** und damit einem **öffentlich-rechtlichen Sender**. Sie sind Beispiele dafür, wie die Arbeitsmigranten in den Medien wahrgenommen wurden.

Das Video kann unter dem Code 32052-03 abgerufen werden.

M1 Aufzeichnungen zum Filmbericht Nr. 5

Diese Kurzreportage in Schwarzweiß hat den Zeitindex 12:42–16:42:

Originalwortlaut (Transkription) — *Szenenbeschreibung*

Nr.	Zeit (Min. : Sek.)	Szene	Bemerkungen
1	12:42 – 13:35	*Bilder dreier Personen in Nahaufnahmen, dann Außenaufnahmen von Arbeitern auf einer Baustelle. Kommentar des Sprechers:* Karaman Akbulut, 32 Jahre alt, verheiratet, fünf Kinder. Yase Üzel, 31 Jahre alt, verheiratet, ein Kind. Isfan Aygün, 35 Jahre, verheiratet, vier Kinder. Das sind drei von 150 000 ausländischen Arbeitern in Norddeutschland. Sie helfen auf der Olympia-Baustelle in Kiel-Schilksee, beim Straßenbau, in den Krankenhäusern und Hotels im ganzen Land. Sie arbeiten für unsere Wohlstandsgesellschaft, aber sie leben in ihr nur als Außenseiter. [...]	(Namen werden im Film nicht eingeblendet und sind daher nur nach Gehör transkribiert.)
2	14:34 – 15:07	*Befragung von I. Aygün (A) durch einen nicht gezeigten Interviewer (F), dazu Aufnahmen von Aygün vor und in seinem Wohnwagen:* F: Wie lange bist Du schon in Deutschland? A: Sechs Jahre bin ich [in] Deutschland. F: Hast Du schon einmal eine Wohnung gehabt, die so gut war, dass Du Dich wohlgefühlt hast? A: Nein, nur eine gute Baracke. Drei Zimmer, sechs, sieben darin zusammen geschlafen ein Jahr, dann ich hab' drei Jahre immer im Wohnwagen geschlafen. *Kommentar des Sprechers zu den Bildern:* So sieht also die Wohnung eines 35-jährigen Familienvaters aus Ankara in Flensburg aus. Mehr als diesen Bus hat seine Firma für ihn nicht übrig. [...] Hier ist das Minimum an Wohnkomfort unterschritten.	(Anrede im Du!) (Bilder vermitteln Enge und Kargheit.)
3	15:37 – 16:05	*Außenaufnahmen von Baracken, dann Bilder von dicht gedrängten Männern auf einem Gang und bei der Zubereitung von Speisen in einer Küche. Kommentar des Sprechers:* [...] Genehmigt vom zuständigen Arbeitsamt wurden diese Baracken mit 400 Gastarbeitern in Vier-Mann-Zimmern vor den Toren der Howaldtswerke. Mit Waschräumen, Küche und Heizung wohnen die Ausländer im Jahre 1970 hier besser als wir Deutschen im Jahre 1945. Ist es Beruhigung und Trost? Gewiss nicht. Die Unternehmen holen sich die „Gastarbeiter" je nach Wirtschaftslage und weitgehend ohne Rücksicht auf die sozialen Folgen.	(Baracken, „1945": Bilder und Kommentar sollen an die Nachkriegszeit erinnern.)

Stimmungen und Eindrücke

▶ Analysieren Sie die protokollierten Abschnitte der Filmquelle.

West- und Osteuropa nach 1945

Ausgangssituation nach dem Zweiten Weltkrieg

Zusammenbruchsgesellschaft, Flucht und Vertreibung

Zerbrechen der Anti-Hitler-Koalition der vier Siegermächte

↓

Grundstrukturen des Kalten Krieges

Systemkonflikt, Propaganda
Kapitalismus/Sozialismus
Machtkonflikt, Blockbildung
(→ Bipolarität, „Eiserner Vorhang", Marshall-Plan)
Rüstungswettlauf
Stellvertreterkriege

Zentrale Entwicklungen bis Anfang der 1970er-Jahre in

Westeuropa/Bundesrepublik

Parlamentarische Demokratie

Marktwirtschaft
Soziale Marktwirtschaft

Boom („Wirtschaftswunder")

Sozialstaat
Konsumgesellschaft
Vollbeschäftigung
Keynesianismus
nivellierte Mittelstands-
gesellschaft

Osteuropa/DDR

Volksdemokratie
Arbeiter- und Bauernstaat

Zentralverwaltungswirtschaft

Fünfjahresplan
Primat der Schwerindustrie

Versorgungsstaat

Recht auf Arbeit

---

1. Stellen Sie die Ausgangssituation in Europa 1945 und die Grundstrukturen und zentralen Entwicklungen des Kalten Krieges dar.
2. Vergleichen Sie die wirtschaftliche Entwicklung in der Bundesrepublik und in der DDR bis Anfang der 1970er-Jahre.
3. Erklären Sie die unterschiedliche Entwicklung in West- und Osteuropa mithilfe der Grundstrukturen und zentralen Entwicklungen des Kalten Krieges.

Quellenarbeit im Archiv

M1 Jugend in der Besatzungszeit

In einer Publikation über die Nachkriegszeit, deren Ergebnisse auf der Arbeit mit Quellen im Archiv beruht, heißt es unter anderem:

Die Jugend, klassischer Wegbereiter von alternativen Werten, wuchs in den ersten Jahren der Nachkriegszeit unter gänzlich anderen Bedingungen auf als frühere Generationen, sie konnte sich bedingt durch die Zeitumstände dem erzieherischen Bemühen der Erwachsenenwelt noch mehr entziehen, als dies üblicherweise der Fall zu sein pflegt [...]. Viele Kinder wuchsen ohne Väter auf, viele Väter befanden sich noch in Kriegsgefangenschaft, viele kamen gebrochen aus Krieg und Gefangenschaft zurück.
Wie in vielen Fällen die väterliche Autorität, so war auch die Staatsautorität gebrochen. Die ersten deutschen Polizisten in der französischen Zone trugen Zivil; nur an einer weißen Armbinde waren sie als Hilfspolizisten zu erkennen [...]; Waffen erhielten sie nur auf Anforderung von der französischen Besatzungsmacht, ohnedies nur Modelle aus Weltkrieg I und noch älteren Zeiten. Auf der anderen Seite lagen haufenweise Waffen und Munition in den Wäldern umher, wo sie für viele tragische Unfälle sorgten, aber auch für viele „Abenteuer".

Walter Rummel, Abweichendes Verhalten, Ordnungswidrigkeiten und Strafen. Zum Wertewandel der Nachkriegszeit im Spiegel archivalischer Quellen; https://www.landesarchiv-bw.de/sixcms/media.php/120/Rummel_Wertewandel.pdf S. 6 f. [Zugriff: 04.10.2021]

Den gesamten Text finden Sie unter Code 32052-04.

1. Arbeiten Sie in einer These die Kernaussage des Textausschnitts heraus.
2. Verschaffen Sie sich mithilfe der angegebenen Internetadresse einen Überblick über die weiteren inhaltlichen Aspekte der Arbeit.
3. Wählen Sie einen Aspekt aus und recherchieren Sie im Stadtarchiv Ihres Wohn- oder Schulortes oder auch im Archiv der örtlichen oder regionalen Zeitung nach entsprechendem Material. | F
4. Fassen Sie Ihre Ergebnisse in einem kurzen Essay zusammen.

Filmquellen analysieren

M2 „Die Halbstarken"
Filmplakat von 1956.

1. Informieren Sie sich – z.B. mithilfe des Mediencodes – über das Phänomen der „Halbstarken" in den 1950er-Jahren.
2. Analyse des Films:
    a) Sehen Sie sich den Film zunächst zuhause ganz an (siehe Code 32052-05). Teilen Sie dabei den Film in Sequenzen von ca. 10 bis 15 Minuten auf.
    b) Analysieren Sie folgende Aspekte des Films in Arbeitsgruppen: Arbeiten Sie heraus, welche Elemente des Films auf historischen Gegebenheiten beruhen bzw. auf diese anspielen (siehe Aufgabe 1) und welche Elemente fiktional sind.
    c) Zeigen Sie, wie die junge Generation der „Halbstarken" in dem zeitgenössischen Film beurteilt wird.
    d) Beurteilen Sie, inwiefern der Film als Quelle für die Geschichte der 50er-Jahre in der Bundesrepublik herangezogen werden kann.
3. Im Jahr 1995 wählten Experten den Film „Die Halbstarken" unter die „100 wichtigsten deutschen Filme aller Zeiten". Nehmen Sie dazu Stellung.

Zum Film „Die Halbstarken" führt Code 32052-05.

Erklärungen zum Phänomen der „Halbstarken" in den 50er-Jahren bekommen Sie unter Code 32052-06.

Proteste in Ost und West – Aufbruch in die Freiheit?

Die Aufstandsbewegung des 17. Juni 1953 – Arbeiter- oder Volksaufstand? | Am 18. Juni 1953 schrieb die New York Times: „Wir wissen jetzt, und die Welt weiß es, dass in dem deutschen Volk ein Mut und ein Geist leben, die die Unterdrückung nicht ewig dulden werden." Gemeint war hiermit der tags zuvor gewaltsam niedergeschlagene Volksaufstand in der DDR. Es war der erste Massenprotest im Machtbereich der Sowjetunion seit dem Ende des Zweiten Weltkrieges.

Am 17. Juni 1953 entlud sich die Unzufriedenheit zahlreicher Arbeiter in der DDR. Vorausgegangen waren nach sowjetischem Vorbild die Zwangsverstaatlichung der Industrie und die Zwangskollektivierung der Landwirtschaft. Anhaltende Mangelwirtschaft, massive Unterdrückung der innenpolitischen Opposition sowie steigende Preise trugen zusätzlich zur Verschlechterung der Stimmung bei. Obendrein enttäuschte die SED nach dem Tod Stalins im März 1953 die Hoffnung auf Liberalisierung und erhöhte gleichzeitig mit ihrem „Neuen Kurs" die Arbeitsnormen bei gleichbleibenden Löhnen. Die Folge war ein Streik der Bauarbeiter in der Berliner Stalinallee, aus dem sich der Aufstand des 17. Juni in der gesamten DDR entwickelte. Hatten die Streiks mit wirtschaftlichen Forderungen begonnen, so wurde bald der Ruf nach freien Wahlen laut.

Nur mithilfe der Sowjetunion konnte die SED die Aufstände beenden. Die Besatzungsmacht verhängte den Ausnahmezustand, d. h. das Kriegsrecht, über Ost-Berlin und weite Teile der DDR. Mit Panzern wurde der Aufstand gewaltsam niedergeschlagen. Danach erklärte die DDR-Führung offiziell die Unruhen zu einem vom Westen gesteuerten „faschistischen Putsch" und reagierte mit Massenverhaftungen und drakonischen Strafen. Die Bevölkerung der DDR machte die bittere Erfahrung, dass eine gewaltsame Veränderung des politischen Systems zum Scheitern verurteilt war, solange die Sowjetunion das SED-Regime in der DDR stützte.

Krise 1960/61 und der Mauerbau | Diese Erfahrung wiederholte sich im Jahr 1961. Das Politbüro der SED und die Regierung der DDR standen seit 1953 unter verstärktem innenpolitischen Legitimationsdruck. Die andauernde Unzufriedenheit mit den wirtschaftlichen Verhältnissen und der Verweigerung von Bürgerrechten veranlasste vor allem junge, gut ausgebildete Menschen zur Flucht aus der DDR. Das SED-Regime reagierte auf diese „Abstimmung mit den Füßen", indem es die Grenze zur Bundesrepublik in ganzer Länge mit Stacheldraht und Minensperren abriegelte.

Die Lage spitze sich in der zweiten Berlin-Krise (1958–1961) zu, als der sowjetische Staats- und Parteichef Nikita S. Chruschtschow auf eine Neuregelung des Status des bislang von den vier Siegermächten gemeinsam verwalteten Berlin drängte und mit einem separaten Friedensvertrag zwischen der Sowjetunion und der DDR drohte, der einen Verstoß gegen die Vereinbarungen der Siegermächte bedeutet hätte. Sein Ziel war der Abzug der westlichen Alliierten aus Berlin und eine Zementierung der bestehenden Grenzen. Beide Seiten konnten sich nicht einigen; auch ein Gipfeltreffen im Juni 1961 blieb erfolglos. Die Welt befürchtete einen Atomkrieg angesichts des Streits

---

„Der Prager Frühling und seine Folgen."
Karikatur von Horst Haitzinger, erschienen in der Schweizer Satirezeitschrift „Nebelspalter", September 1969.

▶ Analysieren Sie die Karikatur. | H
▶ Entwickeln Sie Hypothesen, wie mit Protesten in Ost und West umgegangen wurde.

Internettipp:
Die Webseite über den Volksaufstand vom 17. Juni 1953 in der DDR bietet einen aktuellen Forschungsstand mit zahlreichen Zeitzeugenberichten & O-Tönen unter dem Code 32052-07.

Proteste in Ost und West – Aufbruch in die Freiheit?

Sowjetische Panzer in Ost-Berlin.
Foto vom 17. Juni 1953.
▶ Beschreiben Sie das Bild.
▶ Stellen Sie die Gründe für den Aufstand dar.

John F. Kennedy (1917–1963): US-Präsident (Demokrat) von 1961 bis 1963. Er fiel am 22. November 1963 einem Attentat zum Opfer.

um Berlin. Schließlich lenkten die USA unter Präsident John F. Kennedy ein, indem sie lediglich für die drei westlichen Sektoren Berlins eine Bestandsgarantie aussprachen. Damit erkannte der Westen auch offiziell die alleinige Verfügungsmacht der Sowjetunion über die DDR und Ost-Berlin an. Moskau gab daraufhin der DDR-Führung im August 1961 freie Hand für den Bau der Berliner Mauer. Sie schloss das letzte verbliebene „Schlupfloch" für Bürgerinnen und Bürger der DDR in den Westen und wurde weltweit zum Symbol des Kalten Krieges. Unter dem Schutz der in der DDR stationierten sowjetischen Truppen begann der Mauerbau in den frühen Morgenstunden des 13. August. Ziel war es, die sogenannte „Republikflucht" aufzuhalten, denn allein von September 1949 bis August 1961 waren etwa 2,8 Millionen Menschen aus der DDR in die Bundesrepublik geflohen.

Wiederbewaffnung oder Neutralität der Bundesrepublik? | Auch in der Bundesrepublik gab es Konfliktpotenzial. In den frühen 1950er-Jahren wurde über eine Wiederbewaffnung diskutiert. Grund hierfür war das Drängen der USA und Großbritanniens nach dem Ausbruch des Korea-Krieges 1950 auf einen deutschen Verteidigungsbeitrag. Die Sorgen Großbritanniens und vor allem Frankreichs gegenüber einem wiederbewaffneten (West-)Deutschland wurden dadurch überwunden, dass die Bundesrepublik in den Pariser Verträgen 1955 auf den Besitz von atomaren, biologischen und chemischen Waffen verzichtete, vor allem aber dadurch, dass sie der NATO beitrat, in der die USA ein mächtiges Gegengewicht zu einem wiederbewaffneten deutschen Staat darstellten. Die Einbindung der Bundesrepublik als gleichberechtigter Partner in das westliche Blocksystem fand damit ihren Abschluss.

In der Bundesrepublik kam es jedoch sowohl innerhalb der Bevölkerung als auch im Bundestag zu einem breiten Protest gegen die Wiederbewaffnung. Im Parlament kritisierte insbesondere die SPD den eingeschlagenen Kurs heftig. Während Konrad Adenauer (CDU) davon ausging, dass eine Wiedervereinigung nur von einem politisch und wirtschaftlich starken Weststaat mit Unterstützung der Bündnisstaaten zu erreichen sei, verweigerte sich die SPD zwar einer Einbeziehung Westdeutschlands in die europäischen Bündnissysteme nicht grundsätzlich, sie stellte jedoch die Wiedervereinigung allen anderen Zielen voran und hielt diese nur für möglich, wenn beide Teilstaaten auf eine Eingliederung in die politischen Blöcke in West und Ost verzichteten.

Konrad Adenauer (1876–1967): 1917–1933 Oberbürgermeister von Köln, 1948 Vorsitzender des Parlamentarischen Rates, 1950–1966 Mitbegründer und Bundesvorsitzender der CDU, 1949–1963 Bundeskanzler, 1951–1955 zugleich Bundesaußenminister

Die Wiederbewaffnung führte aber auch zur Formierung einer breiten pazifistischen Bewegung. Viele Bürgerinnen und Bürger kritisierten nämlich die Wiederbewaffnung als verfrühte Remilitarisierung und als ein Hemmnis für die Wiedervereinigung. Hinzu kam die Angst vor der Nutzung der Atomkraft und den katastrophalen Folgen eines Einsatzes atomarer Massenvernichtungswaffen. Die Kritiker blieben aber nur eine Minderheit und hatten keinen Einfluss auf das Handeln der Regierung Adenauer, die am Kurs der strikten und vorrangigen Westorientierung festhielt.

Demonstration gegen Notstandsgesetze.
Foto vom 11. Mai 1968.
Am 30. Mai 1968 beschloss der Deutsche Bundestag die Einführung einer Notstandsverfassung. Die sog. „Notstandsgesetze" sollten im Falle eines inneren und äußeren Notstandes die Handlungsfähigkeit der Regierung sichern, indem sie die Einschränkung von Grundrechten erlaubten, darunter das Brief-, Post- und Fernmeldegeheimnis sowie die Unverletzbarkeit der Wohnung.

▶ Analysieren Sie das Foto.

▶ Ordnen Sie die Forderungen auf den Transparenten in den Kontext der 68er-Bewegung ein.

Die 68er-Bewegung in der BRD ... In der zweiten Hälfte der 1960er-Jahre artikulierten immer mehr Angehörige der jüngeren Generation, vor allem Studentinnen und Studenten, aber auch Hochschullehrkräfte und andere Intellektuelle, Künstlerinnen und Künstler sowie Gewerkschaftsmitglieder ihre wachsende Unzufriedenheit mit den bestehenden Verhältnissen in der Bundesrepublik. Sie kritisierten die einseitige Anlehnung an die USA, die sich im Vietnam-Krieg schwere Verstöße gegen die Menschenrechte hatten zuschulden kommen lassen, sowie an das westliche Bündnis und fanden es heuchlerisch, dass die Bundesrepublik Diktatoren in Afrika, Asien oder Lateinamerika unterstützte, nur weil diese im Kalten Krieg eine eindeutig antikommunistische Haltung zeigten. Sie wandten sich auch gegen die kapitalistische Wirtschaftsweise und gegen das Konsumdenken der Wohlstandsgesellschaft, die in ihren Augen Arbeitskraft und Umwelt rücksichtslos ausbeuteten, und forderten die praktische Umsetzung der im Grundgesetz garantierten Gleichberechtigung von Männern und Frauen sowie die Abschaffung der Kriminalisierung der Homosexualität und die Lockerung des Abtreibungsverbotes. Nicht zuletzt warfen sie den Älteren vor, nach 1945 keinen wirklichen Neuanfang gewagt und sich aus der Verantwortung für die Gräuel der NS-Zeit gestohlen zu haben und immer noch mit Teilen des NS-Gedankengutes zu sympathisieren.

Der **Wertewandel**, der sich in solchen Forderungen ausdrückte, traf zunächst auf den teilweise erbitterten Widerstand der bislang in Politik, Gesellschaft und Wirtschaft vorherrschenden Personen, Gruppen und Parteien. Die Proteste steigerten sich und hatten ihren Höhepunkt im Jahr 1968, sodass man bald von der **„68er-Bewegung"** sprach. In vielen Städten prallten Demonstrierende und Polizei aufeinander. Es gab rund 400 Verletzte und zwei Todesopfer. Doch die Bundestagswahl im Jahr 1969 zeigte, dass nicht nur die Demonstrierenden eine Veränderung wollten: SPD und FDP errangen eine Mehrheit.

... und im Ostblock

Auch in der DDR war das Jahr 1968 ein Jahr zahlreicher Proteste. Getragen wurden die Proteste überwiegend von der „Arbeiterjugend". Sie richteten sich vor allem gegen die repressive Ordnungspolitik der SED und gegen die militärische Intervention der Truppen des Warschauer Paktes in der Tschechoslowakei zur Beendigung des „Prager Frühlings". In der ČSSR hatte der neu gewählte Vorsitzende der dortigen Kommunistischen Partei Alexander Dubček versucht, einen „Sozialismus mit menschlichem Antlitz" einzuführen, indem er z. B. die Zensur abschaffte und Auslandsreisen gestattete, vor allem aber, indem er die Trennung von Kommunistischer Partei und Staat befürwortete und die Vorherrschaft der Kommunistischen Partei beendete, an eine Abschaffung der Planwirtschaft und an Kontakte mit dem Westen dachte. Einen solchen Alleingang betrachteten die Sowjetunion und die anderen Ostblockstaaten als Schwächung ihres Lagers im Kalten Krieg. Daher beendeten sie diesen „Prager Frühling" gewaltsam durch eine militärische Intervention. Nach Meinung des sowjetischen KP-Chefs Leonid I. Breschnew war die Sowjetunion berechtigt, Abweichungen vom „Weg des Sozialismus" notfalls mit militärischer Gewalt zu unterdrücken (sog. Breschnew-Doktrin).

Aber genau das bestritten die Protestierenden in der DDR. Sie forderten den Abzug der sowjetischen Truppen aus der ČSSR und der DDR. Die Protestaktionen beschränkten sich jedoch auf vereinzelte Aktionen ohne Massenwirksamkeit, denn die „Stasi" registrierte und verfolgte jede Form des Protestes oder gar widerständiger Handlungen. Gleichzeitig baute die SED die Grenze zur Bundesrepublik weiter aus. Von 1961 bis 1989 wurden mehr als 100 000 Menschen wegen „Republikflucht" verurteilt, die versucht hatten, in den Westen zu fliehen, und zwischen 400 und 600 Menschen starben an der innerdeutschen Grenze. Noch im Jahr 1968 schrieb die SED in einer neu verabschiedeten Verfassung die führende Rolle der SED in Staat und Gesellschaft fest.

Alexander Dubček (1921–1992): 1968 Chef der tschechoslowakischen KP; wurde nach dem „Prager Frühling" von der Partei ausgeschlossen, 1989 rehabilitiert und zum Parlamentspräsidenten ernannt

Leonid Iljitsch Breschnew (1907–1982): Chef der KPdSU 1964–1982; sowjetischer Staatschef 1977–1982

Niederschlagung des „Prager Frühlings".
Foto vom 21. August 1968, Prag.

▶ Beschreiben Sie das Bild.
▶ Vergleichen Sie den Umgang mit Protest in der Tschechoslowakei mit dem Aufstand vom 17. Juni 1953.

M1 „Das Volk steht auf"

Titelseite der Wochenillustrierten „Der Stern", Heft 26 vom 28. Juni 1953 mit einem Foto vom Aufstand am 17. Juni 1953 in Ost-Berlin:

1. Analysieren Sie das Titelblatt.
2. Gestalten Sie Sprech- oder Denkblasen mit möglichen Hoffnungen, die die abgebildeten Personen auf die Straße getrieben haben könnten.

M2 „Putschversuch" und „Niederlage"

Die Akademie der Wissenschaften der DDR war eines der wichtigsten Forschungsinstitute der DDR. Sie ordnet die Ereignisse vom 17. Juni 1953 im Jahr 1974 folgendermaßen ein und bewertet sie:

Am 17. Juni gelang es Agenten der imperialistischen Geheimdienste und faschistischen Provokateuren, die vor allem von Westberlin aus eingeschleust wurden, in Berlin und anderen Städten der DDR Werktätige mehrerer Betriebe zur Arbeitsniederlegung und zu Demonstrationen zu verleiten. In allen Fällen versuchten die Gruppen von Provokateuren, die Führung der Demonstration zu übernehmen, Ausschreitungen und Schießereien zu provozieren. Der RIAS[1] rief zum „Generalstreik" auf und sandte verschlüsselte Nachrichten an die Rädelsführer des Putsches. Aufgeputschte Horden krimineller und gekaufter Subjekte forderten die Beseitigung der Regierung, drangen in staatliche Dienststellen, Parteibüros und Warenhäuser ein, zerstörten die Einrichtungen, legten Brände an und besudelten Symbole der DDR und der Arbeiterbewegung. Klassenbewusste Arbeiter, die den Putschisten entgegentraten, wurden niedergeschlagen und misshandelt. Einige erlagen ihren Verletzungen.

Schon nach 24 Stunden brach der konterrevolutionäre Putsch zusammen. Die marxistisch-leninistische Führung der SED sicherte die Einheit der Schlagkraft der Partei und der sozialistischen Staatsmacht. In wichtigen Zentren der sozialistischen Industrie [...] wiesen die Arbeiter die faschistischen Provokateure zurück, bildeten Arbeiterwehren und übernahmen unter Führung der Parteiorganisationen der SED den Schutz der Betriebe. Die in der DDR stationierten sowjetischen Truppen durchkreuzten durch ihr entschlossenes Eingreifen die Absicht des Imperialismus, blutige Auseinandersetzungen zu provozieren, die den Westmächten als Anlass für eine militärische Intervention dienen sollten. Im Geiste des proletarischen Internationalismus traten Seite an Seite Einheiten der Sowjetarmee, der Schutz- und Sicherheitsorgane der DDR, klassenbewusste Arbeiter und andere Werktätige den Putschisten entgegen und setzten ihrem Wüten ein Ende. Ernüchtert durch den faschistischen Terror und die offen verkündeten konterrevolutionären Ziele der Putschisten, wandte sich die Mehrheit der irregeleiteten Werktätigen bald von ihnen ab und begann zu erkennen, dass sie gegen ihre eigenen Interessen gehandelt hatte.

Mit aussichtsloser konterrevolutionärer Zielsetzung begonnen, endete der Putschversuch mit einer Niederlage. Es gelang ihnen nicht, die SED zur Aufgabe ihrer Politik des sozialistischen Aufbaus zu veranlassen und das bewährte Bündnis der SED mit den anderen Blockparteien und den Massenorganisationen zu sprengen.

Akademie der Wissenschaften der DDR, Zentralinstitut für Geschichte (Hrsg.), DDR, Werden und Wachsen, Zur Geschichte der Deutschen Demokratischen Republik, Berlin (Ost) 1974, S. 240 ff.

1. Gestalten Sie – auf Basis von M2 – eine Gegendarstellung eines westdeutschen Beobachters zu den Ereignissen am 17. Juni 1953.
2. Vergleichen Sie Ihre Ergebnisse mit der Darstellung des Ereignisses in M1.

[1] RIAS: Abkürzung für „Rundfunk im amerikanischen Sektor"

M3 60. Jahrestag des Volksaufstandes in der DDR

Der damalige Bundespräsident Joachim Gauck (2012–2017) hält in der Gedenkstunde des Deutschen Bundestages am 14. Juni 2013 eine Rede zum 60. Jahrestag des Volksaufstandes in der DDR:

Erinnerung kann fast alles sein. Sie kann Trost spenden, anerkennen und würdigen. […] Wenn ich mir etwas wünschen darf heute, dann ist es dies: Dass das Wissen über den 17. Juni in der DDR zum Allgemeingut aller
5 Deutschen wird und dieser Tag damit jene Anerkennung erfährt, die ihm als Volksaufstand gebührt. […]
Sie [Bürgerinnen und Bürger der DDR] haben damals in Leipzig, Dresden und an vielen anderen Orten der DDR […] den Widerstand 1953 miterlebt und mitgetragen. Sie
10 sind aus der Fabrikhalle, aus dem Hörsaal oder aus Ihrem Wohnzimmer hinaus auf die Straße gegangen, weil Sie eine gemeinsame Hoffnung teilten: die Hoffnung, dass man mit Entschlossenheit die Gesellschaft verändern kann. […] Menschen aus dem Ostsektor berichteten von
15 protestierenden Arbeitern auf der Stalin-Allee und von langen Demonstrationszügen in mehreren Stadtteilen, auch von schweren Zerstörungen und gewaltsamen Auseinandersetzungen mit der Polizei. […] Acht Jahre nach Kriegsende rollten wieder Panzer durch die Berliner Stra-
20 ßen, wurde auf Menschen geschossen, es gab Schwerverletzte und Tote. Mithilfe der sowjetischen Verbündeten schlug die DDR-Regierung den Aufstand nieder.
Heute wissen wir: Der 17. Juni war weit mehr als ein singuläres Ereignis in der Hauptstadt der DDR. In mehr
25 als 700 Orten kam es zu Streiks, Kundgebungen, auch zur Erstürmung von SED- und Polizeigebäuden, Hunderttausende Bürger schlossen sich den Aktionen an. Es war übrigens auch kein singulärer Protest in einer Gesellschaft der völlig Angepassten. Jahrelange Protestaktionen
30 und Widerstand – wenn auch in geringerem Ausmaß – gingen ihm voraus. Es gab Widerstandsgruppen besonders unter Schülern […]. Es gab Flugblätter, Losungen an den Wänden […]. Und es gab viele Menschen, die individuell oder in kirchlichen und anderen Gruppen Wider-
35 spruch wagten oder in den Blockparteien ein eigenes, nicht völlig gleichgeschaltetes Parteiprofil zu erhalten suchten. Mehr als 900 DDR-Bürger wurden bis 1953 von den sowjetischen Militärtribunalen zum Tode verurteilt und in Moskau hingerichtet […]. Sollten wir diesen Men-
40 schen nicht endlich einen angemessenen Platz in unserem kollektiven Gedächtnis geben?
Wir wissen auch längst: Der 17. Juni war mehr als ein Arbeiteraufstand. Das viel zitierte Gesetz über die Normerhöhung bildete nur die Initialzündung für eine
45 kollektive Erhebung. Seit Sommer 1952 war der sogenannte „planmäßige Aufbau des Sozialismus" verschärft worden und hatte vor fast keiner sozialen Gruppe Halt gemacht. Auch wir Jüngsten spürten das: Denn wir Kinder wurden in den Schulen indoktriniert, größere Schüler zum Arbeitseinsatz verpflichtet […], Studenten-
50 pastoren sogar verhaftet – trotz einer Verfassung, die Meinungs- und Religionsfreiheit garantierte. […]
Der 17. Juni war ein Volksaufstand für Demokratie und Recht. […] Die genaue Zahl der Toten vom 17. Juni, die kennt niemand. Für die SED war der 17. Juni – genauso
55 wie für die Führung in Moskau – ein faschistischer, vom Westen gesteuerter Putsch. Teilnehmer wurden als „Rädelsführer" beschuldigt und standrechtlich erschossen. Sie wurden in Stasi-Gefängnissen gefoltert und als Selbstmörder ausgegeben. […]
60
Die Staatsmacht überzog das Land im Sommer 1953 mit Verhaftungswellen und Schikanen gegen Zehntausende mutmaßliche Provokateure. Nie war die Zahl der sogenannten Republikflüchtigen so hoch wie in den Jahren nach 1953. Zurück blieben ein Klima der Angst und die
65 lähmende Erfahrung einer Kette von Niederlagen, auch in unseren Nachbarländern. Denn alles scheiterte: der Aufstand in Ungarn 1956, die Arbeiterunruhen in Polen 1956, der Prager Frühling 1968, selbst die große bedeutende Solidarność-Bewegung in Polen 1980. Der 17. Juni
70 wurde so in Deutschland zum kollektiven Trauma: marginalisiert, verdrängt, verschwiegen – vergessen. […]
Aber die Tradition des 17. Juni zu würdigen, verlangt noch mehr. Es gilt, auch heute überall auf der Welt denen beizustehen, die sich – obwohl diskriminiert und ausge-
75 grenzt – mutig für Freiheit, Demokratie und Recht einsetzen. […] Aus unserer Erinnerung erwächst also auch eine Verpflichtung für heute.

Joachim Gauck, Gedenkstunde des Deutschen Bundestages zum 60. Jahrestag des Volksaufstandes vom 17. Juni 1953 in der DDR (14. Juni 2013), https://www.bundespraesident.de/SharedDocs/Reden/DE/Joachim-Gauck/Reden/2013/06/130614-17-Juni-BT.html [Zugriff: 20.05.2021]

---

1. Beschreiben Sie die Einschätzung Gaucks zum Volksaufstand von 1953.
2. Entwickeln Sie in Gruppen Konzepte, um die Forderung Gaucks nach einer angemessenen Form des Gedenkens an den 17. Juni 1953 zu erfüllen.
3. Recherchieren Sie zu einem der von Gauck beschriebenen Ereignisse (Z. 68 ff.) und stellen Sie die Ergebnisse dem Plenum anhand eines Schaubildes vor. Teilen Sie sich die einzelnen Themen in einer Gruppe auf. Gestalten Sie anschließend gemeinsam ein Wandplakat.
4. Volksaufstand gegen den Kommunismus, konterrevolutionärer Putschversuch oder Arbeiteraufstand mit Reformzielen? Erörtern Sie die unterschiedlichen Urteile zum 17. Juni 1953 mit Blick auf die unterschiedlichen Perspektiven. Beziehen Sie dabei M1 und M2 in Ihre Überlegungen mit ein. | F

M4 Breschnew-Doktrin

Der sowjetische Parteichef Leonid I. Breschnew definiert nach der Beendigung des kommunistischen Reformkurses in der Tschechoslowakei durch sowjetische Truppen 1968 („Prager Frühling") das Verhältnis der UdSSR zu den übrigen Staaten der Warschauer Vertragsorganisation. Die wesentlichen Inhalte sind am 26. September 1968 in der „Prawda" (Parteizeitung der KPdSU) zusammengefasst:

Die von der Sowjetunion gemeinsam mit den anderen sozialistischen Ländern zum Schutz der sozialistischen Errungenschaften des tschechoslowakischen Volkes ergriffenen Maßnahmen haben für die Festigung der sozi-
5 alistischen Gemeinschaft, die Haupterrungenschaft der internationalen Arbeiterklasse, eine große Bedeutung. Dabei kann man jedoch nicht die hier und da auftauchenden Behauptungen, dass die Aktionen der fünf sozialistischen Länder[1] angeblich dem marxistisch-leninis-
10 tischen Prinzip der Souveränität und des Rechts der Völker auf Selbstbestimmung widersprächen, unbeachtet lassen.
Die Haltlosigkeit dieser Behauptungen besteht vor allem darin, dass sie auf einem abstrakten, nicht klassenmäßi-
15 gen Herangehen an die Fragen der Souveränität und des Rechts der Völker auf Selbstbestimmung beruhen. Die Völker der sozialistischen Länder, die kommunistischen Parteien haben ihre uneingeschränkte Freiheit, und sie müssen sie haben, die Entwicklungswege ihres Landes
20 zu bestimmen. Jedoch darf keine Entscheidung von ihrer Seite entweder dem Sozialismus in ihrem Land oder den Grundinteressen der anderen sozialistischen Länder, der ganzen internationalen Arbeiterbewegung, die den Kampf für den Sozialismus führt, Schaden zufügen. Das
25 bedeutet, dass jede kommunistische Partei vor ihrem Volk und auch vor den sozialistischen Ländern, vor der ganzen sozialistischen Bewegung verantwortlich ist. Wer das vergisst, wer nur die Selbstständigkeit und Unabhängigkeit der kommunistischen Partei hervorhebt,
30 verfällt in Einseitigkeit und weicht seinen internationalen Pflichten aus. Die marxistische Dialektik fordert, jede Erscheinung konkret, in ihrem allseitigen Zusammenhang mit anderen Erscheinungen und Prozessen und nicht einseitig zu betrachten. Wie, nach den Worten
35 W. I. Lenins, ein Mensch, der in der Gesellschaft lebt, nicht von dieser Gesellschaft frei sein kann, so kann auch ein Staat im System anderer Staaten, die die sozialistische Gemeinschaft bilden, nicht frei sein von den gemeinsamen Interessen dieser Gemeinschaft. Man kann
40 die Souveränität einzelner sozialistischer Länder nicht den Interessen des Weltsozialismus, der revolutionären Bewegung der Welt entgegenstellen. […]
Man muss unterstreichen, dass, selbst wenn ein sozialistisches Land danach strebt, eine „nichtblockgebundene" Position einzunehmen, es allein dank der Stärke der so- 45 zialistischen Gemeinschaft und vor allem seiner Hauptkraft, der Sowjetunion, dank der Macht ihrer bewaffneten Kräfte, tatsächlich seine nationale Unabhängigkeit bewahren kann. […]
Getreu ihrer internationalen Pflicht gegenüber den Bru- 50 dervölkern der Tschechoslowakei und zum Schutz ihrer eigenen sozialistischen Errungenschaften sind die Sowjetunion und andere sozialistische Staaten entschieden gegen die antisozialistischen Kräfte in der Tschechoslowakei aufgetreten. […] 55
Die Kommunisten der Bruderländer konnten natürlich nicht zulassen, dass im Namen einer abstrakt verstandenen Souveränität die sozialistischen Staaten tatenlos zusehen, wie ein Land der Gefahr einer antisozialistischen Umwälzung ausgesetzt wird. 60

Zitiert nach: Boris Meissner, Die „Breschnew-Doktrin". Das Prinzip des „proletarisch-sozialistischen Internationalismus" und die Theorie von den verschiedenen Wegen zum Sozialismus", Köln 1969, S. 64 ff.

---

1. Arbeiten Sie heraus, wie das Eingreifen der Sowjetunion in der Tschechoslowakei gerechtfertigt wird.
2. Vergleichen Sie die Vorstellungen Breschnews mit den westlichen Vorstellungen von Souveränität. Welche Grenzen sind der Souveränität eines Landes jeweils gesetzt?

---

[1] Sowjetunion, Bulgarien, DDR, Polen und Ungarn

M5 Zur 68er-Bewegung

a) „Eine Generation der Gescheiterten"

Politikwissenschaftler und SPD-Mitglied Kurt Sontheimer (1928–2005) schreibt über die 68er-Bewegung:

Ich behaupte hingegen, dass die Studentenrevolte, so sehr sie die träge gewordene deutsche Demokratie der Post-Adenauer-Ära herausgefordert und auch in ihrer Entwicklung beeinflusst hat, der Bundesrepublik Deutschland per Saldo mehr Negatives als Positives ver- 5 mittelt hat. Es ist nur dann möglich, von einem „Vermächtnis der 68er-Generation" zu sprechen […], wenn man die problematischen Auswirkungen der Revolte weitgehend ausblendet. Natürlich gehört die Studentenrevolte zur Geschichte der Bundesrepublik, aber doch nicht zu 10 ihrer Erfolgsgeschichte. Wenn diese Geschichte – auch dank der Wende von 1982 bis 1989 – einigermaßen erfolgreich verlief, so doch gewiss nicht wegen, sondern trotz der 68er-Generation. Sie hat sich unbrauchbaren politischen Ideen verschrieben. Sie war politisch zum Teil 15 realitätsblind. Sie hat das Thema und die Praxis der Gewalt in die Geschichte der Bundesrepublik eingebracht. Sie hat, verlängert in den neuen sozialen Bewegungen, einen einseitigen ideologischen, gelegentlich freilich auch fantasievollen Kampfstil verbreitet; auf ihn lässt sich nach Bedarf immer wieder zurückgreifen, mit Fairness und Toleranz hat er jedoch nichts zu tun. Sie hat Autoritäten zerfleddert, aber nichts Neues an ihre Stelle setzen können. Sie hat alle Tabus, ohne die eine humane Gesellschaft nicht auskommen kann, zur Verletzung freigegeben. Es ist darum sehr die Frage, ob die 68er außer einem naiven Pazifismus wirklich Wesentliches zur Humanisierung und Zivilisierung unserer Gesellschaft beigetragen haben. Ich befürchte das Gegenteil.

Kurt Sontheimer, in: DIE ZEIT, Nr. 15, vom 9.4.1993

b) „1968 – das Jahr, das alles verändert hat"

Wolfgang Kraushaar (*1948), Politikwissenschaftler mit dem Schwerpunkt der Untersuchung von Protestbewegungen, schreibt über das Jahr 1968:

Das Jahr 1968 hat in der Bundesrepublik alles verändert [...]. Auch wenn die APO in ihren unmittelbaren politischen Zielsetzungen fast überall gescheitert ist, so hat sie die Einstellungen, Haltungen und Mentalitäten doch nachhaltig verändert [...]. Politisches Handeln ist nicht länger mehr obrigkeitsstaatlich geprägt und auf Regierungen, Parlamente und Parteien beschränkt. Selbstinitiative, Mündigkeit, Zivilcourage, Nonkonformismus und kollektive Verantwortlichkeit haben einen unverzichtbaren Stellenwert erhalten. Am 3. Oktober, dem Tag der deutschen Einheit, hat der damalige Bundespräsident Richard von Weizsäcker erklärt: „Die Jugendrevolte am Ende der Sechzigerjahre trug allen Verwundungen zum Trotz zu einer Vertiefung des demokratischen Engagements in der Gesellschaft bei."

Wolfgang Kraushaar, 1968 – das Jahr, das alles verändert hat, München 1998, S. 323 f.

c) Eine Bilanz der 68er-Bewegung

Der Historiker Hans-Ulrich Wehler (1931–2014) schreibt zu den Resultaten der 68er-Bewegung:

Was bleibt als positive Bilanz von den Auswirkungen der 68er-Bewegung? Sie trug wahrscheinlich dazu bei, die Restbestände einer obrigkeitsstaatlichen Mentalität weiter abzubauen. Sie ermunterte Kritikfreudigkeit, letztlich auch das politische Engagement, wie das etwa die Vielzahl der 68er bei Jungsozialisten und in der SPD demonstriert. Es äußerte sich auch in der gesteigerten Bereitschaft, in den zahlreichen Bürgerinitiativen der Folgezeit mitzumachen und damit den zivilgesellschaftlichen Partizipationswillen zu unterstützen. Obwohl „liberal" ein Schimpfwort der 68er und jeder „Scheißliberale" ihr Gegner war, trugen sie doch durch ihre Kritik an überlieferten Normen und Verhaltensweisen wider Willen zur Liberalisierung der westdeutschen Gesellschaft bei. Das war ein Gewinn, der im Vergleich mit Ländern ohne eine 68er-Bewegung deutlich hervortritt. Die 68er veränderten aber auch über kurz oder lang den Lebensstil in einigen sozialen Klassen, da sie überkommene Normen infrage stellten und neue Verhaltensweisen propagierten. Deshalb ist es nicht abwegig, zwar den antikapitalistischen Impetus[1] der 68er zu konzedieren[2], sie aber auch als „unfreiwillige Avantgarde[3] der kapitalistisch organisierten Konsumgesellschaft" zu verstehen, die sie durch ihren krassen Hedonismus[4], ihre Werbungsinnovationen und Extrovertiertheit vorantrieb, sodass ihr politisches Scheitern zugleich einen Erfolg der von ihnen ebenfalls verkörperten „Lebensstilrevolution" darstellte. Sollte sich das als die nachhaltigste Wirkung der 68er erweisen, wäre freilich von den ursprünglichen politischen Zielen nur eine einzige Forderung: freie Bahn für den Individualisierungsdrang im Verein mit einem unbeschwerten Lebens- und Konsumgenuss, übriggeblieben.

Hans-Ulrich Wehler, Deutsche Gesellschaftsgeschichte, Bd. 5: Bundesrepublik und DDR 1949–1990, München 2008, S. 320 f.

1. Arbeiten Sie aus a)–c) heraus, welche Bedeutung „1968" für die Geschichte der Bundesrepublik zugemessen wird.
2. Beurteilen Sie die Sichtweise der jeweiligen Autoren.

Der Blick aufs Ganze

1. Vergleichen Sie den Umgang mit Protest in Ost und West.
2. Erläutern Sie die Ziele der Demonstrierenden in Ost und West.
3. Beurteilen Sie die Wirksamkeit der unterschiedlichen Protestbewegungen in Ost und West.
4. Bewerten Sie den Umgang mit Protest in Ost und West.
5. Der Medienwissenschaftler Bernhard Pörksen rät im Umgang mit Demonstrierenden heutzutage zu einer „respektvollen Konfrontation". Gemeint ist: „Sich nicht opportunistisch wegducken, klare Kante zeigen, sagen, was zu sagen ist. Aber eben auch nicht in die Abwertungsspirale einsteigen." Gestalten Sie eine Stellungnahme zu der Aussage Pörksens. | F

[1] **Impetus:** Antrieb, Anstoß, Impuls
[2] **konzedieren:** einräumen, zugestehen; zugeben
[3] **Avantgarde:** Gruppe von Vorkämpfern einer geistigen Entwicklung
[4] **Hedonismus:** in der Antike begründete philosophische Lehre, nach der das höchste ethische Prinzip das Streben nach Sinnenlust und -genuss ist

Mit Karten arbeiten

Geschichtskarten zeigen nicht nur einen bestimmten Raum in einer bestimmten Zeit, sondern haben auch ein bestimmtes Thema, z. B. Territorien, Kriege, Wahlen, Rohstoffvorkommen etc., die oftmals auch miteinander verknüpft sind.

Geschichtskarten sind – wie andere Karten – einerseits sehr anschaulich und vermitteln viele Informationen auf einen Blick. Andererseits müssen sie sorgfältig analysiert und interpretiert werden: Jede Karte kann nur begrenzte Informationen bieten und auch die Darstellungsmöglichkeiten sind begrenzt, sodass komplexe gesellschaftliche, wirtschaftliche und kulturelle Strukturen und Abläufe nur vereinfacht dargestellt werden können. Um Karten entschlüsseln zu können, ist es ebenfalls wichtig zu wissen, dass Karten keine neutralen oder objektiven Medien sind. Das auf der Karte Dargestellte wurde oftmals bewusst auf etwas Bestimmtes reduziert oder vereinheitlicht.

Historische Karten bieten weitere Herausforderungen, denn ihre Bilder, Zeichen und Symbole erschließen sich nicht immer unmittelbar. Da sich die Verfahren zur Abbildung geografischer Räume weiterentwickelt haben, enthalten alte Geschichtskarten zudem oft Verzerrungen und Ungenauigkeiten. Historische Karten spiegeln schließlich immer auch das Wissen und Denken ihrer Entstehungszeit wider. Mit der Zeit werden Geschichtskarten zu historischen Karten, d. h. zu Geschichtsquellen über ihre Entstehungszeit.

Leitfragen zu den Arbeitsschritten finden Sie auf S. 212; eine Lösungsskizze zu den Arbeitsaufträgen auf S. 218.

HINTERGRUNDINFORMATIONEN

Der Herausgeber der Karte „Der Juni-Aufstand 1953" ist das Bundesministerium für gesamtdeutsche Fragen (BMG). Im Jahr 1949 war es infolge der deutschen Teilung gegründet und 1969 in das Bundesministerium für „innerdeutsche Beziehungen" (BMB) umbenannt worden. Nach der deutschen Wiedervereinigung wurde es 1991 aufgelöst. Mit dem Ziel der Wiedervereinigung sollte das Ministerium zur politischen Willensbildung in der Bundesrepublik beitragen. Zu den weiteren Aufgaben gehörte die Bekämpfung des Kommunismus und die Aufrechterhaltung des gesellschaftlichen Bewusstseins für die ehemaligen deutschen Ostgebiete. Im Zuge der „Neuen Ostpolitik" änderten sich die inhaltliche Arbeit und die Ausrichtung des Ministeriums. Nun ging es vorwiegend um die Koordinierung der innerdeutschen Beziehungen im Sinne eines geregelten Nebeneinanders beider deutscher Staaten. Zu den Aufgaben des Ministeriums gehörte auch die Darstellung Deutschlands auf Karten. In der unterschiedlichen Gestaltung dieser Karten von den 1950er- bis zu den 1990er-Jahren spiegeln sich bestimmte Merkmale der Etappen und Stationen der Deutschland-, Berlin- und Ostpolitik der westdeutschen Regierungen wider; in den 1950er-Jahren vor allem der Anspruch auf Wiedererlangung der Ostgebiete; ab 1970 die Anerkennung der Oder-Neiße-Grenze und 1990 der Wegfall der Demarkationen zwischen BRD und DDR sowie um und in Berlin. Die Darstellungen Deutschlands weisen dabei oftmals weitreichende restaurative Vorstellungen auf. In der kartografischen Umsetzung zeigt sich dies beispielsweise in der Linienführung und der Farbgebung. Linien repräsentieren Grenzen und unterscheiden sich hinsichtlich ihrer Liniendicke. Wird die Oder-Neiße-Grenze bis 1970 noch als locker getüpfelt oder unterbrochen punktiert dargestellt, so ändert sich dies ab 1980/81 in eine klare Linienführung. Die Farbgebung zeigt grundsätzlich an, was zusammengehört. Bis zum Beginn der Neuen Ostpolitik färbte man die Grenzen von 1937 einheitlich in einer Farbe.

M1 „Der Juni-Aufstand 1953"

Karte herausgegeben vom Bundesministerium für gesamtdeutsche Fragen, Bonn 1955:

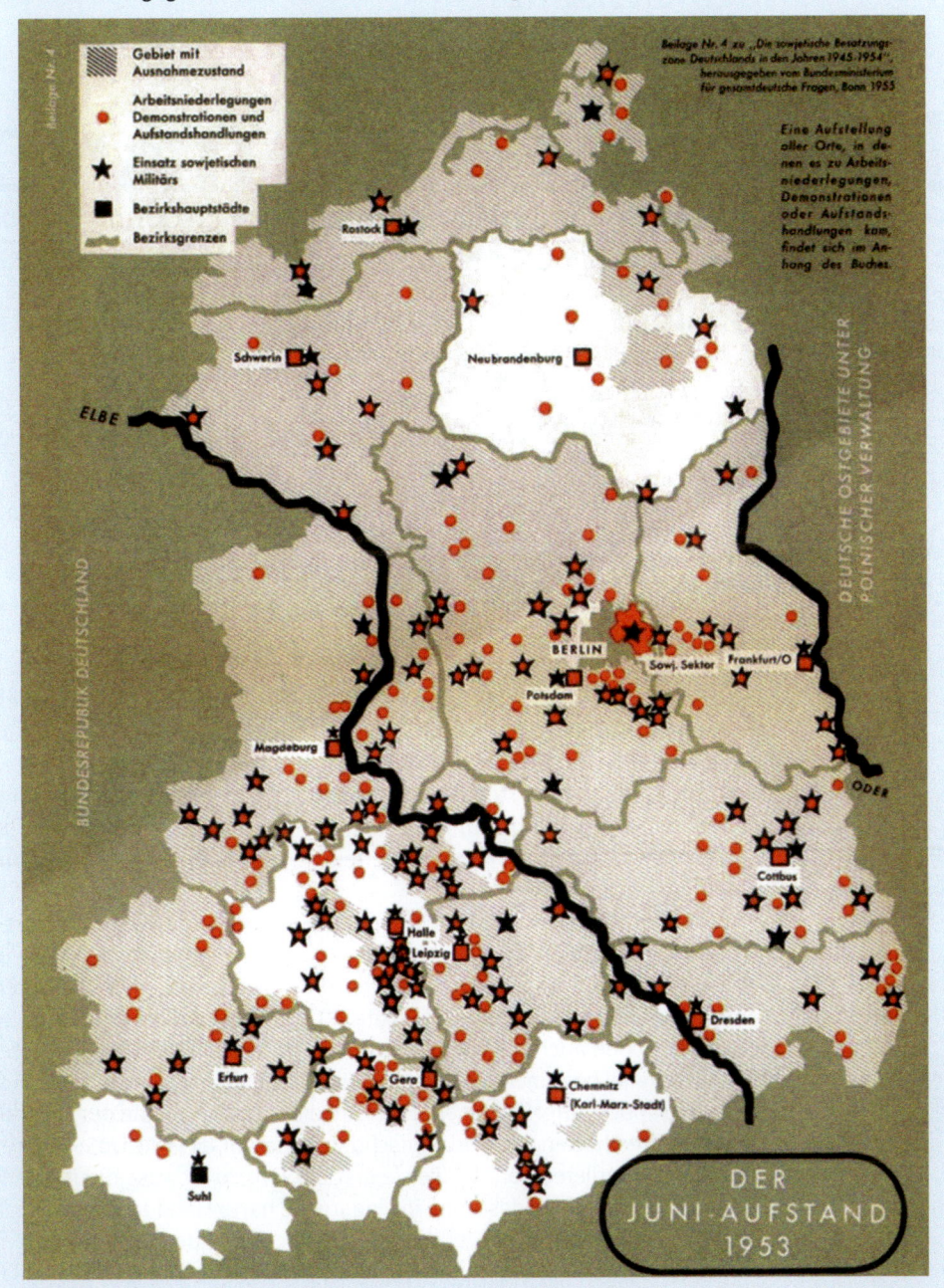

1. Analysieren Sie die Karte mithilfe der Arbeitsschritte.
2. Erläutern Sie die kartografische Darstellung vor dem Hintergrund der Entstehungszeit. Vergleichen Sie hierzu die Karte mit den Kartenausschnitten auf S. 72 hinsichtlich Farbgebung und Linienstruktur.
3. „Das, was auf einer Karte zu sehen ist, ist ein getreues Abbild der Wirklichkeit, die zeigt, wo etwas wirklich liegt." Nehmen Sie zu dieser Aussage Stellung. Beziehen Sie sich dabei auf den Wandel der westdeutschen Politik von den 1950er- bis zu den 1990er-Jahren.

Aufstand in Ungarn – ein gescheiterter Freiheitskampf?

„Sieg der Volksmacht in Ungarn".
Titelblatt der Zeitung „Neues Deutschland" vom 6. November 1956.
Die Zeitung „Neues Deutschland" war von 1946 bis 1988 das Zentralorgan der SED.

▶ Erklären Sie die Begriffe „Volksmacht" und „Konterrevolution". | H

▶ Analysieren Sie das abgebildete Titelblatt der Zeitung „Neues Deutschland".

▶ Überprüfen Sie stichprobenartig, ob die Berichterstattung einen (politischen) Standpunkt einnimmt.

Ungarnaufstand | „Auch in Ungarn beendete im November 1956 die Sowjetunion mit dem Einmarsch ihrer Truppen einen Volksaufstand. Der Protest zahlreicher Budapester Studierenden hatte sich zu einem landesweiten Massenprotest ausgeweitet. Die Demonstrierenden forderten die Ernennung des Reformers Imre Nagy zum Ministerpräsidenten, eine Überprüfung der Arbeits- und Ablieferungsnormen, ein Mehrparteiensystem, Meinungs- und Pressefreiheit, freie Wahlen und die nationale Unabhängigkeit von der Sowjetunion.

Es folgten heftige Kämpfe, insbesondere in der Hauptstadt Budapest, zwischen den Demonstrierenden und den Anhängern der pro-sowjetischen Seite. Der ungarische Ministerpräsident Ernő Gerő bat daraufhin die Sowjetunion um Militärunterstützung. Zunächst sah es danach aus, dass Nikita S. Chruschtschow eher bemüht war, neben den militärischen auch die politischen Mittel auszuschöpfen. Dies änderte sich aber mit dem parallel beginnenden Suez-Konflikt. Nachdem israelische, britische und französische Gruppen aufgrund eines Streits um die Nutzungsrechte des Suezkanals Ägypten angegriffen hatten, sah Chruschtschow die Gefahr, dass die UdSSR ihre Position im Nahen Osten verlieren könnte, die sie erst ein Jahr zuvor ausgebaut hatte. Dies war ausschlaggebend dafür, dass man in Ungarn die harte Hand zeigen wollte. Nach dem Einmarsch sowjetischer Panzerverbände brach der Widerstand im gesamten Land sukzessive zusammen. Die ungarische Seite meldete nach der Niederschlagung 300 Tote und rund 1000 Verwundete. Die Sowjets sprachen von 669 Toten und 1540 Verwundeten. Die ehemaligen Aufständischen wurden in der Folge verhört, verhaftet, interniert, teilweise in die Sowjetunion deportiert und hingerichtet. Etwa 200 000 Menschen verließen nach dem **Ungarnaufstand** in einer Massenflucht das Land. Im Anschluss an die Revolution kam es noch monatelang zu Streiks.

Trotz der westlichen Versprechen, allen Völkern in ihrem Kampf gegen den Kommunismus beizustehen, blieb der Westen wie schon im Juni 1953 auch während des Ungarnaufstandes überwiegend untätig. Man beschränkte sich auf das Senden von Durchhalteparolen.

M1 „Blutig zerschlagen"

Der Hamburger Anzeiger berichtet über die blutige Niederschlagung des Aufstandes in Ungarn und die Zuspitzung der Suez-Krise im November 1956:

Hamburger Anzeiger
HAMBURGER ALLGEMEINE ZEITUNG
Spät-Ausgabe mit letztem Börsenbericht
Nr. 251 Jahrgang 69 — Donnerstag, 25. Oktober 1956 — Einzelpreis 20 Pf

„Bei der tunesischen Hochzeit starb die Braut" (Seite 10)

Ungarns Aufstand blutig zerschlagen

Nur noch Widerstandsnester — Dies sollte die Brücke zur Freiheit sein

---

1. Analysieren Sie das Titelblatt des „Hamburger Anzeigers".
2. Der „Hamburger Anzeiger" berichtet nicht nur über den Aufstand in Ungarn. Recherchieren Sie zur Suez-Krise und erläutern Sie den Zusammenhang.
3. Vergleichen Sie die Titelblätter der Zeitungen „Neues Deutschland" (S. 60) und „Hamburger Anzeigers" miteinander. Beziehen Sie sich dabei auch auf das verwendete Vokabular.

M2 Rundfunk- und Fernsehansprache Eisenhowers

Während des Ungarnaufstandes haben sowjetische Truppen am 23. und 24. Oktober interveniert, sich aber dann am 27. scheinbar zurückgezogen. Bis zum 3. November scheint eine politische Umwälzung eingeläutet worden zu sein, die erst durch die massive Intervention sowjetischer Verbände in der Nacht vom 3. auf den 4. November beendet wird. Dazu äußert sich der US-amerikanische Präsident Dwight D. Eisenhower am 31. Oktober 1956 in einer Rundfunk- und Fernsehansprache:

[…] In Osteuropa scheint ein neuer Tag anzubrechen […]. Nach dem Zweiten Weltkrieg setzten die Russen ihre Militärmaschine ein, um den Nationen in Osteuropa Regierungen nach sowjetischer Wahl als Diener Moskaus
5 aufzuoktroyieren. Es ist durchweg die Politik der Vereinigten Staaten – unabhängig von parteipolitischen Konstellationen in unserem Lande – gewesen, den Versuch zu machen, diese Situation zu einem Ende zu bringen, und die im Kriege gemachten Zusicherungen der Verein-
10 ten Nationen zu erfüllen, dass diese Länder, die durch kriegerische Armeen überrascht wurden, einmal mehr in den Genuss ihrer Souveränität und Selbstregierung kommen würden. Wir konnten natürlich eine solche Politik nicht mit Gewaltanwendung verfolgen. Eine solche Ge-
15 waltanwendung wäre sowohl gegen die wohlverstandenen Interessen der osteuropäischen Völker selbst als auch gegen die grundlegenden und ständigen Prinzipien der Vereinten Nationen gewesen. Wir haben jedoch dabei geholfen, die Hoffnungen dieser Völker auf Freiheit auf-
20 rechtzuerhalten. […] Die ganze Welt hat […] die dramatischen Ereignisse in Ungarn beobachtet, wo dieses brave Volk, wie so oft in der Vergangenheit, sein Leben selbst in die Schranken geworfen hat, um von ausländischen Herren unabhängig zu werden. Heute sieht es so aus, als
25 ob ein neues Ungarn aus diesem Kampf hervorgeht, ein Ungarn, von dem wir mit ganzen Herzen hoffen, dass es eine vollständige freie Nationenbildung erfahren wird. Wir sind sehr glücklich über diese Ereignisse von wahrhaft historischer Dimension […].

Zitiert nach: Ernst-Otto Czempiel und Carl-Christoph Schweitzer, Weltpolitik der USA nach 1945. Einführung und Dokumente, Bonn 1989, S. 206

---

1. Erläutern Sie Eisenhowers Sicht auf den Ungarnaufstand.
2. Gestalten Sie einen Brief aus der Sicht eines ungarischen Aufständischen an Eisenhower, in dem Sie auf dessen Rundfunk- und Fernsehansprache eingehen.
3. Verfassen Sie einen Kommentar für die Tageszeitung „Neues Deutschland" in der DDR zu Eisenhowers Aussagen.

Der Blick aufs Ganze

1. Ordnen Sie den Ungarnaufstand in die Reihe der Protestbewegungen in Osteuropa ein.
2. Bewerten Sie den Umgang mit dem Ungarnaufstand.
   Sie können die Bewertung mithilfe der Kooperationsform „Positionierung im Raum" durchführen. Diskutieren Sie dabei auch die zugrunde gelegten Kategorien (Legitimität, Effizienz o. Ä.).

Welche Auswirkungen hat der Kalte Krieg auf Kuba?

„End Blockade of Cuba".
Foto eines Busses in Havanna mit der Aufschrift „End Blockade of Cuba", die sich gegen das US-Embargo richtet (Mai 2016).

▶ Analysieren Sie das Bild.
▶ Entwickeln Sie Hypothesen zu den Auswirkungen der Blockade(n) auf Kuba.

Fidel Castro (1926 od. 1927 – 2016): Regierungschef und Staatspräsident Kubas 1959 – 2008

Kampf um Unabhängigkeit | Die spanische Kolonie Kuba hatte sich erst im Jahr 1898 mit Unterstützung der USA ihre Unabhängigkeit erkämpfen können. Allerdings hatten sich die USA dabei erhebliche Eingriffsrechte gesichert, die ihnen z. B. bis 1934 Einfluss auf die Präsidentschaftswahlen ermöglichten.

1952, also zeitgleich mit dem Korea-Krieg, kam es zu einem Putsch, welcher in eine Militärdiktatur unter Fulgencio Batista führte. Das Batista-Regime war geprägt durch eine Terrorherrschaft mit Korruption, Willkür und Mord. Doch darüber sahen die USA hinweg, solange Kuba wirtschaftlich völlig von den USA abhängig war und sich dort, sozusagen „vor ihrer Haustür", kein sozialistisches System etablierte.

Zu Beginn der 1950er-Jahre war nämlich erstmals Fidel Castro als Führer einer sozialistischen antikapitalistischen und antiimperialistischen Partei öffentlich in Erscheinung getreten. Als er nach dem Putsch von Batista nicht bei den für 1952 angesetzten Wahlen antreten durfte, verklagte er den Diktator. Die Klage scheiterte. Daraufhin setzte Castro nicht mehr auf den legalen Weg der Machtübernahme, sondern auf den Weg des gewaltsamen Widerstandes und der Revolution. Durch einen Angriff auf eine Kaserne sollte im Jahr 1953 ein Volksaufstand ausgelöst werden. Der Angriff scheiterte. Castro wurde inhaftiert, später begnadigt und ging 1955 ins Exil nach Mexiko. 1956 machte er sich zusammen mit 81 Guerilleros erneut in Richtung Kuba auf. Zwei Jahre lang lieferte er sich mit seiner stetig wachsenden Rebellen-Armee Auseinandersetzungen mit den Truppen Batistas, ehe dieser am Neujahrstag 1959 flüchtete. Die Revolutionäre hatten gesiegt. Castro wurde neuer Regierungschef. In den darauffolgenden Jahren trieb Castro den Umbau von Staat, Wirtschaft und Gesellschaft voran. Aufgrund seines antikapitalistischen und antiimperialistischen Programms verfolgte er das Ziel, Kuba aus der amerikanischen Abhängigkeit zu befreien. Eine Agrarreform, die u. a. Großgrundbesitzer enteignete, traf vor allem die amerikanischen Zuckergesellschaften auf Kuba. Daraufhin reduzierten die USA den Import von Zucker drastisch und verhängten eine Wirtschaftsblockade. Trotzdem enteignete Castro sämtlichen US-Besitz auf Kuba. Die USA reagierten mit einem massiven Handelsembargo, das bis heute gilt. Nach einer von den USA unterstützten, allerdings fehlgeschlagenen Invasion von Exilkubanern in der Schweinebucht 1961 brach Castro vollständig mit den USA und erklärte Kuba zur sozialistischen Republik.

Kuba-Krise: Ursachen, Verlauf und Lösung | Angesichts dieser prokommunistischen Politik sah die Sowjetunion in Castro einen Verbündeten im Kalten Krieg. Im Mai 1962 unterbreitete eine sowjetische Delegation daher die Möglichkeit, Atomraketen auf Kuba zu stationieren, die weite Teile der USA bedrohten. Castro war nicht sofort einverstanden, denn er sah darin eine Einschränkung der Unabhängigkeit und Souveränität Kubas. Letztlich unterschrieb er den Vertrag aber doch, da in ihm von einer Kooperation gleichberechtigter Partner die Rede war. Dies war der Beginn der **Kuba-Krise**.

Nach der Entdeckung der 36 sowjetischen Raketenabschussrampen durch US-Aufklärungsflugzeuge drohte die Situation zu eskalieren: Die US-Regierung unter John F. Kennedy versetzte ihre strategischen Luftstreitkräfte in Alarmbereitschaft und versuchte die Demontage der Raketen mittels einer Seeblockade und der Androhung einer gewaltsamen Intervention zu erzwingen. Spätestens als Castro einen atomaren Erstschlag gegen die USA forderte, stand die Welt an der Schwelle zu einem Atomkrieg. Auf diesem gefährlichen Höhepunkt der Krise signalisierte der sowjetische Partei- und Regierungschef Nikita S. Chruschtschow im Oktober, dass ein Abzug der sowjetischen Atomraketen möglich wäre, sofern die USA die Unverletzlichkeit Kubas erklärten. Beide Mächte einigten sich: Die Seeblockade wurde aufgehoben und die Raketen wurden abgezogen. Gleichzeitig war vereinbart worden, schon vor der Kuba-Krise in der Türkei stationierte NATO-Mittelstreckenraketen abzuziehen, die sowjetisches Territorium bedrohten. So wahrten beide Seiten ihr Gesicht und der Status quo war wiederhergestellt.

Die Folgen für Kuba | Die Allianz mit der Sowjetunion führte zu einer Verschlechterung der Außenbeziehungen Kubas vor allem mit den westlichen Ländern. Sanktionen gegen Kuba wurden auf Drängen der USA verschärft. Zudem wurde ein Abbruch der Beziehungen der OAS[1] zu Kuba durchgesetzt. In der Folge band Castro Kuba eng an die Sowjetunion und richtete es am sowjetischen Modell aus, allerdings war er dabei auf die Wahrung eines möglichst eigenständigen kubanischen Weges bedacht. 1972 wurde Kuba Teil des sowjetischen Blocks, welcher dem Land technologische Unterstützung und wirtschaftliche Zusammenarbeit mit den Ostblockländern (COMECON) zusicherte. Erst der Entspannungskurs des US-Präsidenten Jimmy Carter trug Ende der 1970er-Jahre zu einer Wende in der westlichen Kuba-Politik bei. Westliche Banken gewährten Kuba wieder Kredite und die OAS-Staaten lockerten ihren Wirtschaftsboykott. Kuba ging auf Distanz zum Ostblock und wurde Mitglied in der Vereinigung der blockfreien Staaten.

---

[1] **OAS**: Abkürzung für „Organisation Amerikanischer Staaten". 1948 von 21 amerikanischen Staaten gegründet. Die Mitglieder sind alle selbstständigen Staaten des gesamtamerikanischen Kontinents.

M1 „Auf des Messers Schneide"

Karikatur von Wolfgang Hicks, Bundesrepublik Deutschland aus dem Jahr 1962:

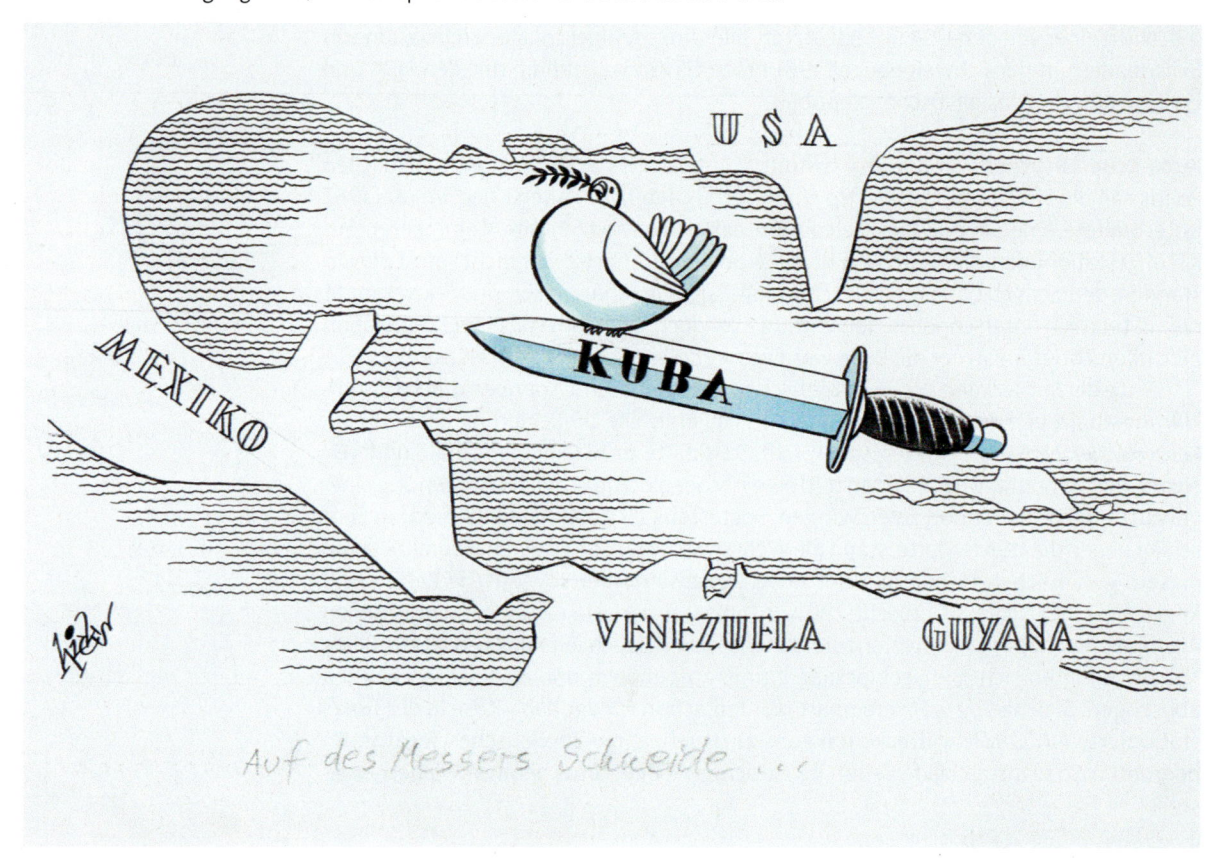

Auf des Messers Schneide…

1. Analysieren Sie die Karikatur.
2. Ordnen Sie die Karikatur in den Zusammenhang des Kalten Krieges ein.
3. Erörtern Sie, ob der Titel der Karikatur zutreffend ist.

M2 Krisenmanagement um Kuba

Als die UdSSR ihre Mittelstreckenraketen auf Kuba in Stellung bringt, verhängen die USA eine Seeblockade. Daraufhin schreibt der sowjetische Staatschef Nikita S. Chruschtschow am 26. Oktober 1962 an US-Präsident John F. Kennedy:

Wie können Sie […] diese völlig falsche Interpretation geben, die sie jetzt verbreiten, dass einige Waffen in Kuba Offensivwaffen sind, wie Sie sagen? Alle Waffen dort – das versichere ich Ihnen – sind defensiver Art; sie sind ausschließlich zu Verteidigungszwecken in Kuba gedacht und wir haben sie auf Bitten der kubanischen Regierung nach Kuba entsandt. Und Sie behaupten, es seien Offensivwaffen. […] Sie haben nun piratenhafte Maßnahmen der Art angekündigt, die man im Mittelalter praktiziert hat, als man Schiffe überfiel, die internationale Gewässer befuhren; und Sie haben das eine „Quarantäne" um Kuba genannt. Unsere Schiffe werden wahrscheinlich bald die Zone erreichen, in der Ihre Kriegsmarine patrouilliert. Ich versichere Ihnen, dass die Schiffe, die gegenwärtig nach Kuba unterwegs sind, die harmlosesten, friedlichsten Ladungen an Bord haben. […] Lassen Sie uns deshalb vernünftig sein, Herr Präsident. Ich versichere Ihnen, dass die Schiffe, die nach Kuba unterwegs sind, keinerlei Rüstungsgüter an Bord haben. Die Waffen, die zur Verteidigung Kubas notwendig sind, sind bereits dort. Ich will nicht behaupten, dass es überhaupt keine Waffenlieferungen gegeben hat.

Nein, es hat solche Lieferungen gegeben. Aber nun hat Kuba die notwendigen Verteidigungswaffen bereits erhalten. […] Wenn der Präsident und die Regierung der Vereinigten Staaten zusichern würden, dass die Vereinigten Staaten sich selbst nicht an einem Angriff auf Kuba beteiligen werden und andere von einem solchen Vorgehen abhalten; wenn Sie Ihre Kriegsmarine zurückrufen würden – das würde sofort alles ändern. Ich spreche nicht für Fidel Castro, aber ich glaube, er und die Regierung Kubas würden vermutlich eine Demobilisierung verkünden und würden das kubanische Volk aufrufen, ihre friedliche Arbeit aufzunehmen. Dann würde sich auch die Frage der Waffen erübrigen; denn wo keine Bedrohung ist, stellen Waffen für jedes Volk nur eine Belastung dar. […] Lassen Sie uns deshalb staatsmännische Klugheit beweisen. Ich schlage vor: Wir erklären unsererseits, dass unsere Schiffe mit Kurs auf Kuba keine Waffen an Bord haben. Sie erklären, dass die Vereinigten Staaten weder mit eigenen Truppen eine Invasion in Kuba durchführen werden noch andere Truppen unterstützen werden, die eine Invasion in Kuba planen könnten. Damit hätte sich die Präsenz unserer Militärexperten in Kuba erübrigt.

Kennedys Antwort vom 27. Oktober 1962:

Sehr geehrter Herr Vorsitzender,
ich […] begrüße Ihre Absichtserklärung, eine sofortige Lösung des Problems anzustreben. Was jedoch als Erstes getan werden muss, ist, die Arbeit an den offensiven Raketenstützpunkten in Kuba einzustellen und alle Waffensysteme in Kuba, die sich offensiv einsetzen lassen, zu entschärfen, und dies unter angemessenen Vorkehrungen der Vereinten Nationen. […] Wie ich Ihren Brief verstanden habe, enthalten Ihre Vorschläge […] folgende Schlüsselelemente:
1) Sie würden sich bereit erklären, diese Waffensysteme unter angemessener Beobachtung und Überwachung der Vereinten Nationen abzuziehen, und sich verpflichten, geeignete Sicherheitsvorkehrungen vorausgesetzt, die weitere Einfuhr solche Waffensysteme nach Kuba zu unterbinden.
2) Wir unsererseits würden uns bereit erklären – nachdem die Vereinten Nationen geeignete Vorkehrungen getroffen haben, die Erfüllung und Einhaltung dieser Verpflichtungen sicherzustellen –,
   a. die Quarantäne-Anordnungen, die derzeit gelten, umgehend aufzuheben; und
   b. Garantien gegen eine Invasion Kubas zu geben. Ich bin zuversichtlich, dass andere Länder der westlichen Hemisphäre bereit wären, das Gleiche zu tun.

Wenn Sie Ihren Vertretern entsprechende Anweisungen erteilen, gibt es keinen Grund, weshalb wir nicht in der Lage sein sollten, diese Vereinbarungen innerhalb einiger Tage zustande zu bringen und sie der Welt bekannt zu geben. Die Wirkung, die eine solche Klärung für den Abbau der Spannungen in der Welt hätte, würde es uns ermöglichen, auf eine umfassendere Vereinbarung über „andere Rüstungen" hinzuarbeiten, wie Sie es in Ihrem zweiten Brief vorschlagen, den Sie veröffentlicht haben. Ich möchte noch einmal erklären, dass die Vereinigten Staaten sehr daran interessiert sind, die Spannungen abzubauen und den Rüstungswettlauf zu beenden; und sollte Ihr Brief signalisieren, dass Sie bereit sind, Gespräche über eine Entspannung bezüglich der NATO und des Warschauer Paktes zu führen, sind wir gerne bereit, mit unseren Verbündeten über jeden sachdienlichen Vorschlag nachzudenken. Doch der erste wesentliche Schritt – lassen Sie mich dies betonen – ist die Einstellung der Arbeiten an den Raketenstützpunkten in Kuba und das Einleiten von Maßnahmen, diese Waffen zu entschärfen, und zwar unter wirksamen internationalen Garantien.

Zitiert nach: Bernd Greiner, Kuba-Krise. 13 Tage im Oktober, Nördlingen 1988, S. 319 ff. und 382 f.

---

1. Nennen Sie Formulierungen, mit denen die sowjetische Seite ein Nachgeben andeutet.
2. Verfassen Sie jeweils einen Zeitungsartikel, in dem die Konfliktlösung aus Sicht der USA bzw. der UdSSR dargestellt wird.

M3 „El Bloqueo" – Kuba und das US-Embargo

Ole Schulz, Autor des fluter, Magazin der Bundeszentrale für politische Bildung, über die Auswirkungen des Handelsembargos auf Kuba:

[…] Die alten Karossen sind nur das sichtbarste Zeichen der oft absurden Folgen des US-amerikanischen Wirtschaftsembargos gegen Kuba, das seit über 50 Jahren besteht. Auslöser war damals die Verstaatlichung des
5 Besitzes von US-Amerikanern nach der Revolution von 1959, in deren Zuge der Diktator Batista von Fidel Castro abgelöst wurde. Nach der Verstaatlichung von US-Unternehmen […] stellte US-Präsident John F. Kennedy den Handel mit Kuba völlig ein. Die Blockade
10 gilt nach wie vor, obwohl die Vollversammlung der Vereinten Nationen sie zum 21. Mal scharf verurteilt hat. Im Laufe der Jahre wurde das Embargo sogar immer wieder verschärft – vor allem durch den „Helms-Burton Act" von 1996. Dieser weitete das US-amerikanische
15 Handelsverbot mit Kuba sogar auf Drittstaaten und Unternehmen aus. Seither können ausländische Firmen, die mit Kuba Geschäfte machen und auch in den USA aktiv sind, mit Sanktionen belegt werden. […] Der „Helms-Burton Act" regelt auch die Frage der Entschä-
20 digungen für Enteignungen. Um das Embargo aufzuheben, müssten nicht nur Unternehmen, die zu Zeiten der Revolution in US-Besitz waren, entschädigt werden, sondern auch Kubaner, die erst im Exil US-Amerikaner geworden sind und zu Zeiten der Enteignung noch Kuba-
25 ner waren. […]

„Die USA liegen nur 90 Meilen entfernt und wären der natürliche Markt für die große Mehrheit kubanischer Produkte und Dienstleistungen", sagt der Politologe Bert Hoffmann […]. Dass diese naheliegende Option für
30 Handelsbeziehungen wegfalle, sei „dramatisch" für Kubas Wirtschaft. Auch Geschäfte mit anderen Ländern werden erschwert, weil Kuba den US-Dollar nicht als internationales Zahlungsmittel verwenden kann. […] Mittlerweile mehren sich selbst in den USA die Stim-
35 men, die das Embargo abschaffen wollen. Denn recht unbestritten ist, dass es keinen Erfolg gebracht hat, und der David Kuba immer noch dem Goliath USA trotzt. Der ehemalige US-Präsident Jimmy Carter nannte das Embargo 2010 „kontraproduktiv" – es stärke nur die
40 Diktatur, da es ein willkommener Vorwand für die kubanische Regierung sei, von der eigenen desaströsen Wirtschaftspolitik abzulenken. Dennoch sieht es danach aus, dass das Embargo noch einige Zeit bestehen bleibt. […]
45 Wie groß der wirtschaftliche Schaden der US-Blockade für Kuba genau ist, sei kaum zu ermitteln, meint Hoffmann. […] Viele Waren des täglichen Bedarfs sind extrem teuer, und die Kubaner müssen einen Großteil ihrer dürftigen Löhne für Speiseöl, Zahnpasta und Waschmittel ausgeben. […] Seit einer US-Ausnahmeregelung aus
50 dem Jahr 2000 dürfen neben Medikamenten auch Landwirtschaftsprodukte wie Mais, Weizen und Geflügel aus humanitären Gründen nach Kuba ausgeführt werden. […] Die Kubaner müssen die US-Importe allerdings in bar bezahlen, und der Transport wird über Schiffe aus
55 Drittstaaten abgewickelt, weil kubanische Frachter keine US-Häfen anlaufen dürfen. Jorge Domínguez [Professor in Harvard] betont, dass es in den letzten Jahren „bedeutsame Verbesserungen im Verhältnis zwischen beiden Ländern" gegeben habe. „Sie sind allerdings oft nicht
60 richtig zur Kenntnis genommen worden." Dazu zählt Domínguez die Reiseerleichterungen für US-Bürger seit 2011. Heute kommen neben mehreren Hunderttausend Exilkubanern jährlich bereits rund 100 000 Amerikaner zum kulturellen und wissenschaftlichen „Austausch"
65 nach Kuba. Auch die Militärs beider Länder arbeiten laut Domínguez inzwischen zum Teil eng zusammen – sowohl bei der Küstenwacht als auch auf beiden Seiten der Grenze am US-Marinestützpunkt in Guantánamo auf Kuba. Zudem wurden von den Amerikanern Überwei-
70 sungen der Exilkubaner an Verwandte auf Kuba erleichtert. Die geschätzten zwei bis drei Milliarden US-Dollar pro Jahr an Geldsendungen aus dem Ausland sind heute eine der wichtigsten Devisenquellen Kubas. An den rechtlichen Grundfesten des Embargos wird trotz aller
75 Zugeständnisse aber kaum gerüttelt. Kuba wird auch weiter auf der US-Liste jener „Schurkenstaaten" geführt, die Terroristen helfen, und findet sich dort in illustrer Gesellschaft mit Iran, Syrien und Sudan, obwohl nicht bekannt ist, dass es derzeit Terroristen im Ausland un-
80 terstützt, Nachbarn bedroht oder an einer Atombombe baut. […] Auch Kuba wandelt sich, nachdem Raúl Castro, der Bruder und Nachfolger […] Fidel Castro[s], wirtschaftliche Reformen eingeleitet hat. Der kubanische Staat mag weiterhin unter der autoritären Kontrolle
85 von Partei und Militär stehen und „keine Demokratie nach westlicher Vorstellung sein", so Bert Hoffmann. „Aber zurzeit werden keine Dissidenten mehr zu langjährigen Haftstrafen verurteilt wie unter Fidel, und auch die Ideologisierung im Alltag hat deutlich abgenom-
90 men." Hoffmann führt das darauf zurück, dass die Menschen auf Kuba inzwischen mehr Freiräume besitzen und dank der Globalisierung „viel weltoffener und besser informiert sind als früher". Selbst Raúl Castro hat bereits 2009 eingeräumt, dass allein die Kubaner für
95 Engpässe bei der landwirtschaftlichen Produktion verantwortlich seien und nicht alles am US-Handelsembargo liege. Währenddessen setz[e] die Obama-Administration ihren Annäherungskurs unterhalb der

Welche Auswirkungen hat der Kalte Krieg auf Kuba?

Embargo-Schwelle fort. Im November hat Barack Obama erneut ein „Update" der US-Kuba-Politik angemahnt, die „kreativ" sein müsse, um zeitgemäß zu bleiben. [...] Bert Hoffmann [...] spricht von einer Politik des „Wandels durch Annäherung".

Ole Schulz, El Bloqueo, in: fluter, Magazin der Bundeszentrale für politische Bildung, Ausgabe 50, Thema Handel, Frühling 2014, https://www.fluter.de/sites/default/files/el_bloqueo.pdf [Zugriff: 20.05.2021]

1. Nennen Sie die Auswirkungen des Embargos auf Kuba.
2. Gestalten Sie aus der Perspektive eines kubanischen Jugendlichen einen Brief an den amerikanischen Präsidenten. Gehen Sie dabei auf die Auswirkungen des Embargos ein. | F
3. Bewerten Sie das Embargo. Gehen Sie dabei auf den ursprünglichen Sinn des Embargos ein und auf die Frage, warum bisher jede US-Regierung an dem Embargo festhielt.

M4 US-Präsident Barack Obama trifft den kubanischen Präsidenten Raúl Castro

1. Beschreiben Sie das Bild.
2. Erläutern Sie den Symbolgehalt des Fotos.

Der Blick aufs Ganze

1. „Kuba war lediglich der Spielball der beiden Supermächte im Kalten Krieg." Überprüfen Sie diese Aussage. Beziehen Sie in Ihr Urteil die Auswirkungen der Krise von 1962 auf Kuba mit ein.
2. Die Kuba-Krise 1962 machte den Menschen deutlich, wie groß die Gefahr eines möglichen Atomkrieges war. Am 22. Oktober informierte John F. Kennedy die Öffentlichkeit zum ersten Mal über die sogenannte Kuba-Krise. Bewerten Sie die Entscheidung Kennedys, seine Ansprache im Fernsehen zu halten.
3. Bewerten Sie die Auswirkungen des Kalten Krieges auf Kuba.
4. Informieren Sie sich über die Diskussion innerhalb der US-Regierung während der Kuba-Krise und spielen Sie diese in einem Rollenspiel nach. Entwickeln Sie hierzu Handlungsoptionen angesichts der Bedrohung durch die sowjetischen Raketen. | F
5. Gestalten Sie in Gruppen ein Poster zur Entwicklung Kubas. Informieren Sie sich hierzu über die Fort-, bzw. Rückschritte der Beziehungen Kubas zur USA unter den US-Präsidenten Trump und Biden. | F

Entspannungspolitik in den 1960er-Jahren – das Ende der Bipolarität?

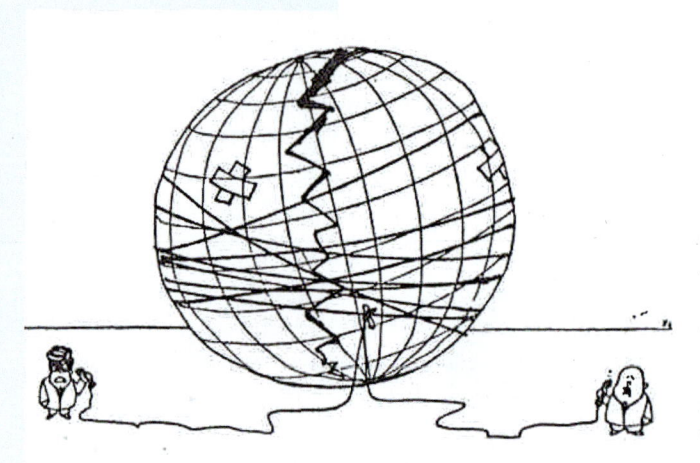

Erste Schritte der Annäherung | Nach der Kuba-Krise 1962 blieb eines zurück: Der Schock eines „Duells am Abgrund". Zum ersten Mal konnte man nennenswerte Fortschritte in der Entspannung verzeichnen. Konnte der Kalte Krieg nun schnell beendet werden?

Die beiden Supermächte zogen aus der Kuba-Krise übereinstimmend zwei Lehren: Es war höchste Zeit, Vereinbarungen über eine Rüstungskontrolle zu treffen und den Gesprächsfaden nie abreißen zu lassen. Ein erster Ansatz zur Entspannung zwischen Ost und West war daher im Mai 1963 die Einrichtung des „heißen Drahts", einer ständigen Fernschreibverbindung zwischen Moskau und Washington. Ziel war es, Missverständnisse im Fall einer neuen Krise zügig beseitigen zu können. Des Weiteren kam es zur Unterzeichnung eines ersten wirklichen Vertrages über den Teststopp atomarer Waffen. 1963 wurde das Atomteststoppabkommen unterzeichnet, das Kernwaffentests über der Erde, im Weltraum und unter Wasser untersagte, um Mensch und Umwelt vor radioaktiver Verseuchung zu schützen. 1968 einigten sich die USA, die Sowjetunion, Großbritannien, Frankreich und China auf die Nichtverbreitung von Kernwaffen (Atomwaffensperrvertrag). Auf allen anderen Bereichen der Waffentechnik ging das Wettrüsten jedoch weiter. Und zugleich verlagerte sich der Kalte Krieg in Form von Stellvertreterkriegen in den Nahen Osten, nach Asien, Afrika und Lateinamerika.

Friedliche Koexistenz und atomares Gleichgewicht | Bereits seit den 1950er-Jahren war vonseiten der Sowjetunion von einer „Friedlichen Koexistenz" die Rede. Auf dem XX. Parteitag der KPdSU im Februar 1956 rechnete Nikita S. Chruschtschow einerseits mit den Verbrechen Stalins ab, andererseits verkündete er die Doktrin der „Friedlichen Koexistenz" zwischen den Systemen und Blöcken. Dies bedeutete, dass er ein friedliches Nebeneinanderstehen von Staaten mit unterschiedlichen Weltanschauungen und politischen Systemen angesichts der Gefahren von Kriegen im Atomzeitalter für unumgänglich hielt. Dies war die Abkehr von der Doktrin der Unvermeidbarkeit von Kriegen, die von Lenin und Stalin vertreten worden war. Chruschtschow betonte jedoch, dass die Sowjetunion genügend Atom- und Wasserstoffbomben besitze, um die USA oder ein anderes westliches Land davon abzuschrecken, die UdSSR oder einen ihrer Verbündeten anzugreifen. Und wenn doch, werde die Sowjetunion den Angriff mit dem Einsatz der eigenen Vernichtungswaffen beantworten.

Von amerikanischer Seite unterstrich John F. Kennedy 1963 in einer Rede, dass man keinem Volk gegen dessen Willen das US-System aufzwingen wolle, aber gewillt sei, mit jedem anderen System in einen friedlichen Wettstreit zu treten. Dies war die Ankündigung einer „Strategie des Friedens", welche den Vorrang politischer Lösungen und den Verzicht auf den atomaren Erstschlag betonte.

Am 22. November 1963 wurde Kennedy bei einem Wahlkampfbesuch in Dallas (Texas) ermordet. Er blieb als Präsident in Erinnerung, der die Führungsrolle der USA in der westlichen Welt entschieden wahrgenommen und die Sowjetunion in ihre Schranken verwiesen hatte. Es war der „Kennedy-Impuls", der nach seinem gewaltsamen Tod die Entspannungspolitik vor allem der bundesdeutschen Regierung antrieb.

„Die Welt ist gerettet."
Karikatur aus der Wochenzeitung „Die Zeit" vom 14. Juni 1963 von Paul Flora.

▶ Analysieren Sie die Karikatur und formulieren Sie ihre Aussage.
▶ Ordnen Sie die Karikatur in den Zusammenhang des Kalten Krieges ein.

Entspannungspolitik in den 1960er-Jahren – das Ende der Bipolarität?

Von der Konfrontation zum Nebeneinander auch in Europa? | Kennedys neue Strategie hatte nämlich auch positive Auswirkungen auf die festgefahrene deutsch-deutsche Politik. Bundeskanzler Willy Brandt, Außenminister Walter Scheel und Brandts Berater Egon Bahr entwickelten ab 1969 eine „Neue Ostpolitik", die an die Stelle der bislang geltenden Abgrenzung und Nichtanerkennung der bestehenden Verhältnisse trat und die Entspannung auch in Mitteleuropa voranbrachte. Der Moskauer Vertrag von 1970, unterzeichnet von der Bundesrepublik Deutschland und der Sowjetunion, verpflichtete beide Staaten dazu, ihre Konflikte ohne Gewalt zu lösen. Zudem wurden die bestehenden Grenzen zwischen Polen und der DDR für unverletzlich erklärt. Es folgten der Warschauer Vertrag (1970), den die Bundesrepublik mit Polen schloss, und das Grundlagenabkommen mit der DDR. Auch in diesen beiden Verträgen waren die wichtigsten Eckpunkte der Gewaltverzicht und die Anerkennung der Grenzen bis zum Abschluss eines Friedensvertrages. Die „Neue Ostpolitik" stellte das Verhältnis zu den osteuropäischen Staaten und zur DDR auf eine neue Grundlage der gegenseitigen Anerkennung und schuf die Basis für eine begrenzte Zusammenarbeit. Ziel Willy Brandts war ein allmählicher und friedlicher „Wandel durch Annäherung" und eine Verbesserung für die Menschen, z.B. durch eine Ausweitung der Besuchsmöglichkeiten zwischen Bundesrepublik und DDR.

Willy Brandt (vormals Ernst Karl Frahm) (1913–1992): Sozialdemokrat, 1933–1945 emigriert, 1957–1966 Regierender Bürgermeister von Berlin (West), 1964–1987 Vorsitzender der SPD, 1969–1974 Bundeskanzler; erhielt 1971 den Friedensnobelpreis

Die Helsinki-Schlussakte von 1975 | Ab 1969 führten beide Supermächte in Helsinki Verhandlungen über die Beschränkung strategischer Nuklearwaffen (SALT[1]). 1972 wurde das erste SALT-Abkommen unterzeichnet. Es beschränkte die Zahl der atomaren Langstreckenraketen und Raketenabwehrsysteme.

Das SALT-Abkommen war lediglich der Beginn des „Helsinki-Prozesses", denn im Zuge der Entspannung trat ab 1973 die Konferenz über Sicherheit und Zusammenarbeit in Europa (KSZE) zusammen. An der Konferenz nahmen alle europäischen Staaten mit Ausnahme Albaniens teil. Außerdem waren die USA sowie Kanada mit dabei. Die Unterzeichnerstaaten verpflichteten sich in ihrem Schlussdokument zur Beachtung der politischen Grundrechte ihrer Bürgerinnen und Bürger und bekundeten ihren Willen, die Grenzen in Europa durchlässiger zu machen. Während die gleichzeitig vereinbarte Steigerung des Ost-West-Handels nicht recht vorankam, griff eine gewisse Liberalisierung des Lebens in einigen Ostblockländern langsam aber stetig um sich. Denn künftig konnten sich oppositionelle Politiker und sogenannte „Dissidenten" bei der Wahrnehmung ihrer Grundrechte durch die Schlussakte von Helsinki ermutigt sehen und sich auf diese berufen. Und die Regierungen im Ostblock mussten sich die Kritik westlicher Politiker und Medien gefallen lassen, auch wenn sie diese als „Einmischung in innere Angelegenheiten", die in der Schlussakte untersagt worden war, zurückwiesen.

KSZE-Schlusskonferenz. Foto vom 1. August 1975.

▶ Benennen Sie die Personen im Vordergrund. | H

▶ Erläutern Sie den Symbolgehalt des Fotos.

[1] **SALT**: Abkürzung für „Strategic Arms Limitation Talks"

M1 Schritte zur Entspannung zwischen Ost und West

Chruschtschow sagt auf dem 20. Parteitag der KPdSU (1956):

Bis auf den heutigen Tag möchten die Feinde des Friedens der Welt weismachen, die Sowjetunion habe die Absicht, den Kapitalismus in den anderen Ländern durch den „Export der Revolution" zu stürzen. Selbstverständlich gibt es unter uns Kommunisten keine Anhänger des Kapitalismus. Aber das bedeutet durchaus nicht, dass wir uns in die inneren Angelegenheiten der Länder, in denen kapitalistische Zustände bestehen, eingemischt haben oder einmischen wollen. [...] Wenn wir davon sprechen, dass im Wettbewerb der zwei Systeme das sozialistische System siegen wird, so bedeutet das keineswegs, dass der Sieg durch die bewaffnete Einmischung der sozialistischen Länder in die inneren Angelegenheiten der kapitalistischen Länder erreicht wird. Unsere Zuversicht auf den Sieg des Kommunismus gründet sich darauf, dass die sozialistische Produktionsweise gegenüber der kapitalistischen entscheidende Vorzüge besitzt. [...] Das Prinzip der friedlichen Koexistenz findet immer stärker internationale Anerkennung. [...] Und das ist ganz gesetzmäßig, denn einen anderen Ausweg gibt es unter den gegenwärtigen Verhältnissen nicht. Es gibt tatsächlich nur zwei Wege: entweder die friedliche Koexistenz oder den furchtbarsten Vernichtungskrieg der Geschichte.

Zitiert nach: Rechenschaftsbericht des ZK der KPdSU an den 20. Parteitag, Berlin 1956, S. 38 ff.

1. Erklären Sie anhand von M1 das von Chruschtschow ausgerufene Prinzip der „Friedlichen Koexistenz".
2. Beurteilen Sie die Wirkung des Prinzips der „Friedlichen Koexistenz" auf den Kalten Krieg (Darstellungstext).

M2 „Friedensrede"

In einer Grundsatzrede in der Universität Washington (1963) skizziert der US-amerikanische Präsident John F. Kennedy seine „Strategie des Friedens":

Ich habe daher diesen Zeitpunkt und diesen Ort gewählt, um ein Thema zu erörtern, über das zu oft Unwissenheit herrscht und bei dem die Wahrheit zu selten gesehen wird – und doch ist es eines der wichtigsten Themen auf Erden: der Weltfrieden. Welche Art von Frieden meine ich? Nach welcher Art von Frieden streben wir? Nicht nach einer Pax Americana, die der Welt durch amerikanische Kriegswaffen aufgezwungen wird. [...] Ich spreche hier von dem echten Frieden – jenem Frieden, der das Leben auf Erden lebenswert macht, [...] nicht nur ein Friede für Amerikaner, sondern ein Friede für alle Menschen. [...] Ich spreche vom Frieden, weil der Krieg ein neues Gesicht bekommen hat. Ein totaler Krieg ist sinnlos in einem Zeitalter, in dem Großmächte umfassende und verhältnismäßig unverwundbare Atomstreitkräfte unterhalten können [...]. Es ist heute, wenn der Friede gewahrt werden soll, unerlässlich, jedes Jahr Milliarden von Dollar für Waffen auszuwerfen, die lediglich zu dem Zweck geschaffen werden, sicherzustellen, dass wir sie niemals einzusetzen brauchen. Aber zweifellos ist die Anlage solcher unnützer Arsenale, die nur der Vernichtung und niemals dem Aufbau dienen können, nicht der einzige, geschweige denn der wirksamste Weg zur Gewährleistung des Friedens. [...]
Manche sagen, es sei zwecklos, von Weltfrieden, internationalem Recht oder internationaler Abrüstung zu sprechen – und alles sei nutzlos, solange die Führer der Sowjetunion keine aufgeschlossenere Haltung einnehmen. Ich hoffe, sie werden dies tun. Ich glaube, wir können ihnen dabei helfen. Aber ich glaube auch, dass wir unsere eigene Haltung überprüfen müssen – als Einzelperson und als Nation –, denn unsere Einstellung ist genauso wichtig wie die ihre. [...] Lassen Sie uns zunächst unsere Haltung gegenüber dem Frieden selbst überprüfen. Zu viele von uns halten ihn für unmöglich. [...]. Aber das ist ein gefährlicher [...] Glaube. Er führt zu der Schlussfolgerung, dass der Krieg unvermeidlich ist, dass die Menschheit zum Untergang verurteilt ist [...]. Wir brauchen diese Ansicht nicht zu akzeptieren. Unsere Probleme sind von Menschen geschaffen, deshalb können sie auch von Menschen gelöst werden. [...]
Wir sollten uns [...] auf einen praktischeren, erreichbareren Frieden konzentrieren, der [...] auf einer Reihe von konkreten Maßnahmen und wirksamen Übereinkünften basiert, die im Interesse aller Betroffenen liegen.
Für diesen Frieden gibt es keinen einfachen Schlüssel, keine großartige oder magische Formel, die sich eine oder zwei Mächte aneignen könnten. Der echte Friede muss das Produkt vieler Nationen sein, die Summe vieler Maßnahmen. Er muss dynamisch, nicht statisch sein, er muss flexibel sein, um den großen Aufgaben einer jeden Generation zu entsprechen. Denn der Friede ist ein Prozess – ein Weg, Probleme zu lösen.

Zitiert nach: Ernst-Otto Czempiel und Carl-Christoph Schweitzer, Weltpolitik der USA nach 1945, Schriftenreihe der Bundeszentrale für politische Bildung, Bonn 1987, S. 277 ff.

1. Arbeiten Sie aus der Rede von John F. Kennedy seine Position zu Krieg, Frieden und der Sowjetunion heraus.
2. Erläutern Sie die Gründe, warum Kennedy eine „Strategie des Friedens" entwickelt hat.

M3 Neue Ostpolitik und die Reaktion der DDR

a) In seiner Regierungserklärung vom 28. Oktober 1969 legt der neue Kanzler der sozialliberalen Koalition, Willy Brandt, seine deutschlandpolitischen Ziele dar:

Aufgabe der praktischen Politik in den jetzt vor uns liegenden Jahren ist es, die Einheit der Nation dadurch zu wahren, dass das Verhältnis zwischen den Teilen Deutschlands aus der gegenwärtigen Verkrampfung gelöst wird. Die Deutschen sind nicht nur durch ihre Sprache und ihre Geschichte – mit ihrem Glanz und ihrem Elend – verbunden; wir sind alle in Deutschland zu Haus. Wir haben auch noch gemeinsame Aufgaben und gemeinsame Verantwortung: für den Frieden unter uns und in Europa. 20 Jahre nach Gründung der Bundesrepublik Deutschland und der DDR müssen wir ein weiteres Auseinanderleben der deutschen Nation verhindern, also versuchen, über ein geregeltes Nebeneinander zu einem Miteinander zu kommen. Dies ist nicht nur ein deutsches Interesse, denn es hat seine Bedeutung auch für den Frieden in Europa und für das Ost-West-Verhältnis. […] Die Bundesregierung setzt die im Dezember 1966 durch Bundeskanzler Kiesinger und seine Regierung eingeleitete Politik fort und bietet dem Ministerrat der DDR erneut Verhandlungen beiderseits ohne Diskriminierung auf der Ebene der Regierungen an, die zu vertraglich vereinbarter Zusammenarbeit führen sollen. Eine völkerrechtliche Anerkennung der DDR durch die Bundesregierung kann nicht in Betracht kommen. Auch wenn zwei deutsche Staaten in Deutschland existieren, sind sie doch füreinander nicht Ausland; ihre Beziehungen zueinander können nur von besonderer Art sein.

Zitiert nach: Bulletin des Presse- und Informationsamtes der Bundesregierung, Nr. 132, 29. Oktober 1969, S. 1121–1128

b) SED-Parteichef Walter Ulbricht reagiert darauf in seiner Rede vor dem 12. Plenum des Zentralkomitees der SED am 12. Dezember 1969:

Der neue westdeutsche Bundeskanzler, Herr Brandt, hat […] in seiner Regierungserklärung und in anderen öffentlichen Verlautbarungen von der Tatsache der staatlichen Existenz der DDR Kenntnis genommen. Über die 20-jährige Verspätung wollen wir hier nicht reden. Zur Genugtuung ist noch kein Anlass. Schließlich müssen wir noch die Taten abwarten. Dabei dürfte Klarheit darüber herrschen, dass der Verzicht auf jegliche Art von Alleinvertretungsanmaßung die Voraussetzung für die Normalisierung der Beziehungen Westdeutschlands zur DDR ist. Herr Brandt hat weiterhin Verhandlungen über vertraglich geregelte Beziehungen zwischen der westdeutschen Bundesrepublik und der DDR auf der Grundlage der Gleichberechtigung und unter Ausschluss jeglicher Diskriminierung angeboten. Er sprach von der Notwendigkeit eines Versuchs, über ein geregeltes Nebeneinander zu einem Miteinander zu kommen. Gleichzeitig erklärte er jedoch – ich zitiere aus der Regierungserklärung: „Eine völkerrechtliche Anerkennung der DDR durch die Bundesrepublik kann nicht in Betracht kommen. Auch wenn zwei Staaten in Deutschland existieren, sind sie doch füreinander nicht Ausland. Ihre Beziehungen zueinander können nur besonderer Art sein." Schade, wirklich sehr schade! Diese Sätze – sollten sie wirklich zur Regierungsdoktrin der neuen westdeutschen Koalitionsregierung werden – würden alles wieder kaputtmachen, was in dem vorher Gesagten an Positivem enthalten sein könnte. […] Die Beziehungen zwischen den beiden deutschen Staaten und Verträge zwischen ihnen haben der Natur der Sache nach völkerrechtlichen Charakter. Bonn aber möchte als vollberechtigter Staat sozusagen mit einer minderberechtigten, unter seiner Vormundschaft stehenden und Bonn gegenüber zu besonderem Wohlverhalten verpflichteten DDR verhandeln. Mit dem Grundsatz der Gleichberechtigung und der Nichtdiskriminierung ist das absolut unvereinbar.

Zitiert nach: Archiv der Gegenwart, 27. Dezember 1969, S. 15160

1. Benennen Sie die deutschlandpolitischen Ziele von Brandts Ostpolitik.
2. Beurteilen Sie Ulbrichts Antwort im Hinblick auf mögliche Verhandlungsspielräume.

M4 Karten im Vergleich

Der Kartenausschnitt links zeigt den Stand vom 1. Juli 1971, der Ausschnitt rechts den Stand vom 1. Januar 1982. Beide Kartenausschnitte stammen von der von 1953 bis 1999 bestehenden Arbeitseinheit Geographischer Dienst des Auswärtigen Amtes. Zu den wichtigsten kartografischen Aufgaben gehörte die Darstellung Deutschlands, in Ausschnitten oder in regionalen und globalen Zusammenhängen. Diese Darstellungen spiegeln bestimmte Merkmale der Etappen und Stationen der Bonner Deutschland-, Berlin- und Ostpolitik wider:

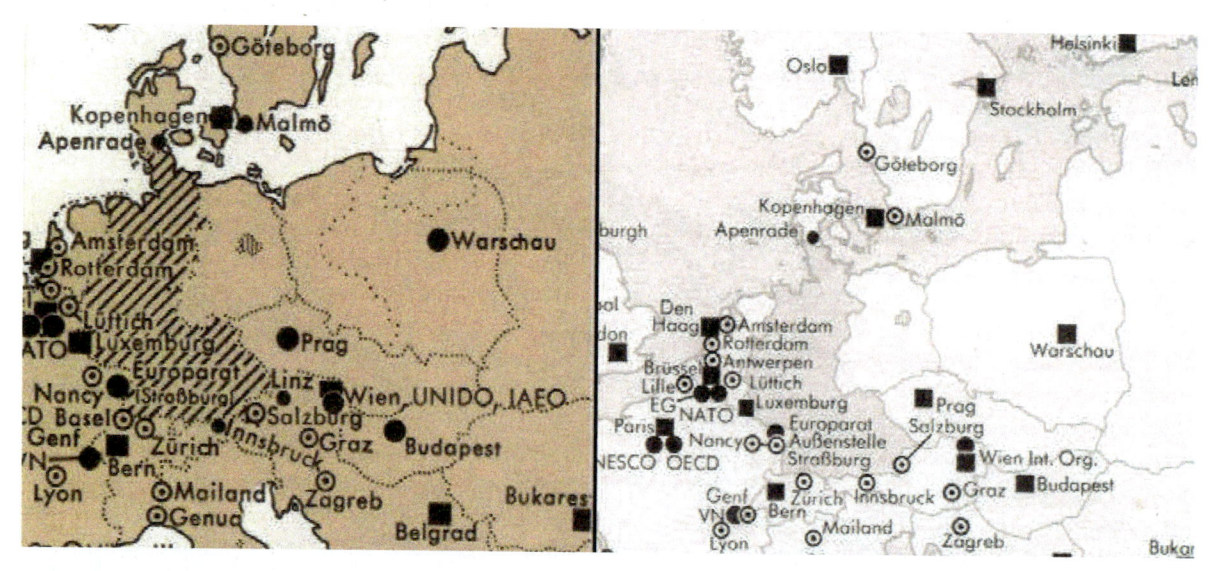

1. Analysieren Sie die Kartenausschnitte mithilfe der Arbeitsschritte auf S. 212.

2. Erläutern Sie anhand der jeweiligen kartografischen Darstellungen Veränderungen in der Deutschlandpolitik der westdeutschen Regierungen.

M5 KSZE-Schlussakte von Helsinki

Die Ergebnisse der Konferenz über Sicherheit und Zusammenarbeit in Europa wurden am 1. August 1975 in einer gemeinsamen Schlussakte formuliert. Diese stellt ausdrücklich kein völkerrechtlich verbindliches Abkommen, sondern eine Absichtserklärung dar:

I. Souveräne Gleichheit, Achtung der der Souveränität innewohnenden Rechte

Die Teilnehmerstaaten werden gegenseitig ihre souveräne Gleichheit und Individualität sowie alle ihrer Souveränität innewohnenden und von ihr umschlossenen Rechte achten, einschließlich insbesondere des Rechtes eines jeden Staates auf rechtliche Gleichheit, auf territoriale Integrität sowie auf Freiheit und politische Unabhängigkeit. Sie werden ebenfalls das Recht jedes anderen Teilnehmerstaates achten, sein politisches, soziales, wirtschaftliches und kulturelles System frei zu wählen und zu entwickeln sowie sein Recht, seine Gesetze und Verordnungen zu bestimmen. […]

II. Enthaltung von der Androhung oder Anwendung von Gewalt

Die Teilnehmerstaaten werden sich in ihren gegenseitigen Beziehungen sowie in ihren internationalen Beziehungen im Allgemeinen der Androhung oder Anwendung von Gewalt, die gegen die territoriale Integrität oder politische Unabhängigkeit irgendeines Staates gerichtet oder auf irgendeine andere Weise mit den Zielen der Vereinten Nationen und mit der vorliegenden Erklärung unvereinbar ist, enthalten. […]

III. Unverletzlichkeit der Grenzen

Die Teilnehmerstaaten betrachten gegenseitig alle ihre Grenzen sowie die Grenzen aller Staaten in Europa als unverletzlich und werden deshalb jetzt und in der Zukunft keinen Anschlag auf diese Grenzen verüben. […]

IV. Territoriale Integrität der Staaten

Die Teilnehmerstaaten werden die territoriale Integrität eines jeden Teilnehmerstaates achten. Dementsprechend werden sie sich jeder mit den Zielen und Grundsätzen der Charta der Vereinten Nationen unvereinbaren Hand-

Entspannungspolitik in den 1960er-Jahren – das Ende der Bipolarität?

lung gegen die territoriale Integrität, politische Unabhängigkeit oder Einheit eines jeden Teilnehmerstaates enthalten, insbesondere jeder derartigen Handlung, die eine Androhung oder Anwendung von Gewalt darstellt. […]

V. Friedliche Regelung von Streitfällen
Die Teilnehmerstaaten werden Streitfälle zwischen ihnen mit friedlichen Mitteln auf solche Weise regeln, dass der internationale Frieden und die internationale Sicherheit sowie die Gerechtigkeit nicht gefährdet werden. […]

VI. Nichteinmischung in innere Angelegenheiten
Die Teilnehmerstaaten werden sich ungeachtet ihrer gegenseitigen Beziehungen jeder direkten oder indirekten, individuellen oder kollektiven Einmischung in die inneren oder äußeren Angelegenheiten enthalten, die in die innerstaatliche Zuständigkeit eines anderen Teilnehmerstaates fallen.

VII. Achtung der Menschenrechte und Grundfreiheiten
Die Teilnehmerstaaten werden die Menschenrechte und Grundfreiheiten, einschließlich der Gedanken-, Gewissens-, Religions- oder Überzeugungsfreiheit für alle ohne Unterschied der Rasse, des Geschlechts, der Sprache oder der Religion achten.

VIII. Zusammenarbeit zwischen den Staaten
Die Teilnehmerstaaten werden […] sich gleichermaßen bemühen, bei der Entwicklung ihrer Zusammenarbeit das Wohlergehen der Völker zu verbessern und zur Erfüllung ihrer Wünsche beizutragen, unter anderem durch die Vorteile, die sich aus größerer gegenseitiger Kenntnis sowie dem Fortschritt und den Leistungen im wirtschaftlichen, wissenschaftlichen, technischen, sozialen, kulturellen und humanitären Bereich ergeben.

Schlussakte von Helsinki, veröffentlicht von der Organization for Security and Cooperation in Europe (OSZE), https://www.osce.org/files/f/documents/6/e/39503.pdf [Zugriff: 28.8.2020]

1. Erläutern Sie die Bedeutung dieser zunächst unverbindlichen Absichtserklärung für die Menschen der Ostblockstaaten.
2. Erklären Sie, welche Interessen die westlichen, welche die Staaten des Ostblocks mit der Erklärung verbanden.
3. Gestalten Sie ein Rollenspiel, bei dem Delegationen von Ost und West aufeinandertreffen. Ermitteln Sie dabei Konfliktpunkte und Gemeinsamkeiten.

M6 „Bin gespannt, was denen drüben nach Helsinki noch alles einfällt"

Karikatur von Walter Hanel aus dem Jahr 1975:

1. Analysieren Sie die Karikatur.
2. Beurteilen Sie die Aussage aus Sicht der ostdeutschen Bevölkerung.

Der Blick aufs Ganze

1. Vergleichen Sie die Ansätze zur Entspannungspolitik ab den 1960er-Jahren in West und Ost.
2. Bewerten Sie, ob die jeweils getroffenen Maßnahmen zu einer Entspannung des Kalten Krieges beigetragen haben.

Sie können diese Arbeitsaufträge mithilfe der Kooperationsform „Lerntempoduett" bearbeiten.
Phase 1: Vergleichen Sie die Ansätze zur Entspannungspolitik in Ost- und Westeuropa.
Phase 2: Bewerten Sie, ob die jeweils getroffenen Maßnahmen zu einer Entspannung des Kalten Krieges beigetragen haben.
Phase 3: Stellen Sie Ihr Ergebnis dem Plenum vor.

Methode

Geschichtsdokumentationen analysieren

Geschichtsdokumentationen genießen den Ruf, auf spannende Weise Geschichte zu vermitteln. Sie zeigen Expertinnen und Experten, Zeitzeuginnen und Zeitzeugen sowie Quellen, erscheinen seriös und wissenschaftlich. Da sie fernsehtauglich Geschichte erzählen, werden sie als Abwechslung zu eher als langweilig empfundenen geschichtswissenschaftlichen Darstellungen gesehen. Für Viele bieten sie die zugänglichste Möglichkeit, sich mit Geschichte auseinanderzusetzen. Doch von vielen historischen Ereignissen sind keine Dialoge oder Details überliefert. Wie Geschichtsspielfilme und andere populärwissenschaftliche Darstellungen arbeiten daher auch Geschichtsdokumentationen teilweise fiktional. Vor allem wenn es keine audiovisuellen oder bildlichen Quellen gibt, lassen Regisseurinnen und Regisseure historische Ereignisse und Situationen nachspielen. Quellenlücken werden fantasievoll geschlossen. Oft sorgt eine musikalische Untermalung für eine Atmosphäre, die Autorinnen und Autoren sowie Regisseurinnen und Regisseure für angemessen halten.

Leitfragen zu den Arbeitsschritten finden Sie auf S. 213; eine Lösungsskizze zu den Arbeitsaufträgen auf S. 220.

M1 „Alltag absurd – Leben mit der deutschen Teilung"

Beispiel für eine Geschichtsdokumentation im deutschen öffentlich-rechtlichen Fernsehen:

Reisekader, Transitfahrten oder Westpakete: Die Teilung Deutschlands brachte jede Menge Merkwürdigkeiten und Absurditäten mit sich, die sich auf den Alltag von Millionen Deutschen auswirkten.

▶ Sehen Sie sich „Alltag absurd – Leben mit der deutschen Teilung" oder eine andere Geschichtsdokumentation an. Analysieren Sie anschließend die Dokumentation anhand der Arbeitsschritte.

Geschichtsdokumentationen vs. Edutainment

Neben den klassischen Geschichtsdokumentationen gibt es auch zahlreiche Geschichtskanäle auf verschiedenen Webvideo-Plattformen, z. B. YouTube. Dort informiert beispielsweise MrWissen2go knapp über 1,9 Millionen Abonnentinnen und Abonnenten (Stand Juli 2022) auf seinem Kanal über historische Themen von der Antike bis in die Gegenwart. Man nennt diese Art der Wissensvermittlung „Edutainment". Dieser Begriff setzt sich aus den Begriffen education (Bildung) und entertainment (Unterhaltung) zusammen und beschreibt die Wissensvermittlung mithilfe moderner digitaler Medien. Kennzeichnend für diese Videos ist die kompakte Vermittlung von Informationen auf unterhaltsame Weise. Die Auswahl und die Möglichkeiten auf den unterschiedlichen Streaming-Plattformen sind schier unbegrenzt: vom reinen Upload eines Videos bis hin zu Livestreams, bei denen die Zuschauerinnen und Zuschauer direkt Rückfragen stellen können. Jeder hat die Möglichkeit, Clips zu erstellen und hochzuladen. Das bedeutet allerdings auch, dass die Wahrscheinlichkeit sehr hoch ist, dass diese Clips falsche Inhalte vermitteln. Die meisten YouTuber sind keine Lehrerinnen und Lehrer und haben das entsprechende Fach nicht studiert, das sie nun erklären. Zudem sind einige Inhalte nicht kostenlos abrufbar.

> Eine Lösungsskizze zu den Arbeitsaufträgen finden Sie auf S. 220.

M2 „MrWissen2go Geschichte"

Beispiel für einen Edutainment-Kanal auf YouTube

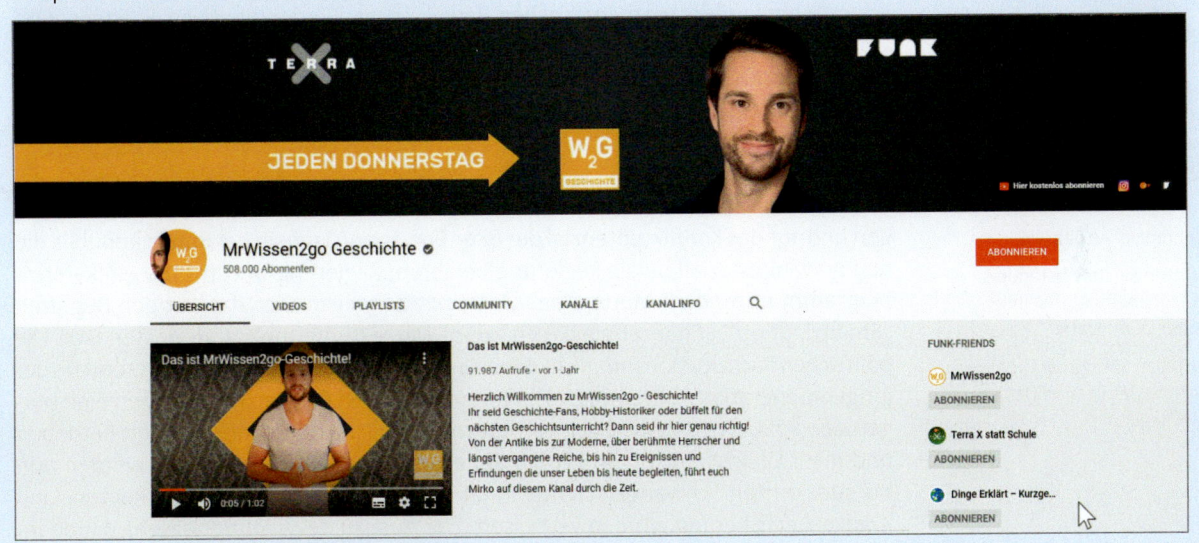

1. Vergleichen Sie klassische Geschichtsdokumentation mit den Videos auf Edutainment-Kanälen.
2. Erörtern Sie Pro und Kontra von Informationsvermittlung auf Edutainment-Kanälen.
3. Gestalten Sie in Gruppen ein eigenes Erklärvideo zur Zusammenfassung dieses Kapitels. | F

Mehr Bürgerbeteiligung in West und Ost – zum Scheitern verurteilt?

Auflösung einer Demonstration gegen den Plan eines AKW-Baus im badischen Wyhl.
Aktionen gegen großtechnische Atomenergiekonzepte, wie hier am 2. Februar 1975 im badischen Wyhl, waren keine Einzelfälle.

▶ Beschreiben Sie das Bild.
▶ Erläutern Sie Ihr Verständnis von Teilhabemöglichkeiten in einer Demokratie.
▶ Beurteilen Sie, wo die Grenzen des Protestes in einer Demokratie liegen.

Mehr Bürgerbeteiligung | Aus den Protestbewegungen der 1960er-Jahre entwickelte sich eine zusehends kritisch werdende Öffentlichkeit. Im Kalten Krieg hatten sich in West und Ost jedoch zwei einander entgegengesetzte Demokratiemodelle entwickelt, die den Bürgerinnen und Bürgern ganz unterschiedliche Möglichkeiten für die direkte politische Mitbestimmung und für die Wahrnehmung ihrer Grundrechte eröffneten. In Osteuropa wurde von Anfang an jegliche Opposition unterdrückt. Dennoch entstanden auch hier Oppositionskreise, die mehr Rechtsstaatlichkeit und Demokratisierung forderten. In der Bundesrepublik kam es, wie in der gesamten westlichen Welt, zu einem stetigen Anwachsen von unterschiedlichen außerparlamentarischen Bewegungen. Bürgerinitiativen, Friedens- und Umweltgruppen begannen in den 1970er-Jahren aktuelle Probleme aufzugreifen. Darüber hinaus begann sich die Vorstellung durchzusetzen, dass es jedem zustehe, sein Leben nach eigenen Vorstellungen einzurichten und seinen eigenen Lebensstil zu entwickeln.

Politik der inneren Reformen in der BRD | Als Reaktion auf die Partizipationsforderungen und auf das Konfliktpotenzial der 68er-Bewegung legte in der Bundesrepublik die neu gewählte sozialliberale Regierung bei ihrem Regierungsantritt 1969 ein Reformprogramm unter dem Motto „Mehr Demokratie wagen" vor, das mit den Begriffen „Emanzipation", „Chancengleichheit" und „Mitbestimmung" zu umreißen war. Die politischen Partizipationsmöglichkeiten der Bürgerinnen und Bürger, insbesondere der jungen Generation, sollten verbessert werden. Zu den Reformzielen zählten eine bürgernahe Politik, der Ausbau der Mitbestimmung der Arbeitnehmer in den Betrieben und mehr Gleichberechtigung von Männern und Frauen. Abtreibungen wurden nun bis zum dritten Schwangerschaftsmonat straffrei. Die Leistungen von Renten- und Krankenversicherung wurden verbessert. Der Ausbau des Bildungswesens wurde intensiviert: Kindern und Jugendlichen sollte unabhängig von Herkunft und Geschlecht der Zugang zu höheren Schulen ermöglicht werden, Studierende und Auszubildende erhielten ab 1971 bei Bedürftigkeit staatliche Unterstützung.

Neue Formen politischer Beteiligung | Gleichzeitig stieg das Interesse der Bürgerinnen und Bürger an der Politik und der Wille, sich aktiv an ihr zu beteiligen, deutlich an. Da sie sich nicht allein auf die Arbeit der Parlamente und Regierungen verlassen wollten, engagierten sich viele in Bürgerinitiativen vor Ort, um ihre Interessen zu vertreten und durchzusetzen. Sie widmeten sich konkreten Zielen aus dem unmittelbaren Lebensbereich, indem sie etwa bei Verkehrsprojekten, Industrieansiedlungen oder Städtebaumaßnahmen Einspruch erhoben. Aus ihnen formierten sich allmählich bundesweite „Neue Soziale Bewegungen", die sich für die Gleichstellung der Frauen einsetzten, für Abrüstung, Gewaltfreiheit und den Schutz von Umwelt und Natur warben, Verfolgte oder gesellschaftliche Minderheiten vertraten oder Hilfe für die „Dritte Welt" leisten wollten.

Anfang der 1980er-Jahre veränderte sich schließlich auch die Parteienlandschaft der Bundesrepublik. Die etablierten Volksparteien verloren Wählerinnen und Wähler an neue Gruppierungen. Vor allem Angehörige der jüngeren Generation engagierten sich in der alternativ-ökologischen Bewegung, die 1980 in die Gründung der Partei Die Grünen mündete. Nach ersten Wahlerfolgen auf kommunaler Ebene gelang ihr 1983 mit 5,6 Prozent der Stimmen der Sprung in den Deutschen Bundestag. Auch in den anderen westeuropäischen Ländern spielten die Neuen Sozialen Bewegungen eine wachsende Rolle. Im Vergleich zur Bundesrepublik dauerte der Einzug ökologisch-pazifistischer Protestparteien in die Parlamente jedoch länger.

Veränderungen gab es auch im privaten Bereich. Bestärkt durch den Wertewandel in den 1960er-Jahren verbreiteten sich sowohl in West- als auch in Osteuropa alternative Lebensformen: Nichteheliche Lebensgemeinschaften, Wohngemeinschaften und Kommunen ergänzten die traditionelle Form des Zusammenlebens und sorgten somit für eine Pluralisierung der Lebensformen.

Bürgerbeteiligung in Osteuropa – zum Scheitern verurteilt?

In Osteuropa erstarkten ab den 1970er-Jahren die zivilgesellschaftlichen Bürgerbewegungen. In der Tschechoslowakei herrschte nach der Niederschlagung des „Prager Frühlings" im Jahr 1968 zunächst ein Klima der Angst. Ab 1977 formierte sich aber eine Bürgerrechtsbewegung. Regimekritiker wie Václav Havel unterzeichneten die Charta 77. Daraus ging eine gleichnamige Bewegung hervor, die die kommunistische Regierung zur Einhaltung der Bürger- und Menschenrechte aufrief und sich dabei auf die KSZE-Schlussakte von Helsinki berief, die von der Tschechoslowakei ebenfalls unterzeichnet worden war. Die Staatsführung reagierte mit Diskriminierungen, harten Repressionen und Ausbürgerungen.

Ermutigt von den Protestbewegungen formierten sich in der DDR anfangs vor allem Friedens- und Umweltgruppen, die unter dem Schutz der Kirchen einen Freiraum von staatlicher Kontrolle und Bevormundung schufen und dort ihre Kritik veröffentlichten. Zunächst entstanden diese informellen Zusammenschlüsse von aufbegehrenden DDR-Bürgerinnen und -Bürgern aus der Empörung über konkrete Maßnahmen des SED-Staates, wie etwa die Einführung des „Wehrunterrichts" an allen Schulen 1978. Die Dissidentenbewegung in der DDR wuchs stetig an. Eine wichtige Rolle spielte etwa der von Pfarrer Rainer Eppelmann und Robert Havemann gemeinsam formulierte „Berliner Appell – Frieden schaffen ohne Waffen" (1982). Die Forderungen nach Toleranz und Anerkennung des Rechts auf freie Meinungsäußerung unterschrieben innerhalb weniger Monate Tausende. In Friedensseminaren und Friedenswerkstätten fanden sich zumeist jugendliche Teilnehmer aus der ganzen DDR zusammen. Ihr gemeinsames Protestsymbol war ein Aufnäher mit der Aufschrift „Schwerter zu Pflugscharen". Die Staatsmacht versuchte die Friedensbewegung in ihrem Sinne zu vereinnahmen, reagierte aber auch mit Berufsverboten, Verhaftungen und Ausbürgerungen prominenter Dissidenten, wie zum Beispiel des Liedermachers Wolf Biermann, und vor allem mit dem massiven Einsatz von Inoffiziellen Mitarbeitern (IM) der Stasi.

1985 gründeten mehrere Bürgerrechtlerinnen und Bürgerrechtler in Ost-Berlin die Initiative Frieden und Menschenrechte (IFM). Die christlich-pazifistisch ausgerichtete Protestbewegung gewann eine neue Qualität: Erstmals erhob sie Forderungen nach einer freiheitlichen Demokratie. Immer mehr Menschen solidarisierten sich mit jenen, die verhaftet, ausgebürgert oder auf andere Weise eingeschüchtert werden sollten. Zu den dauerhaft aktiven Regimegegnern zählten nur wenige hundert Personen, die jedoch viele tausend Sympathisanten gewinnen konnten. Allmählich entstand ein landesweites Netzwerk durch im Untergrund gedruckte Zeitschriften und Flugblätter, Treffen und Protestaktionen.

Rainer Eppelmann (geb. 1943): evangelischer Pfarrer, 1989 Mitbegründer der Partei „Demokratischer Aufbruch" (DA), seit 1990 Mitglied der CDU, 1990 Minister für Verteidigung und Abrüstung in der letzten DDR-Regierung

Robert Havemann (1910–1982): kommunistischer Widerstandskämpfer gegen das „Dritte Reich", 1950–1964 Professor für Physikalische Chemie in Ost-Berlin. Er erhielt nach kritischen Äußerungen Berufsverbot und Hausarrest und wurde bis zu seinem Tod überwacht.

M1 „Mehr Demokratie wagen"

a) Aus der Regierungserklärung von Willy Brandt am 28. Oktober 1969 vor dem Deutschen Bundestag:

[…] Wir wollen mehr Demokratie wagen. Wir werden unsere Arbeitsweise öffnen und dem kritischen Bedürfnis nach Information Genüge tun. Wir werden darauf hinwirken, dass durch Anhörungen im Bundestag, durch
5 ständige Fühlungnahme mit den repräsentativen Gruppen unseres Volkes und durch eine umfassende Unterrichtung über die Regierungspolitik jeder Bürger die Möglichkeit erhält, an der Reform von Staat und Gesellschaft mitzuwirken. Wir wenden uns an die im Frieden
10 nachgewachsenen Generationen, die nicht mit den Hypotheken der Älteren belastet sind und belastet werden dürfen; jene jungen Menschen, die uns beim Wort nehmen wollen – und sollen. Diese jungen Menschen müssen aber verstehen, dass auch sie gegenüber Staat
15 und Gesellschaft Verpflichtungen haben. […] Mitbestimmung, Mitverantwortung in den verschiedenen Bereichen unserer Gesellschaft wird eine bewegende Kraft der kommenden Jahre sein. Wir können nicht die perfekte Demokratie schaffen. Wir wollen eine Gesellschaft, die
20 mehr Freiheit bietet und mehr Mitverantwortung fordert. Diese Regierung sucht das Gespräch, sie sucht kritische Partnerschaft mit allen, die Verantwortung tragen, sei es in den Kirchen, der Kunst, der Wissenschaft und der Wirtschaft oder in anderen Bereichen der
25 Gesellschaft. […] Die Bundesregierung wird sich von der Erkenntnis leiten lassen, dass der zentrale Auftrag des Grundgesetzes, allen Bürgern gleiche Chancen zu geben, noch nicht annähernd erfüllt wurde. Die Bildungsplanung muss entscheidend dazu beitragen, die
30 soziale Demokratie zu verwirklichen. Die Regierung kann in der Demokratie nur erfolgreich wirken, wenn sie getragen wird vom demokratischen Engagement der Bürger. Wir haben so wenig Bedarf an blinder Zustimmung, wie unser Volk Bedarf hat an gespreizter Würde
35 und hoheitsvoller Distanz. Wir suchen keine Bewunderer; wir brauchen Menschen, die kritisch mitdenken, mitentscheiden und mitverantworten. Das Selbstbewusstsein dieser Regierung wird sich als Toleranz zu erkennen geben. Sie wird daher auch jene Solidarität zu
40 schätzen wissen, die sich in Kritik äußert. Wir sind keine Erwählten; wir sind Gewählte. Deshalb suchen wir das Gespräch mit allen, die sich um diese Demokratie mühen. In den letzten Jahren haben manche in diesem Lande befürchtet, die zweite deutsche Demokratie
45 werde den Weg der ersten gehen. Ich habe dies nie geglaubt. Ich glaube dies heute weniger denn je. Nein: Wir stehen nicht am Ende unserer Demokratie, wir fangen erst richtig an. Wir wollen ein Volk der guten Nachbarn werden im Innern und nach außen.

Zitiert nach: Klaus von Beyme, Die großen Regierungserklärungen der deutschen Bundeskanzler von Adenauer bis Schmidt, München/Wien 1979, S. 252 f., 266 und 281

b) Plakat zur Europaparlamentswahl von 1979:

WIR HABEN DIE ERDE VON UNSEREN KINDERN NUR GEBORGT.
DIE GRÜNEN

1. Arbeiten Sie aus a) heraus, mit welchen programmatischen Ankündigungen der neu gewählte Bundeskanzler den Beginn einer neuen Ära markieren will und wie sich dies auf den Satzbau und die Wortwahl der Rede niederschlägt.
2. Erörtern Sie, inwieweit das innenpolitische Programm der sozialliberalen Koalition unter Willy Brandt den Aufbruchsversuch zu mehr Bürgerbeteiligungen beeinflusste (b) und Darstellungstext).

M2 Gesamtgesellschaftliche Emanzipation

a) Der Aktionsrat zur Befreiung der Frau ging 1968 aus der APO hervor und war die erste feministische Gruppe in West-Berlin. In einer programmatischen Schrift von 1968 steht:

Die Emanzipation der Frau ist ein Gradmesser der gesamtgesellschaftlichen Emanzipation. Es gibt keine Befreiung der Menschheit ohne die soziale, emotionale sowie ökonomische Unabhängigkeit und Gleichstellung von Mann und Frau. […] Kleine Mädchen werden rosa gekleidet, kleine Jungen hellblau. Kleine Mädchen werden zu haushaltsorientiertem Spiel angehalten, kleine Jungen wegen der Puppe ausgelacht. Die Jungen sollen das Haus verlassen, sollen selbstständig werden und Erfahrungen machen. Sich ruhig austoben, auch sexuell. Mädchen lernen bald, die Männer zu erwarten, wenn Vater und Brüder abends heimkommen und wenn das Essen vorbereitet sein muss. Sie identifizieren sich bald mit der Mutter, die über Lob des Vaters glücklich, über seine Unzufriedenheit schuldbewusst ist. […] In ihrer Vorbereitung auf die nie zu erreichende Illusion wird die Frau vorwiegend partnerorientiert. Die kapitalistische Gesellschaft unterstützt sie dabei mit Werbung und Entertainment. Von einer aufkommenden Bewusstheit ihrer Situation wird die Frau systematisch abgelenkt. Kleidung, Gehabe, Emotionen der Frau sind schließlich Ausdruck ihrer hochgradigen Partner-Erwartung. Für den Mann zeigt sich diese erregte Frau als erregendes Lustobjekt. In Filmen und Illustrierten wird ihm diese angeboten. Da er in seiner Erziehung und Beeinflussung zur überwiegenden Sachorientierung gebracht wurde, entspricht das Auswählen, Begutachten, Verbrauchen und Ablegen vom Konsumgut Frau durchaus seiner Art. Unsere Gesellschaft erzieht zwei Geschlechter, die durch unterschiedliche Lernprozesse voneinander im Sinne einer Arbeitsteilung materiell abhängig sind: Das Mädchen lernt vieles, was mit Haushalt zu tun hat. Der Junge wird davon ferngehalten. Er wird sich später in Haushaltsdingen so dumm anstellen, dass er eine Frau braucht. Das Mädchen wird umgekehrt in allem dumm gehalten, was nicht mit Haushalt zu tun hat. Deswegen braucht sie später einen Mann, der für sie sorgt. Emotional jedoch sind beide einander entgegengesetzt geworden: der Mann der kapitalistischen Gesellschaft ist ein emotionsloses Arbeitstier, die Frau ein gefühlshaftes Objekt. Ihre gegenseitigen Rollenerwartungen sind kaum vereinbar: […] Die starke Fixierung der Frau an den Mann bestätigt und befriedigt einerseits den Machtanspruch des Mannes, andererseits wird er durch ihre unerschöpflichen Zärtlichkeits- und Sinnlichkeitsansprüche stark belastet. […] Er ist außenorientiert, arbeitet an sachlichen Problemen, kann sich weiterentwickeln und lernen, während die Frau noch in eine Empfindungsdifferenzierung bis zur Schmerzhaftigkeit verstrickt ist. […] Lassen wir uns zudem nicht vormachen, Emanzipation bedeute: dem Mann entsprechend zu werden. Würden wir der vermeintlichen Emanzipation des Mannes in einer autoritären Gesellschaft nacheifern, so wäre das Resultat gesteigerter Konkurrenzkampf, Aggressivität, Brutalität, Selbstunterdrückung. Denken wir daran, dass sich der Mann ebenso wie die Frau aus seiner Rollenfixierung emanzipieren muss.

Zitiert nach: Lutz Schulenburg (Hrsg.), Das Leben ändern, die Welt verändern. 1968 – Dokumente und Berichte, Hamburg 1998, S. 303–307

b) Demonstration in Frankfurt, Foto von 1971:
Frauen demonstrieren in der Frankfurter Innenstadt gegen § 218 des Strafgesetzbuches, der Abtreibungen verbietet.

1. Arbeiten Sie aus a) und b) die Gründe für das Entstehen der Frauenbewegung heraus.
2. Erläutern Sie den Begriff „Emanzipation".

M3 Opposition in der DDR

a) Am 25. Januar 1982 verfassen der kommunistische Dissident Robert Havemann und der evangelische Pfarrer Rainer Eppelmann den „Berliner Appell – Frieden schaffen ohne Waffen", der von westdeutschen Medien veröffentlicht und binnen weniger Monate von Tausenden unterschrieben wird:

1. Es kann in Europa nur noch einen Krieg geben, den Atomkrieg. Die in Ost und West angehäuften Waffen werden uns nicht schützen, sondern vernichten. […]

2. Darum: Wenn wir leben wollen, fort mit den Waffen! […] Ganz Europa muss zur atomwaffenfreien Zone werden. […] 3. Das geteilte Deutschland ist zur Aufmarschbasis der beiden großen Atommächte geworden. Wir schlagen vor, diese lebensgefährliche Konfrontation zu beenden. Die Siegermächte […] müssen endlich die Friedensverträge mit den deutschen Staaten schließen […]. Danach sollten die ehemaligen Alliierten ihre Besatzungstruppen aus Deutschland abziehen und Garantien über die Nichteinmischung in die inneren Angelegenheiten der beiden deutschen Staaten vereinbaren. 4. Wir schlagen vor, in einer Atmosphäre der Toleranz und der Anerkennung des Rechts auf freie Meinungsäußerung die große Aussprache über die Fragen des Friedens zu führen und jede spontane Bekundung des Friedenswillens in der Öffentlichkeit zu billigen und zu fördern. […]

Zitiert nach: Robert-Havemann-Gesellschaft, TH 01/1: Berliner Appell vom 25. Januar 1982, in: www.bildungsserver.berlin-brandenburg.de/fileadmin/havemann/docs/ material/1982_berliner_appell.pdf [Zugriff: 20.05.2021]

b) Zu den Hauptaufgaben des Ministeriums für Staatssicherheit, kurz Stasi, gehörte die Kontrolle von Massenorganisationen und die gezielte Zersetzung und Spaltung potenzieller oppositioneller Kreise. In einem Bericht des MfS vom 1. Juni 1989 über oppositionelle Gruppen in der DDR in den 1980er-Jahren steht:

Seit Beginn der 80er-Jahre anhaltende Sammlungs- und Formierungsbestrebungen […] führten zur Bildung entsprechender Gruppierungen […]. Diese sind fast ausschließlich in Strukturen der ev. Kirchen in der DDR eingebunden. […] Gegenwärtig bestehen in der DDR ca. 160 derartige Zusammenschlüsse. […] Sie gliedern sich in knapp 150 sog. kirchliche Basisgruppen, die sich selbst […] bezeichnen als „Friedenskreise" (35), „Ökologiegruppen" (39), gemischte „Friedens- und Umweltgruppen" (23), „Frauengruppen" (7), „Ärztekreise" (3); „Menschenrechtsgruppen" (10) […] und sog. Regionalgruppen von Wehrdienstverweigerern. […] Ableitend aus sog. Gründungserklärungen und Strategiepapieren […] bilden besonders folgende antisozialistische Inhalte […] die Schwerpunkte im Wirksamwerden feindlicher, oppositioneller Kräfte: 1. Gegen die Grundlagen und Gesetzmäßigkeiten des Sozialismus gerichtete Angriffe finden ihren konzentrierten Ausdruck in Forderungen nach Änderung der sozialistischen Staats- und Gesellschaftsordnung und nach „Erneuerung des Sozialismus". Dabei berufen sich diese Kräfte immer stärker auf die Umgestaltungsprozesse und die damit verbundenen Entwicklungen in der UdSSR und anderen sozialistischen Ländern. Demagogisch werden Begriffe wie Glasnost, Demokratisierung, Dialog, Bürgerrechte, Freiheit für „Andersdenkende" oder Meinungspluralismus missbraucht […].

2. Gegen die Sicherheits- und Verteidigungspolitik gerichtete Angriffe konzentrierten sich […] auf Forderungen nach Beseitigung der vormilitärischen Erziehung und Ausbildung der Jugend (u. a. Unterrichtsfach Wehrerziehung), Abschaffung der Wehrpflicht, Einrichtung des sozialen bzw. zivilen „Friedensdienstes" als gleichwertiger Ersatz für den Wehrdienst und auf Gewährung des Rechts auf Wehrdiensttotalverweigerung aus Gewissensgründen. 3. Gegen die kommunistische Erziehung der Jugend gerichtete Angriffe beinhalten u. a. Forderungen nach Aufgabe des „Totalitätsanspruches" der marxistisch-leninistischen Weltanschauung […]. 4. Probleme des Umweltschutzes bilden ein breites Feld zur Diskreditierung der Politik der Partei in Umweltfragen […].

Zitiert nach: Volker Gransow und Konrad H. Jarausch (Hrsg.), Die deutsche Vereinigung. Dokumente zu Bürgerbewegung, Annäherung und Beitritt, Köln 1991, S. 54

1. Arbeiten Sie die Vision eines zukünftigen deutschen Staates heraus, die in a) entwickelt wird.
2. Analysieren Sie die Zusammensetzung der oppositionellen Gruppen in der DDR, die in b) beleuchtet wird.
3. Ordnen Sie die Beteiligten des Berliner Appells in die in b) genannten Gruppen und deren Ziele ein.

M4 Wertewandel in den 1970er-Jahren

Rezzo Schlauch, Politiker der Grünen, und der Tübinger Zeithistoriker Reinhold Weber beleuchten das Auf und Ab der ersten grünen Partei, die aus den Bürgerbewegungen der 1970er-Jahre hervorgegangen ist:

Ohne die Zeitenwende der Siebzigerjahre sind die Grünen nicht zu denken. Das „rote Jahrzehnt" oder das „sozialdemokratische Jahrzehnt", wie es genannt wurde, war eine Phase des tiefgreifenden gesellschaftlichen Umbruchs und der Liberalisierung. Auch war es ein Jahrzehnt der starken politischen Polarisierung und der neuartigen Krisenphänomene: Die Ölpreiskrisen und der Konflikt um die Kernkraft dominierten die Agenda genauso wie steigende Arbeitslosigkeit oder der Terrorismus der Roten Armee Fraktion (RAF). [..] Es waren die Jahre einer neuen Generation und die Jahre „danach": nach „1968" und „nach dem Boom".
In den siebziger Jahren zerfiel die breite Protestbewegung der „68er" in zahlreiche Splittergruppen. […] Nach dem „Deutschen Herbst" 1977 wurde jedoch immer deutlicher, dass der allergrößte Teil des linkskritischen Milieus dabei war, sich Protest- und Lebensformen jenseits der Gewalt zu suchen. Dennoch sollte die „Gewaltfrage" der siebziger Jahre ihre Schatten bis weit in die

achtziger Jahre hineinwerfen. [...] Im Kern basierte [das linksalternative Milieu] auf den sogenannten Neuen Sozialen Bewegungen und war Ausdruck eines grundlegenden Wertewandels, der sich seit Mitte der sechziger Jahre in allen westlichen Industrienationen abgezeichnet hatte. Nach einem einzigartigen Wirtschaftsboom war spätestens seit der Ölpreiskrise 1973 in weiten Teilen der Bevölkerung der bislang dominierende Glaube an die Planbarkeit des immerwährenden Fortschritts und Wohlstandes geschwunden. [...] Die neuen Werte und visionären Ziele verlangten auch nach neuen Formen der politischen Mitbestimmung. Die Protest- und Emanzipationsbewegung verlagerte sich immer mehr auf Bürgerinitiativen und bunt-alternative Gruppen. Mit ihren Vorstellungen einer echten Demokratie „von unten" waren sie damit eine Herausforderung für die als zunehmend starr empfundenen Politikmodelle der alten Wirtschaftswunderrepublik. Mitte der siebziger Jahre gab es in der Bundesrepublik Tausende von Bürgerinitiativen – und fast täglich kamen neue Aktionsgruppen hinzu. Meist formierte sich der Protest auf lokaler Ebene gegen Straßenbauvorhaben, gegen infrastrukturelle Großprojekte wie den Ausbau von Flughäfen, gegen die sogenannte Sanierung historischer Stadtviertel oder gegen die Verschmutzung von Flüssen. Rasch fanden sich die lokalen Aktionsbündnisse zu überregional agierenden Bewegungen zusammen. In den siebziger und achtziger Jahren engagierten sich so Hunderttausende in der Bundesrepublik gegen Atomkraft, atomares Wettrüsten und Umweltverschmutzung, für die Rechte der Frauen, die Anliegen der „Dritten Welt" sowie für Bürger- und Minderheitenrechte. Vor allem durch die sogenannte „Nachrüstung" im Rahmen des NATO-Doppelbeschlusses 1983 und die drohende Verschärfung des Kalten Krieges konnte die Friedensbewegung einen guten Teil dieser Bewegungen bündeln und über mehrere Jahre hinweg in einem bis dato ungesehenen Ausmaß mobilisieren. [...] Von dem Zeithistoriker Sven Reichardt wird der Kern der Linksalternativen auf rund 300 000 bis 600 000 Aktivisten beziffert, wobei schon zeitgenössische Untersuchungen von Meinungsforschern den größeren Kreis dieses linksalternativen Milieus auf über fünf Millionen Menschen schätzten. Aus dem Wunsch nach politischer Beteiligung und aus der Einsicht in das Scheitern der älteren, dogmatischen Ansätze entstanden im Lauf der siebziger Jahre neue Formen des individuellen Politikengagements. Im Vordergrund stand dabei die „Politik der ersten Person", gespeist aus eigener Betroffenheit und Gemeinschaftssuche. Abgeleitet wurde dieses Lebens- und Politikprinzip aus der „68er"-Formel, wonach das Private politisch sei. Das bedeutete, dass nicht nur im politischen Raum, sondern auch im Alltag alternative Lebensformen gelebt werden sollten. [...] Eine ganze Infrastruktur alternativen Lebens entstand, die von Kinderläden und Buchhandlungen über Kooperativen und Kneipen bis hin zu Verlagen und Therapiegruppen reichte. Nachhaltig kulturprägend war auch eine Alternativpresse aus Szeneblättern, Underground-Zeitungen, Blättern der Bürgerinitiativen oder Stadtmagazinen, die auch über die Milieugrenzen hinaus Wirkung hatte. Leitmedien waren die 1978 in West-Berlin gegründete Tageszeitung (taz) oder der Frankfurter Pflasterstrand [...].

Reinhold Weber und Rezzo Schlauch, Keine Angst vor der Macht. Die Grünen in Baden-Württemberg, Köln 2015, S. 14–20

1. Erklären Sie den Begriff „Wertewandel".
2. Arbeiten Sie die Gründe für das Entstehen der Grünen heraus.

Der Blick aufs Ganze

1. Erläutern Sie die verschiedenen Aufbruchsversuche in West und Ost zu mehr Bürgerbeteiligung.
2. Beurteilen Sie die Bedeutung von Willy Brandts Satz „Wir wollen mehr Demokratie wagen" aus seiner Regierungserklärung von 1969. Welche Entwicklungen lassen sich darauf zurückführen? Gestalten Sie dazu eine Podiumsdiskussion.
3. Überprüfen Sie, ob die angekündigten Zielsetzungen von der Politik der sozialliberalen Koalition unter Bundeskanzler Willy Brandt eingelöst wurden.
4. Sehen Sie in Bürgerinitiativen und Neuen Sozialen Bewegungen eine Stärkung oder eine Schwächung der Demokratie? Begründen Sie Ihre Meinung.
5. Erläutern Sie anhand von Beispielen die Pluralisierung der Lebensformen. Entwickeln Sie Ideen für Ihr persönliches Familienmodell bzw. Ihre Lebensform. | F

Gruppenpuzzle

1. Erarbeiten Sie mithilfe eines Gruppenpuzzles folgende Themenbereiche: „Mehr Demokratie wagen" (S. 78), Emanzipation (S. 79), Opposition der DDR (S. 79 f.), Wertewandel (S. 80 f.). Halten Sie das Ergebnis in Ihrer Stammgruppe strukturiert für eine Präsentation im Plenum fest.
2. Vergleichen Sie die Motive der Aufbruchsversuche in West und Ost zu mehr Bürgerbeteiligung.

Kompetenzen anwenden

	1952	**Auswirkungen des Kalten Krieges auf Kuba:** Putsch, Militärdiktatur
Umgang mit Protestbewegungen in Ost und West: Aufstand des 17. Juni, „Republikflucht" →	1953	
Wiederbewaffnung → Ungarn-Aufstand	1956	
	1959	← Revolution auf Kuba
Mauerbau →	1961	
	1962	← Kuba-Krise
68er-Bewegung, Wertewandel, „Prager Frühling" →	1968	**Ansätze einer Entspannungspolitik in Ost- und Westeuropa:** „Friedliche Koexistenz" „Kennedy-Impuls"
Aufbruchsversuche in Ost und West zu mehr Bürgerbeteiligung: „Mehr Demokratie wagen" Neue Soziale Bewegungen →	1969	← Neue Ostpolitik
	1973	← Helsinki-Prozess
Charta 77, Dissidentenbewegung →	1977	

1. Beschreiben Sie die Visualisierung der historischen Sachverhalte durch das vorliegende Schaubild und geben Sie diesem eine passende Überschrift.
2. Bewerten Sie den unterschiedlichen Umgang mit Protest in West- und Osteuropa in den 1950er- und 60er-Jahren.
3. Vergleichen Sie Aufbruchsversuche zu mehr Bürgerbeteiligung in Ost und West in den späten 1960er- und in den 70er-Jahren.
4. Erläutern Sie, welchen Einfluss die Ansätze zur Entspannungspolitik auf die Aufbruchsversuche zu mehr Bürgerbeteiligung hatten.
5. Arbeiten Sie die chronologische Übersicht in ein Schaubild um.

Mit Karten arbeiten

M1 Dienststellen des Ministeriums für Staatssicherheit der DDR

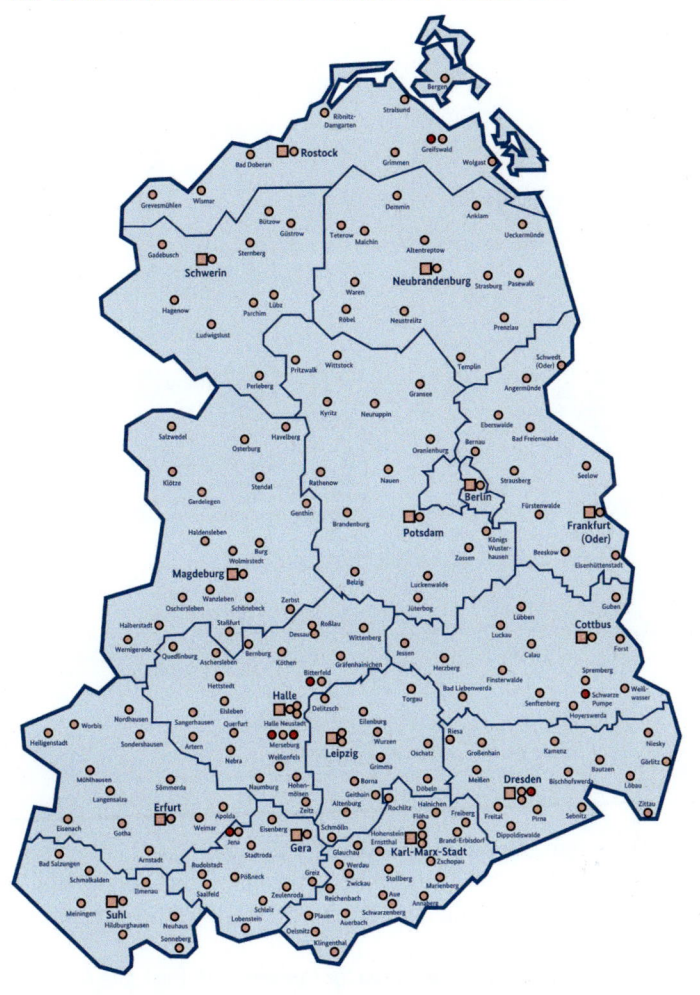

1. Beschreiben und analysieren Sie das Kartenbild und fassen Sie die Ergebnisse unter Einbeziehung der Legende in einem zusammenhängenden Text zusammen.
2. Arbeiten Sie aus der Karte Rolle und Bedeutung der Stasi im SED-Staat heraus.
3. Zeigen Sie, welche Rückschlüsse das Kartenbild darauf zulässt, wie die SED-Regierung mit Protest und Bürgerbeteiligung umging.

Geschichtsdokumentationen analysieren

M2 Kuba-Krise — Dokumentation (English mit deutschen Untertiteln) – YouTube (2001); siehe Code **32052-08**

1. Beschreiben Sie, wie die Dokumentation „aufgemacht" ist, d. h.
   - ob sie z. B. mit Musik unterlegt wird und welche Wirkung diese hat,
   - aus welchen Elemente sie zusammengesetzt ist (Interviews, Gespräche, Filmsequenzen …),
   - ob es eine (sichtbare oder unsichtbare) Moderation gibt.
2. Benennen Sie, wer in der Dokumentation zu Wort kommt und welche Funktionen die Personen hatten.
3. Arbeiten Sie heraus,
   - wie die Dokumentation gegliedert ist und finden Sie kurze Überschriften für die Abschnitte,
   - zu welchen Aspekten des Themas die Personen sich äußern und welche Meinung Sie dazu vertreten.
4. Vergleichen Sie die Aussagen mit der Darstellung im Lehrbuch.

Wirtschaftskrisen in Westeuropa – sind die „fetten Jahre" vorbei?

Radfahrer auf der Autobahn während des bundesweit ersten autofreien Sonntages. Foto vom 4. November 1973. Wegen der akuten Knappheit von Heizöl und Treibstoff beschloss die Bundesregierung im Herbst 1973 drastische Einsparmaßnahmen. Dazu zählte ein Fahrverbot für Kraftfahrzeuge an insgesamt vier Sonntagen. An den übrigen Tagen galt ein generelles Tempolimit.

▶ Beschreiben Sie die Stimmung auf dem Foto.

▶ Das generelle Fahrverbot an Sonntagen wurde nach 1973 wieder aufgehoben. Diskutieren Sie, ob und inwieweit die damaligen Maßnahmen gleichwohl für ein Umdenken in der Gesellschaft sorgten.

Ende einer Glanzzeit | Der Boom, der die Industrieländer seit den 1950er-Jahren geprägt hatte, brach Mitte der 1970er-Jahre zusammen. Auf das „Goldene Zeitalter" („Golden Age", Eric J. Hobsbawm) einer blühenden Wirtschaft folgten erhebliche Rückschläge, die sich als nachhaltig erwiesen.

Seit 1971 war das Wachstum in Westeuropa und Nordamerika erlahmt. Die Absatzmärkte waren inzwischen mit Konsumgütern gesättigt, während Volkswirtschaften in Fernost (Japan, Schwellenländer wie Singapur, Südkorea oder Taiwan) inzwischen preisgünstiger produzierten und billigere Waren anboten. Die USA, nach ihrer Beteiligung am Vietnamkrieg von 1964 bis 1973 finanziell verausgabt, beendeten 1973 das bis dahin geltende, für den US-Dollar zuletzt nachteilige System fester Wechselkurse. Da daraufhin die Währungen in Westeuropa höher bewertet wurden, verteuerten sich ihre Produkte erst recht. Neben den ständig steigenden Löhnen verschärfte dies auch das Problem der Inflation.

Ölpreisschocks | Seit Ende 1973 trat eine Krise der Energieversorgung hinzu. Den Anlass bildete ein Krieg arabischer Staaten gegen Israel im Oktober jenes Jahres (Jom-Kippur-Krieg). Als Reaktion auf die Unterstützung Israels durch die USA drosselten arabische Erdölförderländer ihre Öllieferungen an westliche Staaten oder brachen sie vollständig ab. Auch nach dem Ende des Krieges blieb es bei Lieferbeschränkungen. Durch die Verknappung stieg der Rohölpreis auf den internationalen Märkten binnen eines Jahres auf das Vierfache. Auf den ersten Ölpreisschock folgte ein zweiter, als 1979 im Iran, dem damals zweitgrößten Erdölproduzenten weltweit, das bisherige westlich orientierte Regime gestürzt und eine islamische Republik ausgerufen wurde. Angesichts der Unsicherheit über die politische Stabilität des Iran und seiner Nachbarländer (1979 Einmarsch der Sowjetunion in Afghanistan, 1980 Beginn des Ersten Golfkrieges zwischen Irak und Iran) schnellte der Ölpreis erneut nach oben.

Schwerwiegende Folgen | Die Ölkrise der 70er-Jahre schürte nicht nur Ängste über eine Zukunft ohne gesicherte Energie. Sie beschleunigte auch die wirtschaftliche Talfahrt in den Industrieländern, besonders in Westeuropa, das weitgehend vom Ölimport abhängig war. Drastisch erhöhte Energiepreise führten zu teureren Produkten und verringerter Kaufkraft bei den Verbrauchern. Unternehmen entließen wegen des schwindenden Absatzes viele Beschäftigte, um angesichts der hohen Löhne Einsparungen vorzunehmen. Erstmals seit Ende des Zweiten Weltkrieges machten den westlichen Industrieländern Wachstumsschwäche, Inflation und steigende Arbeitslosigkeit zugleich zu schaffen. Das Zusammentreffen dieser ungünstigen Faktoren, die sogenannte Stagflation, stellte Wirtschaft, Politik und Gesellschaft vor neue Herausforderungen.

Versuche zur Abhilfe | Auf die Wirtschaftskrise seit 1974/75 reagierten die westlichen Industrieländer zunächst mit herkömmlichen Mitteln. Wie schon in den 60er-Jahren sollten staatliche Hilfen und Beschäftigungsprogramme für mehr Arbeitsplätze sorgen. Dieses Vorgehen wurde mit Krediten finanziert, da die Steuereinnahmen zurückgingen. Als Folge nahm die Verschuldung der öffentlichen Haushalte immer weiter zu. Die Maßnahmen brachten nur eine vorübergehende Besserung am Arbeitsmarkt, während die finanziellen Verteilungsspielräume des Staates schrumpften.

Mit Fortdauer der Krise sahen sich die Regierungen gezwungen, die bisherigen Sozialleistungen zu begrenzen. Die Versorgung der vielen Arbeitslosen hatte Vorrang vor einem weiteren Ausbau der Sozialsysteme. Gemäß dem neuen Leitbild des „Maßhaltens" wurde zu geringeren Lohnerhöhungen, zum Energiesparen im Alltag und zu mehr Nachhaltigkeit im Konsum aufgerufen.

Ebenso vertieften die westlichen Industrieländer angesichts der Krise ihre Zusammenarbeit. 1975 wurde der Weltwirtschaftsgipfel gegründet, ein regelmäßiges Treffen der Regierungen der sieben führenden westlichen Industrienationen (G7). Die Europäische Gemeinschaft schuf 1979 das Europäische Währungssystem (EWS), um die Wechselkurse zwischen den Mitgliedsländern zu stabilisieren, die Inflation zu kontrollieren und langfristig eine gemeinsame Währung einzuführen, den späteren Euro.

Alternative Erfolgsrezepte | Nach dem zweiten Ölpreisschock folgte bis 1982/83 ein erneuter Einbruch des Wirtschaftswachstums. Die Stagflation kehrte zurück, die bisherige Krisenbekämpfung galt als gescheitert. Insbesondere in Großbritannien, den USA und in der Bundesrepublik kam es zu Regierungswechseln, die eine Umorientierung der Wirtschaftspolitik versprachen. Wenn bis dahin mehr staatliche Förderung und Regulierung vorgesehen war, sollte künftig ein Abbau staatlicher Kontrolle zugunsten einer freieren Entfaltung des wirtschaftlichen Wettbewerbs erfolgen. Die Vorgaben lauteten: Streichung von Subventionen (öffentlichen Wirtschaftshilfen), Vereinfachung von Steuern und deren Senkung für Unternehmen und Spitzenverdiener, Abbau von staatlicher Regulierung (etwa beim Kündigungsschutz und im Finanzwesen), Privatisierung bisheriger Staatsbetriebe. Die Sozialleistungen sollten nicht mehr nur begrenzt, sondern nötigenfalls gekürzt werden, um den staatlichen Haushalt zu entlasten und Schulden abzubauen.

Dieser wirtschaftspolitische Kurs, den Kritiker als Neoliberalismus bezeichneten, wurde in Großbritannien und den USA in den 80er-Jahren konsequent durchgesetzt. Er sorgte in diesen Ländern für neuen wirtschaftlichen Aufschwung, mehr Beschäftigung und geringere Inflation. Dabei kam dieser Entwicklung auch der deutlich sinkende Ölpreis seit Mitte der 80er-Jahre zugute. Als Kehrseite verschärfte sich der Gegensatz zwischen Arm und Reich, während ganze Regionen deindustrialisiert wurden.

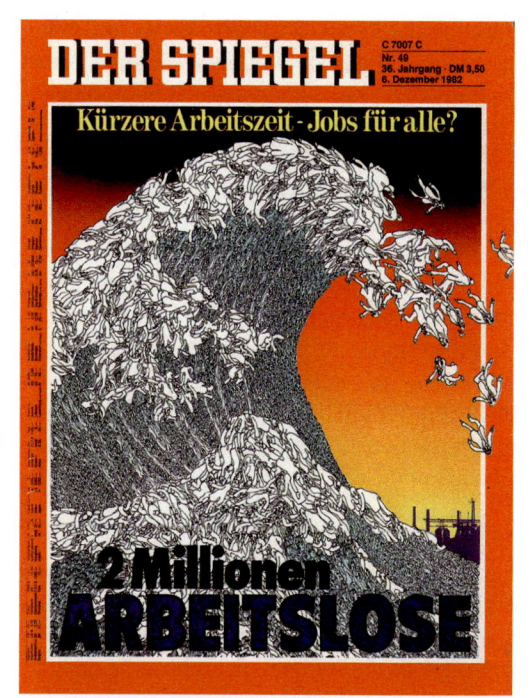

„2 Millionen Arbeitslose".
Titelbild des „Spiegel" vom 6. Dezember 1982.
Die Zahl von zwei Millionen gemeldeten Arbeitslosen bedeutete einen neuen Höchststand seit 1954.

▶ Erläutern Sie das Bildmotiv.

Kundgebung der Industriegewerkschaft (IG) Metall am 12. Mai 1985.
Gewerkschaften wie die IG Metall forderten seit Anfang der 80er-Jahre, die wöchentliche Arbeitszeit ihrer Beschäftigten von 40 auf 35 Stunden (bei gleichem Lohn) zu senken. Als Argumente führten sie u. a. an: Kurzarbeit müsse nicht mehr zu Stellenstreichungen führen, die restliche Arbeit würde durch zusätzliche Beschäftigte geleistet. Zwar wurde in Tarifverhandlungen nach und nach die 35-Stunden-Woche durchgesetzt, allerdings ohne damit die Beschäftigungszahlen zu erhöhen.

▶ Vergleichen Sie die Forderung nach kürzeren Arbeitszeiten mit der Werbekampagne für einen arbeitsfreien Samstag in den 1950er-Jahren, wie auf Seite 36 dargestellt.

▶ Diskutieren Sie in der Klasse Vor- und Nachteile von Arbeitszeitverkürzungen (in Form von Teilzeitarbeit, kürzeren Wochenarbeitszeiten oder Herabsetzung des Rentenalters). Berücksichtigen Sie dabei mögliche Auswirkungen auf den Arbeitsmarkt und auf die Sozialsysteme.

Ein deutscher Mittelweg aus der Krise? | In Westdeutschland fielen die Wirtschaftsreformen der neuen christlich-liberalen Regierungskoalition seit 1982 weniger radikal aus. Zwar wurden die Sozialleistungen gekürzt und der Haushalt saniert, Unternehmen steuerlich gefördert und staatliche Konzerne (teil-)privatisiert. Die Sozialausgaben des Staates blieben jedoch hoch und die Regierung hielt an der Stützung strukturschwacher Industrien (Stahl, Kohle, Textil, Schiffbau) durch Steuergelder fest. Bis um 1990 erlebte die Bundesrepublik einen längeren Aufschwung des Wirtschaftswachstums bei niedriger Inflation.

Dagegen blieb das Problem der hohen Arbeitslosigkeit in der Bundesrepublik unverändert bestehen. Zwischen 1982 und 1990 waren jährlich rund zwei Millionen Menschen als erwerbslos gemeldet. Neben älteren Arbeitssuchenden drängten inzwischen geburtenstarke Jahrgänge auf den Arbeitsmarkt. Für diese Menschen gab es nicht genügend Beschäftigung, obwohl in den 80er-Jahren mehr Arbeitsplätze existierten als je zuvor. Der wirtschaftliche Aufschwung sorgte nicht länger, wie in den 50er- und 60er-Jahren, für einen nachhaltigen Abbau der Arbeitslosigkeit. Stattdessen wuchs der Anteil derer, die dauerhaft vom Wirtschaftswachstum ausgeschlossen blieben. Die Betroffenen dieser Sockelarbeitslosigkeit konnten nicht mehr zuverlässig ins Erwerbsleben integriert werden.

Vom Wohlstand abgehängt | Bis zum Anfang der 70er-Jahre war eine allmähliche Angleichung der Lebensverhältnisse zwischen den gesellschaftlichen Schichten eingetreten, dank Vollbeschäftigung, steigender Löhne und einer Politik der Umverteilung zugunsten von sozial Schwächeren.

Seit den Wirtschaftskrisen der 70er- und frühen 80er-Jahre nahmen die sozialen Unterschiede wieder zu. Langfristig entstand eine Zwei-Drittel-Gesellschaft, in der Wohlstand nur noch für Menschen mit gesichertem Einkommen erreichbar schien. Für alle übrigen – darunter viele Langzeitarbeitslose, Alleinerziehende, Ausländer und Asylsuchende – galt diese Perspektive nicht mehr. Trotz der staatlich gewährten Sozialleistungen fiel dieser Teil der Bevölkerung durch das soziale Netz und war dauerhaft von Armut und gesellschaftlicher Randständigkeit bedroht.

Neue Realitäten | In den 70er- und 80er-Jahren veränderten sich in der Bundesrepublik und im übrigen Westeuropa nicht allein die wirtschaftlichen Rahmendaten (niedriges Wachstum, hohe Arbeitslosigkeit), sondern auch die Struktur der Arbeitswelt. Um konkurrenzfähig zu bleiben, verlagerten viele Industriebetriebe ihre Produktion entweder ins Ausland oder setzten auf personal- und kostensparende Automation (Fertigung durch Roboter, automatische Messinstrumente, computergestützte Kontrolle von Arbeitsschritten). In jedem Fall führten die Umstellungen zum großflächigen Abbau von Arbeitsplätzen. Dagegen wuchs der Bereich der Dienstleistungen (Verwaltung, Handel, Transport, Banken und Versicherungen, Bildung, Pflege und Gesundheitswesen, Gastronomie, Tourismus, Medien, Unterhaltung usf.) und überholte die Industrie als beschäftigungsstärksten Sektor. Obwohl die Industrie als Arbeitgeber weiterhin prägend blieb, entwickelte sich die Bundesrepublik – nicht anders als ihre westeuropäischen Nachbarn – durch den neuerlichen Strukturwandel zu einer Dienstleistungsgesellschaft. Im Rahmen einer fortschreitenden Digitalisierung von Alltag und Arbeit gewannen Informationstechnologie (IT) und moderne Telekommunikation immer mehr an Bedeutung. Die neuen Technologien wurden nach und nach in fast allen Berufsfeldern üblich, ihre Verbreitung und Weiterentwicklung gilt seither als ein Schlüssel für Wettbewerbsfähigkeit und künftiges Wachstum.

M1 „Die fetten Jahre sind vorbei"

Ein Beitrag im Nachrichtenmagazin „Der Spiegel" unternimmt 1980 einen kritischen Rückblick auf das vorangegangene Jahrzehnt:

Im Rausch ihrer neuen Reformpolitik Anfang der siebziger Jahre hatten die Sozialliberalen um Willy Brandt und Walter Scheel[1] die komplizierte und gut geölte Wirtschaftsmaschinerie als einen Motor mit Selbstzündung
5 verstanden. Ein so geartetes Wohlstandsapparat, vermuteten die Regierenden in Bonn damals, produziere Wachstum und Steuereinnahmen gleichsam vollautomatisch. Am Ende einer solchen Entwicklung erträumten sie eine Art soziales Schlaraffenland [...]: Jeder Deut-
10 sche ein Abiturient, jeder Rentner ein Wohlstandsbürger und jede Ansiedlung, im Grünen gelegen, fünfzehn Minuten von der nächsten Autobahnabfahrt entfernt.
Entsprechend protzig richteten auch Unternehmen und Branchen ihre Zukunftsprojektionen ein. Die Fahr-
15 zeugfabrikanten trieben den Normalverbraucher in die obere Mittelklasse des Automobilangebots, und was mehr als 15 Liter auf Kilometer verbrauchte, das war schick. Die Stromversorgungsgesellschaften verkündeten eine Verdoppelung des Elektrizitätsverbrauchs in
20 jeweils zehn Jahren, und die Ölunternehmen wollten ihre Raffineriekapazitäten während der siebziger Jahre ungefähr verdoppeln. [...]
Das Bruttosozialprodukt, ließen sich Minister und Professoren vernehmen, werde sich lässig mit durchschnitt-
25 lich fünf Prozent im Jahr fortentwickeln, sich folglich in fünfzehn Jahren jeweils verdoppeln. [...]
Was wirklich geschah, wirkt jammervoll dagegen: Statt des sozialen Schlaraffenlandes eine Million Arbeitslose, statt des Bildungsparadieses verschreckte Akademiker,
30 statt des perfekten Fernstraßennetzes stornierte Autobahnprojekte, statt des Sechszylinders für den Kleinbürger das Sparauto für den Mittelstand, statt wilden Raffinerieausbaus schrumpfender Ölverbrauch, statt fünf Prozent Wachstum hohe Staatsschulden und drohende
35 Stagnation [...]. [...] Selten noch sind die Hoffnungen vom Beginn eines Jahrzehnts an dessen Ende so enttäuscht worden wie in den siebziger Jahren. [...]

Teures Öl, billige Japan-Autos, mäßige Binnennachfrage und Absatzschwierigkeiten auf dem Weltmarkt belästi-
40 gen die deutsche Wirtschaft auch kurzfristig so stark, dass schon in der zweiten Jahreshälfte 1980 droht, was widersinnig „Nullwachstum"[2] genannt wird. [...] Und Stillstand, so eine gängige Formel, ist Rückschritt. Denn die stagnierende Wirtschaft trifft auf dynamische Ansprüche, die aus den Zeiten hoher Wachstumsraten
45 stammen.
Jahr für Jahr müssen Finanzminister und Sozialversicherer zusätzliches Geld lockermachen, um individuelle Ansprüche von Bürgern auf Altersruhegeld, auf Ersatz von Gesundheitskosten, auf Arbeitslosenversorgung
50 und Wohngeld, auf Finanzierung der flexiblen Altersgrenze und der Ausbildungsstätten erfüllen zu können. Die Ausgaben für Soziales stiegen seit 1973 um 78,3 Prozent, das Steueraufkommen um 52,5 Prozent und das Bruttosozialprodukt um nominal 51,6 Prozent. Den
55 Wust der Ansprüche abzubauen oder gar nur abzuwehren, würde Gesetzesänderungen bedeuten, die in einer wachstumsarmen Zeit kaum realisierbar wären. Zu viele mächtige Gruppeninteressen – von den Bauern bis zu den Zahnärzten, von den Beamtenpensionen bis zur
60 Werftenhilfe[3] – würden jede Bewegung verhindern.

Werner Meyer-Larsen, Die fetten Jahre sind vorbei, in: Der Spiegel, 8. September 1980, S. 32–47, hier S. 34–36 und 45

---

1. Stellen Sie dar, welche Fehlprognosen in Politik und Wirtschaft seit Anfang der 1970er-Jahre auftraten.
2. Charakterisieren Sie den Text als Beleg für den Verlust an Zukunftsvertrauen.
3. Führen Sie eine Fish-Bowl-Diskussion über die Frage, weshalb es gerade in einer Demokratie schwierig ist, notwendige Einschränkungen und Kürzungen in der Gesellschaft durchzusetzen.
4. Vergleichen Sie die Situation 1980 mit aktuellen Diskussionen um Wohlstandsverluste. | F

---

[1] Von 1969 bis 1974 regierte eine Koalition aus SPD und FDP (sozialliberale Koalition) unter Bundeskanzler Willy Brandt (SPD) und Außenminister Walter Scheel (FDP). Die sozialliberale Koalition wurde von 1974 bis 1982 unter Bundeskanzler Helmut Schmidt (SPD) und Außenminister Hans-Dietrich Genscher (FDP) fortgesetzt.

[2] **Nullwachstum**: Zustand der Volkswirtschaft, in der kein Wachstum stattfindet
[3] **Werftenhilfe**: Öffentliche Gelder zur Unterstützung der seit den 60er-Jahren in die Krise geratenen westdeutschen Schiffbau-Industrie

M2 Wirtschaftskrisen und Sozialstaat

a) Prozentualer Anteil der staatlichen Sozialausgaben am Bruttoinlandsprodukt in Ländern des westlichen Europa, Japan und den USA 1960–1998:

	1960	1974	1989	1998
Belgien	11,5	18,0	16,3	16,0
Bundesrepublik[1]	12,0	14,6	15,7	18,9
Dänemark	7,4	12,0	17,8	18,2
Finnland	5,1	7,6	13,5	18,4
Frankreich	13,5	15,5	16,7	18,4
Großbritannien	6,8	9,2	11,7	13,7
Irland	5,5	11,4	14,2	9,8
Italien	9,8	13,7	17,6	17,0
Niederlande	–	20,7	24,7	13,0
Norwegen	7,6	13,3	15,4	15,0
Österreich	12,9	15,5	18,0	18,6
Portugal	3,0	9,5	10,4	11,7
Schweden	8,0	14,3	19,4	19,3
Schweiz	5,7	10,6	13,4	11,9
Japan	3,8	6,2	10,9	14,6
USA	5,1	9,6	10,6	12,6

Nach: Hartmut Kaelble, Sozialgeschichte Europas. 1945 bis zur Gegenwart, München 2007, S. 342

b) Arbeitslosenquote (in Prozent) in Ländern des westlichen Europa, Japan und den USA 1960–2006:

	1960	1970	1980	1990	2000	2006	Max.[2]
Belgien	3,7	3,0	8,5	8,6	8,2	8,0	9,5 (1984)
Bundesrepublik[1]	1,0	0,8	4,4	6,4	8,7	9,4	9,4 (2006)
Dänemark	1,7	1,3	6,2	7,2	5,3	4,3	7,2 (1991)
Finnland	3,0	3,1	5,5	8,3	11,0	8,0	12,2 (1996)
Frankreich	1,3	2,0	6,3	9,9	9,9	9,2	10,5 (1995)
Großbritannien	2,5	2,7	7,4	9,2	5,9	5,4	9,8 (1986)
Irland	5,5	5,7	10,6	15,2	6,6	4,5	15,6 (1988)
Italien	3,6	3,6	5,9	9,6	9,8	7,4	10,5 (1996)
Niederlande	1,2	1,9	6,5	6,7	3,9	3,7	7,5 (1985)
Norwegen	1,4	1,1	2,1	4,8	4,2	3,4	5,3 (1993)
Österreich	2,5	1,7	2,7	3,8	4,3	4,6	4,6 (2006)
Portugal	2,6	2,8	7,5	6,2	5,6	6,6	7,9 (1983)
Schweden	2,1	1,9	2,3	4,4	7,1	6,2	7,6 (1997)
Schweiz	0,4	0,2	0,6	1,9	3,6	3,7	3,8 (2004)
Japan	1,6	1,3	2,2	2,5	4,4	4,4	4,6 (2003)
USA	5,3	5,0	7,4	6,4	5,0	5,1	7,6 (1982)

Nach: Martin Werding, Einbahnstraße in die Beschäftigungskrise? Arbeitsmarktentwicklung und Arbeitsmarktinstitutionen in den OECD-Staaten seit 1960, in: Thomas Raithel und Thomas Schlemmer (Hrsg.), Die Rückkehr der Arbeitslosigkeit. Die Bundesrepublik Deutschland im europäischen Kontext 1973 bis 1989, München 2009, S. 23–36, hier S. 27

1. Beschreiben Sie anhand der Statistiken die Entwicklung der Sozialausgaben und der Arbeitslosigkeit in den genannten Ländern.
2. Vergleichen Sie die Sozialausgaben und Beschäftigungsentwicklung der Bundesrepublik mit den übrigen westlichen Industrieländern. Berücksichtigen Sie dabei auch die Lasten, die im Zuge der deutschen Einheit seit 1990 anfielen.
3. Überprüfen Sie, inwieweit sich mit beiden Statistiken die Folgen der Wirtschaftskrisen der 70er- und frühen 80er-Jahre veranschaulichen lassen.

[1] nach 1990: Deutschland gesamt (inklusive der neuen Bundesländer)
[2] Höchststand (mit Jahresangabe) innerhalb des Beobachtungszeitraums

M3 Strukturwandel in deutschen Banken

Beschäftigungsstruktur in Banken und Sparkassen in Westdeutschland 1977 und 1991, nach Berufen und Geschlecht:

	1977				1991			
	absolut	in %	Frauen	in %	absolut	in %	Frauen	in %
Beschäftigte gesamt	496 838		260 465	52,4	650 687		355 166	54,6
davon:								
Bankfachleute	355 352	71,5	178 847	50,3	504 858	77,6	268 420	53,2
Bürofachkräfte	21 202	4,3	12 777	60,3	26 887	4,1	18 758	69,8
Schreibkräfte	17 250	3,5	17 089	99,1	17 273	2,7	17 078	98,9
RaumpflegerInnen	15 054	3,0	14 984	99,5	15 871	2,4	15 800	99,6
Bürohilfskräfte	12 284	2,5	7 163	58,3	10 045	1,5	5 771	57,5
Bausparkassenfachleute	9 682	1,9	4 280	44,2	10 315	1,6	5 027	48,7
KassiererInnen	9 025	1,8	3 366	37,3	8 910	1,4	4 225	47,4
BuchhalterInnen	8 427	1,7	5 838	69,3	5 219	0,8	3 443	66,0
TypistInnen[1]	5 756	1,2	5 628	97,8	5 087	0,8	4 977	97,8
Fertigungsberufe[2]	4 985	1,0	2 387	47,9	5 108	0,8	2 386	46,7
UnternehmerInnen	4 912	1,0	319	6,5	6 212	1,0	663	10,7
DV-Fachleute[3]	4 088	0,8	484	11,8	9 290	1,4	2 281	24,6

Nach: Martin Schmitt, Die Digitalisierung der Kreditwirtschaft. Computereinsatz in den Sparkassen der Bundesrepublik Deutschland und der DDR 1957–1991 (Medien und Gesellschaftswandel im 20. Jahrhundert, Bd. 15), Göttingen 2021, Tabelle 10, S. 617

1. Stellen Sie anhand der Statistik dar, in welchen Berufen sich der Personalbedarf seit den 1970er-Jahren stark veränderte.
2. Analysieren Sie, inwieweit bestimmte Bereiche des westdeutschen Bankgewerbes von der Digitalisierung in den 80er-Jahren besonders betroffen waren.
3. „Der Einsatz von Computern zerstört Arbeitsplätze." Nehmen Sie dazu Stellung.

M4 Krise der Industrie

Der Historiker Ulrich Herbert (*1951) skizziert Wandlungen in Wirtschaft und Arbeitswelt der Bundesrepublik seit Mitte der 1970er-Jahre:

Von 1976 bis 1979 wuchs die Wirtschaft um durchschnittlich fast vier Prozent, 1976 wurde mit 5,5 Prozent sogar ein besonders guter Wert erreicht. So schien es, als habe die Ölpreiskrise die westdeutsche Wirtschaft nur vorüber-
5 gehend gebremst und als setze sich die Aufwärtsentwicklung wie zwischen 1968 und 1972 weiter fort. Allerdings deuteten die Arbeitslosenzahlen von über vier Prozent darauf hin, dass es sich eben nicht um eine zyklische Konjunkturabschwächung handelte, sondern um tiefer
10 liegende Probleme. Es war vor allem eine Krise der Industrie, insbesondere der Schwerindustrie. Zwischen 1973 und 1976 ging die Zahl der Beschäftigten in der Industrie um 1,4 Millionen zurück, während der tertiäre Sektor, vor allem Banken, Versicherungen und öffentlicher Dienst,
15 um etwa 570 000 Beschäftigte wuchs. Die hier vollzogenen Veränderungen schlugen sich besonders deutlich in der Entwicklung der Bruttowertschöpfung[4] in den verschiedenen Branchen nieder. Während das Bruttoinlandsprodukt[5] zwischen 1970 und 1983 insgesamt um 34
20 Prozent zunahm, sank im gleichen Zeitraum die Bruttowertschöpfung im Bergbau um 42 Prozent, im Schiffsbau um 13, in der eisenschaffenden Industrie um zehn Prozent. In der Chemie hingegen verdoppelte sie sich nahezu, im IT-Bereich steigerte sie sich um mehr als das
25 Dreifache. Nicht nur die seit langem kriselnden Branchen wie Bergbau und Textilindustrie, sondern auch Eisen- und Stahlindustrie, Maschinenbau, Werften und Automobilbau, traditionell besonders starke Bereiche der deutschen Wirtschaft, gerieten ins Wanken. […]

---

[1] **TypistInnen**: Schreibkräfte an Schreibmaschinen
[2] **Fertigungsberufe**: Berufe zur Verarbeitung und Gestaltung von Rohstoffen, hier etwa DruckerInnen, GlaserInnen, LackiererInnen, SchreinerInnen usw.
[3] **DV-Fachleute**: Fachkräfte für elektronische Datenverarbeitung
[4] **Bruttowertschöpfung**: Gesamtwert an hergestellten Waren oder Dienstleistungen, abzüglich der dafür aufgewendeten Kosten
[5] **Bruttoinlandsprodukt**: Gesamtwert der in einer Volkswirtschaft hergestellten Waren und Dienstleistungen

Die Unternehmen reagierten auf diese Entwicklung zum einen mit Einsparungen, Kostenreduzierung, Rationalisierung[6] und Entlassungen, zum anderen mit der Veränderung der Produkte und der Marktorientierung. Das hatte einschneidende Auswirkungen für die Beschäftigten. Die Zahl der Arbeiterinnen und Arbeiter in der Bundesrepublik verringerte sich zwischen 1973 und 1982 um etwa zwei Millionen. Diese Entwicklung ist in der Stahlindustrie besonders anschaulich zu verfolgen: Seit der Jahrhundertwende hatten sich Technologie und Arbeitsorganisation dort kaum verändert. Die Belegschaften bestanden zu mehr als zwei Dritteln aus angelernten Stahlarbeitern; der Anteil der Auszubildenden, also der künftigen Facharbeiter, lag 1960 bei unter vier Prozent. Erst durch technologische Neuerungen in den 1960er Jahren gab es hier Veränderungen. Vor allem wurde das traditionelle Siemens-Martin-Verfahren[7] mit seinem hohen Anteil an schwerer körperlicher Arbeit durch modernere Methoden der Stahlproduktion mit hohem Automatisierungsanteil ersetzt, bei denen angelernte Schwerstarbeiter nur noch in geringerem Maße benötigt wurden. Nicht mehr der „Malocher" prägte das Bild, sondern der Hüttenfacharbeiter oder der Verfahrensmechaniker, der eine dreijährige Lehrzeit durchlaufen und über vielfältige technische Kenntnisse verfügen musste. Der Anteil der un- und angelernten Arbeitskräfte an den Beschäftigten sank zwischen 1970 und 1989 von 41 auf 23 Prozent. Im Jahre 1981 waren mehr als die Hälfte aller Arbeitslosen ungelernte Arbeiter, aber nur 26 Prozent der offenen Stellen waren für sie geeignet. [...]

In den großen Industrieregionen Europas brachte der Strukturwandel tiefgreifende soziale und topographische Veränderungen mit sich. [...] Einige Städte verloren in weniger als fünfzehn Jahren mehr als ein Drittel ihrer Einwohner. Einigen immerhin gelang es nach längerer Zeit, neue Branchen anzusiedeln und neue Dynamik zu entwickeln, wobei Verwaltung, Finanzwirtschaft und Wissenschaft meist im Vordergrund standen. [...]

Dortmund etwa, Mitte der sechziger Jahre mit mehr als 650 000 Einwohnern die siebtgrößte Stadt der Bundesrepublik, war seit der Industrialisierung eines der Zentren der deutschen Schwerindustrie. 1958 arbeiteten hier von den rund 275 000 Beschäftigten 170 000 im produzierenden Gewerbe. Von ihnen waren 120 000 in der Montanindustrie[8] beschäftigt, vor allem in den zahlreichen Kohlebergwerken sowie den Eisen- und Stahlunternehmen wie Hoesch, Phoenix oder Dortmunder Union. Seit den frühen sechziger Jahren waren hier die Auswirkungen der Bergbaukrise spürbar: 1961 waren in den 15 Kohlezechen der Stadt noch mehr als 50 000 Menschen beschäftigt, 1973 nur noch 18 000, 1987 stellte die letzte Zeche ihren Betrieb ein. Seit den frühen siebziger Jahren gerieten dann auch die Eisen- und Stahlunternehmen in die Krise und wurden sukzessive geschlossen [...]. [...] Schließlich wurde 2001 die Stahlproduktion in Dortmund ganz eingestellt. Die zuvor mit viel Aufwand modernisierten Anlagen wurden an eine chinesische Firma verkauft, das komplette Werk demontiert und in Schanghai wieder aufgebaut.

Die Auswirkungen auf die Stadt Dortmund waren gewaltig. Der Anteil der Arbeitslosen erreichte in den frühen achtziger Jahren fast zwanzig Prozent; in den nördlichen Arbeiterbezirken das Doppelte. Die Steuereinnahmen brachen ein, die Bevölkerungszahl sank um nahezu 10 000. Große Flächen in der Innenstadt sowie in den nördlichen Bezirken der Stadt wurden zu Industriebrachen, auf denen nur in einigen Fällen neue Gewerbebetriebe angesiedelt werden konnten. Die Mehrzahl der neuen Arbeitsplätze entstand bei Banken und Versicherungen sowie im Umfeld der 1968 gegründeten Universität. Der Anteil der Beschäftigten im produzierenden Bereich sank bis 1995 auf unter 20 Prozent.

Ulrich Herbert, Geschichte Deutschlands im 20. Jahrhundert, München 2014, S. 897–901 (gekürzt)

1. Geben Sie in Stichpunkten wieder, welche Neuerungen in der bundesdeutschen Wirtschaft seit Mitte der 70er-Jahre stattfanden.
2. Arbeiten Sie heraus, welche Bedingungen für Bildung und Berufswahl durch den Strukturwandel entstanden.
3. Wählen Sie – in Gruppenarbeit – einen (ehemaligen) Industriestandort in Ihrer Nähe aus. Untersuchen Sie, inwieweit hier der wirtschaftliche Strukturwandel in den 1970er- bis 90er-Jahren Spuren hinterließ. Stellen Sie Ihre Ergebnisse in einer multimedialen Präsentation vor.

Der Blick aufs Ganze

1. Erstellen Sie eine Wandzeitung, die die Abhängigkeit der Wirtschaft und des Alltags der Industrieländer vom Erdöl veranschaulicht.
2. Vergleichen Sie die Zukunftsaussichten junger Menschen in den westeuropäischen Gesellschaften seit den 70er- und 80er-Jahren mit denen des „Boom"-Zeitalters der 50er- und 60er-Jahre.

---

[6] **Rationalisierung**: Maßnahmen zur Steigerung der Effizienz am Arbeitsplatz, etwa durch vereinfachte Arbeitsabläufe, weniger Personal oder den Einsatz technischer Hilfsmittel (Computer, Roboter, Telekommunikation)

[7] **Siemens-Martin-Verfahren**: Fertigungsprozess, bei dem in Hochöfen Stahl aus Roheisen und Zusatzstoffen hergestellt wird

[8] **Montanindustrie**: (lat. *mons*: Berg) Bergbau-, Eisen- und Stahlindustrie

Fenster zur Welt: Beschleunigung der Globalisierung

Wege zur „Einen Welt" | Als Globalisierung bezeichnet man die fortschreitende Annäherung und Verflechtung zwischen den verschiedenen Weltgegenden. Befördert wird dieser Prozess durch grenzüberschreitende Wirtschaftsbeziehungen, die zunehmende Mobilität von Menschen, durch Medien und Kommunikation oder zwischenstaatliche Vereinbarungen. Im engeren Sinne meint Globalisierung die „Verknüpfung" der Erdteile durch weltweiten Handel, Kapitalverkehr und internationale Unternehmen. Diese Entwicklung erhielt besonders im 19. Jahrhundert großen Anschub. Durch den Ersten Weltkrieg und die Weltwirtschaftskrise der frühen 1930er-Jahre geriet die Globalisierung dagegen ins Stocken.

„Weltladen" in der Hamburger Osterstraße.
Foto von 2020.
Seit den 1970er-Jahren gibt es in Westeuropa Geschäfte, die Waren aus weniger entwickelten Ländern im „fairen Handel" anbieten. Die Preise sollen dabei den tatsächlichen Herstellungskosten entsprechen und dafür sorgen, dass die Erzeuger vor Ausbeutung geschützt werden und nachhaltig produzieren können. Die grün unterlegte Aufschrift im rechten Schaufenster verweist auf das Jahr 1970 als Beginn dieser Bewegung. Damals riefen die Teilnehmerinnen und Teilnehmer auf den sogenannten „Hungermärschen" in mehreren Städten der Bundesrepublik zur Solidarität mit den Produzentinnen und Produzenten in den Staaten des „globalen Südens" auf.

▶ Begründen Sie, dass „Weltläden" und ähnliche Geschäfte ein Bewusstsein für globale wirtschaftliche Zusammenhänge wecken.

▶ Diskutieren Sie in der Klasse, inwieweit man in unserem Wirtschaftssystem zwischen freiem und fairem Handel unterscheiden kann.

▶ Erörtern Sie mögliche Kennzeichen des „fairen Handels".

Globalisierung nach 1945 | Nach dem Ende des Zweiten Weltkrieges versuchten die USA und ihre Verbündeten eine neue Weltordnung im Zeichen von freiem Handel und Wettbewerb zu schaffen. Internationale Regelungen dienten der Angleichung von Zöllen, der Abstimmung der unterschiedlichen Währungen sowie der Vergabe von Krediten zur Förderung hilfsbedürftiger Länder.

Bis Ende der 60er-Jahre erfuhr die Globalisierung Impulse durch das wirtschaftliche Wachstum der Industrieländer. Verbesserte Infrastruktur, billige Energie und steigender Konsum sorgten für eine zunehmende Verflechtung der Produktion, des Handels und der Kommunikation über Grenzen und Erdteile hinweg. Zwischen den Ländern der „Ersten Welt" (Nordamerika, Westeuropa, Israel, Australien, Japan) und Schwellen- und Entwicklungsländern im Nahen Osten und in Ostasien wurden die Wirtschaftsbeziehungen immer stärker verdichtet. Diese weltwirtschaftliche Integration fand vorerst noch ohne die Staaten des sowjetisch beherrschten Ostblocks oder auch die damals von der Außenwelt weitgehend abgeschottete Volksrepublik China statt.

Weniger Schranken und Auflagen | Gerade die internationalen Wirtschaftskrisen von Mitte der 70er- bis Anfang der 80er-Jahre gaben der Globalisierung weiteren Auftrieb. Angesichts der Wachstumseinbußen setzten viele Staaten auf eine weitere Verklammerung ihrer Volkswirtschaften.

Zwischen 1973 und 1994 beschlossen internationale Verhandlungsrunden des GATT (General Agreements on Tariffs and Trade, dt.: Allgemeines Zoll- und Handelsabkommen) den Abbau von Zöllen und die Beseitigung von Handelshemmnissen (wie etwa komplizierte Einfuhrbestimmungen oder die Begünstigung inländischer Unternehmen). Ebenso wurde der internationale Schutz von Patenten vereinbart. Über die Einhaltung dieser Abkommen wacht die seit 1995 bestehende Welthandelsorganisation (World Trade Organization, WTO). In den 80er-Jahren lockerten und reduzierten zahlreiche Länder auch die Vorschriften für ihre nationalen **Finanzmärkte**. Banken konnten jetzt leichter expandieren und – teilweise riskante – Spekulationsgeschäfte durchführen oder Kredite gewähren. Gleichzeitig konnte sich der grenzübergreifende Handel mit Vermögenswerten freier entfalten.

Diese Veränderungen betrafen nicht nur die westlichen Industrieländer. Wirtschaftlich geringer entwickelte Staaten in Lateinamerika, Afrika und Asien mussten, um Kredithilfen für den Aufbau ihrer Wirtschaft zu erlangen, gleichfalls ihre Märkte für ausländische Banken und Unternehmen öffnen. Nach dem Sturz der sozialistischen Regime in der Sowjetunion und in Osteuropa Ende der 80er-Jahre übernahmen auch diese Länder das System der Marktwirtschaft zusammen mit den Grundsätzen des freien Handels und deregulierten Wettbewerbs.

Anschub durch Technik | Beschleunigt wurde die Globalisierung nicht nur durch die Liberalisierung von internationalem Handel und Finanzmarkt, sondern auch durch die Modernisierungsschübe der Mikroelektronik und der Telekommunikation seit den 80er-Jahren. Computer, Fax, der Ausbau des Telefon-Festnetzes und des Mobilfunks sowie das Internet führten zu einer immer dichteren grenzüberschreitenden Vernetzung. Mittels der neuen Technologien wurde die Herstellung und Auslieferung von Produkten präziser getaktet (just-in-time-Fertigung), ebenso wie finanzielle Transaktionen wesentlich häufiger und schneller stattfanden. Die **Vernetzung** minimierte Zeitverluste und räumliche Entfernungen zwischen Geschäftspartnern, Anbietern und Abnehmern. Sie wurde selbst zu einem blühenden Wirtschaftszweig, angesichts des Erfolges der sogenannten Tech-Giganten (Apple, Intel, Microsoft, später auch Amazon, Facebook, Google usf.) und der Privatisierung von Post und Telekommunikation, die sich in vielen Ländern noch bis Ende der 80er-Jahre in staatlicher Hand befanden.

Weltweit aufgestellte Großunternehmen | Vor diesem Hintergrund verbreitete sich seit den 70er-Jahren eine neue Unternehmensform, der **transnationale Konzern**. Bis dahin hatten hauptsächlich US-Firmen multinationale Konzerne entwickelt, sobald sie im Ausland Zweigfirmen unterhielten. Seit dem Abbau von Handelsschranken und rechtlichen Hürden gegen Investitionen im Ausland machten auch in Europa und Japan immer mehr Unternehmen von der Möglichkeit Gebrauch, sich durch die Gründung oder Übernahme ausländischer Betriebe zu vergrößern. Die Präsenz mancher Konzerne in möglichst vielen Staaten und Erdteilen führte dazu, dass diese Unternehmen kaum noch einem bestimmten Land zugeordnet werden konnten und daher als „transnational" galten.

Transnationale Konzerne verfügen über grenzüberschreitende Wertschöpfungsketten, von der Rohstoffbeschaffung bis zur Endfertigung und Vermarktung bleibt alles in der Hand des Unternehmensverbands. Dabei haben Konzerne dieser Größenordnung die Wahl, an welchem ihrer vielen Standorte ein bestimmter Produktionsschritt am günstigsten durchzuführen ist. Teure Arbeit kann deshalb in Länder mit niedrigem Lohnniveau verlagert werden. Ferner gelten für transnationale Konzerne keine Handelshürden in Ländern, in denen sie selbst ansässig sind. Grundsätzlich haben diese Konzerne ein Interesse an reibungslosem Handel und möglichst geringer staatlicher Einmischung.

Menschen in Bewegung | Auch im Bereich der Migration fanden seit Ende der 60er-Jahre Veränderungen statt. Neben Nordamerika wurde Europa damals zu einer Zuwanderungsregion. Das Wirtschaftswachstum in Westeuropa zog Arbeitskräfte aus dem gesamten Mittelmeerraum an. Ebenso gab es Zu- oder Rückwanderung aus den sich auflösenden europäischen Kolonialreichen. In den 80er-Jahren folgten Fluchtbewegungen aus diktatorisch regierten Staaten in Afrika, Asien und Lateinamerika, in den 90er-Jahren Zuwanderung aus Ländern des ehemaligen Ostblocks.

Bis in die Gegenwart bilden die reichen Industrieländer des Westens das Ziel globaler Migration. Entweder handelt es sich um Flüchtlinge aus Regionen, die unter Hunger, Armut, Krieg, Naturkatastrophen oder Unterdrückung zu leiden haben, um Verschleppte als Opfer organisierten Menschenhandels oder um Fachkräfte, die dank ihrer Qualifikation und Mobilität an einen globalisierten Arbeitsmarkt angepasst sind.

Weltweite Internetnutzung, 1995–2020

Jahr	Nutzerinnen und Nutzer	Anteil an der Weltbevölkerung (in Prozent)
1995	16 Mio.	0,4
2000	361 Mio.	5,8
2005	1,018 Mrd.	15,7
2010	1,971 Mrd.	28,8
2015	3,366 Mrd.	46,4
2020	5,053 Mrd.	64,2

Nach: https://www.internetworldstats.com/emarketing.htm [Zugriff: 01.01.2022]

Das Internet, ursprünglich für militärische und wissenschaftliche Zwecke entwickelt, wurde um 1990 zur privaten Nutzung freigegeben. Seit der Jahrtausendwende sind alle Länder der Welt mit dem Internet verbunden.

▶ Beschreiben Sie die in der Tabelle abgebildete Entwicklung.
▶ Recherchieren Sie, in welchen Weltregionen die Verbreitung des Internet am stärksten zunahm.

M1 Güterproduktion und Warenexport global

Die Kurven geben an, auf das Wievielfache der Wert weltweit produzierter bzw. exportierter Waren gegenüber dem Ausgangswert (Index) von 1960 gestiegen ist.

Warenexport 1960 bis 2020: + 1.783 %
Warenproduktion 1960 bis 2020: + 613 %

Nach: https://www.bpb.de/nachschlagen/zahlen-und-fakten/globalisierung/52543/entwicklung-des-warenhandels [Zugriff: 01.01.2022]

1. Begründen Sie das Auseinanderlaufen der beiden Kurven.
2. Erläutern Sie die Abnahme von Warenproduktion und -exporten nach 2008 bzw. 2019.

M2 Ausländische Direktinvestitionen seit 1970

Ausländische Direktinvestitionen (ADI) sind Kapitaltransfers von Unternehmen in andere Länder, um dortige Firmengründungen, -käufe oder -zusammenschlüsse zu finanzieren oder eigene Unternehmenszweige mit Kapital zu versorgen. Das Diagramm zeigt die Bilanz von eingehenden und ausgehenden Investitionen in Milliarden US-Dollar, weltweit und nach Staatengruppen unterschieden:

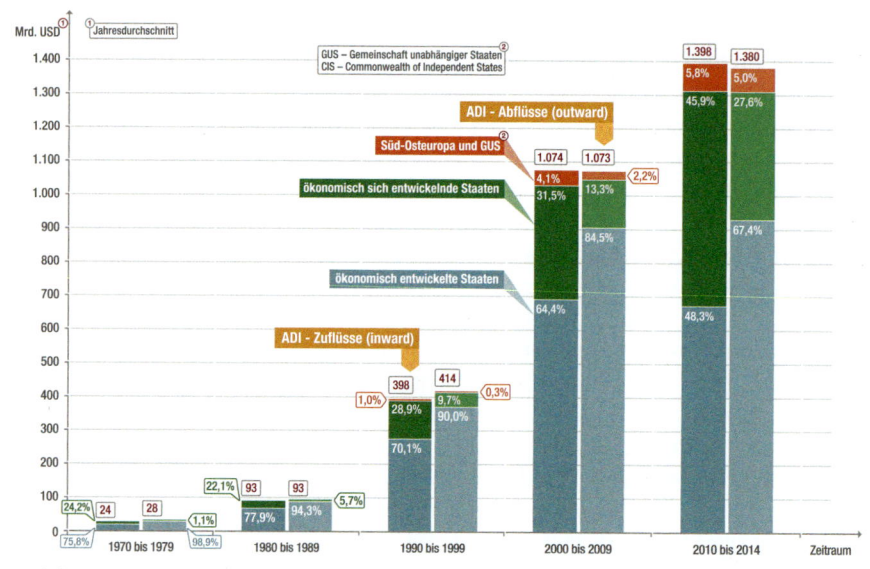

Nach: https://www.bpb.de/nachschlagen/zahlen-und-fakten/globalisierung/52575/auslaendische-direktinvestitionen-pro-jahr [Zugriff: 01.01.2022]

1. Beschreiben Sie die hier dargestellte Entwicklung weltweiter Investitionen.
2. Erklären Sie den Zusammenhang zwischen ausländischen Direktinvestitionen und der Entstehung oder dem Ausbau transnationaler Konzerne.
3. Erörtern Sie anhand der Statistik, inwieweit Auslandsinvestitionen die Globalisierung befördern können. Berücksichtigen Sie dabei den Aufholprozess wirtschaftlich sich entwickelnder Staaten gegenüber den Industrieländern.
4. Diskutieren Sie anhand konkreter Beispiele der letzten Jahre, mit welchen Risiken westliche Auslandsinvestitionen verbunden sind. | F

M3 Die Globalisierung steuern?

Ende 1997 erscheint in der Zeitschrift „Le Monde diplomatique" folgender Leitartikel (hier in der Fassung für die deutsche Ausgabe):

Die Globalisierung des Finanzkapitals verunsichert die Menschen: Sie umgeht und demütigt die Nationalstaaten als die maßgeblichen Garanten von Demokratie und Allgemeinwohl.

Zudem haben die Finanzmärkte sich längst einen eigenen Staat geschaffen [...], der über eigene Apparate, eigene Beziehungsgeflechte und eigene Handlungsmöglichkeiten verfügt. Es handelt sich um das institutionelle Viereck aus Internationalem Währungsfonds (IWF)[1], Weltbank[2], Organisation für Wirtschaftliche Zusammenarbeit und Entwicklung (OECD)[3] und Welthandelsorganisation (WTO). Unisono[4] preisen diese Institutionen die „Tugenden des Markts" – was von allen großen Medien nachgebetet wird.

Dieser Weltstaat ist ein Machtzentrum ohne Gesellschaft. An deren Stelle treten immer mehr die Finanzmärkte und die Riesenkonzerne, die der Weltstaat repräsentiert. Die Folge ist, dass die real existierenden Gesellschaften keinerlei Macht mehr besitzen. Als Nachfolgerin des Gatt ist die WTO seit 1995 zu einer Organisation mit supranationalen Befugnissen geworden, die keinerlei demokratischer Kontrolle unterliegt. Sie kann verkünden, dass nationale Gesetze in Sachen Arbeitsrecht, Umweltschutz oder Gesundheitswesen „der Freiheit des Handels entgegenstehen", und ungehindert deren Abschaffung fordern. [...]

Wie lange können die Gesellschaften dies alles noch hinnehmen? Es wird höchste Zeit, diesen zerstörerischen Kapitalbewegungen Sand ins Getriebe zu streuen. Das ist auf dreierlei Weise möglich: über die Abschaffung der „Steuerparadiese"[5], über die höhere Besteuerung von Kapitaleinkünften und über eine allgemeine Besteuerung der Finanztransaktionen. [...]

Die völlig freie Kapitalzirkulation untergräbt die Demokratie. Deshalb müssen Abschreckungsmechanismen installiert werden. Der bekannteste dieser Mechanismen ist die „Tobin-Steuer", benannt nach dem Nobelpreisträger für Ökonomie James Tobin. Er hatte 1972 angeregt, in bescheidenem Umfang alle Transaktionen auf den Devisenmärkten[6] zu besteuern, um diese zu stabilisieren und gleichzeitig Einkünfte für die Staaten und die Internationale Gemeinschaft zu schaffen. Bei einem Satz von 0,1 Prozent würde die Tobin-Steuer jährliche Einkünfte von rund 166 Milliarden Dollar einbringen – das Doppelte der jährlich benötigten Summe, um die extreme Armut bis zur Jahrtausendwende abzuschaffen. Zahlreiche Experten haben gezeigt, dass die Einführung dieser Steuer keinerlei besondere technische Schwierigkeit bereiten würde. [...] Warum nicht eine weltweite regierungsunabhängige Organisation namens „Aktion für eine Tobin-Steuer als Bürgerhilfe" (Action pour une taxe Tobin d'aide aux citoyens – Attac) ins Leben rufen? Im Verein mit den Gewerkschaften und den zahlreichen Organisationen, die kulturelle, soziale oder ökologische Ziele verfolgen, könnte sie gegenüber den Regierungen als gigantische Pressure-Group[7] der Zivilgesellschaft auftreten, mit dem Ziel, endlich wirksam eine weltweite Solidaritätssteuer durchzusetzen.

Ignacio Ramonet, Die Märkte entschärfen, in: Le Monde diplomatique, 12. Dezember 1997 (dt. Ausgabe), S. 1

---

1. Fassen Sie die Kritikpunkte des Textes zusammen.
2. Bewerten Sie den Vorschlag, eine „weltweite Solidaritätssteuer" (Z. 57 f.) einzuführen.
3. Auf diesen Text geht die Gründung des Netzwerkes „ATTAC" zurück (siehe Z. 49–52). Informieren Sie sich über Aufbau, Ziele und Tätigkeit dieser Organisation und stellen Sie Ihre Ergebnisse in einem Kurzreferat vor.

Der Blick aufs Ganze

1. Erstellen Sie in Gruppenarbeit ein Schaubild, das die im Kapitel behandelten „Motoren" der Globalisierung (z. B. freier Handel, transnationale Konzerne usw.) möglichen Entwicklungs-„Bremsen" (z. B. wirtschaftliche Abschottung, Krieg, Klimawandel usw.) gegenüberstellt.
2. Führen Sie eine Amerikanische Debatte zum Thema: „Globalisierung seit dem späten 20. Jahrhundert: Fluch oder Segen für die Menschheit?"

---

[1] **Internationaler Währungsfonds (IWF):** Organisation der Vereinten Nationen, die u. a. Kredite an nicht zahlungsfähige Länder vergibt
[2] **Weltbank:** Gruppe von Institutionen, die finanzielle Hilfen und Beratung für wirtschaftlich weniger entwickelte Länder bietet
[3] **OECD:** Internationale Organisation, deren Mitgliedsländer sich in Fragen der Wirtschaftspolitik abstimmen, um weltweiten Handel und wirtschaftliches Wachstum zu fördern
[4] **unisono:** (ital.) einmütig, übereinstimmend
[5] **Steuerparadies:** Staat oder Gebiet mit ausgesprochen niedrigen Steuersätzen und geringen Finanzkontrollen
[6] **Devisenmärkte:** Bezeichnung für den Handel mit ausländischen Währungen (Devisen)
[7] **Pressure-Group:** (engl.) Gruppe zur Interessenvertretung gegenüber politischen Parteien, Regierungen und Parlamenten

Mit Statistiken und Diagrammen arbeiten

Eine Statistik (von lat. *status*: Stand, Verfassung, Zustand) stellt eine **systematische Zusammenstellung von Zahlenangaben** dar. Statistische Daten sind entweder in einer Tabelle verzeichnet oder grafisch als Diagramm aufbereitet (von altgriech. *diágramma*: Zeichnung, Umriss). Diagramme sind unterschiedlich gestaltet, als Linien- und Kurvendiagramme, Kreisdiagramme („Tortendiagramme"), Säulen- und Balkendiagramme oder auch als detailliert abgestufte Einfärbungen einer Fläche („Heatmaps").

| Linien-/Kurven-diagramm | Säulendiagramm | Kreisdiagramm | Balkendiagramm | Heatmap |

> Leitfragen zu den Arbeitsschritten finden Sie auf S. 214; eine Lösungsskizze zum Arbeitsauftrag auf S. 221.

Die in Statistiken genannten Zahlen können **absolute Größenangaben** sein, also exakte Werte einer Messeinheit, z. B. Tonnen, Euro, Stück. Ebenso häufig finden sich **relative Werte**, also Prozentanteile oder Verhältniszahlen mit Bezug auf einen Ausgangswert (Index).

Aus Statistiken lassen sich Zustände, Entwicklungen und Zusammenhänge ablesen. Statistiken sollten aber immer kritisch gelesen werden – aus folgenden Gründen:
- Die Qualität einer Statistik hängt von der Erhebung der Daten und deren mathematischer Umsetzung ab.
- Bei Statistiken aus der Vergangenheit ist zu beachten, dass sich ihre Zahlen oft auf Maße, Gewichte, Währungen oder Räume beziehen, die im Lauf der Zeit verändert wurden.
- Statistiken über lange Zeiträume müssen gegebenenfalls auch die Abnahme des Geldwertes (Inflation), das Bevölkerungswachstum, den Anstieg der Lebenserwartung oder ganz allgemein die Verbesserung der Datenerhebung in Rechnung stellen.

Um anhand von Statistiken gültige Aussagen treffen zu können, sollten die verwendeten Angaben möglichst lückenlos, unbedingt aber miteinander vergleichbar sein.

HISTORISCHER HINTERGRUND

Die OPEC (Abkürzung für „Organization of the Petroleum Exporting Countries") wurde 1960 gegründet und ist eine Organisation erdölexportierender Länder, der arabische Staaten, Irak und Iran, Länder in Afrika, Südamerika sowie zeitweise auch Indonesien angehören. Ihre Mitgliedstaaten legen Produktions- und Absatzmengen fest, um über das Angebot die Preise auf dem Markt zu beeinflussen (Quotenkartell).

M1 Entwicklung des Ölpreises, 1970–2016

Die folgende Preisstatistik für Rohöl stammt von der OPEC. Die Angaben bis 1981 beziehen sich auf den Spot-Preis (aktueller Preis eines Rohstoffs bei kurzfristiger Bereitstellung) für eine einzige Ölsorte. Für die Zeit danach gilt der von der OPEC geforderte Durchschnittspreis.

Der Ölpreis seit 1970
Preis für ein Barrel Opec-Rohöl (= 159 Liter) im Jahresdurchschnitt in Dollar

Annotationen:
- Zeitskala: Fünf-Jahresschritte, ab 2015 jährliches Intervall
- Barrel (engl.: Fass), spezielle Maßeinheit
- Kurvendiagramm
- Ölfördertürme illustrieren die Statistik
- Erläuterungen: Angaben zum historischen Kontext

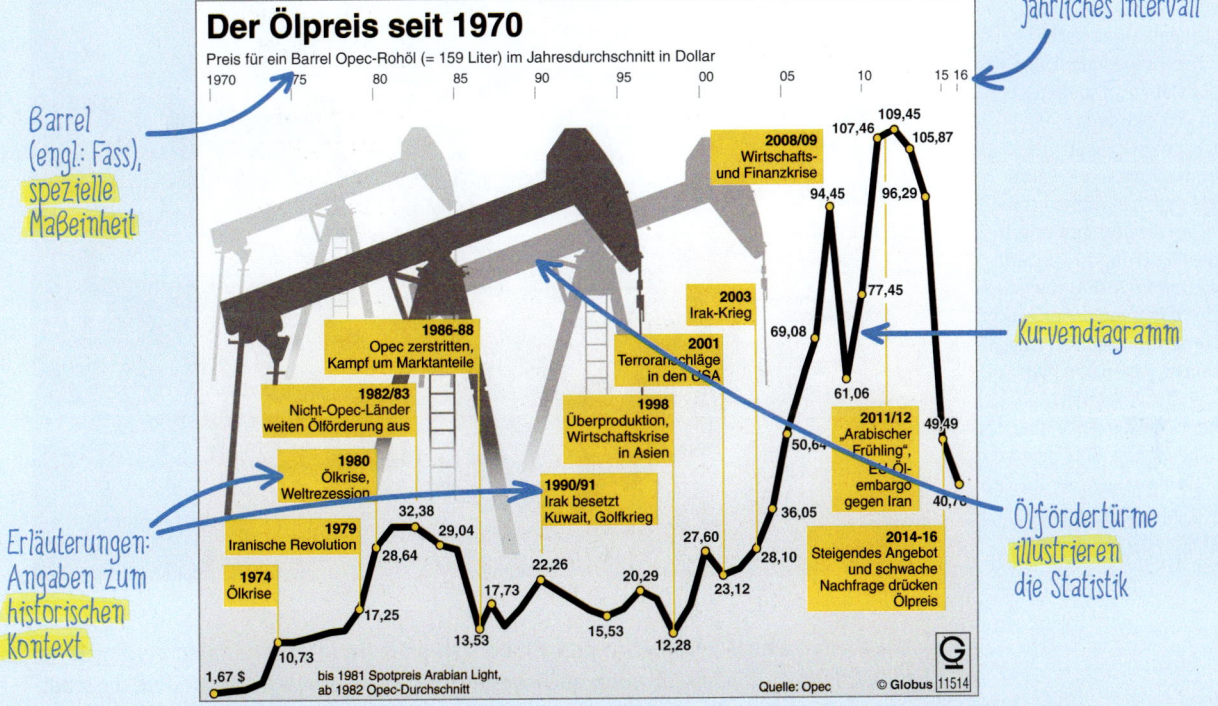

Wichtige Datenpunkte und Ereignisse:
- 1974 Ölkrise: 10,73
- 1979 Iranische Revolution: 17,25 / 28,64
- 1980 Ölkrise, Weltrezession: 32,38
- 1982/83 Nicht-Opec-Länder weiten Ölförderung aus: 29,04
- 1986-88 Opec zerstritten, Kampf um Marktanteile: 13,53
- 1990/91 Irak besetzt Kuwait, Golfkrieg: 22,26
- 1998 Überproduktion, Wirtschaftskrise in Asien: 12,28
- 2001 Terroranschläge in den USA: 23,12
- 2003 Irak-Krieg: 27,60 / 28,10
- 2008/09 Wirtschafts- und Finanzkrise: 94,45 / 61,06
- 2011/12 „Arabischer Frühling", EU-Ölembargo gegen Iran: 107,46 / 109,45
- 2014-16 Steigendes Angebot und schwache Nachfrage drücken Ölpreis: 96,29 / 49,49 / 40,76

Weitere Werte: 1,67 $ (1970); 17,73; 15,53; 20,29; 50,64; 36,05; 69,08; 77,45; 105,87

bis 1981 Spotpreis Arabian Light, ab 1982 Opec-Durchschnitt. Quelle: Opec © Globus 11514

M2 Größte Ölproduzenten und weltweite Ölfördermenge (in Millionen Tonnen)

Land	1970	1980	1990	2000	2010	2020	Anteil 2020 (in Prozent)
USA	533,5	480,2	416,6	352,6	339,9	712,7	17,1
Russland[1]	307,0	546,7	515,9	323,3	511,8	524,4	12,6
OPEC-Länder[2]	1114,2	1366,3	1221,1	1522,0	1710,9	1448,4	34,8
Kanada	70,1	83,3	92,6	126,9	121,4	252,2	6,1
China	30,7	106,0	138,3	162,6	203,0	194,8	4,7
Brasilien	8,3	9,3	32,3	63,2	111,7	159,2	3,8
Mexiko	24,2	107,2	146,3	171,2	146,3	95,1	2,3
Norwegen	0,0	25,0	82,1	160,2	98,6	92,0	2,2
Kasachstan[1]	13,0	18,7	25,8	35,3	81,6	86,1	2,1
Großbritannien	0,2	80,5	91,6	126,2	63,0	48,1	1,2
Gesamtmenge weltweit	2358,0	3091,9	3175,4	3618,2	3976,5	4165,1	

Nach: BP Statistical Review of World Energy, 1965–2018 und 2019–2021

Annotationen:
- Zusammenfassung für verschiedene Länder (u. a. Saudi-Arabien, Irak, Iran)
- Statistische Untersuchungen des britischen Energiekonzerns BP

[1] bis 1991 Teil der Sowjetunion
[2] Aus der OPEC traten Indonesien (2016), Katar (2019) und Ecuador (2020) aus, während Angola (2007), Äquatorialguinea (2017) und die Republik Kongo (2018) hinzutraten.

▶ Analysieren Sie das Diagramm M1 und die Tabelle M2.

Der Zusammenbruch des Ostblocks – nur systembedingt?

„Abnutzungskrieg".
Foto von 1988.
Das Foto zeigt afghanische Frauen mit ihren Kindern, wie sie bei Jalalabad an sowjetischen Panzern vorbeilaufen.
1979 marschierte die Sowjetunion unter Staats- und Parteichef Breschnew in Afghanistan ein, u. a. um die dortige kommunistische Regierung zu stützen. Die insgesamt 620 000 sowjetischen Soldaten, von denen etwa 15 000 umkamen, schafften es jedoch nicht, gegen den Widerstand der muslimischen Mudschaheddin die Kontrolle über das Land zu gewinnen. 1989 beendete Michail Gorbatschow, der 1985 an die Spitze von Staat und Partei gelangt war, den erfolglosen Militäreinsatz.

Die sowjetische Wirtschaft in den 1980er-Jahren | Im internationalen Vergleich fiel die Wirtschaft der Sowjetunion noch weiter zurück. Dafür war insbesondere die staatliche Planwirtschaft verantwortlich. Mit ihr sollte schematisch für ein Wachstum der Wirtschaft gesorgt werden. Doch das schwerfällige System verhinderte meist Eigeninitiative, Leistungsbereitschaft und konstruktive Kritik. Die sowjetischen Industrieprodukte waren auf dem Weltmarkt größtenteils nicht konkurrenzfähig. Das führte zu wirtschaftlichem Abschwung, sodass die Handelsbilanz zunehmend negativ ausfiel, während die Staatsverschuldung anstieg. Rüstungs- und Investitionsgüterindustrie hatten Priorität gegenüber der Konsumgüterindustrie. Die notwendige Modernisierung veralteter Industrieanlagen wurde allerdings nicht geleistet. Und auch der Strukturwandel hin zu einer Dienstleistungs- und Informationsgesellschaft wie in den westlichen Ländern und den aufstrebenden ostasiatischen Staaten Südkorea, Taiwan, Singapur und Hongkong wurde verhindert. Eine Folge dieses Innovationsdefizits war auch, dass marode Wirtschaftsanlagen ökologische Schäden verursachten und die Gesundheit der Bevölkerung gefährdeten.

Außenpolitische Entwicklungen und Entscheidungen setzten die sowjetische Wirtschaft zusätzlich unter Druck. So verursachte der große Preisverfall bei Erdöl – andere Staaten wie vor allem Saudi-Arabien erhöhten ihre Fördermengen drastisch – dafür, dass die UdSSR als weltweit größter Exporteur dieses Rohstoffs weniger Devisen einnahm. Der Einmarsch der Sowjetunion 1979 beendete nicht nur die Entspannungspolitik im Kalten Krieg, sondern verschlang auch große Summen. Mit der US-amerikanischen „Politik der Stärke und des Dialogs", die mit dem Amtseintritt des neuen Präsidenten Ronald Reagan 1981 begann, setzte erneut ein Rüstungswettlauf mit dem Westen ein. Denn 1983 wurden Abrüstungsverhandlungen ergebnislos abgebrochen. Unter anderem mit dem SDI-Programm (Abkürzung für „Strategic Defense Initiative"), einem Forschungsprogramm zur Raketenabwehr im Weltraum, erhöhten die USA den

Druck auf die andere Supermacht. Die stark erhöhten Militärausgaben engten den finanziellen Handlungsspielraum der Sowjetführung zusätzlich ein. Denn während der Anteil der Rüstungsausgaben in den USA in den 1980er-Jahren maximal 6,8 Prozent des Bruttoinlandsprodukts (1982) betrug, verschlang er in der UdSSR jährlich etwa 18 Prozent.

Spannungen im Innern | Der Lebensstandard der sowjetischen Bevölkerung lag deutlich hinter dem westlicher Industriestaaten, auch wenn sich die Versorgung mit Grundnahrungsmitteln und mit langlebigen Konsumgütern durch staatliche Subventionen deutlich verbesserte. Schlecht war nach wie vor die Versorgung mit Wohnraum, zumal die häufig überbelegten Wohnungen oft nicht über fließend Wasser, Bad, Kanalisation und Zentralheizung verfügten. Dringend benötigte Güter besorgten sich Betriebe sowie Sowjetbürgerinnen und -bürger im Tauschhandel oder durch Korruption.

Innenpolitisch hatte sich in den 1970er-Jahren die kommunistische Parteiherrschaft verfestigt und war zunehmend erstarrt. Die Funktionärsschicht war stark privilegiert, indem sie beispielsweise mit hochwertigen Gütern aus westlichen Staaten versorgt wurde. Die Führungsriege war vorwiegend mit alten Männern besetzt, die an den bestehenden Verhältnissen festhalten wollten, und die Parteikader nutzten ihre Funktionen in Politik und Verwaltung zunehmend für Bestechungsgelder. Gegen Oppositionelle ging die Staatsmacht rigoros vor. Die wirtschaftlichen und politischen Missstände führten in eine Legitimitätskrise des Systems.

Das Ende des Rüstungswettlaufs – die veränderte Außenpolitik | Ab November 1985 traf der im März gewählte neue Generalsekretär der KPdSU, Michail Gorbatschow, den amerikanischen Präsidenten Reagan mehrmals zu Entspannungs- und Abrüstungsgesprächen. Es war eine weltpolitische Sensation, dass diese zu Abrüstung führten und eine neue Phase der Entspannungspolitik einläuteten. Mit dem INF-Vertrag 1987 vereinbarten die beiden Supermächte den Abbau atomarer Mittelstreckenraketen in Europa. Der KSE-Vertrag von 1991 reduzierte konventionelle Waffensysteme. Die Beendigung der erfolglosen Besetzung Afghanistans im Frühjahr 1989 trug zusätzlich zur Entlastung des Haushaltes bei.

Gorbatschows Reformen | Von der Beendigung des Rüstungswettlaufs und der Senkung der Rüstungskosten erhoffte man sich freiwerdende finanzielle Mittel, die in den wirtschaftlichen Strukturwandel, vor allem in die Förderung der Konsumgüterindustrie fließen sollten. Das gehörte zum großen Reformprogramm, mit dem Gorbatschow unter den Schlagwörtern Glasnost (Transparenz, Offenheit) und Perestroika (Umgestaltung) im Rahmen des sozialistischen Systems die wirtschaftliche Abwärtsspirale stoppen, das Land auch politisch verändern und in die Weltgemeinschaft integrieren wollte.

Die Wirtschaftsreformen wurden ab 1986 auf den Weg gebracht: Jetzt erhielten Betriebe u. a. die Erlaubnis, leistungsorientierte Arbeitsformen einzuführen, und die Möglichkeit, privatwirtschaftliche Betriebe zu gründen und Kooperationsverträge mit dem Westen (Joint Ventures) zu schließen, um westliches Know-how und Kapital zu gewinnen. Auch die Gründung kleinerer Privatbetriebe wurde möglich. Arbeitnehmer erhielten mehr Mitspracherechte. Das sollte dazu dienen, Eigenständigkeit und Verantwortungsbereitschaft in der Bevölkerung zu stärken.

Auch vor dem absoluten Führungsanspruch der kommunistischen Partei sollte die Öffnung des Landes nicht haltmachen. Regimekritiker wurden aus der Haft entlassen oder kehrten aus der Verbannung zurück, die Medienzensur wurde gelockert. Eine Verfassungs- und Wahlgesetzreform begrenzte die Machtfülle der KPdSU und brachte Ansätze eines Pluralismus mit sich. Den Führungsanspruch der KPdSU stellte Gorbat-

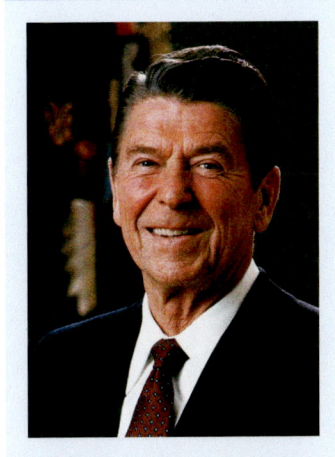

Ronald Reagan (1911–2004): konservativer US-Politiker (Republikaner), von 1967 bis 1974 Gouverneur von Kalifornien und von 1981 bis 1989 Präsident der USA

Michail Gorbatschow (1931–2022): von 1985 bis 1991 Parteichef der KPdSU und von März 1990 bis zum Ende der Sowjetunion Dezember 1991 Staatspräsident. Er erhielt 1990 den Friedensnobelpreis.

schow allerdings nicht infrage. Zwei Drittel der Kandidatinnen und Kandidaten für den Kongress der Volksdeputierten wurden in freien Wahlen ermittelt. Durch das neu geschaffene Amt des Staatspräsidenten (das Gorbatschow besetzte) wurde die Macht des Generalsekretärs beschnitten. Partei und Verwaltung sollten sich nun der Kritik von Bürgerinnen und Bürgern sowie von Medien wie z. B. Zeitungen stellen. Gegen innerparteilichen Widerstand wurden zahlreiche Mitglieder des Politbüros ausgetauscht.

Die Liberalisierung und die zaghaften demokratischen Reformen stellten einerseits das gesamte bisherige politische System und die zentralistische Planwirtschaft infrage. Andererseits griffen die eingeleiteten Maßnahmen (noch) nicht oder waren zu halbherzig. Die Folge war ein Missverhältnis zwischen Warenangebot und Kaufkraft, das zu Inflation und einer Versorgungskrise führte. Dadurch sank die Akzeptanz der Reformen in der Bevölkerung.

Wandel in den „Bruderstaaten" – Vorreiter Polen

Die Reformpolitik Gorbatschows stärkte die Bürgerrechtsbewegungen in den übrigen Staaten des Warschauer Pakts und ermutigte diese, grundlegende Reformen auch in ihren Staaten zu fordern – unter Berufung auf den KSZE-Vertrag von 1975, der die unterzeichnenden Staaten zur Einhaltung der Menschen- und Bürgerrechte verpflichtete (siehe S. 69).

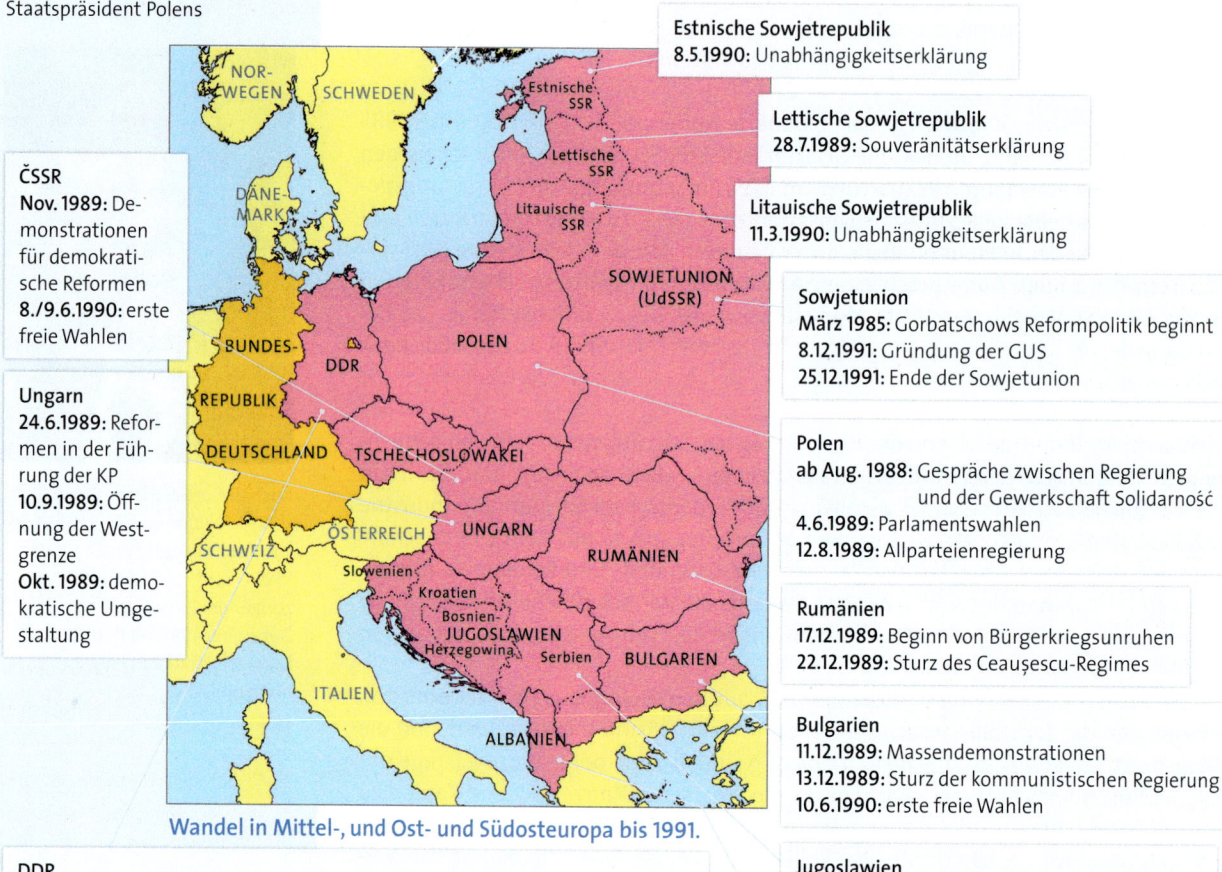

Lech Walesa (geb. 1943): polnischer Arbeiterführer und Bürgerrechtler, erhielt 1983 den Friedensnobelpreis, 1990–1995 Staatspräsident Polens

Estnische Sowjetrepublik
8.5.1990: Unabhängigkeitserklärung

Lettische Sowjetrepublik
28.7.1989: Souveränitätserklärung

Litauische Sowjetrepublik
11.3.1990: Unabhängigkeitserklärung

ČSSR
Nov. 1989: Demonstrationen für demokratische Reformen
8./9.6.1990: erste freie Wahlen

Ungarn
24.6.1989: Reformen in der Führung der KP
10.9.1989: Öffnung der Westgrenze
Okt. 1989: demokratische Umgestaltung

Sowjetunion
März 1985: Gorbatschows Reformpolitik beginnt
8.12.1991: Gründung der GUS
25.12.1991: Ende der Sowjetunion

Polen
ab Aug. 1988: Gespräche zwischen Regierung und der Gewerkschaft Solidarność
4.6.1989: Parlamentswahlen
12.8.1989: Allparteienregierung

Rumänien
17.12.1989: Beginn von Bürgerkriegsunruhen
22.12.1989: Sturz des Ceaușescu-Regimes

Bulgarien
11.12.1989: Massendemonstrationen
13.12.1989: Sturz der kommunistischen Regierung
10.6.1990: erste freie Wahlen

Wandel in Mittel-, und Ost- und Südosteuropa bis 1991.

DDR
ab Aug./Sept. 1989: Fluchtbewegung von DDR-Bürgerinnen und Bürgern
ab Okt. 1989: Großdemonstrationen in Leipzig, Ost-Berlin und anderen Städten
9.11.1989: Öffnung der Grenzen zur Bundesrepublik
18.3.1990: erste freie Wahlen
1.7.1990: Wirtschafts- und Währungsunion mit der Bundesrepublik
3.10.1990: Vereinigung beider deutscher Staaten

Jugoslawien
seit 1988: Nationalitätenkonflikte nehmen zu
ab 1990: Teilrepubliken verselbstständigen sich

Albanien
1990: Unruhen und Demonstrationen
11.12.1990: Mehrparteiensystem wird zugelassen

Dazu kam, dass die Regierungen der Ostblockstaaten zur Niederschlagung oppositioneller Bewegungen nicht mehr auf militärische Unterstützung durch die Sowjetunion, wie am 17. Juni 1953 in der DDR, 1956 in Ungarn oder 1968 in der Tschechoslowakei („Prager Frühling", siehe S. 53) hoffen konnten. Denn die 1988 offiziell verkündete sogenannte Sinatra-Doktrin, benannt nach einem Lied des amerikanischen Sängers Frank Sinatra („I did it my way") gestattete es zukünftig jedem sozialistischen Staat des sowjetischen Einflussbereiches, selbst über seinen politischen, wirtschaftlichen und gesellschaftlichen Kurs zu entscheiden. Sie trat damit an die Stelle der bisherigen Breschnew-Doktrin von 1968, die zur Verteidigung der bestehenden Verhältnisse in den sozialistischen Staaten Mittel- und Osteuropas auch Militärinterventionen vorsah.

In Polen hatte sich schon Anfang der 1980er-Jahre eine unabhängige Gewerkschaft, die Solidarność, gegründet. Durch die geschickte Führung von Lech Walesa entwickelte sie sich zu einer bevölkerungsgruppenübergreifenden Oppositionspartei. Unterstützt wurde sie durch die im Land einflussreiche katholische Kirche, insbesondere vom 1978 gewählten polnischen Papst Johannes Paul II. Die Solidarność trotzte erfolgreich der kommunistischen Regierung, die u.a. durch die Verhängung des Kriegsrechts 1981 die Opposition mit harter Hand zerschlagen wollte. Im Juni 1989 errang sie in eingeschränkt freien Wahlen die Mehrheit der Parlamentssitze und wurde mit der Regierungsbildung beauftragt. Dadurch wurde Polen das erste Land des Ostblocks, das keinen kommunistischen Regierungschef mehr hatte.

Friedliche Revolution in der DDR

In der DDR führten offensichtlich wieder gefälschte Ergebnisse der Kommunalwahlen im Mai 1989 zu vermehrten und andauernden Protesten. Die Staatsführung geriet durch die Flucht tausender DDR-Bürgerinnen und -Bürger zusätzlich unter Druck. Denn die reformkommunistische Regierung Ungarns hatte die Grenzanlagen zu Österreich abbauen lassen, sodass die Ausreisewilligen über diesen Umweg in die Bundesrepublik gelangen konnten. Der Versuch der DDR-Regierung, diese Ausreisebewegung zu stoppen, schlug fehl. Ab Anfang September demonstrierten Zehntausende gegen die SED-Führung und leiteten so die „friedliche Revolution" ein. Oppositionsgruppen forderten die Einhaltung der Menschenrechte, demokratische Reformen, traten aber auch für Frieden, Abrüstung und Umweltschutz ein. Vorrangig wollten sie die DDR reformieren. Einer parlamentarischen Demokratie mit marktwirtschaftlicher Ordnung wie in der BRD und der Wiedervereinigung standen sie zunächst mehrheitlich skeptisch bis ablehnend gegenüber.

Weder die Absetzung der SED-Führung um Erich Honecker durch eine innerparteiliche Gruppe noch großzügigere Reisebestimmungen konnten die Lage beruhigen und den Machtverfall der SED aufhalten. Unmittelbar nach der Ankündigung auf einer Pressekonferenz, dass kurzzeitig Besuche in der Bundesrepublik möglich sein sollten, gaben hilflose Grenzbeamte dem Drängen Tausender nach und öffneten die Grenzübergänge. Somit fiel am 9. November 1989 die Mauer.

Nach dem Fall der Mauer wurden Forderungen nach einer Wiedervereinigung immer lauter und die Bereitschaft, den Staat DDR zu erhalten, sank bei immer mehr Bürgerinnen und Bürgern. Bundeskanzler Helmut Kohl reagierte darauf am 28. November mit einem Zehn-Punkte-Programm zur Wiedervereinigung.

Geschichte In Clips
Zur Öffnung der Mauer
siehe Code 32052-09

Zum Datum 9. November in der deutschen Geschichte siehe Code 32052-10

Zum Mauerfall und zur Wiedervereinigung siehe Code 32052-11

M1 Lebensgefühl der 1970er-Jahre in der UdSSR

Der ungarische Schriftsteller und Historiker György Dalos (*1943) beschreibt in seinem Buch „Lebt wohl Genossen!" das Lebensgefühl der Bürgerinnen und Bürger in der Sowjetunion in den 1970er-Jahren:

Der idealtypische homo sowjeticus der Siebzigerjahre ging seiner Arbeit nach, widmete sich in der Freizeit der Familie, verfügte über eine Anderthalb-oder Zweizimmerwohnung in einer Neubausiedlung mit Zentralheizung
5 und Bad, über ein Sparbuch, kaufte sich nach und nach einen Plattenspieler, einen Fernseher der Marke „Junost", einen Kühlschrank „Sarartow" oder „Minsk", eine Waschmaschine und einen Staubsauger. Er stand geduldig Schlange beim täglichen Einkauf, wartete ewig auf einen
10 Telefonanschluss oder gar auf einen Lada, der als Fiat-Lizenz in der Stadt Togliatti produziert wurde. [...] Seinen Sommerurlaub verbrachte er entweder in einer bescheidenen hölzernen Datscha in der Freizeitkolonie, oder er vergnügte sich während seiner Familienausflüge mit An-
15 geln. Für Leute aus der Provinz war ein Aufenthalt in Moskau [...] oder in Leningrad [...] ein besonderes Erlebnis. Seltener kam es zu einem Urlaub auf der Krim oder im Kaukasus und als Höchstgenuss zu einer Reise nach Ungarn, in die ČSSR oder die DDR – selbstverständlich in
20 einer gut kontrollierbaren Gruppe. Die Siebzigerjahre waren die ruhigste, besser gesagt die einzig relativ ruhige Zeitspanne in der Geschichte der Sowjetunion. Die Menschen erhielten mehr Freiräume und Konsummöglichkeiten als früher, während die ideologische Mobilisierung
25 immer lascher wurde. Gleichzeitig kostete es das System enorme Summen und Anstrengungen, diese heute nostalgisch betrachtete Stabilität aufrechtzuerhalten.

György Dalos, Lebt wohl Genossen! Der Untergang des sowjetischen Imperiums, hrsg. von Christian Beetz und Oliver Mille, deutsche Bearbeitung von Elsbeth Zylla, München 2011, S.10 f.

1. Charakterisieren Sie das Lebensgefühl der Bevölkerung in den 1970er-Jahren in der Sowjetunion.
2. Arbeiten Sie das Verhältnis zwischen Bevölkerung und Staat sowie dessen Veränderung heraus.
3. Verfassen Sie einen Artikel a) in einer sowjetischen oder b) in einer westdeutschen Zeitung, in der die Lebensverhältnisse der Sowjetbürgerinnen und -bürger wertend dargestellt werden.

M2 Daten zur wirtschaftlichen Entwicklung in der Ära Breschnew

a) Ausgewählte Bereiche zur Entwicklung der sowjetischen Wirtschaft 1951–1985 (durchschnittliches Wachstum in Prozent)

	Industrieproduktion	Agrarproduktion	Realeinkommen pro Kopf der Bevölkerung	Arbeitsproduktivität der Industrie
1951–55	13,1	4,0	7,2	8,2
1956–60	10,4	5,9	5,7	6,5
1961–65	8,6	2,4	3,5	4,6
1966–70	8,5	4,2	5,9	5,8
1971–75	7,4	0,8	4,4	6,0
1976–80	4,5	1,6	3,4	3,2
1981–85	3,7	2,0	2,2	3,1

PlanEcon Report, Vol. II, No. 7; zitiert nach: Hellmuth G. Bütow (Hrsg.), Länderbericht Sowjetunion: Schriftenreihe der Bundeszentrale für politische Bildung, Bd. 263, Bonn 1988, S.276 ff.

b) Produktion ausgewählter Zweige der Industrie 1971–1982 (Zunahme gegenüber dem Vorjahr in Prozent)

	1971–1975	1976	1977	1978	1979	1980	1981	1982
Stromerzeugung	7,1	7	3	5	3	5	2	3
Eisen-und Buntmetallurgie	5,9	4	2	2	0,2	0,6	0,5	0,9
Chemische und Erdölverarbeitende Industrie	10,5	8	7	6	3	6	5	3
Maschinenbau und Metallverarbeitende Industrie	11,6	10	9	9	8	6	6	5
Nahrungsmittelindustrie	5,2	-2,5	5	2	2	-0,3	2	4
Haushaltswaren und dauerhafte Konsumgüterindustrie	9,9	7	8	8	5	8	7	2
Industrie insgesamt	7,4	4,8	5,7	4,8	4,3	3,6	3,4	2,8

Statistische Jahrbücher der UdSSR, Plandokumente, Planerfüllungsberichte; zitiert nach: Gertraud Seidenstecher, Sowjetische Wirtschaft 1982/83, hrsg. vom Bundesinstitut für Ostwissenschaftliche und internationale Studien, München und Wien 1983, S. 341

c) Außenhandel mit den OECD[1]-Ländern (in Mrd. Dollar)

	1975	1976	1984	1985	1986	1987	1988	1989
Exporte	8,2	9,9	24,0	21,3	18,9	21,3	21,9	24,0
Importe	12,6	13,7	21,9	20,9	20,6	20,7	24,8	28,0
Handelsbilanz	-4,4	-3,8	2,1	0,4	-1,7	0,6	-2,9	-4,0

Hans-Heinrich Nolte, Kleine Geschichte Russlands, Stuttgart 2003, S. 362

d) Auslandsschulden (in Mrd. Dollar)

	1984	1985	1986	1987	1988	1989	1990
Summe	16,6	22,7	29,1	33,3	36,8	44,4	41,2
Schuldendienst	5,0	5,2	6,0	7,4	8,4	12,0	13,5
Bruttoinlandsprodukt	1363,0	1424,0	1456,0	1498	1549,0	1650,0	1570,0

Ebd., S. 362

1. Beschreiben Sie die Entwicklungen, die in den Statistiken deutlich werden. | H
2. Auch wenn die Wachstumsraten zum Teil mit denen in führenden westlichen Industriestaaten vergleichbar waren, fiel die Sowjetunion ab den 1970er-Jahren im internationalen Vergleich immer mehr ab. Entwickeln Sie Thesen zur Erkärung dieses Sachverhalts | H
3. „Gleichzeitig kostete es das System enorme Summen und Anstrengungen, diese heute nostalgisch betrachtete Stabilität aufrechtzuerhalten." Erläutern Sie die Aussage Dalos (M1, Z. 25–27) anhand der Statistiken.
4. Begründen Sie anhand der Statistiken, dass der Lebensstandard der Bevölkerung in der Sowjetunion ab den 1970er-Jahren sank.

M3 Die 21 Forderungen

Im August 1980 gründete die polnische unabhängige Gewerkschaft Solidarność das „Überbetriebliche Streikkomitee". Es sollte nach der Beendigung des Streiks die Einhaltung dessen, was erreicht wurde, überwachen. Es erarbeitete die „21 Forderungen" an die polnische Regierung. Darin heißt es u.a.:

1. Zulassung freier, von der Partei und den Betriebsleitungen unabhängiger Gewerkschaften [...].
2. Garantie des Streikrechts und der Sicherheit der Streikenden sowie der sie unterstützenden Personen.
3. Einhaltung der von der Verfassung der Volksrepublik Polen garantierten Freiheit des Wortes, des Druckes und der Publikation, d. h. keine Unterdrückung unabhängiger Zeitschriften und Zugang von Vertretern aller Glaubensbekenntnisse zu den Massenmedien.
4. a) Wiedereinstellung aller Personen an ihren früheren Arbeitsplatz, die wegen der Verteidigung der Arbeiterrechte entlassen wurden [...] sowie der Studenten, die wegen ihrer Überzeugungen von der Universität verwiesen wurden. b) Freilassung aller politischen Häftlinge [...]. c) Einstellung aller Verfolgungen von Andersdenkenden.
5. Veröffentlichung von Informationen über die Gründung und die Forderungen des Überbetrieblichen Streikkomitees in den Massenmedien.
6. Konkrete Maßnahmen, um das Land aus der Krisensituation herauszuführen, a) indem Informationen zur sozialen und wirtschaftlichen Situation vollständig offengelegt werden, b) indem es allen Gesellschaftskreisen und allen Schichten ermöglicht wird, an der Diskussion über das Reformprogramm teilzunehmen. [...]
[...]
9. Garantie eines automatischen Lohnanstiegs parallel zum Anstieg der Preise und zur Inflationsrate. [...]
[...]
12. Einführung von Grundsätzen zur Einstellung von Führungskräften nach dem Prinzip der Qualifikation statt nach dem der Parteizugehörigkeit sowie Abschaffung der Privilegien für Miliz, Sicherheitsdienst und Parteiapparat [...].
[...]

---

[1] **OECD:** Organisation für wirtschaftliche Zusammenarbeit und Entwicklung; Nachfolgeorganisation der KSZE (siehe S. 69)

16. Verbesserung des Gesundheitsdienstes und Sicherstellung einer vollen medizinischen Betreuung der arbeitenden Bevölkerung.
17. Sicherstellung einer ausreichenden Zahl von Krippen- und Kindergartenplätzen für die Kinder berufstätiger Frauen. [...]
[...]
21. Einführung von freien Samstagen. [...]

Hartmut Kühn, Das Jahrzehnt der Solidarnosc. Die politische Geschichte Polens 1980–1990, Berlin 1999, S. 29 ff.

1. Unterscheiden Sie die „21 Forderungen" nach politischen, sozialen und wirtschaftlichen Aspekten.
2. Vergleichen Sie diese mit den Leitlinien von Glasnost und Perestroika.
3. Erörtern Sie Chancen und Schwierigkeiten hinsichtlich der Erlangung der Ziele der Streikbewegung.

M4 Die DDR am Rande der Zahlungsunfähigkeit

Ende Oktober 1989 erarbeiten leitende Wirtschaftsfunktionäre der SED eine Analyse der ökonomischen Lage der DDR. Das Expertengremium leitet der langjährige Chef der Staatlichen Plankommission und Politbüro-Mitglied Gerhard Schürer. In dem ansonsten geheim gehaltenen Bericht heißt es:

Die Verschuldung im nichtsozialistischen Wirtschaftsgebiet ist seit dem VIII. Parteitag[1] gegenwärtig auf eine Höhe gestiegen, die die Zahlungsfähigkeit der DDR infrage stellt. [...] Im Zeitraum seit dem VIII. Parteitag wuchs insgesamt der Verbrauch schneller als die eigenen Leistungen. Es wurde mehr verbraucht als aus eigener Produktion erwirtschaftet wurde zulasten der Verschuldung im NSW[2], die sich von 2 Mrd. VM[3] 1970 auf 49 Mrd. VM 1989 erhöht hat. Das bedeutet, dass die Sozialpolitik seit dem VIII. Parteitag nicht in vollem Umfang auf eigenen Leistungen beruht, sondern zu einer wachsenden Verschuldung im NSW führte. [...]
Der Fünfjahresplan 1986-1990 für das NSW wird in bedeutendem Umfang nicht erfüllt. Bereits in den Jahren 1971–1980 wurden 21 Mrd. VM mehr importiert als exportiert. Das ist im Zusammenhang mit der dazu erforderlich gewordenen Kreditaufnahme und den Zinsen die Hauptursache des heutigen außergewöhnlich hohen Schuldenberges. [...] Die Konsequenzen der unmittelbar bevorstehenden Zahlungsunfähigkeit wäre ein Moratorium (Umschuldung), bei der der Internationale Währungsfonds bestimmen würde, was in der DDR zu geschehen hat. [...] Es ist notwendig, alles zu tun, damit dieser Weg vermieden wird. [...]
Auch wenn alle diese Maßnahmen in hoher Dringlichkeit und Qualität durchgeführt werden, ist der im Abschnitt I dargelegte, für die Zahlungsfähigkeit der DDR erforderliche NSW-Exportüberschuss nicht sicherbar. 1985 wäre das noch mit großen Anstrengungen möglich gewesen. Heute besteht diese Chance nicht mehr. Allein ein Stoppen der Verschuldung würde im Jahre 1990 eine Senkung des Lebensstandards um 25–30 % erfordern und die DDR unregierbar machen. Selbst wenn das der Bevölkerung zugemutet werden würde, ist das erforderliche exportfähige Endprodukt in dieser Größenordnung nicht aufzubringen. [...] Trotz dieser Maßnahmen ist es für die Sicherung der Zahlungsfähigkeit 1991 unerlässlich, zum gegebenen Zeitpunkt mit der Regierung der BRD über Finanzkredite in Höhe von 2–3 Mrd. VM über bisherige Kreditlinien hinaus zu verhandeln. Gegebenenfalls ist die Transitpauschale[4] der Jahre 1996–1999 als Sicherheit einzusetzen. [...]
Dabei schließt die DDR jede Idee von Wiedervereinigung mit der BRD oder der Schaffung einer Konföderation aus.

Maria Haendcke-Hoppe-Arndt, Außenwirtschaft und innerdeutscher Handel, in: Eberhard Kuhrt, Hannsjörg F. Buck und Gunter Holzweißig (Hrsg.), Die wirtschaftliche und ökologische Situation der DDR in den 80er Jahren, Opladen 1996, S. 63 ff.

1. Fassen Sie die Folgen der Wirtschaftspolitik unter Erich Honecker seit 1971 zusammen.
2. Nennen Sie mögliche Gründe, warum der Entwicklung nicht früher Einhalt geboten wurde.
3. Entwickeln Sie Szenarien, wie sich die BRD bei einer Bitte um Unterstützung durch die DDR verhalten könnte. Recherchieren Sie in diesem Zusammenhang zum Milliardenkredit, den der damalige bayerische Ministerpräsident Franz-Josef Strauß vermittelte.

---

[1] Parteitag der SED 1971 in Ost-Berlin, auf dem die Politik des kurz zuvor abgesetzten Ulbricht kritisiert und als neue „Hauptaufgabe" die „Einheit von Wirtschafts- und Sozialpolitik" beschlossen wurde
[2] NSW: Abkürzung für Nichtsozialistisches Wirtschaftsgebiet
[3] VM: Abkürzung für Valutamark (= D-Mark)
[4] Die Transitpauschale war eine jährliche Gebühr, die die BRD für die Benutzung der Straßen für den Transitverkehr nach und von West-Berlin jährlich zu zahlen hatte.

M5 In der Arena

Die Reformen Gorbatschows wurden auch im Ausland beobachtet und kommentiert. Am 08. Juli 1988 veröffentlicht die englische Tageszeitung „The Independent" folgende Karikatur des englischen Karikaturisten Nicholas Garland:

1. Analysieren Sie die Karikatur.
2. Beurteilen Sie, inwiefern „Unrest" (Unruhe), „Riots" (Tumulte) und „Strikes" (Streiks) von Karikaturisten als Bedrohungen für Glasnost und Perestroika sind.

Nicholas Garland, The Independent, 08 Jul 1988

M6 Gibt es eine Zukunft für die Deutsche Demokratische Republik?

Bei einer Großkundgebung auf dem Berliner Alexanderplatz am 4. November 1989 rufen Schriftstellerinnen/Schriftsteller und Künstlerinnen/Künstler der DDR zu einem eigenständigen Weg ihres Staates auf. Daran schließt sich der Appell „Für unser Land" vom 26. November 1989 an:

Unser Land steckt in einer tiefen Krise. Wie wir bisher gelebt haben, können und wollen wir nicht mehr leben.

Die Führung einer Partei hat sich die Herrschaft über das Volk und seine Vertretungen angemaßt, vom Stalinismus geprägte Strukturen hatten alle Lebensbereiche durchdrungen. Gewaltfrei, durch Massendemonstrationen hat das Volk den Prozess der revolutionären Erneuerungen erzwungen […].
Entweder
können wir auf die Eigenständigkeit der DDR bestehen und versuchen, mit allen unseren Kräften und in Zusammenarbeit mit denjenigen Staaten und Interessengruppen, die dazu bereit sind, in unserem Land eine solidarische Gesellschaft zu entwickeln, in der Frieden und soziale Gerechtigkeit, Freiheit des Einzelnen, Freizügigkeit aller und die Bewahrung der Umwelt gewährleistet sind.
Oder
wir müssen dulden, dass, veranlasst durch starke ökonomische Zwänge und durch unzumutbare Bedingungen, an die einflussreiche Kreise aus Wirtschaft und Politik in der Bundesrepublik ihre Hilfe für die DDR knüpfen, ein

Ausverkauf unserer materiellen und moralischen Werte beginnt und über kurz oder lang die Deutsche Demokratische Republik durch die Bundesrepublik vereinnahmt wird.

30 Lasst uns den ersten Weg gehen. Noch haben wir die Chance, in gleichberechtigter Nachbarschaft zu allen Staaten Europas eine sozialistische Alternative zur Bundesrepublik zu entwickeln. Noch können wir uns besinnen auf die antifaschistischen und humanistischen Ideale, von denen wir einst ausgegangen sind.

Auf diesen Aufruf reagiert der Schriftsteller Günter Kunert, der wegen seines Protestes gegen die Ausbürgerung Wolf Biermanns 1977 aus der SED ausgeschlossen worden ist und seit 1979 in der Bundesrepublik lebt:

Der deutsche Intellektuelle nebst seinen Visionen vom Guten, Schönen und Humanen ist durch keine noch so massive Tatsachenfülle widerlegbar […]. Trotz überwältigender Kenntnis der trostlosen Lage und ihrer kaum
40 minder trostlosen Ursachen wird die längst mumifizierte Utopie beschworen. Ob Christa Wolf auf dem Alexanderplatz in Berlin oder der aus seiner Versenkung auferstandene Rudolf Bahro im Fernsehen – entgegen jeder Erfahrung, auch ihrer eigenen, meinen sie ernst-
45 haft, nun sei der Zeitpunkt gekommen, den „demokratischen Sozialismus" einzuläuten […]. Blindlings fallen die großen, pathetischen Worte, denen man abgeschworen hatte, auf die Zuhörer nieder […]. Die nach vierzig Jahren Tristesse ungeduldige Mehrheit jedoch greift lieber nach dem Nächstliegenden, den Bananen 50 bei „Aldi" […].

Die gegenwärtig erhobene Forderung nach einer Erneuerung des Systems übertüchtiger Ruinenbaumeister (wirkt) wie ein später und deplatzierter Scherz. Nun endlich, heißt es, werde man auf den Trümmern des 55 zusammengebrochenen ein wahrhaft bewohnbares Haus errichten. Ergo jene angestrebte Gesellschaft, die ihre Widersprüche und Gegensätze gewaltfrei und menschlich behandeln würde. Diese Hoffnung ist trügerisch. Denn sie ignoriert den ökonomischen und ökolo- 60 gischen Zustand des Landes […]. Auch der Traum vom „demokratischen Sozialismus" wird wohl eher verhallen, als dass er irgendwelche Wirkung zeitigt. Nach vier Jahrzehnten einer am Grünen Tisch erdachten, der Bevölkerungsmajorität aufgenötigten Ordnung kann eine 65 Modifikation dieser oder analoger Ordnungen keine Chance mehr haben.

Erster Text: Neues Deutschland vom 28. November 1989
Zweiter Text zitiert nach: Michael Naumann (Hrsg.), Die Geschichte ist offen, Reinbek 1990, S. 97 ff.

1. Arbeiten Sie heraus, warum im Aufruf „Für unser Land" ein eigenständiger Weg der DDR gefordert wird.
2. Erläutern Sie, was Günter Kunert mit der „massive[n] Tatsachenfülle" (Z. 38) meint.

M7 Das Zehn-Punkte-Programm von Helmut Kohl (28.11.1989)

Zehn-Punkte-Programm für Deutschland
Bundeskanzler Kohl im Bundestag am 28.11.1989

Mögliche Stufen der Annäherung zwischen den beiden deutschen Staaten…

- Ziel: Bundesstaatliche Ordnung für ganz Deutschland
- Konföderative Strukturen zwischen beiden Staaten — Neue Formen institutioneller Zusammenarbeit
- Vertragsgemeinschaft — Dichtes Netz von Vereinbarungen, Gemeinsame Einrichtungen
- Umfassende Hilfe und Zusammenarbeit — Bedingung: Unumkehrbare Reformen in der DDR
- Bestehende Zusammenarbeit vertiefen — Umweltschutz, Verkehr, Wirtschaft, Forschung, Kultur
- Soforthilfe — Humanitäre Hilfe, Devisenfonds für Westreisen und andere Maßnahmen

Fortschritte im KSZE-Prozess
Stärkung der EG
Abrüstung, Rüstungskontrolle

…eingebettet in die gesamteuropäische Entwicklung

© Bergmoser + Höller Verlag AG

1. Arbeiten Sie heraus, welche Ziele vordergründig erreicht werden sollen.
2. Erörtern Sie, ob das Programm als Angebot zur Kooperation verstanden werden kann.
3. Entwickeln Sie Thesen, warum der Plan vor seiner Bekanntgabe im Bundestag geheimgehalten wurde.
4. Gestalten Sie in Gruppenarbeit eine Stellungnahme der Unterzeichner des Aufrufs (M6) auf das Zehn-Punkte-Programm Helmut Kohls.

M8 „Die soziale Explosion droht"

Aus einem Stimmungsbericht über die Lage in der Sowjetunion, der am 9. Dezember 1990 im Nachrichtenmagazin „Der Spiegel" veröffentlicht wird:

Jedermann ist nur noch unterwegs, um etwas für den Lebensunterhalt zu organisieren, dem nächsten zuvorzukommen, ihm notfalls etwas wegzunehmen. Jeder misstraut jedem, die Regeln des Zusammenlebens treten
5 außer Kraft: Einer ist des anderen Wolf.
»Es kommen bereits Morde wegen Kleidung vor«, berichtete die Literaturnaja gaseta. »In Moskau trocknen Rentner Brot auf Vorrat, die Produktion des Allernotwendigsten geht zurück.«
10 So fängt man denn Tauben auf der Straße, und eine zufällig auf dem Balkon versamte Brennessel ergibt eine Suppe. Alte Leute, welche die hohen Preise auf den Märkten (wo es alles gibt) nicht bezahlen können – die Mindestrente ist fünf Pfund Fleisch wert – verkaufen
15 dort selbst nach stundenlangem Schlangestehen erworbene Zigaretten zum doppelten Preis an jene, die sich nicht anstellen können […].
Die Ordnung zerfällt, Taxifahrer kennen den Polizisten, der an einer falsch durchfahrenen Einbahnstraße kas-
20 siert, und seinen Preis: ein Päckchen Marlboro. Ein ganzer Bus lässt sich für 50 Deutsche Mark mieten. Der Chauffeur wirft dann unter dem Vorwand eines Motorschadens einfach die Fahrgäste hinaus.

Die Regierung verhält sich kaum anders: Sie druckt Banknoten nach ihrem Gusto, sodass der Rubel ver- 25 fällt – wie ganz Russland, das einst die Welt hatte Mores lehren wollen.
»Der Staat, der 73 Jahre von der Kommunistischen Partei regiert wurde, steht am Rande des Bankrotts«, schrieben zwei Dutzend Reform-Intellektuelle an Michail Gorbat- 30 schow, darunter sein eigener Berater Oleg Bogomolow, Direktor eines Wirtschaftsinstituts, die Soziologin Tatjana Saslawskaja und der Historiker Jurij Afanasjew. Resümee: »Heute besteht die Gefahr, dass unsere Hoffnung auf ein menschenwürdiges Leben zerstört wird.« 35
Die Würde war schon dahin, seit die Kommunisten – von Anfang an – den Sowjetmenschen nur das Existenzminimum zuteilten und sie auch noch dazu degradierten, ihre Freizeit damit zu verbringen, für den Grundbedarf ergeben in Schlangen anzustehen. 40
Die Perestroika versprach, das zu ändern. Fünf Jahre später stehen Schlangen sogar vor völlig leeren Läden an, allein auf das Gerücht hin, irgendwann treffe doch noch irgendwelche Ware ein.

„Die soziale Explosion droht", in: Der Spiegel 50/1990 vom 9. Dezember 1990, https://www.spiegel.de/politik/die-soziale-explosion-droht-a-900ce0 79-0002-0001-0000-000013502120?context=issue

1. Nennen Sie Missstände, die der Text beinhaltet.
2. Entwickeln Sie Hypothesen, wie sich die Stimmung in der Bevölkerung auf den Reformprozess auswirken kann.
3. Beurteilen Sie, welche Gründe für das Scheitern der Reformpolitik verantwortlich waren.

Der Blick aufs Ganze

1. Zwischen den Staatsführungen der Sowjetunion und der DDR gab es Ende der 1980er-Jahre unterschiedliche Vorstellungen hinsichtlich der Umsetzung des Sozialismus. Erläutern Sie diese.
2. Beurteilen Sie die These, dass für den Niedergang von Sowjetunion und DDR hauptsächlich die schwere Wirtschaftskrise verantwortlich war.
3. Entwickeln Sie mithilfe der Kooperationsform Placemat Szenarien zur Frage, wie sich Sowjetunion und die übrigen Ostblockstaaten entwickelt hätten, wenn Gorbatschow nicht ab 1985 seinen Reformkurs eingeschlagen hätte.

Karikaturen interpretieren

Karikaturen sind eine gezeichnete Form der Satire. Als **Teil des politischen Diskurses** sind sie bewusst pointiert und tendenziös. Sie nehmen vorwiegend zu aktuellen politischen und gesellschaftlichen Ereignissen, Entwicklungen oder Zustände sowie individuellen Personen kritisch Stellung. Mit den **Stilmitteln der Parodie und Ironie** werden dabei bestimmte Aspekte bewusst übertrieben und Zusammenhänge verzerrt dargestellt. Die Wirkung kann auch verletzend und polarisierend sein.

Karikaturen wollen den Betrachter anregen, sich mit dem jeweiligen Thema kritisch auseinanderzusetzen, sich ein Urteil zu bilden oder zu einer bestimmten Sichtweise zu gelangen. Karikaturisten verdichten ein Geschehen aus ihrer Perspektive.

Besteht einerseits der Reiz von Karikaturen in der zeit- und standortgebundenen Perspektive des Karikaturisten, so bedeutet dies für die Analyse und Interpretation von Karikaturen eine besondere Herausforderung. Denn mit zeitlicher Distanz zum gezeichneten historischen Geschehenen fällt eine Deutung meist schwerer.

Zur Analyse gehört das Verständnis der Bildelemente. Zur typischen **Symbolsprache** zählen:

- visualisierte Redensarten (z.B. „den Gürtel enger schnallen")
- Tierallegorien (z.B. der „gallische/französische Hahn", der „russische Bär")
- Symbole (z.B. Krone für die Monarchie, Waage für die Gerechtigkeit)
- Allegorien/Personifikationen (z.B. „Uncle Sam" für die USA, „Marianne" für Frankreich, „Germania" für Deutschland, „der deutsche Michel" mit Zipfelmütze für die Deutschen, Taube als Friedensbringer)

Leitfragen zu den Arbeitsschritten finden Sie auf S. 210, eine Lösungsskizze zu den Arbeitsaufträgen auf S. 222.

HINTERGRUNDINFORMATIONEN

Die Reformpolitik in der Sowjetunion (Perestroika und Glasnost) unter Michail Gorbatschow (von 1985 bis 1991 Staats- und Parteichef) führte auch in anderen Staaten des Warschauer Pakts seitens der jeweiligen kommunistischen Regierungen zu einem vorsichtigen Kurswechsel mit politischen Zugeständnissen an die oppositionellen Bürgerbewegungen (z.B. in Polen und Ungarn). Unter anderem in der ČSSR und der DDR hielten die jeweiligen Regierungen hingegen lange Zeit starr an ihrem bisherigen Kurs fest.

Ernst Maria Lang (1916-2014) war Architekt und viele Jahrzehnte Karikaturist beim Bayerischen Rundfunk und bei der Süddeutschen Zeitung.

Karikaturen interpretieren

M1 „Die Verführung"

Gouvernante Honecker: „Nicht hinschauen – das ist ein Pornoladen…"
Karikatur von Ernst Maria Lang, erschienen am 3.12.1988 in der Süddeutschen Zeitung.

Erich Honecker als Gouvernante (frühere Bezeichnung für Lehrerin, Erzieherin) mit Dutt, Brille und altmodischer Kleidung; Gouvernante hat mittlerweile einen negativen Sinngehalt im Sinne von strenger, rückwärtsgewandter Erziehungsstil.

Brandenburger Tor, das direkt an der Grenze auf dem Gebiet von Ost-Berlin stand. Die Quadriga zeigt in Richtung der Prachtstraße Unter den Linden, d. h. in den Ostteil der Stadt.

E. M. LANG — Die Verführung

Gouvernante Honecker: „Nicht hinschauen – das ist ein Pornoladen."

Sputnik, Name einer sowjetischen Zeitschrift (benannt nach dem ersten Satelliten im All) Sie berichtete über frühere Tabuthemen (stalinistische Verbrechen) und die Reformpolitik Gorbatschows; wurde in der DDR im November 1988 verboten.

Uniform der **FDJ,** der Jugendorganisation der SED

Analysieren Sie die Karikatur.

„Samtene Revolution" – eine passende Bezeichnung?

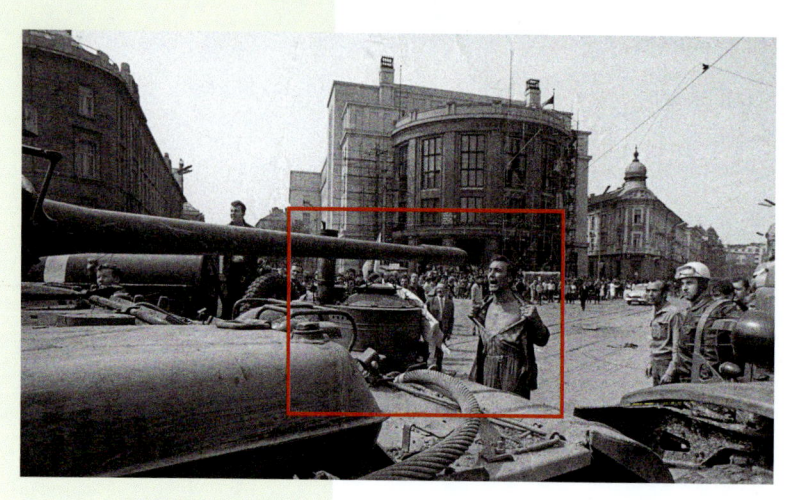

„Prager Frühlings" – eine erste Reformbewegung scheitert | In der Tschechoslowakei versuchte Anfang 1968 Alexander Dubček einen „Kommunismus mit menschlichem Antlitz" einzuführen. So sollten unter anderem die Einparteiendiktatur aufgehoben und oppositionelle Parteien zugelassen werden. Der **„Prager Frühling"** wurde von der Bevölkerung begeistert aufgenommen. Der sowjetische Parteichef Leonid Breschnew und weitere Regierungschefs des Warschauer Pakts befürchteten Auswirkungen auf weitere Staaten des Ostblocks, sahen die Vorherrschaft ihrer Kommunistischen Parteien in Gefahr und reagierten mit der „Breschnew-Doktrin": Als die tschechoslowakische Regierung ihre Demokratisierungspolitik fortsetzte, marschierten am 20. August 1968 Truppen des Warschauer Pakts in die ČSSR ein. Offiziell gerechtfertigt, u.a. durch die Regierung der DDR, wurde das als „brüderliche Hilfe gegen die konterrevolutionäre Entwicklung und die Bedrohung des Sozialismus" Die führenden Köpfe des „Prager Frühlings" wurden verhaftet und die Abhängigkeit der „sozialistischen Bruderrepublik" von Moskau wiederhergestellt.

Die „Samtene Revolution" in der Tschechoslowakei | Nach der Niederschlagung des „Prager Frühlings" arrangierte sich der Großteil der Bevölkerung mit dem Regime. Dafür wurde angesichts der sich verschlechternden wirtschaftlichen Lage und Versorgungsengpässen ein geringerer Lebensstandard in Kauf genommen. Die zaghaften Ansätze von Opposition zu Beginn der 1970er-Jahre wurden von der Regierung massiv unterdrückt.

Am 1. Januar 1977 erschien in der tschechoslowakischen Exilzeitschrift „Listy" eine Grundsatzerklärung der neu formierten Bewegung **„Charta 77"** (vgl. S. 77). Unter den über 2000 Menschen, die bis 1989 das Dokument unterzeichneten, befanden sich Personen aus unterschiedlichen regimekritischen Gruppen: Reformsozialisten, Intellektuelle sowie Christen verschiedener Konfessionen. Einer ihrer ersten Sprecher war der Dramatiker Václav Havel. Die „Charta 77" war keine Massenbewegung, aber das Zentrum einer Gegenöffentlichkeit. Einig waren sich ihre Anhänger in der Forderung nach Einhaltung der Menschenrechte. Unmittelbarer Anlass für den Protest war die Verfolgung der Rockgruppe „Plastic People of the Universe", die als nicht systemkonform galt. 1976 waren die Musiker inhaftiert worden.

Durch die Reformpolitik in der Sowjetunion geriet die tschechoslowakische Regierung, die wie die DDR an ihrem harten Repressionskurs festhielt und sich Reformen verweigerte, massiv unter Druck. Denn ihr war klar, dass sie zur Sicherheit ihrer Macht nicht mehr mit militärischer Unterstützung der Supermacht rechnen konnte. Im Gegenzug wurde auch in der ČSSR der Ruf nach Freiheit und tiefgreifenden Reformen lauter. Bis 1988 hatten sich bereits Dutzende von Bürgerrechtsbewegungen gegründet.

Am 17. November 1989 schlug die Polizei eine Demonstration von Studierenden, die das Ende des sozialistischen Systems forderten, brutal nieder. Dabei wurden 600 Menschen verletzt, einige davon schwer. Noch am selben Tag kam es zu Massenprotesten. Dieses Datum gilt deshalb als Beginn der Revolution in der ČSSR.

Niederschlagung des „Prager Frühlings" in Bratislava.
Foto von Ladislav Bielik vom 21. August 1968.
Im Rahmen des „Prager Frühlings" gab es Massendemonstrationen nicht nur in der tschechoslowakischen Hauptstadt Prag, sondern auch in anderen großen Städten des Landes. Das Bild entstand nach dem Einmarsch der Truppen der Warschauer Vertragsorganisation in Bratislava. Ein Einzelner stellt sich vor einen sowjetischen Panzer und entblößt dabei seine Brust von seinem karierten Handwerkeranzug.

▶ Oft wurde nur der markierte Ausschnitt gezeigt. Erläutern Sie, wie sich dadurch die Wirkung des Bildes verändert.

▶ Das Bild wurde zu einem Symbol für die „Macht der Ohnmächtigen". Stellen Sie dar, wodurch der Mann als unterdrückt und hilflos erscheint.

▶ Erörtern Sie, ob es angemessen ist, die Wirkung von Nachrichtenbildern durch Ausschnitte zu verändern.

Zwei Tage später schlossen sich Oppositionsgruppen zum „Bürgerforum" zusammen. Alle Versuche der Kommunistischen Partei, durch Verhandlungen mit den Regimekritikern ihre Macht zu behaupten, scheiterten angesichts von Massenprotesten und Streiks. Am 10. Dezember 1989 wurde, unter kommunistischer Führung, eine Übergangsregierung gewählt, die den Aufbau einer parlamentarischen Demokratie und einer Marktwirtschaft vorbereitete; im Januar 1990 verlor die Kommunistische Partei ihre Mehrheit im Parlament. Am 29. Dezember 1989 wurde Vaclav Havel neuer Staatspräsident. Zwei Monate später wurde der Freundschafts- und Beistandsvertrag mit der UdSSR in gegenseitigem Einvernehmen nicht verlängert und der Abzug der sowjetischen Truppen bis Ende 1991 vereinbart. Nahezu gewaltfrei hatte sich der Systemwechsel von einer kommunistischen Einparteiendiktatur zur Demokratie vollzogen – eine „samtene Revolution".

Umweltverschmutzung: die Beispiele ČSSR ... | Neben politischen und wirtschaftlichen Ursachen war auch die massive Umweltzerstörung ein zentraler Grund für die Unzufriedenheit in der Bevölkerung. Dabei standen die sich stetig verschlechternde ökonomische Situation und die Ökologie in engem Zusammenhang. Nachdem schon in den 1960er-Jahren die Wirtschaftsleistung im Vergleich mit den westlichen Industriestaaten auf einem niedrigen Niveau war, sank sie aufgrund veralteter Produktionsanlagen und sinkender Produktivität weiter ab. Für die notwendige Erneuerung der Betriebe fehlten wegen der geringen Exporte Devisen. Eine Folge davon war der wesentlich höhere Energieverbrauch und eine hohe Belastung der Umwelt. Denn die Erfüllung der Planvorgaben und die unter den gegebenen Umständen größtmögliche Produktion von Konsumgütern hatten Vorrang.

... und DDR | Auch in der DDR wurden die vorgegebenen Höchstgrenzen für Emissionswerte regelmäßig überschritten. Seit November 1982 verbarg die Regierung der DDR hochbrisante Daten zum Zustand der Umwelt in der DDR. Obwohl in der revidierten Verfassung von 1968 Umweltschutz ausdrücklich verankert worden war, sah die Realität anders aus. Entgegen allen Beteuerungen und Versuchen, Umweltschäden zu bagatellisieren, waren für die Bevölkerung die Schäden sichtbar und deren Zusammenhang mit steigenden Gesundheitsproblemen klar: durch die Verbrennung von Braunkohle erzeugter Smog und Waldsterben, durch das Ableiten von ungeklärten Abwässern sowohl aus der Industrie als auch aus privaten Haushalten in Flüsse und Seen verunreinigtes Wasser. Den biblischen Schöpfungsauftrag ernstnehmend bildeten sich ab 1979 kirchliche Jugendkreise, aus denen in den 80er-Jahren eine Ökologiebewegung entstand.

Am 26. April 1986 kam es in der Nähe der ukrainischen Stadt Tschernobyl zu einer Nuklearkatastrophe in einem Kernkraftwerk. Der radioaktive Niederschlag verteilte sich über ganz Europa. Daraufhin protestierte die Umweltbewegung der DDR gegen den Uranabbau und dessen Folgen in der DDR. Die Zusammenarbeit der Umweltgruppen, aus denen 1990 die „Grüne Liga" hervorging, intensivierte sich.

Der Einsatz für den Umweltschutz gewann zunehmend an politischer Brisanz. Denn er legte zum einen das Versagen der DDR-Regierung auf ökologischem Gebiet offen. Zum anderen war die Aufbereitung von Uran wichtig für die sowjetische Atomindustrie. Deshalb wurden die Umweltschützer zunehmend von der Stasi beobachtet und drangsaliert.

Um dem Anwachsen der Umweltbewegung entgegenzuwirken, hatte der Staat bereits im Mai 1980 die „Gesellschaft für Natur und Umwelt" gegründet. Hier sollten sich unter staatlicher Kontrolle Umwelt- und Naturschützer treffen. Allerdings entzogen sich vor allem Arbeitsgruppen, die sich mit der Stadtökologie beschäftigten, dieser Bevormundung. 1987 wurden in einer staatlichen Statistik 380 Stadtökologie-Gruppen mit 7000 Mitgliedern gezählt.

Václav Havel (1936–2011): tschechischer Dramatiker, Schriftsteller, Bürgerrechtler und Politiker; einer der Initiatoren und Sprecher der regimekritischen Initiative „Charta 77"; 1989–1992 Präsident der Tschechoslowakei, nach deren Auflösung von 1993 bis 2003 Präsident der Tschechischen Republik.

M1 Die „Charta 77": ein Vorspiel der Revolution?

Die „Charta 77", das Gründungsdokument der gleichnamigen tschechoslowakischen Bürgerinitiative von 1977, beruft sich auf die KSZE-Schlussakte von Helsinki, die auch von der ČSSR unterschrieben worden war. So schreibt die KSZE-Schlussakte vor allem die Wahrung der Menschen- und Bürgerrechte fest. Im Folgenden ein Auszug aus dem Manifest der „Charta 77", das für weltweites Aufsehen sorgte:

[Es wird] aber zugleich mit neuer Eindringlichkeit in Erinnerung [gerufen], wie viele Grundrechte des Bürgers in unserem Land vorerst – leider – nur auf dem Papier gelten. Völlig illusorisch ist zum Beispiel das
5 Recht auf freie Meinungsäußerung […]. Zehntausenden von Bürgern wird es nur deshalb unmöglich gemacht, in ihrem Fach zu arbeiten, weil sie Ansichten vertreten, die sich von den offiziellen Ansichten unterscheiden. […] Unzählige Bürger müssen in der Furcht leben, dass, falls
10 sie sich ihrer Überzeugung entsprechend äußern, sie selbst oder ihre Kinder des Rechts auf Bildung beraubt werden könnten. […] Die Freiheit der öffentlichen Meinungsäußerung wird von der Zentralverwaltung aller Kommunikationsmittel sowie der publizistischen und
15 kulturellen Einrichtungen unterdrückt. […]

Das Gefühl dieser Mitverantwortlichkeit, der Glaube an den Sinn bürgerlichen Engagements und der Wille dazu, sowie das gemeinsame Bedürfnis, dafür einen neuen und wirksameren Ausdruck zu finden, hat uns auf den Gedanken gebracht, Charta 77 zu bilden, deren Entstehung 20 wir heute öffentlich anzeigen.

Charta 77 ist eine freie, informelle und offene Gemeinschaft von Menschen verschiedener Überzeugungen, verschiedener Religionen und verschiedener Berufe, verbunden durch den Willen, sich einzeln und gemeinsam 25 für die Respektierung der Bürger- und der Menschenrechte in unserem Land und in der Welt einzusetzen […].

Charta 77 ist keine Basis für oppositionelle politische Tätigkeit. 30

Manifest der „Charta 77", in: Auch Bürger in der Tschechoslowakei wollen ihre Rechte verteidigen, Frankfurter Allgemeine Zeitung, Nr. 5, vom 7. Januar 1977, S. 5

1. Arbeiten Sie zentrale Forderungen der „Charta 77" heraus.
2. Die „Charta 77" war keine Massenbewegung. Entwickeln Sie Thesen, weshalb sie dennoch eine große Wirkung entfaltete.

M2 Schwefeldioxidemission in der ČSSR und der DDR

Schwefeldioxid (SO_2), das gerade bei Kindern zu Lungenkrankheiten (u. a. Bronchitis) führen kann, entstand in den beiden Staaten vorrangig bei der Verbrennung von Braunkohle in Kraftwerken. In der DDR war das eine der zentralen Energiequellen für die Industrie. In der ČSSR waren etwa 70 Prozent aller Privathaushalte dringend auf diesen Energieträger angewiesen. Die folgenden Angaben in Tonnen/Jahr:

Jahr	1980	1987	1988
DDR	4320	5605	5255
ČSSR	3100	2900	2632
Verhältnis DDR: ČSSR	139,3	193,2	199,6
BRD	3166	2044	1218
Verhältnis BRD: ČSSR	102,1	70,5	46,2
Verhältnis BRD: DDR	73,2	36,5	23,1

Angaben zusammengestellt aus:
Statistische Jahrbücher der DDR, Berlin 1989, S. 155 und 1990, S. 146 f.; Statistische Jahrbücher der Bundesrepublik Deutschland, Bonn 1987, S. 588 und 1989, S. 590 und Bedrich Moldan, Životní prostředí České republiky. Vývou a stav do konce roku 1989, Praha 1990, S. 256; Angabe zur ČSSR 1988: Statistisches Jahrbuch der Tschechischen und Slowakischen Republik Prag 1990, S. 86; zitiert nach: Tomáš Vilímek, Die Ursachen des Zusammenbruchs der kommunistischen Regime in der ČSSR und in der DDR im Jahre 1989, in: Niklas Perzi, Beata Blehova und Peter Bachmeier (Hrsg.), Die Samtene Revolution, Frankfurt am Main 2009, S. 216–238

1. Beschreiben Sie die Entwicklung der Emissionen in der Tschechoslowakei und der DDR.
2. Entwickeln Sie Hypothesen für die unterschiedliche Entwicklung der Emissionen in den beiden Ostblockstaaten und der Bundesrepublik sowie hinsichtlich fehlender Maßnahmen im Osten, dieser Entwicklung zu begegnen.

M3 „Osteuropäischer Geleitzug im Winter 1988/89".

Karikatur von Karl-Heinz Schoenfeld aus der in West-Berlin erscheinenden Zeitung „Der Tagesspiegel" vom 29. Dezember 1988.

Analysieren Sie die Karikatur. | H

M4 Die „samtene Revolution" in der ČSSR

Der tschechische Historiker Michal Pullmann schreibt in einem Beitrag zu einem 2013 erschienenen Buch:

Die tschechoslowakische Parteiführung war allgemein viel konservativer als die polnische oder ungarische. Es mangelte zwar auch in ihr nicht an Personen, die das Reformbestreben der Perestroika unterstützten, sie be-
5 fanden sich allerdings eher in Regierungskreisen oder in mit der Exekutive verbundenen Expertengremien – jedoch nicht in den obersten Parteiebenen, weswegen ihre Durchsetzungskraft geringer war. Die stärksten Impulse gingen daher letztendlich viel mehr von Dissidenten-
10 gruppen aus, denen es Ende der 1980er-Jahre gelang, die Barriere des Misstrauens seitens der Bevölkerung zu durchbrechen und immer größere Sympathien zu gewinnen. Bereits 1988 stieg das Interesse der Menschen an Demonstrationen gegen das Regime und sank ihre
15 Bereitschaft zur Beteiligung an offiziellen Veranstaltungen. In der Slowakei wirkte sich besonders stark die Verbundenheit großer Teile der Bevölkerung mit Religion und Kirche aus: Die sogenannte Kerzendemonstration in Bratislava (Pressburg) versetzte dem Regime symbolisch einen enormen Schlag dadurch, dass gegen
20 die Brutalität des Staates ein stilles Gebet der Gläubigen gestellt wurde. Im Januar fand in Prag die sogenannte Palach-Woche statt: Aus Anlass des zwanzigsten Jahrestages des Todes des Studenten Jan Palach, der sich 1969 aus Protest gegen die Niederschlagung des Prager Frühlings verbrannt hatte, trafen sich eine Woche lang täglich
25 Demonstrierende und gaben damit zu erkennen, dass sie nicht mehr länger bereit waren, die offizielle Deutung der Geschichte sowie die damalige Ordnung zu respektieren.
Ende Juni 1989 tauchte in der tschechoslowakischen
30 Öffentlichkeit die Petition „Einige Sätze" […] auf, die die Achtung der Menschenrechte, den Respekt gegenüber den Gläubigen, die Versammlungsfreiheit, das Ende von Tabuthemen bezüglich der Deutung der Geschichte usw. forderte. Kurz nach ihrer Veröffentlichung unter-
35 zeichneten die Petition tausende von Menschen (bis November 1989 waren es 40 000). […] Die Parteiführung genoss 1989 fast keinen Respekt mehr und erntete im Gegenteil Hohn und Verachtung. Erst die November-Ereignisse in Prag, als eine friedliche Demonstration brutal auseinandergejagt wurde, mobilisierten jedoch die
40 tschechoslowakische Bevölkerung dazu, die bisherige Ordnung mit der Führungsrolle der Partei abzulehnen und brachten die Dissidenten an die Spitze des Staates.

Michal Pullmann, Der Weg zur Revolution 1989. Gesellschaftliche Kritik und der Zusammenbruch der kommunistischen Herrschaft in Ost- und Mitteleuropa, in: Edita Ivaničková, Miloš Reznik, Volker Zimmermann (Hrsg.), Das Jahr 1989 im deutsch-tschechisch-slowakischen Kontext. Essen 2013, S. 42–43

1. Erläutern Sie, wie sich die Stimmungslage in der Bevölkerung entwickelte.
2. Arbeiten Sie heraus, was die Bevölkerung zur Opposition gegen das Regime ermutigte.
3. Beurteilen Sie, inwiefern die Forderungen der „Charta 77" sich in der „Samtenen Revolution" widerspiegeln.

Der Blick aufs Ganze

1. Arbeiten Sie die Bedeutung Václav Havels für die Entwicklung der Tschechoslowakei heraus.
2. Erläutern Sie, inwiefern das Verhalten der Regierungen der DDR und der ČSSR hinsichtlich Ökologie diese zusätzlich unter Druck gesetzt hat. | H
3. „Stummes Schreibgespräch": Vergleich Sie mithilfe dieser Kooperationsform die „Friedliche Revolution" in der DDR mit der „Samtenen Revolution" in der Tschechoslowakei.

Die deutsche Einheit – treibende Kraft beim Zusammenbruch des „Ostblocks"?

Die deutsche Frage. Karikatur von Horst Haitzinger vom 15. November 1989. Als „deutsche Frage" wird allgemein die Frage nach der politischen, wirtschaftlichen und kulturellen Einheit Deutschlands bezeichnet – ab dem 19. Jh., insbesondere aber zwischen 1949 (Gründung der beiden deutschen Staaten) und 1990 (Wiedervereinigung).

▶ Erklären Sie, was mit der Aussage vom „hektischen Rumgetrampel", das der britischen Premierministerin Margaret Thatcher in den Mund gelegt wird, gemeint ist.

▶ Neben dem Bundeskanzler der Bundesrepublik Deutschland, Helmut Kohl, sind die Staats- und Regierungschefs der USA, der UdSSR, Großbritanniens und Frankreichs, dargestellt. Beurteilen Sie, was diese vier Staaten im Zusammenhang mit Deutschland verbindet.

„DAS WARST DU, GORBI!, MIT DEINEM HEKTISCHEN RUMGETRAMPEL!"

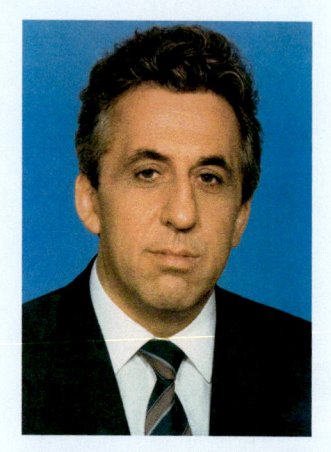

Egon Krenz (geb. 1937): deutscher Politiker, 1989 DDR-Staatsratsvorsitzender und Generalsekretär der SED. 1997 wegen Totschlags im Zusammenhang mit den Todesfällen an der innerdeutschen Grenze zu mehrjähriger Freiheitsstrafe verurteilt.

„Wir sind ein Volk" – die deutsche Wiedervereinigung | Nach dem Fall der Mauer gab die SED unter dem Druck der Bevölkerung ihre Vormachtstellung schrittweise auf. Im Dezember 1989 wurde ihre „führende Rolle" aus der Verfassung gestrichen, das Ministerium für Staatssicherheit aufgelöst. Politbüro und Zentralkomitee traten geschlossen zurück. Staats- und Parteichef Krenz, der am 18. Oktober die Nachfolge von Erich Honecker angetreten hatte, legte seine Ämter nieder. Die „Friedliche Revolution" in der DDR hatte gesiegt, die SED-Diktatur war zusammengebrochen. Seit Mitte November 1989 amtierte eine SED-Regierung unter Ministerpräsident Hans Modrow. Sie stand von Beginn an unter Erfolgszwang. Die Probleme der Wirtschaft, über die jetzt in aller Öffentlichkeit berichtet und diskutiert wurde, ließen sich von der DDR allein nicht mehr bewältigen. Zugleich hielt die Ausreisewelle an. Im November und Dezember 1989 kehrten 176 650 Menschen der DDR den Rücken. Anfang Dezember wurde ein „Runder Tisch" eingeführt, wie ihn vorher die Reformer in Polen durchgesetzt hatten. Die Vertreter der SED und die wichtigsten Bürgerrechtsgruppen traten zu diesem Gesprächsforum zusammen. Somit bekamen Oppositionsgruppierungen erstmals Einfluss auf die Regierungspolitik. Unter öffentlichem Druck stimmten die Regierung Modrow und die inzwischen neu formierte SED/PDS[1] den Forderungen des „Runden Tisches" nach baldigen Neuwahlen zu.

Die Wahlen zur Volkskammer der DDR vom 18. März 1990 gewann das Bündnis „Allianz für Deutschland", das der CDU nahestand. Entsprechend ihrem Wahlversprechen leiteten Helmut Kohl und der neugewählte Ministerpräsident der DDR Lothar de Maizère die Wiedervereinigung ein:

• Im Juli 1990 wurde in einem Staatsvertrag zwischen der BRD und der DDR die **Wirtschafts-, Währungsunion- und Sozialunion** beschlossen. Er sollte die Übersiedlerzahlen und den Einigungsprozess unter Kontrolle bringen und machte die Wiederverei-

[1] **PDS**: Partei des Demokratischen Sozialismus, seit Dezember 1989 Rechtsnachfolgerin der SED

nigung praktisch unumkehrbar. Um den Erwartungen der DDR-Bürger entgegenzukommen, einigte man sich auf für sie günstige Wechselkurse. Was die in der DDR lebenden Menschen seit Jahrzehnten ersehnt hatten, war Wirklichkeit geworden: Mit „richtigem" Geld konnten sie die begehrten Westwaren kaufen. Sozusagen über Nacht wurde aber auch die gesamte Wirtschaft der DDR dem internationalen Wettbewerb ausgesetzt, dem die meisten Betriebe nicht gewachsen waren. Ein gewaltiger Modernisierungsschock erfasste Wirtschaft und Gesellschaft.

- Am 31.08.1990 wurde der Einigungsvertrag unterzeichnet. Ihm stimmten in der Bundesrepublik Deutschland Bundestag und Bundesrat zu. Mit einer Mehrheit von zwei Dritteln machte auch die DDR-Volkskammer den Weg zur Wiedervereinigung frei. PDS und Bündnis 90 stimmten für die Ausarbeitung einer neuen Verfassung. Der „Runde Tisch" setzte sich für das Weiterbestehen der DDR ein. Durch den Beitritt der fünf in der DDR wiedergegründeten Bundesländer zur Bundesrepublik nach Artikel 23 GG wurde die Wiedervereinigung offiziell vollzogen. Berlin wurde Hauptstadt und nach einem Beschluss des Deutschen Bundestages 1991 auch Sitz des Deutschen Bundestages.

Der internationale Rahmen der Wiedervereinigung | Gemäß dem Potsdamer Abkommen von 1945 waren Entscheidungen, die „Deutschland als Ganzes" betrafen, noch immer an die Zustimmung der Siegermächte des Zweiten Weltkrieges (USA, UdSSR, Großbritannien und Frankreich) gebunden. Einer Wiedervereinigung mussten diese deshalb zustimmen. Gerade viele europäische Staaten befürchteten aber, dass ein vereinigtes Deutschland wirtschaftlich und militärisch zu stark sei und folglich die mühsam aufgebaute Stabilität nach dem Zweiten Weltkrieg gefährde. Vor allem Großbritannien, dessen Regierung ein „Viertes Reich" fürchtete, sah einer möglichen Wiedervereinigung mit Misstrauen entgegen. Die französische Regierung wollte ein wiedervereinigtes Deutschland in die Europäische Gemeinschaft integrieren und pochte auf die Anerkennung der Oder-Neiße-Linie als polnischer Westgrenze.

Nach langem Zögern gab im Februar auch die Sowjetunion unter Michail Gorbatschow ihre grundsätzlichen Einwände gegen die Wiedervereinigung auf. Vorbehalte gab es aber noch gegen eine Mitgliedschaft Deutschlands in der NATO.

Über die Bedingungen einer Wiedervereinigung wurde ab Mai zwischen den beiden deutschen Staaten und den vier Siegermächten verhandelt. Mit dem Vertrag über die abschließende Regelung in Bezug auf Deutschland vom 12. September 1990 (**Zwei-plus-Vier-Vertrag**), der die Funktion eines Friedensvertrages hatte, erhielt das wiedervereinigte Deutschland die volle staatliche Souveränität. Darüber hinaus wurde der Sowjetunion umfangreiche wirtschaftliche Unterstützung zugesagt. In einem weiteren Vertrag zwischen Deutschland und der Sowjetunion vom 9. November 1990 vereinbarten beide Staaten ihre umfassende Zusammenarbeit. Den Abschluss bildete der deutsch-polnische Grenzvertrag vom 14. November 1990, worin das wiedervereinigte Deutschland die Grenze zu Polen definitiv anerkannte. 45 Jahre nach dem Ende des Zweiten Weltkrieges war damit die „Nachkriegszeit" für Deutschland und Europa abgeschlossen.

Umgestaltung der Wirtschaft „von oben" | Im Auftrag der letzten Volkskammer der DDR übernahm die Treuhandanstalt im Sommer 1990 rund 8 500 Staatsunternehmen mit 45 000 Einzelbetrieben und 4,1 Millionen Beschäftigten, um sie nach marktwirtschaftlichen Gesichtspunkten zu sanieren, zu privatisieren oder stillzulegen. Durch die Übernahme der Altschulden der früheren DDR-Betriebe und Finanzhilfen aller Art für private Investoren hinterließ die Treuhandanstalt Ende 1994 140 Milliarden Euro Schulden, die den Bundeshaushalt seither jährlich mit etwa 8,7 Milliarden Euro belasten. An direkten Aufbauhilfen stellte zunächst der Fonds Deutsche Einheit von 1990 bis 1994

Hans Modrow (geb. 1928): SED-Politiker, 1989/90 Regierungschef der DDR (Vorsitzender des Ministerrates); 1990–1994 Abgeordneter der PDS im Bundestag; seit 2007 Mitglied der Partei „Die Linke"

Bärbel Bohley (1945 – 2010): Malerin, Friedensaktivistin und Politikerin, 1989 Mitbegründerin der Bürgerrechtsorganisation „Neues Forum" (NF)

Internettipps:
Weitere Informationen zum Einigungsvertrag bietet Code 32052-12.

Informationen zum Zwei-plus-Vier-Vertrag finden Sie mithilfe von Code 32052-13.

Lothar de Maizière (geb. 1940): Mitglied der CDU (Ost), von April bis Oktober 1990 letzter Regierungschef (ab August auch Außenminister) der DDR, trat kurz nach der Wiedervereinigung als Bundesminister wegen Stasi-Vorwürfen zurück

umgerechnet rund 82 Milliarden Euro für die ostdeutschen Länder und Kommunen zur Verfügung. Der Solidarpakt I von 1995 sorgte für die Aufnahme der neuen Bundesländer in den regulären Länderfinanzausgleich. Weiter erhielten die neuen Länder von 1995 bis 2001 Sonderleistungen des Bundes über umgerechnet 105 Milliarden Euro. Der Solidarpakt II sah bis 2019 nochmals Sonderzahlungen von 105 Milliarden Euro für Infrastruktur und Unternehmensförderung vor. Hinzu kommen 51 Milliarden Euro an Investitionshilfen des Bundes und der EU.

Wächst „zusammen, was zusammen gehört"?

Mit dem Fall der Mauer änderte sich im Leben der Westdeutschen wenig: Das politische, wirtschaftliche und gesellschaftliche System blieb unverändert. Ganz anders war dies in Ostdeutschland. In der dortigen **Transformationsgesellschaft** blieb durch den politischen und wirtschaftlichen Systemwechsel kaum ein Lebensbereich von einschneidenden Veränderungen verschont. Aus einer „übersubventionierten planwirtschaftlichen Fürsorgediktatur" (Andreas Rödder) kommend, fanden sich die Ostdeutschen plötzlich in einer Gesellschaft wieder, in der Individualität, Selbstbestimmung, aber auch Selbstverantwortung sowie demokratische Mitbestimmung wichtige Kennzeichen sind. Der Einzug einer Wirtschaftsordnung, die sich an Angebot und Nachfrage orientiert, hatte zur Folge, dass die meisten Betriebe der ehemaligen DDR nicht mehr konkurrenzfähig waren. Fähigkeiten und Fertigkeiten, die in der „Mangelwirtschaft" der DDR wichtig waren, zählten nicht mehr. Vor dem Hintergrund einer massiven Anpassung und Umorientierung wurden östliche Biographien scheinbar entwertet.

Vor allem die Transformation im Bereich der Arbeitswelt stellte eine tiefe Zäsur dar. Seit 1992 stieg die Arbeitslosigkeit auf das Doppelte des westdeutschen Niveaus. Durch den massiven Stellenabbau in der DDR-Wirtschaft verlor etwa die Hälfte der Beschäftigten (4,1 von 8,55 Millionen) ihren Arbeitsplatz und zwei Drittel der Arbeitnehmerinnen und Arbeitnehmer erlebten eine berufliche Veränderung.

Da der Betrieb in der DDR nicht nur Arbeitsplatz war, sondern hier auch große Teile des sozialen Lebens stattfanden (z.B. die Organisation der Kinderbetreuung, Urlaub, Kultur) wirkten sich hier die Folgen der Wirtschaftsunion besonders stark aus. Dabei erhielt die unbekannte Erfahrung der Arbeitslosigkeit eine besonders spürbare sozialpsychologische Dimension: Mit dem Verlust des Arbeitsplatzes standen soziale Kontakte und Selbstwertgefühl auf dem Spiel. Ernüchterung und Enttäuschung machten sich breit. Die meisten Ostdeutschen mussten nicht nur ihr Alltagsleben neu ordnen und sich einer Fülle neuer gesetzlicher Regeln vom Kindergarten bis zur Altersvorsorge anpassen. Vielen fehlte mit einem Mal die lenkende Hand des Staates, sie mussten lernen, sich selbst um ihr Fortkommen zu bemühen, sie fühlten sich deklassiert und von den meist kapitalkräftigen „Wessis" überrollt. Das änderte sich erst allmählich.

Von der Sowjetunion zur GUS

Mit dem allmählichen Zerfall der Sowjetunion ging ein (Wieder-)Erstarken der Nationalbewegungen in zahlreichen Sowjetrepubliken einher. Als erste setzten sich die drei baltischen Staaten Estland, Lettland und Litauen, die nicht zuletzt wegen der geographischen und kulturellen Nähe zu Finnland besonders prowestlich eingestellt waren, für ihre Unabhängigkeit ein. Moskau versuchte zunächst, die Loslösung zu verhindern. Nach militärischen Einsätzen zog sich die Zentralmacht jedoch vor allem wegen des Widerstandes der Bevölkerung, der weltweit heftigen Kritik und Wirtschaftssanktionen wieder zurück. Die Unabhängigkeitserklärungen im Jahr 1990 wurden auch von einem Großteil der russischen Bevölkerung unterstützt, die ab den 1950er-Jahren vor allem wegen der Industrieförderung in diesen Republiken eingewandert war. Danach forderten auch Armenien, Georgien und Moldawien ihre Unabhängigkeit. Eine Folge der Nationalitätenkonflikte waren auch militärische Konflikte (z.B. Bürgerkriege in Georgien und Moldawien sowie der Krieg zwischen Armenien und Aserbaidschan).

Auch in der größten Sowjetrepublik Russland hatte der Nationalismus ab den 1970er-Jahren einen Aufschwung erlebt. Nach den ersten freien Wahlen im Juni 1991 wurde Boris Jelzin, der ein Jahr zuvor Vorsitzender des Obersten Sowjet geworden und aus der KPdSU ausgetreten war, zu ihrem Präsidenten gewählt. Es kam zu einem Machtkampf zwischen ihm und dem sowjetischen Staatspräsidenten Gorbatschow, der wegen der sich verschärfenden wirtschaftlichen Lage immer mehr an Rückhalt in der Bevölkerung verlor. Am 18. August 1991 versuchten Männer aus Regierung, Geheimdienst, Militär und Partei gewaltsam die Macht an sich zu reißen, um die Sowjetunion und die kommunistische Gesellschaftsordnung zu retten. Jelzin, der einen Großteil der Bevölkerung und des Militärs hinter sich hatte, zwang die Putschisten zur Aufgabe. Das war auch eine Niederlage für Gorbatschow, den Jelzin öffentlich für die Berufung der Putschisten in hohe Ämter verantwortlich machte. Der russische Präsident verbot daraufhin jede Tätigkeit der Kommunistischen Partei.

Schon am 12. Juni 1990 hatte Russland seine Souveränität innerhalb der Sowjetunion erklärt. Meist verkürzt als Russische Föderation bezeichnet, trägt die präzise Bezeichnung Russländische Föderation dem Ziel Rechnung, auch die ethnischen Minderheiten in diesem Staatsgebilde einzubinden. Jelzin bemühte sich um den Zusammenschluss der souveränen Sowjetrepubliken zu einer erneuten Union. Nach dem Austritt der meisten Republiken aus der Sowjetunion im August 1991 beschlossen die Präsidenten Russlands, der Ukraine und von Belarus am 7. Dezember die Gründung der Gemeinschaft Unabhängiger Staaten (GUS) als zwischenstaatlicher Organisation. Gleichzeitig wurde die Auflösung der Sowjetunion verkündet. Die GUS, der mit Ausnahme der baltischen Staaten auch die übrigen ehemaligen Sowjetrepubliken beitraten, sollte in völkerrechtlichen und sicherheitspolitischen Fragen einvernehmliche Regelungen in der postsowjetischen Ära herbeiführen und die wirtschaftliche Kooperation fördern. So setzte die Russische Föderation ihren Anspruch durch, als größte Republik die Rechtsnachfolge der UdSSR anzutreten (z. B. durch die Übernahme von Armee, Geheimdienst und Ministerien sowie als ständiges Mitglied im UN-Sicherheitsrat). Außerdem sollte sie unter den bisherigen Sowjetrepubliken alleinige Atommacht sein. Die unterschiedlichen politischen und wirtschaftlichen Interessen und Entwicklungen der Einzelstaaten sowie der Zwang zur Einstimmigkeit erschwerten die Zusammenarbeit innerhalb der GUS und führten zu deren Bedeutungsverlust.

Transformationsprozess in Russland | Unter Präsident Boris Jelzin wurde zunächst die politische und wirtschaftliche Liberalisierung vorangetrieben. Der marktwirtschaftliche Umbau führte jedoch zum Zusammenbruch ganzer Industriezweige, zum Anstieg der Arbeitslosigkeit und zu Inflation. Während dadurch ein Großteil der Bevölkerung unter noch größerer Armut litt, entstand eine neue Schicht der Superreichen, die

Verteidigung des Pressehauses in Vilnius.
Foto vom 11. Januar 1991. Nach einem sowjetischen Militäreinsatz versucht eine Menschenmenge, die Besetzung des Pressehauses in der litauischen Hauptstadt zu verhindern.

Animierte Karte
Zum Zerfall der Sowjetunion siehe Code 32052-14.

Boris Nikolajewitsch Jelzin (1931–2007): russischer Politiker, 1961–1990 Mitglied der KPdSU, von 1961 bis 1988 verschiedene Ämter in Parteigremien, Präsident des Obersten Sowjet in Russland, 1991–2000 Präsident Russland

Wladimir Wladimirowitsch Putin (geb. 1952): russischer Politiker; von 1975–1991 Offizier des Geheimdienstes KGB 2000–2008 und seit 2012 (Stand: 2022) Präsident und von 1999–2000 sowie 2008–2012 Ministerpräsident der Russischen Föderation

Oligarchen. Diese profitierten vor allem vom günstigen Verkauf von Staatsbetrieben und nutzten ihren Einfluss in Politik und Gesellschaft.

Auseinandersetzungen des Präsidenten mit dem Parlament führten zum Abbruch des politischen Demokratisierungsprozesses. Die neue Verfassung von 1993 schrieb zwar die Menschen- und Bürgerrechte fest, stärkte aber auch die Position des Präsidenten. Darüber hinaus räumte sie zwar den 89 Verwaltungseinheiten der Russischen Föderation relativ weitreichende Befugnisse ein. Weitergehende Autonomiebestrebungen wurden aber notfalls militärisch unterdrückt, wie in den beiden Tschetschenien-Kriegen (1994–1996 und 1999–2009), in denen auch zahlreiche Zivilisten starben.

Bis zu seinem Rücktritt im Jahr 2000 gelang es Jelzin nicht, Anschluss an den in anderen osteuropäischen Ländern verlaufenden Demokratisierungs- und Transformationsprozess zu finden. Seine Wirtschaftsreformen waren erfolglos, wachsende Armut, Korruption und steigende Kriminalität vergrößerten die Probleme des Landes.

Jelzins Nachfolger wurde im Jahr 2000 Wladimir Putin. Verschiedene Verfassungsänderungen (zuletzt 2020) erlaubten dessen unbegrenzte Wiederwahl. Unter Putin erholte sich zwar die wirtschaftliche Lage, die sozialen Probleme bleiben allerdings ungelöst. Aus innenpolitischen und wirtschaftlichen Gründen strebte Putin zunächst nach guten und stabilen Beziehungen zu den westeuropäischen Staaten und den USA. Wegen seiner zunehmend autoritären Politik, bei der Presse-, Meinungs- und ökonomische Freiheit zunehmend beschnitten wurden, wuchs dort aber die Kritik.

Seine offene Großmachtpolitik, mit der er die Sehnsucht weiter Teile der Bevölkerung nach einem Wiedererstarken des Landes wie zu Zeiten des Zarentums und der Sowjetunion bedient, führten zum Zerwürfnis mit den westlichen Demokratien und zu Wirtschaftssanktionen. Vorgeworfen werden dem russischen Präsidenten die Unterstützung des Assad-Regimes im syrischen Bürgerkrieg (seit 2011) und russischer Separatisten in der Ukraine (seit 2014), die Annexion der Krim (2014), Versuche, durch Cyberaktivitäten massiv Einfluss in westlichen Staaten zu nehmen, sowie die (versuchte) Ermordung von Oppositionellen auch im Ausland. Am 24. Februar ließ Putin seine Truppen von mehreren Seiten die Ukraine angreifen mit dem Ziel, den westlich orientierten Präsidenten Wolodymyr Selenskyj zu stürzen und das Land unter seine Kontrolle zu bringen.

Der Fall Alexander Chodorkowski.
Foto vom 27. Oktober 2010.
Alexander Chodorkowski ist ein Beispiel für das Vorgehen in Russland gegen einen Oligarchen, der seine herausgehobene wirtschaftliche Stellung und seinen Reichtum (vermeintlich) auch in politische Macht ummünzen wollte. Chodorkowski erwarb günstig den Energiekonzern Yukos, den damals weltweit viertgrößten Produzenten von Erdöl und Erdgas, und stieg zum reichsten Mann Russlands auf. 2003 wurde er festgenommen und 2005 wegen Steuerhinterziehung zu neun Jahren Haft, in einem weiteren Prozess 2010 wegen Unterschlagung zu zehn weiteren Jahren Gefängnis verurteilt. Beobachtern zufolge war das Gerichtsverfahren politisch motiviert und von Wladimir Putin initiiert. Chodorkowski hat mit erheblichen Beträgen oppositionelle Parteien unterstützt und soll Ambitionen gehabt haben, selbst Präsident zu werden.
Die Zerschlagung von Yukos nutzte der Kreml, um mehr Kontrolle über die gewinnträchtige Förderung von Erdöl und Erdgas zu bekommen.

M1 Verträge zur Wiederherstellung der deutschen Einheit

Deutsch-deutsche Beziehungen			Internationaler Rahmen
Wirtschafts-, Währungs- und Sozialunion (1. Juli 1990)	Vertrag zur Vorbereitung und Durchführung der ersten gesamtdeutschen Wahlen (3. August 1990)	Einigungsvertrag (31. August 1990)	Zwei-plus-Vier-Vertrag (Vertrag über die abschließende Regelung in Bezug auf Deutschland vom 12. September 1990) Deutsch-sowjetischer Vertrag (9. November 1989) Deutsch-polnischer Grenzvertrag (14. November 1989)
Wirtschaftsunion: • Einführung der sozialen Marktwirtschaft und sozialer Ordnungsprinzipien • Privateigentum, freier Wettbewerb, freie Preisbildung *Währungsunion:* • Einführung der D-Mark als alleiniges Zahlungsmittel • Umtauschkurs DDR-Mark: D-Mark 2:1 Ausnahmen (Kurs 1:1): - Löhne, Gehälter, Mieten und Renten - bei Menschen ab 60 Jahren bis zu 6000, restliche Erwachsene bis zu 4000 und Kinder bis 14-Jahren bis zu 2000 DDR-Mark *Sozialunion:* Übertragen der bundesdeutschen Sozialordnung auf die neuen Länder: • Renten-, Arbeitslosen-, Unfall- und Krankenversicherung • Arbeitsrechtsordnung (u.a. Streikrecht und betriebliche Mitbestimmung) • Arbeitsförderungsgesetz und Maßnahmen der Arbeitsmarktpolitik	• Vorbereitung in den Ausschüssen „Deutsche Einheit" in Bundestag und Volkskammer • Schaffung eines einheitlichen Wahlgesetzes, einheitlicher Wahlorgane und eines einheitlichen Wahlgebiets Durchführung der Wahl am 2. Dezember 1990	Vorbereitung der staatlichen Einheit der beiden deutschen Staaten: • Geltung des Grundgesetzes für ganz Deutschland, Angleichung des DDR-Rechts an das Bundesrecht • Bestimmung des Beitritts der „fünf neuen Bundesländer" am 3. Oktober 1990 • Billigung des Vertragswerks in Bundestag und Volkskammer mit Zweidrittelmehrheit	• volle Souveränität Gesamtdeutschlands, damit auch freie Wahl von Bündnissen • vertiefte Einbindung Deutschlands in die Europäische Gemeinschaft (Wirtschafts- und Währungsunion) • endgültige Anerkennung der Außengrenzen von 1945 (u.a. Oder-Neiße-Grenze) • militärische Festlegungen: Truppenhöchstgrenze der Bundeswehr (in die die NVA der DDR eingegliedert wird) 370 000 Soldaten, Verzicht auf Atomwaffen, keine Stationierung ausländischer Truppen in den neuen Ländern • Abzug der Sowjettruppen aus der ehemaligen DDR bis 1994 • wirtschaftliche Unterstützung der Sowjetunion

1. Ordnen Sie die folgenden Aspekte den einzelnen Verträgen zu:

    Funktion eines Friedensvertrages – beschließt staatsrechtliche Vereinigung beider deutscher Staaten – Aufgabe der Souveränität der DDR als Staat – ermöglicht Zugehörigkeit des vereinten Deutschlands zum westlichen Bündnissystem (EG, NATO) – legt Weg zur schnellen Vereinigung durch den Beitritt nach Art. 23 GG fest – beendet völkerrechtlich den Zweiten Weltkrieg (1939-1945)

2. Stellen Sie Chancen und Probleme dar, die sich aus den Bestimmungen für beide deutschen Staaten ergeben.
3. Bewerten Sie, ob man von einer „gleichberechtigten Vereinigung beider Partner" (Andreas Rödder 2018) sprechen kann.

M2 Slalom

Karikatur von Walter Hanel, 15. Februar 1990.

1. Nennen Sie alle dargestellten Personen und Symbole.
2. Analysieren Sie die Karikatur. | H

M3 Reaktionen von Staats- und Regierungschefs der Siegermächte

Margaret Thatcher, 1979 bis 1990 britische Premierministerin, schreibt 1993 rückblickend über ihre Haltung zur deutschen Wiedervereinigung:

Vielleicht sind [...] die ersten, die das „deutsche" Problem erkennen, die aufgeschlossenen Deutschen selbst, von denen die große Mehrheit überzeugt ist, dass Deutschland keine Großmacht werden darf [...]. Wie ich bereits erklärt habe, ist das einer der Gründe, warum so viele Deutsche aufrichtig – und wie ich meine, irrigerweise – Deutschland in ein föderatives Europa eingebettet wissen wollen. Es ist doch wahrscheinlich, dass Deutschland in einem solchen Gefüge die Führungsrolle einnehmen würde, denn ein wiedervereinigtes Deutschland ist schlichtweg viel zu groß und zu mächtig, als dass es nur einer von vielen Mitstreitern auf dem europäischen Spielfeld wäre. Überdies hat Deutschland sich immer auch nach Osten hin orientiert, nicht nur in Richtung Westen, obwohl die moderne Version solcher Tendenzen eher auf wirtschaftliche denn auf kriegerische territoriale Expansion abzielt. Daher ist Deutschland vom Wesen her eher eine destabilisierende als eine stabilisierende Kraft im europäischen Gefüge.

François Mitterrand, von 1981 bis 1995 französischer Präsident, äußert sich in einem Rundfunkinterview am 25. März 1990 folgendermaßen:

Man muss sich jedes Mal freuen, wenn ein demokratisch konsultiertes Volk sich für die Einheit entscheidet. Deswegen habe ich hier keine Vorbehalte. [...] Die Konsequenzen der (deutschen) Einigung bestehen darin, dass die Deutschen sich für die Achtung der Grenzen in Europa einsetzen müssen. [...] Zweitens muss Deutschland – und dazu ist es im Übrigen Kanzler Kohl zufolge auch vorbehaltlos bereit – sich in der Europäischen Gemeinschaft ganz klar für die politische Union und die Wirtschafts- und Währungsunion engagieren [...]. Das deutsche Problem darf nicht an die Stelle des Gemeinschaftsproblems treten. [...].

George W. Bush, US-Präsident von 1989 bis 1993, äußert sich am 25. Oktober 1990 in der New York Times:

40 Ich teile die Sorge mancher europäischer Länder über ein wiedervereinigtes Deutschland nicht, weil ich glaube, dass Deutschlands Bindung an und Verständnis für die Wichtigkeit des (atlantischen) Bündnisses unerschütterlich ist. Und ich sehe nicht, was einige befürch-
45 ten, dass Deutschland, um die Wiedervereinigung zu erlangen, einen neutralistischen Weg einschlägt, der es in Widerspruch oder potenziellen Widerspruch zu seinen NATO-Partnern bringt. [...]
Trotzdem glaube ich nicht, dass wir den Begriff der
50 Wiedervereinigung forcieren oder Fahrpläne aufstellen und über den Atlantik hinweg unsererseits eine Menge neuer Verlautbarungen zu diesem Thema machen sollten. Sie braucht Zeit. Sie benötigt eine vorsichtige Entwicklung. [...] Aber das Thema ist so viel wichtiger und
55 zentraler geworden [...] wegen der schnellen Veränderungen, welche in Ostdeutschland stattfinden. [...]

Michail Gorbatschow, damals Generalsekretär der KPdSU und sowjetischer Präsident, sagt in einem Rundfunkinterview am 30. Januar 1990 u.a.:

60 Mir scheint, es gibt sowohl bei den Deutschen in West und Ost als auch bei den Vertretern der vier Mächte ein gewisses Einverständnis darüber, dass die Vereinigung der Deutschen niemals und von niemandem prinzipiell in Zweifel gezogen wurde. Wir haben immer gesagt
65 [...], dass die Geschichte den Gang der Dinge beeinflusst. So wird es auch in Zukunft sein, wenn sich die deutsche Frage praktisch stellt. [...]
Es geht hier um eine Frage, die sowohl das Schicksal der Deutschen in der DDR als auch der Deutschen in der
70 BRD betrifft. Sie muss verantwortungsbewusst diskutiert werden. Auf der Straße ist sie nicht zu lösen. Für mich sind die Ausgangspunkte klar. [...] Es gibt zwei deutsche Staaten, es gibt die vier Mächte, es gibt den europäischen Prozess, und der verläuft genauso stürmisch. All das
75 muss in Einklang miteinander gebracht werden. Das liegt in unserem gemeinsamen Interesse. [...]
Auf keinen Fall darf man die Interessen der Deutschen schmälern, denn ich bin für einen realistischen Prozess. [...]

Erster Text: Margaret Thatcher: Downing Street No. 10. Die Erinnerungen, übersetzt von Heinz Tophinke, Düsseldorf 1993, S. 1095 f.

Zweiter und dritter Text: zitiert nach: https://www.bpb.de/izpb/214123/verhandlungen-mit-den-vier-maechten?p=all [Zugriff: 20.12.2021]

Vierter Text: Deutschland Archiv 3/1990, S. 468, zitiert nach: https://www.bpb.de/izpb/214123/verhandlungen-mit-den-vier-maechten?p=all [Zugriff: 20.12.2021]

1. Ordnen Sie die vier Positionen hinsichtlich der Zustimmung bzw. Ablehnung zur Wiedervereinigung auf einer Skala von – 5 bis + 5 ein.
2. Arbeitsteilige Gruppenarbeit:
   • Erarbeiten Sie die jeweilige Position.
   • Tauschen Sie anschließend Ihre Ergebnisse aus und vergleichen Sie die Positionen.
3. Führen Sie eine strukturierte Kontroverse durch zum folgenden Thema:
   Vom 10.–12. September 1990 finden in Moskau die entscheidenden Verhandlungen statt. Wählen Sie sich eine Position aus und argumentieren Sie entsprechend Ihrer Rolle für oder gegen die Wiedervereinigung. Beachten Sie dabei auch die Position der deutschen Regierung unter Bundeskanzler Kohl.
4. 1990 – ein „annus mirabilis" (Jahr der Wunder) für Deutschland? Bewerten Sie, ob der Begriff zutreffend ist.

M4 Transformation und Transformationsgesellschaften

Der Politikwissenschaftler Dieter Segert erklärt den Begriff Transformation in Abgrenzung von den politischen Umbrüchen in Osteuropa ab 1989:

Die Veränderungen in Osteuropa und der Sowjetunion ab 1989 werden als revolutionär mit unterschiedlichen Adjektiven bezeichnet. Man spricht von der „samtene[n] Revolution" in der ČSSR, der „friedliche[n] Revolution"
5 in der DDR oder der „singende[n] Revolution" in den baltischen Staaten. In der Politikwissenschaft wird dafür häufig auch der Begriff „Transformation" oder „Systemtransformation" benutzt, um den Systemwechsel zu kennzeichnen.
10 Kennzeichnet eine Revolution vor allem die Schnelligkeit des Wandels und der Einsatz von Gewalt, um den radikalen Wechsel einer politischen Ordnung und die Installation eines neuen sozialen Systems zu beschreiben, so werden die Veränderungen in Osteuropa und der
15 DDR eher als Transformation bezeichnet. Dieser Begriff kennzeichnet eine Ausnahmesituation, einen „soziale[n] Umbruch im Zeitraffer, mit gewollten Veränderungen und unintendierten Nebeneffekten".

Dieter Segert, Transformationen in Osteuropa im 20. Jahrhundert, Bonn 2014, S. 149 f.

1. Bennen Sie Unterschiede und Gemeinsamkeiten zwischen einer Transformation und einer Revolution.
2. Ordnen Sie den Umbruch in der DDR in die genannten Kategorien ein.

M5 Demonstration in Berlin 2004

1. Auf der Demonstration wurde gegen die kurz zuvor erlassenen „Hartz-Gesetze" protestiert. Informieren Sie sich über Inhalt und Zweck dieser Regelungen.
2. Entwickeln Sie mögliche Hypothesen, auf welche bessere soziale Lage sich der Demonstrant beziehen könnte.
3. Bewerten Sie die Parole auf dem Plakat.

M6 Einschnitte im Leben der Ostdeutschen

Aus einem Interview der Zeitschrift „Für Dich" mit dem Arbeitsmediziner Klaus Scheuch 1990:

Für Dich: Derzeit ist Unsicherheit, bei vielen Menschen sogar eine Art Erstarrung, Angst zu beobachten.
Prof. Scheuch: Das ist zum einen ganz normal für jede Umbruchsituation, und das ist zum anderen folgerichtig für uns „gelernte DDR-Bürger". Beginnen wir mit dem letzteren: Die DDR hat sich eine soziale Sicherheit geleistet, in der sich jeder einrichten konnte, ohne sich als Individuum besonders einbringen zu müssen. Die Verantwortung für den einzelnen übernahm die Gesellschaft; für alles und jedes konnte „Der Staat" für zuständig erklärt werden. Nun plötzlich gibt es diesen Staat nicht mehr, und die Menschen stehen neuen, schwer durchschaubaren Verhältnissen gegenüber. Sie fühlen sich ihnen ausgeliefert, können nicht wie früher relativ sicher ihre Entwicklung voraussehen. Und genau das ist eine wesentliche Ursache der von Ihnen genannten Erscheinungen.
Zur Umbruchsituation allgemein: In der Stressforschung sprechen wir von „ökologischen Krisen", gemeint sind damit Übergangsperioden im Leben, wie der Eintritt in die Kinderkrippe, Schule, der Studienbeginn oder Arbeitsplatzwechsel. Jede dieser Situation birgt potenzielle Gefährdung, denn immer ist vom Individuum Neuanpassung gefordert. Und: Jede dieser Situationen birgt die Chance zur Weiterentwicklung. Die Erfahrungen zeigen, dass es vielen Menschen schwerfällt, solche Umbrüche erstens als Chance für sich zu begreifen und sie zweitens zu nutzen. Erlebte Sinnlosigkeit ehemaliger Motive, tiefe Enttäuschung und Ausweglosigkeit führen zur Zunahme von Selbstmorden, Depressionen, psychosomatischen Krankheiten.
Für Dich: Haben Sie vielleicht ein Patentrezept parat?
Prof. Scheuch: Leider nicht. Für so individuelle Abläufe kann es die auch gar nicht geben. Wesentlich ist, wie den neuen Verhältnissen begegnet wird: ob wir sie abwartend auf uns zukommen lassen und so Gefahr laufen, zum Spielball zu werden, oder ob wir uns auf den Weg machen, den neu gewonnenen Spielraum auszuschreiten. Dazu muss man natürlich aktiv sein, sich kümmern und kundig machen. Das müssen viele erst lernen. Aber das ist erlernbar. Neu ist für uns auch die Forderung nach individueller Mobilität. Bisher war die Entwicklung doch abgesteckt, von der Krippe bis zur Rente. Eine Ausbildung reichte in der Regel fürs Leben, der finanzielle Aufstieg war nach Berufsjahren berechenbar, Umzug um der Arbeit willen lag meist außerhalb des „Zumutbaren". Das wird sich ganz sicher ändern. Und das als etwas Normales zu akzeptieren, dem man sich auch mit einer erwartungsvollen Neugier stellt, ist ein Schritt auf dem Weg, die Situation mit Gewinn bewältigen zu können.
Für Dich: Von Leistung wurde auch früher gesprochen! Nun zeigt sich ein neuer Inhalt am marktwirtschaftlichen Horizont. Haben viele vielleicht auch Angst, sich diesen neuen Bedingungen zu stellen?
Prof. Scheuch: Das ist durchaus möglich. Doch ich widerspreche der jetzt öfter zu hörenden Meinung, dass die DDR-Bürger nicht so fleißig arbeiten (können) wie die Bundesbürger. Die geringere Arbeitsproduktivität ist in erster Linie der technologischen Ausstattung der Betriebe, den Zuliefererproblemen sowie der geduldeten Schluderei mit Nutzung aller sozialen Möglichkeiten geschuldet. Dies hat unweigerlich Auswirkungen auf die Leistungsmotivation. Denn: Jeder biologische Mechanismus sucht den

Weg des geringsten Aufwandes – jeder Mensch tut letztlich nur so viel, wie von ihm gefordert wird (wohlgemerkt: Das ist die Regel, und Ausnahmen bestätigen die Regel!). Erhöhen sich also die Anforderungen an den einzelnen, werden sich auch dessen Motivationen erhöhen. Nicht automatisch, aber die Zwänge werden so sein, dass sich die Mehrheit dem Lernprozess stellen wird. Ich sehe darin kein Problem. Im Gegenteil: Es ist erwiesen, dass sich die Menschen weniger durch Forderungen als durch eine Unterforderung „krank" fühlen. […]

FÜR DICH, Berlin (Ost), Heft 24/1990, zitiert nach: Gisela Helwig (Hrsg.), Die letzten Jahre der DDR. Texte zum Alltagsleben, Köln 1990, S. 113 f.

1. Arbeiten Sie die politischen und wirtschaftlichen Veränderungen für die Bürgerinnen und Bürger der (ehemaligen) DDR heraus, die in dem Interview genannt werden.
2. Erläutern Sie, welche Belastungen sich laut dem Arbeitsmediziner daraus ergeben.
3. Beurteilen Sie, welche Grenzen die gegebenen Anregungen zum Umgang mit den neuen Herausforderungen möglicherweise hatten.

M7 Aufstieg der Oligarchen

In einem Buch des Historikers Thomas Kunze und des Journalisten Thomas Vogel, das erstmals 2011 erschien, werden dazu folgende Erläuterungen gegeben:

Wie funktionierte das System [Aufstieg der Oligarchen, Anmerkung der Redaktion]? Die Geschichte der Oligarchen begann bereits vor dem Zusammenbruch der SU. Anfang 1987, in der Perestroika-Zeit, schufen neue Gesetze die Möglichkeit, kleine Unternehmen zu gründen, sogenannte Kooperativen. […]
Die Möglichkeiten, die die Kooperativen boten, wurden schnell von den Chefs der Staatsbetriebe und Ministerien entdeckt […]. Ein Teil der Kooperativen wurde daher von den Staatsfirmen selbst gegründet, denn auf diesem Wege ließen sich Teile der Unternehmen legal privatisieren. […] 1990 wurde alles noch einfacher, denn nun konnten auch GmbHs und Aktiengesellschaften entstehen. Alsbald setzte die Umwandlung von Staatsunternehmen in derartige Kapitalgesellschaften ein, wobei die alten Direktoren oft die neuen Eigentümer wurden. Hand in Hand mit Funktionären der Kommunistischen Partei, des Geheimdienstes KGB und des sowjetischen Außenhandelsministeriums wurden zudem Millionenbeträge aus den Staatsbetrieben auf sichere Auslandskonten transferiert, wo sie in Depots gelangten, auf die nur einzelne Personen Zugriff hatten.
Weiter ging es mit der Bereicherung, als Boris Jelzin und sein Regierungschef Jegor Gaidar […] Russland 1992 eine marktwirtschaftliche Schocktherapie verordneten. Subventionen, die den Menschen während der sowjetischen Planwirtschaft das Überleben gesichert hatten, verschwanden. Zum Ausgleich erhielten die Bürger Anteilscheine […], die ihnen das Recht gaben, bevorzugt Aktien von Staatsbetrieben zu günstigen Ausgabepreisen zu erwerben, sobald diese privatisiert würden. Doch die ehemaligen Sowjetbürger hatten […] kaum genug Geld für Nahrungsmittel und das Allernötigste […]. Daher verkauften viele ihre Anteilscheine […]. Da ausländische Investoren kein Recht hatten, diese Anteilscheine zu erwerben, war die Bahn frei für bereits reichgewordene Unternehmer aus der Kooperativen-Zeit. […] Sie kauften zu Spottpreisen große Mengen an Aktien der privatisierten Staatsunternehmen. Ein Paradebeispiel für diese Vorgänge ist das ehemalige sowjetische Ministerium für Öl- und Gaswirtschaft, aus dem der Konzern Gazprom ausgegliedert wurde und für den lächerlichen Preis von 22,8 Mio. US-Dollar von seinen Managern erworben wurde. Sie alle pflegten beste Beziehungen zum neuen russischen Präsidenten Jelzin.

Thomas Kunze und Thomas Vogel, Das Ende des Imperiums, Berlin ²2015, S. 127 ff.

1. Entwickeln Sie zu dem geschilderten Prozess ein Schaubild.
2. Stellen Sie die Folgen dar, die sich durch den Aufstieg der Oligarchen für den russischen Staat ergeben.
3. Vergleichen Sie den Transformationsprozess Ostdeutschlands mit dem russischen.

Der Blick aufs Ganze

1. Bei gesellschaftlichen Transformationsprozessen werden oft „Gewinner" und „Verlierer" unterschieden. Erörtern Sie diese Differenzierung mit Blick auf den Transformationsprozess in Ostdeutschland. Nutzen Sie dafür ggf. die Kooperationsform „Stummes Schreibgespräch".
2. Recherchieren Sie zum Denkmal „Väter der Einheit". Beurteilen Sie, ob und inwiefern es eine angemessene Perspektive auf den in diesem Kapitel behandelten Zeitraum darstellt.
3. Gestalten Sie ein „Alternativ-Denkmal" zu „Väter der Einheit" – z.B. als Skizze oder mit einer Zeichen-App.

Zeitzeuginnen und Zeitzeugen befragen

Zeitzeugengespräche stellen einen unmittelbaren Zugang zu historischen Themen dar und ermöglichen sehr persönliche Einblicke in die jeweilige Zeit. Sie sind mündliche Quellen (**Oral history**), in denen Menschen von zurückliegenden Ereignissen, individuellen Erfahrungen und Einstellungen erzählen. Diese Darstellungen sind immer **standpunktgebunden** und **selektiv**. Außerdem ist zu beachten, dass sich Erinnerungen im Laufe des Lebens verändern, durch neue Erfahrungen ergänzt werden und sich mit denen des kommunikativen Gedächtnisses der Gesellschaft vermischen. Gegebenenfalls werden Teile davon auch bewusst oder unbewusst verschwiegen. Erst im Kontext mit anderen Quellen der jeweiligen historischen Zeit kann man deshalb zu einer angemessenen Einschätzung der erzählten Lebensgeschichte gelangen.

Um eine möglichst aussagekräftige Quelle zu erhalten, sollten Interviews mit Zeitzeuginnen und Zeitzeugen gut vorbereitet werden. Das betrifft den Verlauf, das Festhalten des Gesprächs sowie die Erstellung eines Fragenkatalogs. Voraussetzung ist die Kenntnis des historischen Kontextes und der Lebensgeschichte der betreffenden Personen. Das dokumentierte Gespräch sollte anschließend analysiert und bewertet werden, bevor es präsentiert und archiviert werden kann.

Leitfragen zu den Arbeitsschritten finden Sie auf S. 215, eine Lösungsskizze zu den Arbeitsaufträgen auf S. 223.

Internettipps:
Inzwischen gibt es eine Vielzahl an aufgezeichneten Zeitzeugeninterviews und Zeitzeugenportalen im Internet. Eine Auswahl dazu bietet Code 32052-15.

Zum Heft mit den Interviews der vier Persönlichkeiten führt Code 32052-16.

HINTERGRUNDINFORMATIONEN

Anlässlich des 30-jährigen Jubiläums von Mauerfall und der ein Jahr später erfolgten Wiedervereinigung wurden 2019 vier Personen, die in der ehemaligen DDR gelebt hatten, zu ihrer Meinung und ihren Einschätzungen bezüglich der Wiedervereinigung befragt. Allen Befragten (ein Mann und drei Frauen unterschiedlichen Alters, unterschiedlicher Herkunft und Ausbildung) wurden dieselben drei Fragen gestellt. Durchgeführt, verschriftlicht und veröffentlicht wurde das Interview im Auftrag der Landeszentrale für politische Bildung Baden-Württemberg.

Eine der Befragten ist **Andrée Fischer-Marum, die Enkelin von Ludwig Marum, einem sozialdemokratischen jüdischen Politiker und Rechtsanwalt in Karlsruhe, der 1933 kurz nach der Machtergreifung durch die Nationalsozialisten verhaftet und 1934 im KZ Kislau bei Bruchsal ermordet wurde.** Sie wurde 1941 in einem Internierungslager in Frankreich geboren. Ihre Eltern waren vor den Nationalsozialisten nach Frankreich geflohen. Nach einer Zeit im Exil in Mexiko kehrte die Familie 1947 nach Deutschland zurück und ließ sich bewusst in der damaligen Sowjetischen Besatzungszone (SBZ) nieder. In der späteren DDR wollte sie an einem besseren Deutschland mitwirken. Auch Andrée Fischer-Marum, die später in der DDR als Verlagslektorin arbeitete, teilte die Grundeinstellung ihrer Eltern.

M1 Befragung von Andrée Fischer-Marum (2019)

Wie beurteilen Sie heute die ersten Jahre der deutschen Wiedervereinigung von 1989 bis 1995?

Sehr widerspruchsvoll. War es tatsächlich eine Wiedervereinigung, nicht eher ein Beitritt? Alle die Vorschläge, die Überlegungen, die gelebten Erfahrungen von DDR-Seite, zum Beispiel der Entwurf einer Verfassung der DDR durch den Runden Tisch vom April 1990, sie fanden keine Beachtung. In diesem Entwurf sind vielfältige soziale Rechte bestimmt, die heute [...] mühsam neu bedacht werden.
Ein Teil der DDR-Bevölkerung demonstrierte wie ich auch in dem Glauben [...], eine vernünftigere, bessere DDR erreichen zu wollen, ein anderer Teil wollte die DDR abschaffen und in einem geeinten Deutschland leben. Das äußerte sich im Wandel der Losungen: „Wir sind das Volk" zu „Wir sind ein Volk".
Was folgte? Als nach der Öffnung der Mauer am 9. November deutlich wurde, dass die DDR nicht mehr zu halten war, begannen schon bald Wellen der Entlassungen aus Betrieben und Institutionen. Als Erste traf es Arbeiter aus Vietnam, Kuba, Mosambik oder Polen. Es folgten Frauen. Viele Älteren mussten vorzeitig in den Ruhestand gehen. Auch mein Mann und ich waren mehrmals arbeitslos und hatten mehrmals ein Arbeitsverhältnis durch eine ABM (Arbeitsbeschaffungsmaßnahme).

Welche überraschenden Wendungen gab es in Ihrem Leben durch die Wiedervereinigung?

Die größte Überraschung: Ich erlebte, wie ich 1989 und in den folgenden Jahren selber Teil der Geschichte war. Als sich die Welt neu formierte, war ich mittendrin. Ich erfuhr, was ich sonst aus Büchern, Filmen, Bildern erfahren hatte. Ich war nicht für die Einheit, vor allem in der Form, in der sie vollzogen wurde. Und doch fand ich meinen Platz in dieser Gesellschaft, wobei ich mir meine kritische Meinung bewahrt habe. Ich vertrat und vertrete etwa seit 1995 häufig die Familien der Enkel unseres Großvaters bei Ehrungen, die in Karlsruhe stattfinden (bei der SPD und vom Ludwig-Marum-Gymnasium in Berghausen). Dort besuche ich verschiedene Klassen und spreche mit ihnen über die Zeit, in der meine Großeltern und meine Eltern lebten, über ihre Verfolgung und ihre Freuden, über ihre Lebensvorstellungen, aber auch über mich, meine Zeit in der DDR und über die heutige Zeit, die sowohl mir als auch den Schülern zunehmend Sorge bereitet. Und das ist für mich die größte Überraschung seit 1989. Nie hätte ich gedacht, dass ich in der Lage wäre, Ideale unserer Familien durch den regelmäßigen Austausch mit Schülerinnen und Schülern weiterzugeben.

Empfinden Sie die deutsche Wiedervereinigung als Glück?

Nicht unbedingt. Vor allem ging eine Utopie verloren. Aber es gab Momente, an die ich mich gerne erinnere. So lernte ich die Heimat meiner Eltern – die Pfalz, Karlsruhe und Hessen – kennen, ich lernte Frankreich, vor allem Paris kennen. Ich besuchte das Haus in Marseille, wo ich das erste dreiviertel Jahr meiner Kindheit verbrachte. Damals war es ein Internierungslager für Frauen, unter schwierigen Lebensbedingungen, heute ist es ein wunderbares Hotel. Dort zu sein hat mich sehr berührt. Ich war in den USA bei meiner Cousine und ihrer Familie, in Mexiko, in Israel bei meinem Cousin und seiner Familie. Dies sind die Exilorte meiner Eltern oder anderer Familienmitglieder. Unsere Familie, die von den Nazis auseinandergerissen wurde, durch den Kalten Krieg getrennt blieb, fand wieder zusammen.
Was mich befriedigt: dass meine Kinder ihren Weg in dieser Gesellschaft gegangen sind. Die Lebenserfahrungen ihrer Eltern konnten ihnen nicht sehr viel helfen, aber allem Anschein nach haben wir ihnen etwas mitgegeben, was ihnen geholfen hat, ihren Weg zu gehen.

Politik und Unterricht, Heft 4/2019, hrsg. von der Landeszentrale für politische Bildung Baden-Württemberg, S.17

---

1. Analysieren Sie das Interview.
2. Überprüfen Sie, inwiefern es sich bei dem Interview tatsächlich um ein Zeitzeugeninterview handelt.

Herausforderungen und Entwicklungsperspektiven Europas

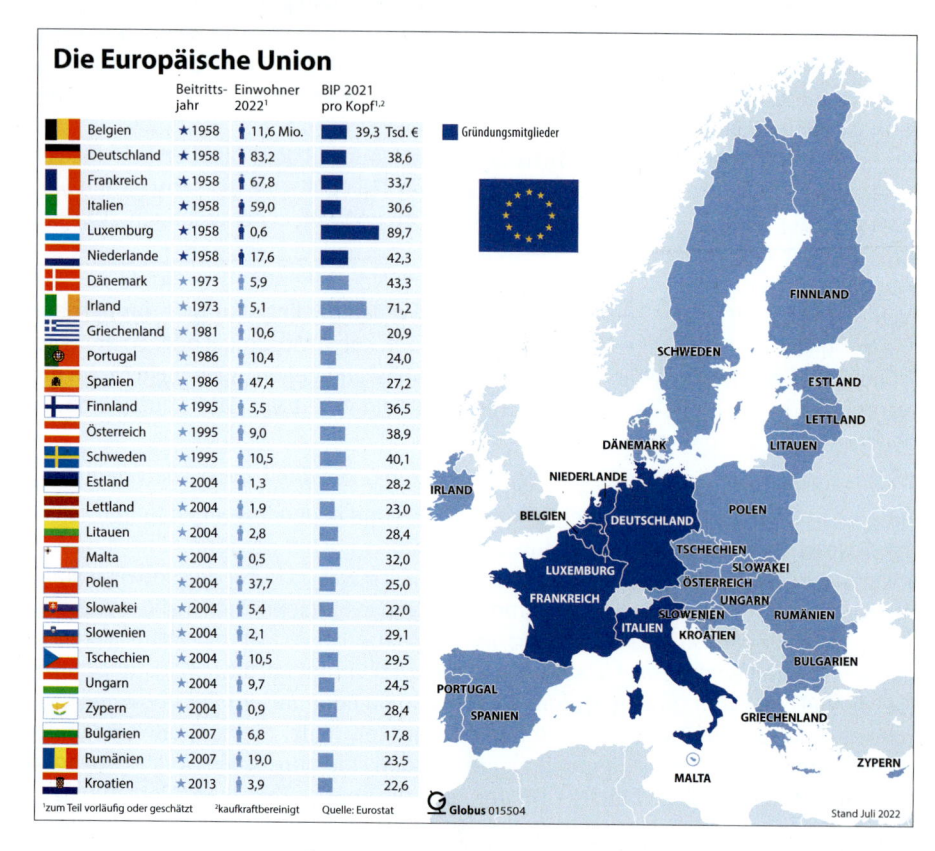

Die Europäische Union. Grafik von 2022.

▶ Der Durchschnitt des Bruttoinlandsprodukts pro Kopf in der EU betrug 2021 35 760 Euro. Nennen Sie Gründe, warum die Aufnahme wirtschaftsschwächerer Staaten in die Gemeinschaft sinnvoll ist. | H

▶ Seit dem 2009 in Kraft getretenen Vertrag von Lissabon gibt es das Prinzip der doppelten Mehrheit für Entscheidungen im Ministerrat. Dabei muss eine Mehrheit der Mitgliedstaaten 55 Prozent auch 65 Prozent der Gesamtbevölkerung repräsentieren. Spielen Sie diesen Grundsatz in einer Gruppenarbeit durch und vergleichen Sie die Ergebnisse. Bewerten Sie abschließend das Prinzip.

Die Europäische Union

Land	Beitrittsjahr	Einwohner 2022[1]	BIP 2021 pro Kopf[1,2] (Tsd. €)
Belgien	★1958	11,6 Mio.	39,3
Deutschland	★1958	83,2	38,6
Frankreich	★1958	67,8	33,7
Italien	★1958	59,0	30,6
Luxemburg	★1958	0,6	89,7
Niederlande	★1958	17,6	42,3
Dänemark	1973	5,9	43,3
Irland	1973	5,1	71,2
Griechenland	1981	10,6	20,9
Portugal	1986	10,4	24,0
Spanien	1986	47,4	27,2
Finnland	1995	5,5	36,5
Österreich	1995	9,0	38,9
Schweden	1995	10,5	40,1
Estland	2004	1,3	28,2
Lettland	2004	1,9	23,0
Litauen	2004	2,8	28,4
Malta	2004	0,5	32,0
Polen	2004	37,7	25,0
Slowakei	2004	5,4	22,0
Slowenien	2004	2,1	29,1
Tschechien	2004	10,5	29,5
Ungarn	2004	9,7	24,5
Zypern	2004	0,9	28,4
Bulgarien	2007	6,8	17,8
Rumänien	2007	19,0	23,5
Kroatien	2013	3,9	22,6

★ Gründungsmitglieder
[1] zum Teil vorläufig oder geschätzt [2] kaufkraftbereinigt Quelle: Eurostat Globus 015504 Stand Juli 2022

Robert Schuman (1886–1963): französischer Politiker; geboren im damals deutschen Reichsprotektorat Elsass-Lothringen; besaß bis 1918 die deutsche Staatsbürgerschaft, danach die französische. Der Christdemokrat war von 1948 bis 1952 französischer Außenminister und setzte sich früh für eine Aussöhnung mit Deutschland ein.

Anfänge: Die 1950er-Jahre | Bereits nach dem Ersten Weltkrieg gab es erste Initiativen für einen Zusammenschluss der europäischen Staaten bzw. deren stärkere Zusammenarbeit. Der französische Außenminister Aristide Briand wollte 1929 mit seinem Europa-Plan, der eine Föderation (Staatenbund) vorsah, die politische Ordnung auf dem Kontinent stabilisieren. Allerdings lehnten Deutschland und die übrigen Mächte das Vorhaben ab. Unter den europapolitischen Vereinigungen hatte die Paneuropa-Union, die der Österreicher Richard Graf von Coudenhove-Kalergi 1922 gründete, die meisten Mitglieder in verschiedenen Staaten.

Nach dem Zweiten Weltkrieg sprach sich der US-amerikanische Präsident Harry S. Truman vor dem Hintergrund des beginnenden Ost-West-Konfliktes für ein starkes Europa aus. So sollten die Gelder des Marshall-Plans (siehe S. 29) zum Aufbau eines wirtschaftlich prosperierenden Europas genutzt werden.

Pläne für eine rein wirtschaftliche Kooperation mit einem Abbau der Zollschranken und einem gemeinsamen Markt wurden bereits 1925 diskutiert. 1950 griff der französische Außenminister Robert Schuman diese Gedanken auf und initiierte in Zusammenarbeit mit dem Unternehmer Jean Monnet, einem seiner Mitarbeiter, die Europäische Gemeinschaft für Kohle und Stahl (EGKS), auch Montanunion genannt. Bei der damit verbundenen Zusammenlegung der deutschen und französischen Schwerindustrie und einer gemeinsamen Verwaltung gaben beide Staaten teilweise nationale Souveränitätsrechte auf.

Einen weiteren Schritt der Integration stellte 1957 die Gründung der Europäischen Wirtschaftsgemeinschaft (EWG) und der Europäischen Atomgemeinschaft zur friedlichen Nutzung der Kernenergie (EAG oder Euratom) dar. Die bestehenden Gemeinschaften EGKS, EWG und Euratom wurden 1967 unter der Bezeichnung Europäische Gemeinschaft (EG) organisatorisch miteinander verschmolzen.

Besonders französischen Befürchtungen, dass Deutschland nach seinem Wiederaufbau erneut zu einer Bedrohung werden könnte, wurde durch die Einbindung in Europa begegnet. Nachdem die Gründung einer europäischen Verteidigungsgemeinschaft (EVP) am Widerstand des französischen Parlaments gescheitert war, wurde Deutschland außerdem 1955 in das westliche Verteidigungsbündnis, die NATO, aufgenommen.

Politische und wirtschaftliche Entwicklungen: Erweiterungen

Bei der Erweiterung der EG standen zunächst wirtschaftliche Aspekte im Vordergrund. Seit 1968 garantierte sie als Zollunion den freien Handel im Innern der Gemeinschaft und gemeinsame Außenzölle. Dies ermöglichte bei der ersten Erweiterung durch Großbritannien, Irland und Dänemark (Norderweiterung) einen besseren Zugang zum europäischen Binnenmarkt und Vorteile im Welthandel.

Eine Unterstützung hin zur Demokratie erlebten dagegen in den 1980er-Jahren die südeuropäischen Länder Griechenland, Spanien und Portugal, die sich vor ihrem Beitritt aus diktatorischen Systemen befreit hatten.

Die durch den Zusammenbruch des Ostblocks ausgelösten politischen Veränderungen in Mittel-, Ost- und Südosteuropa ermöglichten den dortigen Staaten jetzt auch einen Beitritt zur europäischen Staatengemeinschaft.

Ein Beitritt in die Europäische Union (EU), wie die Staatengemeinschaft seit 1993 bezeichnet wird, ist aber an Rechtstaatlichkeit, funktionierende Demokratie, Markwirtschaft und ein bestimmtes Niveau an Wirtschaftskraft gekoppelt. Daher dauerte die

Jean Monnet (1888–1979): französischer Unternehmer; 1946–1950 Leiter des französischen Planungsamtes; enger Mitarbeiter des französischen Außenministers Schuman

Brexit-Gewinner.
Karikatur von Kostas Koufogiorgos vom 24. Juni 2016.

▶ Arbeiten Sie aus der Karikatur heraus, welche Position der Zeichner zum Brexit einnimmt.
▶ Neben dem Nationalismus gilt auch der Populismus als politische Gefahr. Informieren Sie sich mithilfe des Mediencodes in der Randspalte über dieses Phänomen und diskutieren Sie Beispiele.
▶ Informieren Sie sich über die Gründe der Befürworter des Brexit (siehe Mediencode in der Randspalte) und analysieren Sie dann den Zusammenhang zwischen Nationalismus, Populismus und dem Brexit.

Internettipps:
Informationen zum Brexit gibt die Bundeszentrale für politische Bildung auf einer Webseite. Diese erreichen Sie mithilfe des Codes 32052-17.

Informationen zu Definition, Merkmalen und Ausprägungen von Populismus gibt eine Webseite der Landeszentrale für politische Bildung Baden-Württemberg, siehe Code 32052-18.

Aufnahme der ehemaligen Ostblockstaaten Polen, Tschechien, Estland, Ungarn, Slowenien, Slowakei, Lettland und Litauen bis 2004. Für sie wie für die übrigen Beitrittskandidaten Malta und Zypern wurde dem Beitritt eine Phase vorgeschaltet, in der sie wirtschaftlich und politisch an die EU herangeführt wurden. Die Staaten Österreich, Finnland und Schweden konnten hingegen bereits 1995 der EU beitreten. 2007 wurde die Osterweiterung durch die Aufnahme Rumäniens und Bulgariens ergänzt. Mit der Aufnahme Kroatiens 2013 zählten 28 Länder zur EU. Durch den Austritt Großbritanniens 2020 verringerte sich die Zahl der Mitgliedsländer wieder auf 27.

Die Währungsunion: Der Euro

Ein Meilenstein der europäischen Integration war der Vertrag von Maastricht 1993. Er vereinigte unter der Bezeichnung „Europäische Union" die bestehenden Verträge und sollte die politische Zusammenarbeit vertiefen. Ein zentraler Punkt des Vertragswerks war die Einführung einer gemeinsamen europäischen Währung, des Euro. Der seit dem 1. Januar 2002 bestehenden „Euro-Zone", in der die Bürgerinnen und Bürger nicht mehr mit nationalen Währungen bezahlen, gehörten 2022 19 der 27 Mitgliedstaaten an. 2023 wird Kroatien beitreten. Bulgarien, Litauen, Polen, die Tschechische Republik, Ungarn und Rumänien erfüllen noch nicht die Anforderungen des Stabilitäts- und Wachstumspakt von 1997, der nicht nur den Beitritt zur, sondern auch den Verbleib in der Eurogruppe regelt. Demnach darf u. a. die Neuverschuldung pro Jahr nicht mehr als drei Prozent pro Jahr und die Gesamtschuldenlast nicht mehr als 60 Prozent des Bruttoinlandsprodukts betragen. Dänemark und Schweden, die diese Voraussetzungen erfüllen würden, haben sich bewusst gegen die Einführung des Euro entschieden.

Ab dem Jahr 2010 wurde deutlich, dass einige europäische Länder (Griechenland, Irland, Portugal, Spanien und Zypern) sich so hoch verschuldet hatten, dass sie ihre Kredite nicht zurückzahlen konnten. Die übrigen Eurostaaten mussten sie vor dem Bankrott retten. Um zukünftig eine Finanzkrise zu verhindern, führten die Eurostaaten einen Rettungsschirm ESM (Europäischer Stabilitäts-Mechanismus) ein und schlossen einen „Fiskalpakt", der die Staaten zu einem drastischen Schuldenabbau verpflichtet.

Durch die Einführung der Bankenaufsicht bei der Europäischen Zentralbank, die rund 200 große Banken innerhalb der Eurozone kontrolliert, und einen Bankensicherungsfonds soll zukünftig verhindert werden, dass Steuergelder zur Rettung von Banken, die durch riskante Spekulationen in Schwierigkeiten geraten, eingesetzt werden müssen.

Inzwischen hat sich der Euro als stabiles Zahlungsmittel etabliert und den innereuropäischen Zahlungsverkehr vereinfacht. Der wirtschaftliche Erfolg des Euro ist darüber hinaus auch ein sichtbares positives Zeichen der europäischen Zusammengehörigkeit.

Globalisierung: Die EU als Global Player

Die angesichts der steigenden Mitgliederzahl, gerade bei der Osterweiterung ab 2004, notwendige Straffung der Entscheidungsprozesse und damit erfolgende größere Handlungsfähigkeit der EU blieb viele Jahre ungelöst. Die Zerstrittenheit diesbezüglich und das Scheitern einer gemeinsamen Verfassung stürzten die EU in eine Krise. Erst der 2007 unterzeichnete Vertrag von Lissabon brachte eine Einigung (Prinzip der doppelten Mehrheit: Mehrheit von 55 Prozent der Staaten, die 65 Prozent der EU-Bürgerinnen und Bürger repräsentieren).

Weltweit gibt es nirgendwo eine so enge funktionsfähige Zusammenarbeit zwischen so vielen Nationalstaaten wie in der EU. Sie vertritt insgesamt ca. 446 Millionen Europäer. Damit ist sie inzwischen zu groß und zu bedeutsam, um sich aus der internationalen Politik herauszuhalten. Nachdem mit dem Vertrag von Maastricht (1993) die Grundlagen für eine gemeinsame Außen- und Sicherheitspolitik (GASP) geschaffen wurden, die seit 1999 durch eine Gemeinsame Sicherheits- und Verteidigungspolitik

(GSVP) ergänzt wird, tritt die EU zunehmend als Global Player auf. Auch auf Drängen anderer Staaten wie der USA ist sie gewillt, international mehr Verantwortung zu übernehmen. Durch die Schaffung neuer Strukturen und Positionen (Hoher Vertreter für die Außen- und Sicherheitspolitik, Europäischer Auswärtiger Dienst) im Lissabonner Vertrag wird das Bestreben der EU deutlich, nach außen geschlossener aufzutreten und gemeinsamer zu handeln.

So werden zahlreiche militärische oder zivil-militärische Missionen außerhalb Europas inzwischen von der EU übernommen, z. B. in Mali und in Zentralafrika. Mit zivilen Missionen unterstützt sie unter anderem die demokratische Entwicklung im Kosovo (das 2008 seine Unabhängigkeit von Serbien erklärt hatte), in den Palästinensischen Gebieten (Naher Osten), in Georgien und bis zum Jahr 2021 auch in Afghanistan.

Herausforderungen: EU – quo vadis? | Die EU kann erstaunliche Erfolge vorweisen: Europa ist weitgehend zu einer Friedenszone geworden. Sie sorgte auch in wirtschaftlich schwachen Ländern für Aufschwung und Wohlstand. Ob diese Bilanz auch künftig so positiv ausfallen wird, ist noch unklar. Denn in den letzten Jahren sieht sich die EU einer Vielzahl von großen Krisen und Problemen gegenüber:

- dem Krieg in der Ukraine (siehe S. 118). Auf den Angriff Russlands reagierte die EU mit harten wirtschaftlichen und politischen Sanktionen, wie zum Beispiel mit der starken Beschränkung des Waren- und Personenverkehrs sowie einem Ölembargo. Zahlreiche Mitgliedsländer unterstützen zudem die Ukraine mit Waffenlieferungen. Die in den vergangenen Jahren entstandene enorme Abhängigkeit von russischen Gaslieferungen nutzt seinerseits Russland als Druckmittel. Dadurch ist in vielen EU-Staaten wie Deutschland nicht nur die Energieversorgung der Industrie, sondern auch zahlreicher privater Haushalte gefährdet. Angesichts von Kostensteigerungen und (drohender) Betriebsschließungen verweigert ein Teil der Bevölkerung die Zustimmung zur Sanktionspolitik der Staatengemeinschaft.
- der wachsenden Zahl von Flüchtlingen und Asylsuchenden aus Afrika, dem Nahen Osten und den Balkanstaaten, die nach Europa kommen und deren Integration eine finanzielle und gesellschaftliche Herausforderung ist. Bei der Migrationspolitik gibt es innerhalb der EU sehr unterschiedliche Vorstellungen und Konflikte, beispielsweise bei der Verteilung von Flüchtlingen auf die einzelnen Länder.
- einer Zunahme nationalistischer und EU-kritischer Strömungen, die dem Ziel einer Einigung Europas entgegenstehen. Regierungen, Parlamente und gesellschaftliche Gruppen in einzelnen EU-Staaten sind größtenteils nicht bereit, (noch mehr) nationale Kompetenzen an die EU abzutreten. Sie vertreten ihre nationalen Interessen, wenn es darum geht, Lasten gleichmäßig und gerecht zu verteilen.
- Regierungen wie Ungarn und Polen fühlen sich teilweise nicht mehr an vertraglich festgeschriebene Werte gebunden und haben Grundrechte sowie die Unabhängigkeit der Justiz spürbar eingeschränkt.
- Eine hohe EU-Skepsis führte 2016 in Großbritannien zu einem Referendum, in dem eine knappe Mehrheit der Briten für einen Austritt des Landes aus der EU stimmte („Brexit"). Dieser wurde nach zähen Verhandlungen am 31. Januar 2020 vollzogen – die EU besteht nun noch aus 27 Mitgliedstaaten.
- dem Druck, ihr internationales Gewicht zu stärken und dabei glaubwürdig ihre in verschiedenen Verträgen und Erklärungen propagierten Werte zu vertreten. Das sollen eine einheitlichere Außenpolitik und wirksamere Mittel zur Durchsetzung eigener Ziele gewährleisten.
- dem Spagat zwischen dem Ziel, noch mehr Länder zu integrieren, und der Gefahr der Überspannung. 2021 hatten fünf Staaten den Status eines Beitrittskandidaten: Albanien, Nordmazedonien, Serbien, Montenegro und die Türkei. Nach dem Angriff Russlands wurde er 2022 auch der Ukraine zuerkannt.

Internettipp:
Eine Webseite der Bundesakademie für Sicherheitsfragen listet Argumente für und gegen eine „Europa-Armee" auf. Siehe Code 32052-19.

M1 Entwicklungen und Strukturen der europäischen Integration

Hinweis: Die WEU wurde als eigenständige europäische Verteidigungsgemeinschaft in Zusammenarbeit mit der NATO gegründet und im Rahmen der Gemeinsamen Außen- und Sicherheitspolitik aufgelöst.

1952 Vertrag von Paris	1958 Römische Verträge	1967 Fusionsvertrag	1987 Einheitliche Europäische Akte	1993 Vertrag von Maastricht	1999 Vertrag von Amsterdam	2003 Vertrag von Nizza	2009 Vertrag von Lissabon
				Europäische Union			
	Europäische Gemeinschaften (EG)						
Europäische Gemeinschaft für Kohle und Stahl (EGKS / Montanunion)							
	Europäische Atomgemeinschaft (EAG / Euratom)						
	Europäische Wirtschaftsgemeinschaft (EWG)			1993 in Europäische Gemeinschaft umbenannt ▶			Vertrag über die Arbeitsweise der EU (AEUV)
			Europ. Politische Zusammenarbeit (EPZ)	Gemeinsame Außen- und Sicherheitspolitik (GASP) ▶			Vertrag über die Europäische Union (EUV)
				Zusammenarbeit in den Bereichen Justiz und Inneres (ZBJI) ▶			
	Westeuropäische Union (WEU, gegründet 1954, aufgelöst 2011)				▶ Europ. Sicherheits- und Verteidigungspolitik (ESVP) ▶		
							Verbindlichkeit der Grundrechte-Charta (mit Ausnahmen)
				Europ. Wirtschafts- und Währungsunion			
					Währung Euro (in Mitgliedstaaten des Euroraums)[1]		

1. Erläutern Sie Kontinuitäten und Wandel bei der europäischen Integration.
2. Benennen Sie Schwierigkeiten und Probleme bei der Entwicklung der Verträge.

M2 Schuman-Plan

Am 9. Mai 1950 stellt der damalige französische Außenminister Robert Schuman in einer Regierungserklärung seine Vorstellungen zu einer deutsch-französischen Kohle-und Stahlunion vor:

Der Friede der Welt kann nicht gewahrt werden ohne schöpferische Anstrengungen […].
Der Beitrag, den ein organisiertes und lebendiges Europa für die Zivilisation leisten kann, ist unerlässlich für
5 die Aufrechterhaltung friedlicher Beziehungen. Frankreich, das sich seit mehr als zwanzig Jahren zum Vorkämpfer eines Vereinten Europas macht, hat immer als wesentliches Ziel gehabt, dem Frieden zu dienen […]. Europa lässt sich nicht mit einem Schlage herstellen und auch nicht durch eine einfache Zusammenfassung: Es 10 wird durch konkrete Tatsachen entstehen, die zunächst

[1] Hinweis: Von 1999–2001 war der Euro lediglich Buchgeld (für bargeldlosen Zahlungsverkehr)

eine Solidarität der Tat schaffen. Die Vereinigung der europäischen Nationen erfordert, dass der jahrhundertealte Gegensatz zwischen Frankreich und Deutschland ausgelöscht wird. Das begonnene Werk muss in erster Linie Deutschland und Frankreich erfassen. […]

Die französische Regierung schlägt vor, die Gesamtheit der französisch-deutschen Kohle- und Stahlproduktion einer gemeinsamen Hohen Behörde zu unterstellen, in einer Organisation, die den anderen europäischen Ländern zum Beitritt offensteht.

Die Zusammenlegung der Kohle- und Stahlproduktion wird sofort die Schaffung gemeinsamer Grundlagen für die wirtschaftliche Entwicklung sichern – die erste Etappe der europäischen Föderation – und die Bestimmung jener Gebiete ändern, die lange Zeit der Herstellung von Waffen gewidmet waren, deren sicherste Opfer sie gewesen sind.

Die Solidarität der Produktion, die so geschaffen wird, wird bekunden, dass jeder Krieg zwischen Frankreich und Deutschland nicht nur undenkbar, sondern materiell unmöglich ist. […]

Diese Produktion wird der gesamten Welt ohne Unterschied und Ausnahme zur Verfügung gestellt werden, um zur Hebung des Lebensstandards und zur Förderung der Werke des Friedens beizutragen. […]

So wird einfach und rasch die Zusammenfassung der Interessen verwirklicht, die für die Schaffung einer Wirtschaftsgemeinschaft unerlässlich ist und das Ferment[1] einer weiteren und tieferen Gemeinschaft der Länder einschließt, die lange Zeit durch blutige Fehden getrennt waren.

Durch die Zusammenlegung der Grundindustrien und die Errichtung einer neuen Hohen Behörde, deren Entscheidungen für Frankreich, Deutschland und die anderen teilnehmenden Länder bindend sein werden, wird dieser Vorschlag den ersten Grundstein einer europäischen Föderation bilden, die zur Bewahrung des Friedens unerlässlich ist.

Schuman-Erklärung von Mai 1950, in: https://european-union.europa.eu/principles-countries-history/history-eu/1945-59/schuman-declaration-may-1950_de [Zugriff: 04.10.2022]

1. Arbeiten Sie heraus, welche Werte der Europäischen Gemeinschaft genannt werden.
2. Erläutern Sie, welche Vorteile sich Deutschland von der Montanunion versprach.
3. Prüfen Sie, ob man den Schuman-Plan als „Geburtsurkunde" der EU bezeichnen kann.
4. Diskutieren Sie, ob es sich bei der Montanunion eher um eine Wirtschafts- oder eine Wertegemeinschaft handelt.

M3 So funktioniert die EU seit dem Vertrag von Lissabon 2009

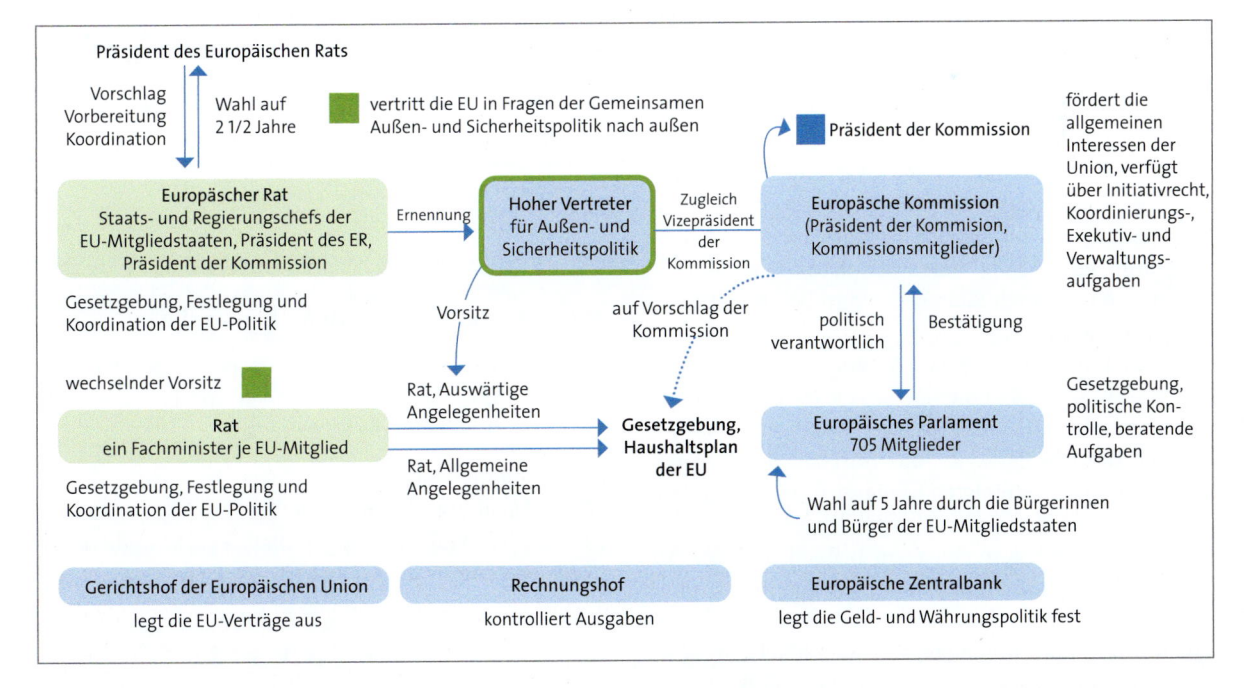

Präsident des Europäischen Rats — Vorschlag, Vorbereitung, Koordination; Wahl auf 2 1/2 Jahre; vertritt die EU in Fragen der Gemeinsamen Außen- und Sicherheitspolitik nach außen

Europäischer Rat — Staats- und Regierungschefs der EU-Mitgliedstaaten, Präsident des ER, Präsident der Kommission; Gesetzgebung, Festlegung und Koordination der EU-Politik

Rat — ein Fachminister je EU-Mitglied; wechselnder Vorsitz; Gesetzgebung, Festlegung und Koordination der EU-Politik; Rat, Auswärtige Angelegenheiten; Rat, Allgemeine Angelegenheiten

Hoher Vertreter für Außen- und Sicherheitspolitik — Ernennung; Vorsitz; Zugleich Vizepräsident der Kommission

Europäische Kommission (Präsident der Kommission, Kommissionsmitglieder) — Präsident der Kommission; fördert die allgemeinen Interessen der Union, verfügt über Initiativrecht, Koordinierungs-, Exekutiv- und Verwaltungsaufgaben; auf Vorschlag der Kommission; politisch verantwortlich; Bestätigung

Gesetzgebung, Haushaltsplan der EU

Europäisches Parlament 705 Mitglieder — Gesetzgebung, politische Kontrolle, beratende Aufgaben; Wahl auf 5 Jahre durch die Bürgerinnen und Bürger der EU-Mitgliedstaaten

Gerichtshof der Europäischen Union — legt die EU-Verträge aus

Rechnungshof — kontrolliert Ausgaben

Europäische Zentralbank — legt die Geld- und Währungspolitik fest

[1] **Ferment:** veralteter Begriff aus der Biologie für eine Substanz, die chemische Prozesse in Gang setzt; im übertragenen Sinne für ein Element mit beschleunigender Wirkung

1. Neben der Verbesserung der Handlungsfähigkeit der EU war die Stärkung des Europäischen Parlaments ein weiteres wichtiges Ziel des Vertrags von Lissabon. Recherchieren Sie, welche Befugnisse hinzukamen. Bewerten Sie anschließend, ob deren Erweiterung ausreichend ist.
2. Begründen Sie, dass der Vertrag von Lissabon Werte des Schuman-Plans (M2) aufgreift.
3. Neben den supranationalen Organen gibt es seit 1974 auch den Europäischen Rat. Entwickeln Sie Hypothesen dafür, dass er wesentlich zur Fortentwicklung der europäischen Integration beigetragen hat. | F

M4 Das Brexit-Referendum 2016 als Zäsur

Der Historiker Heinrich August Winkler (*1938) schreibt 2017 über den Austritt des Vereinigten Königreiches aus der EU:

Die wirtschaftliche Integration legitimierte sich durch ihren Erfolg und die dadurch bewirkte Unterstützung für die Regierungen, die hinter dieser Politik standen. Mit dem Schritt in Richtung einer sehr viel weitergehenden Inte-
5 gration, den das Vertragswerk von Maastricht brachte, änderte sich viel, wenn nicht alles. „Es war der Maastricht-Vertrag von 1992, der […] die Bürger der Mitgliedstaaten mit einem Integrationsgrad konfrontierte, zu dem sie nicht um ihre Meinung befragt worden waren", urteilt der ehe-
10 malige Bundesverfassungsrichter Dieter Grimm. „Was die Integration betrifft, bildete der Maastrichtvertrag einen erheblichen Schritt vorwärts, was die Akzeptanz betrifft, einen Schritt zurück. Er markiert den Wendepunkt in der Einstellung der Öffentlichkeit zum europäischen Projekt.
15 Mit ihm begann die Akzeptanzschwäche der EU. Auf längere Sicht hat er zur Ausbreitung antieuropäischer Parteien geführt, die mittlerweile ins Europäische Parlament eingedrungen sind und derer sich die proeuropäischen Fraktionen nun durch Bildung einer großen Koalition er-
20 wehren müssen." […]
Großbritannien hatte sich von Anfang an der Währungsunion verweigert, aber die Krise, in die die Eurozone seit der weltwirtschaftlichen Zäsur von 2008[1] geriet, hat wesentlich dazu beigetragen, das Ansehen der Europäi-
25 schen Union im Vereinigten Königreich zu untergraben. Auf Unverständnis stießen jenseits des Ärmelkanals die zunehmende Exekutivgewalt in Brüssel und der Anspruch des Europäischen Parlaments, alle Rechte eines „echten" Parlaments zu erhalten und wie ein solches zu
30 agieren. Im Zusammenhang mit der Flüchtlingskrise von 2015 waren es dann die deutsche Politik und die deutsche „Willkommenskultur", die bei vielen Briten tiefe Irritationen auslösten. Die Brexit-Bewegung appellierte nicht nur an die verbreiteten Vorbehalte gegenüber der Einwanderung aus den östlichen Mitgliedstaaten der 35 EU, sondern auch, vor allem in der Schlussphase der Kampagne, an die Befürchtung, die Migrationswelle aus Asien und Afrika werde bald auf die britischen Inseln überschwappen. Wie immer man den Einfluss einzelner Faktoren auf den Ausgang des Referendums vom 40 23. Juni 2016 gewichtet – der Erfolg der „Brexiteers" hatte auch kontinentale Väter und Mütter. Das britische Votum für den Austritt aus der EU ließ sich nicht einfach auf insulare Sonderfaktoren […] zurückführen. Vieles von dem, was die Befürworter des „Leave" der Europä- 45 ischen Union vorwarfen, war so oder ähnlich auch von den Nationalpopulisten in vielen anderen Mitgliedstaaten, manches auch von besorgten Freunden der europäischen Einigung zu hören. Was die letzteren beunruhigte, war die schwache demokratische Legitimation so 50 vieler Brüsseler Entscheidungen, die Verlagerung der Macht von der nationalen auf die Gemeinschaftsebene ohne ausdrückliche Ermächtigung durch die Souveräne, die Völker der Mitgliedstaaten.

Heinrich-August Winkler, Zerbricht der Westen? Über die gegenwärtige Krise in Europa und Amerika, München 2017, S. 185 ff.

1. Geben Sie die Argumentation von Winkler mit eigenen Worten wieder.
2. Erläutern Sie Winklers Aussage, dass das Brexit-Referendum eine „tiefe Zäsur" für die EU darstellt.
3. Beurteilen Sie Winklers Darstellung des Verhältnisses zwischen Großbritannien und der EU. Bringen Sie dabei Ihr eigenes Hintergrundwissen mit ein.

M4 Erwartung junger Menschen an die EU

Im Juli 2020 haben europäische Korrespondenten der Stuttgarter Zeitung junge Europäerinnen und Europäer nach ihren Erwartungen an die EU gefragt:

Italien, Student Simone (22)
„Deutschland ist nicht Hauptfeind"
Simone Alecci wohnt in Reggio Calabria […] Er studiert Politikwissenschaften an der Universität von Messina.

„Die Covid-Krise ist natürlich der denkbar ungünstigste 5 Zeitpunkt, um über einen Austritt aus dem Euro oder der EU nachzudenken: Mit den geplanten Wiederaufbaufonds der EU würde Italien […] am meisten von allen EU-Mitgliedsländern profitieren. Aber ich bin grundsätzlich gegen die Gemeinschaftswährung: Der Euro und der Stabi- 10

---
[1] globale Finanz- und Bankenkrise, die unter anderem durch Spekulationsgeschäfte auf dem Immobilienmarkt verursacht wurde

litätspakt schränken die Souveränität der Mitgliedsländer zu sehr ein. [...] Ich bin moderater Europaskeptiker [...]. Zum Beispiel verfügt die EU über eine gute Datenschutzgesetzgebung [...]. Ein wichtiger Punkt ist auch, dass die einzelnen Mitgliedsländer als Gemeinschaft international über deutlich mehr Gewicht verfügen als alleine. [...]"

Von Dominik Straub, Korrespondent der StZ in Italien

Spanien, Student Bernardo (25)
„Ohne EU wäre die Krise schlimmer"
Bernardo Perea (25) studiert Mathematik in Madrid und lebt mit seinem Bruder bei seinen Eltern.

„Wenn es um die Europäische Union geht, finden fast alle in meinem Umfeld, dass es sehr gute Aspekte gibt und andere nicht so gute. Wie jetzt in der Covid-Krise: Am Anfang brach das Chaos aus [...]. Es fehlte die Koordination. Das fehlt oft in der EU-Politik: Koordination, verbindliche Vereinbarungen [...] Nach dem anfänglichen Chaos lief es besser. Ohne EU wäre wahrscheinlich alles noch schlimmer gewesen. [...]
Ich fühle mich immer mehr als Europäer. Ich bin gereist und will noch mehr reisen. [...] Mir gefällt es Europa anzugehören."

Von Martin Dahms, Korrespondent der StZ in Spanien

Polen, Studentin Ewelina (22)
„Das Wichtigste ist der Klimaschutz"
Ewelina Trojanowska (26) lebt mit ihrer Familie in der westpolnischen Handelsmetropole Posen und steht kurz vor dem Abschluss ihres Germanistikstudiums.

„Die meisten Menschen in Polen sind mit der EU-Mitgliedschaft sehr glücklich. Das hat zunächst einmal materielle Gründe. [...] Ich persönlich sehe in der Europäischen Union aber viel mehr. Vor allem ist da die Reisefreiheit [...]. Umso mehr haben mich die Grenzschließungen während der Corona-Krise geschockt. [...] Und dann hat plötzlich wieder jedes Land sein eigenes nationales Ding gemacht. [...] Mir macht der Klimawandel viel mehr Angst. In Polen sehen wir schon seit Jahren, was da auf uns zukommt. [...] In dem Bereich würde ich mir von der EU viel, viel mehr Engagement wünschen [...]."

Von Ulrich Krökel, Korrespondent der StZ in Polen

Ungarn, Journalist Mark (24)
„Schmerzhafte Lektion von der EU"
Mark Tremmel (24) lebt und arbeitet in seiner Geburtsstadt Budapest. [...] (Er) produziert eine eigene Radiosendung. Demnächst beginnt er ein Masterstudium, Medienwissenschaften.

„Ich selbst habe von der Reisefreiheit und den Erasmus-Austauschprogrammen enorm profitiert und dafür bin ich dankbar. Inzwischen aber überwiegen Enttäuschung und Kritik. Ich hätte einfach gehofft, dass uns die EU stärker gegen den illiberalen Geist und die antidemokratische Politik von Viktor Orban, Ungarns Ministerpräsident, verteidigt. [...].
Deshalb war es extrem hart zu realisieren, dass es so nicht ist. [...] Aber uns wurde damals klar, dass die EU in Ungarn nicht so machtvoll intervenieren wird, dass sich bei uns etwas zum Guten ändert. Heute denke ich, dass das zwar eine schmerzhafte, aber auch eine wichtige Lektion war. Denn wir haben damals gelernt, dass wir die Dinge in Ungarn selbst ändern müssen. [...]

Von Ulrich Krökel, Korrespondent der StZ in Ungarn

Schweiz, Verkaufsberaterin Eliane (20)
„Angela Merkel wird bei uns geschätzt"
Eliane Götz wohnt in Pfäffikon und ist Verkaufsberaterin.

„Wir sind ja mit der EU eng verflochten, das Verhältnis ist in bilateralen Verträgen geregelt. Trotzdem bin ich froh, dass die Schweiz nicht in der EU ist, wir wären Nettozahler und müssten viel Geld zahlen [...]. Auch politisch ist die EU ein kompliziertes Gebilde. In der Schweiz ist die Demokratie viel direkter, Entscheidungen werden schneller getroffen. Das finde ich gut [...]. Aber die Schweiz hätte gerne beides – die Vorteile der Handelsbeziehungen, ohne EU-Mitglied zu sein. [...]

Von Thea Bracht, StZ-Redakteurin

Grenzenlose Freiheit, in: Stuttgarter Zeitung Samstag/Sonntag 4./5. Juli 2020, Dritte Seite

---

1. Arbeitsteilige Gruppenarbeit/Partnerarbeit: Arbeiten Sie Gemeinsamkeiten und Unterschiede der Statements heraus und stellen Sie sich ihre Ergebnisse dann gegenseitig vor.
2. Formulieren Sie eine eigene Antwort auf die Frage: Was erwarte ich von der EU?
3. Entwickeln Sie Ansätze für die zukünftige Arbeit der EU.

Der Blick aufs Ganze

1. Erläutern Sie die aus Ihrer Sicht drei bedeutsamsten Veränderungen bzw. Entwicklungen der europäischen Integration seit Gründung der Montanunion.
2. Beurteilen Sie, wodurch der Zusammenhalt der EU gefährdet ist.
3. Führen Sie eine Fish-Bowl-Diskussion zu der Frage durch, ob die EU eine gemeinsame Armee aufbauen sollte. Nutzen Sie dafür den Code 32052-33.

Die europäische Integration inmitten weltpolitischer Entwicklungen

Wirtschaftliche Krisen der 1970er- und 1980er-Jahre und ihre Auswirkungen auf Westeuropa:

Ende des „Golden Age":
Ölkrise, Stagflation, Sockelarbeitslosigkeit, Zwei-Drittel-Gesellschaft, Neoliberalismus

Strukturwandel: Digitalisierung

Beschleunigung der Globalisierung seit den 1970er-Jahren:

Vernetzung:
Transnationaler Konzern,
Finanzmarkt,
Migration

Globalisierung

Herausforderungen und Entwicklungsperspektiven Europas:
Europäische Union, Euro

Osterweiterung

Zusammenbruch des Ostblocks:
Strukturwandel, Innovationsdefizit, Staatsverschuldung, Rüstungswettlauf, Versorgungskrise, Umweltverschmutzung, Legitimitätskrise;
Entspannungspolitik, Perestroika und Glasnost, Sinatra-Doktrin;
Solidarność, Bürgerbewegung;
Ausreisebewegung,
„Friedliche Revolution", „Samtene Revolution"

Transformation der ehemaligen Ostblockstaaten:
DDR (und BRD):
Wirtschafts-, Währungs- und Sozialunion
Zwei-Plus-Vier-Vertrag, Deutsche Einheit
Sowjetunion:
GUS, Russische Föderation
Transformationsgesellschaft, Oligarch

---

1. Beschreiben Sie die Auswirkungen der wirtschaftlichen Krisen der 70er- und 80er-Jahre auf Westeuropa.
2. Erklären Sie den Zusammenbruch des Ostblocks am Ende der 80er-Jahre.
3. Vergleichen Sie Ihre Ergebnisse aus den Aufgaben 1 und 2 in Gruppen von etwa sechs Personen.
4. Erläutern Sie, worin die „Beschleunigung der Globalisierung" seit den 70er-Jahren besteht.
5. Stellen Sie Chancen und Probleme der Transformation des Ostblocks einander gegenüber.

Mit Statistiken und Diagrammen arbeiten

M1 Transport- und Kommunikationskosten weltweit

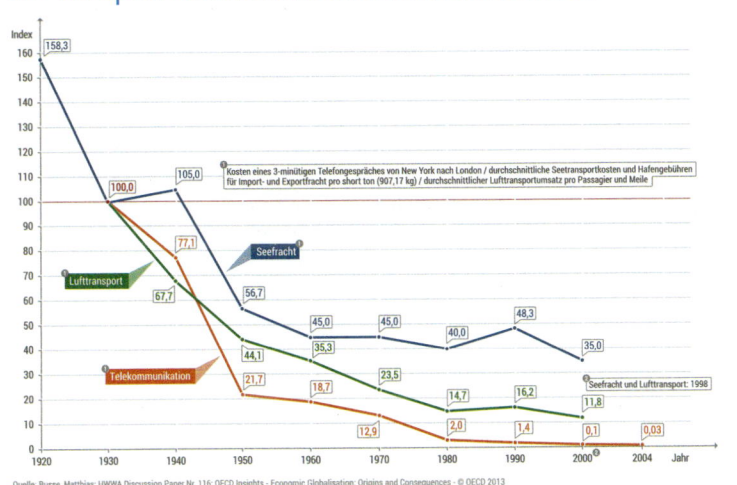

[Liniendiagramm: Entwicklung der Transport- und Kommunikationskosten 1920–2004]

Werte Seefracht: 100,0 (1930); 105,0 (1940); 56,7 (1950); 45,0 (1960); 45,0 (1970); 40,0 (1980); 48,3 (1990); 35,0 (2000)
Werte Lufttransport: 158,3 (1920); 67,2 (1940); 35,3 (1960); 23,5 (1970); 14,7 (1980); 16,2 (1990); 11,8 (2000). Seefracht und Lufttransport: 1998
Werte Telekommunikation: 77,1 (1940); 44,1 (1950); 21,7 (1960); 18,7 (1970); 12,9 (1980); 2,0 (1985); 1,4 (1990); 0,1 (2000); 0,03 (2004)

Kosten eines 3-minütigen Telefongesprächs von New York nach London / durchschnittliche Seetransportkosten und Hafengebühren für Import- und Exportfracht pro short ton (907,17 kg) / durchschnittlicher Lufttransportumsatz pro Passagier und Meile

Quelle: Busse, Matthias: HWWA Discussion Paper Nr. 116; OECD Insights – Economic Globalisation: Origins and Consequences – © OECD 2013
Bundeszentrale für politische Bildung 2017 | www.bpb.de

Webseite der Bundeszentrale für politische Bildung zu Voraussetzungen der Globalisierung, siehe Code 32052-20.

1. Wandeln Sie die Grafik in ein Säulendiagramm um und beurteilen Sie, welche Form in diesem Fall besser geeignet ist.
2. Arbeiten Sie die Kernaussagen der Grafik in Thesenform heraus.
3. Zeigen Sie die Zusammenhänge auf, wie sich die dargestellte Entwicklung auf die globalisierte Wirtschaft auswirkt.
4. Weitere Grafiken zum Thema „Voraussetzungen der Globalisierung" finden Sie unter dem Mediencode auf dieser Seite. Diskutieren Sie, ob die dort aufgeführten Grafiken ausreichen, das Phänomen der Globalisierung hinreichend zu beschreiben.

Karikaturen interpretieren

M2 Karikatur von Fritz Behrendt

[Karikatur: Personen beschriftet mit AXEN, HONECKER, MIELKE, KRENZ, KESSLER drängen gegen eine Tür; draußen Figur mit „Perestroika"-Schürze; Zeitung „NEUES DEUTSCHLAND"; Signatur F. Behrendt]

»Haltet bloß die Tür zu!«

1. Recherchieren Sie, welche Funktionen die namentlich gekennzeichneten Personen und Institutionen hatten.
2. Beschreiben Sie die Karikatur, ordnen Sie sie in ihren historischen Kontext ein und datieren Sie sie begründet.
3. Formulieren Sie eine passende Überschrift für die Karikatur.
4. Arbeiten Sie heraus, welche Ursachen für den Zusammenbruch des Ostblocks der Karikaturist sieht.
5. Beurteilen Sie seine Sicht auf die Ereignisse der Jahre 1988 bis 1991.

Arbeitsaufträge zur Methode Zeitzeuginnen und Zeitzeugen befragen finden Sie unter Code 32052-21.

... in Kooperation

M1 Medienikone

Bilder sind aus unserer Alltagskommunikation nicht wegzudenken. Aber auch in unserer Erinnerung und unserem Verständnis der Vergangenheit kommt Bildern eine besondere Bedeutung zu: Sie
5 formen unser „Geschichtsbild". Dabei ragen aus der Bilderflut einige wenige Bilder heraus, die als Schlüsselbilder bzw. sogenannte Medienikonen im kollektiven Gedächtnis präsent sind.

Als eine solche Medienikone des Kalten Krieges
10 gilt etwa das folgende Foto. Es wurde am 27. Oktober 1961 gemacht und zeigt sowjetische und US-amerikanische Panzer, die sich am Checkpoint Charlie, einem der Kontrollpunkte der westlichen Alliierten an der Grenze zu Ost-Berlin,
15 gegenüberstehen.

Bearbeiten Sie die folgenden Arbeitsaufträge mithilfe der Kooperationsform „Lernplakat/Wandplakat/Wandzeitung":

1. Lassen Sie den ersten Teil des Buches nochmals Revue passieren und wählen Sie Bildquellen aus, die für Sie die Kriterien für Medienikonen „West- und Osteuropa nach 1945" erfüllen.
2. Recherchieren Sie in Partnerarbeit weitere Medienikonen zu diesem Thema im Internet.
3. Gestalten Sie ein Wandplakat mit der Medienikone Ihrer Wahl.
4. Fügen Sie anschließend alle Wandplakate aus dem Kurs zu einer Wandzeitung zusammen und führen Sie einen Gallery-Walk durch.

... und in Selbsttätigkeit

M2 Erklärungsversuche zum Kalten Krieg

Der Historiker Bernd Stöver fasst Erklärungsversuche für die Entstehung des Kalten Krieges zusammen:

(1) Nach der *traditionellen Vorstellung*, der frühesten Erklärung, war aus westlicher Sicht für die Entstehung und Forcierung des Kalten Krieges die marxistisch-leninistische Ideologie mit ihrem Anspruch auf die Weltrevolution verantwortlich. Die habe die Sowjetunion prinzipiell auf einen aggressiven Kurs gegenüber dem Westen festgelegt. Pragmatische Annäherungen in Entspannungsphasen seien zwar möglich gewesen, nicht jedoch eine Abschwächung des Expansionsdrangs. [...]

(2) [*Revisionistische Erklärung*] [...] Als der erste Band der revisionistischen Schule, William A. Williams *The Tragedy of American Diplomacy*, 1959 erschien, befand sich die Welt nach der nur kurze Zeit zurückliegenden Doppelkrise um Ungarn und Suez[1] mit der Zweiten Berlin-Krise wieder auf Konfrontationskurs. Die Revisionisten [...] unterstrichen ausdrücklich die amerikanische Verantwortung für die Entstehung des Kalten Krieges. Die Sowjetunion sei aus dem Zweiten Weltkrieg geschwächt hervorgegangen und habe dem wirtschaftlich überlegenen Westen, insbesondere den USA und ihrer forcierten „Politik der Offenen Tür"[2], nahezu hilflos gegenübergestanden. Neben der ökonomischen Überlegenheit wurde hier ausdrücklich das amerikanische Atomwaffenmonopol der ersten Nachkriegsjahre als Argument für die amerikanische Verantwortung herangezogen. Stalins Politik sei weniger von imperialen Vorstellungen ausgegangen als von der Bewahrung und Sicherung des bestehenden Staates, der kontinuierlich gefährdet gewesen sei. [...]

(3) Beide Positionen näherten sich seit den siebziger Jahren in der sogenannten *postrevisionistischen Interpretation* des Kalten Krieges an: Sie geht davon aus, dass gerade die angenommene Bedrohung durch die Gegenseite für die rasante Dynamik der Auseinandersetzung maßgeblich war. Kontinuierlich habe die verfehlte Wahrnehmung falsche Entscheidungen produziert. [...] Tatsächlich können die Postrevisionisten für sich verbuchen, dass vieles, was man nach der Öffnung bisher verschlossener Archive in den Jahren nach 1991 zutage förderte, in die Richtung wies, dass der Verlauf des Kalten Krieges nicht zuletzt durch massive Kommunikationsprobleme gefördert wurde. Gerade sein Ende – etwa der Wandel des Gorbatschow-Bildes im Westen – zeigt deutlich, wie stark die Überwindung von eingefahrenen Perzeptionsmustern zur Beendigung des Kalten Krieges beitrug. Dennoch stießen auch diese Interpretationen auf Kritik.
[...]
Alle drei Antworten auf die Frage, warum dieser Konflikt begann und mit aller Härte und vollem Einsatz der Kräfte bis zum Ende geführt wurde, blieben zeitgebundene Teilerklärungen. So wie die traditionelle und revisionistische Erklärung jeweils einseitige Schuldzuweisungen unternahmen, schloss der kommunikationstheoretische Ansatz des Postrevisionismus weitgehend die Möglichkeit aus, dass der Kalte Krieg ein klassischer Machtkonflikt war, der nicht aus Versehen oder aufgrund von Verständigungsproblemen, sondern bewusst und kalkuliert in Eskalationen und Deeskalationen geführt wurde, weil er ausgefochten und siegreich beendet werden sollte. Gerade für diese Annahme sprach jedoch immer vieles.

Bernd Stöver, Der Kalte Krieg 1947–1991. Geschichte eines radikalen Zeitalters, München 2007, S. 16–19

---

1. Geben Sie die Erklärungsversuche des Historikers Bernd Stöver wieder und ordnen Sie diese in den historischen Zusammenhang ein.
2. Erläutern Sie die Feststellung Stövers, die drei Interpretationen seien jeweils „zeitgebundene Teilerklärungen" (Z. 51f.).
3. Nehmen Sie Stellung zur These Stövers, der Kalte Krieg sei ein „klassischer Machtkonflikt" gewesen (Z. 57).
4. Des Öfteren werden die Konflikte der westlichen Staaten und Russlands seit etwa 2007 (Rede Putins auf der Münchner Sicherheitskonferenz) mit dem „Kalten Krieg" verglichen. Stellen Sie Ähnlichkeiten und Unterschiede tabellarisch gegenüber und beurteilen Sie dann, ob die Gleichsetzung angemessen ist.

---

[1] **Suez-Krise:** Ägypten hatte 1956 die Kontrolle über den Suezkanal übernommen, der bis dahin für die internationale Schifffahrt geöffnet war. Großbritannien und Frankreich griffen militärisch ein. Die USA und die Sowjetunion erreichten daraufhin den Rückzug der britischen und französischen Truppen.

[2] **Politik der Offenen Tür:** Sie zielt darauf, dass keinem Land der freie Handel mit einem anderen Land verwehrt werden darf. Geprägt wurde der Begriff Ende des 19. Jahrhunderts im Zeitalter des Imperialismus. Die USA befürchteten damals, beim Wettlauf mit anderen Mächten um Einflusssphären zu unterliegen.

Mahatma Gandhi mit seinen Anhängern auf dem Salzmarsch.
Foto vom 12. März 1930 von Vithalbhai Jhaveri.
Die von Gandhi initiierte Kampagne sollte das Salzmonopol der Briten brechen und führte letztlich zur Unabhängigkeit Indiens von Großbritannien. Gandhi (Mitte) begab sich mit seinen Anhängern auf einen Marsch über 385 Kilometer von seinem Wohnsitz bei Ahmedabad nach Dandi am Arabischen Meer vom 12. März bis 5. April 1930.

GEGEN contre/against APARTHEID.
Plakat des Grafikers Klaus Staeck, 1983.
Das Plakat richtet sich gegen das Apartheid-Regime in Südafrika, das auf der „Rassentrennung" zwischen den herrschenden europäischstämmigen Weißen und der schwarzen Bevölkerungsmehrheit basierte und erst 1994 durch demokratische Wahlen überwunden wurde.

Black Lives Matter.
„Black Lives Matter"-Demonstration in London während der Corona-Pandemie, Juni 2020. Bei den weltweiten Protesten im Zuge des Todes des Afroamerikaners George Floyd während seiner Festnahme in Minneapolis (USA) wurden auch zahlreiche Statuen von Kolonialisten gestürzt bzw. deren Entfernung gefordert.

2. Aktuelle Probleme postkolonialer Räume in historischer Perspektive

In diesem Kapitel setzen Sie sich mit einem Prozess auseinander, der bis heute fortwirkt und gesellschaftliche Debatten auslöst: den Auswirkungen der europäischen Kolonialreiche und den Folgen der Dekolonisation. Auf welchen Grundmustern wurde die europäische Expansion seit 1500 vorangetrieben? Welche Konsequenzen hatte das offizielle Ende des europäischen Kolonialismus für Europa und die ehemaligen Kolonien? Welche Rolle spielte Gewalt bei diesem Übergang? Sie erfahren, inwiefern der Wertewandel nach dem Zweiten Weltkrieg in Teilen der Welt Menschenrechte, Rechtsstaatlichkeit und das Selbstbestimmungsrecht der Völker zu Eckpfeilern internationaler Beziehungen machte. Sie werden sich auch damit beschäftigen, vor welchen Herausforderungen die neuen unabhängigen Staaten in der Praxis standen und welche Probleme heute noch aktuell sind. Schließlich stellt sich die Frage, wie dieser Prozess im 21. Jahrhundert von Formen des Neokolonialismus beeinflusst wird. Was können wir heute dazu beitragen, dass der Dekolonisierungsprozess im Sinne völkerrechtlicher Prinzipien sowie der Festigung demokratischer Strukturen und wirtschaftlichen Aufschwungs in den betroffenen Ländern fortgesetzt wird? Und auch: Wie gehen wir angemessen mit dieser Kolonisierungsgeschichte um?

Kompetenzen

Am Ende des vierten Halbjahres sollten Sie Folgendes können:

- … die Entstehung antikolonialer Bewegungen als Folge zerfallender Imperien nach 1918 erklären.
- … Formen der Dekolonisierung charakterisieren.
- … den Dekolonisierungsprozess an einem Raum analysieren und bewerten.
- … den Dekolonisierungsprozess an einem zweiten Raum analysieren und bewerten.
- … aktuelle Probleme vor dem Hintergrund von Kolonialismus und Dekolonisierung erörtern.

Aktuelle Probleme postkolonialer Räume in historischer Perspektive

Welt von 1914.

1918 — Der US-amerikanische Präsident Woodrow Wilson legt in einer Rede Vierzehn Punkte als Grundzüge einer Friedensordnung nach dem Ersten Weltkrieg dar.

1919 — Pariser Friedenskonferenz und Gründung des Völkerbundes; letzterer übernimmt die Aufsicht über die ehemaligen deutschen und osmanischen Kolonien, die in Mandatsgebiete eingeteilt werden.

1945 — Gründung der Vereinten Nationen als Nachfolgeorganisation des Völkerbundes

Entstehung antikolonialer Bewegungen als Folge zerfallender Imperien

1947 — Britisch-Indien und Pakistan werden von Großbritannien unabhängig.

1949 — Niederländisch-Indonesien erlangt die Unabhängigkeit.

1952 — Die Türkei integriert sich mit dem NATO-Beitritt ins westliche Bündnis.

Dekolonisierungsprozesse

Orientierung　　141

1955	Konferenz von Bandung mit 25 ehemaligen und aktuellen Kolonien, die sich als „blockfreie Staaten" bzw. als „Dritte Welt" bezeichnen
1955	Der Kampf um die Unabhängigkeit Vietnams wird zum Bürgerkrieg.
1963	Die USA greifen militärisch in den Krieg zwischen dem kommunistischen Nord- und dem von den USA unterstützten Südvietnam ein.
1967	Der Sechs-Tage-Krieg Israels gegen Ägypten und andere arabische Staaten endet mit der Besetzung palästinensischer Gebiete durch Israel.
1973	Der Angriff Ägyptens und Syriens auf Israel im Jom-Kippur-Krieg resultiert in der Anerkennung Israels durch zahlreiche arabische Staaten.
1990	Das Apartheid-Regime in Südafrika wird beendet.

Eine Karte zur Dekolonisierung bis 2018 finden Sie ganz vorne im Buch.

Aktuelle Probleme postkolonialer Räume

1991 – 2002	Bürgerkrieg in Sierra Leone
1993	Der Friedensprozess von Oslo führt nach der Ersten Intifada (arab. für Aufstand) zur Selbstverwaltung der palästinensischen Autonomiegebiete.
1994	Völkermord in Ruanda und Burundi
1996 – 2013	Bürgerkriege im Kongo (Erster und Zweiter Kongokrieg), u.a. ausgelöst durch die nach dem Völkermord in Ruanda entstandenen Flüchtlingslager in Zaire (heute: Demokratische Republik Kongo)
2000 – 2005	Zweite Intifada gegen die israelische Besatzung des Gazastreifens und des Westjordanlandes
2001 – 2021	Krieg in Afghanistan, ausgelöst durch die islamistischen Terroranschläge am 11. September 2001, in deren Folge die USA einen Krieg gegen den Terror ausriefen
2002 – 2007	Bürgerkrieg in der Elfenbeinküste
2003 – 2011	Irak-Krieg der USA mit dem Ziel, einen angeblich bevorstehenden Angriff des Irak auf die USA zu verhindern.
seit 2011	Bürgerkrieg in Syrien, ausgelöst durch Proteste im Zuge des „Arabischen Frühlings" gegen das autoritäre Regime der Assad-Familie
seit 2012	Konflikt in Mali zwischen halbnomadischen (Tuareg) und sesshaften Bevölkerungsgruppen
2013 – 2018	Bürgerkrieg in der Republik Südsudan
erneut seit 2016	Rohingya-Konflikt in Myanmar: Die muslimische Ethnie wird seit dem Ende der britischen Kolonialherrschaft 1948 aufgrund ihrer Religion und Kultur systematisch verfolgt.

Ende der Kontinentalimperien 1919 und Fortdauern der Kolonialimperien – mittels Gewalt oder Liberalisierung?

„Colonie Belge".
Acryl auf Leinwand, Darstellung der belgischen Kolonialherrschaft aus der Serie „101 Works", die Etappen der Geschichte des Kongo darstellt von Tshibumba Kanda Matulu (1947 – verschollen 1981).

▶ Beschreiben Sie, wie Kanda Matulu die belgische Kolonialherrschaft darstellt.
▶ Ordnen Sie den einzelnen Szenen Schlagworte zu. | H
▶ Bilden Sie ausgehend von der Darstellung Hypothesen, wie Belgien die Herrschaft in der Kolonie sicherte.
▶ Entwickeln Sie daraus eigene Fragestellungen zum Thema „Kolonialismus".

Animierte Karte
zum europäischen Imperialismus im 19. Jh. unter dem Code 32052-22

Koloniale Imperien und Kontinentalimperien | Nachdem die Europäer seit 1492 ganz Nord- und Südamerika kolonisiert hatten, besetzten sie im 19. Jh. auch in Asien und Afrika riesige Gebiete. Eine erste Landnahme erfolgte oft durch Kaufleute, Diplomaten oder Siedler (Kolonisten) aus Europa. Ihre Regierungen in Berlin, London oder Paris schickten in einem zweiten Schritt Militärs zur weiteren Eroberung sowie Beamte zur Verwaltung der Kolonien. So entstand die europäische Kolonialherrschaft. Europäer herrschten entweder direkt durch Beamte, Militärs und Siedler oder indirekt, mithilfe ausgewählter einheimischer Bevollmächtigter. Durch Gewaltandrohungen und leere Versprechungen machten europäische Beamte die Bevollmächtigten und die Kolonisierten politisch abhängig und beuteten sie meist wirtschaftlich aus. Oft vertrieb die Kolonialverwaltung die Menschen dafür von ihrem fruchtbaren Land und von ihren Bodenschätzen. Dadurch entzog sie ihnen oft jegliche Lebensgrundlage.

Die Kolonialmächte lieferten sich ein regelrechtes Wettrennen um Kolonien. Durch die Zusammenlegung von Kolonien entstanden im 19. Jh. große Kolonialreiche, die in Anlehnung an das Römische Reich auch Imperien (Singular: Imperium) genannt wurden. Zu diesen Kolonialimperien zählten vor allem das British Empire, das französische Empire und seit 1884/85 auch das deutsche Kolonialreich. Selbst kleinere Länder wie Belgien oder die Niederlande wurden durch ihre Eroberungen im Kongo und in Indonesien zu vergleichsweise riesigen Imperien. Zusätzlich zu den überseeischen Kolonialimperien gab es auch Kontinentalimperien, die ein zusammenhängendes Reich auf einem Kontinent eroberten. Zu den Kontinentalimperien zählten das Russische Zarenreich, das Reich der osmanischen Sultane und die Habsburger Monarchie. Im Jahr 1914 lebten darum fast alle Menschen in Imperien. Imperien hatten oft einen Monarchen an der Spitze, der über verschiedenste Sprachgruppen herrschte. Diese mussten sich der Sprache und Kultur der herrschenden Minderheit anpassen, ohne dass sie ein politisches Mitspracherecht hatten.

Physische und verbale Gewalt | Ganz überwiegend errichteten und sicherten die Kolonialmächte ihre Imperien durch Eroberungskriege und mit Gewalt. In einigen Fällen blieb Gewalt nur eine Drohung. Drohungen reichten aber aus, um zum Beispiel China „ungleiche Verträge" und damit eine koloniale Herrschaft aufzuzwingen. Manchmal genügten auch Täuschungsmanöver für die koloniale Landnahme. In Südwestafrika zum Beispiel schloss der deutsche Tabakhändler Adolf Lüderitz Verträge zum Landerwerb von mehreren Meilen Umfang. Während die afrikanischen Verkäufer in englischen Meilen (1,6 km) rechneten, behauptete Lüderitz, es handle sich um deutsche geografische Meilen (7,4 km). Durch diesen Meilenschwindel kam er zu einem riesigen Gebiet, aus dem schließlich die Kolonie Deutsch-Südwestafrika wurde. Falls die Menschen gegen die Landnahme Widerstand leisteten, antworteten die europäischen Kolonialmächte oft mit Vergeltungsschlägen. So führten zum Beispiel deutsche Truppen zwischen 1904 und 1907 einen Vernichtungskrieg gegen die Bevölkerungsgruppe der Ovaherero und Nama in Südwestafrika, welche gegen die Enteignung ihres Landes protestiert hatten. Bei diesem Völkermord kamen 20 000 Ovaherero und Nama ums Leben.

Kurz vor dem Ersten Weltkrieg waren achtzig Prozent der Welt und ihre Bewohner unter kolonialer Herrschaft. Angesichts der aufkommenden Kritik an der Kolonialherrschaft stellte sich die Frage, ob die Kolonialverwaltungen eine stärkere Beteiligung der Kolonisierten oder einen erhöhten Grad an Gewalt und Zwang einsetzen würden, um ihre Weltherrschaft aufrechtzuerhalten. Zugeständnisse und eine Herrschaftsbeteiligung waren allerdings schwierig, da koloniale Ideologien darauf beruhen, den Kolonisierten politische Reife und Regierungsfähigkeit abzusprechen.

Drei „Rechtfertigungen" | Ihre Gewaltherrschaft rechtfertigten die Kolonialmächte mit drei verschiedenen Ideologien. Imperialisten vertraten die Auffassung, die europäischen Nationen müssten ihre wirtschaftliche und militärische Stärke durch koloniale Ausdehnung beweisen und ihre Imperien immer weiter vergrößern. Theoretiker des Rassismus behaupteten, man dürfe Menschen in Afrika und Asien kolonisieren, weil diese angeblich minderwertig und aufgrund ihrer angeborenen Unterlegenheit ohnehin dem Untergang geweiht seien. Die Ideologen der Zivilisierungsmission meinten, die Kolonisierten seien arbeitsscheu und denkfaul und müssten deshalb zur Arbeit erzogen werden. Sie glaubten, dass sie angeblich kulturell unterlegene Menschen „zivilisieren", das heißt auf die Höhe europäischer Kultur heben müssten. Diese Ideologie nennt man auch Kulturrassismus. Alle diese kolonialen Ideologien waren nur vorgeschoben, um die Ausbeutung der kolonialen Welt zu rechtfertigen.

Was wir heute Kolonialismus nennen, war also eine Kombination aus ausbeuterischer Landnahme und einer abwertenden Sprech- und Denkweise über die Bewohnerinnen und Bewohner der kolonisierten Gebiete. Koloniale Sprache konnte ganz unscheinbare Formen annehmen. Zum Beispiel sprach man in Deutschland von den Kolonien als „Schutzgebiete". Dabei „schützten" die Kolonialmächte niemanden. Im Gegenteil: Zwangsarbeit und Rechtswillkür bestimmten das koloniale System. Die Kolonisierten, die oft auf Plantagen und in Bergwerken für wenig Geld arbeiten mussten, hatten weder eine Kranken- noch eine Arbeitslosenversicherung. Die Polizei schützte nicht ihre Rechte, sondern die Interessen der Kolonialunternehmer aus Europa, zum Beispiel durch den Einsatz von Prügelstrafen. Dies bedeutete nicht, dass die Kolonisierten der imperialen Herrschaft nur passiv gegenüberstanden. Viele fanden sich in dem System zurecht und eine kleinere Gruppe machte in Kolonialverwaltungen, Kolonialunternehmen, Missionen oder in Bildungsinstitutionen Karriere. Immer mehr wurden aber zu Antikolonialisten und organisierten erfolgreich Widerstand mit dem Ziel, ein eigenes, unabhängiges Land zu erkämpfen.

Animierte **K**arte
zu Europas Kolonialreichen im Jahr 1914 unter dem Code 32052-23

M1 „Die deutsche Kolonialmethode"

1921 berichtet die Deutsche Kolonialzeitung über einen Vortrag von Mdachi bin Sharifu in Berlin. Mdachi bin Sharifu ist aus Tansania, der damaligen Kolonie Deutsch-Ostafrika, nach Berlin gekommen. Dort sollte er deutschen Kolonialbeamten das Swahili, die Sprache seiner Landsleute, beibringen. Aber es kommt etwas anders, wie die Kolonialzeitung berichtet:

Es hat sich jedoch ein Eingeborener Ostafrikas gefunden, um vor der deutschen Öffentlichkeit der deutschen Kolonialmethode den Prozess zu machen. Mdachi bin Scharifu aus dem Suaheli-Stamm aus Tanga gebürtig,
5 erst Lehrer in der Kolonialschule, dann Hilfslehrer am Seminar für orientalische Sprachen in Berlin, ergriff in einer im September 1919 im Beethoven-Saal in Berlin von der Liga „Neues Vaterland" veranstalteten Versammlung das Wort. Er beschrieb die den Schwarzen
10 zugefügten grausamen Züchtigungen. Diese arbeiteten 11 Stunden unter der sengenden afrikanischen Sonne und erhielten 12 Mark Lohn im Monat. Wenn sie sich einen Augenblick ausruhten, so bekamen sie sofort Peitschenhiebe auf den Rücken. Die aus dem Landesin-
15 neren an die Küsten gebrachten Arbeiter gerieten in Schulden und konnten erst zurückkehren, wenn sie das schuldige Geld verdient hatten. Die Deutschen, vom Alkohol benommen, brutalisierten die Eingeborenen. Die Schlussfolgerung der Rede besagte, dass die frühe-
20 ren Herren von Ostafrika sich als unwürdig bewiesen hätten zur Kolonialarbeit. Also der brave Mdachi bin Scharifu hat hiermit der deutschen Kolonialmethode den Prozess gemacht.

Deutsche Kolonialzeitung 38,2 (1921), 14: Justizrat Schwarze: „Die öffentliche Meinung Deutschlands über die koloniale Frage und der Friedensvertrag im Spiegel des Camille Martin", Teil I

1. Nennen Sie die Kritikpunkte von Mdachi bin Sharifu an den deutschen Kolonialmethoden.
2. Mdachi bin Sharifus Rede wird hier aus einer bestimmten Perspektive wiedergegeben. Erläutern Sie diese Perspektive mit Belegen aus dem Text.
3. Vergleichen Sie die von Mdachi bin Sharifu beschriebenen Verhältnisse mit heutigen Arbeitsbedingungen.

M2 Die Antwort der Koloniallobby

Im Namen der deutschen Koloniallobby antwortet der Justizrat Schwarze wütend auf Mdachi bin Sharifus Rede:

Jetzt muss ich auch noch auf die Ausführungen des großen Mdachi bin Scharifu zurückkommen und sie als das charakterisieren, was sie sind, als Übertreibungen und als lügenhafte Generalisierung. Je weiter von der Küste, desto geringer die Löhne der Eingeborenen […]. An der
5 Küste wurden aber im Jahre 1912 nach dem amtlichen Bericht an Plantagenarbeiter […] nicht, wie der Redner Mdachi bin Scharifu gesagt hat, 12 Mark, sondern 16 bis 20 Mark gezahlt. Die Arbeitszeit war ebenfalls nach dem amtlichen Bericht eine zehnstündige, nicht eine elfstün-
10 dige Arbeitszeit, was ja auch der Tageslänge von 12 Stunden entspricht. Dass die Art der Misshandlungen erlogen ist, wird jeder der fünf Distriktkommissare, die für den Schutz der Arbeiter angestellt sind, bestätigen; das dürfte auch wohl aus folgender Mitteilung hervorgehen. Der
15 Bericht schreibt: „Zur Behebung der teilweise noch herrschenden Knappheit an Arbeitskräften würde es viel beitragen, wenn es gelänge, die einzelnen Arbeiter zu veranlassen, dass sie – statt wie jetzt vielfach üblich – nur drei bis vier Tage, in der Woche fünf oder gar sechs Tage
20 arbeiteten." Wäre das System so, wie Mdachi bin Scharifu es schildert, dann wäre ein solcher Stoßseufzer undenkbar, dann müssten eben die Arbeiter sechs Tage, wenn nicht sogar sieben Tage arbeiten. Bei dem angeborenen Charakter des Negers[1] ist es nicht zu verwundern,
25 dass Mdachi bin Scharifu eine solche Schilderung gemacht hat.

Deutsche Kolonialzeitung 38,2 (1921), 14: Justizrat Schwarze: „Die öffentliche Meinung Deutschlands über die koloniale Frage und der Friedensvertrag im Spiegel des Camille Martin", Teil II

1. Erklären Sie, auf welchen Quellen und Erfahrungen die hier vorgetragene Kritik an Mdachi bin Sharifu beruht.
2. Erläutern Sie, inwiefern der Autor rassistisches Denken verinnerlicht hatte, und zeigen Sie, wo es im Text auftaucht.
3. Bewerten Sie, ob die Kritik des Autors gerechtfertigt ist.

---

[1] Das Wort geht auf lat. „niger" = schwarz zurück und gilt, weil von den Kolonialisten geprägt, heute als abwertendes, rassistisch diskriminierendes Schimpfwort. Stattdessen wird heute die Bezeichnung Schwarze Menschen bzw. People of Colour (PoC) gebraucht.

M3 Indirekte Herrschaft

1922 erläutert der britische Kolonialgouverneur Frederick Lugard, wie er seine berühmte Theorie der „indirect rule" oder „indirekten Herrschaft" in Nigeria anwenden will. Er unterscheidet dabei zwischen der britischen Kolonialverwaltung, die vom Gouverneur geleitet wird, und der einheimischen Verwaltung, an deren Spitze sich die „native chiefs", d.h. die einheimischen Anführer, befinden. In Nigeria sind dies die muslimischen „Emire":

Eine dritte Auffassung [neben direkter Herrschaft durch britische Kolonialbeamte und kompletter Unabhängigkeit] ist diejenige der indirekten Herrschaft durch einheimische Anführer [native chiefs], die uneingeschränkte
5 Kontrolle über ihr Volk haben, […] aber […] in klar definierten Bereichen der Kontrolle der Schutzmacht unterstellt sind. Diese Auffassung entspricht dem Wortlaut des Versailler Vertrages, in dem es heißt, dass die unterworfenen Rassen Afrikas noch unfähig sind, auf eigenen
10 Beinen zu stehen, und dass es der Mehrheit dieser Menschen – für deren Wohlergehen die Schutzmacht bürgt – nicht zum Glück gereichen würde, wenn man sich an der Unabhängigkeit versuchen würde. […] Die Ära der Unabhängigkeit ist am Horizont der Zeit noch
15 nicht sichtbar […]. Die Gefahr, die Dinge mit den einheimischen Rassen zu überstürzen, macht eine Enttäuschung sehr wahrscheinlich […]. Dass dieses Prinzip der indirekten Herrschaft durch native chiefs von verschiedenen britischen Regierungen im Britischen Tro-
20 pisch-Afrika angewendet wird, zeigen die jüngsten lokalen Regelungen: Der Gouverneur von Sierra Leone sagte in seiner Rede vor dem Gesetzgebenden Rat im letzten Dezember (1920), dass „neun Zehntel der Menschen Autonomie unter ihren selbst gewählten chiefs haben,
25 […] europäische Beamte sind die technischen Berater und helfen der lokalen Verwaltung". Genauso sind die Gewalten des Kabaka [Königs] von Uganda sehr umfangreich. Das System, welches in Nigeria angewendet wird, ist nur eine besondere Spielart dieser Prinzipien
30 […]. Das angestrebte Ziel ist es, dort jeden „Emir" und obersten Anführer mitsamt seinem Justizapparat zu einem wirksamen Herrscher über sein Volk zu machen. Er steht einer einheimischen Verwaltung vor, die durchgehend wie eine Regionalregierung agiert. Das Gebiet,
35 über welches er Rechtsgewalt ausübt, ist in verschiedene Bezirke aufgeteilt, die unter der Kontrolle von Vorstehern sind, die wiederum Steuern im Namen des Herrschers eintreiben und diese in ein Schatzamt der Einheimischen einzahlen, welches von einem einheimischen
40 Finanzverwalter und seinen Angestellten unter der Aufsicht des chiefs in der Hauptstadt steht. Dort befindet sich auch das Gefängnis für einheimische Gefangene sowie die Schule […]. Große Städte werden in Bezirke aufgeteilt, um sie zu kontrollieren und Steuern zu erhe-
45 ben. […] Die der einheimischen Verwaltung innewohnenden Grenzen dieser Eigenständigkeit […] wurden von den […] Emiren akzeptiert. […] Die Begrenzungen sind folgende: 1. Einheimischen chiefs ist es nicht erlaubt, Streitkräfte aufzubauen oder zu unterhalten oder
50 die Erlaubnis zum Tragen von Waffen zu erteilen […]. 2. Das alleinige Recht, Steuern festzulegen, liegt bei der Schutzmacht. […] Eine spezifische Erlaubnis ist erforderlich, durch Dekret oder durch ein vom Gouverneur bewilligtes Gesetz, um es der einheimischen Verwaltung zu
ermöglichen, Steuern zu erheben. 3. Das Recht, Gesetze
55 zu machen, […] soll in der Hand der [britischen] Zentralregierung bleiben, die selbst durch das Kolonialministerium kontrolliert wird. […] 4. Das Recht, sich in gerechter Weise Land für öffentliche und kommerzielle Zwecke anzueignen, liegt ausschließlich beim Gouver-
60 neur.

Frederick Lugard, Dual Mandate in British Tropical Africa, Edinburgh/London 1922, S. 198–206 (übersetzt von Florian Wagner)

1. Beschreiben Sie Lugards Theorie der „indirect rule".
2. Erläutern Sie, in welchen Politikbereichen laut Lugard die lokalen Herrscher (chiefs) freie Hand bekommen sollten.
3. Beurteilen Sie die Form der „indirekten Herrschaft" mit Blick auf die Aspekte „Entrechtung" und „Unabhängigkeitsbestrebungen".

M4 Schwache Imperien

Der Historiker Frederick Cooper schreibt zur Gewalt in Kolonialimperien:

Imperien bewegten tatsächlich einige ihrer Untertanen dazu, ihnen Treue zu schwören und sich mit ihnen zu identifizieren, aber meistens war deren Einstellung zur Kolonialherrschaft nicht so eindeutig. […] Imperien üb-
5 ten Gewalt aus, weil sie stark und weil sie schwach waren. Terrortaktiken – Massaker bei der Eroberung, danach kollektive Bestrafung von Dörfern und Verwandtschaftsgruppen – kennzeichneten die Kolonisierung und waren feste Bestandteile ihrer Herrschafts-
10 mechanismen. Dabei wurden bei den Luftbombardements anlässlich von Rebellionen im britischen Völkerbundmandat Irak und in Spanisch-Marokko in den 1920er-Jahren, sowie im britischen Kenia und im französischen Algerien in den 1950er-Jahren und im Portugie-
15 sischen Afrika in den 1970ern neue Technologien mit einer archaischen Taktik verbunden. Diese Art kolonialer Kontrolle, bei der das Land mit Terror überzogen

wurde, bevor die Kolonialmacht wieder unsichtbar wurde, legte offen, wie schwach die Verwaltung und Polizei im Alltag der kolonialen Gebiete waren. Auch zeigte sich im Terror die Praxis, die Kosten für Verwaltung und Herrschaft gering zu halten, ganz im Gegensatz zur Behauptung, man würde eine [kostspielige] Zivilisierungsmission und die Herrschaft des Rechts mit in die Kolonien bringen. Die alten Imperien existierten jahrhundertelang, wohingegen die neuen Reiche, wie die afrikanischen Kolonien der Franzosen, Briten und Belgier, nur für Jahrzehnte Bestand hatten. Auf den ersten Blick verfügten die neuen Imperien zwar über effektivere technologische und organisatorische Mittel, um Macht auszuüben und aufrechtzuerhalten. Was solche Vergleiche aber aufzeigen, ist das Ausmaß, in dem die „modernen" europäischen Staaten in Afrika eine solche [gewaltlose] Macht gar nicht anwandten. Kolonialherrschaft bedeutete, ein Imperium ohne viel Geld [für gewaltlose Herrschaft] auszugeben aufrechtzuerhalten. Koloniale Herrschaft schuf darum vielmehr einen Flickenteppich wirtschaftlicher Ausbeutung, anstatt die koloniale Gesellschaft systematisch zu verändern, und herrschte mithilfe eines verknöcherten Systems einzelner „Stammes"-Führer, anstatt zu versuchen, Untertanen gefügig zu machen, indem man sie einzeln mit einer angeblich modernen [und gewaltlosen] Regierungsmethode zu lenken versuchte. Als Frankreich und Großbritannien nach dem Zweiten Weltkrieg endlich begannen, über den mangelnden Erfolg ihrer Transformationsbemühungen hinauszugehen und energischer auf ein entwicklungsorientiertes Imperium hinzuarbeiten, fiel das gesamte Unternehmen schnell auseinander.

Frederick Cooper, Colonialism in Question, Berkeley 2005, S. 157 (übersetzt von Florian Wagner)

1. Arbeiten Sie die zentrale These Coopers heraus.
2. Erläutern Sie den Erklärungszusammenhang von Herrschaftsausübung und Gewaltanwendung.
3. Erklären Sie, inwiefern sich Coopers Beschreibung der imperialen Herrschaft von Lugards „indirect rule" unterscheidet.
4. Beurteilen Sie, ob Zwangsherrschaft oder eher die „indirect rule" den Fortbestand der Kolonialreiche bis in die 1950er-Jahre sicherte.

M5 Feindliche Stimmung gegen Afrikaner

Der togoische Künstler Kwassi Bruce erlebt Alltagsrassismus in der Weimarer Republik. Er schreibt 1932 an seine Schwester in Togo:

Meine liebe Anny, dieser Brief ist ein Hilfeschrei aus tiefster Not, denn mir geht es fürchterlich schlecht. Seit einem halben Jahr bin ich ohne Arbeit und Verdienst. Es ist jetzt hier in Deutschland geradezu katastrophal. Ich weiß nicht mehr ein noch aus. Seit Wochen kann ich nicht mehr richtig essen und muss buchstäblich betteln. Hier in Deutschland herrscht jetzt geradezu eine feindliche Stimmung gegen Afrikaner, ganz gleich, ob sie aus den ehemaligen Kolonien kommen oder nicht. Ich kann dir im Brief das gar nicht alles schreiben. Liebe Anny, schicke mir doch schnellstens 10–15 Schilling, von denen ich wenigstens ein paar Tage etwas zu Essen habe und meine Stiefel besohlen lassen kann. In Ungarn und auf dem ganzen Balkan war auch nichts mehr für mich, da man dort ohne irgendwelche persönliche oder Rassenfeindschaft, nur zum Schutze des eigenen Arbeitsmarktes […] keine Arbeitserlaubnis mehr gibt. Dagegen herrscht hier in Deutschland jetzt ausgesprochene Rassenfeindschaft gegen die Neger[1]. Vielleicht kannst ja Du, liebe Schwester, bei der Familie für mich sprechen, dass sie mir Rückgeld in die Heimat schickt. Hier will man uns nicht mehr […]. Dein treuer Bruder Kwassi

Florian Wagner: Regards Croisés sur le Togo. Les Enjeux du Débat Franco-llemand dans L'Entre-Deux Guerres (1919–1939) (Mémoire de Master, Université de Provence 2009), S. 90 (übersetzt von Florian Wagner)

1. Erläutern Sie, in welcher historischen Situation (1932) Kwassi Bruce diesen Brief schreibt.
2. Erörtern Sie, ob es einen Unterschied machte, ob Kwassi Bruce sich in einer Kolonie oder in der Metropole aufhielt.
3. Erklären Sie den Zusammenhang von Rassismus und Gewalt.

M6 Zivilisierungsmission

Vor allem französische Staatsmänner sehen sich der Zivilisierungsmission in den Kolonien verpflichtet. Der bekannteste unter ihnen ist Jules Ferry, der auch auf das französische Bildungssystem Einfluss nimmt und die Vorstellung der französischen Zivilisierungsmission darüber verbreitet.

---

[1] Das Wort geht auf lat. „niger" = schwarz zurück und gilt, weil von den Kolonialisten geprägt, heute als abwertendes, rassistisch diskriminierendes Schimpfwort. Stattdessen wird heute die Bezeichnung Schwarze Menschen bzw. People of Colour (PoC) gebraucht.

Obwohl Frankreich unter anderem Algerien schon seit 1830 erobert hat, bekräftigt Ferry in einer Rede vor dem Parlament am 28. Juli 1885 noch einmal die Notwendigkeit einer weiteren kolonialen Expansion:

Meine Herren, unter diesem besonderen Gesichtspunkt, der jedoch von der höchsten Bedeutung ist, in der Zeit, da wir uns befinden, und in der Krise, die alle europäischen Industrien durchlaufen, bedeutet die Gründung
5 einer Kolonie die Schaffung eines Absatzmarktes. Tatsächlich hat man bemerkt – und Beispiele in der Wirtschaftsgeschichte der modernen Völker sind dafür überreichlich vorhanden –, dass es genügt, dass das koloniale Band zwischen dem Mutterland, das produziert, und
10 den Kolonien, die es gegründet hat, fortbesteht, auf dass die wirtschaftliche Vorherrschaft in gewisser Weise die politische begleite und ertrage. [...] Meine Herren, es gibt noch einen zweiten Punkt, noch eine zweite Gedankenreihe, die ich ebenfalls anschneiden muss, so knapp
15 wie möglich, glauben Sie mir: das ist die humanitäre und zivilisatorische Seite der Frage. Über diesen Punkt spottet der ehrenwerte Herr Camille Pelletan[1] viel [...]: „Was ist das für eine Zivilisation, die man mit Kanonenschüssen durchsetzt? Was ist das anderes als eine neue Form
20 der Barbarei? Haben etwa diese Völker niederer Rasse nicht die gleichen Rechte wie Ihr? Sind sie etwa in ihren Ländern nicht souverän? Rufen sie Euch etwa herbei? Gegen ihren Willen geht Ihr zu ihnen, Ihr tut ihnen Gewalt an, aber Ihr zivilisiert sie nicht." [...] Ich fordere Sie
25 heraus [...], Ihre These, die auf der Gleichheit, der Freiheit, der Unabhängigkeit der niederen Rassen beruht, bis zur letzten Konsequenz zu vertreten. Sie werden sie nicht bis zum Ende vertreten, denn Sie sind wie Ihr ehrenwerter Kollege und Freund, Herr Georges Périn[2],
30 Befürworter der kolonialen Expansion auf dem Weg von Austausch und Handel. [...] Wenn die Menschenrechtserklärung für die Schwarzen Äquatorialafrikas geschrieben ist, nun, mit welchem Recht gehen Sie dann hin, um ihnen den Austausch, den Handel aufzuerlegen?
35 Die Schwarzen rufen Sie nicht herbei. [...] Ich wiederhole, dass es für die höheren Rassen ein Recht gibt, weil es auch eine Verpflichtung für sie gibt. Sie haben die Verpflichtung, die niederen Rassen zu zivilisieren [...]. Ich behaupte, dass die Kolonialpolitik Frankreichs, dass
40 die Politik der kolonialen Expansion, diejenige, die uns unter dem Kaiserreich nach Saigon[3], nach Cochinchina[4] hat gehen lassen, die uns nach Tunis geführt hat, die uns nach Madagaskar gebracht hat – ich behaupte, dass diese Politik der kolonialen Expansion sich von einer Wahrheit hat leiten lassen, auf die man doch für einen Augenblick 45 Ihre Aufmerksamkeit lenken muss: nämlich, dass eine Marine wie die unsrige auf den Meeren auf feste Stützpunkte, Verteidigungsmittel und Versorgungszentren nicht verzichten kann. [...] Meine Herren, in dem Europa, wie es geworden ist, in dem Wettkampf so vieler 50 Rivalen, die wir um uns herum groß werden sehen, die einen durch militärische und maritime Perfektion, die anderen durch die erstaunliche Entwicklung einer ständig wachsenden Bevölkerung, in einem solchen Europa oder vielmehr in einer so gestalteten Welt bedeutet die 55 Politik der Sammlung oder des Verzichts ganz einfach die Hauptstraße zum Niedergang. Die Nationen sind in den Zeiten, in denen wir leben, nur groß durch die Aktivität, die sie entwickeln; nicht etwa „durch die friedliche Ausstrahlungskraft ihrer Institutionen" [...]. 60

Zitiert nach: Günter Schönbrunn (Bearb.), Das bürgerliche Zeitalter 1815–1914. Geschichte in Quellen, München 1980, S. 582–585

---

1. Erläutern Sie, welche Rolle Gewalt in der Zivilisierungsmission von Ferry spielt.
2. Arbeiten Sie heraus, welche Bedeutung die Worte „humanitär" und „zivilisatorisch" bei Ferry haben.
3. Überprüfen Sie, ob wir die Worte heute genauso benutzen.
4. Beurteilen Sie, ausgehend von Ferrys Gedanken, inwiefern ein „humanitärer Kolonialismus" funktionieren kann.

Der Blick aufs Ganze

1. Arbeiten Sie die Merkmale von Imperien und des Kolonialismus heraus (DT).
2. Erläutern Sie die Rechtfertigungstheorien Imperialismus, Rassismus und Zivilisierungsmission (DT, M1-M6).
3. Beurteilen Sie, welche Rolle Gewalt und Liberalisierung für das Fortdauern der Kolonialimperien gespielt haben.
4. Gestalten Sie eine Bildbeschreibung des Gemäldes „Colonie Belge" für einen Ausstellungskatalog. Erläutern Sie dabei die Rolle von Gewalt für Kolonialherrschaft. | F

Sie können die Arbeitsaufträge mithilfe der Kooperationsform „Tableset/Placemat" durchführen. Notieren Sie die Merkmale von Imperien und des Kolonialismus in der Mitte des Blattes (1). Teilen Sie den äußeren Bereich des Blattes in drei gleich große Teile auf und ordnen Sie diesen die Rechtfertigungsideologien zu (2). Teilen Sie den Darstellungstext und die Materialien gerecht unter den Gruppenmitgliedern auf und ergänzen Sie Ihre Ergebnisse aus 2. in den entsprechenden Feldern. Diskutieren Sie die Rolle von Gewalt und Liberalisierung für das Fortdauern der Kolonialimperien in der Gruppe (3).

---

[1] französischer Politiker (1846–1915)
[2] französischer Politiker (1838–1903)
[3] heute Ho-Chi-Minh-Stadt (Vietnam)
[4] Name der französischen Kolonie auf dem Gebiet des heutigen Vietnam und Kambodscha

Frieden und Selbstbestimmung für alle?

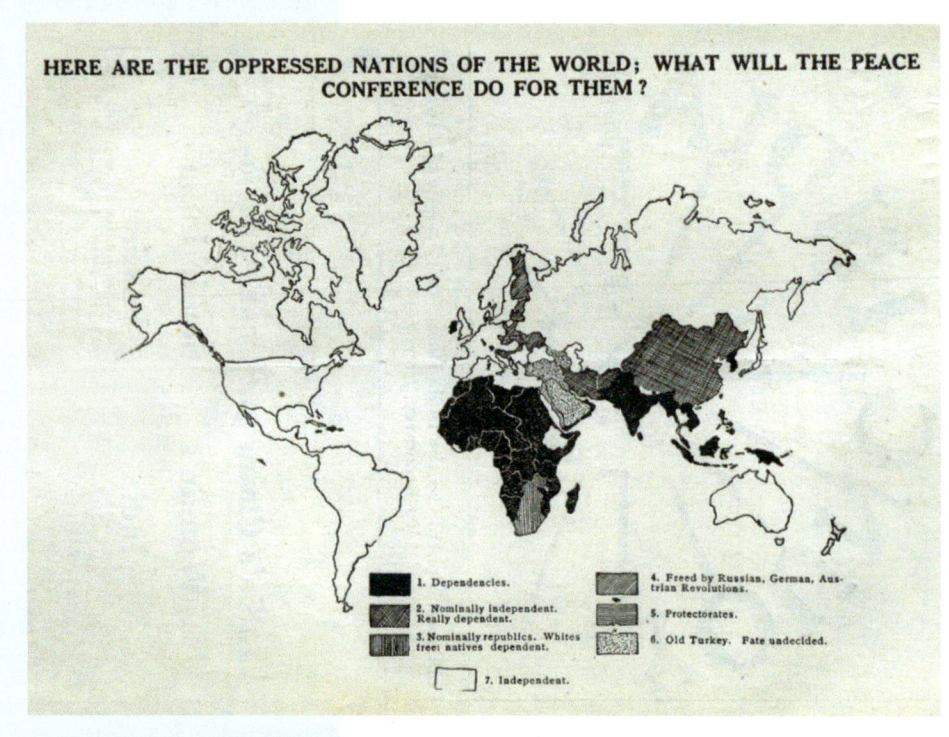

HERE ARE THE OPPRESSED NATIONS OF THE WORLD; WHAT WILL THE PEACE CONFERENCE DO FOR THEM?

Legende:
1. Dependencies.
2. Nominally independent. Really dependent.
3. Nominally republics. Whites free; natives dependent.
4. Freed by Russian, German, Austrian Revolutions.
5. Protectorates.
6. Old Turkey. Fate undecided.
7. Independent.

„The Oppressed Nations of the World".
Karte, erschienen im Januar 1919, in der Zeitschrift „Young India", die von der Vereinigung „India Home Rule League of America" ab Januar 1918 monatlich in New York herausgegeben wurde. Die antikoloniale Bewegung „Indian Home Rule movement" entstand während des Ersten Weltkrieges und setzte sich für die indische Unabhängigkeit ein.

▶ Analysieren Sie die Karte. Erläutern Sie anhand der Legende die Aufteilung der Welt aus der Sicht der Kolonisierten.

▶ Gestalten Sie ein politisches Programm mit Forderungen der Kolonisierten für die Friedenskonferenz in Paris (1919).

Forderung nach Selbstbestimmung | Schon vor dem Ersten Weltkrieg wandten sich immer mehr Menschen gegen die Gewaltherrschaft in den Imperien und setzten sich für das Recht der von den Kolonialmächten beherrschten Bevölkerung ein. Sie forderten das Ende der Kolonialreiche und entlarvten die Rechtfertigungsideologien als eine Mischung aus Vorwand und Lüge. Im Laufe des Ersten Weltkrieges wurden sich Menschen aus Afrika und Asien ihrer Rechtlosigkeit und ihrer Fremdbestimmung noch mehr bewusst, denn dieser Krieg war global und fand auch in den Kolonien statt. Millionen Menschen aus Afrika und Asien wurden zum Kriegsdienst eingezogen und ließen ihr Leben für das angebliche „Mutterland" auf europäischen Kriegsschauplätzen. So kämpften 1,5 Millionen Inder in der britischen Armee und 550 000 Afrikaner in der französischen Armee. Als der Krieg vorbei war, erwarteten sie die Auszahlung ihres Soldes und eine Anerkennung ihres militärischen Beitrags. Beides blieb oft aus. Darum kam es zu Aufständen und Protesten.

Bei den Protesten gegen Ausbeutung und Fremdherrschaft fanden die kolonisierten Völker scheinbar Unterstützung durch den amerikanischen Präsidenten Woodrow Wilson. Als die USA 1917 aufseiten Frankreichs und Großbritanniens in den Krieg eintraten, verkündete Wilson das **Selbstbestimmungsrecht der Völker**, also das Recht der Völker, über ihr Schicksal selbst zu bestimmen. Damit wollte er die verschiedenen unterdrückten Gruppen zum Aufstand gegen das Habsburger Reich und das Osmanische Reich bewegen. Denn die beiden Kontinentalimperien waren mit dem Deutschen Reich verbündet und damit Kriegsgegner der USA. Im Osmanischen Reich kam es zu sogenannten Araberaufständen gegen die türkischsprachige Elite in Istanbul. Im Habsburger Reich entwickelten Polen, Tschechen und Ungarn ein eigenes Nationalbewusstsein gegen die imperiale deutschsprachige Regierung in Wien.

In den Kontinentalimperien setzten sich nach dem Ersten Weltkrieg solche revolutionären Nationalisten durch. Aus dem Osmanischen Reich ging nach der Jungtürkischen Revolution der türkische Nationalstaat hervor. Und das Habsburger Reich zerfiel unter anderem in die Nationalstaaten Österreich, Ungarn und Tschechoslowakei. Auch das russische Reich löste sich mit dem Ende des Zarentums auf und wurde in der Revolution von 1917 zur kommunistischen Sowjetunion. Dadurch endeten drei Kontinentalreiche. Dagegen blieben die meisten kolonialen Überseereiche nach 1919 bestehen. Auch Wilson sprach aufgrund seiner rassistischen Weltanschauung den dortigen einheimischen Völkern die Fähigkeit, „sich selbst zu regieren", und damit das

Selbstbestimmungsrecht ab. Einige von ihnen forderten es aber dennoch ein. Es kam zu Protesten und Aufständen. Den Widerstand beantworteten Europäer mit Unterdrückung und manchmal auch mit Massakern an den Protestierenden.

Gleichzeitig versprachen die Kolonialmächte, ihre Herrschaft liberaler zu gestalten. Wieder spielte der amerikanische Präsident Wilson dabei eine Rolle. Zur Verhinderung künftiger Kriege verkündete er ein Vierzehn-Punkte-Programm. In diesem Programm forderte er neben dem Selbstbestimmungsrecht der Völker auch den Abbau von Handelsschranken, Abrüstung, die Offenlegung diplomatischer Abkommen, die Beilegung kolonialer Streitigkeiten und die Schaffung eines Bündnisses zur Sicherung des Weltfriedens. Ein Teil des Programms wurde 1919 mit der Gründung des Völkerbundes umgesetzt. Als erste Internationale Organisation sollte der Völkerbund weitere Kriege zwischen Europäern verhindern, auch um gegenüber den Kolonisierten den europäischen Zusammenhalt deutlich zu machen. Der Völkerbund übernahm die Aufsicht über die ehemaligen deutschen und osmanischen Kolonien. Denn das Deutsche und das Osmanische Reich hatten ihre Kolonien nach der Kriegsniederlage 1919 abgeben müssen. Ihre ehemaligen Kolonien hießen nun Mandatsgebiete und wurden internationaler Aufsicht durch den Völkerbund unterstellt. Der Völkerbund übergab sie imperialistischen Mächten zur Verwaltung. Frankreich verwaltete nun den Libanon, Syrien, Teile Kameruns und Togos. Großbritannien bekam das Mandat über den Irak, Palästina, Tansania und Teile Kameruns.

Falsche Versprechen: Mitspracherecht und Entwicklung | Wilson hatte den Kolonisierten immerhin zugestanden, dass man zukünftig ihre Interessen stärker beachten sollte. Darum durften die Bewohner der Völkerbundmandate seit 1920 Beschwerden an den Völkerbund schicken. Zudem stellte der Völkerbund ihnen die Unabhängigkeit in Aussicht, falls sie sich fügten, nach europäischen Vorgaben agierten und sich der europäischen Zivilisation anpassten. Doch vor dem Zweiten Weltkrieg wurden kaum Mandate unabhängig. Die Beschwerden ihrer Bewohner wurden vom Völkerbund gehört, aber nicht bearbeitet, sodass sich auch in den Mandaten am kolonialen Status nichts änderte.

In der Zwischenkriegszeit versprachen die europäischen Kolonialmächte auch, ihre Kolonien und Mandate wirtschaftlich zu entwickeln. Zwar kam es zu einzelnen Infrastrukturprojekten, wie dem Bau von Häfen oder Eisenbahnlinien. Solche Projekte wurden aber oft durch Zwangsarbeit oder mit Niedriglöhnen verwirklicht. Auf Großplantagen mussten Arbeitende Südfrüchte, Palmöl, Kautschuk oder Baumwolle produzieren und in Minen mussten sie unter gefährlichen Bedingungen Gold, Diamanten oder Kupfer zu Tage fördern. Den Gewinn machten dabei vorrangig die europäischen Firmenbesitzer. Sie wollten das schnelle Geld, ohne große Ausgaben für Krankenversicherungen oder Arbeitsschutz. Rohstoffe und Agrarprodukte wurden nach Europa verschifft, wo sie weiterverarbeitet wurden. Nur wenige Kolonisierte profitierten von dieser Exportwirtschaft. Unter europäischer Herrschaft entwickelte sich die koloniale Wirtschaft daher kaum oder nicht nachhaltig.

Die Europäer schoben die Verantwortung dafür den Kolonisierten zu. Eine riesige Propagandamaschinerie, die noch heute europäisches Denken bestimmt, setzte die Idee in die Welt, dass Menschen aus Afrika und Asien arbeitsscheu, organisationsschwach und nicht fortschrittsfähig seien. Dabei verhinderten die Kolonialherren selbst den Fortschritt in den Kolonien. Sie wollten zwar, dass die Kolonisierten für sie die körperliche Arbeit auf Plantagen und in Minen erledigten, aber sie wollten ihnen keine höhere Bildung zukommen lassen und sahen sie ungern in Führungspositionen. Die Kolonialherren hatten Angst, dass die Kolonisierten durch Bildung an Hochschulen und Universitäten zum kritischen Denken animiert würden und ihren Kampf für die Unabhängigkeit effizienter organisieren könnten. Letztendlich taten sie dies aber auch ganz ohne eine europäische Anleitung.

Woodrow Wilson (1856–1924): US-amerikanischer Politiker, von 1913 bis 1921 Präsident der USA, erhielt 1919 den Friedensnobelpreis

M1 Delegation um Emir Faisal

Der irakische Emir Faisal leitete als Vertreter seines Vaters, des Scherifen von Mekka, die arabische Delegation auf der Friedenskonferenz in Paris. Sein Land wurde zum britischen Mandat erklärt.

1. Beschreiben Sie die Kleidung der Delegation.
2. Der britische Premierminister David Lloyd George erinnert sich folgendermaßen an die Auftritte Faisals: „Faisal, dessen intellektuelles Antlitz und leuchtende Augen in jeder Versammlung einen starken Eindruck hinterlassen hatten, trug durch die Pracht seines orientalischen Kostüms dazu bei, dass sich sein Erscheinungsbild besonders abhob."[1] Erläutern Sie das Selbstverständnis Faisals, das durch das Tragen solcher Kleidung zum Ausdruck kommt.
3. Faisal hielt fulminante Ansprachen auf der Pariser Friedenskonferenz. Er sagte: „Die Alliierten versprachen der arabischen Nation ihre Freiheit und Unabhängigkeit am Ende des Krieges. Nun, da sie siegreich aus dem Krieg hervorgegangen sind, ist es notwendig, dass sie sich an ihre Versprechen halten."[2] Überprüfen Sie mithilfe von M2, ob die Alliierten die genannten Versprechen gehalten haben.

[1] Zitiert nach: Jörn Leonhard, Der überforderte Frieden. Versailles und die Welt 1918–1923, Bonn 2019, S. 746
[2] Ebd., S. 749

M2 Vergabe der Mandate

Die europäische Antwort auf Wilson erfolgt im Versailler Vertrag. Dort werden die ehemaligen deutschen und osmanischen Gebiete in der Form von Völkerbundmandaten umverteilt und angeblich liberalisiert. Artikel 22 des Versailler Vertrages ist auch zugleich ein Teil der Satzung des Völkerbundes, der sich der Sicherung des Weltfriedens verschrieben hat:

Auf die Kolonien und Gebiete, die infolge des Krieges aufgehört haben, unter der Souveränität der Staaten zu stehen, die sie vorher beherrschten, und die von solchen Völkern bewohnt sind, die noch nicht imstande sind, sich unter den besonders schwierigen Bedingungen der heutigen Welt selbst zu leiten, finden die nachstehenden Grundsätze Anwendung: Das Wohlergehen und die Entwicklung dieser Völker bilden eine heilige Aufgabe der Zivilisation, und es ist geboten, in die gegenwärtige Satzung Bürgschaften für die Erfüllung dieser Aufgabe aufzunehmen. Der beste Weg, diesen Grundsatz durch die Tat zu verwirklichen, ist die Übertragung der Vormundschaft über diese Völker an die fortgeschrittenen Nationen, die aufgrund ihrer Hilfsmittel, ihrer Erfahrung oder ihrer geografischen Lage am besten imstande sind, eine solche Verantwortung auf sich zu nehmen, und die hierzu bereit sind; sie hätten die Vormundschaft als Mandatare des Bundes und in seinem Namen zu führen. Die Art des Mandats muss sich nach der Entwicklungsstufe des Volkes, nach der geografischen Lage des Gebiets, nach seinen wirtschaftlichen Verhältnissen und allen sonstigen Umständen dieser Art verschieden sein. Gewisse Gemeinwesen, die ehemals zum Türkischen Reiche gehörten, haben eine solche Entwicklungsstufe erreicht, dass sie in ihrem Dasein als unabhängige Nationen vorläufig anerkannt werden können, unter der Bedingung, dass die Ratschläge und die Unterstützung eines Mandatars ihre Verwaltung bis zu dem Zeitpunkt leiten, wo sie imstande sein werden, sich selbst zu leiten. Bei der Wahl des Mandatars sind in erster Linie die Wünsche jener Gemeinwesen zu berücksichtigen. Die Entwicklungsstufe, auf der sich andere Völker, insbesondere die mittelafrikanischen befinden, erfordert, dass der Mandatar dort die Verwaltung des Gebiets übernimmt. Doch ist dies an Bedingungen geknüpft. Außer der Abstellung von Missbräuchen, wie Sklaven-, Waffen- und Alkoholhandel, muss Gewissens- und Religionsfreiheit, lediglich mit den Einschränkungen, die die Aufrechterhaltung der öffentlichen Ordnung und der guten Sitten erfordert, gewährleistet sein. Verbürgt muss weiter sein das Verbot der Errichtung von Befestigungen oder von Heeres- oder Flottenstützpunkten sowie das Verbot militärischer Ausbildung der Eingeborenen, soweit sie nicht lediglich polizeilichen oder Landesverteidigungszwecken dient. Dem Güteraustausch und Handel der anderen Bundesmitglieder muss ferner die gleiche Möglichkeit der Betätigung gesichert sein. Endlich gibt es Gebiete, wie Südwestafrika und gewisse Inseln im australischen Stillen Ozean, die infolge ihrer schwachen Bevölkerungsdichte und geringen Ausdehnung, ihrer Entfernung von den Mittelpunkten der Zivilisation, ihrer geografischen Nachbarschaft zum Gebiete des Mandatars oder infolge anderer Umstände nicht wohl besser verwaltet werden können, als nach den Gesetzen des Mandatars und als integraler Bestandteil seines Gebiets, unter Vorbehalt der Bürgschaften, die vorstehend im Interesse der eingeborenen Bevölkerung vorgesehen sind. In allen Fällen hat der Mandatar dem Rate jährlich einen Bericht über die seiner Fürsorge anvertrauten Gebiete vorzulegen. Ein ständiger Ausschuss wird beauftragt, die Jahresberichte der Mandatare entgegenzunehmen und zu prüfen und dem Rate über alle die Ausführung der Mandatsverpflichtungen angehenden Fragen sein Gutachten zu erstatten.

Zitiert nach: Mareike Preisner und Martin Löhnig (Hrsg.), Quellen zur deutschen Verfassungsgeschichte der Moderne, Regensburg 2018, S. 170 f.

1. Arbeiten Sie heraus, nach welchen Kriterien Mandate vergeben werden und wie die Mandatsgebiete eingestuft werden.
2. Überprüfen Sie, inwiefern sich in der Völkerbundsatzung das von Wilson proklamierte Selbstbestimmungsrecht der Völker wiederfindet.
3. Beurteilen Sie, inwiefern die Mandate Kolonien ähneln oder ob sie einen neuen Charakter hatten.

M3 Welle des antikolonialen Protestes

Die Historiker Jürgen Osterhammel und Jan C. Jansen sehen verschiedene Gründe für den Beginn antikolonialer Bewegungen:

Eine Welle antikolonialen Protestes bislang ungekannten Ausmaßes erfasste eine steigende Zahl europäischer Überseegebiete. In der Zeit zwischen den Weltkriegen galt dies vor allem für Asien und Nordafrika. An die Stelle punktuellen Widerstandes traten nun politische Bewegungen. In Indien, der wichtigsten britischen Kolonie, formierte sich in der Zwischenkriegszeit unter der Führung des Rechtsanwalts Mohandas K. („Mahatma") Gandhi die schlagkräftigste Nationalbewegung im Empire. Gandhis Lehre des Gewaltverzichts, seine organisatorischen Aktivitäten wie auch seine Kampagnen des Boykotts und des zivilen Ungehorsams ließen den seit 1885 existierenden Indischen Nationalkongress von einem eher losen Zusammenschluss regionaler Verbände zu einer straff geführten Massenorganisation werden. Im französisch beherrschten Vietnam, das über eine längere Tradition des Widerstandes verfügte, intensivierten sich ab Ende der 1920er-Jahre die antikolonialen Aktivitäten von Nationalisten und Kommunisten, die auch Bauernrevolten Anfang der 1930er-Jahre unterstützten. In der riesigen Kolonie Niederländisch-Ostindien entstand zur selben Zeit eine vielfältige Nationalbewegung, am sichtbarsten in der von Sukarno geführten Jugendbewegung. In beiden Fällen ging die jeweilige Kolonialmacht mit Härte gegen die politischen Bewegungen vor. Auch im Nahen Osten und in Nordafrika gewann der antikoloniale Protest eine neue Qualität. In Ägypten, seit 1922 formal unabhängig, kämpften liberale Nationalisten gegen die weiterbestehende britische Kontrolle des Landes; ab den 1930er-Jahren tauchten mit radikaleren Nationalisten und der Muslimbruderschaft weitere Akteure auf. In den neu geschaffenen Mandatsgebieten des Nahen Ostens wurde der arabische Nationalismus, in osmanischer Zeit noch ein Randphänomen, zur Massenbewegung. Im Irak (1920), in Syrien (1925–1927) und in Palästina (1936–1939) konnten Aufstände nur mit großem militärischem Einsatz niedergeschlagen werden. Das britische Palästina-Mandat gründete mit dem offiziellen Bekenntnis zum zionistischen Projekt einer jüdischen „Heimstätte" bei gleichzeitiger Bewahrung der Rechte der einheimischen arabischen Bevölkerung auf einem spezifischen Grundkonflikt. Eine Spirale der Gewalt zwischen arabischer und anwachsender jüdischer Bevölkerung ab den 1920er-Jahren machte Palästina in der Zwischenkriegszeit neben Indien zum größten Krisenherd des Empire. Das französische Kolonialreich wurde vor allem im Maghreb erschüttert. In Marokko gewannen Frankreich und Spanien erst ab Ende der 1920er-Jahre militärisch die Oberhand über Aufstände, zu deren Symbol Abd al-Karim al-Khattabi im Rifkrieg (1921–1926) wurde; zugleich organisierten sich religiöse und nationalistische Kreise in den Städten und forderten Reformen, ab 1936 auch über Massenproteste. In der Siedlerkolonie Algerien formierte sich ebenfalls vielfältiger Protest. Hier dominierten lange Zeit reformorientierte Aktivisten, bis sich ab Mitte der 1930er-Jahre – als Re-Import aus Emigrantenkreisen – auch dezidiert nationalistische Kräfte bemerkbar machten. In Tunesien forderten Nationalisten mit Kriegsende die Unabhängigkeit des Landes. Habib Bourguiba baute ab 1934 den Nationalismus zu einer Massenbewegung aus. Im subsaharischen Afrika wurden antikoloniale und nationalistische Bewegungen erst nach dem Zweiten Weltkrieg zu einer treibenden Kraft. In Südafrika existierten zwar bereits vorher gewerkschaftliche Zusammenschlüsse und seit 1912 der Afrikanische Nationalkongress als politische Vertretung der schwarzen Bildungselite; er wurde jedoch erst in den 1950er-Jahren zur Massenbewegung. Die relative Ruhe südlich der Sahara verleitete europäische Politiker noch um 1950 zu der Annahme, Afrika stehe eine blühende koloniale Zukunft bevor. Doch waren bis zum Vorabend des Zweiten Weltkrieges viele Elemente der Programmatik späterer afrikanischer Nationalismen formuliert. Eine wichtige Rolle kam hier Verbindungen zu schwarzen Aktivisten in den USA und der Karibik und ihren panafrikanistischen Bewegungen zu.

Jürgen Osterhammel und Jan C. Jansen, Dekolonisation. Das Ende der Imperien, München 2013, S. 29 ff.

1. Stellen Sie dar, in welchen Gebieten antikoloniale Bewegungen besonders stark waren.
2. Arbeiten Sie die Gründe für antikoloniale Proteste heraus.
3. Beurteilen Sie die Chancen, die Forderungen der antikolonialen Bewegungen durchzusetzen.
4. Gestalten Sie ein Flugblatt algerischer Antikolonialisten, in dem die Forderungen gegenüber der Kolonialmacht deutlich werden (evtl. mit vorheriger Recherche).

M4 Proteste gegen die Kolonialherren

In Kamerun spielen die an der Küste lebenden Duala eine wichtige Rolle bei den Protesten gegen die deutschen Kolonialherren und seit 1919 gegen die französische Mandatsmacht. Die Duala sind erfolgreiche Kaufleute und wenden sich vor allem gegen Enteignung ihres Besitzes. Die Deutschen haben vor dem Ersten Weltkrieg mit Enteignungen der Duala begonnen und einen ihrer Anführer, Rudolf Duala Manga Bell, ermordet. Als Frankreich nach 1919 Mandatsmacht wird, gehen die Enteignungen und die politische Unterdrückung weiter. Dies beleuchtet der deutsche Historiker Andreas Eckert:

Bereits unmittelbar nach Kriegsende suchten die Duala gegenüber den Franzosen Unabhängigkeit zu demonstrieren und eigene Vorstellungen bezüglich der politischen Ordnung zu formulieren […]. Am 18. August 1919 sandten einige Duala-Obere eine Petition an die zu diesem Zeitpunkt allerdings bereits beendete Friedenskonferenz von Versailles, in der sie ein Mitspracherecht über die zukünftige politische Herrschaft in Duala einforderten. Da es jedoch keine Instanz gab, die hätte antworten können oder wollen, hatte diese Aktion keine unmittelbaren Folgen […]. Am 20. November 1924 verfasste ein gewisser Ndongo Mbende im Namen der „Population von Duala" einen Brief an den Commissaire, in dem er unter anderem Willkürakte von Polizisten […] ansprach. 1926 bat Joseph Bebe Bell den Völkerbund in einem Schreiben, an die deutsche Regierung wegen einer Entschädigung für sein 1910 enteignetes Haus heranzutreten. Die Mandatskommission erklärte sich nach einigen Diskussionen als nicht zuständig und wies die Eingabe ab […]. Die in den Eingaben formulierten Beschwerden über die Auswüchse und Willkür der französischen Herrschaft schlugen sich kaum in handfeste, die Macht der Franzosen ernsthaft bedrohende Aktivitäten nieder. Aktionen wie die Demonstration von Frauen gegen die Steuern blieben wirkungslos, die Versuche von einigen Duala-Aktivisten, Geld für politische Aktionen zu sammeln, scheiterten […]. Neben der zunehmenden Frustration angesichts der Hoffnungslosigkeit ihrer Unternehmungen gegen die Enteignungs- und Bodenpolitik der Franzosen haben zweifelsohne die zu Beginn der 1930er-Jahre spürbaren Auswirkungen der Weltwirtschaftskrise das Verhalten zahlreicher Duala-Aktivisten in der Landfrage bestimmt. Die sinkenden Einnahmen insbesondere im Plantagenbereich haben […] die Bereitschaft gebremst, weiterhin Geld für die Unterstützung des Kampfes gegen die Expropriation bereitzustellen.

Andreas Eckert, Grundbesitz, Landkonflikt und kolonialer Wandel. Duala 1880–1960, Stuttgart 1999, S. 57, 59 und 128

1. Arbeiten Sie die verschiedenen Arten von Protest heraus, die unter den Duala in Kamerun vorkommen.
2. Die Duala beklagen mehrmals die koloniale Willkürherrschaft. Erklären Sie, was damit gemeint ist und warum Willkürherrschaft unseren heutigen Prinzipien des Rechtsstaates widerspricht. | H
3. Beurteilen Sie, ob die Proteste der Duala als antikolonialer Widerstand charakterisiert werden können.

M5 Die Rolle der Vereinten Nationen

a) World 1946 Trusteeship

1946 bestanden die meisten Mandate immer noch und wurden in sogenannte „Trusteeships" umbenannt, die unter der Aufsicht der UNO standen:

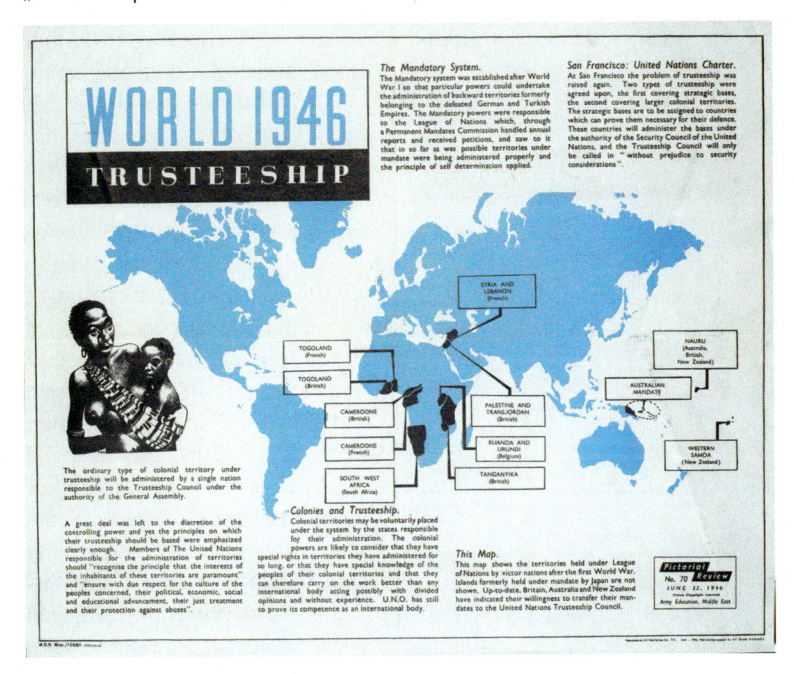

b) Die Aufteilung der Sitze in der UNO von 1945 bis 1962

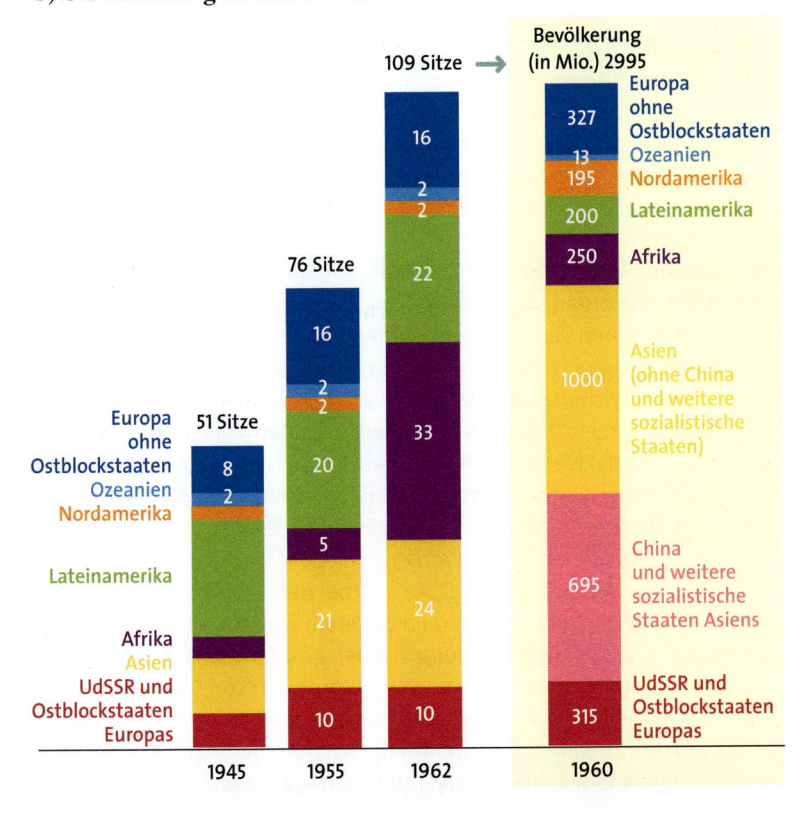

---

1. Vergleichen Sie die Zuordnung der Trusteeships mit der Zuteilung von Völkerbundmandaten an europäische Mächte (DT).
2. Erläutern Sie, worin die Expertise und Erfahrung der mit der Verwaltung beauftragten Mächte bestand, und stellen Sie Überlegungen an, warum sie das jeweilige Trusteeship erhielten.
3. Analysieren Sie die Entwicklung der Sitze in der UNO im Vergleich zu den Bevölkerungszahlen der genannten Gebiete.
4. Beurteilen Sie unter Hinzuziehung der Grafik, ob die 1945 gegründete UNO weniger kolonial als der 1919 gegründete Völkerbund war.

Der Blick aufs Ganze

1. Erklären Sie die Rolle des Ersten Weltkrieges für die Entstehung antikolonialer Bewegungen nach 1918 (DT).
2. Erläutern Sie, inwiefern Wilsons Vierzehn Punkte antikoloniale Bewegungen entstehen ließen oder stärkten.
3. Überprüfen Sie Ihr zum Einstieg erarbeitetes Programm der Kolonisierten und vergleichen Sie es mit den Ergebnissen und Folgen der Pariser Friedenskonferenz.

Sie können Ihren Lernfortschritt in diesem Kapitel mit der Kooperationsform W-E-G überprüfen:

Phase 1: Notieren Sie zum Anfang des Kapitels, was Sie über die Begriffe „Selbstbestimmungsrecht der Völker", „Völkerbund" und „antikolonialer Protest" bereits wissen.

Phase 2: Halten Sie fest, was Sie an diesen Themen interessiert und was Sie erfahren möchten.

Phase 3: Überprüfen Sie nach Bearbeitung des Darstellungstextes und der Materialien, was Sie an Erkenntnissen gewonnen haben.

Dekolonisierung: mit oder ohne Gewalt?

„Für Frieden und Gewaltlosigkeit".
Karikatur von Fritz Wolf, erschienen in der Tageszeitung „Die Welt" vom 19.12.1961.

▶ Beschreiben Sie die Karikatur. | H

▶ Erläutern Sie das dargestellte Spannungsverhältnis zwischen Gewalt und Gewaltlosigkeit.

Jawaharlal Nehru (1889–1964): Politiker und Widerstandskämpfer, von 1947 bis 1964 erster Ministerpräsident des unabhängigen Indiens

Mohandas Karamchand Gandhi (1869–1948), genannt Mahatma Gandhi: Politiker, Pazifist und Anführer der indischen Unabhängigkeitsbewegung

Erste Dekolonisierungen | Mussten die Befreiungsbewegungen Gewalt anwenden, um die Dekolonisierung vollständig durchzusetzen, oder wollten die Kolonialmächte ohnehin die kostspieligen Kolonien loswerden? Als direkte Folge des Zweiten Weltkrieges erkämpften sich zwei große Kolonien in Asien die Unabhängigkeit: Britisch-Indien (1947) und Niederländisch-Indonesien (1949). Dort hatte es schon seit über vierzig Jahren gut organisierte Widerstandsgruppen gegeben. Sie konnten den Zweiten Weltkrieg für sich nutzen, weil Indien und Indonesien im Krieg teilweise von Japan besetzt wurden. Großbritannien und die Niederlande konnten die japanische Besatzung nicht verhindern und zeigten somit erneut, dass sie nicht fähig und gewillt waren, ihre Kolonien zu schützen. Während es in Indien nur zu einzelnen gewalttätigen Konflikten kam und Großbritannien schließlich eine friedliche Dekolonisation akzeptierte, versuchten die Niederländer mit brutalen sogenannten Polizeiaktionen dem Guerilla-Krieg der indonesischen Befreiungsbewegung Herr zu werden. Letztendlich mussten die Niederlande sich aber auf Druck der USA und der UNO zurückziehen.

Indien und Indonesien wurden nach ihrer Unabhängigkeit zu Zentren des antikolonialen Widerstandes. Sie organisierten 1955 in Indonesien die Konferenz von Bandung. An der Konferenz nahmen Vertreter von 25 ehemaligen und aktuellen Kolonien teil. Sie wollten ihre Unabhängigkeit ohne die Vormundschaft des westlichen oder des kommunistischen Blocks erreichen und setzten auf Solidarität untereinander. Darum nannten sie sich die „blockfreien" Staaten oder auch die „Dritte Welt". Neben den Staatsoberhäuptern Jawaharlal Nehru aus Indien und Sukarno aus Indonesien waren auch Vertreter der kurz vorher gegründeten Volksrepublik China und Ägypten unter dem charismatischen Präsidenten Gamal Abd el-Nasser die treibende Kraft in Bandung. Ihre Reden motivierten Teilnehmer aus Afrika, sich ebenfalls die Unabhängigkeit zu erkämpfen, ohne zur Gewalt aufzurufen. Das stieß bei den Delegierten aus Afrika auf offene Ohren. Léopold Sédar Senghor, der bald der erste Präsident des unabhängigen Senegal werden sollte, bezeichnete Bandung als „den größten Paukenschlag in der Geschichte seit der Renaissance". Zwei Jahre nach der Konferenz von Bandung führte Kwame Nkrumah die von den lediglich am Profit interessierten Briten nur „Goldküste" genannte Kolonie als erstes afrikanisches Land friedlich in die Unabhängigkeit. Es bekam bei der Unabhängigkeit 1957 seinen alten Namen Ghana zurück.

Dekolonisierung durch Europa oder Befreiungskampf durch die Kolonisierten? | Der Zweite Weltkrieg war ein Anlass für das Ende der Kolonialreiche, die Gründe für die Dekolonisierung lagen aber tiefer. Aus ihnen lassen sich fünf verschiedene Erklärungsmodelle für die Dekolonisierung ableiten, die in Wirklichkeit immer in Mischformen auftraten:

Erstens konnten die Europäer nach dem nationalsozialistischen Massenmord rassistische Großreiche und koloniale Ausbeutung kaum mehr rechtfertigen. Antikolonialisten wie Mahatma Gandhi aus Indien wurden zu Ikonen des weltweiten gewaltlosen Widerstandes gegen Ausbeutung und Rassismus. Auf Druck dieser globalen antikolonialen Bewegung und mit zögerlicher Unterstützung der USA und der UNO wandte sich die internationale Gemeinschaft darum gegen die Kolonialreiche.

Zweitens scheiterten die Rettungsversuche der verbliebenen Kolonialmächte. Frankreich, Großbritannien und die Niederlande versuchten nämlich, sich die Gunst der Kolonisierten dadurch zu erkaufen, dass sie große Summen in die wirtschaftliche Entwicklung der Kolonien steckten und den Kolonisierten die Staatsbürgerschaft ihres Landes anboten. Als die vom Weltkrieg geschwächten Kolonialmächte aber merkten, dass die Entwicklungsprogramme zu teuer waren und die Kolonisierten als Staatsbürger auch das Wahlrecht bekommen würden, stoppten sie das Projekt und leiteten eine Dekolonisierung „von oben" ein.

Drittens ermöglichte es der Kalte Krieg revolutionären Unabhängigkeitsbewegungen „von unten", Waffen und finanzielle Unterstützung von der sozialistischen oder von der westlichen Seite zu bekommen. Diese Strategie war aber riskant, denn oft wandelten sich dann Unabhängigkeitskriege in Stellvertreterkriege zwischen Ost und West, die sich wie in Vietnam oder Angola über Jahrzehnte hinzogen.

Viertens schafften es die Befreiungskämpfer nicht nur, effiziente Revolutionsarmeen aufzustellen, sondern gründeten auch nationale und übernationale Parteien zur Mobilisierung der Zivilbevölkerung. Dazu nutzten sie neue Mobilisierungsstrategien wie den antikolonialen Nationalismus, den Sozialismus, den Islamismus, den Panafrikanismus oder den Panarabismus. Bei der Unabhängigkeit entstanden sogar übernationale Großstaaten wie die Panafrikanische Föderation zwischen Senegal und Mali oder ein Panarabischer Zusammenschluss zwischen Ägypten und Syrien. Auf lange Sicht hin erwiesen sich aber die nationalen Befreiungsbewegungen am nachhaltigsten. Aus ihnen entstanden keine Föderationen, sondern einzelne Nationalstaaten nach europäischen Vorbild, die oft sozialistisch ausgerichtet waren.

Fünftens kam es aufgrund der europäischen Repressionspolitik in allen antikolonialen Bewegungen zu einer Radikalisierung. Zunächst wollten Unabhängigkeitsführer wie Jomo Kenyatta in Kenia oder Ferhat Abbas in Algerien noch eine einvernehmliche Lösung. Doch die britische Kolonialmacht verhaftete Kenyatta, und die französische Kolonialregierung setzte Abbas fest. In beiden Ländern kam es aufgrund der Unnachgiebigkeit der europäischen Regierungen zu revolutionären Unabhängigkeitskriegen, denen die Kolonialmächte mit Gewalt, Folter und Repression entgegentraten. Besonders in der Siedlerkolonie Französisch-Algerien, wo sich die europäischen Kolonisten an ihre Macht klammerten, eskalierte die Gewalt.

Vor allem aber scheiterten Kolonialreiche an ihren inneren Widersprüchen. Sie versprachen wirtschaftliche Entwicklung und politische Selbstbestimmung, hielten aber ihr Wort nicht und setzten diese Ziele selten um. In keinem Fall kam es zu einer komplett friedlichen Dekolonisierung, Gewalt gab es auch in Kolonien der „indirect rule" wie in Indien.

Kwame Nkrumah (1909–1972): Politiker und Panafrikanist, ab 1952 Premierminister der britischen Kolonie Goldküste, von 1957 bis 1966 Präsident des unabhängigen Ghana, das er erst zur Republik, später zu einem autoritären Staat machte

Sukarno (1901–1970), auch Achmed Sukarno genannt: Politiker und Anführer der nationalistischen Bewegung Indonesiens, von 1945 bis 1967 der erste Präsident des unabhängigen Indonesien

Léopold Sédar Senghor (1906–2001): Politiker und Poet, von 1960 bis 1980 der erste Präsident des unabhängigen Senegal

Jomo Kenyatta (ca. 1894–1978): Politiker und Anführer der kenianischen Unabhängigkeitsbewegung, von 1963 bis 1964 erster Premierminister Kenias, dann erster Präsident von 1964 bis 1978

M1 Fünf Modelle der Dekolonisation

Die Historiker Jürgen Osterhammel und Jan C. Jansen unterscheiden fünf Modelle der Dekolonisation:

(1) Das Modell der Machtübertragung („transfer of power"): Dekolonisation als zielstrebige, von europäischen Administratoren im Zusammenwirken mit „gemäßigten" einheimischen Politikern rational betriebene
5 Verwirklichung einer bereits im Kolonialismus angelegten Reformtendenz, nämlich die dank kolonialer Erziehung mündig gewordenen nicht-europäischen Völker in eine selbstbestimmte „Moderne" zu entlassen.

(2) Das Modell der Selbstbefreiung („national libera-
10 tion"): Dekolonisation als Sturz einer auf Gewalt gegründeten illegitimen Fremdherrschaft durch einheimische, am Ziel einer geeinten Nation orientierte Befreiungsbewegungen, die sich dazu eines breiten Spektrums der Mittel von friedlicher Verhandlung über Streik und
15 Boykott bis zum bewaffneten Kampf bedienen.

(3) Das Neokolonialismus-Modell: Dekolonisation als freiwilliger Verzicht der Kolonialmächte auf überflüssig gewordene koloniale Zwangsstrukturen, nachdem sich im Zeitalter mächtiger multinationaler Konzerne (die
20 sich wiederum auf einheimische Kollaborateure stützen) das primäre Ziel des Kolonialismus, nämlich wirtschaftliche Ausbeutung, ebenso gut und billiger ohne direkte staatliche Beherrschung durchsetzen lässt.

(4) Das Entlastungsmodell: Dekolonisation als planvolle
25 Modernisierung durch Verzicht auf militärstrategisch zunehmend nutzlose, fiskalisch kostspielige, politisch riskante, für den eigenen internationalen Ruf schädliche und in der heimischen Öffentlichkeit immer weniger unterstützte Positionen in Übersee, meist verbunden mit
30 einer Verlagerung weltpolitischer Prioritäten (etwa vom Reich nach Europa).

(5) Das Weltpolitik-Modell: Dekolonisation als letzten Endes zwangsläufige Konsequenz aus der nach 1945 neu entstandenen Bipolarität der nuklear bewaffneten Super-
35 mächte, die für alteuropäische Strategien der Machtsicherung durch koloniale Kontrolle über möglichst große Territorien keinen Platz mehr lässt und den Besitz konventioneller Kolonialreiche als Garantie weltpolitischer Erstrangigkeit entwertet.

Jürgen Osterhammel und Jan C. Jansen, Dekolonisation. Das Ende der Imperien, München 2013, S. 25 f.

---

1. Nennen Sie mindestens drei Akteursgruppen, die an Dekolonisierungsprozessen beteiligt waren.
2. Ordnen Sie zu, bei welchen Erklärungsmodellen die Initiative bei den Kolonisierten lag und bei welchen sie von den Kolonisatoren ausging.
3. Vergleichen Sie die fünf Modelle der Dekolonisation von Osterhammel und Jansen mit den im Darstellungstext vorgestellten Erklärungsmodellen. Erläutern Sie, worin die unterschiedlichen Ansätze bestehen.

M2 Widerstand gegen die Kolonialherrschaft

Ferhat Abbas ist ein Algerier, der unter französischer Kolonialherrschaft aufwächst. Er strebt früh eine rechtliche Gleichstellung der algerischen Bevölkerung mit den europäischen Kolonisten an, von denen sich eine Million in Algerien angesiedelt hat. Im Zweiten Weltkrieg schließt er sich freiwillig der französischen Armee an. Obwohl Ferhat Abbas einen Ausgleich mit Frankreich will, wird er nach Kriegsende 1945 als antikolonialer Aktivist eingestuft und muss für elf Monate ins Gefängnis. Als alle seine Vermittlungsversuche scheitern, schließt er sich der algerischen Befreiungsfront (FLN) an und nimmt am Befreiungskrieg (1954–1962) teil. Nach der Unabhängigkeit Algeriens wird er dann das erste Staatsoberhaupt des neuen Landes. In seinem „politischen Testament", das er 1946 im Gefängnis schreibt, erklärt er den Algeriern, wie die Befreiung von der Kolonialherrschaft aussehen soll:

Deine Befreiung hängt nicht vom Tod einiger Passanten auf der Straße ab, auch nicht von Vergewaltigungen oder niederträchtiger Gewalt. Überlasse diese Sorge dem Gesindel von Leuten ohne Ehre. Die Befreiung
5 hängt von den Institutionen ab. Gegenüber diesen Institutionen kann man auf dreierlei Art auftreten: 1. knechtische Unterwerfung, 2. sie zu bekämpfen unter Anwendung von Gewalt, 3. sie zu bekämpfen unter Berufung auf Recht und Gleichheit. Vor langer Zeit schon haben
10 wir der ersten Möglichkeit abgeschworen. Wir verurteilen die zweite Herangehensweise und weisen sie zurück. Schon die Vorstellung, dass hungergeplagte und unbewaffnete Bauern eine soziale Ordnung zerstören könnten, die von Waffen verteidigt wird, ist absurd und eine
15 Beleidigung des gesunden Menschenverstandes. Es bleibt uns die dritte, einzig vernünftige Möglichkeit. Unsere Leistung ist es nicht, diese ausgewählt zu haben, sondern uns kompromisslos an sie gehalten zu haben, gegen alle Widerstände. Wenn wir an die reale Notwen-
20 digkeit glauben, die „Methode zu wechseln", die muslimischen Algerier zur engen und effizienten Zusammen-

arbeit zu bewegen, sie in die Regierung des Landes, in dem schon ihre Vorfahren wohnen, einzubeziehen, dann müssen wir sie mit den Franzosen gleichstellen. Auch wenn wir dafür sind, Schritt für Schritt das aktuelle Kolonialregime zu ersetzen, weil es auf einem falschen Französisierungsprogramm beruht, eine loyale Kollaboration einfordert, so waren wir doch immer und entschieden gegen jeden Versuch, Unordnung zu stiften oder politische Gewalt anzuwenden. Und wie recht wir hatten! Die Religion als Ausdruck der Zivilisation hat ihr Zeitliches gesegnet. Der Stamm, angeblich eine biologische Einheit, ist keine Grundlage mehr, um eine Zivilisation aufzubauen. Stattdessen machen territoriale Einheiten, die von Menschen jeglicher Abstammung und aller Religionen bewohnt sind, die heutige Welt und ihr Gleichgewicht aus. Um die Menschen zusammenzubringen, ist eine andere Religion geboren: diejenige der Demokratie und der Freiheit. Jeder kann seinen eigenen Glauben haben, aber für alle gilt die Tugend der Republik und die Verteidigung der Demokratie. [...] Schluss mit dem Rassismus! Schluss mit der Sektiererei! Volk, entehrt nicht die gerechte Sache!

Zitiert nach: Charles-Robert Ageron (Hrsg.), „Un manuscrit inédit de Ferhat Abbas. Mon Testament politique" Outre-Mers. Revue d'histoire 303 (1994), S. 190 f. (übersetzt von Florian Wagner)

1. Arbeiten Sie heraus, welche Arten des Widerstandes Ferhat Abbas nennt und welche er bevorzugt.
2. Erläutern Sie, worin die „Befreiung" besteht, die Abbas anstrebt. Überprüfen Sie, ob sie mit der Unabhängigkeit des Landes identisch ist.
3. Beurteilen Sie, ob Abbas' Vertrauen in einen friedlichen und einvernehmlichen Übergang in die Unabhängigkeit realistisch war.

M3 Teufelskreis des Hasses

Frantz Fanon stammt aus Martinique, einer französischen Kolonie in der Karibik. Nach dem Zweiten Weltkrieg wird er Leiter einer psychiatrischen Klinik in Algerien und schließt sich der algerischen Befreiungsbewegung an. Er beobachtet die Brutalisierung des Dekolonisierungskrieges mit Terrorakten vonseiten der Siedler und der Befreiungskämpfer. Als Psychiater behandelt er auch von der französischen Armee gefolterte Algerier. 1961 veröffentlicht er sein berühmtes Buch „Die Verdammten dieser Erde". Ein Jahr später wird Algerien unabhängig und die europäischen Siedler müssen das Land verlassen.

Die Gewalt des kolonialen Regimes und die Gegengewalt der Einheimischen halten sich das Gleichgewicht und reagieren aufeinander in einer außergewöhnlichen untrennbaren Gegenseitigkeit. Die Herrschaft der Gewalt wird umso schlimmer werden, je größer das Ausmaß der Ansiedelung aus dem Mutterland wird. Das Aufkommen von Gewalt unter den kolonisierten Menschen wird proportional zu der Gewalt sein, die vom bedrohten kolonialen Regime ausgeht. In der ersten Phase des Aufstandes sind die Einheimischen die Sklaven der [französischen] Siedler, und diese Siedler versuchen, die Einheimischen genauso einzuschüchtern wie ihre eigene Regierung zu Hause [in Paris] [...]. Für die Siedler gibt es keine Wahl zwischen einem „algerischen Algerien" und einem „französischen Algerien" sondern zwischen einem unabhängigen Algerien und einem kolonialen Algerien, und alles andere ist reine Rhetorik oder ein Versuch, uns in die Irre zu führen. [...] Von dem Moment an, als die Einheimischen die Methoden der Gegengewalt in Betracht zogen, provozierte Polizeigewalt automatisch Gewalt aufseiten der Nationalisten. Jedoch waren die Ergebnisse nicht die gleichen, denn Maschinengewehrsalven aus Flugzeugen und Bombardierungen durch die Flotte sind in ihrem Grauen und in ihrem Ausmaß kaum von einer Antwort der Einheimischen zu überbieten. Dieses immer wiederkehrende Grauen desillusioniert ein für alle Mal auch die entfremdetsten Mitglieder der kolonisierten Rasse. Sie lernen dadurch, dass all die Reden von der Gleichheit der Menschheit nicht die wohlbekannte Tatsache änderten, dass die Ermordung und Verwundung der sieben Franzosen am Col de Sakamody die Empörung eines jeden „zivilisierten" Gewissens hervorrief, wohingegen den Massakern an ganzen Bevölkerungsteilen – welche den Sakamody-Hinterhalt als Vergeltungsschlag erst hervorgerufen hatten – nicht die geringste Bedeutung zugestanden wird. Beobachter halten verbittert fest, wie Terror und Gegenterror, Gewalt und Gegengewalt zu einem Teufelskreis des Hasses werden, der in Algerien so offensichtlich wie hartnäckig ist. In allen bewaffneten Konflikten gibt es so etwas wie den Punkt, an dem es kein Zurück mehr gibt. Dieser Punkt wurde 1955 in Algerien erreicht.

Frantz Fanon, The Wretched of the Earth, New York 1963 (1961), S. 46 f. (übersetzt von Florian Wagner)

1. Erläutern Sie, wie Fanon zur Anwendung von Gewalt in den Unabhängigkeitskriegen steht.
2. Vergleichen Sie Fanons Aussagen mit denen von Ferhat Abbas in M2. Arbeiten Sie heraus, inwiefern sich ihre Wege zur Unabhängigkeit unterscheiden.

M4 Blockfreie Bewegung

Im Jahr 1955 findet in der indonesischen Stadt Bandung eine antikoloniale Konferenz statt. Die Teilnehmenden vertreten Länder, die gerade unabhängig geworden sind oder es werden sollen. Darunter finden sich der ägyptische Präsident Nasser, das indonesische Staatsoberhaupt Sukarno und der indische Premierminister Nehru mit seiner Tochter und späteren Ministerpräsidentin Indira Gandhi.

Ghana sendet eine Delegation, obwohl es noch nicht unabhängig ist. Zum ersten Mal kommt es zur Solidaritätserklärung zwischen antikolonialen Bewegungen aus der ganzen Welt. Sie nennen sich die „blockfreie Bewegung" oder die „Dritte Welt". Jawaharlal Nehru erklärt diese Position in seiner Rede auf der Konferenz:

Von links nach rechts: Gamal Abd el-Nasser, Sukarno, Jawaharlal Nehru

Ich schlage vor, dass wir die Dinge von der praktischen Seite her betrachten und Ideologien weglassen. Viele der hier versammelten Mitglieder erkennen die kommunistische Ideologie nicht öffentlich an, während andere dies
5 durchaus tun. Was mich betrifft, so erkenne ich sie nicht an. Ich bin eine positive Person und keine „anti"-Person. Ich will Positives und Gutes für mein Land und die Welt. Sind wir, die Länder Asiens und Afrikas, denn darum zu keiner positiven Stellungnahme fähig, außer für oder
10 gegen Kommunismus zu sein? Ist es so weit gekommen, dass die großen Vordenker, die der Welt Religionen und vieles andere gegeben haben, sich an eine Gruppe hängen müssen oder sich an eine Partei klammern? [...] [D]as wäre höchst erniedrigend und demütigend für je-
15 des Volk oder jede Nation, die noch Respekt für sich selbst empfindet. Es ist für mich ein unerträglicher Gedanke, dass die großen Nationen aus Asien und Afrika sich aus den Fesseln befreien sollten, nur um sich selbst auf diese Art und Weise wieder zu degradieren und zu demütigen. Nun, ich kritisiere diese Mächte nicht. Sie 20 sind wahrscheinlich fähig, für sich selbst zu sorgen, und wissen, was für sie selbst am besten ist. Aber ich will mich nicht an diese Erniedrigung binden. Verliere ich denn nicht meine Freiheit und meine Individualität, wenn ich mich einem Lager anschließe? Ich habe absolut 25 keine Absicht, dies zu tun.

Zitiert nach: George McTurnan, Kahin. The Asian-African Conference, Ithaca 1956, S. 64–72 (übersetzt von Florian Wagner)

1. Arbeiten Sie heraus, von welchen Bündnissen Jawaharlal Nehru hier abrät und wie er seine Ablehnung begründet.
2. Erläutern Sie, was Nehru statt einer Anlehnung an die Großmächte bevorzugt.

M5 Wind of change

Sechs Jahre lang verhandelt Kwame Nkrumah mit London über die Unabhängigkeit Ghanas. Obwohl die britische Regierung Nkrumah zunächst ins Gefängnis steckt, akzeptiert sie 1957 einen friedlichen Übergang in die Unabhängigkeit. Als „Vater des Panafrikanismus" fordert Nkrumah daraufhin die Befreiung aller Menschen in Afrika:

Freedom! Hedsole! Sawaba! Uhuru!
Männer, Frauen und Kinder in der gesamten Länge und Breite Afrikas skandieren immer wieder die Slogans des Afrikanischen Nationalismus – das bedeutendste politi-
5 sche Phänomen des zweiten Teils des 20. Jahrhunderts. Nie zuvor in der Geschichte hat sich eine solch mitreißende Leidenschaft für die Freiheit in großen Massenbewegungen ausgedrückt, welche nun das Bollwerk der Imperien niederringt. Dieser Wind des Wandels, der
10 durch Afrika fegt, ist, wie ich bereits sagte, kein gewöhnlicher Wind. Es ist ein zerstörerischer Hurrikan, dem die alte Ordnung nicht Stand hält. Die vielen Millionen von Afrikanern und Asiaten sind es müde geworden, Holzhacker und Wasserträger zu sein, und rebellieren gegen
15 die falsche Vorstellung, das Schicksal mache die einen zu den Knechten der anderen. In diesem Jahrhundert gab es bereits zwei Weltkriege, die zum Erhalt der Demokratie geführt worden sind, vor allem für das Recht der Völker, die Regierungsform zu wählen, unter der sie le-
20 ben wollen. Staatsmänner haben oft die Notwendigkeit betont, Grundrechte zu respektieren, und zitierten ein Menschenrecht, das sie von dem Schatten der Ängste befreite, die ihre Würde antasteten, vor allem, wenn sie in Knechtschaft, Armut und Erniedrigung lebten. […]
25 Männer und Frauen in den Kolonien sind von solchen Erklärungen sehr enttäuscht, denn sie sollten scheinbar wie selbstverständlich keine universale Gültigkeit haben. […] Die Welt der unterdrückten Völker realisierte, dass Freiheit für sie genauso ein unveräußerliches Recht ist
30 wie für diejenigen, die sich unter dem Vorwand über sie gestellt hatten, dass sie ihnen das Licht des Christentums und der Zivilisation bringen. Die Vorstellungen von Freiheit und Demokratie […] wurden eifrig von denjenigen aufgesogen, denen Freiheitsrechte am vollständigsten
35 verweigert wurden. Die Unabhängigkeit Ghanas im Jahr 1957 stieß die Tore für die afrikanische Unabhängigkeit weit auf. Innerhalb von vier Jahren erlangten weitere 18 afrikanische Länder die Unabhängigkeit. Diese Entwicklung ist einzigartig im heutigen Weltgeschehen. Denn
40 sie hat bedeutsame Änderungen in der Zusammensetzung der UNO bewirkt und hat einen gewaltigen Einfluss auf das Gleichgewicht der Weltverhältnisse, […] doch sind noch nicht alle Bollwerke des Kolonialismus gefallen. […] Wir haben uns dem Ziel der totalen ge-
45 samtafrikanischen Unabhängigkeit verschrieben. Das ist ein Band der Einheit, welches das freie und das unfreie Afrika eint, genauso wie andere unabhängige Staaten, die hinter dieser Sache stehen.

Kwame Nkrumah, Africa must Unite, New York/Washington 1963, S. 9 ff. (übersetzt von Florian Wagner)

1. Erklären Sie, gegen welche Merkmale des Kolonialismus die Menschen aus Afrika rebellierten. Arbeiten Sie die „falschen Annahmen" der Kolonialmächte heraus.
2. Beurteilen Sie, inwiefern die Unabhängigkeit der ehemaligen Kolonien den Gang der Weltgeschichte im 20. Jh. veränderte.
3. In der kolonialen Zeit galten Rechte nicht für alle, das heißt, sie waren nicht universal. Sie galten auch nicht unter allen Umständen, das heißt, sie waren nicht unveräußerlich. Beurteilen Sie, ob das Recht auf Freiheit und Demokratie heute ein unveräußerliches, universales Recht ist. | H

Einen Überblick über die Entkolonialisierung nach 1945 bietet die **Animierte Karte** unter dem Code 32052-24.

Der Blick aufs Ganze

1. Erläutern Sie die verschiedenen Formen von Dekolonisierung: Revolution, Unabhängigkeitskrieg, gewaltloser Widerstand, nationale Befreiungsbewegung und Dekolonisierung „von oben" arbeitsteilig mit Beispielen aus dem Darstellungstext.
2. Charakterisieren Sie diese genannten Formen der Dekolonisierung mithilfe der im Darstellungstext vorgestellten Erklärungsmodelle für Dekolonisierung.
3. Entwickeln Sie eine Grafik aus den Ergebnissen der beiden vorangegangenen Arbeitsaufträge.
4. Ordnen Sie die Beispiele aus M2 und M3 in die Grafik ein.
5. Beurteilen Sie die Rolle der Gewalt für den Dekolonisierungsprozess (DT, M1–M5).

Sie können die Grafik auch als Lernplakat ausgestalten und verschiedene zu bearbeitende Aspekte in der Gruppe aufteilen und gegenseitig präsentieren.

Quit India! Von der Euphorie der gewaltlosen Emanzipation zur ethnisch begründeten Teilung

„Das Durchsägen einer Frau".
Karikatur aus der indischen Tageszeitung „The Pioneer" vom 8. Juli 1947. Sie wurde 1865 von einem im Teegeschäft tätigen Engländer gegründet.

▶ Beschreiben Sie die Karikatur.
▶ Ordnen Sie den einzelnen Aspekten der Karikatur zu, was Sie über die Unabhängigkeit Indiens wissen. | H

Friedlicher „transfer of power"? | Die Unabhängigkeit Indiens im Jahr 1947 schien ein friedlicher „transfer of power" zu sein, doch dann behaupteten einige, Muslime und Hindus könnten nicht im neuen Staat zusammenleben. War dies wirklich der Fall? In Indien hatte die britische Kolonialmacht schon seit 1857 eine Strategie der „indirect rule" verfolgt. Bei der „indirect rule" regierte London durch indische Fürsten und Würdenträger, solange diese die Wünsche des britischen Vizekönigs und seiner Kolonialregierung in Indien umsetzten. Der Vizekönig repräsentierte die britische Monarchie in Indien, erlaubte aber einen sogenannten Gesetzgebenden Rat (Legislative Council), in dem auch indische Parteien vertreten waren. Die bedeutendste Partei nannte sich Indischer Nationalkongress (gegründet 1885) und vertrat vorrangig die Menschen hinduistischer Religion. Ähnlich stark wurde später die Muslimliga (gegründet 1906), welche für die indischen Muslime sprach. Die beiden Parteien hatten ein Mitspracherecht im Gesetzgebenden Rat, aber englische Kolonialbeamte behielten immer das letzte Wort und damit die Macht in Indien. Noch vor dem Ersten Weltkrieg verlangten die indischen Parteien eine stärkere Regierungsbeteiligung, die allerdings ausblieb. Darum stellten sie immer lauter die Forderung nach mehr politischen Rechten und wollten ab 1929 die Unabhängigkeit. Obwohl es also in Indien schon früh mächtige Parteien gab, blieb das System undemokratisch. Darum mussten sich die Menschen in Indien die nationale Unabhängigkeit ebenso wie in anderen Kolonien erkämpfen.

Unter den vielen Unabhängigkeitskämpfern in Indien erinnert man sich heute vor allem an Mohandas Karamchand, genannt Mahatma Gandhi. Gandhi wollte die Befreiung von der britischen Kolonialmacht ohne Gewalt erreichen und propagierte eine Geisteshaltung, die er Satyagraha nannte, was u.a. mit „Triumph der Wahrheit" übersetzt werden kann. Seine Strategie war der zivile Ungehorsam. Gandhis ziviler Ungehorsam bestand vor allem darin, dass er ungerechte Kolonialgesetze missachtete und boykottierte. Zum Beispiel hatte die britische Kolonialregierung ein Gesetz eingeführt, welches ihr das Monopol über die Salzherstellung und den Salzhandel in Indien sicherte. Obwohl Salz ein überlebenswichtiges Grundnahrungsmittel war, mussten es nun auch arme Leute zu teuren Preisen von der Regierung kaufen. Zuvor konnte man

Salz teils kostenlos bekommen, indem man es zum Beispiel am Strand sammelte, wo Meerwasser verdunstet war und Salzrückstände hinterließ. Obwohl es verboten war, organisierte Gandhi mit seinen Anhängern einen zwei Wochen dauernden Salzmarsch zur Küste, wo er demonstrativ Salz aufhob. Tausende taten es ihm gleich und gingen damit über den zivilen Ungehorsam hinaus.

Nach 1945 kam den indischen Nationalisten zugute, dass Großbritannien hochverschuldet war und sich Indien kaum mehr leisten konnte. Mit Indien wurde eine der größten Kolonien auf vorrangig friedlichem Weg unabhängig. Das unabhängige Indien blieb Großbritannien im Rahmen des Commonwealth wirtschaftlich verbunden, ging aber seinen eigenen Weg und wurde zu einem mächtigen und relativ stabilen Staat in Asien sowie zu einem gewichtigen Mitglied der UNO. Die Dekolonisation Indiens hatte aber auch eine dunkle Seite.

Die Große Teilung: Indien und Pakistan | Die Unabhängigkeit Indiens stand unter einem schlechten Stern. Um ihre Herrschaft zu festigen, hatten die britischen Kolonialherren schon seit den 1850er-Jahren begonnen, hinduistische und muslimische Gruppen gegeneinander auszuspielen. Jahrhundertelang hatten diese beiden Religionsgruppen in Indien nebeneinander existiert. Während der Kolonialzeit häuften sich aber Konflikte zwischen ihnen. Die Rivalität drückte sich in der Gründung von zwei Parteien aus, dem schon erwähnten Indischen Nationalkongress unter der Führung von Jawaharlal Nehru und der Muslimliga unter Muhammad Ali Jinnah. Teile der Bevölkerung radikalisierten sich und 1946 kam es zu Massakern von beiden Seiten.

Die britische Kolonialmacht unternahm wenig gegen die Gewalt zwischen Religionsfanatikern. Gerade als die Situation sich zuspitzte, entschied die britische Regierung, die Verantwortung abzugeben und sich schrittweise aus Indien zurückzuziehen. Das Gefühl, der Lage nicht mehr Herr zu sein, begünstigte nun die britische Entscheidung zur Dekolonisierung. Vor der Machtübergabe kamen die Briten noch mit den Parteivorsitzenden beider Seiten überein, dass Indien geteilt werden sollte. Gebiete im Osten und im Westen Indiens, in denen die Muslime in der Mehrheit waren, sollten zu einem Staat mit dem Namen Pakistan werden. Obwohl diese zwei Gebiete – Punjab im Westen und Bengalen im Osten – 1700 Kilometer auseinanderlagen, wurden sie 1947 zu einem muslimischen Land zusammengefasst. Zwischen den beiden Teilen lag das neue, vorrangig hinduistisch konzipierte Indien.

Obwohl also die Unabhängigkeit Indiens und Pakistans 1947 ohne großen Dekolonisationskrieg vonstatten ging, schuf die Teilung einen bis heute brodelnden Konfliktherd. Im Zuge der Teilung kam es allein in der zweiten Jahreshälfte 1947 zur Vertreibung von ungefähr zwölf Millionen Menschen. Die Hindus wurden aus Pakistan vertrieben und die Muslime aus Indien. Bei den brutalen Ausschreitungen und Vertreibungen kamen eine Million Menschen zu Tode. Unter den Opfern des Konflikts war auch Mahatma Gandhi, der eigentlich für eine Versöhnung beider Gruppierungen in einem gemeinsamen Staat plädiert hatte. Er wurde von einem hinduistischen Extremisten ermordet, der Gandhi vorwarf, mit den Muslimen gemeinsame Sache zu machen.

Das Beispiel Indien zeigt, dass nationale und religiöse Befreiungsideologien nicht immer ein Segen waren. Obwohl man in Indien keine „Ethnien" voneinander unterscheiden konnte, kam es zu ethnisch begründeten Vertreibungen und auch „Säuberungsaktionen". Im Falle Indiens und Pakistans sollten die neuen Länder von Andersreligiösen gesäubert werden. Und obwohl Indien und Pakistan wirtschaftlich und politisch zu relativ stabilen Staaten wurden, lebte der in der Gründungsgeschichte beider Staaten angelegte Konflikt immer wieder auf. Noch heute findet er zum Beispiel im Streit um die nordindische Provinz Kaschmir seine Fortsetzung.

Muhammad Ali Jinnah (1876–1948): Politiker und Widerstandskämpfer gegen Britisch-Indien, erster Generalgouverneur des neu gegründeten Pakistan

M1 Die Teilung Indiens nach der Unabhängigkeit 1947

a) Erster Vorschlag (1940) der Muslimliga für ein „Pak Commonwealth of Nations":

Nach: Akbar S. Ahmed, Jinnah, Pakistan and Islamic Identity, London 1997, S. 17

b) Die Karte zeigt, wie die Teilung 1947 vollzogen wurde:

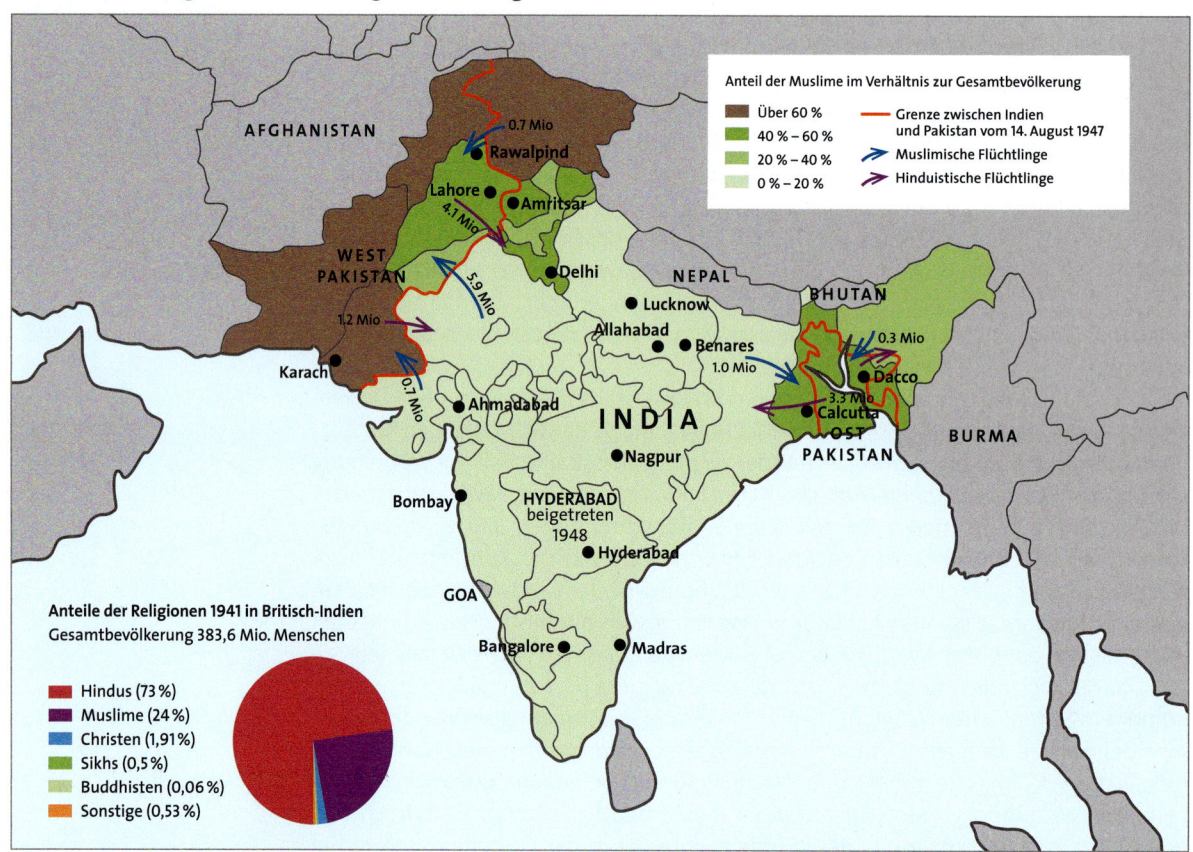

Anteil der Muslime im Verhältnis zur Gesamtbevölkerung
- Über 60 %
- 40 % – 60 %
- 20 % – 40 %
- 0 % – 20 %
- Grenze zwischen Indien und Pakistan vom 14. August 1947
- Muslimische Flüchtlinge
- Hinduistische Flüchtlinge

Anteile der Religionen 1941 in Britisch-Indien
Gesamtbevölkerung 383,6 Mio. Menschen
- Hindus (73 %)
- Muslime (24 %)
- Christen (1,91 %)
- Sikhs (0,5 %)
- Buddhisten (0,06 %)
- Sonstige (0,53 %)

Karte nach: http://cla.calpoly.edu/~lcall/partition_india.jpg

1. Vergleichen Sie die beiden Karten.
2. Erläutern Sie die Probleme, die aus der Teilung entstanden (DT, M1).

M2 Gewaltloser Widerstand

Im Zweiten Weltkrieg fordert Gandhi die Briten auf, Indien sofort zu verlassen (Quit India!). Das All-India Congress Committee unter der Führung von Jawaharlal Nehru unterstützt diese Forderung in einer Resolution vom 7. August 1942. Nachdem Gandhi, Nehru und die anderen Anführer des All-India Congress Committee ihre Unterschrift unter die Resolution gesetzt haben, werden sie verhaftet. Die Resolution ruft zum gewaltlosen Widerstand auf:

Der Besitz eines Empires ist für die herrschende Macht eine Bürde und ein Fluch geworden, anstatt zu seiner Machterweiterung beizutragen. Indien, das Land des klassischen modernen Imperialismus, steht im Zentrum
5 dieses Problems, denn an der Unabhängigkeit Indiens werden Großbritannien und die UNO gemessen werden und die Bevölkerung in Asien und Afrika wird an ihr ihre Hoffnung und ihren Enthusiasmus festmachen. Das Ende der britischen Herrschaft in diesem Land ist darum
10 ein unverzichtbares und unaufschiebbares Anliegen, wovon der Verlauf des Krieges und der Erfolg von Freiheit und Demokratie abhängen. Ein freies Indien wird diesen Erfolg sicherstellen, indem es all seine enormen Ressourcen im Kampf für die Befreiung und gegen die Aggres-
15 sion von Nazismus, Faschismus und Imperialismus einbringt [...]. Das Komitee [des All-India Congress] beschließt darum die Rettung von Indiens unveräußerlichem Recht auf Freiheit und Unabhängigkeit sowie den Beginn einer größtmöglichen Massenbewegung im ge-
20 waltlosen Kampf, sodass das Land die gesamte gewaltfreie Kraft, die es in den letzten 22 Jahren friedlicher Aktion angereichert hat, nutzbar machen kann. [...] Schließlich will das Komitee des All-India Congress allen Beteiligten klar machen, dass der Beginn der Massenbe-
25 wegung nicht zum Ziel hat, der Kongresspartei mehr Macht zu verschaffen. Die Macht, wenn wir sie erringen, wird dem gesamten indischen Volk gehören.

Zitiert nach: Pattabhi Sitaramayya, The History of the Indian National Congress, Vol.II, 1935–1947, Bombay, 1947, S. 343 f. (übersetzt von Florian Wagner)

1. Erläutern Sie, warum die Verfasser der Resolution 1942 betonen, dass der Kampf gegen den Imperialismus mit dem Kampf gegen Nazismus und Faschismus einhergeht.
2. Erklären Sie, warum die Autoren der Resolution darauf hinweisen, dass alle Völker Indiens nach der Unabhängigkeit an der Macht beteiligt werden sollen.
3. Beurteilen Sie, welche Probleme sich bei der Verwirklichung dieses Planes ergäben.

M3 Muslime und Hindus

Mohammad Ali Jinnah ist der Anführer der Muslimliga in Indien. Er fürchtet eine Dominanz der hinduistischen Kräfte in der Kongresspartei und will darum nach der Unabhängigkeit einen eigenen muslimischen Staat. Schon bei einer Rede vor der Muslimliga im Jahr 1940 macht er deutlich, dass Muslime in der hinduistisch dominierten Kongresspartei nichts zu sagen hätten:

Und das ist nun, was Gandhi am 20. März 1940 gesagt hat. Im Wortlaut sagte er: „Für mich sind Muslime, Parsis und die Unberührbaren alle gleich. Ich will das in aller Ernsthaftigkeit sagen" – aber ich denke, so ernst kann es ihm nicht sein – „Wenn ich von Quaid-i-Azam Jinnah 5 spreche, will ich mit aller Ernsthaftigkeit sagen, dass er mein Bruder ist." Der einzige Unterschied ist dann wohl, dass Bruder Gandhi bei der Wahl drei Stimmen hat und ich nur eine (*Lachen im Publikum*) [...]. Warum erkennt Herr Gandhi nicht ehrlich an, dass die Kongresspartei 10 eine Hindu-Partei ist, dass sie niemanden anderen vertritt als den soliden Block des Hindu-Volkes? Warum ist Herr Gandhi nicht stolz zu sagen: „Ich bin ein Hindu. Die Kongresspartei hat sein solides Fundament unter den Hindus"? Ich habe keine Scham zu sagen, dass ich 15 ein Muslim bin. (*Hört, hört-Rufe und Applaus aus dem Publikum.*) Ich habe recht und ich hoffe und ich denke, dass sogar ein Blinder nun überzeugt ist, dass die Muslimliga ihr solides Fundament unter den Muslimen Indiens hat (*Hört, hört-Rufe*). Warum dann dieses ganze Versteck- 20 spiel? Warum all diese Intrigen? Warum all diese Methoden, die die Briten dazu bringen sollen, sich mit den Muslimen zu überwerfen?

Address by Quaid-i-Azam Mohammad Ali Jinnah at Lahore Session of Muslim League, March, 1940 (Islamabad: Directorate of Films and Publishing, Ministry of Information and Broadcasting, Government of Pakistan, Islamabad, 1983), S. 5–23, zitiert nach: http://www.columbia.edu/itc/mealac/pritchett/00islamlinks/txt_jinnah_lahore_1940.html [Zugriff: 19. Juli 2021] (übersetzt von Florian Wagner)

1. Analysieren Sie die Rede Jinnahs.
2. Erläutern Sie, warum Muhammad Ali Jinnah keine gemeinsame Sache mit Gandhi machen will.

M4 Dekolonisierung Indiens

a) Flucht der Muslime
Ausschnitt aus „The Manchester Guardian" vom 27. September 1947:

THE FLIGHT OF THE MOSLEMS

Muslim refugees crowding a train that will take them from Delhi into Pakistan.

b) Delhi, 15. August 1947
Der Historiker Dietmar Rothermund beschreibt den Moment der indischen Unabhängigkeit folgendermaßen:

Man schrieb den 14. August 1947, als in Neu-Delhi zu ungewöhnlicher Stunde – um Mitternacht – das Parlament zusammentrat. Jawaharlal Nehru, bereits seit 1946 Interimspremierminister, hielt aus diesem Anlass eine
5 Rede, die später immer wieder zitiert wurde: „Schon vor vielen Jahren haben wir eine Verabredung mit dem Schicksal getroffen, und nun ist die Zeit gekommen, unser Versprechen wahrzumachen – zwar nicht in vollem Maße, aber doch im Wesentlichen. Um Mitternacht,
10 wenn die Welt schläft, wird Indien zum Leben und zur Freiheit erwachen. Es ist dies ein Augenblick, den man nur selten in der Geschichte erlebt: Wir lösen uns von dem Alten und begegnen dem Neuen, ein Zeitalter endet, und die Seele der Nation, die lange unterdrückt war,
15 äußert sich frei und ungehemmt. Es ziemt sich, dass wir in diesem Augenblick uns zum Dienst an Indien und seinem Volk und zum Dienst an der Menschheit verpflichten. […] Wir müssen arbeiten, hart arbeiten, um unsere Träume zur Wirklichkeit werden zu lassen. Diese
20 Träume gelten Indien, aber sie gelten auch der Welt, denn alle Völker und Nationen sind eng miteinander verbunden, sodass kein Volk mehr glauben kann, dass es für sich allein leben kann. Der Friede, so heißt es, ist unteilbar, das gilt auch für die Freiheit und den Wohl-
25 stand und für das Unheil in dieser Einen Welt, die sich nicht länger in isolierte Fragmente aufteilen lässt […]."

Nehru hatte viel dazu beigetragen, dass Indien
30 in dieser Nacht die Freiheit gewährt wurde, aber das Datum hatte nicht er, sondern der letzte britische Vize-
35 könig, Lord Louis Mountbatten, bestimmt. Es war der zweite Jahrestag der japanischen Kapitulation […]. Da Mount-
40 batten zwei Staaten in die Unabhängigkeit entlassen musste, war er am 14. August zuerst nach Karachi geeilt, um dort
45 Pakistan ins Leben zu rufen, und dann rechtzeitig nach Neu-Delhi zurückgekehrt, um dort die Freiheit um Mitternacht zu gewähren. Hatte Mountbat-
50 ten auch den Tag der Freiheit bestimmt, so waren für die Uhrzeit die indischen Astrologen zuständig gewesen, deren Rat bei der Ermittlung glückbringender Momente unentbehrlich ist. […] Die eigentlichen Feierlichkeiten
55 begannen am Morgen des 15. August. Mountbatten wurde als Generalgouverneur vereidigt und hielt eine Rede, in der er besonders Mahatma Gandhi erwähnte, dessen Einsatz in Bengalen er sehr zu schätzen wusste. […] Am Nachmittag versammelten sich alle in den Ros-
60 hanara-Gärten. Die Familie Mountbatten verteilte Süßigkeiten an die versammelten Kinder. […] Der Unabhängigkeitstag konnte noch ungetrübt gefeiert werden, aber schon am Tage danach zeigte sich das erste Wetterleuchten, mit dem das furchtbare Gewitter sich ankündigte, das bald über Indien hereinbrechen sollte. Mount-
65 batten überreichte Nehru und seinen Kollegen den Bericht […], der die genaue Grenzziehung zwischen Indien und Pakistan aufzeigte. Auch der pakistanische Premierminister Liaquat Ali Khan war anwesend. Mountbatten hatte die Überreichung des Berichts hin-
70 ausgeschoben, weil er die Machtübertragung vornehmen wollte, ehe sich die Politiker der beiden Länder in Streitigkeiten um die Grenzziehung verwickeln konnten. So waren beide Staaten in die Unabhängigkeit entlassen, ohne dass die Betroffenen wussten, wo genau
75 deren Grenzen lagen. […] Die Sikhs des Panjab, die erst nach der Veröffentlichung des Berichts […] erfuhren,

dass ihre Siedlungsgebiete durch die Grenze geteilt wurden, protestierten vehement gegen die Entscheidung. [...] Ihr Führer Tara Sigh zog auf einer Massenversammlung der Sikhs in Lahore sein Schwert und rief: „Das bedeutet Krieg." [...] Flüchtlingsströme aus beiden Richtungen stießen aufeinander, es kam zu Mord und Totschlag. Die Grenzschutztruppe war überfordert, und Mountbatten stimmte schließlich ihrer Auflösung zu. Damit war seine letzte exekutive Aufgabe erledigt, und er fuhr mit seinem Gefolge nach Simla, um für einige Tage Urlaub zu machen.

Dietmar Rothermund, Delhi, 15. August 1947. Das Ende kolonialer Herrschaft, München 1998, S. 9–13

1. Charakterisieren Sie mithilfe des Textes und des Bildes die Dekolonisierung Indiens (DT, M4). | H

M5 Multiple Identitäten

Der indische Nobelpreisträger und Wirtschaftswissenschaftler Amartya Sen, bekannt für seine Arbeiten zur Armutsforschung, beschreibt, wie absurd es ist, Menschen auf eine angeblich einzige Identität festzulegen. Vor allem Kinder seien vielmehr durch „multiple Identitäten" und die Offenheit ihrer Entwicklung geprägt:

Im Jahr 1944, als Amartya Sen ein Junge im Alter von elf Jahren war, wurde er Zeuge des Gewaltausbruches zwischen Hindus und Muslimen, welcher Britisch-Indien auseinanderriss und den Auftakt zur Teilung des Landes in Indien und Pakistan machte. Kader Mia, ein junger muslimischer Tagelöhner, wurde von Hindus mit dem Messer angegriffen, als er in Sens Wohnviertel in Dhaka kam, um dort nach Arbeit zu suchen. Seine Ermordung hat Sen lange verfolgt und wurde für ihn zum tragischen Charakterzug, der leider die menschlichen Gesellschaften allzu häufig prägt: Die Tötung von Menschen aus dem einzigen Grund, nämlich dem, dass sie meist durch Geburt zu bestimmten Gemeinschaften gehören: „Für ein elfjähriges Kind scheint es unglaubwürdig", schreibt Sen, „dass dieser Kader Mia nur eine Identität haben sollte." Warum sollten „vielseitige Menschen" darauf reduziert werden, „nur exakt eine Identität zu haben, die mit Religion, oder genauer mit ‚religiöser Ethnizität', verbunden sein soll"? Dieses mörderisch irreführende Denken untersucht er in seinem Buch *Identität und Gewalt* [...]. Was Sen antreibt, ein Problem weiter zu verfolgen, das ihm einst als Kind aufgefallen ist, ist die heutige Welt, in der Akademiker wie Samuel Huntington – der Autor der berüchtigten These vom Kampf der Kulturen – und Terrorgruppen wie die islamistischen Dschihadisten oder die Drahtzieher hinter den ethnischen Konflikten in Ruanda und Sudan geneigt sind, unser eigentlich multiples Verständnis von Identitäten auf einen Aspekt zu reduzieren, sei es die Kultur oder die Religion. Sen behauptet selbstverständlich nicht, dass Akademiker und Aktivisten, die die These von „imaginären Singularitäten" vertreten, alle die gleiche Absicht haben. Sein Argument ist, dass „diese falsche Gesamtkonzeption und nicht nur einzelne böse gemeinte Absichten in signifikanter Weise zum Chaos und zur Barbarei um uns herum beitragen". Um es auf den Punkt zu bringen: Wir müssen die „Illusion" einer einzigen Kultur oder Religion, die angeblich unser „Schicksal" bestimmt, zurückdrängen. „Wir müssen klar sehen, dass wir viele verschiedene Zugehörigkeiten haben [...]. Wir haben selbst den Spielraum, unsere Prioritäten festzulegen." Er ist klar gegen die staatliche Unterstützung von glaubensbasierten Schulen, egal ob es Schulen allein für „Muslime, Hindus oder Sikhs sind". Denn solch eine Politik „fördert das Denken in Fragmenten [...]". „Erziehung", schreibt er weiter, „ist nicht dafür da, Kindern, auch nicht den jüngeren [...], ein ererbtes Ethos beizubringen. Sie ist auch dafür da, den Kindern zu helfen, die Fähigkeit zu entwickeln, die Entscheidungen zu treffen, die Erwachsene treffen müssen." Aus denselben Gründen wendet sich Sen gegen die Tendenz von gewählten Staatsoberhäuptern in Demokratien, sich nur zu Sprechern ihrer eigenen Communities zu machen.

Dipesh Chakrabarty, „Review Essay on Identity and violence: the illusion of destiny, by Amartya Sen", South Asian History and Culture 1,1 (2009), 149–154 (übersetzt von Florian Wagner)

1. Erklären Sie Amartya Sens Ansatz der „multiplen Identitäten".
2. Diskutieren Sie, ob die Theorie der „multiplen Identitäten" nachkoloniale und oft als „ethnisch" bezeichnete Konflikte im 20. Jh. hätte verhindern können.
3. Beurteilen Sie vor dem Hintergrund von Sens Warnung aktuelle Formen von Identitätspolitik (z.B. in Europa oder den USA).

Der Blick aufs Ganze

1. Erläutern Sie die Karikatur „Das Durchsägen einer Frau" (DT, M1–M5).
2. Beurteilen Sie, welche Bedeutung die Unabhängigkeit Indiens für die Geschichte der Welt im 20. Jh. hatte.
3. Diskutieren Sie die Problematik der Teilung von Staaten. | F

Sie können die Diskussion mithilfe der Kooperationsform „Fishbowl" durchführen.

Von Indochina zu Vietnam: erneutes Trauma nach den Weltkriegen?

Wessen Trauma?
Der US-Amerikaner Barry Romo steht vor einem Regal voller Bücher, die meisten über den Vietnam-Krieg. In den Händen hält er ein Foto, das er 1972 nach dem Luftangriff der US-Streitkräfte auf Hanoi selbst geschossen hat.

▶ Gestalten Sie Sprech- oder Denkblasen, die sowohl von den Opfern des Luftangriffes in Hanoi 1972 ausgehen als auch von Barry Romo.

▶ Bilden Sie Hypothesen, in welchem Zusammenhang der Vietnam-Krieg mit der Dekolonisierung Indochinas steht.

Koloniale Vorgeschichte | Kaum ein Dekolonisierungskrieg beschäftigte die Welt so lange und so intensiv wie derjenige in der französischen Kolonie Indochina, dem späteren Vietnam. Frankreich hatte das Gebiet 1887 zur Kolonie erklärt und gab ihm den Namen Indochina. Er verriet, warum sich die französische Regierung für das Gebiet interessierte: Es lag strategisch günstig zwischen Indien und China. Zudem konnte Paris die Wirtschaft der Kolonie mit Gewinn ausbeuten. Indochina lieferte der französischen Kolonialmacht bald große Mengen an Reis, Kautschuk und Jute. Frankreich konnte trotzdem Teile der einheimischen Oberschicht, darunter die alte Herrscherdynastie und deren effizienten Beamtenapparat, für die eigenen Zwecke einspannen und zur Verwaltung des Landes benutzen. Teile der Oberschicht arbeiteten mit den Franzosen zusammen, aber die einfachen Leute und die Intellektuellen waren unzufrieden. Darum gewannen in den 1930er-Jahren nationalistische und kommunistische Protestbewegungen aus dem Volk an Zulauf. Soziale Unruhen und Streiks wurden häufiger.

Nachdem Frankreichs Kriegsgegner Japan im Zweiten Weltkrieg Indochina besetzt hatte, nutzten Widerstandsgruppen unter ihrem kommunistischen Anführer Ho Chi Minh die Gelegenheit und erklärten die Unabhängigkeit des Landes. Allerdings kamen die französischen Kolonisatoren 1945 zurück. Sie setzten den früheren Kaiser der Region nominell an die Spitze der Kolonie und gaben ihr den neuen Namen Vietnam.

Ho Chi Minh gründete im Norden ebenfalls einen neuen Staat, die Demokratische Volksrepublik Vietnam. So entstanden zwei Staaten, die sich gegenseitig nicht anerkannten. Mit der Unterstützung des kommunistischen China stellte Ho Chi Minh eine Guerilla-Armee auf, den Vietminh. Seine Taktik zeichnete sich aus durch schnelle Ortswechsel seiner Kampftruppen, Überraschungsangriffe und den Rückzug auf das Land, welches die Franzosen kaum beherrschten. Dazu kam aber auch eine gute quasi-staatliche Organisation des Vietminh, der von der vietnamesischen Bevölkerung Steuern einzog, einen Justizapparat aufbaute und auf der Grundlage von Volkszählungen alle jungen Männer zur Armee einzog. Frankreich antwortete unter anderem mit Folter und Deportation. Obwohl die französischen Truppen in der Zeit des Kalten Krieges Unterstützung von den antikommunistischen USA erhielten, gewann der Vietminh 1954 die entscheidende Schlacht um Dien Bien Phu. Erstmals schlug damit eine Widerstandsarmee eine Kolonialarmee. Bis dahin hatte der Krieg 64 000 Opfer auf französischer Seite gefordert und bis zu 400 000 aufseiten des Vietminh. Es blieb dennoch 1954 bei einem kommunistischen Staat im Norden und einem antikommunistischen Staat im Süden.

Wessen Trauma? Der Vietnam-Krieg | Mit dem Befreiungskrieg gegen Frankreich war der Konflikt in Vietnam aber nicht zu Ende. Seit 1955 entwickelte sich der Kampf um die Unabhängigkeit zu einem Bürgerkrieg, wobei sich das kommunistische Nordvietnam und das amerikatreue Südvietnam gegenüberstanden. Die USA sowie China und die Sowjetunion ließen dabei die beiden Vietnams in einem Stellvertreterkrieg gegeneinander antreten, um der Region ihr jeweiliges politisches System überzustülpen. Seit 1963 griffen die USA offen in den Konflikt ein. Washington schickte zunächst 16 000 Militärberater und nach erfolglosen Luftangriffen dann die US-Army nach Südvietnam. China und die Sowjetunion entsandten ebenfalls Truppenkontingente und unterstützten Nordvietnam zusätzlich mit insgesamt rund dreiundzwanzig Milliarden Dollar. Die Gewalt des Vietnam-Krieges, den man in Vietnam „amerikanischer Krieg" nennt, traumatisierte alle Beteiligten, sofern sie danach noch lebten. Unter vietnamesischen Zivilisten und Soldaten gab es an die drei Millionen Tote. 58 000 amerikanische Soldaten starben und zwei Millionen traumatisierte Kriegsveteranen kehrten zurück, von denen sich 60 000 das Leben nahmen.

Die kommunistischen Anführer um Ho Chi Minh fanden ihre Unterstützung nicht nur innerhalb der nordvietnamesische Bevölkerung, sondern auch in Südvietnam. Für den Krieg in Südvietnam legten sie in den Nachbarländern Laos und Kambodscha den berühmten Ho Chi Minh-Pfad an, ein Netzwerk an Straßen und Wegen, von denen aus eine Guerilla-Armee, der sogenannte Vietcong, agierte. In der Hoffnung, einen Volksaufstand auszulösen, startete der Vietcong 1968 von dort die sogenannte Tet-Offensive (benannt nach dem vietnamesischen Neujahrsfest Tet), bei der wichtige Städte und Stützpunkte der amerikanischen Armee angegriffen wurden.

Die amerikanischen Truppen wussten sich angesichts der Überraschungstaktik nicht recht zu helfen und antworteten mit Flächenbombardements, durch die sie Nordvietnam „in die Steinzeit zurückbomben" wollten. Neben herkömmlichen Bomben setzen sie auch chemische Waffen ein, die zur Erosion der Wege und zur Entlaubung des dichten Regenwalds über dem Ho Chi Minh-Pfad dienen sollten. Diese chemischen Waffen zerstörten nicht nur Natur und Artenvielfalt, sondern führten zu Tod, Krankheit und Behinderungen bei tausenden Menschen. Bis heute werden dort Kinder mit daraus resultierenden Krankheiten geboren.

Die USA verloren im Vietnam-Krieg ihren Weltruf als Vorkämpfer für Freiheit, Demokratie und Menschenrechte und als Unterstützer antikolonialer Unabhängigkeitsbewegungen. Das Vorgehen der US-Army wurde zum Dauerthema in den Massenmedien. Eine landesweite Antikriegsstimmung bildete sich schon seit der Tet-Offensive im Frühjahr 1968. Als Washington daraufhin mehr Bodentruppen einsetzte, protestierte die Friedensbewegung noch lauter. Vor allem afroamerikanische Bürgerrechtler wie Martin Luther King traten gegen den Krieg ein, weil überproportional viele afrikanischstämmige Soldaten nach Vietnam geschickt wurden. Am meisten litt aber die Bevölkerung in Vietnam, wo der Krieg auch noch andauerte, als die USA sich 1973 schließlich erfolglos zurückzogen. Die Kämpfe gingen weiter, bis Südvietnam 1975 kapitulierte. Am 2. Juli 1976 vereinigten sich die beiden Landesteile unter der kommunistischen Herrschaft.

Ho Chi Minh (1890–1969): vietnamesischer Revolutionär, von 1945 bis 1955 Premierminister und von 1945 bis 1969 Präsident der Demokratischen Republik Vietnam (ab 1954 Nordvietnam genannt)

M1 Bericht eines vietnamesischen Generals

Huynh Thu Truong kommt aus Südvietnam. Er wird 1946 zunächst Mitglied der kommunistischen Befreiungsbewegung und bekämpft die französische Kolonialmacht im Norden. Nachdem Frankreich das Land verlassen hat, richtet er sich gegen die konservative Diem-Regierung in Südvietnam, die von amerikanischen Truppen gestützt wird. In Südvietnam tritt er dem Vietcong, der südvietnamesischen Guerilla-Armee, bei. Erst 1975, fast dreißig Jahre später, ist für ihn der Krieg zu Ende. In einer Publikation von 2010 berichtet er:

Ich wurde 1923 in eine wohlhabende Familie in Südvietnam geboren. Nach der Schule schrieb ich mich 1944 im französischen katholischen Collège in Saigon [heute Ho-Chi-Minh-Stadt] ein. Ich studierte Ingenieurwesen, Ma-
5 thematik, Mechanik, Physik und Chemie. Der Weltkrieg im Pazifik war 1945 vorbei und die Vietminh gründeten die Demokratische Republik Vietnam in Hanoi mit Ho Chi Minh als Präsident. [...] Die Vietminh waren im Süden aktiv. Der erste Indochina-Krieg brach 1946 aus,
10 als Vietminh-Truppen im Norden mit den französischen Kräften zusammenstießen. Obwohl wir Studenten auf einem französischen Collège waren, wollten wir die Rückkehr Frankreichs nach dem Zweiten Weltkrieg nicht, vor allem wegen ihrer altmodischen, unzeitgemä-
15 ßen Kolonialpolitik. Wir wollten nationale Unabhängigkeit und Vietnam von Frankreich zurückholen. Ich nahm an den Studentenprotesten gegen die französische Herrschaft in unserem Land teil. Die Vietminh-Mitglieder waren auch in dieser Studentenbewegung aktiv und
20 gründeten von Saigon aus schnell Parteiableger an allen Collèges. Eines der Parteimitglieder kam auf mich zu und 1946 wurde ich Mitglied in der Südvietnamesischen Kommunistischen Partei. [...] Ich gab meinen Job auf und verzichtete auf ein komfortables Familienleben und
25 ließ meine schwangere Frau zurück. Zwei Wochen lang marschierte ich mit einer kleineren Gruppe von Menschen den ganzen Weg nach Norden. [...] Während der Jahre im Norden vermisste ich meine Frau und meine zweijährige Tochter, die ich niemals gesehen hatte. Aber
30 ich wusste, dass ihr Name Ngoc war, den ich selbst vor meiner Abreise für sie ausgesucht hatte. [...] Wir mussten härter kämpfen, um den Krieg gegen die Franzosen zu gewinnen. Von Dezember 1953 bis April 1954 umzingelten Vietminh-Truppen 15 000 französische Soldaten
35 in Dien Bien Phu [...]. Wir gewannen und besiegelten den Sieg im ersten Indochinakrieg; im Sommer 1954 konnte ich endlich wieder in Saigon nach meiner Familie sehen. [...] In den frühen 1960er-Jahren wurde aber der Krieg zwischen der Nationalen Befreiungsfront (NLF) und der Diem-Regierung, der sogenannten Republik
40 Vietnam (RVN), heftiger [...]. Nach neun Jahren Dienst im Norden wurde ich in den Süden beordert. [...] Wir gelangten nach Südvietnam, indem wir die Grenze von Kambodscha aus überschritten. Nach einer 23 Tage langen Reise kamen wir schließlich im Januar 1962 im Viet-
45 cong-Militärlager in der An Giang-Provinz an. [...] In diesen Tagen vermisste ich meine Frau und meine Kinder sehr. Es war nun 14 Jahre her [...]. Wir konnten Briefe verschicken und erhielten Post, es durfte aber niemand seinen echten Namen verwenden. Es dauerte
50 ein bis zwei Monate, bis die Briefe aus dem Süden im Norden ankamen, und umgekehrt genauso. Ich vermute, die Hälfte der Post ging verloren. Nichtsdestotrotz kamen mir immer die Tränen in die Augen, wenn ich ihre Post bekam. Zunächst war da ein gemaltes Bild
55 von meinem Sohn oder meiner Tochter, dann ein paar handgeschriebene Worte von ihnen und bald sogar ein kleiner Aufsatz. Fotos konnten sie nicht mitschicken. Ich fragte mich immer, ob sie sich noch an mich erinnern konnten und mich als ihren Vater akzeptierten, war ich
60 doch die meiste Zeit ihres Lebens nicht da. Ich wollte dem wirklich ein Ende setzen, indem wir die Feinde besiegten und ich mein Leben und meine Familie zurückbekommen konnte. [...] Schließlich gewannen wir den Krieg im Jahr 1975. [...] Meine Frau lebte noch in
65 Hanoi und hatte die amerikanischen Bombenangriffe überlebt. Meine Tochter war da 23 Jahre alt und studierte in China Medizin, mit einem Stipendium der nordvietnamesischen Regierung. Mein Sohn war 17 und wurde von Hanoi weggeschickt, auf eine der Regie-
70 rungsschulen in der entlegenen vietnamesisch-chinesischen Grenzregion.

Zitiert nach: Xiaobing Li, Voices from the Vietnam War, Lexington 2010, S. 62 (übersetzt von Florian Wagner)

1. Stellen Sie dar, was Huynh Thu Truong von den beiden Kriegen in Erinnerung geblieben war.
2. Arbeiten Sie heraus, wie der Zeitzeuge Huynh Thu Truong versucht, das Mitgefühl der Lesenden zu erregen.
3. Überprüfen Sie den Text dahingehend, ob der Zeitzeuge bestimmte Themen ausspart und verschweigt, die vielleicht ein anderes Licht auf seine eigene Rolle als General in der Armee geworfen hätten.

M2 Entwicklung zum Guerilla-Krieg

Als junger Mann aus Nordvietnam wird Ta Duc Hao 1965 zur Nordvietnamesischen Armee eingezogen und im selben Sommer über den Ho-Chi-Minh-Pfad nach Südvietnam geschickt. Zwischen 1964 und 1968 unterstützt nämlich Nordvietnam den Guerilla-Krieg des Vietcong, indem es reguläre Truppen zum Kampf gegen die amerikanische und südvietnamesische Armee schickt. Auch sein Bericht erscheint 2010:

Ich trat der Vietnamesischen Volksarmee (NVA) im Frühjahr 1965 bei, weil ich es tun musste. [Dafür gab es drei Gründe.] Erstens waren die amerikanischen Luftangriffe [Operation Rolling Thunder] gegen Nordvietnam
5 so heftig, dass wir nicht mehr in die Schule gehen konnten. Ich war sehr traurig, als ich unser Viertel brennen sah und als viele Menschen bei den Bombardierungen ums Leben kamen. Ich stimmte unserer Regierung zu, dass wir den Krieg und die Anwesenheit der Amerikaner
10 auf den Süden begrenzen sollten. Alle Jugendlichen schlossen sich in dieser Zeit der Armee an. Zweitens hatte mein Vater zeit seines Lebens in der Armee gedient und war zum Zwei-Sterne-General aufgestiegen. Alle meine älteren Brüder gingen zum Militär. Drittens war
15 der Militärdienst im Norden wichtig für die allgemeinen Karriereaussichten, wie zum Beispiel für einen College-Abschluss. Ohne Militärdienst gab es keinen guten Job für dich in der Zukunft. Man musste sich einen verdienen, indem man den Feind bekämpfte und der Kom-
20 munistischen Partei und Onkel Ho die Treue schwor. [...] Dann erreichten wir Laos und setzten unseren Weg über den Ho-Chi-Minh-Pfad fort. Manchmal fuhren wir Lastwagen und manchmal gingen wir zu Fuß. Wir reisten mehr als 500 Meilen durch Laos und kamen nach
25 Kambodscha. Von dort aus ging es über die Grenze nach Südvietnam. [...] Der Feind hatte überlegene Waffen und fortschrittlichere Luft-, See- und Panzerstreitkräfte. Darum vermieden unsere Truppen einen frontalen und formalen Kampf mit den US-Truppen und wandten
30 stattdessen traditionelle Guerilla-Kriegsführung an, wie zum Beispiel Hinterhalte, schnelles Zuschlagen und sofortiger Rückzug, nächtliche Angriffe, Sabotage von Transport- und Kommunikationsanlagen sowie der gezielte Angriff auf Schwachpunkte des Feindes. Wir wur-
35 den den US- und ARVN-Truppen [Army of the Republic of Vietnam] unangenehm, machten den Krieg für die Amerikaner so kostspielig wie möglich und beschützten die Zivilbevölkerung so gut wir konnten. [...] Am 19. November erhielt unsere Kompanie den Befehl, das
40 NVA-Feldlazarett westlich in die befreite Zone zu verlegen. [...] Am Nachmittag entdeckten amerikanische Helikopter das Feldkrankenhaus und das Hauptquartier unseres Bataillons, das sich mit uns zurückzog. Das Feuer des Helikopters forderte seinen Zoll unter unseren Truppen. Ich wurde angeschossen und hatte mehrere 45 Wunden an meiner rechten Schulter und meinem Nacken. Ich hatte Glück, sofortige medizinische Versorgung zu erhalten, denn unsere Kompanie begleitete diese ja zum Feldlazarett.

Zitiert nach: Xiaobing Li, Voices from the Vietnam War, Lexington 2010, S. 47–54 (übersetzt von Florian Wagner)

1. Arbeiten Sie aus der Quelle die Strategie der nordvietnamesischen Truppen heraus.
2. Vergleichen Sie die beiden Zeitzeugenberichte (M1, M2).
3. Beurteilen Sie anhand der Zeitzeugenberichte, welche traumatischen Folgen der Krieg für die Zivilbevölkerung des Landes hatte.

M3 Vom einen in den anderen Krieg? Die Erfahrung der Afroamerikaner

Interview mit Private First Class Reginald „Malik" Edwards, Phoenix, Louisiana. Er ist einer der Afroamerikaner, die elf Prozent der amerikanischen Truppen in Vietnam stellen. Afroamerikaner bekleiden kaum Offiziersposten und sind fast ausschließlich in den unteren Rängen der Armee zu finden. Wie in den Südstaaten der USA sind sie auch in der Armee ständiger Diskriminierung ausgesetzt. Viele von ihnen schließen sich nach der Rückkehr in die USA der Bewegung um den Bürgerrechtler Malcolm X und der teils paramilitärischen Black Panthers Party an, die beide für die Emanzipation der Schwarzen eintreten.

Ich war der erste in meiner Familie, der die High-School abschloss. Das war 1963. Ich wusste, dass ich nicht zum College gehen konnte, weil meine Verwandtschaft es nicht finanzieren konnte. Ich wog nur 117 Pfund und niemand hätte mir Arbeit gegeben und mich angestellt. 5 Darum war das einzige, was mir blieb, der Militärdienst. [...] Es waren nur zwei andere Schwarze in meiner Gruppe im Ausbildungslager. Darum hing ich auch mit den Mexikanern ab, weil wir damals auch kaum mit den Weißen Kontakt haben konnten. Weiße Freunde hatte 10 man zu der Zeit nicht. Weiße waren wie Fremde für mich. 63 war das. Im Süden gab es nicht wirklich Integration. Du hast einfach damit gerechnet, dass sie dich schlecht behandeln. Aber irgendwie hofft man doch, dass in der Marineinfanterie sich alles ändert. Natürlich 15 musste ich rausfinden, dass das nicht wahr war. In der Marineinfanterie waren sie die letzten, die uns integrierten. [...] Da war dann einer aus dem Süden, aus Arkansas, der nannte uns Schokoladenhase und Wischmopp-Kopf und solche Scheiße. [...] Das Einzige, was sie uns 20 über die Vietcong erzählten, war, dass sie Schlitzaugen waren. Sie sollten umgebracht werden. Niemand war da, um uns was über deren historischen und kulturellen Hintergrund zu erzählen. Sie waren der Feind. Töten, töten, töten [...]. Was man uns sagte, war, dass Vietnamesen Amerikaner umbrachten. Ich dachte, wenn Menschen Amerikaner töten, dann müssen wir zurückschlagen. Als schwarzer Mensch hatte ich kein Problem damit, den Feind zu bekämpfen. Ich wusste, dass Amerikaner Vorurteile hatten, Rassisten und all das waren; aber im Grunde glaubte ich, dass ich ein Amerikaner war und für die amerikanische Sache kämpfte. [...] Das erste Mal, dass ich jemanden aus der Nähe umgebracht habe, [...] war auf einem Patrouillengang irgendwo in der Nähe von Danang. Es war in der Nacht, ich war wirklich müde. [...] Plötzlich merkte ich, dass einer zu rennen anfing. Und bevor ich was sagen konnte, rannte er fast in mich rein. Ich konnte nur noch schießen. Einen, der in dich reinläuft, kannst du nicht erst nach dem Ausweis fragen. [...] Alle kamen sie und gratulierten mir, und sagten mir was für eine großartige Sache das war. Ich versuchte cool zu bleiben, aber innerlich flippte ich aus. [...] Sie sagten mir, ich solle den Toten zurück ins Camp tragen. [...] Plötzlich realisierte ich, dass dieser Typ ein Mensch ist und eine Familie hat. Plötzlich trug ich kein Schlitzauge mehr, ich trug einen Menschen. Ich fing an, mich schuldig zu fühlen. Mir ging es plötzlich richtig schlecht. [...] Als ich in die USA zurückkam, steckten sie mich in die Versorgungstruppe, wahrscheinlich der niedrigste Job, den man in der Marine machen kann. [...] Heute bin ich ein arbeitsloser Künstler und lebe von der Stütze. [...] Ich zog mich wie die Black Panthers an. [...] Ich mochte ihre Unabhängigkeit und die Tatsache, dass sie keine Angst vor der Polizei hatten und von Selbstbestimmung sprachen. Sie wollten Malcolms Botschaft in die Tat umsetzen. [...] In dem Moment machte es höchstens einen qualitativen Unterschied für mich, ob ich von der [amerikanischen] Polizei oder von einem Vietnamesen getötet wurde. Ich bin aus einem Krieg raus und in den anderen rein. Viele der Panthers waren damals [Vietnam-]Veteranen. [...] Wir haben in Vietnam zweifellos für den „weißen Mann" gekämpft. Es war einfach sein Krieg. Wenn es nicht seiner gewesen wäre, hätte man nicht so viele Konföderierten-Flaggen gesehen. Und die Konföderierten-Flagge ist eine Beleidigung für eine jede Person of Colour auf diesem Planeten. [...] Ich war in Washington, als dort 1982 der National-Vietnam-Veterans-Gedenktag stattfand. Ich sah all diese Veteranen, die da mit Dschungelstiefeln und Uniformen herumliefen. Da fühlte ich mich unwohl. Außerdem prahlten einige mit dem Krieg. Als ob es hip wäre. Weißt du, ich denke, Krieg ist nicht gut. Und es gibt kein Denkmal für die Massaker von Cam Ne oder My Lai. Kein Denkmal für all die Kinder, die mit Napalm überschüttet wurden, und die Dörfer, die ohne Grund niedergebrannt wurden. Ich musste mit Vietnam leben, seit ich es verlassen habe. Du wirst es einfach nicht los. Es ist wie Dalís Gemälde mit den schmelzenden Uhren. Es ist eine Erinnerung, die nicht vergeht. Am meisten denke ich daran, wie hart es ist, Menschen einfach zu erschießen. Ich erinnere mich daran, wie einmal ein Scharfschütze aus einem Dorf heraus drei unserer Männer tötete. Wir machten uns daran, das Dorf niederzubrennen. Ich hatte an diesem Tag Angst, dass wir an diesem Tag Menschen erschießen mussten, und deshalb kümmerte ich mich um die Tiere. Verstehst du, ich schoss auf die Hühner und so. Ich meine, ich konnte einfach keine Menschen erschießen. Ich weiß nicht wie viele Hühner ich da erschossen habe.

Zitiert nach: Terry Wallace, An Oral History of the Vietnam War, New York 1984, S. 3–17 (übersetzt von Florian Wagner)

1. Arbeiten Sie heraus, wie Reginald Edwards mit der Gewalt im Vietnam-Krieg umging.
2. Bewerten Sie Edwards' Umgang mit der Diskriminierung in den USA und den Erfahrungen in Vietnam.

M4 Trauma „Vietnam"

Das deutsche Nachrichtenmagazin „Der Spiegel" berichtet am 5. April 2010 über den Vietnam-Veteran Barry Romo, der wie viele Vietnam-Veteranen vom Krieg stark traumatisiert worden ist.

Der Vietnam-Veteran Barry Romo hat in seiner kleinen Wohnung in Chicago kein Bett stehen, weil ihn die Albträume nachts über die Bettkante wälzen. Also schläft er auf einer Matratze am Boden. Schon seit über 40 Jahren.
5 Manchmal rollt er im Schlaf gegen die Bücherregale, die links und rechts aufragen und deren Inhalt meist nur ein Thema kennt: den Krieg. „Ein Bett, da würde ich fast jede Nacht herausstürzen", der 62-Jährige schüttelt nur den Kopf. Beim Sprechen hält er sich manchmal scheu
10 die Hand vor dem Mund. Im Schlaf mahlen seine Zähne aneinander, Millimeter um Millimeter hat er sie so regelrecht abgeschliffen. An den Wänden hängen Poster und Bilder. Ihr Thema: Krieg. Eines hat ihm ein Kamerad gemalt. Ein Porträt mit Stahlhelm und weit aufgerisse-
15 nen Augen. Pure Angst, in dunklen Ölfarben auf Leinwand festgehalten. Darunter steht auf dem Regal ein Foto des Teenagers Barry in Uniform. Dem 18-jährigen Katholiken mit irischen und mexikanischen Wurzeln, der auszog, gegen das „Böse" zu kämpfen. „Schon auf
20 der katholischen Highschool haben sie uns eingetrichtert: Kämpft gegen die Kommunisten, schützt die vielen Glaubensbrüder in Vietnam", sagt Barry Romo. Er meldet sich freiwillig. Wie ein Ritter hat er sich gefühlt, der junge Leutnant. Frisch von der Offiziersschule geht es
25 direkt in den Krieg. Aus dem Ritter wird bald ein Landsknecht. Mindestens sechs Menschen tötet Barry Romo. „We got brutalized", sagt der Veteran heute. Sie waren total verroht. „Brutalized" heißt: Irgendwann greift er nicht mehr ein, wenn seine Leute vietnamesi-
30 sche Bauern schlagen, wenn sie, meist ohne Dolmetscher, die Dorfbewohner „verhör[t]en". Absurde „Search & Destroy"-Einsätze, „Body Counts" getöteter Vietcongs – das fordert die Militärführung. Doch Barry Romo kämpft längst nur noch darum, seine kleine
35 Truppe ohne hohe Verluste durchzubringen. Drei seiner Männer sterben vor seinen Augen, was aus den Verwundeten wird, die ausgeflogen werden, erfährt der junge Leutnant selten. „Bei jedem von ihnen habe ich mich gefragt, bin ich ein guter Anführer? Ich war 18 und für
40 das Leben von 45 Männern verantwortlich", sagt Romo. Und versucht, ganz sachlich zu klingen. Doch seine Stimme zittert immer wieder: Als er vom nordvietnamesischen Soldaten berichtet, den sie in einem Dorf überraschen. Barry Romo lässt ihn nicht entkommen. […]
45 Barry Romo ist mit seinem Bericht über den Krieg fast am Ende angelangt, von Erleichterung keine Spur. Sein persönliches Kriegsende kommt mit unsäglichem Leid. Der fast gleich alte Neffe wird eingezogen und fällt. „Wir sind zusammen wie Brüder aufgewachsen", sagt der
50 Veteran. Sie brauchen Tage, bis sie den Jungen aus dem Busch bergen können. Barry Romo wird mit einem Hubschrauber von der Front abgezogen. In Kampfmontur, verschwitzt und verdreckt, begleitet er den halbverwesten Leichnam in die Heimat. „Vermutlich hat der
55 Tod meines Neffen mir das Leben gerettet", sagt Romo. Als der junge Leutnant abgezogen wird, gilt er in der Truppe längst als einer, der darauf wartet, dass der Tod ihn holt. Romo hätte nur noch wenige Wochen Dienstzeit in Vietnam. Er wird nicht mehr zurückgeschickt.
60 Zurück in den USA, beendet er als „Infantry Training Company Commander" ein Jahr später seinen Militärdienst. Ein Jahr, in dem er nach seinen Dienststunden regelmäßig zur Whiskeyflasche greift. Ein Jahr der Betäubung […]. „Ich hab mich so betrogen gefühlt", sagt
65 Barry Romo heute. Am zerstörerischsten ist die Wut auf sich selber. Es ist eine simple Frage, die sich ein Veteran stellt, der sechs Menschen getötet hat: „Bin ich noch ein guter Mensch?" Eine Frage, die einen ehemaligen Frontkämpfer zerbrechen lassen kann. Zusammen mit den
70 Schuldgefühlen, dass man selber überlebt hat, während andere sterben mussten. Manche sehen im Freitod den einzigen Ausweg. Mehr als 60 000 Vietnam-Veteranen nahmen sich laut einer Studie das Leben. Barry Romo kennt die Zahl gut. Das sind mehr als die US-Streitkräfte an Gefallenen im – nie erklärten [Krieg] – vermeldeten:
75 58 193 von rund zwei Millionen Soldaten im Einsatz.

Till Mayer, Nachts, wenn die Toten zurückkommen, in: Spiegel Online vom 5. April 2010, https://www.spiegel.de/politik/ausland/vietnam-trauma-nachts-wenn-die-toten-zurueckkommen-a-685629.html

---

1. Stellen Sie dar, wie sich das Trauma des Vietnam-Veteranen Barry Romo äußert.
2. Erklären Sie, wie er die von ihm selbst ausgeübte Gewalt erklärt.

Der Blick aufs Ganze

1. Stellen Sie die Etappen der Dekolonisierung Vietnams auf einem Zeitstrahl dar.
2. Ordnen sie die in M1–M4 genannten Ereignisse auf dem Zeitstrahl ein.
3. Charakterisieren Sie die Dekolonisierung Vietnams.
4. Diskutieren Sie, ob man die Dekolonisierung Vietnams als kollektives Trauma bezeichnen kann, das ganzen Gesellschaften die Gewaltbereitschaft der westlichen Länder vor Augen führte.

Der Konflikt zwischen Israel und Palästina – nur ein Erbe europäischer Kolonialpolitik?

Völkerbundmandat Palästina und Gründung Israels | Im Ersten Weltkrieg versprach die britische Regierung, die „Unabhängigkeit der Araber zu unterstützen und anzuerkennen", falls arabische Gruppen sich gegen ihre osmanischen Beherrscher in Istanbul erheben würden. Aber nach der Niederlage des Osmanischen Reiches 1919 wurde deren Hoffnung auf Selbstbestimmung enttäuscht: Palästina wurde 1920 zum Völkerbundmandat, das die Briten wie eine Kolonie verwalteten.

Der britische Außenminister Arthur Balfour hatte darüber hinaus 1917 auch dem damaligen Vorsitzenden des jüdischen Zionisten-Kongresses zugesagt, in Palästina für die in der Diaspora über die ganze Welt verstreut lebenden und immer wieder diskriminierten, ausgegrenzten und verfolgten Jüdinnen und Juden eine „nationale Heimstätte" zu errichten. Angesichts des seit der zweiten Hälfte des 19. Jh. weiter um sich greifenden Antisemitismus forderte der Zionisten-Kongress einen eigenen Nationalstaat, in dem Jüdinnen und Juden ohne Angst und Verfolgung leben konnten. Für sie war Palästina das „gelobte Land", das nach biblischer Überlieferung den Juden von ihrem Gott zugesprochen worden war. Dem Versprechen der britischen Regierung folgend, kamen schnell die ersten jüdischen Einwandernden nach Palästina. Die dort unter britischer Kolonialherrschaft seit vielen Generationen lebenden Menschen hatten dabei kein Mitspracherecht.

Als die Nationalsozialisten Jüdinnen und Juden systematisch verfolgten und ermordeten, verstärkte sich die jüdische Einwanderung nach Palästina. Auch nach 1945 ging die Immigration weiter, weil Überlebende der Shoah kaum noch in Deutschland und Teilen Europas leben konnten, wo ihre Familien systematisch ermordet worden waren. In Palästina kam es allerdings zu Zusammenstößen mit der Bevölkerung vor Ort. London verlor schnell die Kontrolle und zog sich 1947 einfach aus Palästina zurück. Wie in Indien hinterließ es einen kriegerischen Konflikt zwischen zwei Bevölkerungsteilen.

In dem Konflikt um Palästina standen sich aber nicht nur zwei Religionen gegenüber, sondern zunächst zwei emanzipatorische Projekte. Sowohl die jüdische als auch die palästinensische Bevölkerung wollten sich von Unterdrückung und Fremdbestimmtheit befreien. Auf beiden Seiten gab es sozialistische Strömungen, wie die jüdische Kibbuz-Bewegung und die palästinensische Befreiungsbewegung. Beide Gruppen wollten auch bald ihren eigenen Nationalstaat, in dem ihre Bevölkerung sicher und selbstbestimmt leben konnte. Die UNO, welche 1947 die Verwaltung Palästinas von Großbritannien übernahm, schlug darum die Schaffung von zwei getrennten Staaten vor. Diese Zwei-Staaten-Lösung wurde von Vertretern der palästinensischen Bevölkerung allerdings abgelehnt. Die zionistischen Einwandernden proklamierten

„Das Erbe".
Karikatur von Fritz Behrendt in der niederländischen Tageszeitung Het Parool, ohne Datum.

▶ Beschreiben Sie die Karikatur.

▶ Stellen Sie Hypothesen auf, worin die „Sprengkraft" Palästinas bestand.

Animierte Karte
über die politischen Entwicklungen im Nahen Osten von 1945 bis heute unter dem Code 32052-25

hingegen 1948 den Staat Israel. Bei der Gründung prophezeite der erste Premierminister Israels, David Ben Gurion: „Heute feiern wir, morgen wird Blut fließen; Israel ist im Krieg geboren." In der folgenden Nacht begann tatsächlich ein Krieg, der im 20. Jh. immer wieder aufflammte.

Konfliktpolitik von oben und Friedensinitiativen von unten | Für die jüdischen Einwandernden war die Gründung Israels eine Möglichkeit, vor Antisemitismus, Rassismus und Ermordung in Europa zu fliehen. In vielen arabischsprachigen Staaten wurde die israelische Nationsgründung dagegen als eine Fortsetzung des europäischen Kolonialismus wahrgenommen. 1948 erklärten sich die umliegenden arabischen Staaten mit den Palästinensern solidarisch und Israel den Krieg. Israel konnte sich aber in diesem Krieg behaupten. An die 700 000 Palästinenser mussten daraufhin fliehen. Aufgrund dieser Fluchterfahrung nennt man in Palästina die Staatsgründung Israels auch Naqba (Katastrophe). Ein eigener palästinensischer Staat war damit unwahrscheinlich geworden. 1964 schuf die Arabische Liga die Palestine Liberation Organization (PLO) unter der Führung Yassir Arafats und der sozialistischen Fatah. Die Fatah erkannte Israel nicht an und versuchte es unter anderem durch Anschläge zu destabilisieren.

1967 wurde dann die Bedrohung durch die umliegenden arabischen Staaten und die PLO so stark, dass sich Israel für einen Präventivkrieg entschied. Innerhalb von sechs Tagen schlug Israel den Hauptgegner Ägypten. In diesem sogenannten Sechstagekrieg besetzte Israel die letzten verbleibenden Gebiete des arabischen Palästina: Jerusalem, das Westjordanland, und den Gaza-Streifen sowie die Sinai-Halbinsel und die sogenannten Golanhöhen. Für die Palästinenser wurden diese Gebiete zum Symbol einer israelischen Besatzungs- und Siedlungspolitik. Die Palästinenser waren nun zum größten Teil unter israelischer Fremdherrschaft. Einige von ihnen versuchten diese durch Attentate und Terroranschläge abzuschütteln. Um den Konflikt zu lösen, legte die UNO in ihrer Resolution 242 fest, dass Israel sich aus den 1967 eroberten Gebieten zurückzieht und die Geflüchteten zurückkehren durften. Diese Resolution wurde aber von Israel nicht umgesetzt.

Als Revanche griffen dann 1973 Ägypten und Syrien Israel erneut an. Um die Aufmerksamkeit der Großmächte zu bekommen, drosselten arabische Staaten ihre Ölförderung, solange Israel arabische Gebiete besetzt hielt. Dadurch schnellte der Ölpreis in die Höhe und verursachte eine weltweite Wirtschaftskrise. Der Krieg selbst endete schnell im Waffenstillstand. Sogar Ägypten schloss mit Israel im Vertrag von Camp David Frieden. Auch Jordanien, Marokko, Tunesien und die ölfördernden Länder am Golf unterzeichneten Abkommen und erkannten somit den Staat Israel an. Weitgehend auf sich allein gestellt, verübten palästinensische Gruppen weiterhin Anschläge und bewegten Jugendliche zu einem Aufstand ohne Feuerwaffen, der Intifada genannt wurde. Erst 1993 gab es aufgrund der Initiative des israelischen Ministerpräsidenten Yitzhak Rabin und des PLO-Führers Yassir Arafat im Oslo-Prozess vorübergehend Hoffnung auf Frieden. Im Friedensprozess bekam die PLO die Selbstverwaltung für bestimmte Autonomiegebiete. Dafür strich sie die zuvor propagierte „Vernichtung Israels" aus ihrem Programm.

Während der Friedensprozess bald wieder ins Stocken geriet, bildeten sich Initiativen in der israelischen und palästinensischen Zivilgesellschaft, die für ein friedliches Zusammenleben arbeiteten. Friedensinitiativen bekamen in den Medien aber meist weniger Aufmerksamkeit als Gewaltakte auf beiden Seiten. Nachdem in Israel rechtskonservative Parteien und in Palästina die radikalislamistische Hamas an Einfluss gewannen, verschärften sich die Fronten weiter. Zudem stellten Extremisten, die sich auf den Islam beriefen, den Konflikt als Kampf des Judentums gegen den Islam dar. Auch Antisemiten versuchten, den Konflikt zu nutzen, um ihre unmenschlichen Ideologien und Verschwörungstheorien zu verbreiten.

David Ben Gurion, gebürtig David Grün (1886–1973): 1906 Auswanderung von Polen nach Palästina, 1947 Leiter des israelischen Unabhängigkeitskampfes, 1948 bis 1953 und 1955 bis 1963 israelischer Premierminister

Yassir Arafat (1929–2004): palästinensischer Politiker, von 1969 bis 2004 Vorsitzender der PLO und von 1996 bis zu seinem Tod 2004 Präsident der Palästinensischen Nationalbehörde, der offiziellen internationalen Vertretung der Palästinenser. Gemeinsam mit den israelischen Politikern Yitzhak Rabin und Schimon Peres erhielt er 1994 den Friedensnobelpreis.

Yitzhak Rabin (1922–1995): israelischer Staatsmann, Generalstabschef im Sechstagekrieg, israelischer Premierminister von 1974 bis 1977 und von 1992 bis zu seiner Ermordung 1995. Er erhielt 1994 zusammen mit Schimon Peres und Yassir Arafat den Friedensnobelpreis.

M1 Die Entwicklung Israels/Palästinas seit 1947

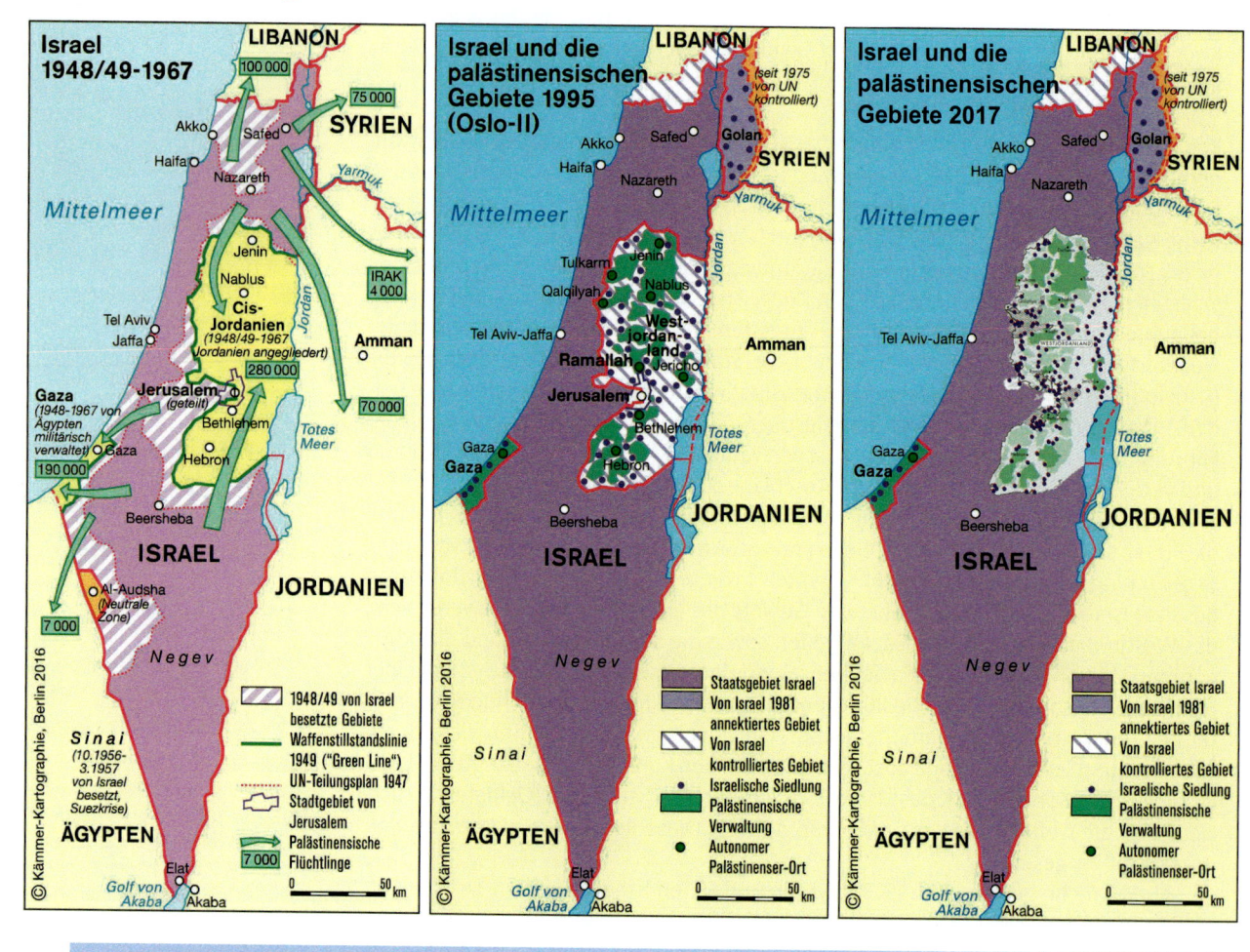

Israel 1948/49–1967

Israel und die palästinensischen Gebiete 1995 (Oslo-II)

Israel und die palästinensischen Gebiete 2017

Legende (linke Karte):
- 1948/49 von Israel besetzte Gebiete
- Waffenstillstandslinie 1949 („Green Line")
- UN-Teilungsplan 1947
- Stadtgebiet von Jerusalem
- Palästinensische Flüchtlinge

Legende (mittlere und rechte Karte):
- Staatsgebiet Israel
- Von Israel 1981 annektiertes Gebiet
- Von Israel kontrolliertes Gebiet
- Israelische Siedlung
- Palästinensische Verwaltung
- Autonomer Palästinenser-Ort

© Kämmer-Kartographie, Berlin 2016

---

1. Erläutern Sie die Entwicklung Israels/Palästinas seit dem Rückzug der Briten 1947 (DT, M1).
2. Charakterisieren Sie diese Form der Dekolonisierung.
3. Der Historiker Dietmar Rothermund schreibt über das Vorgehen der britischen Mandatsmacht in Palästina: „Großbritannien konnte zunächst mit dem Verlauf der Ereignisse in Palästina durchaus zufrieden sein. Es hatte sich durch die Aufkündigung des Mandates rechtzeitig der Aufgabe entzogen, die Quadratur des Kreises zu bewältigen."[1] Erläutern Sie, worin die „Quadratur des Kreises" in diesem Fall bestand. | H
4. Bewerten Sie das Vorgehen der britischen Mandatsmacht. Nehmen Sie dazu unterschiedliche Perspektiven ein, z. B. als Vertreter Großbritanniens, Israel oder Palästinas.
   Sie können diesen Arbeitsauftrag auch mithilfe der Kooperationsform „Strukturierte Kontroverse" in der Gruppe bearbeiten.

---

[1] Dietmar Rothermund, Delhi, 15. August 1847. Das Ende kolonialer Herrschaft, München 1998, S. 104

M2 Jugendliche bereiten sich auf eine neue „Intifada"-Schlacht vor

Foto aus Ramallah von 2002.

1. Charakterisieren Sie die „Intifada" anhand des Fotos. Beachten Sie die Symbole an der Mauer.

M3 Antisemitismus als Folge des Kolonialismus?

Der Politikwissenschaftler und Historiker Omar Kamil sieht den Antisemitismus in der arabischsprachigen Welt als eine Folge des europäischen Kolonialismus und seiner Verdrängung. Eine These ist dabei, dass der Antisemitismus in Europa entstand und sich erst spät und in der Phase der Dekolonisierung in der arabischsprachigen Welt verbreitete:

Wenn der arabische Antisemitismus ein Import aus Europa war: Was war dann das Ziel, was war die Funktion des arabischen Antisemitismus? Tatsächlich war der europäische Antisemitismus eine Herausforderung für ara-
5 bische Intellektuelle. Allein schon einen gleichwertigen Begriff für das Phänomen aus Europa zu finden, erwies sich als kompliziert. Bis 1926 existierte in der arabischen Sprache kein Äquivalent dafür [...]. Den ersten Versuch, den europäischen Antisemitismus ins Arabische zu über-
10 tragen und der arabischen Leserschaft zu erklären, unternahm allem Anschein nach der ägyptische Historiker und Journalist Muhammad Abdallah 'Inan (1896–1986). 'Inan beherrschte aufgrund mehrerer Studienreisen nach Österreich und Deutschland die deutsche Sprache und gilt in der arabischen 15 Kultur- und Geistesgeschichte als vehementer Gegner des Nationalsozialismus, der bemüht war, seine 20 arabischen Leser vor der Gefahr nationalsozialistischer Ideen zu warnen [...]. Mit Muhammad Abdallah 25 'Inan erhielt die arabische Kulturgeschichte erst 1926 eine begriffliche Äquivalenz zum Terminus „Antisemi- 30 tismus". Es bleibt nun zu untersuchen, welche Aufgabe der Antisemitismus im arabischen Raum über- 35 nehmen sollte. Die Antwort auf diese Frage bietet die Rezeptionsgeschichte jenes Werkes, das als Standardwerk des Antisemitismus 40 im arabischen Raum gilt: Die Protokolle der Weisen von Zion. Der Initiator des Übersetzungsprojekts war der libanesische Pharmazeut und Journalist Niqula al-Haddad (1878–1954). Al-Haddad stammte aus einer christlichen Familie im heutigen Libanon, besuchte eine amerikani- 45 sche Missionsschule in der Hafenstadt Saidon und anschließend die amerikanische Universität in Beirut. Er verließ den Libanon 1900 und ließ sich in der ägyptischen Hauptstadt nieder. In Kairo war er für die von libanesischen Christen in Ägypten gegründete konservative Zei- 50 tung al-Mahrusa (Die von Gott Geschützte) tätig, die um die Jahrhundertwende bemüht war, den europäischen Antisemitismus in Ägypten zu propagieren. [...] Al-Haddad schrieb zunächst Expertisen über Literatur und Kultur, was sich jedoch mit dem Ausbruch des ersten ara- 55 bisch-israelischen Krieges 1948 änderte. Anders als arabische Kritiker des Zionismus dieser Zeit richtete al-Haddad seine Wut und seinen Zorn gegen die Juden im Allgemeinen. Er fühlte sich „berufen", den arabisch-muslimischen Leser vor der „jüdischen Gefahr" zu 60 warnen. In seinen Artikeln präsentiert er sich dem arabischen Leser als Kenner der „Geschichte und Natur" der Juden, und mithilfe christlich geprägter judenfeindlicher Stereotype und antisemitischer Metaphern warnt er die arabischen Leser vor dem „Blutdurst" der Juden. So er- 65 schienen Juden in seiner wöchentlichen Kolumne als die

„Ewigen Juden", deren Verkörperung als „Zionisten" oder „Israelis", wie er schrieb, „uns Araber" nicht täuschen soll: Juden seien eine „Rasse bösartige[r] Geschöpfe". Seine antisemitische Darstellung der Juden schockierte die Leser der Zeitschrift. Muslime lehnten in wütenden Leserbriefen seine „seltsame" Argumentation ab. So schrieb ihm ein Leser, dass die Vorstellungen von Juden als Gottesmörder aus muslimischer Sicht eine blasphemische Absurdität sei, und ein anderer wunderte sich über die abwegige Idee der Bösartigkeit der Juden. [...] Im November 1951 erschien die erste vollständige Übersetzung unter dem Titel „Die jüdische Gefahr: Die Protokolle der Weisen von Zion". Kaum war das Buch auf dem Markt, wurde es zum Bestseller. Es findet bis in die Gegenwart reißenden Absatz. Die Anziehungskraft der Protokolle der Weisen von Zion und deren Elemente des europäischen Antisemitismus lagen in ihrer Funktionalität begründet. Die arabische Niederlage gegen Israel 1948 versetzte Araber in Schock, Ratlosigkeit und Verwirrung. [...] Die Protokolle propagieren eine „jüdische Weltmacht" und bieten dadurch eine Rechtfertigung der arabischen Niederlage gegen Israel, denn die arabischen Armeen standen auf dem Schlachtfeld nicht den Zionisten gegenüber, sondern der „Weltherrschaft der Juden". Mit jeder arabischen Niederlage festigte sich der Antisemitismus als Erklärung und Rechtfertigung für den Sieg der Israelis.

Mehr noch: Die Funktion des Antisemitismus beschränkte sich nicht mehr nur auf den arabisch-israelischen Kontext, sondern wurde zu einem Bestandteil der arabischen Wahrnehmung der Kolonialerfahrungen. [...] Die beginnenden Sechzigerjahre markierten im arabischen Raum den Höhepunkt der Entkolonialisierung. Die großen arabischen Staaten erlangten ihre Unabhängigkeit von den europäischen Kolonialmächten. [...] In arabischen und europäischen Metropolen herrschte nahezu ein einziges Thema vor: Der Umgang mit den ehemaligen Kolonien, deren Zukunft sowie die mögliche Wiedergutmachung und Kompensation des kolonialen Unrechts. In diese Zeit fiel die Festnahme Eichmanns in der argentinischen Hauptstadt Buenos Aires, welche den Riss im Verhältnis zwischen Kolonialisierten und Kolonialisten fundamental vertiefte. Der Eichmann-Prozess und die Gräueltaten gegen die europäischen Juden dominierten nun die Medien und rückten in den Blickpunkt der Weltöffentlichkeit. Die Debatten um den Kolonialismus dagegen verblassten und traten ganz in den Hintergrund. Aus arabischer Sicht war Europa sowohl für die koloniale Gewalt im arabischen Raum als auch für die Gräueltaten gegen die Juden im Zweiten Weltkrieg verantwortlich. Deutschland begann mit dem Eichmann-Prozess, sich seiner nationalsozialistischen Vergangenheit zu stellen, aber gleichzeitig begann Europa die für die Araber so wichtige Aufarbeitung der kolonialen Verbrechen zu verdrängen. Auch in diesem Zusammenhang tritt im arabischen Raum der Antisemitismus als triviales Erklärungsmuster auf. Antisemitische Schriften der Sechzigerjahre kritisieren Europa nicht aufgrund seiner Verdrängung des kolonialen Unrechts, sondern richten sich gegen Juden und machen die „jüdische Weltverschwörung" in Berlin, London und Paris für die europäische Verdrängung des kolonialen Unrechts verantwortlich.

Omar Kamil, Verknüpfte Gedächtnisse: zum Antisemitismus bei Arabischen Migranten und Migrantinnen in Deutschland, in: Volkhard Knigge und Sybille Steinbacher (Hrsg.), Geschichte von gestern für Deutsche von morgen? Die Erfahrung des Nationalsozialismus und historisch-politisches Lernen in der (Post-)Migrationsgesellschaft, Göttingen 2019, S. 133–138

1. Erläutern Sie, warum der europäische Kolonialismus das Eindringen antisemitischen Denkens in die arabischsprachige Welt erleichterte.
2. Stellen Sie dar, inwiefern die Dekolonisierungsprozesse der 1960er-Jahre zu einer Stärkung des Antisemitismus in der arabischsprachigen Welt führten.

M4 Zwei Perspektiven in einem Schulbuch

Das israelisch-palästinensische Schulbuch stellt immer zwei Versionen der Geschichte nebeneinander – die israelische und die palästinensische; im Folgenden die beiden Sichtweisen auf die Zeit von den 1920er-Jahren bis zur Gründung des Staates Israel:

a) Israelische Sichtweise

Der Unabhängigkeitskrieg: Die gewaltsamen Auseinandersetzungen zwischen Juden und Arabern im Land Israel begannen in den frühen 1920er-Jahren. In den meisten Fällen verteidigten sich die Juden gegen die Angriffe der Araber. Die Hagana war für die Verteidigung der jüdischen Gemeinde zuständig, und manchmal griffen die britischen Streitkräfte ein, um die Gewalt zu beenden. Die Hagana wurde 1920 in erster Linie als regionale Organisation gegründet; in jeder Siedlung sorgten die Bewohner für ihre eigene Verteidigung. Jeder jüdische Einwohner des Landes Israel konnte Mitglied werden, wobei die wichtigste Voraussetzung war, über die Aktivitäten der Organisation Stillschweigen zu bewahren. Die begrenzte Mobilität der Hagana behinderte zunächst ihre Fähigkeit, Anschläge zu verüben. Nach den Aufständen von 1921 wuchs die Hagana, indem sie neue Mitglieder einstellte, Kurse für Kommandeure durchführte und die Beschaffung von Waffen vorantrieb. Die Waffen wurden im Ausland gekauft oder in Fabriken hergestellt, die sich hauptsächlich in Kibbuzim befanden. Die Hagana unterstand den gewählten Regierungsinstitutionen des Yishuv (jüdische Gemeinde im Land Israel). 1936 kam es zu einem arabischen Aufstand, der die Befreiung von der britischen Herrschaft forderte. Die Aufständischen griffen die britischen Streitkräfte und auch die Juden an. Im Verlauf des Aufstandes schlugen die Briten eine Lösung vor: Die Teilung des Landes in zwei Staaten – einen arabischen und einen jüdischen – (Bericht der Peel-Kommission). Die arabische Führung lehnte den Vorschlag der Teilung ab. Die Yishuv-Führung akzeptierte das Prinzip der Teilung, lehnte aber die von der Kommission vorgeschlagenen Grenzen ab. Am Ende des Zweiten Weltkrieges weigerte sich Großbritannien trotz der Enthüllungen über das Ausmaß des jüdischen Holocausts in Europa und die Ermordung von Millionen von Juden, die Gründung eines jüdischen Staates zuzulassen. Im Nachkriegseuropa gab es über 100 000 jüdische Flüchtlinge, die nicht in ihre Heimat zurückkehren konnten, aber die Briten weigerten sich, ihnen die Einwanderung in das Land Israel zu gestatten. Der Yishuv wehrte sich gegen diese Entscheidung. Großbritannien, dessen Ressourcen durch den Krieg erschöpft waren, wandte sich mit der Frage des Landes Israel an die Vereinten Nationen; die Organisation ernannte einen Sonderausschuss, der erneut die Teilung als Lösung des Problems empfahl.

b) Palästinensische Sichtweise

Die Vorgeschichte der Katastrophe „An-nakbah": Am 29. November 1947 verabschiedete die Generalversammlung der Vereinten Nationen die Resolution 181, welche die Teilung Palästinas in zwei Staaten, einen arabischen und einen jüdischen, vorsah. Damit begann der Countdown für die Gründung des Staates Israel am 15. Mai 1948 und für die die Katastrophe von 1948, die das palästinensische Volk entwurzelte und zerstreute. Die Katastrophe war: 1) die Niederlage der arabischen Armeen im Palästinakrieg von 1948; 2) ihre Akzeptanz des Waffenstillstands; 3) die Vertreibung des größten Teils des palästinensischen Volkes aus seinen Städten und Dörfern; und 4) das Entstehen des Flüchtlingsproblems und der palästinensischen Diaspora. In erster Linie trägt Großbritannien die Verantwortung für die Niederlage des palästinensischen arabischen Volkes im Jahr 1948. Es erhielt 1917 vom Völkerbund das Mandat für Palästina und vom Beginn seiner Besetzung Palästinas bis zur Aufgabe des Territoriums am 15. Mai 1948 tat Großbritannien alles, um das palästinensische Volk zu unterdrücken und seine Führer zu verhaften und zu deportieren. Die Briten erlaubten den Palästinensern nicht, von ihrem Recht Gebrauch zu machen, sich und ihr Land gegen die zionistische Bewegung zu verteidigen. Sie unterdrückten die Volksaufstände (Intifadas), die ab 1920 nacheinander folgten (u. a. 1921, 1929, 1930, 1935 und 1936). Die Machthaber betrachteten alle Formen des palästinensischen Widerstands als illegale Akte des Terrorismus, Extremismus und Fanatismus und erließen ungerechte Gesetze gegen jeden Palästinenser, der Waffen oder Munition trug. Zu den Strafen gehörten: „Sechs Jahre Gefängnis für den Besitz eines Revolvers, zwölf Jahre für eine Granate, fünf Jahre Zwangsarbeit für den Besitz von zwölf Kugeln und achtzehn Monate für falsche Angaben gegenüber einer Gruppe von Soldaten, die nach dem Weg fragten." Großbritannien erlaubte jedoch die zionistische Einwanderung nach Palästina, was aufgrund der wachsenden Zahl von Juden im Land zu einer Wirtschaftskrise führte. Großbritannien ließ es der zionistischen Bewegung auch durchgehen, militärische Kräfte wie die Haganah, Etzel und andere zu bilden. Die Mitglieder verübten Bombenanschläge in Jerusalem, schossen auf britische Soldaten und schmuggelten Waffen, Einwanderer und vieles mehr [...]. Es ist erwähnenswert, dass Großbritannien, als es sein Palästinamandat an die UNO abtrat, ein sehr einflussreiches Mitglied der internationalen Organisation war. Die Teilungsresolution 181 war eine Wiederbelebung des von Großbritannien nach der Revolution von 1936 vorgeschlagenen Teilungsplans.

Learning Each Other's Historical Narrative: Palestinians and Israelis, http://www.vispo.com/PRIME/leohn1.pdf [Zugriff: 19. Juli 2021] (übersetzt aus der englischen Version von Florian Wagner)

1. Vergleichen Sie die israelische und die palästinensische Darstellungsweise.
2. Arbeiten Sie heraus, welche Rolle die Kolonialzeit in beiden Versionen der Geschichte spielt.
3. Überprüfen Sie, ob die beiden Versionen vereinbar sind.

Der Blick aufs Ganze

1. Gestalten Sie ein Erklärvideo, in dem Sie
   a) die Ausgangssituation in Palästina vor der Dekolonisierung erklären,
   b) den Prozess der Dekolonisierung Palästinas darstellen.
2. Diskutieren Sie, welche Rolle Jugendliche in Friedens- und Konfliktlösungsprozessen spielen können, vor allem im Hinblick auf den israelisch-palästinensischen Konflikt. | F

Unter dem Code 32052-26 finden Sie Beispiele für Versöhnungsinitiativen.

Diese Diskussion können Sie auch mithilfe der Kooperationsform „World Café" durchführen.

„Mehr als nur dagegen": Emanzipation als gesamtgesellschaftliches Programm im Nahen und Mittleren Osten

Türkei und Ägypten: Emanzipation über koloniale Befreiung hinaus | Nach dem Ende des Osmanischen Reiches im Jahr 1919 entstanden mit Ägypten und der Türkei stabile Staaten, die anders als Palästina keine Konfliktherde waren und ihren Bewohnern zunächst ein wirtschaftlich und kulturell prosperierendes Leben boten. Ihre Regierungen traten mit großem Selbstbewusstsein auf, sie blickten mit Stolz auf ihre Geschichte zurück und erfanden sich als reformistische Nationalstaaten neu, die diplomatisch mit den Großmächten in Europa und den USA mithalten konnten.

Ägypten war seit 1882 eine britische Kolonie gewesen und wurde 1922 nominell ein selbstständiges Königreich. Großbritannien kontrollierte aber weiterhin das ägyptische Königshaus und den Suez-Kanal, der den Seeweg nach Indien sicherte. Kulturschaffende, Medien und die Zivilgesellschaft in Ägypten forderten darum immer vehementer die wirkliche Durchsetzung der Unabhängigkeit. Da der britische Marionettenkönig in Saus und Braus lebte und sich kaum um die Bevölkerung kümmerte, putschten 1953 sozialistische Nationalisten unter dem Armeegeneral Gamal Abd el-Nasser. Nasser wurde den Erwartungen seiner Anhänger gerecht und erklärte 1956 den Suez-Kanal zum ägyptischen Eigentum, ohne sich um die militärischen Drohungen der ehemaligen Kolonialmächte Frankreich und Großbritannien zu kümmern.

In der Türkei verfolgte die jungtürkische Bewegung seit 1908 eine Türkisierungspolitik und sah im Verlust der arabischen Gebiete eher einen Vorteil. 1923 gründeten die Jungtürken die Republik Türkei mit Kemal Atatürk (Vater der Türken) als erstem Präsidenten. Sein „Kemalismus" genanntes Reformprogramm ersetzte die arabische Sprache und ihre Schriftzeichen durch die türkische Sprache, die im lateinischen Alphabet geschrieben wurde. Religion und Staat wurden strikt getrennt (Laizismus). Schon 1934 bekamen Frauen das aktive und passive Wahlrecht. Allerdings gab es nur eine Partei und somit keine richtige Wahlmöglichkeit. Die Vorstellung eines ethnischen Nationalismus führte zudem schon unter den (Jung-)Türken im Ersten Weltkrieg zu einer Vernichtungspolitik gegenüber der armenischen Minderheit, die in einen Völkermord mündete. Nach 1945 gewannen in der Türkei demokratische Strömungen die Oberhand, die eine Anlehnung des Landes an den Westen vorantrieben. Die Türkei trat 1952 dem westlichen Militärbündnis der NATO bei und stellte sich damit im Kalten Krieg auf die Seite der USA und ihrer Verbündeten. 1961 begann das Gastarbeiterprogramm, durch welches tausende Menschen nach Deutschland auswanderten, um dort zu arbeiten. Die türkische Demokratie blieb währenddessen labil und bis 1980 gab es drei Militärputsche. Gleichzeitig eskalierte der Konflikt mit der kurdischen Arbeiterpartei PKK, die sich seit 1984 ihre Unabhängigkeit mit Waffengewalt erkämpfen wollte. Im Sinne des alten ethnischen Nationalismus leugneten die meisten türkischen Regierungen einen kurdischen Sonderstatus und verfolgten kurdische Separatisten.

Für die Gleichheit!
Protestzug in Ägypten zur Durchsetzung von Gleichheit (Forderung auf dem Transparent, das die Frauen in der ersten Reihe tragen), Foto von 1952.

▶ Beschreiben Sie das Foto.

▶ Stellen Sie Hypothesen auf, welche weiteren Aspekte Bewohner der ehemaligen Mandatsgebiete im Nahen und Mittleren Osten politisch fordern könnten.

Gamal Abd el-Nasser (1918–1979): ägyptischer Staatsmann, von 1952 bis 1954 Ministerpräsident und von 1954 bis 1970 Staatspräsident Ägyptens. In der Zeit des Zusammenschlusses mit Syrien von 1958 bis 1961 war er Präsident der Vereinigten Arabischen Republik.

Emanzipation als gesamtgesellschaftliches Programm im Nahen und Mittleren Osten

Syrien, Libanon, Irak: Emanzipation durch Sozialismus, Kultur und Islam | Syrien, der Libanon und der Irak wurden auf Umwegen zu Nationalstaaten. Sie waren alle Teil des Osmanischen Reiches, bevor Frankreich und Großbritannien im geheimen Sykes-Picot-Abkommen (1916) den Nahen Osten unter sich aufteilten. Frankreich bekam nach dem Ersten Weltkrieg Syrien und den Libanon, Großbritannien den Irak, Palästina und (Trans-)Jordanien als Mandat. Zwar wurden der Irak 1930 und (Trans-)Jordanien 1946 formal aus der Mandatsherrschaft entlassen, Großbritannien installierte aber Königshäuser in diesen neuen Staaten und schränkte die Unabhängigkeit durch Verträge ein. Nach dem Rückzug Frankreichs wurden Syrien und der Libanon 1943 die ersten Länder in der Region, die eine uneingeschränkte Souveränität erlangten.

Die Bevölkerung in den ehemaligen Mandatsgebieten aber entwickelte ihre eigenen politischen Vorstellungen. In Syrien und im Irak machte die sozialistische Baath-Partei von sich reden, die eine panarabische Ideologie vertrat und sowohl Christen als auch Muslime ansprach. Es kam sogar 1958 zu einer Panarabischen Union zwischen Syrien und Ägypten. Die syrische Baath-Partei regierte unter der Assad-Familie und zeichnete sich unter anderem durch eine brutale Unterdrückung von Oppositionellen aus. Im Irak regierte seit 1968 ein anderer Zweig der Baath-Partei ganz ähnlich. Für diejenigen, die auf der Seite der Partei standen, gab es soziale Reformen, einen Wohlfahrtsstaat und ein reges kulturelles Leben. Oppositionelle Gruppen, wie zum Beispiel die kurdische Bevölkerung im Nordirak, wurden vor allem unter dem diktatorischen Präsidenten Saddam Hussein (1979–2003) verfolgt. Lediglich im Libanon schaffte man es, maronitische und orthodoxe Christen, sunnitische und schiitische Muslime, Sozialisten und palästinensische Flüchtlinge im Land zur Zusammenarbeit zu bewegen. Jede Gruppe bekam einen bestimmten Posten in der Regierung. Trotzdem brach 1975 ein Bürgerkrieg zwischen den Parteien aus, der das bis dahin wirtschaftlich prosperierende Land in ein Chaos stürzte und viele Libanesinnen und Libanesen zur Flucht bewegte.

Gesamtgesellschaftliche Emanzipation | Die Befreiung vom Kolonialismus gab dem kulturellen und gesellschaftlichen Leben neue Impulse. Schriftsteller wie Taha Hussein, Sängerinnen wie Umm Kulthum und Filmstars aus Beirut, das auch „Paris des Nahen Ostens" genannt wurde, faszinierten die gesamte arabische Welt. Man versuchte oft, nachhaltiger und gerechter zu wirtschaften. Doch ethnischer Nationalismus und die aus der Kolonialzeit geerbte gesellschaftliche Spaltungspolitik nach dem Motto „Teile und herrsche" machten die Errungenschaften oft wieder zunichte. Sie führten zu gewalttätigen Konflikten und diktatorischen Regimen. Aus unterdrückten Minderheiten gingen Terrorgruppen hervor, wie in Palästina und in den kurdischen Gebieten, die Anschläge als letztes Mittel sahen, ihren Anliegen Gehör zu verschaffen.

In den Phasen der Unsicherheit entstand eine Bewegung, die eine Rückkehr zum ursprünglichen und reinen Islam forderte. Diese (Neo-)Salafiya genannte Strömung wandte sich auch gegen den Westen, obwohl ihr oft westlich geprägte Menschen wie Ingenieure und Lehrer angehörten. Aus dieser Bewegung entstand zum Beispiel die sogenannte Muslimbrüderschaft, die vorrangig in Ägypten und Syrien aktiv wurde. Als erster postkolonialer Staat praktizierte Saudi-Arabien eine Verbindung von Staat und Religion im Sinne des Wahabismus, einer besonders reaktionären Auslegung des koranischen Rechts. Saudi-Arabien ist bedeutend, weil sich dort die heiligen Stätten Mekka und Medina befinden. Wegen seiner Ölvorkommen ist das Land gleichzeitig einer der modernsten und internationalsten Staaten geworden. Im Iran kam es erst 1979 zu einer islamisch-sozialistischen Revolution gegen den vorher autokratisch herrschenden und vom Westen unterstützten Schah. Die islamischen Revolutionsgarden schufen einen Gottesstaat, der ebenfalls repressiv gegen diejenigen vorging, die die Scharia nicht wortgetreu befolgten.

Mustafa Kemal, genannt Atatürk (1881–1938): türkischer Staatsmann. Nach der Zerschlagung des Osmanischen Reiches 1919 betrieb er die Abschaffung des Sultanats und die Gründung der Republik Türkei, deren erster Präsident er von 1923 bis 1938 war. 1934 verlieh ihm das Parlament den Namen Atatürk (Vater der Türken).

Hafiz al-Assad (1930–2000): syrischer Politiker, als Generalsekretär der Baath-Partei zunächst Ministerpräsident, dann Staatspräsident Syriens von 1971 bis zu seinem Tod im Jahr 2000, der über das Land diktatorisch herrschte

Saddam Hussein (1937–2006): irakischer Politiker, von 1979 bis 2003 Staatspräsident, gleichzeitig mit einer Ausnahme von drei Jahren Premierminister des Irak, der über das Land diktatorisch herrschte. Wegen eines Massakers an Schiiten und Kurden wurde er zum Tode verurteilt.

M1 Völkerbundmandate ab 1919 und Grenzen späterer Länder

1. Stellen Sie die Entwicklung Ägyptens, der Türkei, Syriens, des Libanon, (Trans-)Jordaniens und des Irak im 20. Jh. stichwortartig dar (DT, M1).

M2 Erklärung der Regierung Seiner Britischen Majestät an Ägypten

Ägypten wird 1882 von Großbritannien besetzt und ab 1883 als „verschleiertes Protektorat" von den britischen Generalkonsuln regiert. 1898 kommt der Sudan als „Kondominium" dazu. Mit dem Ausbruch des Ersten Weltkrieges wird Ägypten formal zum „Protektorat" erklärt. Am 28. Februar 1922 entlässt George V., König des Vereinigten Königreiches Großbritannien und Irland, Kaiser von Indien, Ägypten in die Unabhängigkeit:

[...] In der Erwägung, dass die Regierung Seiner Majestät in Übereinstimmung mit ihren erklärten Absichten Ägypten unverzüglich als unabhängigen souveränen Staat anzuerkennen wünscht und die Beziehungen zwi-
5 schen der Regierung Seiner Majestät und Ägypten für das Britische Empire von lebenswichtigem Interesse sind, werden die folgenden Grundsätze hiermit erklärt:

1. Das britische Protektorat über Ägypten wird 10 beendet und Ägypten wird zu einem unabhängigen souveränen Staat erklärt.
2. Sobald die Regierung 15 Seiner Hoheit ein Entschädigungsgesetz verabschiedet hat, das für alle Einwohner Ägyptens gilt, wird der am 20 2. November 1914 ausgerufene Kriegszustand aufgehoben.
3. Die folgenden Angelegenheiten sind absolut 25 dem Ermessen der Regierung Seiner Majestät vorbehalten, bis es möglich sein wird, durch freie Diskussion und freund- 30 schaftliche Annäherung auf beiden Seiten diesbezügliche Vereinbarungen zwischen der Regierung Seiner Majestät und der 35 Regierung Ägyptens zu treffen:
(a) die Sicherheit der Kommunikation des Britischen Reiches in Ägypten; 40
(b) die Verteidigung Ägyptens gegen jede ausländische Aggression oder Einmischung, direkt oder indirekt;
(c) der Schutz der ausländischen Interessen in Ägypten und der Schutz von Minderheiten;
(d) der Sudan. 45
Bis zum Abschluss solcher Abkommen bleibt der Status quo in all diesen Angelegenheiten erhalten.

Zitiert nach: Albert Blaustein, Jay Sigler und Benjamin Reede (Hrsg.), Independence Documents of the World, New York 1977, S. 204 f. (übersetzt von Julia Luibrand)

1. Analysieren Sie die Unabhängigkeitserklärung Ägyptens.
2. Erläutern Sie den Begriff der „informellen Durchdringung" am Beispiel Ägyptens.
3. Stellen Sie Hypothesen auf, warum der Sudan aus der Unabhängigkeitserklärung ausgenommen wurde.

M3 Ethnisch-religiöse Homogenisierung in der Türkei

Die Türkei verfolgt nach der Zerschlagung des Osmanischen Reiches das Ziel einer ethnisch-religiösen Homogenisierung des Landes. Dies führt zu einem Bevölkerungstausch, der über 1,3 Millionen türkischsprachige Griechen in der Türkei und über 430 000 griechischsprachige Muslime in Griechenland betrifft. Der Historiker Jörn Leonhard ordnet diesen Vorgang des „demographic engineering" oder „unmixing of peoples" in einen größeren Zusammenhang der türkischen Geschichte ein:

Grundsätzliche Bedeutung erlangte die bereits am 20. Januar 1923 verabschiedete Konvention zum Bevölkerungstausch zwischen Griechenland und der Türkei. Ihr Ziel war es, eine stabile Friedensordnung auf der
5 Basis präzise definierter nationaler Grenzen einer klaren Zuordnung der Bevölkerungsgruppen zu erreichen, um die aus Multiethnizität und religiöser Differenz entstehenden Konflikte auszuräumen. […] Zahlreiche Vertreter des Völkerbundes machten sich für einen solchen
10 großangelegten Bevölkerungstausch zwischen christlichen und muslimischen Einwohnern stark. […] Die Praxis des Bevölkerungstauschs war Teil einer längerfristigen Entwicklung. Auch vor 1914 hatte es bereits Anläufe zu einer ethnisch-religiösen Homogenisierung
15 gegeben, die immer wieder mit Gewalt einhergegangen waren. So ordneten sich die Beschlüsse von 1923 in die Erfahrungen während der Balkankriege, des Weltkrieges, des Armeniergenozids und der ethnischen Gewalt während des Griechisch-Türkischen Krieges ein. […]
20 Dieses Misstrauen gegenüber der Loyalität [nicht-türkischer Minderheiten] zur türkischen Nation war nach 1923 insgesamt charakteristisch für die neue Republik. Die Verfassung von 1924 basierte auf einem voluntaristisch-staatsbürgerlichen Nationsverständnis, und Artikel
25 88 definierte das „Volk der Türkei" unabhängig von Religion und Rasse durch die türkische Staatsbürgerschaft. Doch mit diesem Konzept konkurrierte jene Vorstellung, die auf die Zugehörigkeit zu einer türkischen Rasse abhob. Das staatsbürgerliche Konzept, wie man
30 „Türke" werden konnte, und die Vorstellung eines „Türkisch-Seins", das Ideal einer ursprünglichen Zugehörigkeit zu einer ethnisch definierten Gruppe, standen sich nach 1923 in der neuen Republik gegenüber. Eine Koexistenz von Andersartigem, ethnische und religiöse
35 Vielfalt und hybride Formen, die bei allen Spannungen und Konflikten in der osmanischen Gesellschaft möglich gewesen waren, erschienen jetzt als Bedrohung des neuen Staates.

Jörn Leonhard, Der überforderte Frieden. Versailles und die Welt 1918–1923, München 2018, S. 1131 f. und 1137

1. Eine solche ethno-religiöse Segregation wurde erstmals nach dem Ersten Weltkrieg in dieser Größenordnung betrieben und fand internationale Anerkennung. Erläutern Sie, worin die Ziele dieses Vorgangs bestanden.
2. Arbeiten Sie die Maßnahmen zur Homogenisierung heraus, die dem Bevölkerungstausch vorangingen.
3. Bewerten Sie die Gefahren, die von „demographic engineering" ausgehen.

M4 Verfassung der Arabischen Sozialistischen Baath-Partei

Die Arabische Sozialistische Baath-Partei wird 1941 gegründet. In ihrem Statut von 1947 werden zunächst die Prinzipien der Partei: Einheit und Freiheit, die Persönlichkeit sowie die Botschaft der arabischen Partei dargelegt und daraus folgende Bestimmungen abgeleitet:

1) Der Kolonialismus und alles, was mit ihm in Verbindung steht, ist ein Verbrechen, das die Araber mit allen möglichen Mitteln bekämpfen. Sie bemühen sich im Rahmen ihrer materiellen und ideellen Möglichkeiten um die Unterstützung aller Völker in ihrem Freiheitskampf. 5
2) Die Menschheit ist ein Kollektiv, dessen Glieder in der Befolgung ihrer Interessen wechselseitige Solidarität üben und gemeinsame Werte und Kultur besitzen. Die Araber ernten aus der Weltkultur und befruchten sie. Sie strecken die Hand zur Freundschaft mit den 10 anderen Nationen aus, um mit ihnen in der Verwirklichung gerechter Ordnungen, die in allen Völkern Wohlstand und Friede, moralischen und spirituellen Fortschritt verbürgen, zusammenzuarbeiten.

Allgemeine Bestimmungen 15
Art. 1: Die Arabische Sozialistische Baath-Partei ist eine universale arabische Partei, die in allen arabischen Regionen Zweige gründet und die regionale Politik ausschließlich aus der Perspektive des höheren gesamtarabischen Interesses betrachtet. 20
Art. 2: Allgemeiner Sitz der Partei ist Damaskus. Er kann in jede andere arabische Stadt verlegt werden, wenn dies das nationale Interesse fordert.
Art. 3: Die Arabische Sozialistische Baath-Partei ist nationalistisch im Glauben, dass der Nationalismus eine 25 ewige lebendige Wirklichkeit darstellt, und dass das nationale Bewusstsein, welches das Individuum mit seiner Nation fest verbindet, ein heiliges Gefühl ist: Es ist erfüllt mit schöpferischen Kräften, motiviert zum Selbstopfer, erweckt das Gefühl der Verantwortlichkeit zu neuem 30 Leben und lässt das Individuum seine Humanität in nutzbringender und ruhmvoller Weise entwickeln.

Die Idee des Nationalismus, zu welcher die Partei aufruft, ist der Wille des arabischen Volkes, sich zu befreien und zu vereinigen; der Wille der arabischen Persönlichkeit, sich in der Geschichte verwirklichen zu können und mit den übrigen Nationen in allem, was die Entwicklung der Humanität zum Guten und zum Wohlstand garantiert, zu kooperieren.

Art. 4: Die Arabische Sozialistische Baath-Partei ist sozialistisch in dem Glauben, dass der Sozialismus eine aus dem Innersten des arabischen Nationalismus erwachsende Notwendigkeit ist. Denn er stellt jenes ideale System dar, das dem arabischen Volk die Verwirklichung seiner Möglichkeiten und die Vorstellung seiner Potenzen auf vollkommenste Weise gewährleistet. Er verbürgt der Nation ein ständiges Wachstum in ihrer ideellen und materiellen Entwicklung sowie die feste Verbrüderung ihrer Individuen.

Zitiert nach: Andreas Meier, Politische Strömungen im modernen Islam. Quellen und Kommentare, Bonn 1995, S. 64 f.

1. Arbeiten Sie die Prinzipien der Baath-Partei heraus.
2. Ordnen Sie die Rolle der Baath-Partei in den Prozess der Dekolonisierung Syriens und des Irak ein (DT, M1).
3. Gestalten Sie ein Plakat, auf dem die Prinzipien der Partei deutlich werden.

M5 Vereinigungsprojekte im Nahen und Mittleren Osten

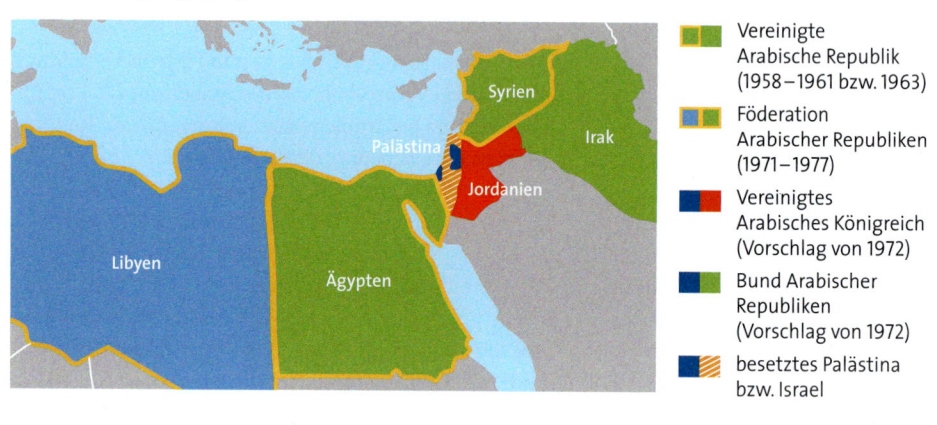

- Vereinigte Arabische Republik (1958–1961 bzw. 1963)
- Föderation Arabischer Republiken (1971–1977)
- Vereinigtes Arabisches Königreich (Vorschlag von 1972)
- Bund Arabischer Republiken (Vorschlag von 1972)
- besetztes Palästina bzw. Israel

1. Analysieren Sie die Karte.
2. Bilden Sie Hypothesen, warum die Regierungen im Nahen und Mittleren Osten versuchten, ihre Staaten zu vereinigen, und woran dies gescheitert sein könnte. | H

M6 Die Bevölkerungszusammensetzung im Libanon

Als der Libanon 1943 unabhängig wird, wird die Macht proportional zwischen den Religionen und Konfessionen aufgeteilt. Das Amt des Staatspräsidenten übernimmt ein Christ, das Amt des Premierministers ein Sunnit, der Parlamentspräsident ist Schiit; Stellvertreter sind jeweils griechisch-orthodoxe Christen. Das Parlament setzt sich im Verhältnis von 6:5 aus Christen und Muslimen zusammen, da die Zahl der Christen damals etwas über 50 Prozent beträgt.

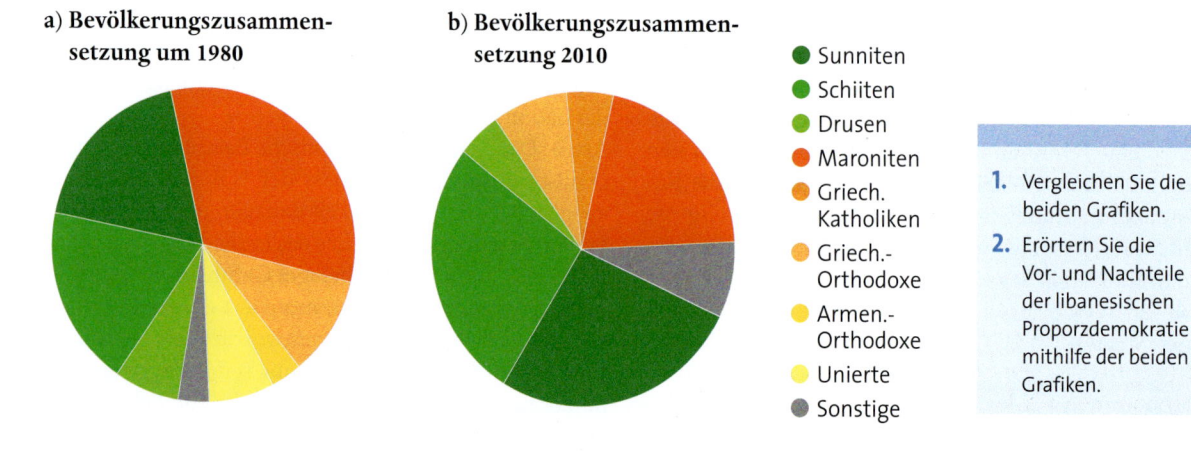

a) Bevölkerungszusammensetzung um 1980

b) Bevölkerungszusammensetzung 2010

- Sunniten
- Schiiten
- Drusen
- Maroniten
- Griech. Katholiken
- Griech.-Orthodoxe
- Armen.-Orthodoxe
- Unierte
- Sonstige

1. Vergleichen Sie die beiden Grafiken.
2. Erörtern Sie die Vor- und Nachteile der libanesischen Proporzdemokratie mithilfe der beiden Grafiken.

M7 Außenpolitik des Islamischen Staates

Anfang der 1950er-Jahre entsteht in Ostjerusalem die „Islamische Befreiungspartei". Ihre Ideologie eines universalen islamischen Staates unter dem Dach eines Kalifats beeinflusst islamistisches Denken bis in die Gegenwart (vgl. IS oder Daesh). Der palästinensische Gelehrte Taqiaddin an-Nabhani legt 1953 diesen „Entwurf einer islamischen Verfassung" vor, in dem er nach traditionellem islamischen Völkerrecht die Welt in muslimisches Herrschaftsgebiet (dar al-islam – Haus des Islam bzw. dar as-salam – Haus des Friedens) und nichtmuslimisches Herrschaftsgebiet (dar al-kufr – Haus des Unglaubens oder dar al-harb – Haus des Krieges) einteilt:

Art. 178: Die Beziehungen des Staates mit den anderen Staaten der Welt beruhen auf der Unterscheidung von vier Kategorien:
Erstens: Die Staaten der islamischen Welt gelten als ein einziges Land. Die Beziehungen zu diesen Staaten fallen nicht unter die Außenpolitik. Auf ihrer aller Vereinigung muss hingearbeitet werden. Die Bürger dieser Staaten gelten nicht als Ausländer, sondern sie haben gleiches Recht wie jeder einheimische Bürger, sofern sie zum islamischen Herrschaftsbereich […] gehören. Demgegenüber gelten die Bürger sämtlicher Staaten, die nicht zum islamischen Herrschaftsbereich gehören, als Ausländer.
Zweitens: Mit den Staaten, mit denen wir Wirtschafts- oder Handelsverträge, Abkommen über besondere nachbarliche Beziehungen oder Kulturabkommen haben, wird entsprechend dem Wortlaut jener Abkommen verkehrt. Ihre Bürger haben das Recht, in das Land lediglich mit dem Personalausweis ohne Erfordernis eines zusätzlichen Reisepasses einzureisen, sofern das Abkommen dies als Bestimmung enthält, unter der Voraussetzung, dass zwischen beiden Staaten tatsächlich Gleichbehandlung praktiziert wird. Die Wirtschafts- und Handelsbeziehungen mit diesen Staaten sind auf bestimmte Dinge und Aspekte beschränkt. Voraussetzung ist, dass sie für den eigenen Staat unbedingt notwendig sind und gleichzeitig nicht zur Stärkung der betreffenden Staaten führen.
Drittens: Die Staaten, mit denen wir keine Abkommen haben; die faktischen Kolonialmächte wie England, Amerika und Frankreich; sowie jene Staaten, die gegenüber unserem Land ein koloniales Interesse verfolgen, wie Russland, gelten nach der Scharia prinzipiell als Feindstaaten, mit denen wir uns prinzipiell im Kriegszustand befinden. Diesen Staaten gegenüber müssen sämtliche Maßnahmen getroffen werden. Diplomatische Beziehungen mit ihnen dürfen grundsätzlich nicht aufgenommen werden. Die Bürger dieser Staaten dürfen unser Land betreten, jedoch nur mit Reisepass und speziellem Visum pro Reisendem und Reise.
Viertens: Im Blick auf jene Staaten, die nach der Scharia faktische Feindstaaten darstellen, mit denen wir uns in aktuellem Kriegszustand befinden, wie zum Beispiel Israel, muss der Kriegszustand die Grundlage für jegliches politisches Handeln bilden. Der Verkehr mit diesen Staaten erfolgt auf der Grundlage, dass sie mit uns aktuell im Krieg stehen, einerlei, ob mit ihnen ein Waffenstillstandsabkommen besteht. Allen Bürgern dieser Staaten ist die Einreise in das Land verboten. Soweit sie Nichtmuslime sind, gelten sie als vogelfrei.

Zitiert nach: Andreas Meier, Politische Strömungen im modernen Islam. Quellen und Kommentare, Bonn 1995, S. 85 f.

1. Stellen Sie die Außenpolitik des hier skizzierten „Islamischen Staates" grafisch dar.
2. Erläutern Sie den Begriff des „Panislamismus" (Einheit aller Muslime in einem Staat) mithilfe des Textes.

Der Blick aufs Ganze

1. Vergleichen Sie die verschiedenen Ansätze der Emanzipation im Nahen und Mittleren Osten (M3–M7).
2. Erläutern Sie, wie diese jeweils auf die Erfahrung des Kolonialismus reagieren.
3. Bewerten Sie den Dekolonisierungsprozess im Nahen und Mittleren Osten aus gegenwärtiger Perspektive.

Sie können diese Einheit mithilfe der Kooperationsform „Gruppenpuzzle" durchführen. Bearbeiten Sie dafür M1 und M2 in der Stammgruppe; M3–M7 in Expertengruppen und „Der Blick aufs Ganze" wieder in der Stammgruppe.

Südafrika: Unabhängigkeit ohne Dekolonisierung?

Apartheid am Strand.
Foto von 1976, aufgenommen in der Nähe von Capetown.

▶ Beschreiben Sie die Fotografie.

▶ Nennen Sie Aspekte, die Sie bereits zum System der Apartheid kennen oder sich darunter vorstellen.

Rassistische Segregation und Apartheid | Bis 1960 waren fast alle Kolonien formell unabhängig geworden und die Kolonialbeamten kehrten in ihre Herkunftsländer zurück. Nur in einer Reihe von afrikanischen Siedlerkolonien (Angola, Mosambik, Rhodesien und Südafrika) setzten die weißen Kolonisten die kolonialen Regime fort. Um ihre Macht zu erhalten, errichteten sie ein rassistisches System, das auf weitgehende Rechtlosigkeit der afrikanischen Bevölkerung abzielte und ihr teilweise die Lebensgrundlage entzog. Die Existenz von menschlichen Rassen war eine Erfindung der kolonialen Propaganda, die seit ungefähr 1850 auch an Universitäten und in der Wissenschaft verbreitet war. Heute wissen wir, dass es keine Rassen gibt, sondern nur Rassismus, das heißt die Ideologie, es gäbe einen biologisch begründeten Unterschied zwischen Menschen unterschiedlicher Hautfarbe.

In Südafrika wurde der Rassismus am offensten vertreten und umgesetzt. Das dortige System nannte sich programmatisch Apartheid und versuchte, die komplette Trennung der Menschen in Südafrika nach Hautfarbe durchzusetzen. Das Apartheid-System hatte noch bis 1990 Bestand. Ähnliche Systeme gab es in fast allen Kolonien; sie dauerten in den Siedlerkolonien Portugiesisch-Angola und -Mosambik bis 1975 sowie in Rhodesien (heute Simbabwe) bis 1980 an.

Die südafrikanische Bevölkerung wehrte sich schon früh gegen die Ansiedlung niederländischer Buren („Bauern", seit 1652) in ihrem Gebiet und wandte sich seit 1806 auch gegen die Gründung der britischen Kolonie am Kap der Guten Hoffnung. Die Xhosa im Westen Südafrikas mobilisierten die gesamte Gesellschaft für den Verteidigungskrieg, nachdem britische Schafzüchter ihnen das Land abgenommen hatten. Britische Truppen wandten gegen sie eine Taktik der „verbrannten Erde" an, indem sie die Ernte und die wertvollen Rinderherden der Xhosa zerstörten. Im Osten stand das gut organisierte Königreich der Zulu der kolonialen Ausdehnung entgegen. Unter dem Anführer Shaka fügten die Zulu britischen Truppen 1879 die größte Niederlage einer Kolonialmacht in Südafrika zu. Die Kolonialherrschaft blieb aber bestehen und die Unabhängigkeit bekamen nur die Buren genannten weißen Siedler. Nach dem sogenannten Burenkrieg (1899–1902) wurden vier britische Kolonien (Kapkolonie, Natal, Transvaal und Oranjefluss-Kolonie) 1910 zum Siedlerstaat mit dem Namen „Südafrikanische Union" zusammengefasst, der als Dominion nominell unabhängig war. 1915 besetzte die Südafrikanische Union die bis dahin deutsche Kolonie Südwestafrika (heute: Namibia). Großbritannien konnte aber mithilfe von Siedlern und großen

Minengesellschaften, welche Gold- und Diamantenvorkommen ausbeuteten, die Kontrolle über die Südafrikanische Union behalten. Schrittweise erhielt die Südafrikanische Union 1926 und 1931 die vollständige Unabhängigkeit von Großbritannien.

Da die afrikanische Bevölkerung in der Südafrikanischen Union keine politischen Rechte hatte und durch Rassen- und Passgesetze ausgegrenzt wurde, gründeten gebildete und gut situierte Afrikaner 1912 eine Partei, die bald als African National Congress (ANC) bekannt wurde. Der ANC protestierte gegen Passgesetze, die unkontrollierte Reisen von Afrikanern innerhalb des Landes verhindern sollten. Er organisierte auch Streiks gegen Billiglöhne für afrikanische Arbeiter in den Minen. In den 1950er-Jahren, als andere afrikanische Staaten schon unabhängig waren, wurde der ANC zur Massenbewegung. Er wollte die afrikanische Mehrheit an die Macht bringen, denn bisher wurde das Land von der weißen Minderheit regiert. Nelson Mandela stieg in dieser Zeit zu einem ihrer wichtigsten Vertreter auf.

Der Kampf gegen die Apartheid
Ab 1948 kam die Partei der burischen Siedler an die Macht und baute einen auf der Rassenideologie basierenden Apartheidstaat auf. Dies führte u.a. dazu, dass die UNO als Nachfolgeorganisation des Völkerbundes Südafrika das Mandat für Namibia aberkannte, das es seit 1919 innehatte. Die Buren führten ihre Politik davon unberührt fort. Wie schon in den alten Kolonien in Afrika wurde die Bevölkerung in Rassen eingeteilt und registriert. Öffentliche Einrichtungen wie Parkbänke, Strände, sanitäre Anlagen, Bahnhöfe, öffentliche Verkehrsmittel, Schulen und Kirchen wurden nach „Rassen" getrennt. Nach der Segregation (Trennung) wurden die afrikanischen Einrichtungen vernachlässigt und waren unterfinanziert. So gab der Staat bis in die 1970er-Jahre für schwarze Schulkinder zwanzigmal weniger Geld aus als für weiße. Der Lehrplan für schwarze Schülerinnen und Schüler sah vor, ihnen nur die Fähigkeiten für niedere und schlecht bezahlte Jobs beizubringen. Schließlich versuchte man, die Wohnorte strikt zu trennen. Die weiße Regierung teilte die afrikanische Bevölkerung in „Stämme" oder „Ethnien" ein, deren Existenz komplett erfunden war. Jede dieser Gruppen bekam ein „Homeland" zugewiesen, das nie ihre Heimat gewesen war. Stattdessen waren die „Homelands" Gegenden mit schlechten Lebensbedingungen und oft ohne Wohnungen fern von den Städten und Arbeitsplätzen. An die 3,5 Millionen Menschen wurden in solche Homelands abgeschoben. In der Nähe von industriellen Zentren, wo man doch schwarze Arbeitskräfte brauchte, bildeten sich segregierte Townships, d.h. Elendsviertel, die weitgehend ohne Wasser, Elektrizität oder Kanalisation auskommen mussten. Eines der größten Townships war Soweto (South Western Townships). Soweto erlangte traurige Berühmtheit. Hier protestierten 1976 tausende Jugendliche gegen das Apartheidsystem. Von ihnen kamen mehrere hundert ums Leben, da der Schüleraufstand brutal niedergeschlagen wurde. Auch in Namibia bildete sich eine Oppositionsbewegung (SWAPO), die ab 1966 einen Guerilla-Krieg gegen die südafrikanischen Besatzer führte.

Widerstand begleitete die gesamte Apartheid-Ära. Er äußerte sich auf unterschiedlichste Art und Weise: Musik, Streiks von Gewerkschaften, friedliche Demonstrationen, Untergrundaktivitäten, Wirtschaftsboykotte aus dem Ausland und vieles mehr. Die Vielfältigkeit des Widerstandes machte das Land schließlich unregierbar, sodass die weiße Regierung Reformen ankündigte. Aber erst 1994 fanden die ersten freien und gleichen Wahlen in Südafrika statt. Der ANC gewann sie mit 63 Prozent der Stimmen, während die Nationale Partei der Buren nur 20 Prozent bekam. Zum Symbol dieses Triumphes wurde der ANC-Politiker Nelson Mandela. Er war 27 Jahre im Gefängnis, bevor er 1994 der erste Präsident des demokratischen Südafrika wurde. Die neue Regierung unterband Racheakte gegenüber den weißen Unterdrückern. Das neue Südafrika stand ganz im Zeichen der Versöhnungspolitik und wurde weltweites Vorbild für die Großzügigkeit der Unabhängigkeitsregierungen.

Nelson Mandela (1918–2013): südafrikanischer Politiker und Pazifist, von 1994 bis 1999 der erste schwarze Präsident Südafrikas, erhielt 1993 den Friedensnobelpreis

M1 Die Flagge Südafrikas von 1928 bis 1994

Die Flagge der Südafrikanischen Union (1928–1971) und der Republik Südafrika (1961–1994) basiert auf der Prinsenvlag (ehemalige Flagge der Niederlande). Darauf befinden sich als Miniaturflaggen der Union Jack (Flagge Großbritanniens), die Flagge des Oranje-Freistaates (1854–1902) und der Transvaal-Republik (1857–1902). Bis 1957 wurde der Union Jack als zweite offizielle Flagge Südafrikas zusätzlich geführt.

1. Beschreiben Sie die Flagge.
2. Erläutern Sie die Zusammensetzung der Flagge mithilfe des Darstellungstextes.
3. Beurteilen Sie das Verhältnis zwischen Südafrika und Großbritannien im Hinblick auf die symbolische Deutung der Flagge (DT, M1).

M2 Wie wurde die Ideologie der Segregation legitimiert?

Ist die Apartheid eine Ideologie, die es nur wegen der südafrikanischen Apartheidsgesetze gegeben hat? Dieser Frage gehen die südafrikanischen Historiker William Beinart und Saul Dubow nach:

Segregation in Südafrika umfasste viele verschiedene Ebenen von gesellschaftlichen Beziehungen. Oft wird sie als eine Reihe von gesetzlichen Anordnungen definiert, die die Rechte von „Nicht-Weißen" aufhoben und ein-
5 schränkten. Unter den wichtigsten dieser gesetzlichen Maßnahmen waren der Mines and Works Act von 1911 (Segregation der Angestellten), der Natives Land Act von 1913 (Segregation auf dem Land und das Verbot für Afrikaner, bestimmtes Land zu kaufen), der Natives (Urban Areas) Act von 1913 (Segregation in Städten), der 10 Representation of Natives Act von 1936 (Ende des verbleibenden afrikanischen Wahlrechts) und der Native Trust and Land Act von 1936 (eine Neuauflage des Land Acts von 1913). Ein besonderes Merkmal der südafrikanischen Apartheid war das Ausmaß der diskriminieren- 15 den Gesetzgebung. Viele staatliche Einrichtungen – von Schulen und dem Gesundheitssystem bis hin zu öffentlichen Verkehrsmitteln und Freizeiteinrichtungen – wurden schrittweise eingeschränkt und nach Rassen getrennt, viel konsequenter als unter den „Jim Crow"- 20 Gesetzen in den USA. Sogar sexuelle Beziehungen zwischen Menschen unterschiedlicher Hautfarbe wurden offiziell verboten. Segregation war aber weit mehr als eine breite Palette gesetzlicher Maßnahmen. Sie verweist auch auf eine kleinteilige Ideologie und Praxis, die 25 soziale Unterschiede und wirtschaftliche Ungleichheit in allen Lebensbereichen rechtfertigte. Viele der räumlichen und gesellschaftlichen Aspekte der Segregation, wie die Trennung der Kirchen auf Basis der Hautfarbe, war vielmehr gesellschaftliche Gewohnheit als gesetzli- 30 che Vorschrift. Genauso war der Ausschluss schwarzer Menschen von fachlich qualifizierter Arbeit und vor allem von Jobs, in denen sie eine Aufsicht über Weiße gehabt hätten, eher durch Gewohnheiten geprägt als durch Gesetzeshürden. Das umfangreiche System der Arbeits- 35 migration (das von einigen Wissenschaftlern als eine der Kerninstitutionen von Segregation und Apartheid dargestellt wurde) ist ein weiteres Paradebeispiel. Die Bewegungsfreiheit von schwarzen Arbeitern wurde durch Passgesetze eingeschränkt. Aber die Entwicklung und 40 Funktionen des Arbeitsmigrantensystems gingen auch auf eine Reihe sozialer und kultureller Strukturen zurück, die nicht alle durch Gesetze in Stein gemeißelt waren.

William Beinart und Saul Dubow, Introduction: the historiography of segregation and apartheid, in: Dies. (Hrsg.), Segregation and Apartheid in Twentieth-Century South Africa, London 1995, S. 3 f. (übersetzt von Florian Wagner)

1. Erläutern Sie, warum die Apartheid nicht nur durch eine segregationistische Gesetzgebung wirksam wurde.
2. Kennen Sie Fälle einer auf Rassenideologie basierenden Segregation auch außerhalb Südafrikas? Wenn ja, benennen Sie diese. | F

M3 Reservatspolitik und die Schaffung von Townships

Das Foto zeigt Alexandra, ein Township in der Metropolregion von Johannesburg. Es wurde 1912 als Township für Schwarze eingerichtet. Im Jahr 2011 lebten dort 22 000 Menschen pro Quadratkilometer.

1. Erläutern Sie das Foto mithilfe der Informationen im Darstellungstext.

M4 Protest gegen die Passgesetze

Frances Baard aus Kimberley in Südafrika hat als Haushaltshilfe und als Lehrerin gearbeitet. Sie wird dann ein Mitglied des ANC. Sie organisiert Proteste gegen die Passgesetze, die es nicht-weißen Menschen in Südafrika verbieten, sich in Teilen des Landes ohne vorherige Genehmigung aufzuhalten. Wegen Passvergehen kommen hier jährlich um die 200 000 Südafrikanerinnen und Südafrikaner ins Gefängnis. Sie beschreibt eine Protestaktion folgendermaßen:

Im Oktober [1955] machten sich viele Frauen im Transvaal auf zu den Union Buildings, um vor Premierminister Strijdom zu protestieren und ihm klar zu machen, dass wir diese Pässe nicht wollen. Das war ein sehr ge-
5 wichtiger Protest, 2000 Frauen aller Rassen vor den Union Buildings [...]. Dieser Protest war so gut, dass das Bündnis im nächsten Jahr entschied, ihn noch einmal durchzuführen, dieses Mal mit tausenden Frauen aus allen Ecken Afrikas, schwarz und weiß, um Strijdom
10 dasselbe immer wieder zu sagen. [...] Wir gingen nach Pretoria. Einige nahmen Busse, andere fuhren mit der Bahn, wieder andere Taxis und versuchten irgendwie nach Pretoria zu kommen. Es gab auch einige Freiwillige, die sich um die Teilnehmerinnen kümmerten und
15 schauten, dass alles glatt ablief. Sie wiesen die Frauen, die zu Fuß gingen, an, nicht wie eine Prozession zu laufen, denn ansonsten hätte die Polizei sie angehalten, bevor sie dort ankamen. Sie sollten so gehen, als würden sie alle nur für sich selbst gehen, nicht wie in einer Gruppe. [...] Wir warteten also, bis sich alle Frauen dort 20 versammelt hatten. Wir waren insgesamt an die 20 000! Wir nahmen alle Petitionen, die wir unterschrieben hatten, Stapel für Stapel, und brachten sie zu Strijdoms Büro hinauf, um sie ihm zu übergeben. Das Sekretariat teilte uns mit, dass Strijdom nicht da war und dass 25 wir ohnehin nicht eintreten durften, weil schwarze und weiße Frauen gemischt waren. Sie sagten einfach so, er sei nicht hier. Aber wir wussten, dass er nur Angst hatte, uns zu treffen. Wir gingen einfach am Sekretariat vorbei und in sein Büro, wo wir diese Pamphlete auf seinen 30 Schreibtisch und auf den Boden legten. Der Raum war voll davon. Weißt Du, sie sagten, Strijdom habe sich diese Petitionen niemals angeschaut, die Spezialabteilung hatte sie einfach weggebracht.

Frances Baard, My Spirit ist not banned, Harare, Zimbabwe 1986, zitiert nach: Document 5: Frances Baard describes how women organised to protest the pass laws, 1956, in: Nancy L. Clark und William H. Worger (Hrsg.), South Africa. The Rise and Fall of Apartheid, London/New York 2016, S. 152 f. (übersetzt von Florian Wagner)

1. Beschreiben Sie, welche Art des Protests die Frauen wählten.
2. Verfassen Sie eine Zeitungsschlagzeile aus Sicht der Regierungspresse über den Protestzug.
3. Erörtern Sie die Wirksamkeit des von Baard geschilderten Protests.
4. Diskutieren Sie, welche Art von Protest gegen das Apartheidsregime Sie für sinnvoll und legitim halten. | F

M5 Export der Apartheid – Rassentrennung und Kolonialpolitik in Namibia

Die Regierung Südafrikas betreibt in der ehemaligen deutschen Kolonie Südwestafrika jahrzehntelang eine Politik der kolonialen Unterdrückung und Ausbeutung. Wolfgang Werner stellt dazu dar:

Obwohl eine 1949 einberufene Untersuchungskommission zur langfristigen Landwirtschaftspolitik empfahl, dass eine Besiedlung nicht zunehmen sollte und dass weiße Farmkinder zunehmend Berufe im Handel und
5 der Industrie ergreifen sollten, setzte nach dem Zweiten Weltkrieg eine erneute, kurze Phase weißer Besiedlung ein. Indem die Polizeizone nach Norden ausgeweitet wurde und Land in den Wüstenregionen Westnamibias zugänglich gemacht wurde, konnten
10 zwischen 1946 und 1954 weitere 880 Farmen ausgegeben werden. Insgesamt waren damit schließlich 5 214 weiße Farmen ausgewiesen worden. Die Enteignung von immer mehr Land zugunsten weißer Siedler implizierte, dass eine große Anzahl von Schwarzen auf im-
15 mer minderwertigeres Land umgesiedelt wurde. […] [Es] sind verschiedene Beispiele von Gemeinschaften dokumentiert, welche angestammtes Land, dass sie nach 1915 erneut für sich reklamiert hatten, zugunsten weißer Siedler aufgeben mussten. So wurden etwa
20 Herero-Pastoralnomaden[1] gezwungen, Land östlich von Windhoek zugunsten minderwertigen Landes im Osten Namibias aufzugeben. Solche Umsiedlungen waren von scharfem Widerstand begleitet. Im Falle dieser Herero-Gemeinschaft musste die Kolonial-
25 verwaltung Gewalt anwenden, um sie zur Umsiedlung zu zwingen. Windräder und Pumpen wurden zerstört und Hütten angezündet. Wenn diese Maßnahmen vergebens waren, warfen Militärflugzeuge Bomben ab, wie im Falle des Orumbo-Gebietes. Diese Drohungen
30 und Gewaltakte veranlassten schließlich den Herero-Führer Hosea Kutako, seine Leute zum Wegziehen zu bewegen. In anderen Fällen mussten Gemeinschaften Reservate, die ihnen zunächst zugeteilt worden waren, zu einem späteren Zeitpunkt ver-
35 lassen, um für das Programm der Siedlung Raum zu schaffen. Dies betraf zum Beispiel das Aukeigas-Reservat westlich von Windhoek. Vor 1914 waren die Farmen Fürstenwalde und Aukeigas einer Damara-Gemeinschaft[2] von der deutschen Verwaltung zugeteilt
40 worden; sie bildeten fortan das Aukeigas-Reservat. 1932 umfasste dieses Reservat 13 837 Hektar. Wenig später wurde das Territorium als überweidet eingestuft und 1947 für weitere Zuzügler geschlossen. Im Juni 1956 wurde der Status des Gebietes als Reservat aufgehoben. Die 254 ansässigen Familien (insgesamt 1 500 Men- 45 schen) wurden zusammen mit ihrem Besitz, 1 780 Stück Großvieh und 15 820 Stück Kleinvieh nach Soris-Soris im trockenen nordwestlichen Namibia umgesiedelt.

Wolfgang Werner, Landenteignung, Reservate und die Debatte zur Landreform in Namibia, in: Larissa Förster u.a. (Hrsg.), Namibia-Deutschland. Eine geteilte Geschichte, Köln/Wolfratshausen 2004, S. 292–303 und 297ff.

---

1. Arbeiten Sie die wesentlichen Merkmale der Kolonialisierungspolitik Südafrikas aus dem Text heraus.
2. Vergleichen Sie den Prozess der Dekolonisierung Südafrikas mit dem in anderen Ländern. Berücksichtigen Sie dabei insbesondere den Umgang der südafrikanischen Regierung mit der Region Südwestafrika.

M6 Klage der Afrikaner

Nelson Mandela wird in den 1950er-Jahren zu einer der Führungsfiguren des African National Congress. Bevor er 1964 wegen Sabotageaktionen zu Gefängnis auf Lebenszeit verurteilt wird, hält er eine Verteidigungsrede, von der ein Teil hier wiedergegeben wird:

Die Klage der Menschen Afrikas […] ist nicht nur, dass sie arm sind und die Weißen reich, sondern, dass die Gesetze von den Weißen gemacht wurden, um diese Situation zu erhalten. Es gibt zwei Wege, aus der Armut auszubrechen. Die erste Möglichkeit ist die 5 formale Bildung und die zweite Möglichkeit ist, dass Arbeiter ihre Fähigkeiten am Arbeitsplatz weiterentwickeln und dadurch höhere Löhne bekommen. Was Afrikaner anbetrifft, sind beide Entwicklungsmöglichkeiten vom Gesetz absichtlich versperrt […]. Wir wol- 10 len vor allem gleiche politische Rechte, denn ohne sie wären unsere Behinderungen dauerhaft. Ich weiß, dass sich das für die Weißen in unserem Land revolutionär anhört, denn dann wäre die Mehrheit der Wähler afrikanisch. Darum fürchtet der weiße Mann die Demo- 15 kratie. Aber diese Angst kann noch der einzig möglichen Lösung im Weg stehen, nämlich derjenigen, die Harmonie zwischen den Rassen und Freiheit für alle verbürgt. Es ist unwahr, dass das Wahlrecht für alle in der Herrschaft einer Rasse enden wird. Politische Tren- 20 nung, die auf Hautfarbe beruht, ist komplett künstlich. Wenn diese künstliche Trennung verschwindet, wird auch die Herrschaft der einen colour group über die andere verschwinden. Der ANC hat ein halbes Jahr-

---

[1] Hirten, die ihre Tiere auf Naturweiden halten
[2] Volksgruppe in Namibia

hundert gegen Rassismus gekämpft. Auch wenn dieser [der ANC] triumphiert, werden wir diese Politik nicht ändern.

Nelson Mandela, Statement from the dock at the opening of the defense case in the Rivonia Trial Pretoria, South Africa, 20. April 1964, https://www.un.org/en/events/mandeladay/legacy.shtml#OnRacial Discrimination [Zugriff: 20. Juli 2021] (übersetzt von Florian Wagner)

1. Analysieren Sie, mit welchen Argumenten Nelson Mandela versucht, Rassismus zu überwinden.
2. Entwickeln Sie einen Fünf-Punkte-Plan, der das politische Programm Mandelas in konkrete Maßnahmen umsetzt. | H

M7 Regenbogennation

Am 27. April 1994 können schwarze Südafrikaner und Südafrikanerinnen zum ersten Mal in ihrem Leben wählen. Lange Schlangen bilden sich vor den Wahllokalen. Der ANC siegt in der Wahl und Nelson Mandela wird zum ersten schwarzen Präsidenten Südafrikas. Wie seine Partei setzt er auf Versöhnung und das Zusammenleben von allen Menschen in Südafrika. In einer Rede in Durban am 16. April 1999 bekräftigt er dies:

Viele Menschen waren skeptisch, dass wir es schaffen würden, unser Ideal der Regenbogennation zu verwirklichen. Es stimmt, dass Südafrika aufgrund der Unterschiede oft an den Rand des Untergangs gebracht
5 wurde. Aber lassen Sie mich heute und hier eine Sache betonen: Es ist nicht unsere Vielfalt, die uns teilt, es ist nicht unsere Ethnizität, unsere Religion oder Kultur, die uns auseinanderdividiert. Seit wir unsere Freiheit erlangt haben, kann es nur eine Unterscheidung zwi-
10 schen uns geben: zwischen denjenigen, die die Demokratie lieben, und denjenigen, die das nicht tun. Als freiheitsliebendes Volk wollen wir unser Land aufblühen sehen und die Grundversorgung sicherstellen. Denn die Freiheit kann nie vollständig sein und unsere
15 Demokratie stabil, wenn nicht die Grundbedürfnisse unserer Bevölkerung erfüllt werden. Wir haben gesehen, wie Entwicklung die Stabilität eines Landes hervorbringt. Und andererseits wissen wir, dass Frieden die stärkste Waffe ist, die eine Gemeinschaft oder eine
20 Nation hat, um die Entwicklung umzusetzen. Während wir unser Land wieder aufbauen, sollten wir immer wachsam sein, was die Feinde der Demokratie und der Entwicklung machen, auch wenn sie aus unseren eigenen Reihen kommen. Gewalt wird uns unse-
25 ren Zielen nicht näher bringen. Wir sollten uns alle diese Frage stellen: Habe ich alles in meiner Macht Stehende getan, um einen nachhaltigen Frieden und Wohlstand in meiner Stadt und in meinem Land zu generieren?

Nelson Mandela, Speech Durban, South Africa, 16. April 1999; https://www.un.org/en/events/mandeladay/legacy.shtml#OnRacialDiscrimination [Zugriff: 20. Juli 2021] (übersetzt von Florian Wagner)

1. Erklären sie, was Mandela mit „Regenbogennation" meint.
2. Erläutern Sie, mit welchen Argumenten er versucht, die Kritiker einer Regenbogennation zu überzeugen.

M8 Flagge Südafrikas seit 1994

Um die Apartheid auch symbolisch zu beenden, wurde in Südafrika eine Kommission zur Findung neuer nationaler Symbole eingerichtet. Nachdem in einem landesweit ausgeschriebenen Wettbewerb keine neue Flagge gefunden wurde, wurde der damalige Staatsheraldiker damit beauftragt. Sein Entwurf wurde mit überwiegend positiven Reaktionen bei der Parlamentswahl 1994 angenommen. Sie enthält neben den Farben der Flaggen der ehemaligen Burenrepubliken und des Union Jack und auch die Farben des ANC:

1. Beschreiben Sie die Flagge.
2. Erläutern Sie die Symbolik der Flagge mithilfe des Darstellungstextes und M7.

Der Blick aufs Ganze

1. Analysieren Sie den Prozess der Unabhängigkeit in Südafrika.
2. Vergleichen Sie die Unabhängigkeit Südafrikas mit einem weiteren Dekolonisierungsprozess (z.B. Indien, Vietnam, Israel-Palästina, Naher oder Mittlerer Osten).
3. Beurteilen Sie, ob Südafrika überhaupt dekolonisiert wurde.
4. Recherchieren Sie, wie sich das Konzept der „Regenbogennation" bis heute in Südafrika entwickelt hat. | F.

Ist die Dekolonisierung abgeschlossen?

Unabhängigkeit – ein Erfolgsmodell?

Direkt nach dem Sieg der antikolonialen Befreiungsbewegungen der 1960er-Jahre entstanden in vielen Regionen zunächst stabile Staaten, die das Vertrauen ihrer Bevölkerung hatten. In Tansania führte der erste Präsident Julius Nyerere ein kostenloses Bildungssystem ein, das die Alphabetisierungsrate in die Höhe schnellen ließ. Nyerere erklärte dazu das solidarische afrikanische Dorfleben und die gemeinschaftliche Wirtschaftsweise zum Ideal des unabhängigen Tansania. Er verband diesen „tansanischen Gemeinsinn" mit einem moderaten Sozialismus, um das Land nachhaltig zu entwickeln. In Ghana hatte der erste Präsident Kwame Nkrumah ähnliche Ziele. Zusätzlich versuchte er, alle afrikanischen Staaten und die Diaspora in den USA zur Zusammenarbeit und gegenseitigen Unterstützung zu bewegen. Er wurde zum „Vater des Panafrikanismus". In Indien wurde Indira Gandhi zur Ministerpräsidentin und damit zu einer der mächtigsten Frauen der Welt. Sie sagte der Armut den Kampf an und fand viel Unterstützung bei der mittellosen Landbevölkerung.

Großprojekte, wie die Staudämme in Ghana (am Volta-Fluss) und in Ägypten (am Nil) versorgten die Bevölkerung und die Unternehmen theoretisch mit günstiger und erneuerbarer Energie. In Ländern wie Indien, Tansania und Ghana schlossen sich ganze Dörfer zu Produktionsgenossenschaften zusammen. Sie unterstützten sich gegenseitig beim Anbau und Verkauf ihrer Produkte, wie Milch, Kaffee oder Kakao. Viele konnten durch dieses kooperative Wirtschaften der Armut und Abhängigkeit entkommen. Meist griff der Staat ein und steuerte die Entwicklung der Wirtschaft. Die indische Regierung legte die wirtschaftsplanerische Grundlage für die sogenannte Grüne Revolution, in deren Verlauf zum Beispiel Weizensorten angebaut wurden, die produktiver und widerstandsfähiger als die zuvor angebauten waren. So konnte man mehr Menschen mit erschwinglichen Lebensmitteln versorgen. Ghana gründete fünfzig neue Staatskonzerne, unter anderem für Fischerei, Landwirtschaft, Bergbau und Stahlproduktion. Diese Großprojekte trugen zunächst dazu bei, dass die Wirtschaft aufblühte. Neue Hochschulen und Universitäten verbesserten die Ausbildungschancen und wurden zu Symbolen für das neue Selbstbewusstsein der unabhängigen Staaten. Dazu kam ein verbesserter Zugang zum Gesundheitssystem, das den Menschen eine höhere Lebenserwartung bescherte.

Die Euphorie der Befreiung ließ jedoch bald nach. Einige Länder in Afrika und Asien entwickelten sich zu autoritären Staaten, die das Wohlergehen ihrer Bevölkerung aus

---

#DecolonizeYourCity
In vielen deutschen Städten gibt es Straßen, die Namen von deutschen Kolonialisten tragen. Zivilgesellschaftliche Initiativen fordern die Umbenennung, wie hier die Umbenennung der Wissmannstraße in Neukölln (Berlin).

▶ Recherchieren Sie, ob es in Ihrer Stadt/Region Straßennamen gibt, die mit dem Kolonialismus verknüpft sind, und ob es Initiativen gibt, die sich für eine Umbenennung einsetzen.

▶ Bewerten Sie, wie man mit solchen Spuren des Kolonialismus umgehen sollte.

Internettipp:
Informationen zu Hermann von Wissmann finden Sie unter Code **32052-27**.

den Augen verloren. Einigen Helden der Unabhängigkeit stieg der Personenkult um sie zu Kopfe. Indira Gandhi, Julius Nyerere und Kwame Nkrumah standen bald auch für ein System der Korruption. Die Verfolgung von Oppositionellen und die Manipulation von Wahlen wurde nicht nur ihnen ein Mittel, um sich länger an der Macht zu halten als es vielen lieb war. Langsam wurde klar, dass die einfachen Leute auch nach dem Ende der Kolonialzeit die Hauptlast wirtschaftlicher und sozialer Probleme tragen mussten. Die Unabhängigkeitsführer schafften es nicht immer, die Demokratie zu stärken, und fielen letztendlich oft auch Militärputschs zum Opfer.

Kolonialstaaten sind am Ende – aber koloniales Denken ist noch überall | Die Probleme waren nicht selten eine Folge des Neokolonialismus. Regierungen und Oberschichten der jetzt unabhängigen Staaten waren oder wurden oft Marionetten ihrer ehemaligen Kolonialherren. Frankreich schickte zum Beispiel Berater, Geld und im Notfall Militär oder Putschisten, um die Kontrolle über seine ehemaligen Kolonien in Afrika zu behalten. Westliche Unternehmen machten weiterhin die großen Profite, zum Beispiel mit den Ölvorkommen in Nigeria oder mit Kobalt in der Demokratischen Republik Kongo, welches man heute zur Herstellung von Smartphones verwendet. Die Umwelt wurde nach wie vor ausgebeutet und nicht geschützt, indem zum Beispiel westliche Unternehmen bei der Ölförderung in Nigeria ganze Landstriche und Gewässer zerstörten. Und genauso wie der koloniale Staat beutete der neokoloniale Staat seine Bewohner aus, anstatt sie zu schützen. Dazu kam noch, dass viele ehemalige Kolonien zu Schauplätzen für Stellvertreterkriege im Kalten Krieg wurden.

Mit dem Ende des Kalten Krieges um 1990 bekamen wieder Konflikte mehr Aufmerksamkeit, deren Ursprünge tief in der kolonialen Zeit lagen. Dazu zählte zum Beispiel der Völkermord in Ruanda und Burundi. In diesen kleinen ostafrikanischen Ländern hatten die deutsche und belgische Kolonialmacht zwei Bevölkerungsgruppen gegeneinander ausgespielt, die Hutu und die Tutsi. Obwohl beide lange friedlich nebeneinander gelebt hatten und sich kaum unterschieden, definierten die Kolonialmächte sie als zwei verschiedene „Ethnien". Im 20. Jh. schaukelte sich der Konflikt zwischen beiden Gruppen hoch und entlud sich 1994 in der Ermordung von bis zu einer Million Menschen. Der Völkermord zeigte, dass sich der progressive Befreiungsnationalismus in einen zerstörerischen ethnischen Nationalismus verwandeln konnte. Ähnlich verhielt es sich mit der Umdeutung von Religion. In Ländern wie Indonesien, Indien oder Algerien war der Islam eine progressive Befreiungsreligion und bot den Antikolonialisten Netzwerke und eine Infrastruktur, um sich zu organisieren. Spätestens seit den 1980er-Jahren begannen Extremisten jedoch, den Islam zu missbrauchen und in seinem Namen Anschläge auf Zivilisten und Symbole der „westlichen Welt" zu verüben. Obwohl die Mehrheit der Muslime immer gegen Gewalt war, bürgerte sich dafür der Name islamistischer Extremismus ein. Er hat mit dem Islam als Religion nur noch wenig zu tun.

Über die eigentliche Dekolonisierung hinaus beeinflussen antikoloniale Bewegungen und ihr Gedankengut zivilgesellschaftliche Initiativen gegen Rassismus, Überlegenheitsfantasien, Ungerechtigkeit und Ausbeutung bis in die Gegenwart. Dazu zählen zum Beispiel die „Black Lives Matter"-Bewegung oder die sogenannte Postkoloniale Bewegung. Sie wollen nicht nur das Handeln der Menschen, sondern auch ihr Denken und ihre Sprache „dekolonisieren", das heißt von kolonialen und rassistischen Denkmustern befreien. Sie kritisieren zum Beispiel, wenn Straßen noch nach kolonialen Kriegsherren benannt sind, Menschen mit einer bestimmten Hautfarbe diskriminiert werden oder mit beleidigenden Ausdrücken herabgewürdigt werden. Und sie fordern ein nachhaltiges und gerechtes Wirtschaften durch eine Abkehr von der für den Kolonialismus charakteristischen Ausbeutung von Mensch und Natur.

Julius Nyerere (1922–1999): führte das unter britischem Mandat stehende ostafrikanische Tanganjika in die Unabhängigkeit und wurde 1961 der erste Präsident der Republik Tanganjika. Nach dem Zusammenschluss der Republik mit Sansibar und Pemba war er von 1964 bis 1985 Präsident der Vereinigten Republik Tansania.

Indira Gandhi (1917–1984): indische Politikerin, Ministerpräsidentin Indiens von 1966 bis 1977 und von 1980 bis 1984, Tochter des ersten Ministerpräsidenten Indiens, Jawaharlal Nehru

M1 Neokolonialismus

Kwame Nkrumah, der erste Präsident des unabhängigen Ghana, prangert 1963 den sogenannten Neokolonialismus der alten Kolonialmächte an und erklärt ihn folgendermaßen:

Der heutige Neokolonialismus steht für den Imperialismus in seinem höchsten und vielleicht gefährlichsten Stadium. [...] Anstelle des klassischen Kolonialismus als Hauptinstrument des Imperialismus haben wir heute den Neokolonialismus. Es macht den Neokolonialismus aus, dass der betroffene Staat in Theorie unabhängig ist und nach außen hin all die Eigenschaften eines souveränen Staates zu haben scheint. In Wirklichkeit ist sein wirtschaftliches und politisches Leben jedoch von außen bestimmt.

Die Methoden und Formen dieser Spielart können verschiedene Gestalt annehmen. Im Extremfall können zum Beispiel Truppen einer imperialen Macht das Gebiet des neokolonialen Staates besetzen und seine Regierung kontrollieren. Viel häufiger wird neokoloniale Kontrolle aber durch wirtschaftliche oder geldpolitische Mittel ausgeübt. Der neokoloniale Staat kann gezwungen werden, die von der imperialistischen Macht hergestellten Produkte zu kaufen und Konkurrenzprodukte von anderswo damit auszuschließen. Die Kontrolle über die Regierungspolitik im neokolonialen Staat kann durch finanziellen Einfluss auf die laufenden Ausgaben des Staates, durch die Bereitstellung von Beamten in politikbestimmenden Machtpositionen und durch die geldpolitische Aufsicht über Devisen mithilfe eines von der imperialen Macht übergestülpten Bankensystems ausgeübt werden. Wo Neokolonialismus existiert, ist die kontrollierende Macht oft der ehemalige Kolonialstaat, aber das ist nicht zwangsweise immer so. Im Fall von Südvietnam war zum Beispiel Frankreich die frühere imperiale Macht, aber die neokoloniale Kontrolle des Staates haben nun die Vereinigten Staaten übernommen. Es ist auch möglich, dass die neokoloniale Kontrolle von einem Konsortium finanzieller Interessen ausgeübt wird, die sich nicht einem bestimmten Staat zuordnen lassen. Die Kontrolle über den Kongo durch große internationale Finanzkonzerne ist dafür ein gutes Beispiel. Das Ergebnis des Neokolonialismus ist, dass fremdes Kapital eher zur Ausbeutung als zur Entwicklung der weniger entwickelten Länder der Erde genutzt wird. Investment unter neokolonialen Bedingungen führt nicht zur Verkleinerung, sondern zur Vergrößerung der Schere zwischen den armen und reichen Ländern der Welt. Der Kampf gegen den Neokolonialismus will das Kapital aus der entwickelten Welt nicht davon abhalten, in den weniger entwickelten Ländern zu operieren. Der Kampf hat vielmehr das Ziel zu verhindern, dass die Finanzmacht der entwickelten Länder in einer Art und Weise gebraucht wird, die zur Verarmung der weniger entwickelten Länder führt. Die Blockfreiheit, wie sie von Ghana und vielen anderen Ländern praktiziert wird, gründet in der Zusammenarbeit mit allen Staaten, egal ob sie eine kapitalistische, eine sozialistische oder eine gemischte Wirtschaft haben.

Kwame Nkrumah, Africa must Unite, New York/Washington 1963, IX–XI (übersetzt von Florian Wagner)

1. Erklären Sie den Begriff „Neokolonialismus".
2. Nennen Sie weitere Beispiele für neokoloniale Abhängigkeiten im 20. oder auch im 21. Jh. | F
3. Bewerten Sie, ob man den unabhängigen Staaten gerecht wird, wenn man sie als Opfer des Neokolonialismus darstellt.

M2 Wird Europa immer kolonial bleiben?

Das unterstellt einer der berühmtesten Theoretiker des Postkolonialismus, Aimé Césaire, den Europäern schon 1951 in seiner Rede über den Kolonialismus. Im 21. Jh. greifen postkoloniale und decolonize-Bewegungen das Thema wieder auf und hinterfragen europäische (Erinnerungs-)Kultur:

Eine Zivilisation, die sich unfähig zeigt, die Probleme zu lösen, die durch ihr Wirken entstanden sind, ist eine dekadente Zivilisation. Eine Zivilisation, die beschließt, vor ihren brennendsten Problemen die Augen zu verschließen, ist eine kranke Zivilisation. Eine Zivilisation, die mit ihren eigenen Grundsätzen ihr Spiel treibt, ist eine im Sterben liegende Zivilisation. Tatsache ist, dass die sogenannte „europäische", die sogenannte „westliche" Zivilisation, so, wie zwei Jahrhunderte bürgerlicher Herrschaft sie geformt haben, unfähig ist, die beiden Hauptprobleme zu lösen, die durch ihre Existenz entstanden sind: das Problem des Proletariats und das koloniale Problem; dass dieses Europa, vor die Schranken der „Vernunft" wie vor die Schranken des „Gewissens" gestellt, außerstande ist, sich zu rechtfertigen; und dass es sich mehr und mehr in eine Heuchelei flüchtet, die umso abscheulicher wird, je weniger Aussicht sie hat, hinters Licht zu führen. Europa ist unhaltbar. Es scheint, diese Feststellung flüstern sich ganz leise die amerikanischen Strategen zu. Das ist an sich nicht schlimm. Schlimm ist, dass „Europa" sittlich und geistig unhaltbar ist. Und heute ist es so, dass nicht nur die europäischen Massen etwas zu beanstanden haben, sondern dass die Anklageschrift weltweit von Dutzenden und Aberdutzenden Millionen Menschen vorgetragen wird, die sich aus tiefer Knechtschaft heraus zu Richtern erheben. Man kann in Indochina töten, in Madagaskar foltern, in Schwarzafrika die Kerker füllen, auf den Antillen hemmungslos wüten. Von nun an wissen die Kolonisierten, dass sie den Kolonialisten etwas voraushaben. Sie wissen, dass ihre derzeitigen „Herren" lügen. Dass ihre Herren also schwach sind. Und da ich heute über Kolonisation und Zivilisation sprechen soll, wollen wir gleich zur Hauptlüge kommen, auf deren Boden alle anderen Lügen gedeihen. Kolonisation und Zivilisation? Das Unseligste auf diesem Gebiet ist, dass man gutgläubig auf eine kollektive Heuchelei hereinfällt, die sich darauf versteht, die Probleme falsch darzustellen, um besser die abscheulichen Lösungen zu rechtfertigen, die man für sie zur Anwendung bringt. Das heißt mit anderen Worten, dass es hier wesentlich darum geht, klar zu sehen, [...] dass es darum geht, ohne die Absicht, auf die Konsequenzen zu schielen, ein für alle Mal zuzugeben, dass die entscheidenden Täter hier der Abenteurer und der Pirat, der Kolonialwarengroßhändler und der Reeder, der Goldsucher und der Krämer, die Gier und die Gewalt sind, mit dem unheilvollen Schlagschatten einer Zivilisationsform im Hintergrund, die sich zu einem bestimmten Zeitpunkt ihrer Geschichte von innen heraus gezwungen sieht, den Konkurrenzkampf ihrer widerstreitenden Ökonomien über den ganzen Erdball auszudehnen. [...] Ebendas ist der große Vorwurf, den ich dem Pseudohumanismus mache: dass er die Menschenrechte allzu lange beschränkt hat, dass er eine enge und fragmentarische, eine partielle und parteiische und eine alles in allem ekelhaft rassistische Auffassung von ihnen gehabt hat und immer noch hat. Ich rede hier viel von Hitler, und das durchaus zu Recht: Er gestattet es, die Dinge durchs Vergrößerungsglas zu sehen und zu begreifen, dass die kapitalistische Gesellschaft in ihrem gegenwärtigen Stadium außerstande ist, ein Völkerrecht zu begründen, so wie sie sich als unfähig erweist, eine individuelle Moral zu begründen. Ob man will oder nicht: Am Ende der Sackgasse Europa – ich meine das Europa Adenauers, Schumans[1], Bidaults[2] und etlicher anderer – steht Hitler. Am Ende des nach seinem Überleben trachtenden Kapitalismus steht Hitler. Am Ende des Formalhumanismus und der philosophischen Abdankung steht Hitler.

Aimé Césaire, Über den Kolonialismus, Berlin 2017, S. 23–29 (übersetzt von Heribert Becker)

[1] **Robert Schuman** (1886–1963): französischer Politiker, als deutscher Staatsangehöriger geboren. Er gilt als einer der Gründerväter der Europäischen Union.
[2] **Georges Bidault** (1899–1983): französischer Politiker, Ministerpräsident Frankreichs und Mitglied der Untergrundorganisation OAS, die die Unabhängigkeitsbewegung Algeriens bekämpfte.

1. Analysieren Sie, worin Césaires Zivilisationskritik besteht. Erklären Sie dabei den Begriff „Pseudohumanismus".
2. Erklären Sie, was Césaire mit dem Hitler-Vergleich zu bezwecken versucht.
3. Beurteilen Sie, ob Europa noch heute von Zivilisationsrhetorik und „Pseudohumanismus" geprägt ist.

M3 „Der arme Verwandte unter den Kontinenten"

Der britische Historiker Niall Ferguson stellt in seinem in der Fachwissenschaft umstrittenen Werk die These auf, dass das britische Empire seinen Kolonien den Fortschritt gebracht habe. Die gegenwärtige Armut vieler Staaten in Afrika hat für ihn andere Gründe als den Kolonialismus:

Trotzdem fällt es uns immer schwerer, die gegenwärtige „Misere" der „untersten Milliarde", also der Menschen, die in den ärmsten Ländern der Welt leben, dem Kolonialismus der Vergangenheit zur Last zu legen. Die afrikanische Wirtschaftsentwicklung wurde und wird durch erhebliche geografische und Umweltprobleme behindert. Unabhängige Machthaber schnitten mit wenigen Ausnahmen nicht besser ab als die Kolonialherren vor und nach der Unabhängigkeit, die meisten sogar schlechter. Eine ganz anders geartete westliche Zivilisierungsmission, die der staatlichen und nichtstaatlichen Hilfsorganisationen, hat in der heutigen Zeit trotz gewaltiger Hilfsgelder viel weniger erreicht, als man erhofft hatte. Trotz aller gutgemeinten Bemühungen von Wirtschaftswissenschaftlern aus Eliteuniversitäten und irischen Rockstars bleibt Afrika der arme Verwandte unter den Kontinenten, der entweder von westlichen Almosen oder der Gewinnung von Rohstoffen abhängt. Allerdings gibt es doch auch einige kleinere Hoffnungsschimmer, nicht zuletzt die Auswirkungen der billigen Mobiltelefonie, durch die die Afrikaner (zum Beispiel) zum ersten Mal Zugang zu effizienten und preiswerten Bankdienstleistungen haben. Auch wäre es durchaus möglich, sehr viel mehr Menschen auf diesem Kontinent sauberes Wasser zur Verfügung zu stellen, als es bisher geschieht. Trotzdem gibt es immer noch enorme Wachstumsschranken, zu denen vor allem die abenteuerlich schlechten Regierungen gehören, unter denen so viele afrikanische Staaten zu leiden haben und die treffend von dem grotesken Reiterstandbild eines senegalesischen Paars im Stil des schlimmsten sozialistischen Realismus symbolisiert werden, das sich über Dakar erhebt. (Tatsächlich wurde es von einem nordkoreanischen Staatsunternehmen errichtet). Außerdem trägt das Auftreten Chinas als wichtiger Investor in Afrika wenig zur Lösung dieses Problems bei.

Ganz im Gegenteil sind die Chinesen nur zu gerne bereit, in die Infrastruktur der jeweiligen afrikanischen Länder zu investieren, um dadurch Zugang zu deren wertvollen Rohstoffen zu bekommen. Dabei ist es ihnen egal, ob sie
40 mit Militärdiktatoren, korrupten Kleptokraten oder senilen Autokraten (oder allen dreien) Geschäfte machen. Zu einer Zeit, in der westliche staatliche und nichtstaatliche Hilfsorganisationen wenigstens damit beginnen, als Bedingung für ihre Unterstützung Verbesserungen in den
45 afrikanischen Regierungsstrukturen zu verlangen, werden diese Bemühungen von dem gerade erst entstehenden chinesischen Imperium untergraben.

Dieses Zusammentreffen von ausländischem Altruismus und ausländischer Ausbeutung ist in der afrikanischen
50 Geschichte nichts Neues. Wie wir gesehen haben, kamen die Europäer im 19. Jahrhundert aus unterschiedlichsten Motiven nach Afrika. Einige suchten Geld, andere Ruhm. Einige kamen, um zu investieren, andere, um zu rauben. Einige wollten Seelen retten, andere
55 selbst dort Wurzeln schlagen. Fast alle waren sich jedoch sicher – genauso sicher wie die heutigen Hilfsorganisationen – dass man die „Wohltaten" der westlichen Zivilisation und Kultur auch dem „dunklen Kontinent" zuteilwerden lassen könnte und sollte. Bevor wir jedoch die westlichen Imperien vorschnell als böse und ausbeute- 60 risch verdammen und ihnen unterstellen, sie hätten nur ein Verhalten gezeigt, das das genaue Gegenteil von „zivilisiert" gewesen sei, müssen wir anerkennen, dass ihrer Behauptung, sie seien auf „Zivilisierungsmission", mehr als ein Fünkchen Wahrheit war. 65

Niall Ferguson, Der Westen und der Rest der Welt. Die Geschichte vom Wettstreit der Kulturen, Berlin 2011, S. 224 ff. (übersetzt von Michael Bayer und Stephan Gebauer)

1. Arbeiten Sie die Gründe für die gegenwärtige Armut vieler afrikanischer Staaten heraus, die Niall Ferguson anführt.
2. Beurteilen Sie die Tragfähigkeit von Fergusons Argumenten mithilfe des Darstellungstextes und von M1.

M4 So steht es um den Weltfrieden

Das Institute for Economics and Peace (IEP) untersucht jedes Jahr die Konfliktlage in mehr als 160 Ländern der Welt. Dabei werden die aktuellen örtlichen und internationalen Konflikte, die gesellschaftliche Sicherheit (z. B. Kriminalitätsrate, Ausmaß terroristischer Vorfälle etc.) und die Militarisierung des Landes einbezogen:

So steht es um den Weltfrieden
Länder und Gebiete nach dem Level der Friedlichkeit 2021

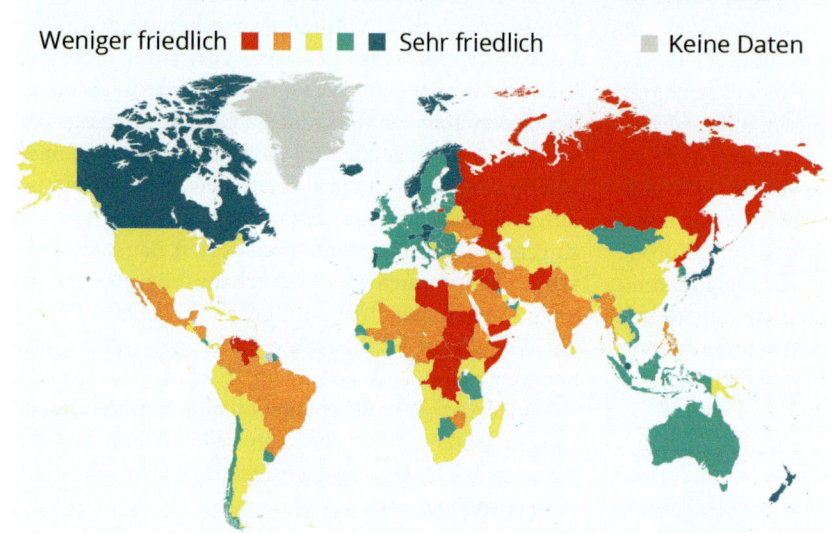

Weniger friedlich ■ ■ ■ ■ ■ Sehr friedlich   Keine Daten

1. Analysieren Sie die Karte.
2. Wählen Sie in Ihrer Lerngruppe ein Land pro Person aus und erläutern Sie, wie die Einschätzung des IEP für dieses Land zustande kommt, mithilfe der Informationen auf der Webseite (Code 32052-28).
3. Erörtern Sie für das gewählte Land, ob die Konflikte auf Kolonialismus und Dekolonisierung zurückzuführen sein könnten.

M5 Versöhnungsabkommen mit Namibia: Deutschland erkennt Kolonialverbrechen als Genozid an

Der Deutschlandfunk berichtet am 21. September 2021 über den Abschluss des Versöhnungsabkommens zwischen Namibia und Deutschland:

[…] Über den Genozid deutscher Kolonialtruppen an den Herero und Nama verhandeln Deutschland und Namibia seit 2015. Beide Staaten bemühen sich um eine Aussöhnung. Aber nicht alle Nachfahren der Opfer fühlen sich gut vertreten.
Bis zuletzt gestritten wurde über die Höhe der Entschädigungszahlungen. Deutschland hat sich mit dem Abkommen nun verpflichtet, 1,1 Milliarden Euro zu zahlen. Das Geld soll über einen Zeitraum von 30 Jahren vor allem in Projekte in den Siedlungsgebieten der Herero und Nama investiert werden. Dabei soll es um die Förderung von Berufsbildung, Landwirtschaft, ländlicher Infrastruktur und Wasserversorgung sowie Landreformen gehen.
Insbesondere die Besitzverhältnisse an Grund und Boden zeugen in Namibia bis heute von kolonialer Ausbeutung und Unterdrückung. Denn das zu Kolonialzeiten enteignete Land befindet sich noch immer überwiegend in der Hand von weißen Siedlern, viele von ihnen deutschstämmige.
[…] Fast sechs Jahre dauerten die Verhandlungen um ein Versöhnungsabkommen zwischen der deutschen und der namibischen Regierung. Vertreter von Herero und Nama waren in die Verhandlungen eng eingebunden. […]
Dabei wurde zunächst lange um Formulierungen gestritten. Deutschland war zwar bereit, den Völkermord anzuerkennen, aber in einem Abkommen sollten keine Rechtsbegriffe genannt werden, die in irgendeiner Form vor einem Gericht justiziabel sein könnten – und aus denen sich möglicherweise Reparationsforderungen ableiten lassen könnten. […] Man einigte sich schließlich unter anderem auf die Formulierung „Gräueltaten, die aus heutiger Sicht als Völkermord bezeichnet werden".
Juristisch kann dies damit begründet werden, dass es den juristischen Begriff Völkermord Anfang des 20. Jahrhunderts, zum Zeitpunkt der Gräueltaten gegen die Herero und Nama, noch gar nicht gab. Erst 1948 beschloss die UN-Generalversammlung als Konsequenz aus dem Holocaust die „Konvention über die Verhütung und Bestrafung des Völkermordes" und machte Völkermord damit zum Straftatbestand.
Die Konvention gilt aber nicht rückwirkend, deswegen ergeben sich für Deutschland aus der Anerkennung des Völkermords auch keine rechtlichen Konsequenzen. Die Bundesregierung hat vor diesem Hintergrund auch immer wieder betont, dass es aus ihrer Sicht keinen Rechtsanspruch auf Entschädigung gibt. Dass sie nun trotzdem eine Summe von 1,1 Milliarden Euro zahlt, sieht sie als politisch-moralische Verpflichtung. […]
Die angebotenen Zahlungen seien „eine schockierende Offenbarung", „inakzeptabel" und ein „Affront gegen unsere Existenz", erklärten Vertreter des von der namibischen Regierung anerkannten Rates der Häuptlinge in einer Mitteilung (31.5.2021). Der „beleidigende Betrag" werde abgelehnt. […]
Der Historiker Jürgen Zimmerer sagte in Deutschlandfunk Kultur, die finanzielle Unterstützung sei besser als die schlimmsten Befürchtungen. „Sie ist aber auch nicht so grandios", betonte Zimmerer. „Es ist in etwa die gleiche Summe, die Namibia in den letzten 30 Jahren als deutsche Entwicklungshilfe bekommen hat." Zwar sollten die 1,1 Milliarden zusätzlich zur Entwicklungshilfe gezahlt werden, doch wie hoch diese in den kommenden Jahren ausfallen würde, stünde ja noch nicht fest.
Auch schon vor der Verkündung des Verhandlungsergebnisses hatten erste Hinweise auf das Abkommen bei einigen Vertretern der Herero und Nama Kritik ausgelöst. Es sei nichts weiter als ein PR-Coup Deutschlands und ein Akt des Betruges der namibischen Regierung, hieß es in einer Erklärung der Ovaherero Traditional Authority und Nama Traditional Leaders Association. Beide standen den Verhandlungen von Beginn an kritisch gegenüber. Die Chefs beider Organisationen, Vekuii Rukoro und David Frederic, hatten zwischenzeitlich versucht, auf gerichtlichem Weg ihre Beteiligung an dem Dialog auf Regierungsebene zu erzwingen. Vekuii Rukoro will weiter rechtliche Schritte prüfen, Deutschland zu Reparationszahlungen zwingen. Der Anwalt und frühere Generalstaatsanwalt Namibias versuchte Deutschland bereits vor Gerichten in den USA zu verklagen, allerdings ohne Erfolg.

Christiane Habermalz und Wulf Wilde (21.09.2021), in: https://www.deutschlandfunk.de/versoehnungsabkommen-mit-namibia-deutschland-erkennt-100.html [Zugriff: 09.02.2022]

1. Arbeiten Sie die Hindernisse und Probleme des Aussöhnungsprozesses heraus.
2. Bewerten Sie, ob der eingeschlagene Weg des Aussöhnungsabkommens sinnvoll ist.
3. Entwickeln Sie Ideen und Maßnahmen, wie der Aussöhnungsprozess in Namibia und Deutschland gestaltet werden kann.

M6 Geschichten des Widerstandes

Postkoloniale Initiativen kommen vor allem aus der (post)migrantischen Gesellschaft. Sie wollen das europäische Denken dekolonisieren und Geschichte aus der Perspektive ehemals kolonialisierter Menschen erzählen. Dazu gehört es, die Leistungen von antikolonialen Bewegungen anzuerkennen und rassistische Weltbilder zu entlarven. Die Berliner Initiative Perspektivwechsel e.V. erzählt zum Beispiel in einem Comic vom Widerstand der Bevölkerung Kameruns gegen Kolonialismus und Neokolonialismus:

Ist die Dekolonisierung abgeschlossen? 197

> IM MAI 1914 ERFAHREN DIE DEUTSCHEN VOM KONTAKT BELLS ZU ANDEREN KÖNIGEN IN KAMERUN. SIE INFORMIEREN DEN REICHSTAG UND BEWIRKEN SO, DASS SIE DIE ENTEIGNUNGEN IN DUALA FORTSETZEN KÖNNEN. NGOSO DIN WIRD IN BERLIN FESTGENOMMEN UND NACH KAMERUN ABGESCHOBEN. DIE DEUTSCHE KOLONIALVERWALTUNG BESCHULDIGT IHN UND BELL DES HOCHVERRATS.

> BELL UND DIN WERDEN IN DUALA INHAFTIERT UND AM 07. AUGUST 1914 IN EINEM SCHNELLVERFAHREN VERURTEILT.

> ICH BEFINDE SIE DES HOCHVERRATS SCHULDIG UND VERURTEILE SIE ZUM TOD DURCH DEN STRANG.

1. Recherchieren Sie die Geschichte von Rudolf Douala Manga Bell, dem Protagonisten des Comics.
2. Stellen Sie Hypothesen auf, warum im Jahr 2020 ein Comic zur Geschichte des antikolonialen Widerstandes veröffentlicht wird und die Geschichte erstmals auf großes Interesse stößt.
3. Bewerten Sie, in welchem Verhältnis regionale, nationale, europäische und globale Geschichte im Geschichtsunterricht stehen sollen.

Der Blick aufs Ganze

1. Nennen Sie drei aktuelle Probleme postkolonialer Räume.
2. Überprüfen Sie, ob diese Probleme auf Kolonialismus und Dekolonisierung zurückzuführen sind oder andere Gründe haben.
3. Entwickeln Sie Ansätze, wie man diesen Problemen sinnvoll entgegenwirken kann.

🗨 Sie können diese Arbeitsaufträge auch mithilfe der Kooperationsform „World Café" durchführen.

Die Black Superman Group (BSMG) ist eine Hip-Hop-Gruppe, die aus den afrodeutschen Rappern Megaloh und Musa sowie dem Produzenten Ghanaian Stallion besteht. In dem Song „Geschichtsunterricht", der zusammen mit Amewu und Chima Ede aufgenommen wurde, singen sie über den Umgang mit der kolonialen Vergangenheit und den Alltagsrassismus in Deutschland. Unter dem Code 32052-29 finden Sie den Link zum Video sowie Materialien.

Literarische Quellen analysieren

Literarische Texte sind Quellen, in denen man die Denkmuster und Narrative ihrer Entstehungszeit findet und entlarven kann. Dies gilt zum Beispiel für Romane, die klischeehafte Rollenbilder einer bestimmten Zeit enthalten, wie die Rolle von Frau und Mann oder den angeblichen „Entwicklungsgrad" von Menschen aus Europa gegenüber Menschen aus Afrika. Auch historische Romane zeigen nicht, wie Geschichte wirklich war, sondern eher, wie sich die Verfasserinnen und Verfasser in der Entstehungszeit des historischen Romans vergangene Geschichte vorstellen. Darum ist der erste Schritt der Analyse immer, sich genau über die Verfasserinnen und Verfasser, ihr Umfeld und die Denkmöglichkeiten ihrer Zeit zu informieren. Auch die Absicht (Intention) der Autorinnen und Autoren muss hierbei beachtet werden. Das gilt für Romane, aber noch mehr für Dramen, die oft verfasst werden, um im Theater unmittelbar auf die Zuschauerinnen und Zuschauer zu wirken. Gedichte (Lyrik) können für Historikerinnen und Historiker ebenso eine wichtige Quelle sein. Das gilt insbesondere für politische Lyrik, die ein System kritisieren oder stützen kann. Wie andere literarische Formen können Lieder, deren Verfasserinnen und Verfasser oft unbekannt bleiben, Aufschluss über den Zeitgeist geben. Alle literarischen Werke werden somit zu Quellen, wenn man nach der in der Sprache enthaltenen Weltsicht (Rollenbilder, Narrative, literarische Form, verfügbares Vokabular) und der Schreibintention ihrer Verfasserinnen und Verfasser fragt.

Leitfragen zu den Arbeitsschritten finden Sie auf S. 214; eine Lösungsskizze zu den Arbeitsaufträgen auf S. 224.

HINTERGRUNDINFORMATIONEN

Im typischen Stil der Entdeckungsreisen-Literatur beschreibt der Schriftsteller Joseph Conrad in seinem Roman „Herz der Finsternis", wie der britische Kapitän Charlie Marlow über den Kongo-Fluss ins Innere Afrikas fährt. Dort will Marlow den berühmt-berüchtigten Mr. Kurtz treffen, der als Kolonialbeamter und Stationsleiter vorgab, die Zivilisation ins Herz von Afrika zu tragen und dieses wissenschaftlich zu erforschen und zu entwickeln. In Wirklichkeit liefert Kurtz aber Unmengen an Elfenbein zum Verkauf nach Europa, das er von der afrikanischen Bevölkerung durch ein brutales System der Ausbeutung und Zwangsarbeit abpresst. Durch das undemokratische System kolonialer Ausbeutungsherrschaft wird Kurtz größenwahnsinnig und macht sich zum diktatorischen Herrscher, der durch Charisma und Gewalt sein eigenes Reich schafft.

Conrad gilt als einer der größten Romanautoren der englischen Sprache. Er unternahm Reisen mit der britischen und der französischen Handelsmarine in die Kolonien, darunter eine sechsmonatige Fahrt auf dem Kongo-Fluss nach Zentralafrika. Das Buch wurde 1899 geschrieben. Es scheint also auf den ersten Blick nichts mit der Dekolonisierung zu tun zu haben, die ab 1945 einsetzte. Doch wenn man die Rezeptionsgeschichte des Romans miteinbezieht, sieht das Bild ganz anders aus. Die Rezeptionsgeschichte fragt, wann, von wem und in welcher Auflage ein Buch gelesen wurde. „Herz der Finsternis" wurde nach 1945 zum Bestseller, der vor allem im Bereich der postkolonialen Studien an Schulen und Universitäten gelesen wurde. Das Buch steht stellvertretend für die Gräueltaten und die Brutalität des Kolonialismus, die oft erst nach der Dekolonisierung aufgedeckt wurden. „Herz der Finsternis" wurde 1979 im Film „Apocalypse Now" wieder aufgegriffen, um die Brutalisierung amerikanischer Soldaten im Vietnam-Krieg zu kritisieren.

Informationen zum Film „Apocalypse Now" finden Sie unter dem Code 32052-30.

M1 Joseph Conrad: Das Herz der Finsternis, London 1899 (Auszüge)

Den Fluss hinaufzufahren war, als reiste man zurück zu den frühesten Anfängen der Welt, in eine Zeit, da die Pflanzen die Erde überwucherten und die großen Bäume Könige waren. Ein leerer Strom, eine große Stille, ein undurchdringlicher Wald. [...] Die Erde wirkte unirdisch. Wir sind es gewohnt, auf die gefesselte Gestalt eines bezwungenen Ungeheuers hinabzusehen,
5 aber dort – dort erblickte man etwas, das ungeheuerlich war und frei. Es war unirdisch und die Menschen waren ... Nein, unmenschlich waren sie nicht. Das war das Schlimmste daran, wisst ihr – der Verdacht, dass sie nicht unmenschlich waren. Die Ahnung kam einem ganz allmählich. Sie heulten und sprangen und drehten sich und schnitten schreckliche Fratzen; doch was einen packte, das war exakt der Gedanke an ihre Menschlichkeit – wie deine eigene – der Gedanke
10 an deine entfernte Verwandtschaft mit dieser wilden, leidenschaftlichen Raserei. [...]
„Bitte, sagen Sie mir", fragte ich, „dieser Mr. Kurtz, wer ist das?"
„Der Leiter der Inneren Station", antwortete er kurz [...]. „Er ist ein Phänomen", sagte er endlich. „Er ist der Sendbote der Menschenliebe, der Wissenschaft, des Fortschritts und weiß der Teufel, wovon noch. Wir brauchen", plötzlich wurde er feierlich, „für die Leitung der Mission, mit der
15 Europa uns betraut hat, um es so auszudrücken, höhere Intelligenz, umfassendes Mitgefühl, Entschlossenheit." [...]
Kurtz war zum Teil in England erzogen worden, und – er war so gut, es mir selbst zu sagen – seine Sympathie gehörte der richtigen Seite. Seine Mutter war halb Engländerin, sein Vater halb Franzose. Ganz Europa hatte bei Kurtz' Entstehung mitgewirkt; und nach und nach erfuhr ich, dass
20 ihn, äußerst passend, die Internationale Gesellschaft zur Unterdrückung Primitiver Gebräuche damit betraut hatte, als Richtlinie für die Zukunft einen Bericht anzufertigen. Allerdings erscheint mir die Einleitung jetzt, im Licht späterer Informationen, bedenklich. Er begann mit dem Argument, dass wir Weißen, von unserem Stand der Entwicklung aus, „ihnen [den Wilden] notwendigerweise als übernatürliche Wesen erscheinen müssen – wir kommen zu ihnen mit der Autorität
25 von Göttern" und so weiter und so weiter. [...] Das Schlusswort, ich sage euch, war großartig. [...] Es gab keine praktischen Verweise, die den magischen Strom der Sätze unterbrochen hätten, es sei denn, man betrachtete eine Art Anmerkung am Ende der letzten Seite, offensichtlich viel später mit unsicherer Hand dorthin gekritzelt, als die Exposition einer Methode. Sie war sehr simpel, und am Ende des bewegenden Appells an alle altruistischen Gefühle loderte sie glühend
30 und schockierend auf wie ein Blitzschlag aus heiterem Himmel: „Rottet sie alle aus, die Tiere!" [...] Natürlich brachte ich ihn auch mit Taten in Zusammenhang. Hatte man mir nicht in allen Schattierungen von Neid und Bewunderung erzählt, dass er mehr Elfenbein gesammelt, getauscht, erschwindelt oder gestohlen hatte als alle anderen Agenten zusammen? [...]
Ihr hättet ihn hören sollen: „Mein Elfenbein." O ja, ich hörte ihn. „Meine Verlobte, mein Elfen-
35 bein, meine Station, mein Fluss, mein ...", alles gehörte ihm. Ich hielt die Luft an, weil ich erwartete, die Wildnis würde darüber in ein Gelächter ausbrechen so gewaltig und schallend, dass die Fixsterne von ihren Plätzen purzelten. Alles gehörte ihm – doch das war unerheblich. Vielmehr ging es um die Frage, wem er gehörte, welche Mächte der Finsternis ihn für sich beanspruchten. [...] Es war unmöglich – und auch nicht gesund – es sich auszumalen. Er hatte
40 einen Thron neben den Teufeln des Landes bestiegen – buchstäblich, meine ich. [...]

Joseph Conrad, Herz der Finsternis, München 2005, S. 41, 57, 61, 80, 82, 84 f. und 97 ff. (übersetzt von Sophie Zeitz)

Randnotizen:

- Afrika-Klischee: Kontinent ohne Geschichte, ursprünglich, zurückgeblieben
- Typische Angst in der rassistischen Theorie, dass Menschen aus Europa in Afrika sittlich verfallen und zu „Wilden" werden
- Koloniale Zivilsierungsmission als Denkmuster der Zeit und Inhalt der kolonialen Propaganda
- Kurtz als Kind Europas, Kolonialismus als gesamteuropäisches Projekt
- Divinisierung der Weißen
- Anspielung auf den belgischen König Leopold II. Zwischen 1890 und 1908 beutete er seine Privatkolonie, die er beschönigend den Freistaat Kongo nannte, aus. Er ließ die Menschen Kautschuk und Elfenbein sammeln und abliefern, ohne zu bezahlen. Wurden die Kontingente nicht geliefert, bestrafte er ganze Dörfer. Mehrere Millionen Menschen kamen wohl durch die auferlegte Zwangsarbeit ums Leben.

---

1. Analysieren Sie die vorliegenden Auszüge aus Conrads „Herz der Finsternis".
2. Erläutern Sie, inwieweit die Person des Mr. Kurtz in „Herz der Finsternis" repräsentativ für alle Kolonialbeamten seiner Zeit steht.
3. Beurteilen Sie, ob der Autor mit seinem Buch „Herz der Finsternis" den Kolonialismus kritisieren wollte oder ob er mit dem kolonialen Projekt sympathisierte.
4. Beurteilen Sie, ob man die fiktive Geschichte von Kurtz, der in einer (im Text nie namentlich genannten) tropischen Kolonie zum diktatorischen Gewaltherrscher wird, auf die Situation der amerikanischen Soldaten im Vietnam-Krieg der 1960er- und 70-Jahre übertragen kann. | F

Aktuelle Probleme postkolonialer Räume in historischer Perspektive

historische Perspektive

Imperium, Kolonialismus

↕

Entstehung antikolonialer Bewegungen als Folge zerfallender Imperien nach 1918:
Vierzehn Punkte, Selbstbestimmungsrecht der Völker, Völkerbund, Mandatsgebiet

↕

Formen der Dekolonisierung:
Revolution, Unabhängigkeitskrieg, gewaltloser Widerstand, nationale Befreiung, Dekolonisierung „von oben" und „von unten"

Dekolonisierungsprozess an ausgewählten Beispielen:
z. B. Israel-Palästina, Südafrika, Indien, Mittlerer Osten, Vietnam

- -

Gegenwart

Aktuelle Probleme vor dem Hintergrund von Kolonialismus und Dekolonisierung:
z. B. Neokolonialismus

---

1. Analysieren Sie das Schaubild und vollziehen Sie dabei die historischen Schritte vom Kolonialismus zur Dekolonisierung in Grundzügen nach.
2. Charakterisieren Sie den Prozess der Dekolonisierung.
3. Bilden Sie zwei Gruppen und stellen Sie sich gegenseitig an einem Beispiel eines postkolonialen Raumes dort aktuell zu beobachtende Konfliktfelder vor. Vergleichen Sie anschließend Ihre Beobachtungen.

Literarische Quellen analysieren

M1 Ngũgĩ wa Thiong'o: The Martyr

Der kenianische Autor und Literaturwissenschaftler Ngũgĩ wa Thiong'o, 1938 geboren als James Ngugi, schreibt Romane, Theaterstücke, Kurzgeschichten, Kinderbücher und Essays in seiner afrikanischen Muttersprache Kikuyu, die in viele Sprachen übersetzt worden sind. In einem Akt der Dekolonisierung ändert er seinen Namen in Ngũgĩ wa Thiong'o und publiziert seit 1967 in seiner Muttersprache anstatt auf Englisch. Er lehrt Vergleichende Literaturwissenschaft und gilt heute als einer der bedeutendsten Schriftsteller der Welt.

Im sogenannten Mau-Mau-Krieg (1952–1960) kämpfen Mitglieder der afrikanischen Kenya Land and Freedom Army gegen die britischen Siedlerinnen und Siedler in der Kolonie Kenia. Der Mau-Mau-Krieg gilt heute als kenianischer Unabhängigkeitskrieg und ist für seine Brutalität bekannt. Die britische Regierung verübt Massaker, foltert und interniert Menschen aus Kenia in Konzentrationslagern. Ngũgĩ wa Thiong'o beschreibt diesen kenianischen Unabhängigkeitskrieg aus der Sicht des „houseboy" Njoroge, der für die britische Kolonistin Mrs. Hill arbeiten muss. Am Ende der Geschichte ermordet sie Njoroge aus Angst vor seiner Rache im Mau-Mau-Krieg. Kurz vor seiner Ermordung beschäftigen Njoroge folgende Gedanken:

[...] [H]is whole soul rose in anger – anger against all those with a white skin, all those foreign elements that had displaced the true sons of the land from their God-given place. Had God not promised Gekoyo that he would give all the land to the father of the tribe – he and his posterity? Now all the land had been taken away.
He remembered his father as he always did, when these moments of anger and bitterness possessed him. He had lied in the struggle – the struggle to rebuild the destroyed shrines. That was the famous Nairobi Massacre when police fired on a people peacefully demonstrating for their right. His father was among the people who died. Since then Njoroge had had to struggle for a living – seeking employment here and there on European farms. He had met many types – some harsh, some kind, but all dominating, giving him just what salary they thought fit for him. Then he had come to be employed by the Hills. It was a strange coincidence that he had come here. A big portion of the land now occupied by Mrs Hill was the land his father had always shown him as belonging to the family. They had found the land occupied when his father and some of the others had temporarily retired to Muranga owing to famine. [...] ‚Do you see that fig tree? Remember that the land is yours. Be patient. Watch these Europeans. They will go and then you can claim the land.' He was then small. After his father's death, Njoroge had forgotten all about this injuction. But when he coincidentally came here and saw the tree, he had remembered. He knew it all – all by heart. He knew where every boundary went through. Njoroge had never liked Mrs Hill. He had always resented her complacency in thinking she had done so much for the workers. He had worked with cruel types like Mrs Smiles and Mrs Hardy. But he always knew where he stood with such. But Mrs Hill! Her liberalism was almost smothering. Njoroge hated all settlers. He hated above all what he thought was their hypocrisy and self-satisfaction. He knew that Mrs Hill was no exception. She was like all the others, only she loved paternalism. It convinced her she was better than the others. But she was worse. You did not know exactly where you stood with her.
All of a sudden, Njoroge shouted, ‚I hate them! I hate them!' Then a grim satisfaction came over him. Tonight, anyway, Mrs Hill would die – pay for her own smug liberalism or paternalism and pay for all the sins of her settlers race. It would be one settler less. [...] What was he too do now? [...] He sat there, irresolute, unable to decide on a course of action. If only he had not thought of her [Mrs Hill] in human terms! That he hated settlers was quite clear in his mind. But to kill a mother of two seemed too painful a task for him to do in a free frame of mind [...] there was no time to lose. It was already late and the 'Boys' [Kenyan freedom fighters] might come at any time [and kill Mrs Hill]. So he ran with one purpose – to save the woman. [...] She knew she was alone. She knew they would break in. No! She would die bravely. Holding her pistol more firmly in her hand, she opened the door and quickly fired. [...] She did not know that she in fact killed her savior. Njoroge was dead.

Ngũgĩ wa Thiong'o, „The Martyr", in: Ngũgĩ wa Thiong'o (Hrsg.), Minutes of Glory and Other Stories, New York/London 2019, ebook

Hier finden Sie den gesamten Text der Kurzgeschichte „The martyr". Siehe Code **32052-31**.

1. Arbeiten Sie aus dem Textausschnitt heraus, was Njoroge Mrs. Hill vorwirft.
2. Lesen Sie die ganze Kurzgeschichte und erklären Sie, warum Njoroge am Ende als „martyr" bezeichnet wird.
3. Fassen Sie die Aussageabsicht zusammen und legen Sie in einem kurzen Text dar, inwiefern Ngũgĩ wa Thiong'o als „antikolonialer Schriftsteller" bezeichnet werden kann.

... in Kooperation

M1 Historische Megatrends

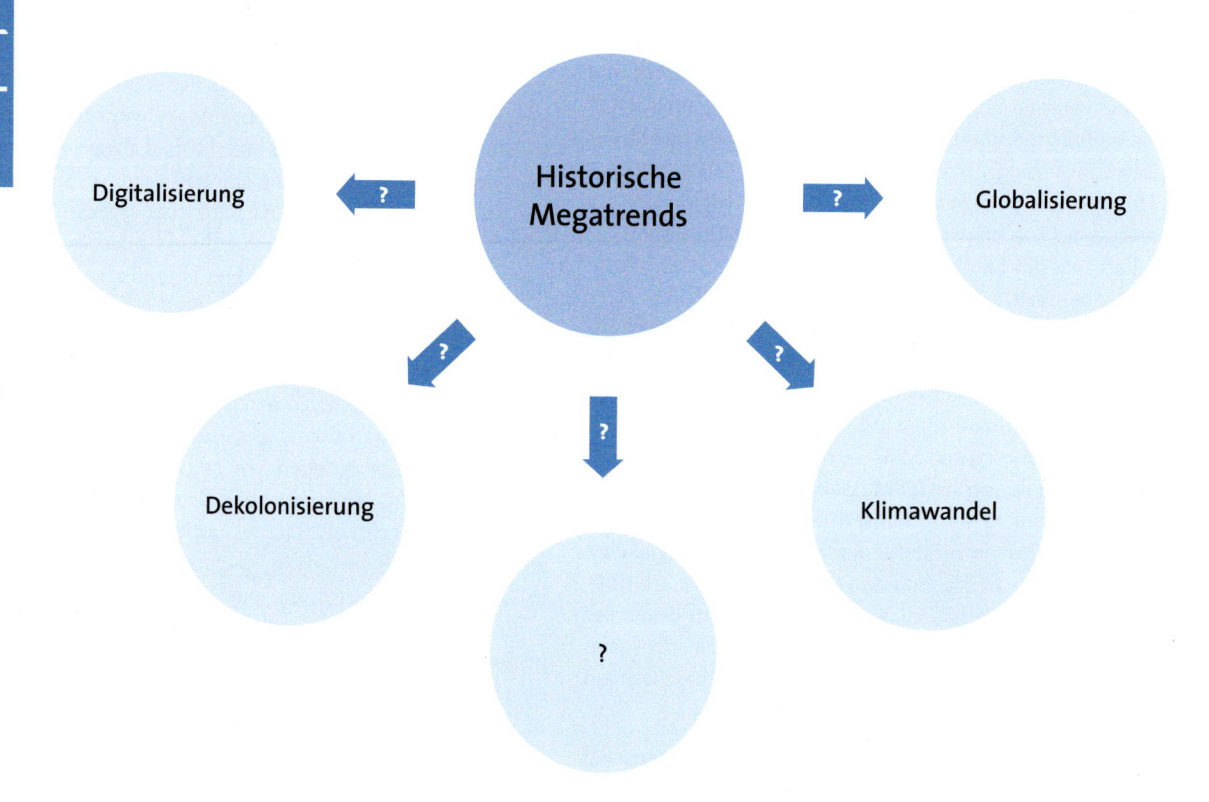

```
          Digitalisierung  ←?—  Historische Megatrends  —?→  Globalisierung
                            ↙?        ↓?        ↘?
                    Dekolonisierung    ?        Klimawandel
```

Historische Megatrends – was uns in Zukunft noch beschäftigen wird ...

„Lawinen in Zeitlupe" – mit diesem Bild wird der Begriff „Megatrend" umschrieben, um zu veranschaulichen, dass es Vorgänge gibt, die langsam entstehen, ihre Wurzeln in der Vergangenheit haben, für die Gegenwart und
5 Zukunft enorm folgenreich und auf vielen verschiedenen gesellschaftlichen Ebenen weltweit wirksam sind. Manche Historikerinnen und Historiker bezeichnen den Prozess der Dekolonisierung, mit dem Sie sich im vorangegangenen Kapitel auseinandergesetzt haben, als
10 einen solchen „historischen Megatrend". Dekolonisierung sei demnach als einer der dramatischsten Vorgänge des 20. Jh. zu verstehen, der uns auch im 21. Jh. massiv beschäftigen wird.
Es lassen sich aber auch andere Beispiele auf die Frage
15 nach „historischen Megatrends" nennen, etwa die Digitalisierung, die Globalisierung oder der Klimawandel.

Bearbeiten Sie die folgenden Arbeitsaufträge mithilfe der Kooperationsform „Podiumsdiskussion".

1. Erläutern Sie zunächst in Partnerarbeit, inwieweit die in der obigen Grafik genannten Beispiele der Definition eines Megatrends entsprechen, und nennen Sie weitere Beispiele.

2. Erarbeiten Sie dann in Gruppen Argumente, warum „Ihr Megatrend" diese Bezeichnung besonders verdient, gerade in Abgrenzung zu den anderen Antworten. Argumente für den Megatrend „Dekolonisierung" finden Sie im Buch, Argumente für die anderen Beispiele durch eine Recherche bzw. Ihr Vorwissen.

3. Führen Sie anschließend die Podiumsdiskussion „Historische Megatrends – was uns in Zukunft noch beschäftigen wird" durch.

... und in Selbsttätigkeit

M2 Kontroverse in der Wochenzeitung DIE ZEIT

a) Gero von Randow, „Die Neuvermessung der Welt"

Dschihad, Krieg, Hunger, Migration, Umweltkrisen – keines dieser harten Themen von heute ist zu verstehen ohne die Kolonialgeschichte. […] Es ist auch kein Zufall, dass der Dschihad seine Basis dort hat, wo einst Kolonialkriege geführt wurden […]. Oder in jenen Ghettos des globalen Nordens, in denen heute die Nachkommen der Kolonisierten leben. Ebenso wenig zufällig ist es, dass die in den globalen Norden ziehenden Migranten überwiegend aus dessen ehemaligen Kolonien stammen. Mit anderen Worten: Der Kolonialismus ist der große Bumerang, der auf seine Herkunftsländer zufliegt. […] Der Kolonialismus hat sich sogar verallgemeinert. Sein Wesen heißt Unterordnung und Ausplünderung fremder Völker, namentlich ihrer Rohstoffe und Arbeitskräfte. Wird der Begriff des Kolonialismus weit gefasst und nicht auf die Existenz staatsrechtlich abhängiger Kolonien verengt, dann lässt sich sagen, dass seine Zeit noch lange nicht zu Ende ist. Zu seinen Methoden zählen auch unfairer Handel, das Ausnutzen geringer Sozial- und Umweltstandards in armen Ländern oder der Massentourismus, soweit er auf wirtschaftlicher, ökologischer oder sexueller Ausbeutung beruht. […] In Diskussionen über dieses Thema taucht regelmäßig der Einwand auf: Der Kolonialismus mag seinen Anteil daran haben, dass es uns materiell so gut geht – aber können arme Länder ihre Probleme wirklich nur auf den Kolonialismus zurückführen? Ist nicht auch schlechtes Regieren, sind nicht auch Völkerhass, Verblendung und Korruption daran schuld? Durchaus. Aber es ist nicht einfach jeder seines Glückes Schmied. Die Kolonialmächte errichteten in den abhängigen Gebieten ihnen genehme Herrschaftsstrukturen; sie erkoren lokale Machthaber zu Präsidenten über fiktive Nationen oder zu Häuptlingen von Stämmen, die sogenannte Völkerkundler zusammenfantasiert hatten. Und als die Kolonialherren endlich abzogen, hinterließen sie oft korrupte Regime, die ihnen eine fortgesetzte Ausbeutung der Ressourcen garantierten. Oder es kamen die Gegner der Kolonialherren an die Macht. […] Das sind die Umstände, aus denen Regime entstanden, denen auch Wohlmeinende schlechtes Regieren vorwerfen. Zu Recht! Nur muss man wissen, wie es dazu kam. Und wohin es führt.

Gero von Randow, „Die Neuvermessung der Welt", in: DIE ZEIT Nr. 32 vom 2. August 2018

b) Jochen Bittner, Matthias Krupa und Ulrich Ladurner: „Nicht bloß Opfer der Geschichte"

Ist die Epoche des Kolonialismus, die vor mehr als einem halben Jahrhundert endete, wirklich der Hauptgrund für die anhaltende Kluft zwischen Nord und Süd? Für Armut, Hunger, Terror, Krieg? […]. Der islamistische Terror […], der sich auf den Dschihad beruft, ist nicht zuletzt eine Reaktion auf die Moderne, die die muslimische Welt erfasst hat. Bis heute wird er vor allem innerhalb der muslimischen Gemeinschaft geführt, dort fordert er bis heute auch die meisten Opfer. […] Es führt auch kein direkter Weg vom Kolonialismus zu den Umweltkrisen unserer Tage. Natürlich spiegelt der Klimawandel die globale Ungleichheit und verschärft die Gerechtigkeitsfrage. […] Nur hat der Kolonialismus zum Klimawandel nicht allzu viel beigetragen. […]. Wer die heutigen Flucht- und Migrationsströme mit der Kolonialgeschichte erklären will, muss alle regionalen und historischen Unterschiede ignorieren. […] [W]enn jede Form der Ausplünderung und Unterdrückung eine Form des Kolonialismus darstellt, dann wird der Begriff historisch vollständig entleert – der Kolonialismus gewissermaßen enthistorisiert. […] [A]uch in Afrika hat die postkoloniale Geschichte verschiedene Richtungen eingeschlagen. Ein auffälliges Gegenbeispiel auf der Wohlstandsskala des südlichen Afrikas ist Botswana. […] Die postkolonialen Politiker dort garantierten Eigentumsrechte, pluralistische Mitbestimmung und demokratische Wahlen. Ihre Politik bediente nicht nur ihre Stammes- oder Clanmitglieder, sondern schaffte Teilhabemöglichkeiten für alle Bürger […]. Ganz anders verfuhr der frühere Freiheitskämpfer und spätere Diktator Robert Mugabe in Simbabwe. Nach der Unabhängigkeit des Landes 1980 schaffte er es, das Bruttoinlandsprodukt bis 2008 zu halbieren. […] Es geht nicht darum, die historische Verantwortung für die Grausamkeiten des Kolonialismus zu leugnen. Auch soll nicht bestritten werden, dass Einfluss und Lebenschancen auf dieser Welt ungerecht verteilt sind. Die Frage, vor der wir stehen und vor die uns die Menschen, die aus dem Süden zu uns kommen, stellen, lautet, wie wir dieser Ungerechtigkeit begegnen.

Jochen Bittner, Matthias Krupa und Ulrich Ladurner, „Nicht bloß Opfer der Geschichte", in: DIE ZEIT Nr. 34 vom 16. August 2018

1. Arbeiten Sie die Hauptaussagen der beiden Texte heraus.
2. Vergleichen Sie a) und b).
3. Beurteilen Sie, welche Position Sie eher überzeugt.

Objekte als historische Quellen interpretieren

Arbeitsschritt	Leitfragen
1. beschreiben	• Um welche Art Objekt/welche Sachquelle handelt es sich? • Wann wurde der Gegenstand hergestellt/erbaut/veröffentlicht? • Welche Besonderheiten lassen sich erkennen? • Welche Wirkung erzeugt das Objekt? • In welchem Kontext befindet sich oder befand sich ursprünglich die Sachquelle?
2. erklären	• Wer hat den Gegenstand hergestellt/erbaut/initiiert? • Welche Intention führte zur Erstellung des Objekts? • Vor welchem historischen Hintergrund ist die Sachquelle entstanden? • Welchem Zweck diente der Gegenstand? • Wer hat den Gegenstand verwendet bzw. betrachtet?
3. beurteilen	• Was zeichnet dieses Objekt historisch aus? • Inwiefern ist der Gegenstand repräsentativ oder bedeutend? • Welche Wirkung hatte die Sachquelle auf damalige Menschen, welche Wirkung hat sie auf uns in der Gegenwart? • Inwiefern bietet die Sachquelle einen Erkenntnisgewinn?

Verfassungsschemata auswerten

Arbeitsschritt	Leitfragen
1. beschreiben	• Welches politische System zeigt das Verfassungsschema? • Wie ist das Schema aufgebaut? • Gibt es einen schlüssigen Ansatz zur Beschreibung des Schemas? Verändert sich die Art der Beschreibung, wenn an einer anderen Stelle begonnen wird? • Welche Ämter, Institutionen und Einrichtungen werden erwähnt? Wer hat Zugang zu ihnen, wer nicht? • Welche Elemente sind zu erschließen (Bezugspfeile, Farben, Symbole, Größenverhältnisse der Elemente)?
2. erklären	• In welcher Beziehung stehen die einzelnen Elemente der Verfassung zueinander? • Wer hat welche Aufgaben, Rechte und Pflichten? • Welche Institutionen der Verfassung sind am bedeutsamsten? • Welche Grundprinzipien der Verfassung lassen sich aus dem Schaubild herausarbeiten? • Welche „Stärken" und „Schwächen" der Verfassung sind zu erkennen? • Gibt es eventuell wichtige Aspekte, die das Schaubild nicht oder nur unzureichend darstellt?
3. beurteilen	• Inwieweit stimmt die Darstellung mit der historischen Wirklichkeit überein? (Welche Aspekte werden vereinfacht oder weggelassen?) • In welcher Weise könnte das Schaubild verändert werden, um den Aufbau des Staates angemessener als bisher zu erfassen?

Lieder als historische Quellen interpretieren

Arbeitsschritt	Leitfragen
1. beschreiben	• Um welchen Liedtyp handelt es sich (Liebes- oder Klagelied, geistliches Lied, Choral, Hymne, Marsch-, Kampf-, Arbeiterlied oder Protestsong)? • Wie ist die textliche Struktur des Liedes (Reim, Rhythmus, rhetorische Mittel)? • Wie kann die musikalische Gestaltung des Liedes beschrieben werden? • Welches Thema behandelt das Lied? • Welche Bestandteile des Liedes tragen besonders zur kollektiven Wirkung bei?
2. erklären	• Wer ist der Verfasser des Liedes? Wer hat es vertont? • Bei welchen Anlässen wurde das Lied gesungen? • Wie sieht der Verbreitungsgrad des Liedes aus? • Gab es Versuche, das Lied zu zensieren oder zu verbieten?
3. beurteilen	• Inwiefern ist das Lied repräsentativ für eine Epoche/eine bestimmte Entwicklung? • Welche Wirkung hatte das Lied auf damalige Menschen, welche Wirkung hat es auf uns in der Gegenwart? • Inwiefern bietet das Lied einen Erkenntnisgewinn, den reine Textquellen nicht leisten können?

Hinweis: Ein Beispiel für die Methode finden Sie auf S. 197.

Zeitungen und Zeitschriften analysieren

Arbeitsschritt	Leitfragen
1. beschreiben	• Wann und wo ist die Zeitung/Zeitschrift erschienen? • Welche Aussagen trifft die Zeitung/Zeitschrift über sich selbst? • Wie ist die Aufmachung (Text, Anzahl und Größe der Bilder, Schriftgrößen und Schriftbild)? • Gibt es Hinweise auf den Erscheinungsmodus (täglich, monatlich etc.)? • Um welche Textsorte handelt es sich bei dem ausgewählten Artikel (Bericht, Interview etc.)?
2. erklären	• Welcher Sprachstil wird verwendet? Welche Rückschlüsse lässt dies auf die Verlässlichkeit der Zeitung/Zeitschrift zu? • Wird der Verfasser genannt? Was ist über diesen bekannt? • Ist eine Position des Autors erkennbar? An wen richtet er seinen Artikel? • Sind neutrale Informationen und Meinung klar getrennt?
3. beurteilen	• Welchen Standpunkt nimmt der Text/die Zeitung/Zeitschrift gegenüber dem Geschilderten ein? • Welche historischen Erkenntnisgewinn bietet die Zeitung/Zeitschrift?

Hinweis: Ein Beispiel für die Methode finden Sie auf S. 45.

Selbstzeugnisse analysieren

Arbeitsschritt	Leitfragen
1. beschreiben	• Um welche Art von Selbstzeugnis handelt es sich (Autobiografie, Memoiren, Brief, Tagebuch)? • Wer hat das Selbstzeugnis verfasst? • Welche Hinweise zum Verfasser lassen sich finden? • Wann und wo wurde das Selbstzeugnis verfasst? • Gibt es einen Adressaten/Empfänger? • Worüber berichtet der Verfasser? Was hebt er hervor, was behandelt er beiläufig und worauf geht er gar nicht ein?
2. erklären	• Gibt es Informationen zum Beruf des Verfassers, seiner wirtschaftlichen und politischen oder religiösen Einstellung? • Wie sahen die politischen, wirtschaftlichen und gesellschaftlichen Verhältnisse beim Verfassen des Selbstzeugnisses aus?
3. beurteilen	• Welche Absichten haben den Verfasser zum Schreiben veranlasst? • Lassen sich aus der Sprache Rückschlüsse ziehen? • Welche Wertungen lassen sich feststellen? • Welche Wirkung soll erzielt werden? • Liegt eine (adressatenorientierte) Selbstkonstruktion vor?

Hinweis: Ein Beispiel für die Methode finden Sie auf S. 267.

Historiengemälde analysieren

Arbeitsschritt	Leitfragen
1. beschreiben	• Wer ist der Künstler/die Künstlerin? • Wann und wo ist das Kunstwerk entstanden? • Stammt der Bildtitel vom Künstler oder von anderer Seite? • Wen oder was zeigt das Kunstwerk? • Welche Komposition (Bildaufbau, Figuren etc.) liegt dem Bild zugrunde? • Welche Perspektive (Vogel-, Zentralperspektive etc.) hat der Künstler gewählt? • Wie sind die Farbgebung (hell, dunkel, kontrastreich etc.) und die Lichtführung (konzentriert oder gleichmäßig)? • Welche Symbole und Sinnbilder (Allegorien) werden verwendet?
2. erklären	• Aus welchem Anlass ist das Bild entstanden? • An welches Ereignis, an welchen Sachverhalt oder an welche Person wird erinnert? • Handelt es sich um eine realistische oder allegorische (sinnbildliche) Darstellung? • Inwiefern haben die politischen, religiösen oder sozialen Verhältnisse der Entstehungszeit das Kunstwerk beeinflusst? • Was ist über die Haltung des Künstlers und der Auftraggeber bekannt? • Welche Absichten verfolgten Künstler bzw. Auftraggeber? • An wen richtet sich das Kunstwerk?
3. beurteilen	• Welche Wirkungen erzielte das Bild bei zeitgenössischen Betrachtern? • Wie lassen sich Aussage und Wirkung des Gemäldes bewerten?

Schriftliche Darstellungen analysieren

Arbeitsschritt	Leitfragen
1. beschreiben	• Wer ist der Autor/die Autorin? • Welche Funktion, welchen Beruf oder welche Stellung hat er/sie? • Welche Textsorte liegt vor (Lexikonartikel, Fachbuch, Essay etc.)? • Wann, wo und aus welchem besonderen Anlass (Jubiläum, Jahrestag etc.) ist der Text veröffentlicht worden? • Was wird thematisiert? • Wie ist der Text aufgebaut? Welche besonderen Merkmale gibt es (Sprache, Stil)? • Mit welchen Argumenten bzw. Belegen (Quellen, Sekundärliteratur) begründet der Autor/die Autorin seine/ihre Aussagen?
2. erklären	• Welchen Zeitraum, welches Ereignis oder welche Person behandelt der Text? • An welche (bei kontroversen Darstellungen unterschiedliche) Adressaten wendet sich der Text? • Auf welche wissenschaftliche/politische Diskussion geht der Autor/die Autorin ein? • In welchem Bezug steht der Autor/die Autorin zum behandelten Thema? • Welche Aussageabsicht/Intention hat er/sie? • Welchen Standpunkt nimmt der Autor/die Autorin ein? Bei kontroversen Darstellungen: Welche gemeinsamen bzw. unterschiedlichen Standpunkte gibt es?
3. beurteilen	• Wurde das Thema schlüssig und überzeugend bearbeitet oder ist die Argumentation lückenhaft? Wurden mehrere Perspektiven berücksichtigt? • Nimmt der Autor/die Autorin Wertungen vor oder stellt er/sie Vermutungen auf? • Wie lässt sich der Text bzw. die Publikation insgesamt einordnen und bewerten?

Hinweis: Beispiele für die Methode finden Sie auf S. 16 und S. 164.

Geschichtsspielfilme analysieren

Arbeitsschritt	Leitfragen
1. beschreiben	• Wann und wo wurde der Film gezeigt? • Beruht der Film auf Vorlagen? • Welcher Gattung gehört die Erzählung an? An welchen Genres orientiert sie sich erzählerisch? • Was ist das Thema des Films? • Wie lässt sich die Handlung (grob) zusammenfassen? • In welcher Beziehung stehen die handelnden Figuren?
2. erklären	• Dargestellte Zeit: Welche Personen, Ereignisse etc. werden gezeigt? Welche sind historisch verbürgt, welche erfunden? Gibt es Abweichungen vom Forschungsstand? • Produktionszeit des Films: In welchem gesellschaftlichen oder politischen Kontext ist der Film entstanden? • Welche filmsprachlichen Mittel kommen mit welcher Intention zum Einsatz? • Welche weiteren Hinweise gibt es zur Aussageabsicht? (z.B. Interviews der Autoren, Regisseure, Kritiken)
3. beurteilen	• An wen richtet sich der Film (primäre Zielgruppe)? • Wie wirkt der Film auf mich und andere? • Was ist die Botschaft des Films? • Welche Sinnbildungsangebote macht der Film? • In welcher Hinsicht ist Authentizität / Triftigkeit gegeben? • Wofür kann ich den Film nutzen?

Fotografien als Quellen deuten

Arbeitsschritt	Leitfragen
1. beschreiben	• Wer hat das Foto gemacht, in Auftrag gegeben und veröffentlicht? • Wann, wo und aus welchem Anlass ist das Foto gemacht bzw. veröffentlicht worden? • Wer oder was ist auf dem Foto abgebildet? Was wird thematisiert? • Welche Darstellungsmittel werden verwendet (Schwarzweiß- oder Farbbild, Kameraperspektive, Aufbau, Schnappschuss oder gestellte Szene, Profi- oder Amateuraufnahme)? • Sind Hinweise auf Bildbearbeitung oder nachträgliche Veränderungen erkennbar (Retusche, Montage, Beschnitte bzw. Ausschnittvergrößerungen)?
2. erklären	• Wie lässt sich das Foto in den historischen Kontext einordnen? • Für wen und in welcher Absicht wurde das Foto gemacht bzw. veröffentlicht? • Welche Botschaft, welche Deutung vermittelt das Foto – beabsichtigt oder unbeabsichtigt? • Welche Wirkung soll beim Betrachter erzielt werden?
3. beurteilen	• Wie lässt sich das Foto insgesamt einordnen und bewerten? • Welche Auffassung vertreten Sie zu dem Bild?

Hinweis: Beispiele für die Methode finden Sie auf S. 51 und S. 110.

Politische Plakate auswerten

Arbeitsschritt	Leitfragen
1. beschreiben	• Um welche Art von Plakat handelt es sich? • Wer hat das Plakat in Auftrag gegeben? • Wann und wo ist es veröffentlicht worden? • Wen oder was zeigt das Plakat? • Was wird thematisiert?
2. erklären	• Wie sind die einzelnen Elemente gestaltet (überdimensioniert, naturgetreu, welche Größenverhältnisse etc.)? • Wie ist das Plakat aufgebaut? • Welche Gestaltungsmittel werden verwendet (Verhältnis von Text und Bild, Perspektive, Farben, Haltung und Position der Figuren, Schriftgröße und -art, Symbole, Verwendung bestimmter Stilmittel)? • Wie sind die Allegorien zu entschlüsseln? Wer steckt hinter den dargestellten Personen/Dingen? • Welche Hauptaussage wird demnach getroffen?
3. beurteilen	• Wie ist das Plakat in seinen historischen Kontext einzuordnen? • An wen wendet sich das Plakat? • Ist es gegen jemanden gerichtet? Werden Feindbilder dargestellt? • Welche Wirkung soll das Plakat beim zeitgenössischen Betrachter erzielen? • Welche Aussageabsichten werden verfolgt? • Inwiefern ist die Gestaltung des Plakats gelungen bzw. misslungen?

Hinweis: Ein Beispiel für die Methode finden Sie auf S. 30 und S. 36.

Politische Reden (Tonquellen) analysieren

Arbeitsschritt	Leitfragen
1. beschreiben	• Wer ist der Redner und welche Funktion hat er? • Was ist über seine politische Haltung und seine Weltanschauung bekannt? • Wann, wo und aus welchem Anlass wurde die Rede gehalten? • Was sind Thema und Inhalt der Rede?
2. erklären	• Wie ist die Rede aufgebaut? Welche Merkmale kennzeichnen sie (Länge, Argumentation, Sprach- und Wortwahl, Stil, Umgangs- oder Hochsprache)? • Wie wird die Rede gehalten (freier Vortrag oder abgelesen, Stimme, Tonfall, Tempo, Lautstärke, Körpersprache)? • Wie ist die Redesituation und Atmosphäre (Art und Anlass der Veranstaltung, besonderer Redeort, Publikum, Rundfunk- oder Fernsehaufzeichnung)? • Was ist die Hauptaussage der Rede? • Wie ist die Rede in ihren historischen Kontext einzuordnen?
3. beurteilen	• An wen wendet sich der Redner? • Welche Absichten verfolgt der Redner (offen/verdeckt)? • Welche Wirkung soll die Rede auf Zuhörer, Zeitgenossen und spätere Leser/Zuhörer haben? • Ist die Rede inhaltlich schlüssig? • Wie lässt sich die Rede in ihrem historischen Kontext bewerten? • Welchen Einfluss hatte die Rede auf die historische Situation oder Entwicklung?

Hinweis: Beispiele für die Methode finden Sie auf S. 108 f. und S. 135.

Karikaturen interpretieren

Arbeitsschritt	Leitfragen
1. beschreiben	• Wer hat die Karikatur angefertigt / in Auftrag gegeben? • Zu welchem Anlass ist die Karikatur veröffentlicht worden? • Wie lauten Titel und Thema der Karikatur? • Welche Gestaltungsmittel werden verwendet und wie spielen diese zusammen? (Größenverhältnisse, Farbgebung, Schrift)
2. erklären	• Wie sind die Gestaltungsmittel und Symbole in ihrer inhaltlichen Aussage zu deuten? • Auf welche politischen sozialen / wirtschaftlichen / kulturellen Hintergründe wird angespielt? • An welchen Adressaten wendet sich die Karikatur? • Welchen Standpunkt nimmt der Karikaturist ein? • Welche Aussageabsicht wird verfolgt?
3. beurteilen	• Wie lässt sich die Aussage der Karikatur insgesamt beurteilen? • Wurde das Thema aus heutiger Sicht zutreffend gestaltet? • Welche Auffassung vertreten Sie insgesamt zu der Karikatur? (gelungen, berechtigte Kritik, übertrieben, etc.?)

Denkmäler untersuchen

Arbeitsschritt	Leitfragen
1. beschreiben	• An wen/woran erinnert das Denkmal? • Wann wurde das Denkmal errichtet? Wie lange war die Dauer von der Idee bis zur Realisierung? • Welche Form hat das Denkmal (Material, Farbe, Gestaltung)? • An welchem Ort wurde es errichtet? Welche Bedeutung hat die Umgebung? • Wer hat das Denkmal initiiert, bezahlt, künstlerisch gestaltet und eingeweiht? • Gab es Kontroversen oder alternative Entwürfe?
2. erklären	• An welche Adressaten richtet(e) sich das Denkmal? Welche Beweggründe und Ziele hatten die Initiatoren? • Wurde das Denkmal später verändert oder an einen anderen Platz versetzt? Wenn ja, was waren die Gründe, wer war dafür verantwortlich? • Wie sind die verwendeten Symbole, Formeln und Allegorien zu deuten? • Wie wurde das Denkmal aufgenommen und kommentiert? • Welche Rolle spielt das Denkmal in der Erinnerungskultur der Region/des Landes? • Welche Absichten verfolgt(e) es?
3. beurteilen	• Wie lässt sich das Denkmal künstlerisch, historisch und politisch bewerten? • Was sagen die Entstehungs- und Wirkungsgeschichte über den Inhalt des Denkmals und die Erinnerungskultur aus?

Hinweis: Ein Beispiel für die Methode finden Sie auf S. 123.

Filmquellen analysieren

Hinweis: Ein Beispiel für die Methode finden Sie auf S. 46 f.

Arbeitsschritt	Leitfragen
1. beschreiben	• Von wem und wann wurde die Filmquelle hergestellt? • Stehen die Aufnahmen für sich oder sind sie in eine bestimmte Präsentation (z.B. TV-Sendung, Spielfilm) eingebettet? • Wo ist die Filmquelle verfügbar? • Welche technischen Voraussetzungen sind für den Zugriff auf die Filmquelle nötig? • Was ist das Thema des Films? • Welche Ereignisse, Orte und Personen kommen vor? • Welche Darstellungsmittel werden verwendet (z.B. Farb- oder Schwarzweiß-Aufnahmen, Texteinblendungen, Hintergrundmusik, gesprochener Kommentar)?
2. erklären	• Welche Aussagen enthält die Filmquelle? • Für welche Adressatinnen/Adressaten wurde der Film hergestellt? • Welche historischen Zusammenhänge beleuchtet die Filmquelle?
3. bewerten	• Welche Eindrücke vermittelt der Film? • Folgt die Darstellung einer bestimmten Aussageabsicht? • Weisen die Aufnahmen Schwächen oder Fragwürdiges auf (z.B. technische Mängel, verwirrende Bildführung, zweifelhafte Inhalte)? • Worin liegt der Mehrwert der Aufnahmen gegenüber Text- und Bildquellen?

Quellenarbeit im Archiv

Arbeitsschritt	Leitfragen
1. beschreiben	• Welche Art von Quelle liegt vor? • Welche Informationen enthält die Quelle (inhaltlicher Aufbau, behandelte Zeit / Personen / Orte / Vorgänge)? • Wie gut ist die Quelle erhalten (Schäden und Inhaltsverluste, Lesbarkeit)? • Wie lässt sich die Quelle zitieren (Name des Archivs, Signatur, zitierter Abschnitt)?
2. erklären	• Von wem stammt die Quelle (Verfasser / Bearbeiter, mögliche Auftraggeber)? • Welche Informationen können der Quelle entnommen werden? • Welchem Verwendungszweck diente die Quelle in ihrer Zeit?
3. bewerten	• In welchen geschichtlichen Kontext lässt sich die Quelle einordnen? • Wie zuverlässig oder glaubwürdig erscheint die Quelle? • Welche Erkenntnisse bietet die Quelle für die eigene Fragestellung? • Welche Fragen zum Inhalt der Quelle bleiben offen und erfordern weitere Recherchen?

Hinweis: Ein Beispiel für die Methode finden Sie auf S. 18 f.

Mit Karten arbeiten

Arbeitsschritt	Leitfragen
1. beschreiben	• Um welchen Kartentyp handelt es sich? • Wer hat die Karte entworfen oder in Auftrag gegeben? • Wann und wo ist die Karte entstanden oder veröffentlicht worden? • Was ist das Thema der Karte? Zeigt die Karte z. B. einen Zustand, ein Ereignis oder eine Entwicklung? • Welchen Raum und welche Zeit stellt die Karte dar? • Welche Darstellungsformen werden genutzt?
2. analysieren	• In welchen historischen/politischen Zusammenhang lässt sich die Karte einordnen? • Welche Ursachen, Entwicklungen und Folgen lassen sich aus der Karte ablesen?
3. bewerten	• An welche Adressaten wendet sich die Karte? • Welche Aussageabsicht verfolgt sie? • Ist die Karte übersichtlich gestaltet? • Ist eine bestimmte Sichtweise, eine politisch-ideologische Zielsetzung erkennbar? • Welche Fragen kann die Karte beantworten, welche nicht? • Sind die dargestellten Informationen richtig und vollständig? Gibt es Widersprüche?

Hinweis: Beispiele für die Methode finden Sie auf S. 58 f. und S. 83.

Geschichtsdokumentationen analysieren

Arbeitsschritt	Aspekte und Leitfragen
1. beschreiben	• Was ist das Thema und der Titel der Geschichtsdokumentation? • Wann und wo wurde die Dokumentation gezeigt? • An wen richtet sie sich? • Wie lassen sich die Hauptaussagen kurz zusammenfassen? • Welche Bausteine / filmsprachlichen Mittel (z. B.: Kameraeinstellungen, -perspektive, -technik, -bewegungen) werden verwendet? • Folgt die Darstellung einer dramaturgischen Funktion?
2. analysieren	• Dargestellte Zeit: Welche Personen, Ereignisse etc. werden gezeigt? Gibt es Abweichungen vom geschichtswissenschaftlichen Forschungsstand? • Produktionszeit der Dokumentation: In welchem gesellschaftlichen oder politischen Kontext ist die Geschichtsdokumentation entstanden? • Welche Eindrücke sollen in der Dokumentation durch den Einsatz welcher Bausteine / filmsprachlichen Mittel entstehen? • Welche weiteren Hinweise gibt es zur Aussageabsicht? • Wird auf die Herkunft der gezeigten Bilder/Dokumente hingewiesen?
3. beurteilen	• Wie wirkt die Geschichtsdokumentation auf mich und auf andere? • Welche Sinnbildungsangebote macht die Dokumentation? • Wie wissenschaftlich ist die Darstellung? • In welcher Hinsicht handelt es sich um eine typische/untypische Darstellung der Geschichte? • Wozu kann ich die Geschichtsdokumentation nutzen?

Hinweis: Beispiele für die Methode finden Sie auf S. 74 f. und S. 83.

Mit Statistiken und Diagrammen arbeiten

Arbeitsschritt	Leitfragen
1. beschreiben	• Um welchen Gegenstand (Thema, Zeitraum) geht es in der Statistik? • Wer hat die Statistik erstellt/in Auftrag gegeben und wo wurde sie veröffentlicht? • Wann und zu welchem Anlass ist sie entstanden (Erhebung in der betreffenden Zeit oder nachträgliche Forschungsarbeit)? • Woher stammen die Daten? • In welcher Form werden die Daten präsentiert (Tabelle oder Diagramm, bestimmte Gestaltungselemente)?
2. erklären	• Worüber informiert die Statistik (Angaben, erfasster Raum, Messgrößen)? • Welche Zustände oder Entwicklungen werden wiedergegeben? • Welche Fachbegriffe müssen erläutert werden?
3. beurteilen	• Auf welchen historischen Zeitraum/welches Ereignis bezieht sich die Statistik? • Wie zuverlässig sind die Daten? Bestehen wesentliche Lücken? • Welche Gesamtaussagen oder Thesen lassen sich ableiten? • Gibt es ergänzende Statistiken oder weitere Informationen zum Thema?

Hinweis: Beispiele für die Methode finden Sie auf S. 96 f. und S. 135.

Literarische Quellen analysieren

Arbeitsschritt	Leitfragen
1. beschreiben	• Um welche Textart handelt es sich? • Liegt ein Textauszug vor, ein gekürzter Text oder ein vollständiger Text? • Was wird in dem Text thematisiert? • Wie werden Geschehen, Figuren, Situationen dargestellt? • Wie ist der Text aufgebaut? • Welche besonderen sprachlichen Mittel fallen auf?
2. erklären	• Wer hat das literarische Werk verfasst und finden sich in der Biografie der Person politische und gesellschaftliche Positionierungen? • Was ist der historische Entstehungskontext des literarischen Werks? Wann und wo wurde es geschrieben und veröffentlicht? • Wer konnte zu dieser Zeit schreiben, wer einen Verlag zur Veröffentlichung finden? Wer konnte sich Bücher leisten und lesen? Auf welcher Sprache musste man veröffentlichen, um gelesen zu werden? • Gab es Kontroversen um das literarische Werk? Erschien es in hoher Auflage und gab es Übersetzungen? • Gibt es Themen und Perspektiven im Text, die naheliegen würden, aber implizit ausgespart oder explizit ausgegrenzt werden?
3. beurteilen	• Kann der Text als historische Quelle verwendet werden? Prüfen Sie dazu, ob die Darstellung repräsentativ ist für das Denken der Zeit. Nur wenn repräsentative Elemente identifiziert werden, kann man zu historischen Aussagen über die damalige Zeit gelangen. • Wofür können die Erkenntnisse aus der Textanalyse verwendet werden?

Hinweis: Beispiele für die Methode finden Sie auf S. 198 f. und 201.

Zeitzeuginnen und Zeitzeugen befragen

Hinweis: Ein Beispiel für die Methode finden Sie auf S. 124 f.

Arbeitsschritt	Aspekte und Leitfragen
1. vorbereiten	• Zu welchem Thema soll ein Zeitzeugengespräch stattfinden? • Rechtzeitige, persönliche Kontaktaufnahme mit dem Zeitzeugen/der Zeitzeugin (ggf. auch mehreren) Absprache mit dem Zeitzeugen/der Zeitzeugin: Welcher Termin wird vereinbart? Welche Kosten fallen; Informieren des Zeitzeugen über Anzahl der Schülerinnen und Schüler, deren Alter und das Unterrichtsthema; Einholen von biografischen Informationen über den Zeitzeugen/die Zeitzeugin; Abklären, worüber der Zeitzeuge/die Zeitzeugin (nicht) sprechen will. • Wie darf das Gespräch festgehalten werden (am günstigsten ist die Aufzeichnung mit einer Kamera, gefolgt von einer Aufnahme mit Diktiergerät oder schriftlichen Notizen)? Ist eine Veröffentlichung der Aufzeichnungen gestattet? • Bei mehreren Zeitzeugen/Zeitzeuginnen: Sollen sie gemeinsam oder getrennt voneinander auftreten? Welche Fragen sollten allen oder mehreren Interviewpartnern gestellt werden? • Welcher Fragenkatalog soll Grundlage des Gesprächs sein?
2. durchführen	• Konzentriertes und sorgfältiges Festhalten des Gesprächs in Form von Stichpunkten und Zitaten. Dabei ist zu kontrollieren: Hält sich der Zeitzeuge/die Zeitzeugin an die vereinbarten Themen? Wie ist die Körpersprache des Zeitzeugen/der Zeitzeugin (Mimik, Gestik, Modulation der Stimme etc.), verändert sie sich während des Gesprächs? Wo widerspricht sich der Gesprächspartner? Was entspricht nicht dem im Unterricht Gelernten? • Vorsichtiges und höfliches Nachfragen bei Widersprüchen • Einhalten des Zeitrahmens
3. nachbereiten	• Anhören / Ansehen der Aufzeichnungen des Gesprächs • Gemeinsame Aussprache über den Inhalt des Gesprächs und über das Auftreten des Zeitzeugen/der Zeitzeugin; Abgleichen mit den Erwartungen vor dem Gespräch • Einbetten in den historischen Kontext; Welche Gemeinsamkeiten, Ergänzungen und Widersprüche zum Unterrichtsstoff bzw. zu anderen Darstellungen können festgestellt werden? (Faktencheck) • Vor einer öffentlichen Präsentation: Aufzeichnung bzw. Zusammenfassung des Interviews der Zeitzeugin bzw. dem Zeitzeugen zur Überprüfung vorlegen • Präsentation der Ergebnisse (z. B. Artikel in der Lokal- oder Schülerzeitung, Webseite der Schule, Ausstellung)

Lösungsskizze: Quellenarbeit im Archiv

> **Hinweis:** Den dazugehörigen Auszug aus dem Aufnahmetagebuch finden Sie auf S. 19.

A | Beschreiben Bei dem Aufnahmetagebuch (empfohlene Zitierweise: GLA Karlsruhe, 463 Wiesloch Nr. 2893) handelt es sich um eine Textquelle. Darin sind die Patienten des IRO Mental Hospital Wiesloch eingetragen – mit laufender Nummer, Aufnahmedatum, vormaligem Aufenthaltsort/Krankenhaus, Namen und Vornamen, Geschlecht, Geburtsdatum, Nationalität, Nummer eines Ausweises für Displaced Person, Vermerk über ein ursprüngliches Auffanglager, Datum des Abgangs, Abgangsziel und sonstigen Bemerkungen. In der Quelle sind für die Zeit von Februar 1947 bis August 1952 mehrere tausend Patienten erfasst. Der kopierte Auszug zeigt Blatt 5 mit den Patienten Nr. 113 bis 140, die zwischen 24. April und 28. Mai 1947 nach Wiesloch kamen. Die handschriftlichen Einträge sind gut lesbar. Einige von ihnen weisen Lücken auf (Nr. 122, 128, 140) oder bieten nur näherungsweise Angaben (Nr. 119, 123, 125, 130). Die Namen und früheren Aufenthaltsorte der Patienten unter Nr. 129, 130, 133 und 139 wurden vom Archiv für die Kopie geschwärzt, da die Personen noch am Leben sein könnten und ihre Angaben unter die gesetzliche Schutzfrist fallen.

Erklären Das Aufnahmetagebuch ist auf Englisch verfasst, von Mitarbeitern der Internationalen Flüchtlingsorganisation IRO. Wer die Einträge namentlich vornahm, lässt sich anhand der Quelle nicht feststellen. Die IRO war 1946 von den Vereinten Nationen gegründet worden, als Nachfolgerin der United Nations Relief and Rehabilitation Administration (UNRRA), die sich um Displaced Persons in Europa kümmern sollte. Wie die UNRRA war auch die IRO für ihre Tätigkeit in Deutschland an die Weisungen der Besatzungsmächte gebunden. Die US-Militärregierung ließ 1947 in ihrer Zone eine zentrale Anlaufstelle für psychisch kranke DPs und Flüchtlinge einrichten. Die Wahl fiel auf die seit 1905 bestehende Heil- und Pflegeanstalt Wiesloch, die der IRO einen Teil ihrer Klinik überlassen musste. 1951 beendete die IRO dort ihre Arbeit, die Aufnahme von heimatlosen Patienten gelangte unter deutsche Aufsicht. Aus der Heil- und Pflegeanstalt Wiesloch ist 1996 das Psychiatrische Zentrum Nordbaden (PZN) hervorgegangen.

Bewerten Bei Kriegsende gab es in Deutschland rd. 10,8 Millionen Displaced Persons – ehemalige Zwangsarbeiter, Überlebende des Holocaust, Überlebende in deutscher Kriegsgefangenschaft sowie von Deutschen angeworbene ausländische Arbeitskräfte. Die alliierten Siegermächte versuchten diese Menschen umgehend in ihre Heimatländer zurückzusenden (Repatriierung). Bis Ende 1945 war ein Großteil zurückgekehrt, doch viele Osteuropäer und Juden unter den DPs lehnten eine Rückführung ab, oft aus Furcht vor weiterer Verfolgung. Hinzu kamen Flüchtlinge aus dem Osten Europas, die nach Übersee auswandern wollten. Für sie alle musste eine neue Heimat gefunden werden. Die IRO war seit 1947 für die Erfassung und Versorgung dieser Menschen verantwortlich. Sie unterhielt dazu Sammelzentren und Krankenhäuser, aber auch Einrichtungen wie das Mental Hospital in Wiesloch. Das Aufnahmetagebuch dieser Anstalt informiert über die DPs und Flüchtlinge in der US-Besatzungszone, die sich in psychiatrischer Behandlung befanden. Ihr Aufenthalt in Wiesloch betrug mehrere Wochen oder Monate, manche blieben jahrelang oder für immer. Die Quelle verweist auch auf den weiteren Weg der Patienten. Daraus ergibt sich ein anschauliches Bild über das Zusammenwirken zwischen der IRO, den Besatzungsmächten und deutschen Behörden bei der Betreuung psychisch kranker DPs und Flüchtlinge. Die Einträge scheinen sorgfältig angelegt und lassen sich, soweit vorhanden, mit den Krankenakten der Patienten abgleichen, um Näheres über ihre Einzelschicksale zu erfahren.

Lösungsskizze: Filmquellen analysieren

A | Beschreiben Das Online-Video „Gastarbeiter Deutschland HDW Kiel" auf YouTube bietet eine Aneinanderreihung von selbstständigen, vermutlich vom Norddeutschen Rundfunk (NDR) produzierten Filmberichten aus der Zeit um 1970. Es enthält keine Einblendungen oder sonstige erklärende Zusätze, sondern präsentiert die sechs mehrminütigen Filme kommentarlos. Sämtliche Beiträge behandeln die Lage damaliger ausländischer Beschäftigter und ihrer Familien in Schleswig-Holstein und Hamburg. Es werden Menschen aus der Türkei, dem früheren Jugoslawien und Griechenland gezeigt, entweder bei der Arbeit oder in der Freizeit. Ferner sind deutsche Privatpersonen und Behörden zu sehen, die sich zu den vorgestellten Themen – mangelhafter und zu teurer Wohnraum, schlechte sanitäre Versorgung, gesellschaftliche Isolation – äußern.

> **Hinweis:** Das zugrunde gelegte Beispiel finden Sie auf S. 46f.

Im Folgenden wird der fünfte Abschnitt im Video näher untersucht. Dieser Filmbericht von 1970 dauert genau vier Minuten und ist ganz in Schwarzweiß gehalten. Er zeigt Aufnahmen mit ausländischen Beschäftigten, die teils selbst zu Wort kommen. Moderiert wird der Bericht durch einen Sprecher.

Erklären und Einordnen in den historischen Zusammenhang Der Bericht stellt drei ausländische Arbeiter vor. Sie werden mit Namen, Alter, Ehestand und der Zahl ihrer Kinder eingeführt. Es folgen Bilder einer Baustelle, die andeuten, wo die Männer beschäftigt sind. Der Sprecher führt aus, die vielen „Gastarbeiter" leisteten zwar ihren Beitrag für die deutsche „Wohlstandsgesellschaft", blieben jedoch nur deren Außenseiter.

Einer von ihnen, Isfar Aygün aus Ankara, spricht auf Deutsch über seine Unterbringung – anfangs sei er in einer Baracke untergebracht gewesen, seit drei Jahren lebe er in einem Wohnwagen. Während er selbst die Situation sachlich schildert, zeigt die Kamera das Innere des Wohnwagens, das ein schäbiges Bild vermittelt. Tadelnd bemerkt der Kommentar: „So sieht also die Wohnung eines 35-jährigen Familienvaters aus Ankara in Flensburg aus. Mehr als diesen Bus hat seine Firma für ihn nicht übrig."

Der Film zeigt ferner Massenunterkünfte für Beschäftigte der Kieler Howaldtswerke, erst von außen, dann ihre Überbelegung im Innern. Dabei zieht der Kommentar einen Vergleich mit der Situation der Deutschen am Ende des Zweiten Weltkrieges. Die Lage der Ausländer in der Gegenwart von 1970 sei zwar besser, aber dies könne weder „Beruhigung" noch „Trost" sein. An die Adresse deutscher Arbeitgeber wird der Vorwurf erhoben, sie holten Arbeitskräfte in Zeiten des wirtschaftlichen Booms „ohne Rücksicht auf die sozialen Folgen" ins Land. Ihrer gesetzlichen Pflicht, den ausländischen Beschäftigten für die Dauer ihres Aufenthaltes angemessenen Wohnraum bereitzustellen, kämen die Unternehmen oft nicht nach.

Unverkennbar formuliert der kurze Filmbericht eine Anklage gegen die Behandlung ausländischer Arbeitnehmer. Viele von ihnen würden mit ärmlichen Unterkünften abgefunden, während sie für deutsche Firmen tätig sind. Die Problematik wird aus Sicht der Betroffenen dargestellt, die teils selbst zu Wort kommen, teils nur in ihren mangelnden Wohnverhältnissen gezeigt werden. Als Zuschauer gewinnt man Sympathie für die hier vorgestellten Arbeiter, die als Familienväter präsentiert werden und die mit Fassung ihre Schwierigkeiten darlegen. Deutsche Arbeitgeber werden dagegen nicht gezeigt. Die schwarzweißen Bilder und der Kommentar erzeugen eine bedrückende Stimmung. Man erlangt ein Gefühl für die Enge und Unzumutbarkeit der Räume, in der die Beschäftigten leben müssen. Den Deutschen, so die Aussage, sei es zwar in der unmittelbaren Nachkriegszeit vergleichsweise schlechter ergangen. Damit wird jedoch nahegelegt, dass die „Wohlstandsgesellschaft" der 70er-Jahre die gezeigten Zustände nicht länger hinnehmen dürfe.

Lösungsskizze: Mit Karten arbeiten

Hinweis: Die Karte zum Aufstand am 17. Juni 1953 finden Sie auf S. 59.

A1 | Beschreiben Es handelt sich um eine historische Karte, die 1955 als Beilage in der Publikation „Die sowjetische Besatzungszone Deutschlands in den Jahren 1945-1954" vom Bundesministerium für gesamtdeutsche Fragen herausgegeben wurde. Sie klärt über den Juni-Aufstand von 1953 auf. Zu sehen ist die sowjetische Besatzungszone bzw. das Gebiet der ehemaligen DDR. Dargestellt werden mittels eines roten Punktes (bzw. durch die rot markierten Bezirkshauptstädte) alle Standorte, in denen es zu Arbeitsniederlegungen, Demonstrationen und Aufstandshandlungen gekommen ist. Zudem informiert die Karte mittels eines schwarzen Sterns über Orte, an denen es zu einem Einsatz sowjetischen Militärs gekommen ist. Besonders hervorgehoben ist dabei Berlin. Es gibt aber auch vereinzelt Standorte, die zwar durch einen schwarzen Stern gekennzeichnet sind, an denen es jedoch keine Arbeitsniederlegungen, Demonstrationen oder Aufstandserhebungen gegeben hat. Schraffiert wurden Gebiete mit Ausnahmezustand. Abgebildet sind auch die Bezirksgrenzen sowie die Landesgrenzen zur Bundesrepublik Deutschland im Westen bzw. den deutschen Ostgebieten unter polnischer Verwaltung im Osten. Eine dicke schwarze Linie zeigt den Verlauf der Flüsse Elbe und Oder.

Analysieren Bereits in den Tagen vor dem Höhepunkt des Aufstandes am 17. Juni kam es in vielen Dörfern und kleineren Städten zu Widerstandsaktionen, spontanen Protesten oder Unruhen. Am Morgen des 17. Juni kamen schließlich auch Streiks und größere Demonstrationszüge in den Zentren der großen Städte hinzu. Der Schwerpunkt lag in Berlin, was in der Karte durch den vollständig rot markierten Teil Ost-Berlins zu sehen ist. Die sowjetischen Behörden verhängten als Folge der fast flächendeckenden Unruhen den Ausnahmezustand über den Großteil der sowjetischen Besatzungszone und gingen an vielen Orten militärisch gegen die Aufständischen vor. Auch nach dem 17. Juni kam es vereinzelt noch zu kleineren Protestaktionen. Daher ist der Titel der Karte „Der Juni-Aufstand 1953" nicht auf den 17. Juni beschränkt worden.

Die Bezeichnung „Deutsche Ostgebiete unter polnischer Verwaltung" für die Gebiete östlich der Oder weisen deutlich auf die Herkunft der Karte hin, nämlich der Bundesrepublik Deutschland bzw. dem Bundesministerium für gesamtdeutsche Fragen. Das Ministerium hatte die Aufgabe zur politischen Willensbildung in der BRD beizutragen und die Wiederherstellung der Einheit Deutschlands vorzubereiten. Dabei konzentrierte man sich auf die Förderung derjenigen Kräfte, die sich für ein „entschiedenes Entgegentreten gegen den kommunistischen Expansionsdrang" engagierten. Dies änderte sich erst mit der Neuen Ostpolitik unter Bundeskanzler Willy Brandt.

Beurteilen Die Karte richtete sich somit an die Bürgerinnen und Bürger der Bundesrepublik, um die Ausmaße des Aufstands deutlich zu machen. Sie hat zum einen aufklärerischen Charakter, da die SED-Führung die Ursachen, den genauen Ablauf und die Opfer bewusst vertuschte. Da nur die Bezirkshauptstädte in der Karte namentlich genannt werden, bleibt unklar, in welchen anderen kleineren Städten bzw. Dörfern es außerdem zu Protesten gekommen war. Zum anderen ist sie tendenziös, da der politische Wille der Bundesrepublik Deutschland ausgedrückt wird. Die Signaturen, die in der Legende aufgeführt sind, wurden vermutlich überwiegend schlicht gestaltet, um das Lesen der Karte jedem ohne Vorkenntnisse möglich zu machen. Allerdings weisen die Signaturen teilweise eine politische Symbolik auf. Der rote Stern mit fünf Zacken, ein Symbol der UdSSR, soll bewusst auf die Niederschlagung des Juni-Aufstands durch sowjetisches Militär hinweisen. Die Karte bietet erste orientierende Informationen, aber noch keinen komplexen Einblick in die genaue Größe der jeweiligen Unruhen, Proteste oder Streiks. Ebenso enthält die Karte keine Informationen über die Opfer des Aufstands oder den zeitlichen Ablauf. Dazu müssen weitere Informationsquellen herangezogen werden.

A2 | *Farbgebung:* Die Bundesrepublik Deutschland (einschließlich West-Berlins) und die deutschen Ostgebiete unter polnischer Verwaltung sind in derselben Farbe dargestellt. Zudem sind die Gebiete und die Darstellung der Bezirksgrenzen der DDR mit Ausnahmezustand ebenfalls nicht andersfarbig hervorgehoben.

Linienstruktur: Die Liniensignaturen, die eigentlich politische Landesgrenzen abbilden sollen, markieren hier Außengrenzen. Diese sind nicht, bzw. nur durch eine tlw. andere Farbgebung des DDR-Gebietes zu unterscheiden.

Diese Unterschiede macht einen Vergleich mit den Karten M4 auf S. 72 deutlich. Auf dem Kartenausschnitt links ist zwar noch kein Unterschied hinsichtlich der Farbgebung erkennbar. Einzig die Flächenrasterung akzentuiert die Zweistaatlichkeit. Jedoch werden nun die Demarkationen an der Ostgrenze Deutschlands wie alle anderen internationalen Grenzen als eng punktierte Linie gezeichnet. Die Grenzen von 1937 werden hier nur noch leicht getüpfelt dargestellt. Die Grenze zwischen Bundesrepublik und DDR ist unterbrochen punktiert. Auf dem Kartenausschnitt rechts von 1982 kennzeichnen hingegen durchgehende Linien die Existenz der beiden deutschen Staaten.

Daraus folgt: Die Darstellung Deutschlands in der Karte „Der Juni-Aufstand 1953" drückt die Erwartungen und Hoffnungen auf eine baldige Wiedervereinigung und Wiederherstellung des Staates in den Grenzen von 1937 aus. Somit werden im Hinblick auf die ehemaligen deutschen Ostgebiete restaurative Vorstellung zum Ausdruck gebracht.

A3 | Eine Karte ist beispielsweise eine Darstellung der Erdoberfläche, meist ein Ausschnitt davon, mit einer Reihe von kartentypischen Eigenschaften, wie der Verkleinerung, der Generalisierung, der Verebnung und inhaltlichen Begrenzung. So sind Karten maßstabsgerechte Verkleinerungen der Wirklichkeit. Bei thematischen Karten steht die Wiedergabe eines oder mehrerer Themen im Vordergrund, unabhängig von der Detailliertheit des immer erforderlichen topographischen Inhalts. Daher haben Karten immer die Eigenschaft, bestimmte Objekte und Betrachtungsaspekte hervorzuheben und andere entweder zu vereinfachen oder wegzulassen.

Karten können eine Politik im Wandel widerspiegeln. So drücken westdeutsche Karten mit einer Darstellung Deutschlands in den 1950er-Jahren die von den meisten Politikern formulierte und von großen Teilen der Öffentlichkeit gehegte Erwartung einer baldigen Wiedervereinigung und Wiederherstellung des Staates in den Grenzen von 1937 aus. Die Bundesrepublik Deutschland betonte hierbei ihren Status als eigentlicher deutscher Kernstaat, sprach der DDR die Legitimität ab und beharrte auf ihrem Alleinvertretungsanspruch für alle Deutschen. So wurde beispielsweise das zwischen Polen und der DDR 1950 förmlich abgeschlossene Görlitzer Abkommen über die unantastbare Friedens- und Freundschaftsgrenze an der Oder und Neiße amtlicherseits für nichtig erklärt. Zudem kam zum Beispiel die kartografische Kennzeichnung eines Bundeslandes Berlin nicht infrage.

Zwischen 1960 und 1970 kam es zu einer allmählichen Aufweichung der bisherigen Positionen zur DDR und Oder-Neiße-Grenze. Die Zeit der Entspannung zwischen den beiden Supermächten führte auch in Westdeutschland zu einem anderen Umgang mit der DDR („Wandel durch Annäherung"). So wurde die Ostgrenze Deutschlands ab Beginn der 1970er-Jahre wie alle anderen internationalen Grenzen gezeichnet. Auch die Signaturen für die Grenze zwischen der Bundesrepublik Deutschland und DDR werden nun fortlaufend eng punktiert dargestellt.

Ab 1980/81 wurden die Punktierung durch eine klare Linienführung ersetzt, die den Eindruck verstärkte, dass in Deutschland zwei durch normale internationale Grenzen getrennte Staaten existierten. In der zweiten Hälfte der 1980er-Jahre, verstärkt durch die Reformbestrebungen in der Sowjetunion, zeigen die westdeutschen Karten eine „offene deutsche Frage".

Lösungsskizze: Geschichtsdokumentationen analysieren

Hinweis: Das Beispiel für eine Geschichtsdokumentation finden Sie auf S. 74.

A1 | Beschreiben Die Geschichtsdokumentation „Alltag absurd – Leben mit der deutschen Teilung" stammt aus der Fernsehsendung ZDF-History und ist am 15.01.2021 erschienen. Die Dokumentation zeigt den Alltag der Deutschen im geteilten Deutschland. Die Dokumentation richtet sich an alle (Geschichts-)Interessierten, die sich mit dem Leben im geteilten Deutschland auseinandersetzen möchten. Anhand von Zeitzeugen- und Historikeraussagen in Kombination mit Originalaufnahmen wird das absurde Alltagsleben aufgezeigt.

Analysieren Die Dokumentation entstand über 30 Jahre nach der Wiedervereinigung. Ziel der Dokumentation ist es, dass man sich als Zuschauerin oder Zuschauer ein Bild über das Leben im geteilten Deutschland machen kann. Anhand von verschiedenen Beispielen wird der Alltag anschaulich und anhand von Zeitzeugenaussagen sowie Historikermeinungen dargestellt – mithilfe von zahlreichen Originalaufnahmen, z. B. aus den Nachrichtensendungen im West- und Ostfernsehen, sowie von Aussagen von Zeitzeuginnen und Zeitzeugen aus West- und Ostdeutschland sowie von Historikerinnen und Historikern.

So wird beispielsweise aufgezeigt, dass Westfernsehen fast überall in der DDR zu empfangen war. In Gebieten, in denen der Empfang nicht möglich war, stiegen die Ausreiseanträge in den Westen. Pakete aus dem Westen waren bei den DDR-Bürgerinnen und -Bürgern äußerst beliebt, da z. B. der Bedarf an Bohnenkaffee, der im Osten phasenweise fast nicht zu bekommen war, durch die Paketsendungen zu einem Viertel gedeckt waren. Transitfahrten von Westdeutschland nach West-Berlin waren hingegen vor allem für Westdeutsche eine Herausforderung. Die Verkehrswege wurden von der Volkspolizei und der DDR-Staatssicherheit streng überwacht.

Beurteilen Individuelle Lösungen; im Folgenden ein Beispiel:
Die Geschichtsdokumentation „Alltag absurd – Leben mit der deutschen Teilung" eignet sich ausgezeichnet dafür, die großen Unterschiede und Schwierigkeiten im Alltag von West- und Ostdeutschen während der Teilung Deutschlands anschaulich zu beleuchten. Insbesondere haben mich die zahlreichen Einschränkungen der DDR-Bürger in ihrem Alltagsleben zwar nicht überrascht, dennoch teilweise schockiert. Die Geschichtsdokumentation eignet sich gut dafür, sich einen Überblick zu verschaffen, wie das SED-Regime den Alltag in der DDR prägte.

Lösungsskizze: Geschichtsdokumentationen vs. Edutainment

Hinweis: Ein Beispiel für einen Edutainment-Kanal finden Sie auf S. 75.

A1 |

Vergleichs-kriterien	klassische Geschichtsdokumentationen	Wissensvermittlung auf Edutainment-Kanälen
Ort	TV & Internet (oftmals Mediatheken)	Social-Media-Kanäle
Ziel	historische Aufklärung; Interesse bei bisher wenig interessierten Menschen wecken; öffentliches Bewahren von Zeitzeugenberichten	kompakte Wissensvermittlung von z. B. historischen Gegebenheiten auf unterhaltsame Weise
Aufbau/Inhalt	meist von längerer Dauer (30–90min)	meist kürzere Filmsequenzen (5–15 Minuten)
Produktion	aufwendig produziert, Regisseur:in, Schauspieler:innen, etc.	meist nur sehr wenige Personen/Kulissen beteiligt

A2 | **Pro:** kompakte Wissensvermittlung auf unterhaltsame Weise; Tempo, Reihenfolge und Anbieterin oder Anbieter können frei gewählt werden; Themen können selbstständig erarbeitet werden; Zusammenhänge können einfacher verdeutlicht werden (visuell und auditiv); spielerische Elemente können mit eingebaut werden; Umgang mit Medien wird gefördert; etc.

Contra: Edutainment-Kanäle vermitteln oftmals nur Halbwissen. Informations- und Bildungsaspekte werden vernachlässigt; Entertainment überlagert Wissensvermittlung; Lernen wird nur noch zum Nebenaspekt; kritische Auseinandersetzung kommt zu kurz; teilweise kostenpflichtig; etc.

A3 | Individuelle Lösungen.
Hinweis: Es gibt zahlreiche Möglichkeiten, auf welche Weise man ein Erklärvideo erstellen kann. Eine dieser Möglichkeiten ist die Legetechnik. Zur ersten Orientierung bietet sich das Arbeitsblatt an, das unter dem Code **32052-32** verfügbar ist.

Lösungsskizze: Mit Statistiken und Diagrammen arbeiten

A1 | **Beschreiben** M1 zeigt die Entwicklung von Rohölpreisen der Organisation erdölexportierender Länder (OPEC) zwischen 1970 und 2016. Die Statistik ist als Kurvendiagramm innerhalb einer Infografik gestaltet. Die Zahlen folgen den Angaben der OPEC. Ergänzt wird das Diagramm durch textliche Erläuterungen. Als grafische Beigabe – für die Statistik selbst nicht relevant – sind Ölfördertürme abgebildet, die symbolisch die fortgesetzten Preisschwankungen für den Rohstoff andeuten.

M2 bietet eine Aufstellung der führenden Ölförderländer und ihrer Produktion von 1970 bis 2020. Ebenso ist die Gesamtmenge an weltweit gefördertem Erdöl für jedes Stichjahr angegeben, für 2020 auch der Anteil der einzelnen Länder an der globalen Ölförderung. Die Statistik ist als Tabelle angelegt. Sie beruht auf Erhebungen des britischen Energieunternehmens BP, das alljährlich einen Zahlenreport über die globale Energiegewinnung und -nutzung veröffentlicht.

Erklären und Einordnen in den historischen Kontext In der Darstellung der Ölpreisentwicklung (M1) werden für einzelne Stichjahre die exakten Preise (Durchschnitt während eines Jahres) vermerkt. Wie im tatsächlichen internationalen Handel mit Öl wird der Preis in US-Dollar je Barrel (159 Liter) angegeben. Die Preise stiegen in den 70er- und frühen 80er-Jahren stark an, fielen um 1985 und blieben bis zur Jahrtausendwende auf niedrigem Niveau. Von da an stieg der Ölpreis bis 2013 kontinuierlich, mit einem kurzfristigen scharfen Rückgang nach der weltweiten Wirtschafts- und Finanzkrise (2007–2009). Von 2014 bis 2016 sank der Ölpreis deutlich, eine Folge vermehrten Angebots und damals schwacher Nachfrage. Diese und weitere Einschnitte in Politik und Wirtschaft seit 1970 sind in der Grafik stichpunktartig benannt, um Gründe für bedeutende Umschwünge in der Preisentwicklung anzuführen.

Dabei handelt es sich um Preise der OPEC, deren Angehörige in Konkurrenz zu anderen Staaten auf dem Weltmarkt mitbieten. Welchen Anteil die OPEC im Vergleich der größten Förderländer ausmacht, geht aus der Statistik M2 hervor. Im Jahr 2020 stammte mehr als ein Drittel des weltweit geförderten Erdöls (rd. 35 Prozent) aus Ländern der OPEC. Die Tabelle zeigt jedoch, dass die USA und Russland wesentlich mehr Öl produzieren als jedes einzelne OPEC-Mitglied. Auch andere Länder außerhalb der OPEC begannen in den 70er-Jahren mit großen Ölförderungen oder stockten ihre Produktion seither

> **Hinweis:** Die dazugehörigen Materialien finden Sie auf S. 97.

beträchtlich auf. Die weltweit geförderte Gesamtmenge nahm dadurch ständig zu.

Wie sich aus dem Diagramm M1 ablesen lässt, lag der Ölpreis der OPEC nach 2010 etwa beim Zehnfachen des Preises vor Beginn der Ölkrise von 1974. Die Preiskurve zeigt zwar einen deutlichen Anstieg in absoluten Zahlen, doch inflationsbereinigt – also unter Berücksichtigung der langfristigen Geldentwertung – ergäbe sich ein anderes Bild.

Die Statistik M2 kann belegen, dass die plötzliche Verteuerung des Erdöls in den 70er- und frühen 80er-Jahren, die schwere Wirtschaftskrisen nach sich zog, keine Folge knapper Ölvorkommen war. Das zeigt der ständige Anstieg der globalen Ölförderung seither. Durch die Erhöhung der Produktion in anderen Ländern und damit des weltweiten Angebotes sollten die Preise wieder gesenkt werden, was seit Mitte der 80er-Jahre teilweise gelang. Neben die bisherigen Industrienationen traten seit den 80er- und 90er-Jahren auch aufstrebende Volkswirtschaften besonders in Asien und Lateinamerika, die den Bedarf an Erdöl in die Höhe trieben. Angesichts der weltweit steigenden Nachfrage kletterten auch die Preise. Die OPEC kann zwar nicht mehr den Ölpreis diktieren, wie noch in den 70er-Jahren. Dennoch bleibt der Anteil der OPEC an der globalen Förderung sehr bedeutend, weshalb ihre Preise weiterhin als eine Art Richtwert für den internationalen Handel gelten.

Lösungsskizze: Karikaturen interpretieren

Hinweis: Die dazugehörige Karikatur finden Sie auf S. 109.

A1 | **Beschreiben** Die vorliegende Karikatur, eine Schwarz-Weiß-Zeichnung, erschien am 3.12.1988 in der Wochenendausgabe der Süddeutschen Zeitung. Unter dem Titel „Die Verführung" karikiert Ernst Maria Lang die Ablehnung von Glasnost und Perestroika durch die SED unter Führung von Erich Honecker.

Angeführt von dem im Untertitel als „Gouvernante" bezeichneten Erich Honecker machen Kinder in Uniformen der FdJ im Gleichschritt einen Ausflug und lassen gerade das oben rechts erkennbare Brandenburger Tor hinter sich, auf dem die Quadriga nach rechts, also auf die Ost-Berliner Straße Unter den Linden blickt. Die in der Bildmitte platzierte Gouvernante breitet ihren Mantel aus und versucht dadurch, den Blick der Kinder auf einen Kiosk in der linken Bildseite mit der großen Reklame „UDSSR", zu unterbinden. Vor dem Kiosk trägt eine männliche Person die Parolen „Glasnost" und „Perestroika", die sich auch auf Ausgaben der Zeitschrift „Sputnik" wiederfinden, die im Schaufenster des Kiosks angepriesen werden, während eine vor dessen Eingang posierende weibliche Person mit ihrer Körperhaltung an eine Prostituierte erinnert. Folgerichtig warnt die Gouvernante die Kinder mit der ihr im Untertitel der Karikatur in den Mund gelegten Aufforderung: „Nicht hinschauen – das ist ein Pornoladen ..."

Erklären und beurteilen Die Karikatur ist mitten in dem Prozess der Liberalisierung in der UdSSR und im Ostblock entstanden, der durch den sowjetischen Staats- und Parteichef Michael Gorbatschow – den die erwähnte männliche Person vor dem Kiosk vermutlich darstellt - unter den Schlagworten „Glasnost" und „Perestroika" angestoßen wurde. Sie karikiert - und kritisiert damit indirekt – die strikte Weigerung der SED unter Führung von Erich Honecker, dem Vorbild der UdSSR zu folgen. Diese kam nicht zuletzt dadurch zum Ausdruck, dass die DDR-Führung im November 1988 die Verbreitung der sowjetischen Zeitschrift „Sputnik" verbot, in der regelmäßig Artikel zur Reformpolitik Gorbatschows erschienen.

Durch die Bezeichnung „Gouvernante" charakterisiert der Karikaturist Honecker sowohl als Vertreter unzeitgemäßer und veralteter, da autoritärer (Erziehungs-)Prinzipien als auch als jemand, der glaubt, am besten zu wissen, was für seine Kinder, also die Bürgerinnen und Bürger der DDR, das Beste ist. Wie eine altmodische Gouvernante will er sie von allem, was seinen Vorstellungen nicht entspricht, fernhalten und sie auch weiterhin im gleichgeschalteten Marschtritt halten. Die Aussicht auf Freiheit ist in seinen Augen eine „Verführung" (so der Titel der Karikatur) und damit anrüchig und moralisch verwerflich wie Pornographie und Prostitution.

Indem er den Kiosk „UDSSR" westlich vom Brandenburger Tor ansiedelt, unterstellt der Karikaturist zumindest unterschwellig, dass Erich Honecker das sozialistische Bruderland und die kommunistische Führungsmacht UdSSR unterdessen ebenso als feindliches Ausland betrachtet wie die ideologischen Gegner im Westen.

Die Karikatur reiht sich ein in eine lange Serie von ähnlichen Darstellungen, die in den späten 1980er-Jahren die zunehmende Distanzierung der SED-Führung von der UdSSR und insbesondere Michael Gorbatschow thematisieren.

Lösungsskizze: Zeitzeugenaussagen auswerten

A | Das abgedruckte Interview wurde 2019 anlässlich des 30-jährigen Jubiläums des Mauerfalls im Auftrag der Landeszentrale für politische Bildung Baden-Württemberg geführt, transkribiert und im selben Jahr in der Zeitschrift „Politik und Unterricht" veröffentlicht. Die 1941 geborene Andrée Fischer-Marum, deren Eltern vor den Nationalsozialisten nach Frankreich und Mexiko geflohen und 1947 bewusst in die SBZ zurückgekehrt waren, um am Aufbau des Sozialismus mitzuarbeiten, war eine der interviewten Zeitzeuginnen und Zeitzeugen, die zu ihrer Meinung über die Wiedervereinigung befragt wurden. Sie alle bekamen dabei die folgenden Fragen vorgelegt:

Hinweis: Den dazugehörigen Text der Zeitzeugin finden Sie auf S. 125.

- Wie beurteilen Sie heute die ersten Jahre der deutschen Wiedervereinigung von 1989 bis 1995?
- Welche überraschenden Wendungen gab es in Ihrem Leben durch die Wiedervereinigung?
- Empfinden Sie die deutsche Wiedervereinigung als Glück?

Andrée Fischer-Marum beurteilt den Mauerfall mit ihren eigenen Worten als „widerspruchsvoll". Denn einerseits habe es daraufhin nicht eine Wiedervereinigung, sondern einen Beitritt der DDR gegeben – mit gravierenden sozialen Folgen für die Bevölkerung, u.a. durch die zahlreichen Entlassungen und die hohe Arbeitslosigkeit. Viele gute und zukunftsfähige Ideen, die an den „Runden Tischen" entwickelt worden waren, seien unberücksichtigt geblieben. Dadurch sei für sie und viele ähnlich Denkende, die die DDR nicht „abschaffen", sondern eine „bessere DDR erreichen" wollten, „eine Utopie verloren" gegangen.

Andererseits habe der Mauerfall ihr die Möglichkeit eröffnet, frei an wichtige Orte ihrer Familiengeschichte im vorher unerreichbaren Westen zu reisen und dort auch von den in ihren Familien vertretenen – sozialdemokratischen und sozialistischen – Werten und vom Schicksal ihres im KZ ermordeten jüdischen Großvaters und ihrer Eltern zu berichten. Und nicht zuletzt sei ihre Familie nun auch wieder vereint.

Wie ein Résumé klingt es, wenn sie sagt, sie habe ihren „Platz in dieser Gesellschaft gefunden", sich aber auch ihre „kritische Meinung bewahrt".

An den Schattenseiten der DDR-Realität und der SED-Herrschaft übt sie keine offene Kritik, Unzufriedenheit kann man allenfalls dort erkennen, wo sie davon spricht, dass sie sich für „eine bessere DDR" eingesetzt habe. Zwischen den Zeilen kann man herauslesen, dass Andrée Fischer-Marum das Ende der SED-Diktatur nicht bedauert. Sehr wohl bedauert sie aber das Ende der eigenständigen DDR sowie die Art und Weise der Wiedervereinigung, bei der sie sich mehr Übernahmen aus den „gelebten Erfahrungen" der DDR-Bürgerinnen und Bürger, dem positiven Erbe der friedlichen Revolution und mehr „soziale Rechte" gewünscht hätte.

Andrèe Fischer-Marum wirkt trotz ihrer dezidierten Haltung und Meinung sachlich und moderat. Weite Teile ihrer Antworten folgen dem Muster von „zwar – aber".

A2 Andrèe Fischer-Marum ist als Bürgerin der ehemaligen DDR zweifellos eine Zeitzeugin der Ereignisse rund um die Wiedervereinigung.
Die Form des Interviews stellt allerdings einen Sonderfall dar, da den Interviewten standardisierte Fragen zur Beantwortung vorgelegt wurden, es keine Zwischenfragen gab und daher auch kein wirkliches Gespräch zustande kam.

Lösungsskizze: Literarische Quellen analysieren

Hinweis: Die dazugehörigen Beispielsequenzen finden Sie auf S. 199.

A1 Idealerweise sollte die Analyse aus den vorangehenden methodischen Empfehlungen und den Hintergrundinformationen entwickelt werden. Dementsprechend könnte man zunächst den Ausschnitt als fiktional (aus einem Roman) identifizieren. Der Roman hat aber durchaus eine politische Botschaft, die aus dem Entstehungskontext (Hochphase des britischen Imperialismus) heraus verstanden werden sollte. Die Botschaft lässt sich zum Beispiel an der Autorenbiografie festmachen: ein polnischer Schriftsteller, der in Großbritannien Karriere macht und sich in der Handelsmarine sogar an der Expansion des British Empire beteiligt, aber trotzdem einen kritischen Blick von außen auf die imperialistische Gesellschaft hat. Obwohl Conrad kritisch ist, strotzt der Ausschnitt vor klischeehaften Bildern und rassistischer Sprache. Er bedient sich Stilmitteln wie der Ironie und der Übertreibung, um diese rassistische Sprache zu kritisieren. Zu den rassistischen Klischees gehören der Mythos vom angeblich geschichtslosen, wilden, ursprünglichen Kontinent Afrika, die Vorstellung der sogenannten „Verkafferung" von Europäern im Kontakt mit entmenschlichten Afrikanern, die falsche Idee, dass in Afrika nur „Wilde leben", die Europäer als Götter sehen und zivilisiert werden müssten, usw. Die etwas naiven Romanfiguren scheinen diese Klischees nicht zu hinterfragen, zumal diese sich hinter den leeren Versprechen und der Schönrederei der Zivilisierungsmission (die niemals umgesetzt wurde) verstecken. Der Autor selbst übt zunächst subtile Kritik mit den Stilmitteln der Ironie und der Übertreibung, macht dann aber seine kolonialkritische Intention sehr deutlich, indem er Kurtz' wahre Ziele („Rottet sie aus!") benennt.

A2 Der Kolonialbeamte Kurtz ist mit dem Stilmittel der Übertreibung dargestellt und wird selbst zum Klischee. Doch seine Charakterisierung steht symbolhaft für viele Kolonialbeamtinnen und -beamte und vielleicht sogar für das europäische koloniale Projekt im Allgemeinen. Viele Kolonialbeamtinnen und -beamte schwangen in Europa große Reden über ihre zivilisierungsmissionarischen Ziele, gingen aber vor Ort in den Kolonien sehr gewalttätig vor und organisierten tatsächlich auch (Ausrottungs-)Kriege gegen die Kolonisierten. Voraussetzung dafür war oft eine abwertende Sprache der Entmenschlichung gegenüber den Kolonisierten. Dass viele Kolonialbeamtinnen und -beamte in dem hierarchischen Kolonialsystem Macht ohne demokratische Kontrolle anhäufen konnten und sich zu „Königinnen und Königen des Busches" machten, wurde auch unter Kolonialunterstützerinnen und -unterstützern thematisiert und kritisiert.

A3 Hier kann man für beide Thesen Argumente finden. Einerseits bedient sich Conrad bei den Klischees und der rassistischen Sprache seiner Zeit, ohne sich oder die Charaktere im Roman davon zu distanzieren. Auch wenn er die Exzesse von Kurtz kritisch sieht, bleibt seine Sicht dennoch eurozentrisch und rechtfertigt die koloniale Ausdehnung insofern, als es auch „gute Kolonisatoren" wie Marlow zu geben scheint. Seine Kritik an Kurtz ist nicht unbedingt eine Kritik am Kolonialismus. Andererseits kann es sein, dass es Conrads Absicht ist, eine realitätsgetreue Abbildung der Menschen und Sprechweisen der Zeit zu schaffen und die Absurdität dieser erniedrigenden Sprache für sich selbst sprechen zu lassen. Auch wenn es oft nicht eindeutig ist, so erwähnt er doch die wahren Vernichtungsgedanken gegenüber den Kolonisierten und entlarvt, dass die europäischen kolonisierenden Mächte in Wirklichkeit die Mächte der Finsternis sind.

A4 Hier geht es um die Rezeption (Aufnahme, Verarbeitung und Interpretation) des Romans nach der Veröffentlichung, vor allem durch den Film „Apocalypse Now" von Francis Ford Coppola (1979). Obwohl der Roman von einigen afrikanischen und postkolonialen Theoretikern als rassistisch kritisiert wurde, verstanden ihn viele Menschen als einen kolonialkritischen Roman. Darum wurde er zum Modell für den Film „Apocalypse Now" über den Vietnamkrieg, in dem amerikanische Soldaten, die vorgaben, für das Gute zu kämpfen, unvorstellbare Gräueltaten verübten. Wie Kurtz wurden viele durch den Kolonialkrieg brutalisiert. Man kann darum mit Sicherheit viele Parallelen finden.

Kooperationsformen

Amerikanische Debatte

- **Ziele:** Perspektivübernahme, Erarbeitung, Artikulation und Argumentation kontroverser Positionen; kommunikatives Handeln

- **Orte im U.:** Phase der Urteilsbildung

- **Ablauf:** Variante der Pro-Kontra-Debatte: Die Klasse wird in Pro- und Kontra-Gruppen eingeteilt, die auf der Grundlage von Texten oder des vorangegangenen Unterrichts unterschiedliche Positionen zur Debattenfrage erarbeiten. Die Gruppen bestimmen die jeweiligen Diskutanten, deren Anzahl je nach Klassenstärke unterschiedlich sein kann. Die Diskutanten sitzen gegenüber und der Moderator eröffnet die Debatte und erteilt einer Seite das Wort. Das erste Argument wird genannt, die gegnerische Seite greift das Argument auf, versucht es zu widerlegen und nennt ein weiteres Argument, das wiederum von der anderen Seite aufgegriffen wird (siehe Abbildung). Sollten am Ende der Reihe noch nicht alle Argumente ausgetauscht sein, wird von vorne begonnen.
  Der Moderator achtet auf die Einhaltung der Reihenfolge sowie der Redezeit und beendet die Debatte. Die Zuschauer bewerten im Anschluss die Diskussion.

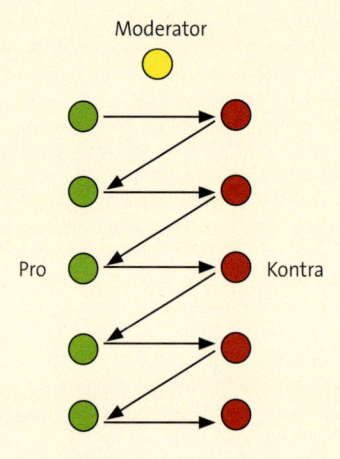

- **Beachten:** Zuspitzung der Themenstellung auf eine Ja-Nein-Frage (Entscheidungsfrage).
  Da die Debatte eine hoch formalisierte Form der Diskussion ist, sollten die Regeln eingehalten werden. Die Redezeit sollte unbedingt begrenzt werden. Die Amerikanische Debatte ist deutlich anspruchsvoller als die „einfache" Pro-Kontra-Debatte, da die Diskutanten mit jedem Beitrag Bezug auf den Vorredner nehmen müssen. Sie empfiehlt sich vor allem für „starke" Lerngruppen.

Ampelkartenabfrage

- **Ziele:** Festlegung auf eine eindeutige eigene Position; Ermittlung eines Meinungsbildes der Gesamtgruppe

- **Orte im U.:** erste Meinungsabfrage, Einleitung der abschließenden Urteilsbildung

- **Ablauf:** Jeder Teilnehmer erhält eine grüne und eine rote Karte. Zu einer politischen Streitfrage (die als Entscheidungsfrage formuliert ist) oder einer kontroversen These positionieren Sie sich nach kurzer Bedenkzeit auf ein Zeichen des Lehrers, indem Sie entweder die grüne (Zustimmung) oder die rote Karte (Ablehnung) deutlich sichtbar hochhalten. Enthaltungen oder Zwischenpositionen sind nicht zugelassen. Einzelne Teilnehmer (ggf. im Blitzlichtverfahren auch alle) werden aufgefordert, ihre Meinung mit ihrem Hauptargument zu begründen. Dieses Argument kann auch in der Vorbereitungszeit stichwortartig bereits auf der (laminierten) Karte notiert werden.

- **Beachten:** Alle Teilnehmer müssen sich **gleichzeitig** positionieren. Ein Meinungswechsel und eine Diskussion sind während der Ampelkartenabfrage nicht vorgesehen.

Fish-Bowl-Diskussion

- **Ziele:** Perspektivübernahme, Erarbeitung, Artikulation und Argumentation unterschiedlicher Positionen; kommunikatives Handeln

- **Orte im U.:** Phase der Urteilsbildung

- **Ablauf:** Eine Kleingruppe diskutiert in einem Innenkreis in der Mitte des Raumes ein Thema, während die übrigen Schüler in einem Außenkreis darum herumsitzen („Fish-Bowl"), die Diskussion genau verfolgen und den Diskutanten im Anschluss eine Rückmeldung zu Diskussionsverhalten und Argumentation geben. Ein Moderator im Innenkreis leitet die Diskussion. In der Diskussionsrunde steht ein Stuhl mehr als es Teilnehmer gibt. Den freien Platz kann jemand aus der Beobachtergruppe einnehmen, um Fragen zu stellen oder seine Meinung einzubringen. Danach verlässt er die Diskussionsrunde wieder.

- **Variante:** Der Zuschauer verbleibt in der Diskussionsrunde, dafür verlässt ein anderer Diskutant die Runde und macht seinen Stuhl für einen anderen frei.

- **Beachten:** Fragestellung sollte möglichst offen sein und in der Diskussion verschiedene Richtungen ermöglichen.

Variante Sitzkreis
- 🟢 Moderator
- 🔵 Gruppensprecher
- 🔴 freier Stuhl
- 🟡 restliche Schüler

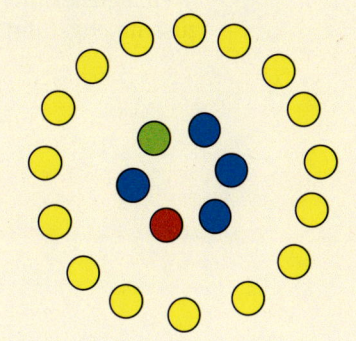

Gruppenpuzzle

▶ **Ziele:** arbeitsteilige selbstständige Erarbeitung und Präsentation von (Teil-)Inhalten

▶ **Orte im U.:** Erarbeitung, Schaffung einer breiten Informationsbasis

▶ **Ablauf:** Ein Thema wird in unterschiedliche, möglichst gleichwertige Teilthemen/-aufgaben (= Puzzleteile) unterteilt, die in Gruppen erarbeitet werden. Das Gruppenpuzzle arbeitet mit zwei Gruppenformen (Stamm- und Expertengruppe) und wird in drei Phasen durchgeführt:

1. In der ersten Phase werden die Schüler in Stammgruppen eingeteilt. Jedes Mitglied erhält eine Teilaufgabe (= Puzzleteil) einer Gesamtaufgabe, die es erarbeitet und für die es zum „Experten" wird.

2. In der zweiten Phase treffen sich alle „Experten", die dieselbe Teilaufgabe bearbeitet haben, in den sogenannten Expertengruppen, tauschen sich aus, klären offene Fragen und vertiefen ihr Expertenwissen.

3. In der dritten Phase kehren die Experten in ihre jeweilige Stammgruppe zurück und informieren die Mitglieder der Stammgruppe über ihre Erkenntnisse (= Zusammensetzung der Puzzleteile).

▶ **Beachten:** Nach dieser Phase muss jedes Gruppenmitglied über alle Teilaspekte eines Themas (= Puzzleteile) informiert sein. Die Teilergebnisse sollten zu einem Gesamtergebnis zusammengeführt werden.

Podiumsdiskussion

- **Ziele:** Perspektivübernahme, Erarbeitung, Artikulation und Argumentation unterschiedlicher Positionen; kommunikatives Handeln

- **Orte im U.:** Phase der Urteilsbildung

- **Ablauf:** Zur Vorbereitung werden unterschiedliche Positionen zu einer bestimmten Thematik (in Gruppenarbeit) erarbeitet (Rollenübernahme). Ein Moderator (in der Regel die Lehrkraft) führt thematisch in die Diskussion ein, stellt die teilnehmenden Figuren und ihre jeweilige Position kurz vor. Darüber hinaus gibt er die Regeln bekannt: Zunächst soll jeder Diskutant seine Position in einem kurzen Statement (max. 2 Minuten) vorstellen.
Nach Abschluss dieser ersten Runde können die übrigen Teilnehmer darauf Bezug nehmen. Der Moderator wahrt absolute Neutralität, stellt im Verlauf der Diskussion Gemeinsamkeiten und Unterschiede in den Positionen heraus, fragt nach, präzisiert, macht auf Widersprüche aufmerksam und setzt neue Impulse oder provoziert, um die Diskussion weiterzuentwickeln. Er achtet auf eine gleichmäßige Verteilung der Redeanteile und zieht am Ende der Diskussion eine Bilanz.

- **Variante:** Die Zuschauer erhalten Rollenkarten und bewerten aus ihrer jeweiligen Position heraus die Diskussion.

- **Beachten:** Da die Moderatorenrolle äußerst anspruchsvoll ist, sollte sie nur in erfahrenen Lerngruppen an einen Schüler übertragen werden. Auf ein entsprechendes Setting (Podium, Bühne) achten.

Pro-Kontra-Debatte

- **Ziele:** Perspektivübernahme, Erarbeitung, Artikulation und Argumentation unterschiedlicher Positionen; kommunikatives Handeln

- **Orte im U.:** Phase der Urteilsbildung

- **Ablauf:** Einteilung der Klasse in Pro- und Kontra-Gruppen und Erarbeitung der jeweiligen Positionen. Die Gruppen benennen einen Diskutanten. Ein Moderator gibt das Thema bekannt und führt im Publikum eine erste Abstimmung durch. Jeder Debattenteilnehmer tellt seine Position in einem Kurzstatement vor (max. 2 Minuten). Hier empfiehlt sich ein Wechsel zwischen den Pro- und Kontra-Positionen. In dieser Phase wird noch nicht aufeinander Bezug genommen. In der folgenden freien Aussprache (max. 10 Minuten) tauschen die Teilnehmer ihre Argumente aus, nehmen aufeinander Bezug. Am Ende sollen Mehrheiten für eine bestimmte Position gewonnen werden. Nach der freien Aussprache geben die Diskutanten ein Schlussplädoyer (max. 1 Minute) ab und werben noch einmal für ihre Position. Im Anschluss wird eine Schlussabstimmung im Publikum, den Adressaten der Debattenteilnehmer, durchgeführt.

- **Beachten:** Zuspitzung der Themenstellung auf eine Ja-Nein-Frage (Entscheidungsfrage).
Da die Debatte eine hoch formalisierte Form der Diskussion ist, sollten die Regeln unbedingt eingehalten werden (Zeitmanagement).

Positionierung im Raum, Meinungslinie

- **Ziele:** Festlegung auf eine eindeutige eigene Position; Ermittlung eines Urteilsbildes der Gesamtgruppe; ggf. Erhebung von Vorausurteilen (Meinungslinie)

- **Orte im U.:** abschließende, kriteriengeleitete Urteilsbildung; ggf. Einleitung der Urteilsbildung

- **Ablauf:** Der Unterrichtsraum wird durch zwei vorgestellte (oder auch mit Krepp-Band markierte) Koordinatenachsen durchschnitten; der Ursprung dieses Koordinatensystems liegt in der Mitte des Raumes. Jeweils eine der Achsen repräsentiert entweder die übergeordneten Urteilskategorien Legitimität und Effizienz oder aber themenrelevante Teilkriterien dieser Kategorien wie z. B. Wirksamkeit und Nebenfolgen (Effizienz) sowie Partizipation (Legitimität). Nach einer Vorbereitungszeit positionieren sich alle Teilnehmer gemäß ihrem eigenen Urteil im Koordinatensystem (z. B. bei voller Zustimmung zu Effizienz und Legitimität in der äußersten Ecke des entsprechenden Quadranten im Raum; z. B. bei hoher Legitimität und mittlerer Effizienz auf der Legitimitätsachse ganz an der Raumseite „hohe Legitimität"). Einzelne Teilnehmer werden aufgefordert, ihre Meinung mit ihrem **Hauptargument** zu begründen.

- **Variante:** Bei der Meinungslinie entfällt (a) entweder die Zuordnung zu Kategorien oder es wird (b) lediglich abgefragt, ob eine politische Maßnahme o. Ä. entweder als (il)legitim oder als (in)effizient anzusehen ist.

- **Beachten:** Alle Teilnehmer müssen sich gleichzeitig positionieren. Alle Positionen im Raum sind zugelassen. Ein Meinungswechsel und eine Diskussion sind während der Positionierung im Raum nicht mehr vorgesehen. Die Raumaufteilung sollte im Vorfeld visuell verdeutlicht werden.

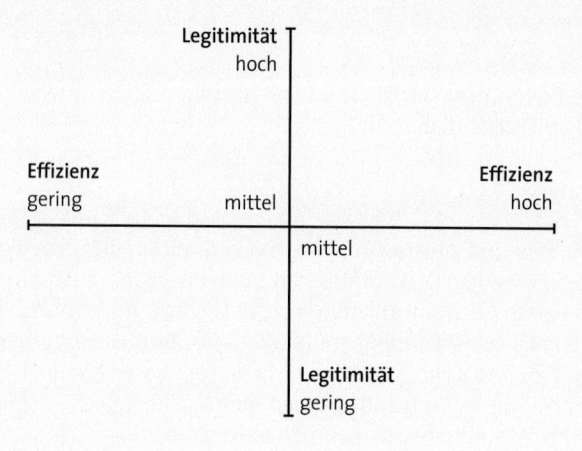

```
                    Legitimität
                    hoch

      Effizienz                    Effizienz
      gering        mittel         hoch
      ├─────────────┼──────────────┤
                    mittel


                    Legitimität
                    gering
```

Strukturierte Kontroverse

- **Ziele:** intensive Vorbereitung der Urteilsbildung vor allem durch Perspektivübernahme

- **Orte im U.:** Einleitung von Urteilsbildungsphasen

- **Ablauf:** Phase 1 – Materialgebunden werden zu einer politischen Entscheidungsfrage Argumente (inkl. Belegen, Beispielen) für die eigene Position erarbeitet. Zudem wird (in Partner- oder Kleingruppenarbeit) eine möglichst überzeugende Argumentationsstrategie entwickelt.
  Phase 2 – Ein (ggf. moderiertes) Streitgespräch zwischen Pro- und Kontra-Gruppen wird mit wechselseitigem Rederecht durchgeführt.
  Phase 3 – Die entgegengesetzte Position wird, allerdings ohne erneute Materialauswertung, eingenommen und aus dieser wird vor dem Hintergrund der ersten Diskussion eine geeignete Argumentationsstrategie gegen die eigene Meinung entwickelt.
  Phase 4 – Ein erneutes Streitgespräch wird – in der neuen Rollenverteilung – durchgeführt. Im Anschluss werden die Rollen verlassen, die Teilnehmer können sich kurz über die Erfahrungen innerhalb des Settings austauschen und es wird zur Urteilsbildung übergeleitet.

- **Variante:** Die Diskussionen müssen nicht im oder vor dem Plenum, sondern können auch parallel im Unterrichtsraum stattfinden (Redelautstärke beachten!).

- **Beachten:** Die ungewohnte Fremdposition sollte mit Ernsthaftigkeit vertreten werden.
  Die Argumente und Strategien sollten (ggf. durch Protokollanten) festgehalten werden, um sie in der anschließenden Urteilsbildung ggf. klären und gewichten zu können.

Table-Set / Placemat

- **Ziele:** Erhebung von Vorkenntnissen/Vorstellungen, Entwicklung von Ideen

- **Orte im U.:** vor der eigentlichen thematischen Erarbeitung, im Rahmen der Möglichkeitserörterung

- **Ablauf:** Es werden 4er-Gruppen gebildet. Jede dieser Gruppen erhält ein quadratisches Papier (mindestens A3-Breite). Knapp die Hälfte der Fläche des Blattes wird durch ein aufgedrucktes Quadrat eingenommen, dessen Seiten immer den gleichen Abstand zum Blattrand aufweisen. In diesem Quadrat steht ein Begriff, eine Frage oder eine Aussage (zu Begriffen kann assoziiert, Fragen können beantwortet, Aussagen können erklärt oder beurteilt werden).
  Phase 1 – Jede/r Schüler/in bearbeitet die gegebene Aufgabe für sich selbst und trägt seine Lösung in das vor ihr/ihm liegende Seitenfeld des Papiers leserlich (stichpunktartig) ein.
  Phase 2 – Das Quadrat wird im Uhrzeigersinn gedreht, sodass jedes Gruppenmitglied die Ansätze der anderen zur Kenntnis nehmen kann.
  Phase 3 – In der Gruppe können Nachfragen gestellt und Klärungen herbeigeführt werden.
  Phase 4 – Die Gruppe entwickelt auf der Grundlage ihrer Ideen aus Phase 1 bis 3 eine gemeinsame Lösung für die Aufgabe, die sie gut lesbar im inneren Quadrat festhält. Diese kann im Anschluss präsentiert und mit den anderen Gruppenergebnissen verglichen werden.

▶ **Variante:** Die Gruppen können auch unterschiedliche Aufgaben erhalten. In Phase 2 können die Gruppenmitglieder bereits Fragen oder weiterführende Ideen mit einer anderen Farbe in den anderen Feldern eintragen.

▶ **Beachten:** Während Phase 1 und 2 wird nicht gesprochen. Für die Phasen müssen klare Zeitvorgaben gegeben werden, damit sinnvoll in die jeweils nächste Phase übergeleitet werden kann, um sie in der anschließenden Urteilsbildung ggf. klären und gewichten zu können.

Table-Set für 4 Personen

World Café

▶ **Ziele:** Herausarbeiten von für die Teilnehmer zentralen Fragen zu einem politischen bzw. gesellschaftlichen Thema; Entwickeln von Ansatzpunkten für teilnehmerorientierte Lösungen politischer Fragen

▶ **Orte im U.:** Auftakt von Unterrichtseinheiten (Fragen formulieren); Einleitung der Möglichkeitserörterung (Lösungen andenken)

▶ **Ablauf:** Phase 1 – Die Teilnehmer werden in Gruppen mit ca. vier bis fünf Schülern aufgeteilt. Sie erhalten entweder die Aufgabe, zu einem festgelegten Problembereich für sie zentrale Fragen zu formulieren, oder zu einer (arbeitsgleich) oder mehreren zentralen Fragen (arbeitsteilig) Lösungsideen zu entwickeln. Ihre Fragen/Ideen notieren die Teilnehmer auf der „Tischdecke" (Flipchart-Bögen o. Ä.) ihres „Cafétisches" (lockere Gruppentischanordnung im Unterrichtsraum).

Phase 2 – Die Gruppen mischen sich selbst neu (oder werden neu gemischt), wobei jeweils ein Gruppenmitglied aus Phase 1 zur Einführung der „Neuen" am Tisch sitzen bleibt. An den Cafétischen ergeben sich neue Konstellationen, die die bisherigen Vorschläge ergänzen oder auch vor dem Hintergrund ihrer eigenen Überlegungen aus Phase 1 weiterentwickeln (und die Ergebnisse ebenfalls auf der Tischdecke notieren).

Phase 3 – Die moderierte Abschlussreflexion hat zum Ziel, die interessantesten Ergebnisse herauszustellen, um sie im Unterrichtsverlauf weiter bearbeiten zu können. Außerdem kann auf individueller Ebene von überraschenden, Gewinn bringenden Diskussionen oder Ideen berichtet werden.

▶ **Beachten:** An den Cafétischen muss eine offene Atmosphäre herrschen, der thematische Fokus muss aufrechterhalten bleiben (Beliebigkeit vermeiden!). Themenbezogene Ideen sollen frei geäußert, miteinander verknüpft und diskutiert werden. Notizen, Zeichnungen, Schaubilder etc. auf den Tischdecken sind dabei außerordentlich erwünscht. Beim Wechseln der Gruppen können je nach Bedarf mehrere Runden durchgeführt werden. Dabei ist „Pärchenbildung" aber unbedingt zu vermeiden; erwünscht sind also immer ganz neue Gruppenkonstellationen aus Personen, die sich bisher noch nicht (gut) kennen.

Lernplakat / Wandplakat / Wandzeitung

- **Ziele:** Neben der permanenten Präsenz im Klassenraum bietet ein Lern-/Wandplakat oder eine Wandzeitung den Vorteil, den gelernten Inhalt zu visualisieren. Es empfiehlt sich, möglichst eigene visuelle Grundmuster zu entwickeln, da sich so eigene gedankliche Verknüpfungen und Verankerungen ausbilden.

- **Orte im U.:** Ergebnissicherung

- **Ablauf:** Halten Sie das Wichtigste fest. Hierbei können Ihnen folgende Materialien helfen:
  - Bilder, Tabellen, Fotos etc.
  - kurze Informationstexte
  - Erklärung von Begriffen und Fachwörtern

- **Beachten:** klare, saubere, deutliche Schrift; keine Rechtschreibfehler; Farben verwenden, die auch von Weitem gut erkennbar sind; Raum gut aufteilen (nicht dicht gedrängt); Lineal benutzen

Referat / Vortrag

- **Ziele:** Ein Referat ist ein Vortrag über ein Thema, der in einer begrenzten Zeit (etwa 10–30 Minuten) gehalten wird. Die häufigsten Formen sind mündliche Berichte, Fachvorträge bei Tagungen, Kurzreferate bei Seminaren oder Übungsreferate in der Schule.

- **Orte im U.:** vielfältig einsetzbar

- **Ablauf:**

  Phase 1 – Eröffnung des Vortrags
  Beginnen Sie Ihren Vortrag pünktlich. Eine gelungene Eröffnung des Vortrags ist die beste Möglichkeit, um beim Publikum Interesse für die Darbietung zu wecken. Sie können Ihrem Thema entsprechend verschiedene Einstiegsvarianten auswählen. [...] Wählen Sie einen Einstieg, der das Publikum
  - visuell einstimmt,
  - mit einem Vergleich konfrontiert,
  - provoziert,
  - durch eine kluge Fragestellung einbezieht,
  - persönlich anspricht,
  - spontan anspricht,
  - überrascht oder
  - erheitert.

  Phase 2 – Hauptteil des Vortrags
  Interessiert sich Ihr Publikum erst einmal für Ihr Thema, können Sie Thema und Gliederung vorstellen. Damit beginnen Sie den Hauptteil des Vortrags – das eigentliche „Filetstück". Ihre Gliederung als „Fahrplan" der Darbietung schreiben Sie am besten (vor dem Referat) auf eine Folie, auf einer Flipchart oder Tafel an. So kann das Publikum dem Inhalt Ihres Vortrags gut folgen. Planen Sie den Hauptteil wie eine Regieanweisung.

  Phase 3 – Schlussteil des Vortrags
  Der Schluss fasst die wesentlichen Aspekte Ihres Vortrags zusammen. Hüten Sie sich aber vor solchen Formulierungen: „Jetzt sind wir am Ende unseres Vortrags" der „Alles Wesentliche wurde gesagt, wir fassen nur noch einmal zusammen".

Gut ist es, wenn Einstieg und Schluss einen gewissen Rahmen des Vortrags bilden. Eventuell greifen Sie hier eingangs genannte Gedanken nochmals auf, klären eine gestellte Frage oder überprüfen eine gemachte Behauptung. Der Schluss ist auch dazu geeignet, offene Fragen zu formulieren und an das Publikum zur Diskussion weiterzugeben.

▶ **Beachten:** Bei Aufregung ist schon so manches in Vergessenheit geraten. Vermerken Sie, wann Sie etwas auflegen, zeigen oder erklären möchten. Planen Sie die Übergänge zwischen den einzelnen Gliederungspunkten genau.

Stummes Schreibgespräch

▶ **Ziele:** Das stumme Schreibgespräch bietet als Methode den Vorteil, dass althergebrachte Kommunikationsmuster aufgebrochen werden. Schülerinnen und Schüler, die sich im Unterricht mündlich zurückhalten, haben hier die Möglichkeit der aktiven Beteiligung. Alle Schülerinnen und Schüler sind aufgefordert mitzuwirken.

▶ **Orte im U.:** vielfältig einsetzbar

▶ **Ablauf:** Phase 1 – Im Vorfeld müssen Arbeitstische hergerichtet und große Papierbögen darauf verteilt werden. Auf den vorbereiteten Arbeitstischen liegen große Poster bzw. Tapetenbahnen, auf denen Fragen, Themen, Aussagen oder andere Impulse notiert sind.

Phase 2 – Die Schülerinnen und Schüler haben nun die Aufgabe, zu diesen Impulsen kurze Kommentare bzw. Stellungnahmen zu verfassen. Die anderen Teilnehmer lesen die Ideen der Mitschüler und sind aufgefordert, darauf ein Statement zu erwidern oder einen anderen Aspekt hinzuzufügen. Es ist auch möglich, Fragen zu formulieren oder Pfeile und Verbindungslinien einzufügen. Das Sprechen ist in dieser Phase nicht gestattet. Das Schreibgespräch endet nach einer vorgegebenen Zeit oder wenn der Schreibfluss sichtbar abgenommen hat. Zum Schluss verständigen sich die Schülerinnen und Schüler über die Ergebnisse.

▶ **Beachten:** Es ist wichtig, dass die Kommunikation ausschließlich schriftlich erfolgt. Es gibt Optionen, entweder einen langen Tisch mit einer großen Papierbahn auszulegen oder mehrere kleine Tische herzurichten.

Advance Organizer

- **Ziele:** neue Lerninhalte gedanklich (vor)strukturieren und mit (Vor-)Wissen und Kompetenzen verknüpfen

- **Orte im U.:** Beginn einer Unterrichtseinheit

- **Ablauf:** Durch die Zusammenfügung von Begriffen, Bildern, kurzen Texten, Grafiken usw. entsteht eine Art „Lernlandkarte".
  Neues soll mit Bekanntem verknüpft sowie Sinnzusammenhänge und Vernetzungen mit den neuen Inhalten vorab hergestellt werden.
  Während der Unterrichtseinheit findet der Advance Organizer als begleitende Orientierungshilfe weiter Anwendung.
  Neue Erkenntnisse und Arbeitsergebnisse sollten während der Unterrichtseinheit von den Schülerinnen/Schüler möglichst selbstständig ergänzt werden, sodass der Organizer auch nach der Unterrichtseinheit als Ergebnissicherung bzw. zur Klausurvorbereitung und somit als „Post Organizer" verwendet werden kann.

- **Beachten:** möglichst selbstständige Ergänzung im Verlauf der Unterrichtseinheit in Verantwortung der Schülerinnen/Schüler

Lernpyramide / Lernspirale / „wachsende Gruppengröße"

- **Ziele:** intensive, kooperative Text- bzw. Materialauswertung

- **Orte im U.:** Erarbeitungsphase

- **Ablauf:**
  Phase 1 – Einzelarbeit / Stillarbeit
  Bearbeitung einer Materialbasis mit konkreter Aufgabenstellung. Dabei werden erste Ergebnisse schriftlich festgehalten.

  Phase 2 – Partnerarbeit
  Austausch mit dem Nachbarn oder einem Zufallspartner. Eigene Ergebnisse und Lösungen werden ergänzt oder ggf. verbessert.

  Phase 3 – Gruppenarbeit
  Wechselseitiger Austausch in der Gruppe (3–5 Schülerinnen/Schüler) und Verständigung auf zentrale Ergebnisse. Es folgt die Vorbereitung einer Gruppenpräsentation.

  Phase 4 – Präsentation im Plenum
  Einzelne Gruppenmitglieder stellen die erarbeiteten Ergebnisse vor.

- **Beachten:** Bereits in der Phase der Einzelarbeit sollte den Schülerinnen/Schüler klar sein, dass ihre individuellen Ergebnisse wichtig für die Weiterarbeit sind.

„W – E – G" (= Wissen – Erlernen – Gelernt)

- **Ziele:** den eigenen Lernweg abbilden und reflektieren

- **Orte im U.:** am Beginn einer Unterrichtseinheit oder einer längeren Erarbeitungs- bzw. Recherchephase

- **Ablauf:** Die Schülerinnen/Schüler teilen ein Blatt Papier (DIN A4) in drei Rubriken: W – E – G
  Unter W notieren sie, was sie bereits über das Thema wissen.
  Unter E wird notiert, was sie an dem Thema interessiert und was sie erfahren möchten.
  Unter G wird schließlich rekapituliert, was sie gelernt haben, und der Erkenntnisgewinn festgehalten.

- **Beachten:** Die Phase G sollte nicht „vergessen" werden.

Lerntempoduett

- **Ziele:** Berücksichtigung der verschiedenen Arbeitsgeschwindigkeiten

- **Orte im U.:** Erarbeitungsphase

- **Ablauf:**
  Phase 1 – Aneignung in Einzelarbeit
  Die Schülerinnen/Schüler erarbeiten anhand von Leitfragen oder Arbeitsaufträgen einen Text in Einzelarbeit. Sie folgen dabei ihrem je eigenen Lerntempo.

  Phase 2 – Bildung von „Tandems" mit ähnlichen Lern- und Arbeitsgeschwindigkeiten
  Ist ein Schüler fertig, steht dieser auf oder geht zu einer als „Haltestelle" markierten Stelle im Raum und wartet, bis ein anderer Schüler seinen Einzelarbeitsauftrag beendet hat.
  Die Wartezeit kann durch einen zusätzlichen kurzen Arbeitsauftrag überbrückt werden.

  Phase 3 – Partnerarbeit
  Die Lerntempo-Partner tauschen sich über ihre Ergebnisse aus, ergänzen sie wechselseitig und bearbeiten ggf. gemeinsam weitere Arbeitsaufträge zur Vertiefung oder zum Transfer.

  Phase 4 – Präsentation
  Die Lerntempo-Partner präsentieren ihre Ergebnisse im Plenum.

- **Beachten:** Besonders effizient ist diese Methode, wenn die Schülerinnen/Schüler arbeitsteilig arbeiten, d.h. sich also etwa die Hälfte der Lerngruppe mit unterschiedlichen Teilaspekten des zu erarbeitenden Themas beschäftigt. Bei der Bildung der „Tandems" ist dann darauf zu achten, dass sich Partner, die unterschiedliche Aspekte bearbeitet haben, zusammenfinden. Dies lässt sich z.B. durch unterschiedliche Farben der jeweiligen Arbeitsblätter organisieren. Vor dem Beginn der Arbeitsphase sollte geklärt werden, dass der Lernpartner rein nach dem Lerntempo gewählt werden soll und nicht auf Freunde gewartet werden darf.

West- und Osteuropa nach 1945

Berücksichtigen Sie dabei auch ein mögliches Schuldbewusstsein und einen Willen zum Neuanfang in der deutschen Bevölkerung.	S. 17, M4, A3
Gehen Sie dabei auf Kriegsteilnehmer, Zerstörungen und Verluste, Sieger und Besiegte, Grenzziehungen, vertragliche Vereinbarungen für den Frieden und die Gründung internationaler Organisationen (Völkerbund, UNO) ein.	S. 17, Der Blick aufs Ganze, A2
Der Bär ist ursprünglich eine nationale Personifikation für Russland. Hier repräsentiert er die Sowjetunion, erkennbar am Symbol Hammer und Sichel, das auch in der Flagge dieses Staates enthalten war. Die Russische Sozialistische Föderative Sowjetrepublik war die größte aller Unionsrepubliken. Der Adler (genauer Weißkopfseeadler), der für Freiheit, Mut und Stärke stehen soll, ist das Wappentier der USA.	S. 20, Randspalte, A1
Beachten Sie dabei, dass nicht von der Sowjetunion gesprochen wird, sondern von „totalitären Regimen".	S. 24, M1, A3
Gehen Sie dabei neben der Bewegung der „Blockfreien", wie im Darstellungsteil und in M3 beschrieben, auch auf blockübergreifende Organisationen ein, zumal auf die Vereinten Nationen (UNO) und ihre Möglichkeiten der Vermittlung und Kooperation.	S. 27, Der Blick aufs Ganze, A2
Ermitteln Sie, wo auch im Text M3 auf die geänderten Anteile an den Gesamtausgaben eingegangen wird und inwiefern dort die Informationen über die Angaben in dem Schaubild hinausgehen.	S. 40, M3, A2
Die dargestellten Personen sind der sowjetische Premier Breschnew und der Staatspräsident der Volksrepublik China Mao Zedong.	S. 50, Randspalte, A1
Beachten Sie dabei die Rolle der sozialistischen Rhetorik.	S. 60, Randspalte, A1
Es handelt sich um den Bundeskanzler der Bundesrepublik Deutschland und den DDR-Staatsratsvorsitzenden.	S. 69, Randspalte, A1
Lesebeispiele und Formulierungshilfen: Im Vergleich zum Vorjahr wuchs die Industrieproduktion im Zeitraum 1976-1980 um 4,5 Prozent, während sie in der darauffolgenden Periode 1981-1985 nur um 3,7 Prozent stieg. Insgesamt nahmen die Wachstumsraten stetig ... Hinsichtlich der Produktion ausgewählter Industriezweige waren die Wachstumsraten im ersten Zeitraum von 1971-1975 bei ... am höchsten und bei ... am geringsten. Im Bereich der ... entwickelten sich die Wachstumsraten folgendermaßen: ... Beim Außenhandel mit den OECD-Ländern entwickelte sich die Handelsbilanz, also die Differenz zwischen den Exporten und Importen folgendermaßen: ... Die Importe stiegen im Zeitraum 1975 bis 1989 von ... auf ..., während die Exporte ...	S. 103, M2, A1
Bedenken Sie dabei, dass für den Vergleich der wirtschaftlichen Leistungsfähigkeit nicht allein Wachstumsraten ausschlaggebend sind. Beachten sie insbesondere auch die Statistiken zum Außenhandel (c)) und zu den Auslandsschulden (d)).	S. 103, M2, A2
Berücksichtigen Sie dabei den Darstellungstext und die Tatsache, dass in Rumänien am 17. Dezember 1989 Bürgerkriegsunruhen ausbrachen, die am 22. Dezember zum Sturz des stalinistischen Regimes unter Nicolae Ceaușescu führten.	S. 113, M3

Tipps und Anregungen für die Aufgaben

S. 113, Der Blick aufs Ganze, A2 — Beachten Sie dabei neben dem Zustand der Umwelt auch die Aspekte Glaubwürdigkeit der Staatsführung und Maßnahmen gegen Aktivisten.

S. 120, M2, A2 — Beachten Sie dabei auch die Gesichtsausdrücke und die Blickrichtungen.

S. 126, Randspalte, A1 — Recherchieren Sie dazu auch die wirtschaftliche Entwicklung in einigen Staaten.

Aktuelle Probleme postkolonialer Räume in historischer Perspektive

S. 142, Randspalte, A2 — Mögliche Schlagworte: Gewalt, Bedrohung, wirtschaftliche Ausbeutung, Kultur, Verwaltung, aktiv, passiv

S. 152, M4, A2 — Die beiden wichtigsten Merkmale eines Rechtsstaats sind die **Rechtssicherheit** und **Rechtsgleichheit**:

Rechtssicherheit:
Alle staatlichen Maßnahmen brauchen eine Grundlage. Die Gesetzgebung ist dabei an die Verfassung, Verwaltung und Justiz sind an Recht und Gesetz gebunden. Das dient dem Schutz vor staatlicher Willkür. Die Grundrechte sind garantiert und die Verfassung sichert die staatliche Ordnung.

Rechtsgleichheit:
Das Rechtsstaatsprinzip besagt auch, dass für alle Bürgerinnen und Bürger die gleichen Gesetze gelten und sie vor Gericht auch gleichbehandelt werden.

Weitere Merkmale sind:

Rechtskontrolle:
Allen steht der Rechtsweg offen. Jede und jeder kann vor Gericht ziehen, aber nicht nur gegen andere Menschen oder Unternehmen. Es muss in einem Rechtsstaat auch die Möglichkeit geben, das Handeln des Staats überprüfen zu lassen. In der Bundesrepublik Deutschland bestimmt Art. 19 Abs. 4 GG: „Wird jemand durch die öffentliche Gewalt in seinen Rechten verletzt, so steht ihm der Rechtsweg offen." Das bedeutet, dass man in einem Rechtsstaat auch gegen den Staat klagen können muss. Unabhängige Richterinnen und Richter wachen in einem Rechtsstaat über die Einhaltung der Gesetze.

Gewaltenteilung:
Die gesetzgebende Gewalt (z. B. das Parlament), die ausführende Gewalt (z. B. die Polizei) und die richterliche Gewalt (z. B. das Verfassungsgericht) üben unterschiedliche Menschen aus.

Freiheitssicherung:
Die Bürgerschaft hat bestimmte Rechte, die ihr niemand nehmen kann. Eine Freiheitsbegrenzung ist nur ausnahmsweise durch Gesetz möglich. Die Grund- und Menschenrechte sind Abwehrrechte gegen staatliche Willkür und schützen die Privatperson. In bestimmte, private Bereiche darf sich der Staat nicht einmischen. Grundrechte sichern dadurch den Freiraum vor dem Staat, aber auch gegenüber anderen Bürgerinnen und Bürgern.

Nach: https://www.lpb-bw.de/rechtsstaat#c65802 [Zugriff: 22.10.2021]

Tipps und Anregungen für die Aufgaben

Die abgebildeten Personen sind Jawaharlal Nehru und Mohandas Karamchand Gandhi.	S. 154, Randspalte, A1
Menschenrechte sind ...	S. 159, M5, A3

... unveräußerlich: Menschenrechte sind besondere, grundlegende Rechte. Sie sollen die Würde jedes einzelnen Menschen schützen und jedem Menschen ein freies, selbstbestimmtes Leben in Gemeinschaft mit anderen ermöglichen. Ohne Vorbedingung und von Geburt an stehen sie jedem Menschen aufgrund seines Menschseins zu. Das bedeutet: Wir müssen nichts dafür tun, um Menschenrechte zu haben. Alle haben Menschenrechte, einfach nur, weil wir Menschen sind. Sie sind uns als unveräußerliche Rechte eigen.

... universell: Die Menschenrechte sind mit dem Anspruch verbunden, ausnahmslos für jeden Menschen, also universell zu gelten. In ihrer Eigenschaft als universelle Rechte vertragen sich die Menschenrechte also nicht mit Ideologien, die anderen ihre Menschenrechte absprechen. Menschenrechte stehen allen Menschen gleichermaßen zu. Ihrer Natur nach lassen die Menschenrechte keinerlei Diskriminierungen zu, beispielsweise aufgrund rassistisch konstruierter Unterschiede, des Geschlechts, der sexuellen Orientierung, der nationalen oder sozialen Herkunft, der Sprache, der Religion, des Vermögens, der politischen oder sonstigen Anschauung sowie anderer Diskriminierungsmerkmale.

... unteilbar: Die Menschenrechte sind unteilbar. Das bedeutet, dass man nicht nur bestimmte Rechte haben kann und andere nicht. Sie bilden einen Sinnzusammenhang aufeinander bezogener Rechte. Bürgerliche, politische, wirtschaftliche, soziale und kulturelle Menschenrechte bedingen sich gegenseitig. Sie gehören daher untrennbar zusammen.

Nach: https://www.lpb-bw.de/menschenrechte#c40256 [Zugriff: 22.10.2021]

Rolle Großbritanniens, Rolle der Muslime, Rolle der Hindus, Rolle Mahatma Gandhis	S. 160, Randspalte, A2
Orientieren Sie sich dafür an den Formen der Dekolonisierung, die Sie im vorangegangenen Kapitel kennengelernt haben.	S. 165, M4
Als „Quadratur des Kreises" wird eine unlösbare Aufgabe bezeichnet.	S. 174, M1, A3
Beziehen Sie in Ihre Überlegungen den Darstellungstext, M1, M2 und M4 mit ein.	S. 182, M5, A2
Dafür kann die Liste der diskriminierenden Gesetze aus M2 hilfreich sein.	S. 189, M6, A2

West- und Osteuropa nach 1945

Hinweis: Das dazugehörige Strukturbild finden Sie auf S. 48.

A1 Nach seiner bedingungslosen Kapitulation im Mai 1945 wurde Deutschland in die Besatzungszonen der vier Siegermächte Sowjetunion, USA, Großbritannien und Frankreich aufgeteilt. Aus den ehemaligen Ostgebieten des Deutschen Reiches flohen etwa 14 Millionen Deutsche oder wurden vertrieben. Das verschärfte die Situation in der Zusammenbruchsgesellschaft nach dem Zweiten Weltkrieg mit massiven Zerstörungen der Städte und der Infrastruktur, der großen Wohnungsnot und den existenziellen Ängsten der Menschen.

Nach dem Zerfall der Anti-Hitler-Koalition verfestigte sich immer mehr die Herausbildung zweier feindlicher Blöcke mit unterschiedlichen politischen und wirtschaftlichen Systemen (Sozialismus und Planwirtschaft bzw. parlamentarische Demokratien und (soziale) Marktwirtschaft) unter Führung der beiden Supermächte Sowjetunion und USA. Sie führte zum Kalten Krieg, in dem die beiden Bündnissysteme einen Rüstungswettlauf betrieben und versuchten, ihre Einflusssphären in Asien, Afrika und Südamerika zu erweitern. Zu direkten militärischen Konfrontationen kam es „nur" in sogenannten Stellvertreterkriegen (u. a. Korea-Krieg 1950–1953 und Vietnamkrieg 1965–1975). Allerdings stand die Welt während der Kuba-Krise 1961/62 am Rand eines Atomkrieges. Die danach einsetzende bessere Verständigung zwischen den beiden Supermächten ist ein Beispiel dafür, wie sich Konfrontations- und Entspannungsphasen während des Kalten Kriegs abwechselten.

Der sogenannte „Eiserne Vorhang" verlief durch Deutschland und trennte die Bundesrepublik und die DDR. Die Spaltung der beiden deutschen Staaten wurde durch die Abriegelung der DDR nach Westen durch massive Grenzanlagen (u. a. die 1961 errichtete Berliner Mauer) zementiert.

A2 Langfristig entwickelte sich die Bundesrepublik zu einem der wirtschaftsstärksten Industriestaaten und zu einer Konsumgesellschaft. Die DDR hingegen blieb dahinter weit zurück, sowohl was die internationale Konkurrenzfähigkeit der Wirtschaft als auch was den Wohlstand der Bevölkerung betrifft.

Schon in der Nachkriegszeit waren die Rahmenbedingungen für die drei westlichen Besatzungszonen günstiger: Dort war ein Großteil der Produktionsanlagen erhalten geblieben und die Besatzungsmächte verzichteten darauf, die Wirtschaft durch Reparationen zu schwächen. Vielmehr halfen US-Kredite im Rahmen des Marschall-Plans (ERP) und der Zugang zu internationalen Märkten beim Wiederaufbau der Infrastruktur und der Entstehung einer leistungsfähigen Exportwirtschaft. Der sowjetischen Besatzungszone und anderen Staaten im Machtbereich der UdSSR wurde die Beteiligung am ERP untersagt. Demontagen von Industrieanlagen und Reparationen hemmten die Wirtschaft ebenso wie die radikale Umstellung der Wirtschaft durch die Staatsführung, die um lückenlose Lenkung und Kontrolle der Produktionsprozesse bemüht war (Fünf-Jahres-Pläne, Zentralverwaltungswirtschaft).

Die Bundesrepublik nahm teil am Boom, der sämtliche Industrieländer ab Ende der 1940er-Jahre erfasste und der bis in die 1970er-Jahre anhielt. Günstige innenpolitische Faktoren (u. a. qualifizierte Arbeitskräfte, moderate Lohnerhöhungen) sowie die gestiegene Nachfrage nach Produkten „made in Germany" sorgten für den rasanten Aufschwung der Wirtschaft in den 50er-Jahren („Wirtschaftswunder"). Die Folge waren Vollbeschäftigung, steigende Produktivität und wachsender Wohlstand. Der Mangel an Arbeitskräften ab den 1960er-Jahren führte zur Anwerbung ausländischer Arbeitskräfte („Gastarbeiter"). Die Abwanderung weiterer Arbeitskräfte aus der DDR konnte die SED-Führung nur durch die Abriegelung ihres Staates vom Westen unterbinden. Dadurch konnte die DDR-Wirtschaft zumindest vorübergehend stabilisiert werden.

A3 Ein wesentlicher Aspekt des Kalten Krieges, der auf beiden Seiten mit großem propagandistischen Aufwand angeheizt wurde, war die Konkurrenz der Systeme. Dabei sollte die Überlegenheit der jeweiligen Politik und Weltanschauung erwiesen werden. Während der Wirtschaftsaufschwung in den westlichen Staaten, verbunden mit steigendem Wohlstand und sozialer Absicherung, die Akzeptanz des eigenen politischen Systems erhöhte, mussten in den Staaten des Ostblocks Opposition und Reformbestrebungen notfalls mit militärischen Mitteln unterdrückt werden.

Quellenarbeit im Archiv

A1 Die Kernthese des Textes lautet: Die Nachkriegsgeneration wuchs unter völlig anderen Bedingungen auf wie der Nachwuchs früher. Denn dadurch, dass viele Kinder und Jugendliche oft ohne Vater aufwuchsen bzw. diese nach ihrer Rückkehr aus Krieg und Gefangenschaft traumatisiert waren, konnten sie größere Freiräume nutzen und ihren Drang nach Abenteuern stärker ausleben.

Hinweis: Den dazugehörigen Textauszug finden Sie auf S. 49.

A2 Weitere inhaltliche Aspekte des Textes von Walter Rummel, der besonders die Situation im späteren Bundesland Rheinland-Pfalz in den Blick nimmt, sind:
- das Fortwirken deutsch-nationaler oder gar nationalsozialistischer Überzeugungen, verbunden mit einem fehlenden Interesse an einem selbstkritischen Aufarbeiten der jüngsten Vergangenheit auf Seiten der Bevölkerung, im Gegensatz dazu steht das Bemühen staatlicher Stellen, einen Einstellungswandel herbeizuführen.
- Andererseits belegen die während der schlechten Versorgungslage der Nachkriegszeit wachsende Bereitschaft zu Diebstählen und anderen Gesetzesübertretungen eine „gewisse Distanz zum überlieferten Normen- und Rechtsverständnis".
- hohe Bedeutung der Präsenz US-amerikanischer Truppen; das betrifft sowohl den Kulturimport, u. a. im Bereich der Musik, als auch die (sexuellen) Beziehungen einheimischer Frauen zu Soldaten, was zu Auseinandersetzungen mit Menschen herkömmlicher Moralvorstellungen führte.
- Auch wenn Behörden weiterhin die Verbreitung anstößiger Bilder und Texte („Schmutz- und Schund-Literatur") unterbanden, nahm die Anzahl von Zeitschriften und Filmen, die von damaligen Konservativen als unsittlich empfunden wurden, sprunghaft zu.

A3 und A4 Individuelle Ergebnisse.

Filmquellen analysieren

A1 „Halbstarke" (der Begriff wurde bereits um 1900 geprägt) galten aus der Sicht derjenigen Erwachsenen, die die bestehende Ordnung verteidigen wollten, als „moralisch verkommene" männliche Jugendliche zwischen 15 und 20 Jahren aus unteren sozialen Schichten, die meist nur eine geringe schulische Bildung hatten und regelmäßige Erwerbstätigkeit ablehnten. Sie traten gerne lautstark und provozierend in der Öffentlichkeit auf. Darüber hinaus waren sie nicht nur gewaltbereit, sondern suchten sogar Auseinandersetzungen mit der Polizei.

Hinweis: Das dazugehörige Beispiel finden Sie auf S. 49.

A2 | Hinweise:

zu b) Der Film beruht auf einer fiktionalen Handlung, für die aber reale Vorkommnisse mit „Halbstarken" genutzt wurden. Dafür, dass der Film ziemlich nahe an der damaligen gesellschaftlichen Realität war, sprechen auch Randale von Jugendlichen in Kinos. Denn diese glaubten sich in Rollen des Films wiederzuerkennen.

zu c) Jugendliche werden nicht einheitlich beurteilt. Vielmehr wird sehr wohl unterschieden: Zwar werden die gängigen Charakterisierungen von „Halbstarken" als gewaltbereit, faul und gewissenlos durchaus dargestellt. Allerdings gibt es Abweichungen von diesem Klischee, beispielsweise das Bandenmitglied Klaus, der sich gegenüber seinem neuen Arbeitgeber als verantwortungsbewusst zeigt. Darüber hinaus thematisiert der Film, dass auch der negative Einfluss (vor allem von Freddys Freundin Sissy) für das Verhalten der Jugendlichen mitverantwortlich ist.

Zu c) Dafür, dass der Film als Quelle für die 50er-Jahre herangezogen werden kann, spricht:
- Schon zeitgenössische Kritiken haben die Nähe des Films zu den damaligen Verhältnissen hervorgehoben.
- Der Film war zur damaligen Zeit ein großer Erfolg. Damit ist er ein Beispiel für die damalige Filmkultur im Allgemeinen und für den damaligen Geschmack bzw. für Trends.

A3 | Individuelle Ergebnisse.

Chronologische Übersicht

Hinweis: Das dazugehörige Strukturbild finden Sie auf S. 82.

A1 | Die Übersicht zeigt entlang einer zentralen Zeitleiste chronologisch verortet in der linken Spalte Protestbewegungen im Ostblock und in westlichen Staaten sowie in der rechten Spalte wichtige Ereignisse aus der Zeit des Kalten Krieges, die zum Teil gleichzeitig mit den Protestbewegungen stattfanden oder sogar mit diesen in einem direkten Zusammenhang stehen.

Mögliche Überschrift: Protestbewegungen in der Zeit des Kalten Krieges

A2 | Im Ostblock wurde Protest von der jeweiligen Staatsmacht, unterstützt durch die UdSSR und andere Staaten des Warschauer Pakts, in den 1950er- und 60er-Jahren rigoros gewaltsam unterdrückt und schließlich unterbunden. Freiheitsversprechen, die die Ideologie des Kommunismus und die meisten Verfassungen der Ostblockstaaten machten, wurden Lügen gestraft.

Im Westen trafen Proteste zunächst auch auf Unverständnis und Ablehnung. Es kam auch zu Einsätzen und Übergriffen der Polizei. Im Laufe der Zeit wurden abweichende Lebensentwürfe aber zumindest toleriert und die Politik reagierte auf Protest mit Reform(versuch)en. Am Beispiel der Bundesrepublik: Sie hatte bereits eine demokratische Verfassung und Praxis, die Politik wollte aber künftig noch „mehr Demokratie wagen" (Regierungserklärung von Bundeskanzler Willy Brandt (SPD) 1969).

A3 | Gemeinsam ist den meisten Aufbruchsversuchen, dass die Protestierenden und Reformkräfte eine Weiterentwicklung des bestehenden Systems („mehr Demokratie", „Sozialismus mit menschlichem Angesicht") anstrebten. Nur eine radikale Minderheit wollte einen Umsturz. Aufbruchsversuche hatten aber im Osten und Westen sehr unterschiedliche Erfolgschancen (siehe auch Aufgabe 2).

Im Osten gab es trotz der Unterdrückung von Reformkräften und Protesten weiter Unzufriedenheit. Opposition konnte sich aber kaum organisieren, blieb vereinzelt oder führte in die innere Emigration. Im Westen stieß der Protest – wenn auch erst mit gewisser zeitlicher Verzögerung – zu Reformen und deutlich früher als im Osten zu regelrechten sozialen Bewegungen, bis hin zu Parteigründungen und zu einem Wertewandel.

A4 Ansätze zur Entspannungspolitik verlangten von beiden Seiten ein Aufeinander-Zugehen und Kompromisse, die den Feindbildern bis zu einem gewissen Grad die Schärfe nahmen. Insbesondere im Bereich der deutsch-deutschen Beziehungen nahmen die Kontakte zwischen den Menschen zu und damit auch der Wunsch der DDR-Bürgerinnen und Bürger, in ähnlichen politischen und wirtschaftlichen Verhältnissen zu leben wie in der Bundesrepublik.

Im Westen stärkte die Entspannungspolitik Gruppen und Bewegungen, die ein Ende des Wettrüstens und eine Reduzierung der Waffenarsenale forderten.

Als wichtiger Impuls erwies sich der KSZE-Prozess, in dem sich Staaten beider Blöcke u. a. zur Einhaltung von Menschenrechten verpflichteten. Dies bot den „Dissidenten" im Ostblock eine Argumentations- und Handlungsbasis, Menschen- und Freiheitsrechte einzufordern, zumal repressives Vorgehen gegen Aufbruchsversuche im Ostblock nun noch genauer vom Westen beobachtet und kommentiert wurde. Sich solche Kommentare als „Einmischung in innere Angelegenheiten" zu verbitten, vermittelte immer mehr den Eindruck von Hilflosigkeit denn Stärke.

A5 Individuelle Lösungen.

Mit Karten arbeiten

A1 Die Karte zeigt in einfachen Umrisslinien das Staatsgebiet der DDR sowie die Grenzen der Bezirke und Ost-Berlins. In die Bezirke sind für das Jahr 1989 die Sitze der 15 Bezirksverwaltungen sowie aller 2011 Kreisdienststellen und sieben Objektdienststellen des MfS eingezeichnet.

> **Hinweis:** Die dazugehörige Karte finden Sie auf S. 83.

Bereits ein flüchtiger Blick auf die Karte vermittelt das Bild eines dichten Netzes der (Kreis-)Dienststellen, wobei deren Dichte in der südlichen Hälfte der DDR höher ist als in der Nordhälfte. Besonders auffällig ist die hohe Dichte in Ost-Berlin mit 11 Kreisdienststellen auf vergleichsweise geringer Fläche. Sie erlaubt die Schlussfolgerung, dass die Zahl der Kreisdienststellen abhängig war von der Bevölkerungsdichte und dem Ziel, dass jede dieser Stellen (mit einer großen Zahl von lokalen offiziellen und inoffiziellen Mitarbeitern) für rund 100 000 Menschen „zuständig" war.

A2 Die hohe Anzahl der Dienststellen, die systematisch und flächendeckend auf dem gesamten Staatsgebiet eingerichtet worden waren, zeigt die große Bedeutung des MfS für den SED-Staat; dies umso mehr, als es daneben noch die für die öffentliche Sicherheit zuständige Polizei und die auch im Inneren einsetzbare Nationale Volksarmee gab. Sie zeigt darüber hinaus, dass die SED-Führung die „Sicherheit" des von ihr geführten Staates in hohem Maße durch Kräfte in der eigenen Bevölkerung gefährdet sah. Das Augenmerk des MfS richtete sich, wie das Kartenbild zeigt, nicht in erster Linie auf Bedrohungen an den Außengrenzen des Staates, sondern auf aus seiner Sicht „staatsfeindliche" Handlungen der eigenen Bürgerinnen und Bürger.

A3 Die überall vertretenen und zu jeder Zeit einsatzfähigen Organe des MfS erfüllten nicht nur einen Aufklärungs- und Überwachungsauftrag, sie konnten ihnen Verdächtige in eigener Verantwortung verhaften, vernehmen, foltern, auf unbestimmte Zeit festhalten und ermordeten diese sogar. Das zeigt, dass die SED-Führung das MfS dazu schuf und einsetzte, um Kritik, Opposition oder gar offenen Protest frühzeitig aufzuspüren und zu unterbinden. Die offensichtliche Präsenz des MfS sollte bereits abschreckend wirken.

Geschichtsdokumentationen analysieren

Hinweis: Das Beispiel zur Kuba-Krise finden Sie auf S. 83.

A1 Beschreibung und Analyse:
- US-Dokumentation aus dem Jahr 2001 in englischer Sprache mit deutschen Untertiteln
- Serie von rasch aufeinander folgenden kurzen Statements unterschiedlichsten Ursprungs von Personen, die die Kuba-Krise selbst erlebt haben oder als Wissenschaftler darüber geforscht haben
- in Statements häufig Wechsel zwischen Aufnahmen der gerade Sprechenden und historischen Filmaufnahmen, mitunter mit Musik untermalt, die an zeitgenössische Spielfilme erinnert
- kein Moderator; ‚roter Faden' durch chronologisches Vorgehen und entsprechende Reihenfolge der Statements

A2 Zu Wort kommen ...
- in den historischen Filmausschnitten: Beteiligte (z. B. Präsident Kennedy, US-Militärs)
- in den Statements: Beteiligte (z. B. Mitarbeiter der US-Regierung), Journalisten, Historiker, der Sohn von Nikita Chruschtschow

A3 Die Dokumentation ist chronologisch aufgebaut:
- Vorgeschichte: weltpolitische Rivalität zwischen USA und UdSSR von der Truman-Doktrin (1947) bis zum atomaren Wettrüsten am Ende der 1950er-Jahre
- persönliches Kräftemessen zwischen Chruschtschow und Kennedy
- Rolle Kubas in den strategischen Überlegungen der USA und der UdSSR (gescheiterte US-amerikanische Invasion in der Schweinebucht, heimliche Stationierung sowjetischer Waffen)
- sowjetische Raketen auf Kuba und die Kuba-Krise ab Oktober 1962
- Chruschtschow und Kennedy zwischen Demonstration von Entschlossenheit einerseits und Bemühen, eine militärische Eskalation zu verhindern, andererseits
- Weg zur Lösung ohne „Gesichtsverlust" für eine der beiden Seiten

Die Äußerungen in den Statements drehen sich schwerpunktmäßig um die Aspekte:
- Erklärung der Kuba-Krise aus dem bisherigen Verlauf des Kalten Krieges
- Handlungsspielräume und Ziele Chruschtschows und Kennedys
- Spannung zwischen der Haltung von Militärs und Politikern (insbesondere in den USA)
- Wege zur Beilegung der Krise

A4 Im Lehrbuch steht – dem Lehrplan folgend – nicht nur die Kuba-Krise im Mittelpunkt. Vielmehr geht es in einem umfassenderen Sinn um die Auswirkungen des Kalten Krieges auf Kuba. Dementsprechend schildert die Dokumentation Ursachen, Verlauf und Beilegung der Krise detailreicher als der Lehrbuchtext. Dieser geht dafür ausführlicher auf die Verhältnisse in Kuba vor und nach der Krise ein.
Bei der Charakterisierung der Rolle der Beteiligten, insbesondere der führenden Staatsmänner, stimmen Lehrbuch und Dokumentation überein. Bei der Beilegung der Krise wird in der Dokumentation die Gegenleistung der USA (Abzug von Raketen aus der Türkei) nicht erwähnt.

Die europäische Integration inmitten weltpolitischer Entwicklungen

A1 Die Wirtschaftskrisen beendeten die Phase des stetigen Aufschwungs und der Vollbeschäftigung. Durch die steigende Arbeitslosigkeit sanken auch die Steuereinnahmen des Staates. Die Kluft zwischen Arm und Reich vertiefte sich nicht nur wieder. Mit der Entstehung einer Sockelarbeitslosigkeit und von Zwei-Drittel-Gesellschaften wurde ein Teil der Bevölkerung vom Wohlstand dauerhaft ausgeschlossen. Die steigende Inflation verschärfte die soziale Lage.

Die Regierungen reagierten mit einer Kürzung von Sozialausgaben, (steuerlicher) Förderung von Unternehmen und der Stützung von Industrien, die unter Druck geraten waren und eine große Arbeitnehmerschaft hatten.

Um Kosten zu sparen und um international konkurrenzfähig zu bleiben, reduzierten Unternehmen ihre Belegschaft, indem sie Teile ihrer Produktion in Länder mit niedrigeren Löhnen verlagerten oder rationalisierten (u. a. durch den größeren Einsatz von Technik). Das war einer der Gründe für den Strukturwandel in der Arbeitswelt, bei dem der Dienstleistungssektor den höchsten Anteil an Beschäftigten erreichte.

> **Hinweis:** Das dazugehörige Strukturbild finden Sie auf S. 134.

A2 Gründe für den Zusammenbruch des Ostblocks:
- Wegen der mangelnden internationalen Konkurrenzfähigkeit und der ineffizienten staatlichen Steuerung gerieten die sozialistischen Planwirtschaften immer stärker in Rückstand gegenüber westlichen Industriestaaten.
- Durch die desolate wirtschaftliche Lage und die weiterhin hohen Subventionen wurde der finanzielle Handlungsspielraum der Staaten immer geringer. Unter anderem in der DDR drohte ein Staatsbankrott.
- Die Reformpolitik des sowjetischen Staats- und Parteichefs Gorbatschow ab 1985 setzte Regierungen, die stur am bisherigen Kurs festhielten, zusätzlich unter Druck.
- Durch die offensichtlichen innenpolitischen Probleme und die immer schlechtere Versorgungslage wuchs die Unzufriedenheit der Bevölkerung mit dem sozialistischen System und den jeweiligen Regierungen. Bestärkt durch die Liberalisierung in der Sowjetunion gingen die Bürgerinnen und Bürger immer offener in Opposition bis hin zu Massendemonstrationen (u. a. „Friedliche Revolution" in der DDR, „Samtene Revolution" in der ČSSR).
- Der Rüstungswettlauf belastete die Staaten des Warschauer Pakts gemessen an der Wirtschaftskraft stärker als die der NATO.

A3 Individuelle Ergebnisse.

A4 Der globale Austausch in allen Lebensbereichen intensivierte sich seit den 1970er-Jahren aus folgenden Gründen:
- Die internationale Zusammenarbeit nahm zu. Eine wichtige Etappe war dabei der Zusammenbruch des Ostblocks und die Einführung von Marktwirtschaften in diesen Staaten. Handelshemmnisse zwischen Staaten (z. B. Zölle) sowie Einschränkungen für Unternehmen und Banken wurden immer mehr abgebaut.
- Die globale Vernetzung verdichtete sich. Das betraf einerseits Geschäftsbeziehungen, wie das Beispiel der transnationalen Konzerne zeigt. Von den immer größeren telekommunikativen Möglichkeiten profitierten die Menschen auch im privaten und zivilgesellschaftlichen Bereich.
- Kosten für Produktion, Transport und Kommunikation verringerten sich drastisch.
- Auch die Migrationsströme wuchsen, aus unterschiedlichen Gründen (u. a. Anwerbung von Arbeitskräften, Flucht vor Verfolgung, Krieg und Armut).

Musterlösungen zu „Kompetenzen anwenden"

A5

Chancen	mögliche Probleme
• politische Reformen; Liberalisierung; Schutz von Grund- und Menschenrechten • wirtschaftlicher Aufschwung: auch international konkurrenzfähige Unternehmen, höhere Produktivität, steigende Steuereinnahmen • höherer Lebensstandard: Steigerung von Löhnen und Kaufkraft, bessere Versorgung mit Gütern und Dienstleistungen • größere Mobilität und Reisefreiheit	• hohe Arbeitslosigkeit und geringer Lebensstandard weiter Bevölkerungsteile durch Unternehmenspleiten • Gefühl der Deklassierung und der Missachtung bisheriger Lebensleistungen • Einflussreiche Personen profitieren in der Umbruchssituation zuungunsten des Gemeinwohls. • Autoritäre Regierungsformen etablieren sich auch weiterhin; Schwierigkeiten und Krisen, deren Gründe in der Vergangenheit liegen, könnten in nun demokratischen Staaten der Staatsform angelastet werden. • Durch sich neu formierende weltpolitische Konstellationen können neue Konfliktherde oder Kriege entstehen.

Mit Statistiken und Diagrammen arbeiten

Hinweis: Das dazugehörige Diagramm finden Sie auf S. 135.

A1 Säulendiagramm:

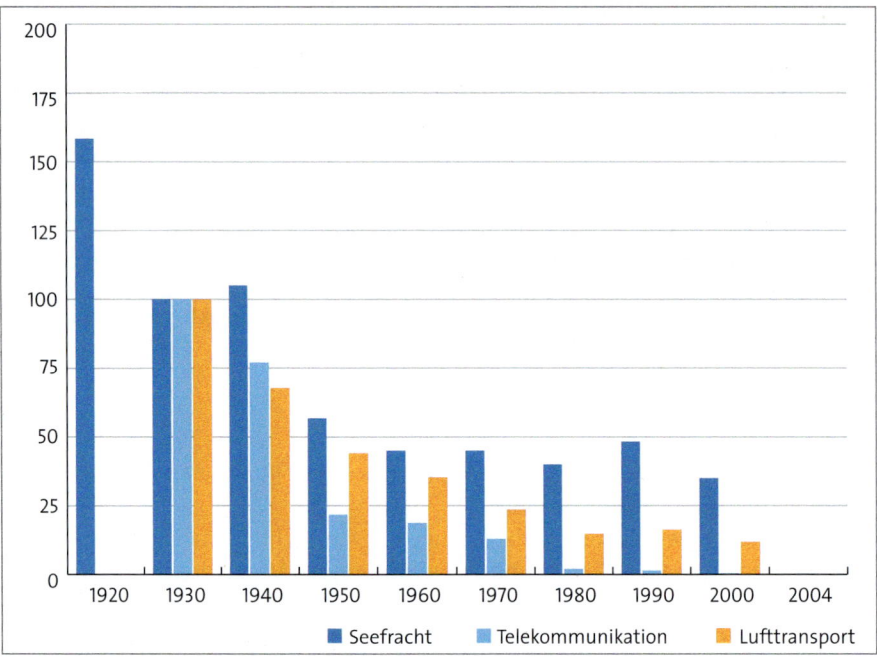

Aspekte bei der Beurteilung, welche Diagrammform geeigneter ist:
• Gerade bei geringen Änderungen/Intervallen ist der Verlauf der Entwicklung in den Einzelbereichen in einem Liniendiagramm anschaulicher.
• Bei mehreren Teilaspekten wirken Säulendiagramme unübersichtlicher.
• In Säulendiagrammen ist jeweils der Unterschied zwischen den Teilaspekten zu einem bestimmten Zeitpunkt anschaulicher.

Musterlösungen zu „Kompetenzen anwenden"

A2 Im Vergleich zu den Ausgangs- bzw. Referenzwerten im Jahr 1930 (Index = 100) sanken die Kosten bis zum Jahr 2000 bzw. 2004 massiv. Am stärksten ist das hinsichtlich der Telekommunikation der Fall (auf 3 Prozent), gefolgt von den Kosten für Lufttransporte (11,8 Prozent) und danach denjenigen für Seefracht (35 Prozent). Die stärkste Abnahme erfolgte jeweils zwischen 1940 und 1950. Steigerungen innerhalb eines Jahrzehnts gab es lediglich zwischen 1980 und 1990 in den Bereichen Seefracht und Lufttransporte sowie bei den Transporten zur See zwischen 1930 und 1940.

A3 Die weltweite Vernetzung bei der fortschreitenden Globalisierung betrifft alle Lebensbereiche: Wirtschaft, Politik, Kultur und soziale Beziehungen. Sinkende Transportkosten sind ein wichtiger Faktor bei der Förderung der Handelsbeziehungen. Sie stehen auch in engem Zusammenhang mit der (wachsenden) Menge an Gütern. Damit wird auch die Verlagerung von Teilen der Produktion kostengünstig möglich. Eine Kehrseite davon ist aber eine stärkere Abhängigkeit von anderen Staaten. Günstigere Produkte können auch zu einem höheren Lebensstandard zumindest in weiten Teilen der Bevölkerung führen.
Nicht nur im Bereich Wirtschaft ist Telekommunikation ein zentraler Faktor. Unkomplizierte und günstige Verbindungen mithilfe der unterschiedlichsten Formen und Medien fördern die Mobilität der Menschen, verbessern den Informationsaustausch (in „Echtzeit") und können zur Erweiterung des Wissens beitragen.

A4 Die Bereiche, die auf dieser Webseite thematisiert werden, sind wesentlich für die länderübergreifenden Beziehungen, thematisieren aber nur Teilaspekte. Erdöl sowie Erdgas sind zwar für die Energieversorgung in Wirtschaft, Verkehr und Privathaushalten noch immer die wichtigsten Rohstoffe (Stand 2022). Gerade angesichts neuer Energiequellen (u.a. erneuerbare Energien wie z.B. Wasserstoff) muss dieser Bereich mittlerweile in einem weiteren Rahmen gesehen werden.
Zölle sind ein wichtiges Mittel, um den internationalen Warenverkehr zu erschweren bzw. die eigene Wirtschaft vor Konkurrenz aus anderen Ländern zu schützen. Die dargestellte kontinuierliche Verringerung von Zöllen ist eine weitere Erklärung für eine Zunahme des Welthandels.
Mehrere wichtige Aspekte der Globalisierung werden in den Grafiken nicht berücksichtigt: u.a. die Bedeutung der Produktion beispielsweise von Kleidung in Niedriglohnländern, Umweltschutz (u.a. Rodung von Regenwald zur Produktion landwirtschaftlicher Erzeugnisse für den Export), wachsende Müllberge (die zum Teil in ärmere Staaten verbracht werden), Zunahme des Tourismus.

Karikaturen interpretieren

A1 Erich Honecker: Staatsratsvorsitzender und damit ranghöchster Politiker der DDR; dessen Stellvertreter: Egon Krenz; Erich Mielke: Minister für Staatssicherheit; Hermann Axen: Sekretär des Zentralkomitees, des nach dem Politbüro zweithöchsten Gremiums der DDR; Heinz Keßler: Verteidigungsminister und enger Gefolgsmann Erich Honeckers

Hinweis: Die dazugehörige Karikatur finden Sie auf S. 135.

A2 Die einflussreichsten SED-Politiker der DDR, davon tragen Erich Mielke und Heinz Keßler Militäruniformen, versuchen mit vereinten Kräften, aber offenbar ohne Erfolg, die Tür zuzuhalten, um einer attraktiven Frau, die einen Blumenkranz auf dem Kopf trägt und als „Perestroika" („Umgestaltung") bezeichnet wird, den Zutritt zu verwehren. Entsetzt und unter Schweißausbruch beobachtet eine weitere Person, die das Parteiorgan „Neues Deutschland" repräsentiert, die Szene.

Die Karikatur muss in der Zeit zwischen 1985, als Michail Gorbatschow seine Reformpolitik in Gang setzte, und Oktober 1989, als Erich Honecker entmachtet wurde, entstanden sein. Mit großer Wahrscheinlichkeit ist die Zeichnung im September oder Oktober des Jahres 1989 entstanden, als die DDR-Regierung durch die Massenproteste der Bevölkerung und die wachsende Abwanderung von DDR-Bürgerinnen und -Bürgern immer stärker unter Druck geriet.

A3 | Individuelle Vorschläge. Die Originalkarikatur trug den Untertitel: „Haltet bloß die Tür zu!"

A4 | Der Karikaturist stellt als Gründe für den Zerfall des Ostblocks einerseits die Reformpolitik des sowjetischen Staats- und Parteichefs Michail Gorbatschow und andererseits das beharrliche bzw. „sture" Festhalten der DDR-Oberen an der bisherigen Politik und damit die Ablehnung von Veränderungen dar.

A5 | Die beiden dargestellten Gründe sind wesentliche Faktoren bei den Ereignissen in Jahren 1988 bis 1991. Trotz der wachsenden Proteste innerhalb der DDR (u. a. wegen Wahlfälschungen) weigerte sich die DDR-Führung, Reformen einzuleiten. Sie trat vielmehr in Opposition zum sowjetischen Staats- und Parteichef Gorbatschow, der durch seine Politik (Glasnost und Perestroika) die Lebensverhältnisse in seinem sozialistischen Land umfassend verbessern wollte. Die von ihm propagierte Offenheit ermutigte nicht nur immer weitere Teile der Bevölkerung in den sozialistischen „Bruderländern" zu offener Kritik an den Regierungen und zur lautstarken Forderung nach Veränderungen. Durch die sogenannte „Sinatra-Doktrin" stellte er klar, dass eine militärische Unterstützung gegen Regimegegner wie beim Volksaufstand am 17. Juni 1953 nicht zu erwarten ist.

Tatsächlich konnte sich die SED-Führung angesichts dieser Situation und angesichts der katastrophalen wirtschaftlichen Lage der Wirtschaft, die immer offensichtlicher geworden war, nicht behaupten. Gemäß dem mehrheitlichen Wunsch der Bevölkerung nach einer Wiedervereinigung der beiden deutschen Staaten, beschloss die erste frei gewählte Volkskammer im Jahr 1990 den Beitritt der neuen Bundesländer zum Geltungsbereich des Grundgesetzes und damit zur Bundesrepublik. Voraussetzung dafür war die Zustimmung der Sowjetunion als einer der vier Siegermächte. Somit war Gorbatschow auch in dieser Hinsicht für eine Umgestaltung verantwortlich.

Aktuelle Probleme postkolonialer Räume in historischer Perspektive

Hinweis: Das dazugehörige Schaubild finden Sie auf S. 200.

A1 | Das Schaubild veranschaulicht in chronologischer Reihenfolge von oben nach unten, dass beginnend mit dem Zerfall von Imperien nach dem Ersten Weltkrieg – auch unter Berufung auf das in den Vierzehn Punkten von Woodrow Wilson 1918 postulierte Selbstbestimmungsrecht der Völker – antikoloniale Bewegungen entstehen.

Der sich auf diese Weise entwickelnde Prozess der Dekolonialisierung nimmt verschiedene Formen an, die an zahlreichen Beispielen in Afrika und Asien nachvollzogen werden können.

A2 | Der Prozess der Dekolonisation nimmt – je nach kolonialer Vorgeschichte, ethnischen, geografischen Faktoren, regionalen oder globalen Rahmenbedingungen ... – unterschiedlichste Formen an, die von der Revolution, über Unabhängigkeitskriege, nationale Befreiungsbewegungen, Dekolonisation „von oben" bis zum gewaltlosen Widerstand reichen.

Bis heute leiden allerdings viele der „in die Freiheit entlassenen" Staaten unter Problemen, die auf das Erbe von Kolonialismus und Dekolonisierung zurückzuführen sind. Oft geht Dekolonialisierung auch nahtlos in Neokolonialismus über.

A3 | Je nach Auswahl der Beispiele variierende Ergebnisse.

Literarische Quellen analysieren

A1 | Njoroge unterscheidet zwischen eher autoritären und eher liberalen Vorgesetzten. Beide Gruppen bestanden aus Kolonistinnen und Kolonisten, die in Kenia Land erworben hatten, wodurch die ursprünglichen Bewohnerinnen und Bewohner bzw. Besitzerinnen und Besitzer zu Hausangestellten degradiert wurden. Für Njoroge macht es als „Knecht" für eine Siedlerfamilie keinen Unterschied, ob sich jemand als autoritär bezeichnet oder als liberal versteht. Trotz der liberalen Rhetorik blieb auch Mrs. Hill eine Kolonistin, die von der Landenteignung profitierte und ohne ihr eigenes Zutun eine privilegierte Stellung in der Kolonie einnahm.

Hinweis: Den dazugehörigen Text finden Sie auf S. 201.

A2 | Wichtig ist hier zunächst, dass man sich den Hintergrund des kenianischen Unabhängigkeitskrieges vor Augen führt. Hier kämpften viele Kenianer gegen die Anwesenheit der britischen Regierung und der Kolonistinnen und Kolonisten. Nachdem friedlicher Protest zu nichts führte, begann insbesondere die Gruppe der oft so genannten Mau-Mau mit dem Widerstand. Die Mau-Mau waren eine gut organisierte und eingeschworene Guerilla-Truppe; denn Mitglieder mussten einen Eid ablegen. Es gab von ihrer Seite auch tödliche Angriffe auf britische Siedlerfarmen. Die britische Kolonialregierung reagierte mit äußerster Härte darauf und deportierte kenianische Kombattantinnen und Kombattanten sowie Zivilistinnen und Zivilisten in Konzentrationslager. In den Augen der Kenianerinnen und Kenianer, die diesen Unabhängigkeitskrieg unterstützen, war Njoroge ein Märtyrer für die Sache der Unabhängigkeit, auch da er trotz seines Grolls und der Gewaltfantasien niemandem Gewalt antat. Fürsorglich schützte er stattdessen diejenige Familie, die ihn ausbeutete und das Land seiner Familie enteignet hatte.

A3 | Ngũgĩ wa Thiong'o kritisiert mit dieser Kurzgeschichte vorrangig die Siedlerinnen und Siedler, egal ob diese sich selbst als liberal oder konservativ bezeichneten. Er zeigt ebenso, dass auch die Kenianerinnen und Kenianer Gewalt in Betracht zogen. Ihre friedlichen Proteste hatten sich aufgrund jahrelanger Unterdrückung schnell radikalisiert. Darum war auch die Guerilla-Truppe der Mau-Mau bereit, Menschen zu töten. Insgesamt ist die Kurzgeschichte aber eine Kritik an den Siedlern und an der Kolonialmacht. Ngũgĩ wa Thiong'o kann mit Sicherheit als anti-kolonialer Schriftsteller geführt werden, auch wenn er mit der Unabhängigkeitsregierung von Kenia in Konflikt geriet und schließlich das Land verlassen musste. Aber seine Kritik an der Unabhängigkeitsregierung macht seine Verdienste als anti-kolonialer Schriftsteller nicht vergessen.

... in Kooperation

Hinweis: Das dazugehörige Material finden Sie auf S. 136.

A1–A4 | Individuelle Lösungen und Begründungen; Hilfe bei der Vorbereitung und Gestaltung der Wandplakate bzw. der Wandzeitung bietet die Seite 133 im Kapitel „Kooperationsformen".

... und in Selbsttätigkeit

Hinweis: Den dazugehörigen Darstellungstext finden Sie auf S. 137.

A1 | Stöver führt dazu drei unterschiedliche Erklärungsformen an. (Dabei enthalten die ersten beiden Formen einseitige Schuldzuweisungen):
- *traditionell:* Urheber des Kalten Krieges sei die marxistisch-leninistische Ideologie (Anspruch auf Weltrevolution/aggressiver Kurs der Sowjetunion gegenüber der westlichen Welt).
  Historischer Hintergrund: Wie in M2 erwähnt, war das die früheste Erklärung für den Kalten Krieg. Sie ist in die Zeit nach dem Zerbrechen der „Anti-Hitler-Koalition" und der daraus resultierenden Konfrontation zwischen West-Alliierten und der Sowjetunion einzuordnen. Die dargestellte westliche Sicht auf diesen Gegensatz geht davon aus, dass die östliche Supermacht noch immer das Ziel einer Weltrevolution verfolgt. (Hinweis: Diesen Anspruch hat Stalin bereits in den 1920er-Jahren aufgegeben.)
- *revisionistisch:* Verantwortung liegt auf Seiten der USA („Politik der offenen Tür") – ökonomische Überlegenheit wurde ausgenutzt (Atomwaffenmonopol – die Reaktion Stalins darauf sei nur als Verteidigungsstrategie zu werten, er wollte dadurch die Sicherheit des Sowjetreiches gewährleisten)
  Historischer Hintergrund: Zur Einordnung werden der Volksaufstand in Ungarn und die Suez-Krise 1956 genannt. In diese Zeit wurde auch die unterschiedliche Wirtschaftskraft der westlichen Staaten einerseits und des Ostblocks andererseits offenbar. Die Bundesrepublik Deutschland erlebte einen rasanten Wirtschaftsaufschwung („Wirtschaftswunder"), während u.a. der Volksaufstand vom 17. Juni 1953 und die Abwanderung zahlreicher Arbeitskräfte aus der DDR in den Westen Symptome der Krise der östlichen Staaten ist.
- *postrevisionistisch:* Beide Seiten fühlten sich bedroht und sahen sich dadurch gezwungen, immer weiter aufzurüsten, um dem Gegner im Westen/Osten nicht nachzustehen. (Dies sei jedoch Resultat einer verfehlten Wahrnehmung gewesen.)
  Historischer Hintergrund sind – wie im Text erwähnt – die 1970er-Jahre. Sie waren bis 1979 (NATO-Doppelbeschluss, Einmarsch der Sowjetunion in Afghanistan) von einer Entspannung in den Beziehungen zwischen den beiden Machtblöcken gekennzeichnet (Abrüstungsverträge, KSZE-Schlussakte 1975, „Neue Ostpolitik" der Bundesrepublik Deutschland).

A2 | Der Autor diskutiert die Stichhaltigkeit der drei Erklärungen und leitet daraus eine eigene Schlussfolgerung ab:
    Die Erklärungen müssen nach Stöver im Spiegel der Entwicklung der Ost-West-Beziehungen gesehen werden. Während es vom Ende des Zweiten Weltkrieges bis zu den Aufständen Mitte der 1950er-Jahre (z.B. in Ungarn 1956) eher „eisig" zuging und die Konfrontationen zunahmen, setzte danach eine kurzfristige Entspannungsphase ein. Mit dem Bau der Berliner Mauer, der Kuba-Krise und dem Krieg in Vietnam verschlechterten sich die Beziehungen deutlich.

Erst ab den 1970er-Jahren gab es wieder eine Phase der Entspannung (SALT-Abkommen usw.), doch trotz der offiziellen Rüstungskontrollverhandlungen wurde auf beiden Seiten weiterhin kräftig aufgerüstet. Stöver hält dabei jedoch auch die späteste der Erklärungen, die postrevisionistische, die für die rasante Dynamik des Rüstungswettlaufs „Verständigungsprobleme" verantwortlich macht, für verfehlt.

Trotz massiver Kommunikationsprobleme sieht der Autor bei beiden Weltmächten das Streben, den eigenen Machtbereich zu verteidigen bzw. zu erweitern. Daher beurteilt Stöver alle drei Erklärungsansätze nur als zeitgebundene Teilerklärungen (Z. 60f.) mit begrenzter Stichhaltigkeit.

Die nach Meinung des Autors zentrale Ursache bestand jedoch in einem „klassischen Machtkonflikt, der nicht aus Versehen oder aufgrund von Verständigungsproblemen, sondern bewusst und kalkuliert [...] siegreich beendet werden sollte" (Z. 57–61).

A3 | Es spricht viel für diese These, dass beide Seiten bewusst auf Eskalation und Deeskalation gesetzt haben – dieser Machtkonflikt wurde dabei nicht nur verbal, sondern vor allem über Stellvertreterkriege auch mit Waffen ausgefochten.

Ob die Großmächte dabei wirklich jemals auf ein siegreiches Ende hingearbeitet haben oder sich das Ziel gesetzt hatten, die andere Seite komplett ihrer Großmachtposition zu berauben, ist jedoch fraglich – beiden Seiten wird bewusst gewesen sein, dass dieser Sieg nur über einen Atomkrieg hergestellt hätte werden können.

Auf der Ebene des Sachurteils müssen jedoch die Entstehungsbedingungen der Erklärungsversuche bedacht werden: Unterschiedliche Perspektiven zu unterschiedlichen Zeiten führen fast zwangsläufig zu unterschiedlichen Interpretationsansätzen. Insofern erscheinen zumindest auf der Sachurteilsebene die drei verschiedenen Deutungen erklärbar.

Mögliche Diskussionsansätze für die eigene Stellungnahme sind demnach der Raum-Zeitbezug sowie die Perspektivenübernahme.

A4 | Mögliche Aspekte:
- Das Denken in den Blöcken NATO und der Länder östlich davon (Sowjetunion, Warschauer Pakt) ist immer noch präsent. So bezeichnete der russische Präsident Putin 2005 den Zusammenbruch der Sowjetunion als „die größte geopolitische Katastrophe des 20. Jahrhunderts".
- Durch seine auch militärische Unterstützung des Assad-Regimes im Syrien-Krieg (seit 2011) bekräftigte Russland seinen Großmacht-Anspruch. An dem Konflikt sind auch die USA beteiligt, die die demokratische Opposition unterstützen.
- Konflikt um NATO- und EU-Osterweiterung, bei der sich ehemalige Staaten des Warschauer Pakts diesen Staatengemeinschaften angeschlossen haben. Die Verhinderung des Beitritts der Ukraine ist ein Motiv für den Angriffskrieg gegen diesen Staat, den Russland im Jahr 2022 begann.
- China stieg mittlerweile zu einer Großmacht auf, die ebenfalls die USA und die anderen westlichen Staaten herausfordert. Auch deshalb gibt es keine Bipolarität wie zu Zeiten des Kalten Krieges bis Ende der 1980er-Jahre.
- (erneutes) Wettrüsten
- Wirtschaftssanktionen bedeuten wie im Kalten Krieg Entflechtung der Wirtschaften Russlands bzw. der westlichen Staaten. Sie machen aber auch deutlich, wie umfangreich die Handelsbeziehungen sind und waren. Die Versorgung westlicher Staaten u.a. mit Rohstoffen wie Öl, Gas und seltenen Erden war und ist eine wichtige Grundlage für die westlichen Konsumgesellschaften.

... in Kooperation

Hinweis: Das dazugehörige Material finden Sie auf S. 202.

A1 Durch die weltweite aktuelle Relevanz und die Wurzeln der Megatrends „Globalisierung" und „Digitalisierung" in der Vergangenheit ist die Begründung offensichtlich. Gleiches gilt für den Klimawandel, dessen Entstehung mit dem Beginn des industriellen Zeitalters in Zusammenhang steht. Interessant ist die Frage, ob und inwiefern diese „Lawinen in Zeitlupe" aufgehalten bzw. deren Gefahren gemindert werden können. Als weitere Beispiel könnten angeführt werden: das Ende des Kalten Krieges bzw. der Zusammenbruch des Ostblocks, Migration, die „(neue) soziale Frage", die Dominanz Chinas usw.

A2–A4 Individuelle Lösungen und Begründungen; Hilfe bei der Vorbereitung und Durchführung der Podiumsdiskussion bietet Seite 229 im Kapitel „Kooperationsformen".

... und in Selbsttätigkeit

Hinweis: Die dazugehörige Kontroverse finden Sie auf S. 203.

A1 Gero von Randow sieht die großen Probleme der Gegenwart wie Krieg, islamistischer Terror und Migration in einem Kausalzusammenhang mit der Zeit des Kolonialismus: „Der Kolonialismus ist der große Bumerang, der auf seine Herkunftsländer zufliegt." (Z. 10/11). Mehr noch: Versteht man den Kolonialismus in einem weiteren Sinne und nicht nur als klar definierbare historische bzw. abgeschlossene Epoche, dann gibt es auch einen „gegenwärtigen Kolonialismus", dessen Ausbeutungsmechanismen von Randow im Text aufführt und die den westlichen Lebensstil und Wohlstand begründen.
In der Gegendarstellung bestreitet u.a. Jochen Bittner den direkten, kausalen Zusammenhang zwischen der Epoche des Kolonialismus und gegenwärtigen Herausforderungen und Krisen wie dem Klimawandel und dem islamistischen Terror. Nicht jede Form der gegenwärtig ja unbestreitbaren globalen Ungleichheiten und Unterdrückungen sei als Kolonialismus zu bezeichnen bzw. unter Verweis auf die historische Epoche zu erklären. Wer dies behaupte, entleere den Begriff (vgl. Z. 19). Es gelte daher zu differenzieren und zu fragen, wie heute den Ungleichheiten begegnet werde.

A2 Im Sinne einer Kontroverse kommen die beiden Autoren zu unterschiedlichen, sich widersprechenden Ergebnissen. Text a) führt eindrückliche Beispiele globaler Ungleichheit auf und führt diese auf deren Wurzeln in der Zeit des Kolonialismus zurück. Für von Randow ist der Kausalzusammenhang offensichtlich. Bittner hingegen nennt mit Botswana ein Einzelbeispiel, das seiner Ansicht nach einen Gegenbeweis zu Randows These darstelle. Eine Korrelation zwischen gegenwärtigem Unrecht und solchem in der Zeit des Kolonialismus sei nicht mit einem Kausalzusammenhang gleichzusetzen.

A3 Individuelle Stellungnahme im Sinne der Orientierungskompetenz.

Die mündliche Abiturprüfung

Strategisches Lernen – Tipps für Prüflinge

> „Nur noch eine Woche bis zur mündlichen Prüfung – und es sind so viele Themen, die drankommen können. Ich weiß gar nicht, wie ich das alles schaffen soll. Wo soll ich bloß anfangen?"

Die Ratlosigkeit, ja Panik, die aus diesen Worten spricht, lässt nur einen Schluss zu: Hier hat es jemand versäumt, sich rechtzeitig mit den Rahmenbedingungen der mündlichen Prüfung im Abitur zu beschäftigen und eine angemessene Strategie zu entwickeln, um diese Herausforderung erfolgreich zu meistern. Das Ergebnis ist Stress – aber das muss nicht so sein. Mit einer langfristigen, zielgerichteten Planung lässt sich diese Situation leicht vermeiden.

Die Strategie über alle vier Halbjahre

Zunächst sollte Ihnen klar sein, dass Sie überhaupt nicht abschätzen oder gar wissen können, welches Thema Ihnen vorgelegt wird. Sie müssen also damit rechnen, dass alle Themengebiete, die Sie in den vier Kurshalbjahren erarbeitet haben, Gegenstand der mündlichen Prüfung sein können. Wie sieht eine erfolgversprechende Strategie nun aus?

1. Entscheiden Sie möglichst frühzeitig, ob Sie im Fach Geschichte die Prüfung ablegen wollen. Das schafft Klarheit und Sie können sich dann zielgerichtet auf diese Aufgabe konzentrieren.

2. Arbeiten Sie kontinuierlich im Unterricht mit. So eignen Sie sich die Inhalte nachhaltiger an, und Sie üben sich auch gleichzeitig in der mündlichen Auseinandersetzung mit historischen Inhalten (Standpunkt vertreten, Gedankengang verständlich darstellen, Gespräch führen usw.).

3. Reflektieren Sie nach jeder Unterrichtseinheit die erarbeiteten Aspekte des jeweiligen Themas, indem Sie kurze Zusammenfassungen schreiben, stichwortartig verfasste Merkblätter erstellen oder die Inhalte visualisieren. Insbesondere die bildhafte Veranschaulichung führt Ihnen Zusammenhänge im wahrsten Sinne des Wortes vor Augen und macht diese dadurch auch einprägsamer. Dies ist vor allem in Wiederholungsphasen ein unschätzbarer Vorteil.

4. Beschäftigen Sie sich im Laufe der Kurshalbjahre immer wieder mit diesen Aufzeichnungen, damit der Lernstoff nicht in Vergessenheit gerät. Sie verringern dadurch den zeitlichen Aufwand in der Phase unmittelbar vor der Prüfung.

▶ Wenn Sie diese Punkte berücksichtigen, werden Sie sich ganz automatisch und fast nebenbei das notwendige Basiswissen über alle Themengebiete erarbeiten.

Methodische Kompetenzen

Ergänzend zur inhaltlichen Vorbereitung ist es aber auch unabdingbar, dass Sie souverän über die methodischen Kompetenzen verfügen, die Sie im Geschichtsunterricht erworben haben. Dies ist insbesondere der sichere Umgang mit den unterschiedlichen Materialien, die Ihnen in der Prüfung vorgelegt werden können. Dazu gehören schriftliche Quellen oder Fachtexte, ferner alle bildlichen Darstellungen (Schema, Foto, Historiengemälde, Karikaturen, Plakate) sowie Statistiken in verschiedenen Varianten (Säulen- / Tellerdiagramm, Tabelle usw.). Hierzu finden Sie in diesem Buch ausführliche Hinweise (vgl. Methodenseiten + Lösungen).

Operatoren

Des Weiteren sollten Sie die Operatoren kennen und mit Ihnen vertraut sein, denn Sie zeigen an, was von Ihnen verlangt wird. Letztlich sind sie es auch, die den Schwierigkeitsgrad der einzelnen Aufgaben markieren, da sie die drei unterschiedlichen Anforderungsbereiche abbilden. So sind sie auch eine wichtige Richtschnur für die Bewertung. Die Aufgabenstellung ist in der Regel so gestaltet, dass Leistungen in allen drei Anforderungsbereichen erbracht werden (vgl. Hilfen zum richtigen Umgang mit Operatoren, siehe hinten im Buch).

So sieht die Prüfung aus:

Schließlich müssen Sie mit dem Prüfungsformat vertraut sein, damit Sie von dessen Charakter und dem Ablauf nicht verunsichert werden. In der Regel wird Ihnen ein Aufgabenblatt vorgelegt, auf dem Sie ein Material mit zwei oder drei Aufgaben finden. Diese leiten Sie einerseits dazu an, die Textquelle, das Bild etc. zu erschließen, andererseits den historischen Sachverhalt bzw. die gewonnenen Ergebnisse in übergreifende Zusammenhänge einzuordnen, zu bewerten oder auf weitere Urteilsaspekte zu beziehen. Gemäß den rechtlichen Vorgaben müssen die Aufgaben alle drei Anforderungsbereiche abdecken. Dies erkennen Sie an den eingesetzten Operatoren.

- Beispiel für eine zweigliedrige Aufgabenstellung:
  „Analysieren Sie die Rede Bismarcks (vgl. M 1)."
  „Beurteilen Sie ausgehend von der Rede Bismarcks seine Rolle im preußischen Verfassungskonflikt."

- Beispiel für eine dreigliedrige Aufgabenstellung:
  „Beschreiben Sie die Karikatur (vgl. M 1)."
  „Analysieren Sie den politischen Standpunkt des Karikaturisten."
  „Überprüfen Sie, inwiefern bei dieser Darstellung Grundprobleme der Industrialisierung Deutschlands reflektiert werden."

Ablauf der Prüfung

Die Prüfung besteht aus zwei Teilen: einem zehnminütigen Vortrag und einer ebenso langen Befragung. Im ersten Abschnitt stellen Sie Ihre Ergebnisse vor, im zweiten werden Ihnen von Ihrem Lehrer verschiedene Gesprächsimpulse (Fragen, Thesen, Bilder usw.) präsentiert, auf die Sie dann reagieren. Anknüpfend an Ihren Vortrag erfolgt dabei zunächst eine Vertiefung der Thematik, die dann aber im weiteren Verlauf in größere Zusammenhänge gestellt wird. Auch Verbindungen zu verwandten Themenbereichen sind möglich. Da im Prüfungsgespräch ebenfalls alle drei Anforderungsbereiche abgedeckt werden müssen, geht es auch in diesem Teil nicht allein um Faktenwissen, sondern um Argumentationskompetenz. Die Prüfung ist dann gelungen, wenn Sie in der Lage sind, eine differenziert begründete Meinung zu einem historischen Sachverhalt zu formulieren und zu vertreten. Dabei kann sich auch der Prüfungsvorsitzende in die Diskussion einschalten.

Vorbereitung

Zunächst haben Sie zwanzig Minuten Zeit, sich mit dem vorgelegten Material und den Aufgabenstellungen zu beschäftigen. Im Vorbereitungsraum wird Ihnen meist ein bestimmter Platz zugewiesen. Setzen Sie sich in einer bequemen Sitzposition auf den Stuhl und atmen Sie einmal tief durch, das entlastet den Körper von der Anspannung. Machen Sie sich dann mit dem Material vertraut und lesen Sie vor allem die Aufgabenstellung genau – wenn nötig mehrmals. Nehmen Sie erst beim zweiten Durchgang einen Stift oder Marker in die Hand. Kennzeichnen Sie nun alles – wenn möglich mit unterschiedlichen Farben – was unter den gegebenen Fragestellungen wichtig ist. Sind die Aufgaben geschickt gestellt, so bauen sie aufeinander auf, woraus sich bereits ein roter Faden für Ihren Kurzvortrag ergibt. Notieren Sie sich Stichworte zu jeder Teilaufgabe und erstellen Sie daraus eine Mindmap. Achten Sie dabei darauf, dass Sie Ihre Aspekte gut strukturieren und in eine sinnvolle Reihenfolge bringen. Anhand der Mindmap, die Ihnen als Vorlage dient, können Sie Ihre Ergebnisse dann sicher präsentieren.

Vortrag

Ihr Vortrag sollte zehn Minuten umfassen. Eine deutliche Abweichung von dieser Vorgabe wirkt sich auf die Bewertung negativ aus. Denken Sie daran, dass es bei Ihrer Ergebnispräsentation nicht darum geht, die einzelnen Aufgaben unverbunden zu beantworten, sondern in einem zusammenhängenden Vortrag die Resultate vorzustellen. Belegen Sie Ihre Aussagen durchaus auch mit konkreten Verweisen auf das Material, das Sie bearbeitet haben. Auch rhetorische Aspekte spielen bei der Bewertung eine Rolle. Aus diesem Grund sollte Ihre Stimme dem 3-K-Prinzip folgen: klangvoll – kraftvoll – klar. Schnelligkeit ist ebenso fehl am Platz wie schüchternes Zögern. Setzen Sie zudem Pausen und halten Sie Blickkontakt zur gesamten Prüfungskommission, denn Sie sprechen zu allen, nicht nur zu Ihrem Lehrer. Scheuen Sie sich auch nicht, einen Schluck Wasser zu trinken, wenn Ihnen danach ist.

Prüfungsgespräch

Das anschließende Prüfungsgespräch stellt einen abrupten Wechsel der kommunikativen Situation dar. Aus einem monologischen Vortag wird ein dialogisch angelegtes Gespräch. Als Prüfling haben Sie dabei eine andere Rolle. Sie sind nun nicht mehr der Agierende, sondern der Reagierende. Sie reagieren ab jetzt auf Impulse, die Ihnen Ihr Lehrer anbietet. Machen Sie sich diesen Rollenwechsel im Vorfeld bewusst, damit Sie in der Situation nicht überrascht sind. Auch wenn Sie jetzt nicht mehr Regie führen, so heißt das nicht, dass Sie nicht auch initiativ werden können. Wenn sich die Gelegenheit bietet und es angemessen ist, so lenken Sie das Gespräch auf Themenbereiche, die Ihnen liegen. Wichtig ist ferner, dass Sie nicht nur in knappen Worten antworten, sondern Ihre Gedanken ausführen und Begründungszusammenhänge aufbauen. Im kommunikativen Miteinander von Prüfer und Prüfling ist es durchaus auch angebracht, Impulse des Lehrers zu kommentieren. Formulierungen wie: „Das ist eine interessante Frage" oder „Das habe ich mich auch schon gefragt" lockern das Gespräch auf und verleihen der Befragung eine gewisse Natürlichkeit. Nebenbei bemerkt gewinnen Sie dadurch auch Zeit für Ihre Antwort. Gleichermaßen dürfen Sie nachfragen, sollten Sie etwas inhaltlich oder akustisch nicht verstanden haben. Auch ist völlig in Ordnung, wenn Sie sich eine kurze Bedenkzeit erbitten, bevor Sie auf einen Impuls eingehen. „Lassen Sie mich bitte kurz überlegen" oder „Da brauche ich einen Moment" sind angemessene Formulierungen für diesen Fall. Wenn Sie tatsächlich mit einer Frage gar nichts anzufangen wissen, dann machen Sie das transparent und sagen das. Ihr Lehrer wird in diesem Fall zu einem anderen Aspekt wechseln. Das ist besser als minutenlang nach einer Antwort zu fahnden, die dann doch nicht kommt. Lassen Sie sich auch durch Nachfragen nicht verunsichern. Die sind Teil des Prüfungsgeschehens und nicht der Versuch, Sie in irgendeiner Weise in eine Falle zu locken.

> ▶ Zum Schluss all dieser Tipps für die Prüfung und deren Vorbereitung gilt: Durch Üben wird man Meister. Alle Aspekte können schon in den beiden Kurshalbjahren trainiert werden. Verabreden Sie als Kurs mit Ihrem Lehrer solche Trainingseinheiten, denn dann verliert die mündliche Abiturprüfung ganz viel von ihrem Schrecken.

Übungsaufgaben: Der Volksaufstand vom 17. Juni 1953

Aufgabenstellung:
Stellen Sie Ihre Ergebnisse zu den folgenden Aufgaben in einem zusammenhängenden zehnminütigen Kurzvortrag dar.

- Beschreiben Sie ausgehend von dem Text die Situation in Berlin am 17. Juni 1953. Arbeiten Sie dabei heraus, wodurch – nach Ansicht des Zeitzeugen – „der Aufstand" (Z. 35) ausgelöst wurde.
- Erläutern Sie ausgehend von der Quelle die Ursachen des Aufstandes.
- Bewerten Sie die Quelle hinsichtlich ihrer Glaubwürdigkeit und ihrer Aussagekraft.

M1 Schilderung eines ehemaligen hohen SED-Funktionärs:

Der Autor der folgenden Quelle war von 1952 bis 1957 in führender Funktion Mitarbeiter in der staatlichen Plankommission der DDR. 1957 geriet er unter Spionageverdacht und floh nach einer kurzen Untersuchungshaft im selben Jahr über Berlin in die Bundesrepublik. In seinem 1962 erschienenen Buch „Im Vorzimmer der Diktatur – zwölf Jahre Pankow" schildert er rückblickend seine Eindrücke von den Ereignissen des Aufstandes vom 17. Juni 1953:

Wir gingen von der Seite her an die Fenster heran und schauten vorsichtig auf die Straße. Links staute sich die Menge bis über den Potsdamer Platz hinaus. Rechts konnten wir bis zur Friedrichstraße sehen, bis dorthin
5 stand die Menge aneinandergedrängt. Gegenüber dem Regierungsgebäude, auf der linken Seite der Wilhelmstraße, standen Tausende auf den noch nicht abgeräumten Trümmern. Von dort her wurden immer noch Steine geschleudert. Unmittelbar vor dem Haus hatten
10 Volkspolizisten eine dreifache Kette gebildet; um die drängenden Massen von den Toren zurückzuhalten. Noch konnten sie den etwa 50 mal 50 Meter großen Vorplatz verteidigen. Dahinter stand ein Teil der Regierungsbeamten, die am Morgen zu der Gegendemons-
15 tration aufgerufen worden waren; andere waren von den Streikenden nach dem Potsdamer Platz zu abgedrängt worden.
Die Masse der Demonstranten verhielt sich ziemlich diszipliniert. Die Vorderen schrien auf die Volkspolizis-
20 ten ein und versuchten sie auf ihre Seite zu ziehen. „Schämt ihr euch nicht", hörte ich einen Hünen mit Bärenstimme brüllen, „diese Strolche auch noch zu verteidigen? Das will eine Arbeiterregierung sein, die sich vor uns verschanzt? Werft die Russenuniform weg und macht mit uns mit!" [...]
25 Gegen Mittag erreichte der Aufstand seinen Höhepunkt. Die Kampfrufe hatten nur noch politischen Inhalt. Statt „Weg mit den Normen!" hörte man fast nur noch „Weg mit Ulbricht!" Auch der Ruf nach freien Wahlen verstummte nicht mehr, und bald sangen Tausende die
30 dritte Strophe des Deutschlandliedes: „Einigkeit und Recht und Freiheit für das deutsche Vaterland".

Fritz Schenk, Im Vorzimmer der Diktatur – Zwölf Jahre Pankow. Köln 1962, S. 202 ff.

Tipp:
Wie Sie wissen, ergeben sich die Anschlussfragen für das Kolloquium aus der jeweiligen Schwerpunktsetzung im Unterricht.
Formulieren Sie mögliche Anschlussfragen für das Kolloquium, die sich aus den Schwerpunkten in Ihrem Unterricht ergeben könnten.

Übungsaufgaben: Aktuelle Probleme postkolonialer Räume in historischer Perspektive: Südafrika – Südwestafrika

Aufgabenstellung:
Stellen Sie Ihre Ergebnisse zu den folgenden Aufgaben in einem zusammenhängenden zehnminütigen Kurzvortrag dar.

- Arbeiten Sie die Kernthesen Chatzoudis' aus dem Text heraus.
- Charakterisieren Sie ausgehend vom Text die Politik der Dekolonisierung Südafrikas nach dem Zweiten Weltkrieg.
- Bewerten Sie Chatzoudis' Aussage, die Apartheidsideologie habe „zur Rechtfertigung der hegemonialen Stellung der weißen Bevölkerungsminderheit" (Z. 50 f.) gedient. Beziehen Sie dabei andere Rechtfertigungsstrategien der Kolonialmächte mit in Ihre Argumentation ein.

M Der Historiker Georgios Chatzoudis über die Dekolonisation in Südafrika:

Die Geschichte des politischen Systems Südwestafrikas weist im Hinblick auf die demokratischen Rechte der gesamten Bevölkerung des Landes eine markante Disparität auf: die Vergabe von demokratischen Rechten auf der einen und der Ausschluss von der politischen Partizipation auf der anderen Seite. Dieser Widerspruch ergibt sich aus der besonderen kolonialen Konstellation Südwestafrikas, in der die weiße Siedlergesellschaft von der südafrikanischen Kolonialmacht eine Ausweitung ihrer politischen Rechte auf Kosten einer zunehmenden politischen Entrechtung der indigenen Bevölkerung erfuhr. [...]
So gesehen, bestanden im Hinblick auf die Bevölkerung im kolonialen Südwestafrika zwei sich widersprechende politische Herrschaftsformen: die politische Unterdrückung einerseits und die Vergabe von demokratischen Rechten und Strukturen andererseits. Während noch in der Zeit vor dem Zweiten Weltkrieg diese Disparität, das heißt das eklatante rassisch motivierte Ungleichgewicht in der Vergabe politischer Rechte, als koloniale Normalität international hingenommen wurde, änderten sich nach 1945 im Zuge des internationalen Dekolonisationsprozesses die politischen Verhältnisse grundlegend. Entsprechend der Grundsätze universaler Menschenrechte und des verbrieften Rechts aller Völker auf Selbstbestimmung stand seither die Auflösung der Kolonialreiche und die Überführung der bis dato kolonialisierten Völker in ihre politische Unabhängigkeit auf der internationalen politischen Agenda. Obwohl sich die meisten Kolonialmächte dem Druck zur Dekolonisierung allmählich beugten, sperrte sich Pretoria unter dem seit 1948 dominierenden Einfluss des burischen Nationalismus gegen das Dekolonisationspostulat. Der in den 1950er-Jahren aufkommenden und nach politischer Emanzipation strebenden schwarzen Nationalbewegung begegnete Südafrika mit dem Konzept der Apartheid, das zur propagandistischen Rechtfertigung der offenkundigen politischen Ungleichheit im eigenen Herrschaftsbereich dienen sollte. Demzufolge konnte die indigene Bevölkerung nur unter der Führung der Weißen schrittweise zur politischen Eigenverantwortung herangeführt werden. Damit es nun während des »Lern- und Annäherungsprozesses« nicht zu »Assimilierungstendenzen zwischen den Rassen« kam, die als Gefahr für das Überleben der weißen Rasse betrachtet wurden, sollten die Berührungspunkte zwischen den einzelnen Bevölkerungsgruppen durch zwischenmenschliche und räumliche Trennung auf das Nötigste reduziert werden. Euphemistisch als »Politik der getrennten Entwicklung« bezeichnet, diente die Apartheidsideologie zur Rechtfertigung der hegemonialen Stellung der weißen Bevölkerungsminderheit, zur Abwehr der schwarzen Nationalbewegung und zur Zementierung des politischen Status quo für die Zukunft.

Georgios Chatzoudis, Von der Kolonie Südwestafrika zum Nationalstaat Namibia – das politische System seit 1949, in: Larissa Förster u. a. (Hrsg.), Namibia-Deutschland. Eine geteilte Geschichte, Köln und Wolfratshausen 2004, S. 271

Tipp:
Wie Sie wissen, ergeben sich die Anschlussfragen für das Kolloquium aus der jeweiligen Schwerpunktsetzung im Unterricht.
Formulieren Sie mögliche Anschlussfragen für das Kolloquium, die sich aus den Schwerpunkten in Ihrem Unterricht ergeben könnten.

Lösungsskizze: Der Volksaufstand vom 17. Juni 1953

A1 Fritz Schenk schildert die Situation als sehr aufgeheizt, spannungsgeladen und durchaus auch gefährlich für ihn. Auf der Seite der Angegriffenen stehend, schaute er „vorsichtig auf die Straße" (Z. 2). Von seiner – offensichtlich erhöhten (vgl. Z. 4) – Position aus scheint er einen guten Überblick über die Ereignisse gehabt zu haben. So blickt er in verschiedene Richtungen, analysiert das Gesehene und versucht es zu ordnen und zu systematisieren. Im Zentrum stehen dabei Massendemonstrationen. Die Protestierenden seien in der Mehrheit diszipliniert gewesen, einzelne hätten allerdings Steine geworfen. Die Menschen hätten verschiedene Parolen skandiert und lauthals ihren Unmut über die politischen Zustände im Land sowie die Regierung zum Ausdruck gebracht. Volkspolizisten hätten das Regierungsgebäude, zu dem die Massen drängten, verteidigt. Gegen Mittag habe der Aufstand seinen Höhepunkt erreicht und die Kampfrufe hätten zunehmend „politischen Inhalt" (Z. 27) angenommen. Auch berichtet er von der Anwesenheit von Regierungsbeamten, die zu einer Gegendemonstration aufgerufen worden seien, wobei ein Teil von ihnen von den Streikenden abgedrängt worden sei.

Nach Ansicht des Zeitzeugen wurde der Aufstand vornehmlich durch die Erhöhung der Arbeitsnormen ausgelöst, was daraus ersichtlich wird, dass die Demonstrierenden zunächst „Weg mit den Normen!" (Z. 28) skandiert hätten, später jedoch hätten die Kampfrufe „statt" (Z. 27) dieses Themas nur noch politische Inhalte gehabt.

A2 Der Text thematisiert nicht alle im Ursachengeflecht wesentlichen Aspekte für den Arbeiteraufstand in der DDR am 17. Juni 1953. Angesprochen werden verschiedene Facetten der Unzufriedenheit der Demonstranten mit der politischen Situation (Zug zum Regierungsgebäude, Spott über die „Arbeiterregierung" (Z. 23), Ruf nach freien Wahlen, Ruf nach Wiedervereinigung, Einfluss der Sowjetunion auf die DDR – „Russenuniform" (Z. 24), Forderung nach Absetzung Ulbrichts). Darüber hinaus werden wirtschaftliche Missstände deutlich (Erhöhung der Arbeitsnormen). Implizit kommt auch die Tatsache zum Vorschein, dass es der DDR-Regierung auch acht Jahre nach Kriegsende noch nicht gelungen ist, alle Trümmer abzuräumen (vgl. Z. 7f.), was als Indiz für die Ineffektivität des herrschenden Systems gedeutet werden kann.

Die Aufgabenstellung erfordert ein Ausgreifen über den unmittelbaren Text auf weitere Ursachenzusammenhänge. Hierbei sollten vor allem die schlechte materielle Versorgung mit Konsumgütern angeführt sowie Aspekte der politischen Unterdrückung (Stasi, Verfolgung Andersdenkender, Einparteiendiktatur, Willkürjustiz etc.) ausgeführt werden. Ferner könnte auf den unmittelbar vorausgehenden Tod Stalins eingegangen werden, der als wesentliche Voraussetzung für den Aufstand im Jahr 1953 gewertet werden kann; denn damit verband sich bei den Menschen in der DDR doch die Hoffnung auf eine Verbesserung der allgemeinen Lage durch einen Wechsel in der sowjetischen Führung. Letztlich ermutigte der Tod Stalins auch die Menschen dazu, auf die Straße zu gehen und zu demonstrieren.

Hinweise: Die dazugehörige Übungsaufgabe finden Sie auf S. 257.

Die aufgeführten Hinweise sind als mögliche Lösungen zu verstehen. Je nach Offenheit der Aufgabenstellung sind andere – ebenfalls als positiv und richtig zu bewertende – Antworten denkbar. Ferner soll daraufhin gewiesen werden, dass die skizzierten Vortragsinhalte nicht den Anspruch erheben, die jeweilige Thematik erschöpfend zu behandeln oder gar den aktuellen Forschungsstand zu reflektieren, sondern sie orientieren sich an dem, was ein Prüfling nach zwanzigminütiger Vorbereitungszeit und vier Kurshalbjahren Unterricht zu leisten vermag. Zudem berücksichtigen die Antwortskizzen die für den selbstständigen Vortrag zur Verfügung stehende Zeit von zehn Minuten. Dabei zielen die vorgeschlagenen Lösungshinweise in das obere Notenspektrum, ohne ausschließlich den Bereich der Note sehr gut zu repräsentieren.

Für eine gute bzw. sehr gute Bewertung darf erwartet werden, dass die Aufgabe differenziert angegangen und dabei zwischen Ursachen (politische Unterdrückung, schlechte materielle Versorgung), Anlass (Stalins Tod) und Auslöser (Erhöhung der Arbeitsnormen) unterschieden wird.

Hinweise: Auch bei der letzten Arbeitsanweisung wird eine differenzierte Argumentation erwartet.

Da es sowohl gute Gründe gibt, die für eine hohe Aussagekraft der Quelle sprechen als auch solche, die gegen eine derartige Einschätzung angeführt werden können, muss die abschließende Gewichtung der Argumente für eine Gesamtbeurteilung jeweils individuell erfolgen. Dies gilt insbesondere auch deshalb, weil die mögliche Beeinflussung der Wahrnehmung des historischen Geschehens durch die persönliche Entwicklung Schenks zwar vermutet, aber im Rahmen der mündlichen Abiturprüfung nicht dezidiert überprüft werden kann.

A3 Für die Glaubwürdigkeit und Aussagekraft könnten die folgenden Aspekte angeführt werden:
- unmittelbare Zeitzeugenschaft des Autors
- offenbartes Hintergrundwissen (Rolle von Regierungsbeamten)
- sachliche, emotionslose Beschreibung, die sich weitgehend einer Wertung enthält und das Gesehene zu sortieren versucht
- räumliche Position des Autors, die einen gewissen Überblick gewährleistet
- genaue räumliche Angaben
- wörtliche Zitate
- private Darstellung, die keinen Auftraggeber hat

Kritisch zu bewerten sind:
- die zeitliche Distanz zwischen Ereignis und Niederschrift, die allerdings nicht sehr groß ist
- fehlende Aspekte des Ursachenzusammenhangs (vgl. zweite Arbeitsanweisung)
- die politische Haltung des Autors: Zwischen dem historischen Ereignis und dem Abfassen der Schilderung liegt der Bruch Schenks mit dem Regime der DDR und seine Flucht in den Westen, was seine Sicht auf den Aufstand möglicherweise beeinflusst hat. Darauf könnte auch der Titel seines Buches verweisen, in dem das politische System der DDR als „Diktatur" bezeichnet wird.

Lösungsskizze: Aktuelle Probleme postkolonialer Räume in historischer Perspektive: Südafrika-Südwestafrika

Die Kernthesen Chatzoudis' sind folgende:
- Das politische System Südwestafrikas weist einen markanten Widerspruch auf, der sich aus der kolonialen Konstellation des Landes ergibt: Der Vergabe demokratischer Rechte an die weiße Siedlergesellschaft durch die südafrikanische Kolonialmacht steht der Ausschluss der indigenen Bevölkerung von der politischen Partizipation gegenüber. (Vgl. Z. 1–12)
- Die internationale Akzeptanz rassistisch motivierter Ungleichheit in der Vergabe politischer Rechte, die vor dem Zweiten Weltkrieg als koloniale Normalität angesehen wurde, hat nach 1945 nicht mehr bestanden. Vielmehr hat der internationale Dekolonisierungsprozess die Überführung der kolonialisierten Völker in die politische Unabhängigkeit auf der Basis der Menschenrechte und des Selbstbestimmungsrechts ins Zentrum gerückt. (Vgl. Z. 17–29)
- Die südafrikanische Regierung hat sich unter dem Einfluss des burischen Nationalismus gegen die Dekolonisierung gestellt und auf die aufkommende schwarze Emanzipationsbewegung mit der Apartheid reagiert. (Vgl. Z. 33–41)
- Die Apartheitsideologie hat als Rechtfertigung für die Vormachtstellung der weißen Bevölkerung gedient. (Vgl. Z. 48–53)

Im Text werden zwei – miteinander verwandte – Strategien angesprochen. Im Wesentlichen reagierte die nationalistisch ausgerichtete Regierung auf die Dekolonisierungsbestrebungen mit einer Blockade-Haltung. Der aufkommenden schwarzen Emanzipationsbewegung begegnete sie mit einer strikten Apartheidpolitik, die die Bevölkerung zwischenmenschlich und räumlich radikal trennte. Unter dem rassistischen Vorwand, damit das Überleben der weißen „Rasse" zu sichern, zementierte die Regierung die Vormachtstellung der weißen Minderheit. Einen spezifischen Weg schlugen die Machthaber in Pretoria für die neue Provinz Südwestafrika ein. Hier entrechteten sie die indigene Bevölkerung politisch zwar zunehmend ebenfalls durch die Übertragung der Apartheitsgesetzgebung in dieses Gebiet und gewährten ihr keinerlei politische Mitsprache; den weißen Siedlern hingegen räumte sie umfangreiche Repräsentations- und Partizipationsrechte ein.

Über den Text hinausgehend können konkrete Beispiele für die Rassentrennung als Belege für die Apartheidpolitik angeführt werden (Einteilung in Ethnien, Trennung bei öffentlichen Einrichtungen, Homelands, Townships, Unterfinanzierung von Schulen für Schwarze etc.). Um den Prozess von Unabhängigkeit und Dekolonisierung in seiner Gesamtheit zu erfassen, sollte die Loslösung Südafrikas von Großbritannien in den Blick genommen werden. Zwar war das Land bereits seit 1931 im Vollbesitz der staatlichen Souveränität, aber erst der Austritt aus dem Commonwealth beendete den Status des Landes als britisches Dominium (vgl. Union Jack als zweite Flagge). Diese Maßnahmen gehen dabei auf das Bestreben der seit 1948 regierenden NP (Nationale Partei) zurück, die vor allem Großbritannien als den historischen Feind des burischen Volkes betrachtete. Damit wird auch deutlich, dass die südafrikanische Regierung einerseits eine Politik der Dekolonisierung betrieb, andererseits aber zeitgleich in Südwestafrika aktiv Kolonisierungsstrategien anwandte.

Hinweise: Die dazugehörige Übungsaufgabe finden Sie auf S. 258.

Die aufgeführten Hinweise sind als mögliche Lösungen zu verstehen. Je nach Offenheit der Aufgabenstellung sind andere – ebenfalls als positiv und richtig zu bewertende – Antworten denkbar. Ferner soll daraufhin gewiesen werden, dass die skizzierten Vortragsinhalte nicht den Anspruch erheben, die jeweilige Thematik erschöpfend zu behandeln oder gar den aktuellen Forschungsstand zu reflektieren, sondern sie orientieren sich an dem, was ein Prüfling nach zwanzigminütiger Vorbereitungszeit und vier Kurshalbjahren Unterricht zu leisten vermag. Zudem berücksichtigen die Antwortskizzen die für den selbstständigen Vortrag zur Verfügung stehende Zeit von zehn Minuten. Dabei zielen die vorgeschlagenen Lösungshinweise in das obere Notenspektrum, ohne ausschließlich den Bereich der Note sehr gut zu repräsentieren.

Hinweis: Als besondere Leistung ist zu würdigen, wenn im Laufe des selbstständigen Vortrags auf die ungleich höhere Bedeutung des Kulturrassismus zu Zeiten der deutschen Kolonialherrschaft über Deutsch-Südwestafrika vor 1915 eingegangen wird.

Der These Chatzoudis' ist grundsätzlich zuzustimmen. Eine differenzierte Auseinandersetzung mit der Aussage wird aber darauf hinweisen, dass es allein nicht ausreichend ist, politisches Kalkül bzw. politische Taktik als Grund für die Apartheitsideologie anzuführen, sondern dass das Denken vieler Menschen tatsächlich von rassistischen Ressentiments bestimmt war und sie somit auch als Überzeugungstäter zu entlarven sind. Der Bewertung der These des Historikers lassen sich durch die Einbeziehung anderer Rechtfertigungsstrategien der Kolonialmächte, die kurz darzustellen sind, weitere wichtige Facetten hinzufügen. Ohne ihr im Grundsatz zu widersprechen, kann die These dahingehend spezifiziert werden, dass neben inhumanen Vorstellungen von der angeblichen Überlegenheit der weißen „Rasse", die Chatzoudis anführt, in Südafrika nach dem Zweiten Weltkrieg durchaus auch die Strategie der territorialen Ausdehnung eine Rolle spielte. Die nationale Regierung verfolgte in den 1950er- und 1960-Jahren das Ziel, das Staatsgebiet zu arrondieren und erklärte deshalb schon 1948 der UNO gegenüber, dass mit der Auflösung des Völkerbundes auch das Mandat von Südwestafrika abgelaufen sei und die alleinige Souveränität über dieses Gebiet jetzt bei Südafrika liege. Zwar wurde diese Erklärung international nicht anerkannt, tatsächlich aber trieb die Regierung in Pretoria den Prozess der Einverleibung Südwestafrikas voran und schuf Fakten. Auch die dritte Rechtfertigungsstrategie, die sog. Zivilisierungsmission, war in Südafrika zu beobachten, wenngleich sie eine eher untergeordnete Rolle spielte – zumindest in der Zeit nach dem Zweiten Weltkrieg. Letztlich fußt die absurde Vorstellung, die indigene Bevölkerung könne nur durch die Führung der Weißen allmählich zur politischen Mündigkeit gelangen und müsse deshalb dahingehend erzogen werden, auf der Idee der Existenz einer angeblich unterlegenen „Rasse".

Die schriftliche Abiturprüfung

So sieht die Prüfung aus:

- **Die Inhalte der Prüfung**
  Der „Facherlass für das Fach Geschichte" legt zentral für Baden-Württemberg fest, welche Themen das schriftliche Abitur umfasst. Dieser Erlass legt zwei Schwerpunktthemen fest, die jeweils einer thematischen Einheit in Klasse 11 und Klasse 12 entnommen sind und ca. fünf Teilstandards aus dem Bildungsplan BW 2016 enthalten. Die Abiturprüfung besteht aus zwei Aufgaben, die sich jeweils auf ein Schwerpunktthema beziehen.

- **Aufbau der Abituraufgaben**
  Die Abiturprüfung besteht aus zwei Aufgaben. Sie wählen eine Aufgabe aus. Jede dieser Aufgaben besteht aus vier Teilaufgaben, die alle Anforderungsbereiche (Reproduktion, Reorganisation und Transfer) abdecken. Die Aufgaben bestehen aus zwei Aufgaben, die die Analyse von Materialen, wie z.B. Textquellen, Karikaturen, Plakaten und/oder Statistiken erfordern. Meist werden bei einer dieser Aufgaben zwei Materialien miteinander verglichen. Die weiteren Aufgaben erfordern eine strukturierte Darstellung und Beurteilung eines Themas aus dem Bereich der Schwerpunktthemen. Insgesamt sind 60 Verrechnungspunkte zu erreichen.

- **Der Ablauf der Abiturprüfung**
  Insgesamt stehen Ihnen 4,5 Stunden zur Bearbeitung der Aufgaben zur Verfügung. Als Hilfsmittel dürfen Sie einen wissenschaftlichen Taschenrechner und ein Nachschlagewerk zur deutschen Rechtschreibung verwenden.

Für den Erfolg im Abitur sind folgende Kompetenzen grundlegend:

- **Materialien** (schriftliche Quellen, Bildquellen wie z.B. Karikaturen und Plakate, Statistiken) analysieren und gegebenenfalls miteinander vergleichen.
- **Anspruchsvolle Operatoren** aus dem Anforderungsbereich III (im Abitur sind „beurteilen", „überprüfen" und „erörtern" besonders relevant) inhaltlich und sprachlich bewältigen.
- **Thematische Zusammenhänge** strukturiert und gegebenenfalls mit passenden Beispielen darstellen.
- **Fachbegriffe** verstehen und eigenständig anwenden.

Tipps für den Unterricht:

- Arbeiten Sie in allen vier Halbjahren kontinuierlich im Unterricht mit und wiederholen Sie mit den Zusammenfassungen am Ende der jeweiligen Kapitel die Inhalte der Unterrichtseinheiten.
- Vertiefen Sie Ihre Kenntnisse der historischen Fachbegriffe mithilfe des Glossars im Anhang des Buches.
- Machen Sie sich die Operatoren immer mehr zu eigen. Hilfestellungen finden Sie im Anhang unter dem Kapitel „Hilfen zum richtigen Umgang mit Operatoren" (siehe hinten im Buch).
- Üben Sie regelmäßig die schriftliche Ausformulierung von Aufgaben: Verfassen Sie schriftliche Lösungen in Textform und bitten Sie Ihre Geschichtslehrerin/Ihren Geschichtslehrer um eine Rückmeldung.

Tipps für die Abiturvorbereitung:

- Verschaffen Sie sich eine **Übersicht**: Erstellen Sie eine Übersicht über die Schwerpunktthemen, indem Sie die jeweiligen Themen, Begriffe und die dazugehörenden Kapitel im Geschichtsbuch notieren.
- Das **Geschichtsbuch** und Ihre **Mitschriebe** aus dem Unterricht sind wichtige Unterlagen für Ihre Vorbereitung. Wenn Sie sich darüber hinaus noch weiter einarbeiten wollen, besorgen Sie sich frühzeitig weitere Literatur. Beachten Sie bei Ihren Planungen, dass beliebte Überblickswerke in den Bibliotheken häufig ausgeliehen sind.
- Erstellen Sie für sich einen **individuellen Lernplan**. Legen Sie dabei für die letzten Wochen vor dem Abitur eine genaue Übersicht über die Lernzeiten und Pausen fest. Planen Sie Wiederholungen ein.

- **Motivieren Sie sich:** Überlegen Sie sich Belohnungen! Wenn Sie mit anderen besser lernen, suchen Sie sich einen Lernpartner:in/eine Lerngruppe.
- **Vermeiden Sie Ablenkungsfallen:** Wenn Sie sich leicht ablenken lassen oder zu Hause keinen ruhigen Arbeitsplatz haben, suchen Sie einen anderen Arbeitsplatz, z.B. in einer öffentlichen Bibliothek!
- Verschaffen Sie sich **Abwechslung**: Wechseln Sie Ihre Lernaktivitäten: Lesen von Informationstexten, Strukturieren von Informationen, Verfassen von schriftlichen Zusammenfassungen, Anschauen von Dokumentationen.
- **Überprüfen Sie sich:** Bearbeiten Sie Modellaufgaben und vergleichen Sie die Lösungen mit Ihren Ergebnissen.

Der Ablauf der Prüfung

1. **Aufgabe wählen:**
   Lesen Sie die Aufgabenstellungen und die dazugehörenden Materialen durch und wählen Sie eine Aufgabe aus.
2. **Aufgabenstellung verstehen:**
   Lesen Sie die Aufgabenstellung genau und machen Sie sich klar, was der verwendete Operator erfordert.
3. **Konzept anfertigen:**
   Die Materialien verlangen eine genaue und aufmerksame Analyse. Machen Sie sich Stichworte auf dem bereitgestellten Konzeptpapier. Strukturieren Sie Ihre gesammelten Stichpunkte.
4. **Reinschrift formulieren:**
   Beginnen Sie mit der Reinschrift erst, nachdem Sie alle vier Teilaufgaben in Stichworten bearbeitet haben.
5. **Zeit beachten:**
   Behalten Sie die Zeit im Blick. Teilen Sie die Zeit so ein, dass Sie für alle Aufgaben genügend Bearbeitungszeit haben sowie Zeit zum abschließenden Durchlesen und gegebenenfalls Korrigieren Ihrer Ergebnisse finden.

Hinweise zur inhaltlichen Bearbeitung und der sprachlichen Form der Abiturprüfung

- Leiten Sie Ihre Antworten mit einem **Einleitungssatz** ein und schließen sie diese mit einem resümierenden Fazit ab.
  Bei materialgestützten Aufgaben nennen Sie im Einleitungssatz z.B. Material- bzw. Quellengattung, Verfasser, Ort, Datum und auch das Thema, den inhaltlichen Schwerpunkt des Materials. Bei nicht materialbasierten Aufgaben reformulieren Sie die Fragestellung unter Beachtung des Operators und zentraler Begriffe der Aufgabe.
  Das **Fazit** schließt sich sachlogisch an Ihre Ausführungen im Hauptteil an. Es fasst Ihre Argumentation nochmals kurz zusammen.
- Gliedern Sie Ihre Antworten durch **sinnvolle Abschnitte**. Die Abschnitte verdeutlichen die inhaltliche Strukturierung Ihrer Antwort.
- Beachten Sie bei der Analyse von Textquellen die **Regeln des Zitierens**: Benutzen Sie beim Wiedergeben von Inhalten die indirekte Rede. Direkte Zitate kennzeichnen Sie durch Anführungszeichen zu Beginn und Ende des Zitats. Vermeiden Sie aber lange wörtliche Zitate. Verweisen Sie auf die Fundstellen bzw. Textbezüge durch Zeilenangaben.
- Beachten Sie bei der Analyse von **Bildmaterial**, dass Sie das vorliegende Bild **zuerst beschreiben und dann interpretieren**.
- Beachten Sie bei der Analyse von **Statistiken**, dass Sie die Informationen der Statistik anhand aussagekräftiger Zahlenbelege aus dem Material belegen. Verdeutlichen Sie z.B. Unterschiede oder längerfristige Entwicklungen auch dadurch, dass Sie die Zahlenbelege in Beziehung zueinander setzen, z.B. durch Umrechnung in prozentualer Form.
- Verwenden Sie die Fachsprache, vermeiden Sie umgangssprachliche Formulierungen und verfassen Sie Ihre Antworten in sachlich-nüchternem Ton.
- Achten Sie auf eine **lesbare Schrift**.
- Beachten Sie: Bei schwerwiegenden und häufigen Verstößen gegen die **sprachliche Richtigkeit und die äußere Form** können ein bis zwei Notenpunkte abgezogen werden!

Übungsaufgaben: Modernisierung

Aufgabenstellung:
1. Analysieren Sie M1 und vergleichen Sie M1 mit M2.
2. Erläutern Sie an zwei selbst gewählten Beispielen Auswirkungen der Industrialisierung auf die europäischen Gesellschaften.
3. Analysieren Sie M3.
4. Die Zeit um die Jahrhundertwende wird von einigen Historikerinnen und Historikern als Beginn der Hochmoderne bezeichnet. Überprüfen Sie diese Einschätzung.

M1 Der liberale Berliner Politiker Heinrich Eduard Kochhann (1805–1890) schreibt um 1900 in einem seiner Tagebücher über die Industrialisierung:

Wenn ich damalige Zeit, Dauer und Art des Reisens mit der heutigen vergleiche, so kann ich nicht genug staunen über die Fortschritte, welche der Eisenbahnbetrieb veranlaßt hat. Dem schüchternen Voranschreiten der industriellen Unternehmungen entsprechend, konnte man die ersten Einrichtungen der Privatbahnen naiv, unbequem, fast roh nennen. Ihres Erfolges ungewiß, wurden sie mit größter Sparsamkeit in das Leben gerufen. [...]
Jede neu eröffnete Bahnverbindung hatte aber wesentliche Verbesserungen im Gefolge. Von Privatgesellschaften erbaut, hatten diese das größte Interesse, den Verkehr ihrer Strecken zu erhöhen und ihre Einnahmen zu steigern. Die freie Konkurrenz war auch hier die treibende Kraft allgemeinen Fortschreitens. Aber welche Summen von Nachdenken und praktischer Erfahrung bedurfte es, um den Eisenbahnbetrieb auf seine jetzige Höhe zu erheben! [...] An ein Zusammenwirken dachten die betreffenden Privatgesellschaften noch nicht, weil eine jede fürchtete, von der anderen benachteiligt zu werden. Hinzu traten die zahllosen Münzverschiedenheiten, die z. Z. noch in den meisten Kleinstaaten Geltung hatten und die Kassen veranlaßten, jede fremde Münze abzuweisen.

Und dennoch, welch einen Fortschritt bezeichneten diese Verkehrseinrichtungen gegenüber den bisherigen Postverbindungen!
Handel und Industrie folgten den neugebahnten Wegen. Bald entwickelte sich ein lebhafterer und schnellerer Austausch des Mangels und des Überflusses von Produkten und Fabrikaten der entlegensten Provinzen. Die bisher so gut wie brach gelegenen Erz- und Kohlelager wurden erschlossen, überall im Lande stiegen gewaltige Schlote in die Luft, und wenn sich auch feudale Großgrundbesitzer, auch Stadtverwaltungen noch weigerten, dieselben auf ihren Besitzungen zuzulassen, ja selbst die Anlage von Bahnhöfen in der Nähe derselben nicht dulden wollten, so ging doch die neue Zeit mit ehernen Schritten über solche Vorurteile hinweg. Nur zu bald bereuten die Kurzsichtigen ihre Torheit; denn man hatte gelernt, aus der Kartoffel den Spiritus, aus der Rübe den Zucker zu bereiten und im Ringofen die Ziegel mit Vorteil zu brennen.

[Friedrich] Heinrich Eduard Kochhann, Auszug aus seinen Tagebüchern. Bd. IV, hrsg. von Albert Kochhann, Berlin 1905/07. S. 34 ff.; zitiert nach: Werner Pöls, Deutsche Sozialgeschichte, Bd. I 1815-1870, München ²1976, S. 385 f.

M2 Anonyme Karikatur aus dem Jahr 1842: Dampfwagen und Dampfpferde im Jahre 1942.

Dampfwagen und Dampfpferde im Jahre 1942 im Prater in Wien.

M3 Der Historiker Karl Lamprecht schreibt 1912:

Die Zeit wurde früher als ein in längeren Phasen seines Verlaufes indifferenter Vorgang erfasst, der nur gelegentlich von einschneidenden Ereignissen durchbrochen wurde. (…) Es waren Zeitalter, welche sich mit einer
5 Turmuhr begnügten, die die Viertelstunden leidlich richtig angab, – Zeitalter, die dennoch schon weit über das Mittelalter hinaus waren, dem der Regel nach jede Einteilung unter der Stunde überflüssig erschien. Heute dagegen will jedermann, schon der Schüler und die
10 Schülerin, seine genau gehende Taschenuhr haben, wo möglich mit Sekundenzeiger, denn es bedarf der Übersicht wenigstens über die Minuten zu genügender Einteilung des Tages. Könnte da noch das Wort „minutiös" geprägt werden in dem Sinne, in dem es frühere Ge-
15 schlechter als etwa gleichbedeutend mit „kleinlich" und „allzu eingehend" gebraucht haben? Während des letzten Jahrzehnts des 19. Jahrhunderts sind in Deutschland, abgesehen von der eigenen Erzeugung, etwa 12 Millionen Taschenuhren eingeführt worden: auf eine Bevölke-
20 rung von 52 Millionen Seelen, einschließlich Frauen und Kinder.
Was also den modernen Zeitbegriff zunächst kennzeichnet, das ist die genaue praktische Beachtung des kleinen Zeitabschnittes: Fünfminutenaudienzen, Minutenge-
25 spräche am Telefon, Sekundenproduktion der Rotationsdruckmaschine, Fünftelsekundenmessung beim Fahrrad: moralisch ausgedrückt Pünktlichkeit. Kein Zweifel, dass diese Beachtung der Sekunde zunächst und zum großen Teile den modernen Verkehrseinrichtungen verdankt wird. Darum ist sie, der Allgegenwart dieser Ein- 30 richtungen entsprechend, vom Zeitbegriff auf andere, verwandte Vorstellungen übertragen worden, ist Präzision, Genauigkeit geworden. (…)
Stärker aber noch als der Sinn für die Zeit ist die Raumanschauung im Verlaufe der jüngsten Entwicklung um- 35 gebildet worden; und man kann die sei es unbewusste sei es bewusst durchgeführte Erziehung zu einer neuen Raumanschauung geradezu als einen der wesentlichsten Vorgänge des geistigen Bildungsprozesses der jüngsten Vergangenheit bezeichnen. Das, was hier durch den 40 neuen Verkehr zunächst geweckt wurde, war das Gefühl der Allgegenwart auf der Erde. Dampfschiff, Eisenbahn, Telegraph sind gleichsam heimatlos; sie sind allen Klimaten und sonstigen geographischen Bedingungen zugänglich. Darum machen sie auch heimatlos; lösen vom 45 Boden, geben innerhalb der Erdverhältnisse unendlichen Horizont.

Zitiert nach: Quellen zur Alltagsgeschichte der Deutschen vom Mittelalter bis heute. Freiherr-vom-Stein-Gedächtnisausgabe, hrsg. von Franz Josef Schmale und Winfried Baumgart, Darmstadt 1997, S. 42 f.

Lösungsskizze: Modernisierung

A1 Analysieren Sie M1 und vergleichen Sie M1 mit M2.

M1 ist ein Tagebucheintrag des liberalen Politikers Heinrich Eduard Kochhann aus Berlin, der die Veränderungen durch die Industrialisierung in der Rückschau beurteilt.

Für den Verfasser ist der Eisenbahnbau ein Fortschritt, denn er erlaubte verbesserte Reisemöglichkeiten (Z. 1–4) und einen schnelleren Warenaustausch – auch bis in weit entfernte Gebiete – (Z. 27–30), erschloss neue bzw. bis dahin brachliegende Rohstoffgebiete und führte zu einem weiteren Ausbau der Industrie (Z. 32 f.).

Kochhann konstatiert den langsamen und mit Schwierigkeiten verbundenen Beginn des Eisenbahnbaus in den deutschen Staaten, den er als „schüchterne[s] Voranschreiten" (Z. 4) beschreibt. Als Beispiel für die Schwierigkeiten nennt er u.a. die Bedenken der privaten Betreiber der Eisenbahnen, die Benachteiligungen durch einen Zusammenschluss befürchteten (Z. 33 f.). Eine weitere Schwierigkeit stellten die deutschen Kleinstaaten dar. Durch unterschiedliche Währungen waren der Ausbau der Eisenbahn oder des Handels allgemein gehemmt, denn „die Kassen veranlaßten, jede fremde Münze abzuweisen" (Z. 22 f.). Auch hegten nach Kochhann einige Großgrundbesitzer, aber auch Stadtverwaltungen Vorurteile gegen den Eisenbahnbau (Z. 33–37). Dies soll sich nach Kochhann aber als wenig vorausschauend erweisen: „Nur zu bald bereuten die Kurzsichtigen ihre Torheit" (Z. 38). Denn der Fortschritt sei nicht aufzuhalten gewesen.

Der Tagebucheintrag ist ein Rückblick auf den Beginn der Industrialisierung in den deutschen Staaten und dem Beginn der sogenannten „take-off-Phase", geschrieben in der Zeit der Phase der Hochindustrialisierung um 1900. Er stellt ein persönliches Urteil des Verfassers dar, der die Industrialisierung für die deutschen Staaten bzw. das Deutsche Kaiserreich klar begrüßt und vornehmlich die Fortschritte sieht.

Für den Vergleich können verschiedene Vergleichsmerkmale angeführt werden:

Die Materialien unterscheiden sich hinsichtlich der Quellenart: Tagebucheintrag und Karikatur. Dementsprechend ist auch ihr Adressatenkreis unterschiedlich: der Tagebucheintrag ist ein persönliches Zeugnis, das primär nicht für die Öffentlichkeit bestimmt ist, aber später veröffentlicht wurde; die Karikatur richtet sich an die Öffentlichkeit. Der Verfasser des Tagebuchs ist bekannt, der Urheber der Karikatur bleibt anonym. Beide Materialien stammen aus unterschiedlichen Phasen der Industrialisierung in den deutschen Staaten: der Tagebucheintrag aus der Zeit der Hochindustrialisierung, die Karikatur aus der „take-off-Phase".

Der Tagebucheintrag ist primär ein Rückblick auf die schwierigen Anfänge der Industrialisierung bzw. des Eisenbahnbaus in den deutschen Staaten und er beurteilt den weiteren Verlauf als Fortschritt und deutliche Verbesserung. Die Karikatur gibt einen ironischen Ausblick auf den Fortgang der Eisenbahn und der Technisierung in hundert Jahren. In der Karikatur werden alle Fortbewegungsmittel (ob Fahrrad oder Kutschen) mit Dampf betrieben. Es herrscht Chaos und kaum Vorankommen, alle fahren kreuz und quer, Regeln scheint es nicht zu geben. Die Menschen werden zudem durch den Dampf geradezu vernebelt. Sie sorgen dazu selbst für noch mehr Qualm (vgl. rauchende Kutscher) und auch die feuerspeiende Schlange verheißt nichts Gutes. Die Karikatur entwirft also eher ein Schreckensszenario und sieht die Zukunft eher pessimistisch, während im Tagebucheintrag die Vorteile des Eisenbahnbaus deutlich benannt werden.

Hinweis: Die dazugehörige Übungsaufgaben finden Sie auf S. 265 f.

Hinweise zur Lösung:
Die Operatoren verlangen eine genaue Analyse von M1. D.h.: Benennen Sie die Quellenmerkmale, arbeiten Sie die zentralen Inhalte heraus und ordnen Sie die Quelle kurz in den historischen Zusammenhang ein. Der zweite Teil der Aufgabe verlangt explizit genannte Kriterien für den Vergleich der beiden Quellenmaterialien. Eine genauere Analyse von M2 wird nicht erwartet.

Hinweise zur Lösung von A2:
Der Operator verlangt eine eigenständige Auswahl der Beispiele. Die Beispiele sollten klar voneinander getrennt, dabei im Umfang gleichwertig sein. Jedes Beispiel selbst sollte dabei nicht nur benannt werden, sondern anhand historischer Belege und Beispiele veranschaulicht werden. Es kann hilfreich sein, wenn Beispiele aus unterschiedlichen Kategorien zur Verdeutlichung der Auswirkungen herangezogen werden.

A2 Erläutern Sie an zwei selbst gewählten Beispielen Auswirkungen der Industrialisierung auf die europäischen Gesellschaften.

Beispiele könnten aus folgenden Bereichen gewählt werden:
Gesellschaftlich: die Entstehung der Klassengesellschaft mit Bourgeoisie und Proletariat; die Pauperisierung und die Soziale Frage; die Auswirkungen auf die Familie und ihre Struktur (bürgerliche Familie, Arbeiterfamilie); die Frauenbewegung; Migration als Folge der Industrialisierung (Binnenmigration, Aus- und Zuwanderung)
Politisch: die Entstehung der Arbeiterbewegung und die Diskussion über ihre revolutionäre oder reformerische Ausrichtung; die staatliche Sozialpolitik und der Umgang des Staates mit der Arbeiterbewegung; die Politisierung der Öffentlichkeit und die Entstehung von Massenorganisationen

A3 Analysieren Sie M3.

Bei M3 handelt es sich um einen Text eines einflussreichen zeitgenössischen Historikers, der im Jahr 1912 veröffentlicht wurde. Thema des Textausschnittes sind die Veränderungen im Zeitalter der Hochindustrialisierung.

Der Verfasser beschreibt hauptsächlich zwei große Veränderungen, die das Leben und die Einstellungen seiner Zeitgenossen stark beeinflusst haben.

Er nennt zunächst den modernen Zeitbegriff und charakterisiert diesen als durch sehr kleine Einheiten bestimmt (Minuten, Sekunden – Z. 22–27) und von den Verkehrseinrichtungen (Z. 29) auf andere Bereiche übertragen. Die Veränderung macht er verständlich und nachvollziehbar, indem er auf den weit verbreiteten Gebrauch von Taschenuhren verweist.

Die zweite große Veränderung betrifft die „Raumanschauung" (Z. 34 f.). Der Verfasser führt aus, dass „Dampfschiff, Eisenbahn und Telegraph" (Z. 42 f.) dazu geführt haben, dass der Raum von den Menschen als verändert erfahren wird. Die Erde wird „allgegenwärtig" (Z. 42), d.h.: Distanzen schrumpfen, der Raum „wird kleiner", da durch die technischen Erfindungen die Menschen über große Distanzen hinweg in kurzer Zeit reisen und kommunizieren. Als Folge dieser Veränderung fühlt sich der Mensch heimatlos (Z. 43).

Hinweise zur Lösung von A3:
Der Operator verlangt eine genaue Analyse von M3. D. h.: Benennen Sie die Quellenmerkmale, arbeiten Sie die zentralen Inhalte strukturiert heraus (gehen Sie dabei auch auf die sprachlichen Mittel ein) und ordnen Sie die Quelle in den historischen Zusammenhang ein. Schließen Sie Ihre Analyse mit einem zusammenfassenden Fazit ab.

Die vom Autor verwendete Sprache belegt mit Beispielen die abstrakten Beschreibungen der Veränderung von Zeit- und Raumverständnis. So gibt das Beispiel der 12 Millionen Taschenuhren einen guten Eindruck der veränderten Zeiterfahrung. (Z. 10 f.). Der Stil des Autors ist sachlich und nüchtern.

Die Zeitdiagnose stammt aus der Zeit der Hochindustrialisierung. Das Deutsche Reich ist damals nach den USA die führende Industrienation, deren Erfindungen und Produkte eine etablierte Stellung auf den Weltmärkten haben. Die Gesellschaft des Kaiserreiches erlebt diese rasanten Veränderungen ambivalent: Neben Anhängern des Fortschritts melden sich vermehrt Stimmen, die die Folgen der schnellen Industrialisierung kritisch kommentieren (z.B. Auflösung der gesellschaftlichen Gruppen, Aufstieg der Arbeiterbewegung, Wertewandel in den wachsenden Großstädten).

Es ist die Absicht des Verfassers, die Veränderungen darzustellen und an Beispielen zu erläutern; eine kritische Haltung zu den Veränderungen ist abzulesen, wenn er in Z. 43 die „Heimatlosigkeit" der Zeitgenossen betont.

A4 Die Zeit um die Jahrhundertwende wird von einigen Historikerinnen und Historikern als Beginn der Hochmoderne bezeichnet. Überprüfen Sie diese Einschätzung.

Die Hochmoderne bezeichnet eine Phase der Moderne, die „durch ein ungebrochenes Vertrauen in den Fortschritt von Wissenschaft und Technologie als Mittel zur Neuordnung der sozialen und natürlichen Welt gekennzeichnet ist." (Definition laut Wikipedia, [Zugriff: 12.01.2022]). Bei dieser Definition wird der Schwerpunkt auf den Fortschritt gelegt, der u.a. so großen Einfluss auf Politik und Gesellschaft hat, dass er zu deren Neuordnung führt.

Belege und Beispiele, die diese Einschätzung unterstützen, können sein:
- Spätestens um die Jahrhundertwende werden alle gesellschaftlichen Schichten und somit auch alle Lebensbereiche von den Veränderungen der Industrialisierung beeinflusst. Die Industrialisierung ist nun nicht mehr auf einzelne Regionen oder wenige gesellschaftliche Gruppen beschränkt wie z.B. in der frühen Phase. Die gesellschaftlichen Veränderungen sind in der Breite so deutlich, dass hier eine Zäsur zur frühindustriellen Gesellschaft deutlich wird. Der Mittelstand wird zur prägenden gesellschaftlichen Schicht.
- In der Phase der Hochindustrialisierung erfahren die Menschen eine erneute Beschleunigung und auch zunehmende Vernetzung durch die Verkehrs- und Kommunikationsrevolution. Urbanisierung, Massenkultur und Massenkonsum sind weitere Merkmale.
- Die Entwicklung findet global ähnliche Entsprechungen, ist also nicht nur auf Europa beschränkt, z.B. USA: Big Business, Gilded Age; Modernisierung in Japan.
- Die Migrationsbewegungen (Binnenmigration, Aus- und Zuwanderung) nehmen durch die zunehmende Vernetzung weiter zu.
- Mentalitätsgeschichtlich trifft ein deutlicher Fortschrittsoptimismus aber auch auf zunehmende Fortschrittskritik.
- Durch das Zusammenspiel von Fortschrittsoptimismus und -kritik verändern sich manche Ideologien z.B. Imperialismus oder Antisemitismus.

Belege und Beispiele, die der Ausgangsthese widersprechen, können sein:
- Die Kontinuitäten sind genauso deutlich wie die genannten Veränderungen.
- Vor allem im ländlichen Raum sind nicht alle gleichermaßen von der Industrialisierung betroffen oder beeinflusst. Es herrscht ein deutliches Stadt-Land-Gefälle. Im ländlichen Raum bleiben Arbeitsmethoden, aber auch soziale Strukturen wie in der vor- oder frühindustrialisierten Zeit erhalten. Die Modernisierung tritt dort viel später ein.
- Traditionelle Wertvorstellungen wirken kontinuierlich weiter: traditionelles Familien- und Frauenbild, obrigkeitsstaatliches Denken – auch in den Unternehmen bzw. der Führung der Unternehmen sowie die Vorbildfunktion des Adels u.a. bleiben weiterhin prägend.
- Die Politisierung breiter Massen führt (noch) nicht zu einer Veränderung der politischen Verhältnisse.

Hinweise zur Lösung:
Beim Operator „überprüfen" ist es wichtig, zuerst einmal die in der Aufgabe genannte These in eigenen Worten zu umreißen und somit das eigene Verständnis zentraler Begriffe zu verdeutlichen. Bringen Sie in der weiteren Bearbeitung der Aufgabenstellung das eigene Fachwissen so ein, dass der bestätigende oder widersprechende Bezug zur Ausgangsaussage deutlich wird. Am Ende steht das eigene Urteil zur Ausgangsthese, indem Sie diese entweder bestätigen oder verwerfen. Auch ein abwägendes Urteil ist selbstverständlich möglich. Der Operator gibt nicht das Urteil vor, für die Bearbeitung ist eine ausgewogene Argumentation und ein dazu schlüssiges Fazit entscheidend. Es kommt auch nicht auf die Vielzahl der Beispiele an; ausschlaggebend ist vielmehr die Qualität der Ausführungen.

Weitere Beispiele und Belege sind selbstverständlich möglich. Wichtig ist, dass sie schlüssig zur Argumentation passen und somit Ihr Urteil stützen.

Glossar

Agrarrevolution: Durch technischen Fortschritt und intensivere Landnutzung war die britische Landwirtschaft ab 1700 zunehmend in der Lage, mit weniger Arbeitseinsatz mehr Menschen zu versorgen. Diese Agrarrevolution trug zu einem Bevölkerungswachstum bei und setzte Arbeitskräfte frei, was eine Grundlage für die industrielle Entwicklung Englands darstellte.

Allgemeines Wahlrecht: Wer festgelegte Voraussetzungen (z. B. Wahlalter, Staatsangehörigkeit) erfüllt, hat Anspruch auf das aktive und passive Wahlrecht.

Arbeiter-und Bauernstaat: Staat, in dem Arbeiter und Bauern die gesellschaftliche Vorreiterrolle einnehmen oder einnehmen sollen. Mit diesem Anspruch begründeten die kommunistischen Parteien ihre Herrschaft in den Ländern des Ostblocks. Die DDR brachte dies in ihrem Staatswappen seit 1959 zum Ausdruck, das mit Hammer, Zirkel und Ährenkranz die Werktätigen des Landes symbolisierte. In ihrer ▶Verfassung von 1968 wurde die DDR als „sozialistischer Staat der Arbeiter und Bauern" (▶Sozialismus) bezeichnet.

Alter Nationalstaat: Als „alte Nationalstaaten" werden solche bezeichnet, die schon vor 1800 entstanden waren, wie zum Beispiel Frankreich oder England.

Antiindividualismus: Ideologie, die die Bedeutung des Individuums und dessen Anspruch auf freie Entfaltung seiner Persönlichkeit ablehnt. Zugunsten des Staates sollen die Menschen in ihrer Individualität und ihren Persönlichkeitsrechten eingeschränkt werden.

Antiliberalismus: Ideologie, die freiheitliche und machtpolitische Grundprinzipien des ▶Liberalismus (u.a. Volkssouveränität und politische Mitbestimmung, ▶Gewaltenteilung, ▶Menschen- und Bürgerrechte), die in der Zeit der Aufklärung entwickelt wurden und in demokratischen Systemen eine zentrale Rolle spielen, ablehnt.

Antiparlamentarismus: Ideologie, die die Bildung eines Parlaments als repräsentative Vertretung des (Wahl-)Volkes auf Grundlage der Volkssouveränität ablehnt. Sie richtet sich zugleich gegen liberale Demokratien, in denen ▶Parlamente als gesetzgebende Gewalt eine zentrale Funktion haben.

Antipluralismus: Haltung, die das Prinzip des ▶Pluralismus ablehnt

Antisemitismus (wörtlich „Semitenfeindschaft"; Semiten: Angehörige bestimmter Ethnien in Vorderasien und Nordafrika): Der Begriff bezieht sich aber nur auf Angehörige der jüdischen Gemeinschaft. Die um 1880 in Deutschland entstandene Bezeichnung meint die seit dem 1. Jh. n. Chr. bestehende Ablehnung oder Bekämpfung von Jüdinnen und Juden aus religiösen oder sozialen Gründen sowie die in der 2. Hälfte des 19. Jh. beginnende „rassisch" begründete Judenfeindschaft.

Appeasement (engl.: Beruhigung, Beschwichtigung): beschreibt außenpolitische Zurückhaltung und Zugeständnisse, um den direkten Konflikt mit einem aggressiven Gegner zu vermeiden und Frieden zu wahren. Diese Haltung nahm vor allem die britische Außenpolitik unter Premierminister Neville Chamberlain gegenüber der auf Expansion angelegten nationalsozialistischen Außenpolitik ein. So akzeptierten die Regierungschefs von Großbritannien, Frankreich und Italien auf der Konferenz von München 1938 die Abtretung der überwiegend von Deutschen bewohnten Grenzgebiete Böhmens (Sudetenland) von der Tschechoslowakei („Münchner Abkommen").

Arbeiterbewegung: Um an den Arbeitsbedingungen in der Industrie etwas zu ändern und gemeinsam für mehr Rechte zu kämpfen, schlossen sich im 19. Jh. Arbeiter zu Gewerkschaften, Parteien und Verbänden zusammen. Umstritten innerhalb der Arbeiterbewegung war, wie diese Veränderungen erreicht werden sollten. Von den Ideen von Marx und Engels inspirierte Kommunisten sahen in einer sozialistischen Revolution, also der radikalen Umgestaltung von Staat und Gesellschaft, die einzige Lösung. Gemäßigte Arbeiterführer hielten es dagegen für möglich, die ▶Soziale Frage durch Reformen zu lösen.

Aufrüstung: zielstrebige Steigerung des militärischen Potenzials durch einen Staat oder ein militärisches Bündnis

Aufstand des 17. Juni: Nachdem die SED-Führung die Arbeitsnormen heraufgesetzt hatte, kam es in Ost-Berlin und 700 weiteren Städten der DDR zu Aufständen. Die Proteste der insgesamt etwa eine Million Menschen richteten sich gegen die sozialen Missstände und die SED-Herrschaft. Außerdem wurde der Ruf nach der Wiedervereinigung der beiden deutschen Staaten laut. Mithilfe sowjetischer Truppen wurde der Aufstand blutig niedergeschlagen.

Ausreisebewegung: Phänomen der ▶Legitimitätskrise und des Niedergangs der DDR, bei dem zwischen 1949 und 1989 insgesamt etwa 3,5 Millionen Bürgerinnen und Bürger das Land verließen. Die Abwanderung gerade junger und gut qualifizierter Arbeitskräfte führte zum ▶Mauerbau. In den 1980er-Jahren stieg die Zahl der Ausreiseanträge stark an. Noch vor dem Mauerfall am 9. November 1989 nutzten viele die Öffnung der österreichisch-ungarischen Grenze am 10. September 1989 oder setzten ihre Ausreise durch Flucht in die Botschaften der Bundesrepublik in Prag, Warschau und Budapest sowie die Ständige Vertretung in Ost-Berlin durch.

Auswanderung: Bezeichnung für Migration, bei der ein Land, eine Region oder Verwaltungseinheit dauerhaft oder für einen langen Zeitraum verlassen wird.

Auswanderungsbewegung: ▶Auswanderung

Beschleunigung: im physikalischen Sinne die zeitliche Änderungsrate von Geschwindigkeit. Im erweiterten Sinne sind damit schnellere Möglichkeiten der Fortbewegung/Mobilität und Kommunikation gemeint (Eisenbahn, Straßenbahnen, Dampfschiff, Flugzeug, Automobil, Telegrafie, Telefon etc.). Auch festgelegte Arbeitszeiten mit schneller Taktung, Schicht- und Fließbandarbeit trugen zur Wahrnehmung einer Beschleunigung des Lebens bei.

Big Business: amerikanische Bezeichnung für die Geschäftswelt von Großunternehmern. Ende des 19. Jh., als die USA ihre Wirtschaftsmacht massiv steigerten, waren große Kapitalmengen in Aktiengesellschaften und Trusts (Verbund großer Unternehmen) Kennzeichen dafür.

Binnenmigration: Migrationsbewegung in eine andere Region innerhalb einer politischen Einheit oder eines Verwaltungsbereiches, z.B. eines Staates, um dort längerfristig einen neuen Lebensmittelpunkt aufzubauen.

Blockbildung: Schaffung von politisch, militärisch und/oder wirtschaftlich möglichst eng verflochtenen und nach außen einheitlich auftretenden Staatenbündnissen. Näherhin wird darunter seit 1945/47 die Entstehung eines internationalen Machtbereichs der Sowjetunion (Ostblock) sowie eines Bündnissystems der USA mit westlichen Ländern verstanden. Als Gegentendenz zur Ausformung dieser beiden Blöcke entstand die Bewegung der Blockfreien. Sie nahm ihren Anfang 1955 mit einem Treffen asiatischer und afrikanischer Staaten in Bandung in Indonesien. Die Bewegung trat gegen ▶ Kolonialismus und wirtschaftliche Benachteiligung durch die Industrieländer auf. 1961 ging aus ihr die „Organisation der Blockfreien" hervor, deren Länder Unabhängigkeit im ▶ Kalten Krieg wahren wollten. Heute gehören der Organisation weltweit 120 Mitglieder an.

Bipolarität: aus den Naturwissenschaften (Chemie und Physik) entlehntes Anschauungsmodell, das die Existenz zweier entgegengesetzter Pole annimmt, nach denen sich ihre Umgebung ausrichtet. Im übertragenen Sinn bezeichnet Bipolarität die Konfrontation bzw. Konkurrenz der Bündnissysteme unter Führung der beiden Supermächte USA und UdSSR.

Boom (engl.: Blüte, Hochkonjunktur): rascher und intensiver wirtschaftlicher Aufschwung. Als „Nachkriegsboom" wird das Wirtschaftswachstum von Ende der 1940er- bis Anfang der 1970er-Jahre bezeichnet, das letztlich alle damaligen Industrieländer erfasste. Der Begriff fand auch Eingang in die Alltagssprache, z. B. in „Boomtown" (schnell wachsende, aufblühende Stadt) oder „Babyboom" (deutlicher Geburtenanstieg).

Bourgeoisie (frz. bourgeois: Bürger): Begriff, den Friedrich Engels für die Klasse der modernen Kapitalisten, die im Besitz der Produktionsmittel sind und die Lohnarbeit ausnutzen, bzw. des Bürgertums prägte. Gemäß marxistischer Theorie befand sich diese Klasse mit dem ▶ Proletariat im ▶ „Klassenkampf".

Bürgerliche Familie: Im 18. Jh. entstand unter dem Einfluss der ▶ Industrialisierung ein neues Familienideal. Während der Mann außer Haus arbeitete und mit seinem Einkommen in der Lage sein sollte, die Familie allein zu versorgen, nahm die Frau die Rolle der Hausfrau und Mutter ein, die für die Erziehung der Kinder verantwortlich war. Dieses Ideal kam aus dem aufstrebenden Bürgertum der Industriegesellschaft und wird deshalb als bürgerliche Familie bezeichnet.

Bürgerbewegung: Zusammenschluss von Menschen mit dem Ziel, gemeinsame Ziele und Interessen auf friedlichem Weg durchzusetzen und dadurch die politischen, wirtschaftlichen und gesellschaftlichen Verhältnisse zu verändern. In Staaten des Warschauer Pakts engagierten sich ab den frühen 1980er-Jahren immer mehr Menschen in Bürger- bzw. Bürgerrechtsbewegungen. In ihnen traten sie vor allem für die Respektierung von ▶ Menschen- und Bürgerrechten, zu deren Respektierung sich mit der KSZE-Schlussakte von Helsinki (▶ Helsinki-Prozess) auch die Regierungen der Staaten des Ostblocks verpflichtet hatten, sowie für politische Mitbestimmung, freie Wahlen und den Schutz der Umwelt ein. In der Bundesrepublik Deutschland waren Bürgerbewegungen Ausdruck des gestiegenen politischen Interesses durch die ▶ 68er-Bewegung. Beispiele sind die Friedens-, ▶ Frauen-, Anti-Atomkraft und Umweltbewegung.

Charta 77: Bürgerrechtsbewegung (▶ Bürgerbewegung) in der Tschechoslowakei von 1977–1992, die die Achtung der ▶ Menschenrechte und politische Mitbestimmung einforderte.

Deficit spending (engl.: Defizitfinanzierung): Form der staatlichen Finanz- und Wirtschaftspolitik. Sie wurde entwickelt vom Ökonom John Maynard Keynes, der neue Antworten zur Bekämpfung der Weltwirtschaftskrise in den 1930er-Jahren gab (▶ Keynesianismus). Er hielt es für einen schweren Fehler, in der Krise die Währung um jeden Preis stabil zu halten und gleichzeitig eine strikte Sparpolitik zu verfolgen. Stattdessen sollte sich der Staat verschulden, um durch erhöhte Ausgaben die Wirtschaft wieder in Schwung zu bringen.

Dekolonisierung „von oben": eines von vielen Erklärungsmodellen der Dekolonisierung, das diesen Prozess als planvolles und zielstrebiges Handeln der europäischen Kolonialmacht begreift. In diesem Modell könne die durch koloniale Erziehung mündig gewordene Bevölkerung in ein selbstbestimmtes Staatswesen entlassen werden.

Demokraten: Anhänger demokratischer Prinzipien wie beispielsweise der Volkssouveränität, des ▶ allgemeinen Wahlrechts, der ▶ Gewaltenteilung und des ▶ Pluralismus

Deportation: zwangsweise Verbringung von Menschen oder ganzer Bevölkerungsgruppen an vorherbestimmte Orte als Schikane oder Terrormaßnahme (▶ Terror)

Deutsche Einheit: Nach der ▶ „Friedlichen Revolution" in der DDR, dem Zusammenbruch der SED-Diktatur (SED), dem Mauerfall am 9. November 1989 und der notwendigen Zustimmung der Siegermächte des ▶ Zweiten Weltkrieges (USA, Sowjetunion, Großbritannien und Frankreich) kam es am 3. Oktober 1990 zur Wiedervereinigung Deutschlands (Deutsche Einheit). Völkerrechtlich traten die neuen Länder in der DDR dem Staatsgebiet der BRD und dem Geltungsbereich des Grundgesetzes bei.

Deutsches Kaiserreich: Bezeichnung für die Phase des Deutschen Reiches von 1871 bis 1918, in der das Bündnis von deutschen Fürsten und Freien Reichsstädten als ▶ konstitutionelle Monarchie organisiert war. Die Bezeichnung entstand im Nachhinein zur Abgrenzung der späteren Phasen des Deutschen Reiches, das bis 1945 existierte.

Digitale Revolution: Die tief greifenden Auswirkungen der ▶ Digitalisierung auf alle Lebensbereiche werden als Digitale Revolution bezeichnet.

Digitalisierung: Einführung digitaler Technologie in Arbeit und Alltagsleben. Der Einsatz von moderner, computergestützter Informations- und Kommunikationstechnik nahm in westlichen Ländern v.a. seit den 1970er- und 80er-Jahren zu und ist bis in die Gegenwart weltweit auf dem Vormarsch. Die D. fordert von Wirtschaft und Gesellschaft fortwährende Anpassung an die beschleunigte technologische Entwicklung. Wegen ihrer Chancen und Risiken ist die Bewertung der D. umstritten.

Diktatur: Herrschaft einer Person, Gruppe oder Partei, die die Macht im Staat weitgehend unbeschränkt ausübt und die ▶ Menschen- und Bürgerrechte nicht beachtet

„Diktatur des Proletariats": Konzept des ▶ Kommunismus: Es bezeichnet die Ausübung der Macht der Arbeiterklasse im Rahmen der ▶ sozialistischen Revolution. Geprägt wurde der Begriff von Karl Marx und Friedrich Engels; sie ließen dabei aber die konkrete politische Umsetzung offen. Im Leninismus wurde die „Diktatur des Proletariats" definiert als Herrschaft der Kommunistischen Partei als Avantgarde der Klasse der Arbeiter und Bauern bis zur ▶ klassenlosen Gesellschaft ohne Staat und Privateigentum. Für die dabei erstrebte Vollendung der ▶ sozialistischen Revolution und der „Umerziehung" von Oppositionellen wurden Gewalt und ▶ Terror legitimiert.

Dissidentenbewegung: Bürgerrechtsbewegungen (▶Bürgerbewegung) in der Sowjetunion und anderen Staaten des Ostblocks mit den gemeinsamen Zielen: Respektierung der Bürgerrechte und freie Wahlen.

Dolchstoßlegende: nach 1918 von rechtsradikalen Zeitungen verbreitete und seit 1919 von Generalfeldmarschall Paul von Hindenburg vertretene Behauptung, die deutsche Armee sei im Ersten Weltkrieg nicht an der Front besiegt, sondern durch fehlende Unterstützung aus der Heimat und politische Unruhen (▶Novemberrevolution) „von hinten erdolcht" und zur Kapitulation gezwungen worden. Dafür wurden Kommunisten, Sozialdemokraten sowie Anhänger von ▶Republik und Demokratie verantwortlich gemacht. Diese Geschichtsfälschung verschweigt, dass führende Militärs Ende September 1918 die Niederlage gegen die übermächtige Allianz der Gegner eingestanden hatten.

Doppelrevolution: Bezeichnung für die relative Gleichzeitigkeit der ▶politischen Revolution (1789: Französische Revolution) und der ▶Industriellen Revolution (ab 1750; zuerst in England) in Europa. Die politische und ▶Industrielle Revolution wirkten als Motor der ▶Modernisierung im 19. Jh., indem sie in einem relativ kurzen Zeitraum viele Bereiche des Lebens veränderten.

Dreyfus-Affäre: Justizskandal, der die französische Politik und Gesellschaft gegen Ende des 19. Jh. tief spaltete. In einem vom Militär manipulierten Prozess wurde der jüdische Hauptmann Alfred Dreyfus 1894 wegen angeblicher Spionage verurteilt. In den folgenden Auseinandersetzungen um Revision, Aufhebung des Urteils und Bestrafung der Militärs kam es über Jahre zu einer Spaltung der Gesellschaft in Dreyfusards und Anti-Dreyfusards, wobei letztere antisemitisch argumentierten. Heftige Krawalle waren eine Begleiterscheinung. 1906 wurde Dreyfus rehabilitiert.

Dritte Französische Republik: Die Erste Republik wurde während der Französischen Revolution 1792 ausgerufen und endete mit der Krönung Napoleon Bonapartes zum Kaiser im Jahre 1804. Die Zweite Republik wurde während der Revolution von 1848 in Frankreich proklamiert. Sie existierte bis 1852, als Napoleon III. den Kaisertitel annahm. Die Dritte Republik bestand in Frankreich zwischen 1870 und 1940. Sie war einerseits von vielen Konflikten, Krisen, Skandalen und häufigen Regierungswechseln geprägt. Andererseits gelang ihr die Abwehr republikfeindlicher, antiliberaler Kräfte in den 1930er-Jahren.

Eiserner Vorhang: (engl. iron curtain): ursprünglich Bezeichnung für eine Brandschutzvorrichtung in Theatern. Seit 1945/46 politischer Kampfbegriff, der die Absperrung des sowjetisch kontrollierten Machtbereichs von den westlichen Ländern anprangerte. Im weiteren Sinne Metapher für die Spaltung Europas und der Welt bis zum Ende der 1980er-Jahre.

Elitenkontinuität: Verbleib von Personen in bedeutenden Positionen in den Bereichen Militär, Justiz, staatliche Verwaltung (Polizei), Schulen, Hochschulen und Kirchen nach einem (politischen) Umbruch

Emanzipation: Befreiung aus einem Zustand der Abhängigkeit, insbesondere die rechtliche und gesellschaftliche Gleichstellung von Frau und Mann (▶Frauenbewegung).

„Endlösung": Begriff aus der Tarnsprache des NS-Regimes. Mit „Endlösung" wurde ab dem Frühjahr 1941 die Vernichtung der europäischen Juden bezeichnet. Der Begriff bezieht sich auf die Wendung „Lösung der Judenfrage", die schon im 19. Jh. verwendet wurde.

„Entkulakisierung": stalinistischer Massenterror gegen die selbstständigen Bauern (Kulaken) im Zusammenhang mit der ▶Kollektivierung der Landwirtschaft, der auch zu Enteignungen, ▶Deportationen und Ermordungen sich widersetzender Bauern führte

Entspannungspolitik: Der Begriff beschreibt eine Phase des ▶Kalten Krieges von Ende der 1960er- bis Anfang der 1980er-Jahre. In diesem Zeitraum versuchten die USA und die UdSSR sowie ihre jeweiligen Verbündeten Konflikte vorwiegend auf diplomatischem Weg zu lösen und gegenseitiges Vertrauen aufzubauen.

Erziehungsdiktatur: diktatorische Herrschaft, die versucht, ihre Ideologie durch gezielte Erziehungsmaßnahmen an der Bevölkerung durchzusetzen

Euro: gesetzliches Zahlungsmittel in einem Teil der EU-Mitgliedstaaten („Eurozone"). Der Euro wurde 1999 als Buchgeld bzw. 2002 als Bargeld eingeführt und wird von der Europäischen Zentralbank (EZB) mit Sitz in Frankfurt am Main herausgegeben.

Europäische Union: Staatenbündnis, das aus den/der Europäische Gemeinschaft(en) (EG) hervorging. Im konstituierenden Vertrag von Maastricht wurde 1992 neben der gemeinsamen Politik in allen wirtschaftlichen Bereichen auch eine Zusammenarbeit in der Außen-, Sicherheits-, der Justiz- und Innenpolitik sowie die Einführung des ▶Euro vereinbart. 2021 bestand die Gemeinschaft aus 27 europäischen Staaten.

„Euthanasie" (griech.: „guter" oder „leichter Tod"): Der Begriff bezeichnet dem Wortsinn nach einen angenehmen Tod aus Sicht des Sterbenden. Von den Nationalsozialisten wurde der Begriff benutzt, um die systematische Ermordung behinderter und kranker Menschen zu verschleiern und zu beschönigen.

Expansion: bezeichnet die Zunahme der räumlichen Ausdehnung des Herrschaftsbereichs eines Staates, oft durch die Nutzung militärischer Gewalt

Faschismus: antiliberale und antikommunistische sowie radikalnationalistische Weltanschauung und Bewegung, die nach dem Ersten Weltkrieg in Italien entstand und in fast allen europäischen Ländern Befürworter fand. Im Deutschen Reich vertraten die Anhänger des ▶Nationalsozialismus faschistische Vorstellungen.

Finanzmarkt: Sammelbezeichnung für den Handel mit Finanzinstrumenten aller Art. Als Teilbereiche gelten der Handel mit kurzfristigen Finanztransaktionen (Geldmarkt), längerfristigen Anlagen und Wertpapieren (Kapitalmarkt), mit Krediten (Kreditmarkt) und Fremdwährungen (Devisenmarkt).

Flucht und Vertreibung: Gemeint ist sowohl die seit 1944 einsetzende Massenflucht der deutschen Bevölkerung vor der sowjetischen Armee als auch die von den Alliierten auf der Potsdamer Konferenz 1945 beschlossene Ausweisung und Zwangsumsiedlung der Deutschen aus den ehemals deutschen Siedlungsgebieten östlich der Oder-Neiße-Linie.

Fordismus: nach dem Beispiel von Henry Ford (1863–1947), Erfinder der Massenproduktion von Automobilen, organisierter Ablauf in der Industrie. Dazu gehören der Einsatz von Förderbändern, geregelte Arbeitsabläufe in Einzelschritten, aber auch eine möglichst geschlossene Kette zur Herstellung eines Produkts in einem einzigen Unternehmen, von der Energieversorgung über die Fertigung von Einzelteilen bis hin zum fertigen Endprodukt und Vertrieb.

Fortschrittsoptimismus: zuversichtlicher, durch positive Erwartung bestimmter Glaube an einen ständigen Fortschritt. Zahlreiche Neuerungen in Wissenschaft, Wirtschaft und Technik ließen viele Zeitgenossen das 19. Jh. als Zeitalter des Aufbruchs und Fortschritts empfinden. Entdeckungen in der Medizin und den neuen Gebieten der Chemie und Elektrotechnik führten zu einem höheren Lebensstandard, gesicherter Versorgung, neuen Arbeitsplätzen und einer verbesserten Infrastruktur u.a. durch beschleunigte Transport- (Eisenbahn, Flugzeug, Automobil, Dampfschiff) und Kommunikationsmittel (Telegraf, Telefon).

Frauenbewegung: Bewegung, die sich für die Gleichbehandlung und Gleichstellung von Frauen und Männern in allen Bereichen der Gesellschaft einsetzt. Erste Forderungen nach Frauenrechten kamen in der Französischen Revolution auf, verstärkt dann erst wieder nach 1848. Vier Hauptforderungen bildeten den Kern der Frauenbewegung in Europa: 1. das Recht auf Erwerb und freie Berufswahl 2. Zugang zu Bildung 3. aktives und passives Wahlrecht 4. rechtliche Gleichstellung der Frau.

Friedliche Koexistenz: Phase der Entspannung im ▶Kalten Krieg, 1955 vom damals führenden Mann der Sowjetunion, Nikita S. Chruschtschow, verkündet. Demnach soll auf eine militärische Konfrontation der beiden Machtblöcke verzichtet werden. Stattdessen sollten die unterschiedlichen Gesellschaftssysteme in Ost und West vorerst nebeneinander bestehen und in einem friedlichen Wettbewerb stehen.

„Friedliche Revolution": ein sich über mehrere Monate erstreckender Prozess, der in der DDR 1989/90 zu einem grundlegenden politischen Wandel und zum Ende der SED-Herrschaft geführt hat. Die Bezeichnung betont den großen Anteil der DDR-Bevölkerung daran in Form von gewaltfreien Protesten und Demonstrationen.

Front populaire (frz.: Volksfront): Wahlbündnis von Kommunisten und Sozialisten in Frankreich, das 1936 angesichts des Erstarkens rechtsgerichteter autoritärer Kräfte und des ▶Faschismus gebildet wurde und in selben Jahr die Regierung bildete.

Frühindustrialisierung: erste Phase der industriellen Entwicklung. Erstmals in England ermöglichten Maschinen eine schnellere und arbeitsteilige Produktion von Baumwollstoffen in Fabriken und setzen so die ▶Industrielle Revolution in Gang. Weil zuerst noch Wasser- und menschliche Arbeitskraft eingesetzt wurden, nennt man die Frühindustrialisierung auch leichtindustrielle Phase. Später ersetzte die Dampfmaschine mit dem Energieträger Kohle die natürlichen Antriebsarten.

Führerprinzip: radikal hierarchisches politisches System von Befehl und Gehorsam in faschistischen Staaten und im ▶Nationalsozialismus. Der Wille des „Führers" soll demnach von oben nach unten weitergegeben werden; die einfachen Mitglieder oder die Gesamtbevölkerung haben keinen Anteil an der Willensbildung und keine Mitspracherechte.

Fünf-Jahres-Plan: von der Sowjetunion eingeführtes Verfahren für den planmäßigen Aufbau und die Weiterentwicklung einer industriellen Volkswirtschaft. Eine Planbehörde legte die Zielvorgaben für jeweils fünf Jahre fest, die die staatlichen Betriebe zu erfüllen hatten.
1929 wurde in der Sowjetunion der erste Fünf-Jahres-Plan beschlossen, der den Bau von Wasserkraftwerken, Stahlwerken und Maschinenfabriken massiv vorantrieb, begleitet von zahlreichen Propagandakampagnen und der Mobilisierung der gesamten Bevölkerung. Mit der Parole „Amerika einholen und überholen" sollte aus der agrarisch geprägten Sowjetunion ein moderner Industriestaat werden. Die DDR wie auch die übrigen Länder des sowjetischen Machtbereichs übernahmen das System des Fünf-Jahres-Plans.

Gefälligkeitsdiktatur: Die Loyalität der Mehrheit der Deutschen zum NS-System erklärt der Historiker Götz Aly mit seinem Konzept der „Gefälligkeitsdiktatur" (in: „Hitlers Volksstaat. Rassenkrieg und nationaler Sozialismus", Frankfurt am Main 2005). Er beschreibt, dass viele Bürgerinnen und Bürger Profiteure der NS-Politik waren und so dem Regime die Treue hielten: Sie erhielten Karrierechancen, Möglichkeiten zum Besitzerwerb, Beutegut aus dem Krieg oder das Gefühl, ein Teil der ▶„Volksgemeinschaft" zu sein.

Gegenrevolution: Sammelbegriff für politische Strömungen, deren Ziel es ist, eine Revolution aufzuhalten und den Zustand vor der Revolution wiederherzustellen. Unter anderem in sozialistischen Staaten ist der Begriff „Konterrevolution" verbreitet.

Gelernte Demokratie: Damit wird eine Demokratie bezeichnet, deren Prozesse, Einstellungen und Prinzipien über längere Zeit gelernt, also eingeübt und angewandt wurden. Sie gilt als gefestigt und weniger gefährdet als sogenannte ▶„improvisierte Demokratien".

Gewaltenteilung: eine während der Aufklärung entwickelte Lehre, die sich gegen die absolutistische Regierungsweise richtete. Demnach sind die Hauptaufgaben eines Staates von drei getrennten Machtbereichen (Gewalten) zu erfüllen, die sich gegenseitig kontrollieren: Die Legislative (▶Parlament) beschließt Gesetze, die Exekutive (u.a. Regierung) führt sie aus und die Judikative (unabhängige Gerichte) spricht Recht.

gewaltloser Widerstand ▶Widerstand

„Gilded Age": Der auf Mark Twain zurückgehende Ausdruck des „vergoldeten" – und eben nicht „goldenen" – Zeitalters diente der Charakterisierung der Jahre nach dem Bürgerkrieg (1861–1865), als sich die USA in schnellem Tempo zu einer Industrienation und Wirtschaftsmacht entwickelten.

Glasnost und Perestroika: Die Begriffe „Glasnost" (dt.: Offenheit, Durchsichtigkeit) und „Perestroika" (dt.: Umbau, Umgestaltung) stehen für Michail Gorbatschows Reformpolitik in der UdSSR von 1985 bis 1991. Sie sollte die kommunistische Herrschaft stabilisieren, führte aber letztlich zum Gegenteil.

„Gleichschaltung": Begriff aus der Elektrotechnik, der erstmals während der Weimarer Republik politisch im Sinne von Vereinheitlichung und Zentralisierung verwendet wurde. Gesetzlich wurde der Begriff erstmals am 31. März 1933 im „Vorläufigen Gesetz zur Gleichschaltung der Länder mit dem Reich" verwendet und zu einem Synonym für die Maßnahmen der nationalsozialistischen Führung, um Staat, Gesellschaft und Kultur mit ihrer Partei personell und ideologisch zu durchdringen. Dabei nahmen die Nationalsozialisten den Ländern ihre Eigenständigkeit, führten eine Einparteienherrschaft ein, kontrollierten die Medien, lösten alle Gewerkschaften sowie sonstige Verbände auf und integrierten sie in ihre Organisationen.

Globalisierung: Bezeichnung für das sogenannte „Zusammenwachsen der Erdteile". Gemeint ist damit, dass es zwischen den Ländern aus unterschiedlichen Erdteilen immer häufigere und engere wirtschaftliche, politische, soziale und kulturelle Beziehungen gibt. Nachrichtenübermittlung und Transporte laufen immer rascher ab. Die Globalisierung wirkt sich dabei auch stark auf die gesellschaftlichen Strukturen der meisten Staaten der Erde aus.

„Golden Age": Bezeichnung des britischen Historikers Eric Hobsbawm für den Zeitraum zwischen 1945 und etwa 1975, in dem nach dem „Katastrophenzeitalter" zwischen 1914 und 1945 ein rasanter Wirtschaftsaufschwung (▶ Boom), wachsender Wohlstand und vielfach ▶ Vollbeschäftigung folgten. Diese Phase wurde durch Wirtschaftskrisen, deren Folge u. a. hohe Arbeitslosigkeit war, beendet.

„Goldene Zwanziger": Nach dem Krisenjahr 1923 erlebte die Wirtschaft der Weimarer Republik einen Aufschwung. Die Jahre zwischen 1924 und 1929 werden als „Goldene Zwanziger" bezeichnet. Sie zeichneten sich durch die ▶ Modernisierung in verschiedenen Lebensbereichen wie Kultur, Wissenschaft und Technik aus. Der Begriff entstand nach dem Zweiten Weltkrieg und vernachlässigt die Wachstumsdefizite im internationalen Vergleich, die schwelenden sozialen Konflikte sowie die modernitätskritische Haltung im ländlichen Raum.

Großmacht: Staat, der wesentlichen geopolitischen Einfluss hat

GULag / Gulag (russ.: Glawnoje uprawlenije lagerei): Bezeichnung für die Hauptverwaltung der Lager im sowjetischen NKWD (Volkskommissariat für Staatsicherheit). Im weiteren Sinne auch als Begriff für das gesamte sowjetische Straflagersystem gebraucht. In der Zeit von 1929 bis 1956 waren über 20 Millionen Menschen im GULag interniert. Allein in der Hochphase Anfang der 1950er-Jahre waren es mehr als 2,5 Millionen.

GUS (Abk. für „Gemeinschaft Unabhängiger Staaten"): Staatenbund mit Sitz in Minsk, den mit der ▶ Russischen Föderation, der Ukraine und Belarus Nachfolgestaaten der Sowjetunion wenige Tage vor deren offizieller Auflösung gegründet hatten. Ziel ist die wirtschaftliche und sicherheitspolitische Zusammenarbeit. Organe dieser zwischenstaatlichen Organisation sind die Räte der Exekutivorgane (u. a. Staatsoberhäupter, Regierungschefs und Minister), ein Exekutivkomitee sowie eine zweimal jährlich tagende parlamentarische Versammlung, bestehend aus Vertretern der nationalen Parlamente der zehn Mitgliedsländer (Stand 2021). Auch wegen der gravierenden Differenzen der Mitgliedstaaten war die Handlungsfähigkeit der GUS von Anfang an stark eingeschränkt.

Helsinki-Prozess: Phase der Entspannung im ▶ Kalten Krieg in den 1970er-Jahren, benannt nach der finnischen Hauptstadt, in der 1975 die Konferenz über Sicherheit und Zusammenarbeit in Europa (KSZE) stattfand; sie umfasste u. a. das SALT-Abkommen zur Begrenzung von Langstreckenraketen und die Unterzeichnung der KSZE-Schlussakte.

Hochindustrialisierung (auch schwerindustrielle Phase genannt): Durch den zunehmenden Einsatz der Dampfmaschinen zur Produktion (Fabriken) und zum Transport (Eisenbahn) entwickelte sich die Schwerindustrie (Bergbau, Eisen- und Stahlherstellung, Maschinenbau) zum Führungssektor. Der Industrialisierungsprozess veränderte die gesamte Gesellschaft (Industriegesellschaft). In Deutschland führten Ende des 19. Jh. technische Innovationen zu neuen Industriezweigen (chemische und elektrotechnische Industrie), Energieträgern (Elektrizität) und einem starken wirtschaftlichen Aufschwung.

Hochmoderne: Der deutsche Historiker Ulrich Herbert bezeichnet den Zeitraum zwischen 1890 und 1990 als Hochmoderne. Kennzeichnend für diese Epoche sei das Vertrauen in das Potenzial von wissenschaftlichem und technologischem Fortschritt.

Holocaust – Shoah: Der griechische Begriff holókaustos (griech.: „völlig verbrannt" bzw. „Brandopfer") bedeutet im Englischen „Inferno" oder „Zerstörung". Er wird heute für die systematische Vernichtung von etwa sechs Millionen europäischen Juden und anderen Opfergruppen während des „Dritten Reiches" verwendet. Im Hebräischen wird für das Leiden der Juden während dieser Zeit der Begriff Shoah („Großes Unheil", „Katastrophe") gebraucht. 1996 wurde der 27. Januar in Deutschland zum „Holocaust-Gedenktag" erklärt. Das Datum erinnert an die Befreiung des ▶ Konzentrations- und Vernichtungslagers Auschwitz. Seit 2006 gilt auf Beschluss der Vereinten Nationen der „Tag des Gedenkens an die Opfer des Holocaust" weltweit.

Imperialismus: Als Imperialismus bezeichnet man das Bestreben eines Staatswesens bzw. seiner politischen Führung, über Gebiete außerhalb des Herrschaftsbereiches wirtschaftlichen und politischen Einfluss zu erlangen, bis hin zu deren Unterwerfung und zur Eingliederung in den eigenen Herrschaftsbereich. Er hat typischerweise das Ziel, eine ungleiche wirtschaftliche, kulturelle oder territoriale Beziehung aufzubauen und aufrechtzuerhalten.

Imperium (lat.: Herrschaft, Reich): großräumiger Herrschaftsverband, den eine multiethnische Zusammensetzung der Untertanen sowie ein Überlegenheitsanspruch gegenüber Nachbarn und Konkurrenten kennzeichnet

Improvisierte Demokratie: bedeutet im Gegensatz zur ▶ „gelernten Demokratie", dass die Demokratie im betreffenden Land erst seit Kurzem besteht. Aufgrund fehlender Erfahrung und demokratischer Tradition müssen Prozesse, Haltungen und Prinzipien erst eingeübt werden und sind deshalb in den Köpfen der Menschen zunächst oft nicht oder nur schwach verankert.

Individualismus: Ideologie, die den einzelnen Mensch (Individuum) in den Mittelpunkt stellt. Der zentrale Grundsatz des Individualismus ist die Freiheit des Einzelnen. Dessen persönliche Entfaltung hat im individualistischen Denken Vorrang vor Ansprüchen der Gemeinschaft. Der Individualismus ist eng mit dem ▶ Liberalismus verbunden, da jeweils die Freiheit des Individuums Leitbild ist.

Industrialisierung: bezeichnet den Übergang von einer Agrar- zu einer Industriegesellschaft. Der Prozess fand zuerst in England zwischen 1750 und 1850 statt und wird aufgrund seiner Geschwindigkeit und radikalen Umwälzung großer Teile von Wirtschaft, Technik und Gesellschaft auch als Industrielle Revolution bezeichnet. Zentrale Merkmale von Industrialisierung sind 1. der Einsatz von Maschinen, die Massenproduktion ermöglichen, 2. eine Veränderung der Arbeitswelt, da arbeitsteilig und industriell gefertigt wird, 3. die Entstehung von Fabrikstandorten, Städten und die damit verbundene Trennung von Arbeits- und Wohnort sowie 4. eine ▶ Beschleunigung von technischen Innovationen und Wirtschaftswachstum.

Industrielle Revolution: ▶ Industrialisierung

Innovationsdefizit: ein Kennzeichen für die Rückständigkeit eines Staates bzw. einer Volkswirtschaft gegenüber anderen, die zur Entwicklung neuartiger, qualitativ hochwertiger Güter und Dienstleistungen in der Lage sind. Es führt in den betroffenen Ländern zu einem starken Wettbewerbsnachteil im weltweiten Handel, Importüberschüssen und langfristig zu hohen Staatsdefiziten (▶ Staatsverschuldung). Eine weitere Folge kann eine ▶ Legitimationskrise sein, wie bei den Staaten des Warschauer Pakts verstärkt ab den 1970er-Jahren.

Integration: Einbezug von Menschen in Lebens- und Arbeitsgemeinschaften, die vorher nicht zu diesen gehört haben. Häufig wird unter diesem Begriff die soziale Eingliederung von Zugewanderten verstanden. Er kann aber auch für andere gesellschaftliche Bereiche verwendet werden (soziale Gruppen in Familie, Schule, aber auch in den Bereichen Wirtschaft und Recht).

Isolationismus: Bestreben eines Staates, sein außenpolitisches Wirken zu beschränken und Bündnisverpflichtungen zu vermeiden. Seit der Monroe-Doktrin von 1823 war die US-amerikanische Politik von einem freiwilligen Selbstausschluss aus dem internationalen politischen Geschehen in Europa geprägt, der während des Ersten und ▶Zweiten Weltkrieges ausgesetzt wurde.

Italienisch-Ostafrika (ital.: Africa Orientale Italiana, A.O.I.): Kolonialgebiet Italiens mit Libyen und Gebieten Ostafrikas, das von 1936 bis 1941 bestand. Es umfasste auch Abessinien (heutiges Äthiopien), das vom faschistischen Italien 1935/36 erobert wurde.

Jacksonian Democracy: In der Amtszeit des US-amerikanischen Präsidenten Andrew Jackson (1829–1837) erfolgte eine Reihe von Reformen, die als wesentlicher Schritt bei der Demokratisierung der USA gelten. Dazu gehört die Bildung von Parteien, die Wahl von Beamten, die Nominierung der Präsidentschaftskandidaten durch Parteitage und vor allem die Ausweitung des Wahlrechtes auf alle männlichen Steuerzahler. Statt der Abmachungen der elitären Gründerväterelite war nun der Einfluss der Wahlberechtigten maßgeblich für die Vergabe der Regierungsstellen.

Junger Nationalstaat: Im Gegensatz zu „alten" Nationalstaaten, wie Frankreich oder England, die sich schon vor 1800 als Nation verstanden, spricht man von „jungen Nationalstaaten", wenn diese erst im späten 19. Jh. gegründet wurden.

Kaderpartei: straff organisierte Partei aus politisch geschulten und ausgewählten Mitgliedern, die als Spitze („Avantgarde") die sozialistische Umgestaltung vorantreibt. Im Leninismus, einer Weiterentwicklung des Marxismus für Russland (die spätere Sowjetunion), sollte die Kommunistische Partei eine Kaderpartei sein.

Kapitalismus: Wirtschaftssystem, das Privateigentum und freien Wettbewerb vorsieht und in dem Gewinnsteigerungen zu mehr individuellem Wohlstand führen sollen. Übertragen auf die Gesellschaft sorgt dieses System für eine ungleiche Güter- und Chancenverteilung. Damit werden staatliche Regulierungsmaßnahmen erforderlich, um soziale Ungerechtigkeiten abzumildern.

Kaiserkult: Gesamtheit der Zeremonien, Festtage und Bräuche, mit denen Kaiser verehrt werden

„Kennedy-Impuls": Politik unter John F. Kennedy (von 1961 bis 1963 US-Präsident), die die ▶Entspannungspolitik vorantrieb.

Keynesianismus: Theorie zur Steuerung der gesamtwirtschaftlichen Konjunktur durch den Staat, benannt nach dem englischen Wirtschaftswissenschaftler John Maynard Keynes (1883–1946). Um Krisen wie den Einbruch der Weltwirtschaft nach 1929 künftig zu vermeiden, forderte Keynes ein antizyklisches Eingreifen des Staates in die wirtschaftliche Entwicklung: Bei konjunkturellen Abschwüngen sollte der Staat durch Mehrausgaben für zusätzliche Nachfrage sorgen, bevor die Schulden in den jeweils folgenden Wachstumsphasen wieder abgebaut würden.

Kalter Krieg: (engl. Cold War): Bezeichnung für einen internationalen Konflikt, der ohne gegenseitige militärische Gewalt ausgetragen wird. Der Begriff wurde erstmals 1945 von dem englischen Schriftsteller George Orwell (1903–1950) verwendet. Als Schlagwort prägten ihn Regierungsberater und Publizisten in den USA um 1946/47, die damit den heraufziehenden Gegensatz zwischen der Sowjetunion und den USA mit ihren jeweiligen Machtbereichen bzw. Einflusssphären benannten. Die politisch-militärische Konfrontation war von ideologischen und propagandistischen Angriffen, Wettrüsten, wirtschaftliche Kampfmaßnahmen und ▶Stellvertreterkriegen (z. B. Korea-Krieg 1950–1953, Vietnam-Krieg 1965–1975) geprägt.

Klassendiktatur: Nach Marx ist die ▶„Diktatur des Proletariats" der notwendige Schritt, um von der bürgerlichen Klassengesellschaft die ▶klassenlose Gesellschaft zu erlangen. Der Begriff hebt die besondere Rolle der Kommunistischen Partei in der Sowjetunion hervor, die das ▶Proletariat in diesem Kampf anführt. Seit den 1930er-Jahren verzichteten offizielle Stellen in der Sowjetunion zunehmend auf den Begriff.

Klassengesellschaft: Da sich in der Industriegesellschaft die alte Ständeordnung zunehmend auflöst, wird der Begriff der Klassengesellschaft verwendet: Aus den durch (fehlende) Geburtsprivilegien bestimmten Ständen wurden gesellschaftliche Klassen, deren Mitglieder sich jeweils in einer ähnlichen wirtschaftlichen und sozialen Situation befinden. Für Karl Marx (1818–1883) ist die Klassengesellschaft hierarchisch strukturiert und spaltet sich in zwei Klassen: die ▶Bourgeoisie (Unternehmer, welche über die Produktionsmittel verfügen) und das ▶Proletariat (Arbeiter, die nur ihre Arbeitskraft verkaufen können).

„Klassenkampf": von Karl Marx entwickelter Begriff, der den Gegensatz zwischen ▶Bourgeoisie und ▶Proletariat als Kampf begreift. Die Theorie des Marxismus sieht darin das einzige und historisch folgerichtige Mittel zur Verbesserung der Lage des Proletariats.

Klassenlose Gesellschaft: Ziel der gesellschaftlichen Entwicklung im ▶Marxismus. Sie ist gekennzeichnet von einem fehlenden Staat, der Gleichstellung aller Menschen und dem Fehlen jeglichen Privateigentums.

Klassische Moderne: Die Hochkultur in Literatur, Musik, Malerei und Architektur reagierte auf die Veränderungen der Lebenswelt und der Wahrnehmung zum Ende des 19. Jh. Eine Epochenabgrenzung war nicht mehr möglich. Das Nebeneinander vieler Stilrichtungen – moderner, aber auch konservativer – ist selbst ein typisches Phänomen der ▶Moderne. Impressionismus, Expressionismus, Fin-de-Siècle und Dekadenz, Neoromantik und Neue Sachlichkeit existierten nicht nur nach-, sondern oft miteinander und beeinflussten die Literatur, die Kunst und die Architektur.

Kollektivierung (lat. collectivus: angesammelt): bezeichnet den organisierten Zusammenschluss von Menschen zu Gemeinschaften, Vereinen oder Genossenschaften. Im allgemeinen Sprachgebrauch ist damit meistens der Zusammenschluss einzelner Produzenten in landwirtschaftlichen, handwerklichen und anderen kleineren Betrieben gemeint. Der Begriff bezeichnet auch die in sozialistischen Staaten vorgenommene Neustrukturierung der Landwirtschaft, in der die privaten Produktionsmittel (Land, Viehbestand, Gerätschaften) z. B. in der Sowjetunion in Gemeinwirtschaften (Kolchosen und Sowchosen) überführt und die selbstständigen Bauern (Kulaken) zu angestellten Landarbeitern wurden. Diese Umstrukturierung wurde in der Sowjetunion ab dem Ende der 1920er-Jahre mit großer Brutalität durchgeführt. 1937 arbeiteten 93 Prozent der Bauern als Landarbeiter in Kolchosen oder Sowchosen. Etwa 25 Millionen Einzelhöfe gingen darin auf.

Kolonialismus: Ausdehnung der Herrschaftsmacht europäischer Länder auf außereuropäische Gebiete mit dem vorrangigen Ziel der wirtschaftlichen Ausbeutung. Im Zeitalter der Entdeckungen waren auch missionarische Gründe und der Handel von Bedeutung.

Kolonie (lat. colonia: Niederlassung, Länderei, Ansiedlung): politisch und wirtschaftlich abhängiges Besitzung eines Staates, das zum Siedeln, als Militärstützpunkt oder als Rohstoffquelle genutzt wird.

Kommunikationsrevolution: Der Einsatz von Eisenbahnen und Dampfschiffen beschleunigte das Versenden von Nachrichten und

Waren, jedoch verging immer noch eine große Zeit zwischen Versenden und Empfangen der Nachricht. Das änderte sich mit der Erfindung der Telegrafie und dem darauffolgenden Verlegen von transnationalen und -kontinentalen Leitungen. Innerhalb von Sekunden verbreiteten sich Nachrichten um die Welt und führten zu einer neuen Wahrnehmung der Wirklichkeit.

Kommunismus (lat. communis: allgemein, allen gemeinsam): eine politische, soziale und wirtschaftliche Weltanschauung, die von einem gemeinsamen Eigentum an den Produktionsmitteln ausgeht, in der es keine Ausbeutung mehr gibt und Frieden und Gerechtigkeit herrschen. Gegenteil des Kommunismus ist der ▶ Kapitalismus. Nach Marx und Engels ist der Kommunismus das anzustrebende Endstadium der gesellschaftlichen Entwicklung; ihre Gesellschaftstheorie wurde durch Lenin weiterentwickelt (Leninismus).

Konstitutionelle Monarchie: Staatsform, in der die Macht eines Monarchen durch eine Verfassung geregelt wird

Konsumgesellschaft: Gesellschaft, in der die Erfüllung privater Bedürfnisse der Menschen im Vordergrund steht und durch einen hohen Versorgungs- und Entwicklungsstand ermöglicht wird. Anders als in einer Arbeitsgesellschaft sind Freizeit, Unterhaltung und Tourismus weit verbreitet und stehen grundsätzlich allen gesellschaftlichen Schichten zur Verfügung.

Konzentrationslager: Der Begriff Konzentrationslager wurde im Deutschen offiziell erstmals von Reichskanzler Bernhard von Bülow am 11. Dezember 1904 im Zusammenhang mit der Internierung von gefangen genommenen Herero (in der Kolonie Deutsch-Südwestafrika, heute Namibia) verwendet. In anderen Sprachen tauchte das Konzept von Lagern zur Internierung schon früher auf (campos de reconcentración im kubanischen Unabhängigkeitskrieg gegen Spanien 1868–1898 und Concentration Camps während des Burenkrieges (1899–1902) in Südafrika. Das nationalsozialistische Regime unterhielt Konzentrationslager in Deutschland bereits ab März 1933. Hierhin wurden Personen deportiert, die als Regimegegner oder „minderwertige Menschen" galten. Ab 1941 wurden zusätzlich Vernichtungslager gebaut, in welchen Menschen in großer Zahl systematisch ermordet wurden.

„Kriegsschuldartikel": meint den Artikel 231 des ▶ Versailler Vertrages, in dem festgelegt wurde, dass „Deutschland und seine Verbündeten als Urheber für alle Verluste und Schäden verantwortlich" seien, welche die anderen Länder im Ersten Weltkrieg erlitten hatten. Der Artikel macht zudem Deutschland und seine Verbündeten allein für den Kriegsausbruch verantwortlich. Mit dem Artikel sollten die harten Friedensbedingungen für das Deutsche Reich und seine Verbündeten legitimiert werden. In Deutschland selbst wurde er als moralische Ächtung des ganzen Volkes empfunden.

Kuba-Krise: Vom 22. bis zum 28.10.1962 bestehender Konflikt zwischen der USA und der Sowjetunion um die Stationierung von sowjetischen Atomwaffen und Militär auf Kuba, einem kommunistischen Bündnispartner der UdSSR. Der Konflikt drohte in einem Atomkrieg zu eskalieren. Letztlich wurde der Konflikt durch den Abzug der sowjetischen Waffensystem aus Kuba und US-amerikanischen Raketen, die beim NATO-Partner Türkei stationiert und auf die Sowjetunion gerichtet waren, diplomatisch gelöst.

Laissez-faire (frz.: lassen Sie machen): Form des Wirtschaftsliberalismus und der Pädagogik, die die Eigeninitiative als oberste Pflicht hervorhebt und auf Eingriffe, Grenzen oder Vorgaben verzichtet

Laizismus: religionsverfassungsrechtliches Prinzip strenger Trennung zwischen Religion und Staat. Seit 1905 ist es durch das Gesetz zur Trennung von Staat und Kirche Prinzip des französischen Selbstverständnisses. Seit 1958 ist der Laizismus in der französischen ▶ Verfassung verankert.

„Lebensraum im Osten": Diesem Ziel des nationalsozialistischen Regimes liegt die Vorstellung zugrunde, dass das deutsche Volk über nicht ausreichend Lebensraum verfüge, wie es seiner angeblichen Überlegenheit als „Herrenrasse" zustehe. Neue Gebiete und Ressourcen sollten durch kriegerische Expansion und die Unterwerfung anderer, angeblich „minderwertiger" Völker, vor allem in Osteuropa gewonnen werden.

Lebensreform: Oberbegriff für soziale Reformbewegungen als Reaktion auf das moderne Großstadtleben und den wachsenden Einfluss der Technik. Im späten 19. Jh. entstanden zahlreiche zivilisationskritische Strömungen, die eine Rückkehr zur Natürlichkeit erreichen wollten. Hierfür wurden Pflege des Körpers, Jugendlichkeit, gesunde Ernährung, Nacktheit und Freikörperkultur, Tierschutz und Vegetarismus, ökologische Landwirtschaft, Naturheilkunde, Wandern und das Leben auf dem Land propagiert. Landkommunen und Jugendbünde entstanden. Der Einfluss der Lebensreformer wirkt bis in die Gegenwart nach (Naturkostläden, Heilpraktiker).

Legitimitätskrise: Situation, in denen nicht nur Minderheiten innerhalb der Bevölkerung, sondern der Großteil der Bevölkerung (zunehmend) die Rechtmäßigkeit (Legitimität) von Institutionen, des politischen Systems, Rechtsvorschriften und/oder der personellen Besetzung wichtiger Ämter und Funktionen (zunehmend) anzweifelt

Liberale: Anhänger des ▶ Liberalismus, ▶ politischen Liberalismus, ▶ Wirtschaftsliberalismus

Liberalismus (lat. liberalis: freiheitlich, eines freien Menschen würdig): Staats-, Gesellschafts- und Wirtschaftslehre, die von der Aufklärung geprägt war und sich von der freien Entfaltung des Einzelnen einen Fortschritt in Kultur, Recht, Wirtschaft und Gesellschaft erhoffte. Liberale forderten die Gründung einer Nation sowie ▶ Verfassungen, ▶ Menschen- und Bürgerrechte und eine freie Wirtschaft (▶ Marktwirtschaft).

Ligue (frz.: Liga, Verband): Diese Bezeichnung wird häufig als Abkürzung für die „Ligue d'extrême droite", also für antiparlamentarische, paramilitärische Verbände von rechtsextremen Parteien in Frankreich verwendet. In den 1930er-Jahren bekamen die Ligen vermehrt Zulauf, als Nationalismus, ▶ Antisemitismus und Fremdenfeindlichkeit zunehmend das öffentliche Leben bestimmten. Die „Action Française", der „Croix de Feu" und die „Jeunesses Patriotes" fanden vor allem Zustimmung bei Weltkriegsveteranen, aber auch bei Intellektuellen und Jugendlichen. Sie dienten der Verbreitung autoritärer und faschistischer Ideen.

Loyalitätsdefizit: Mangel an Interesse daran, gemeinsam ein höheres Ziel zu verfolgen und dabei auch Werte (und Ideologien) von anderen entweder zu teilen oder auch dann zu vertreten, wenn man deren Ansichten nicht vollumfänglich teilt

„Machtergreifung": Begriff, der den Übergang der Regierungsgewalt auf Adolf Hitler bezeichnet. Tatsächlich fand eine Machtübertragung statt, indem Reichspräsident Hindenburg Hitler am 30. Januar 1933 zum Reichskanzler ernannte. Die ▶ NSDAP war zu diesem Zeitpunkt stärkste Partei im Reichstag, hatte jedoch keine absolute Mehrheit. Der Begriff „Machtergreifung" drückt ein aktives Erlangen der Regierungsgewalt aus und wurde von der NS-Propaganda selten verwendet, wohl um nicht den Eindruck einer illegitimen Regierungsübernahme zu erwecken und um diesen „Umbruch" geplant und ordentlich erscheinen zu lassen.

Geprägt wurde der Begriff „Machtergreifung" von der frühen Geschichtsschreibung zum ▶Nationalsozialismus nach 1945.

Machtkonflikt: Konflikt zwischen Gemeinschaften oder Einzelpersonen, bei dem es um die Verteilung von Macht innerhalb einer Organisation oder eines Einflussbereichs (z.B. geografischer Raum, Staat, Markt, Parteiverband, Unternehmen, Familie) geht.

Mandatsgebiet: ein unter besondere Aufsicht und Verwaltung gestelltes und mit bestimmten Sonderrechten oder -pflichten ausgestattetes politisches Territorium (z.B. die nach dem Ersten Weltkrieg vom Völkerbund verwalteten Gebiete, u.a. im Nahen Osten)

„Mare nostrum": (lat.: unser Meer): Ursprünglich wurde damit von den Römern in der Antike das Mittelmeer nach der Eroberung der umliegenden Gebiete bezeichnet. Die Faschisten unter Mussolini, die in ihrem Expansionsdrang an das Römische Reich anknüpfen wollten (▶Imperium), griffen den Begriff für ihre Propaganda auf.

Marktwirtschaft: Wirtschaftssystem, in dem (anders als beispielsweise in der staatlich geregelten Planwirtschaft) der Wettbewerb von Unternehmen auf dem freien Markt die Produktion und Verteilung von Gütern regelt und der Staat dafür lediglich die Rahmenbedingungen setzt und garantiert (u.a. Vertragsfreiheit, Wettbewerbsregeln und funktionierendes Geldwesen). Angebot und Nachfrage regulieren weitgehend die Preise. Die Soziale Marktwirtschaft (wie in der Bundesrepublik Deutschland) bemüht sich im Vergleich zur freien Marktwirtschaft durch gesetzliche Rahmenbedingungen um einen möglichst gerechten Ausgleich zwischen wirtschaftlich stärkeren und schwächeren Gruppen der Gesellschaft.

Marshall-Plan: wirtschaftliches Hilfsprogramm, an dem sich insgesamt 16 westeuropäische Länder in den Jahren 1948 bis 1951 beteiligten; benannt nach US-Außenminister George C. Marshall (1880–1959), auf den die Initiative zurückging. Für seine Verdienste um den Wiederaufbau in Europa erhielt der Politiker 1953 den Friedensnobelpreis.

Massenkonsum: Phänomen von Industriegesellschaften, in denen durch Steigerung der Produktivität und Massenproduktion ein breites, für den Großteil der Bevölkerung erschwingliches Warenangebot geschaffen wird

Massenkultur: Die Moderne brachte neue Formen der Unterhaltung hervor, die sich nicht mehr auf ein kleines elitäres Publikum beschränkten. Sport (Fußball, Radsport) wurde in zahlreichen Vereinen und bei Großereignissen in Stadien zum Massenphänomen. Zu den klassischen Theatern traten Boulevardbühnen und vor allem das Kino in Konkurrenz. Zeitungen, Zeitschriften, aber auch billig hergestellte Bücher erreichten Millionen von Leserinnen und Lesern. Großflächige Werbung, etwa auf Litfaßsäulen, und riesige Kaufhäuser verwiesen auf eine enorme Menge an Konsummöglichkeiten. Eine besondere Rolle kam im 20. Jh. neuen Medien zu, da durch Film und Rundfunk eine große Zahl an Konsumentinnen und Konsumenten erreicht werden konnte.

Massenloyalität: Unterstützung und Folgebereitschaft einer großen Gruppe bzw. eines großen Teils der Bevölkerung

Massenmobilisierung: Gewinnung großer Teile der Bevölkerung für ein oder mehrere Ziele

Massenorganisation: Organisation, deren Mitglieder aus breiten Kreisen der Bevölkerung stammen und die deren berufliche, ökonomische, politische, soziale und kulturelle Interessen vertritt. Zu den Massenorganisationen, die sich ab 1860 bildeten, zählten Parteien moderner Prägung wie die Arbeiterparteien (z.B. die SPD) und die katholische Partei „Zentrum", die auf eine große Anhängerschaft einer bestimmten Klientel setzten und sich über Ortsvereine, Versammlungen und Wahlen auf allen Ebenen charakterisierten. Ihnen nahe standen die Gewerkschaften als Vertreter der Arbeitnehmerinteressen. Zudem wurden in der 2. Hälfte des 19. Jh. zahlreiche politische und unpolitische Vereine für fast jedes Interessensgebiet (Sport, Gesang, Veteranen, Tierschutz, Frauenrechte etc.) gegründet.

Mauerbau: Abriegelung entlang der Grenze zwischen der DDR und den Sektoren der westlichen Alliierten USA, Großbritannien und Frankreich in Berlin am 13. August 1961

„Mehr Demokratie wagen": Leitspruch des innenpolitischen Reformprogramms der sozialliberalen Koalition (1969–1974) unter Bundeskanzler Willy Brandt. Ziele waren dabei mehr soziale Gerechtigkeit, Gleichberechtigung von Mann und Frau sowie mehr Mitbestimmungsrechte.

Meiji-Restauration: Meiji (jap.: erleuchtete Regierung) war das Motto des japanischen Kaisers Mutsuhito für seine Regierungszeit (1869–1912). Diese Epoche bezeichnet die Reformära, in der durch eine Reihe von Neuerungen, für die man westliche Vorbilder adaptierte, der Staat radikal umgebaut und sowohl politisch als auch wirtschaftlich modernisiert wurde. Die Reformen betrafen die Gesellschaft (Abschaffung des Kastensystems), die Wirtschaft (Steuer- und Verwaltungssystem), die Armee und die Politik (▶Verfassung, Revision der ▶„ungleichen Verträge"). Der umstrittene Begriff Restauration bezieht sich auf die Wiedereinsetzung des Kaisers als Staatsoberhaupt.

Menschen- und Bürgerrechte: Als Menschenrechte werden unantastbare und unveränderliche Rechte bezeichnet, die jedem Menschen von Natur aus zustehen. Dazu gehören das Recht auf Leben und körperliche Unversehrtheit sowie das Recht auf Freiheit, Eigentum und Sicherheit der Person. Bürgerrechte sind Rechte, die sich auf das Verhältnis zwischen Staat und Bürgerinnen/Bürger beziehen. In Kombination wurden Menschen- und Bürgerrechte erstmals 1789 von der französischen Nationalversammlung erklärt. Die Begriffe „Menschenrechte" und „Bürgerrechte" unterscheiden sich im Wesentlichen durch den von ihnen beanspruchten Geltungsbereich: Während die Menschenrechte sich auf alle Menschen beziehen, gelten Bürgerrechte nur für die Bürgerinnen und Bürger eines Staates, der sie verfassungsrechtlich garantiert.

Militärdiktatur: uneingeschränkte Machtausübung durch eine Armee

Militarismus: Vorherrschen militärischen Denkens in Politik und Gesellschaft sowie Beherrschung des zivilen Lebens in einem Staat durch militärische Institutionen

Mittelstandsbewegung: Bewegung, die im 19. und 20. Jh. von Angehörigen des Mittelstandes ausgeht, mit dem Ziel, staatliche Gesetzgebung zu erwirken, die die ökonomische Situation des Mittelstandes stabilisiert oder verbessert. Zum Mittelstand zählten das untere Beamtentum, kleinere Handwerksbetriebe und vor allem die Angestellten. Sie wollten sich von den Arbeitern abgrenzen und folgten den Idealen des Bürgertums.

Mobilität: Beweglichkeit von Personen und Gütern im geografischen Raum

Moderne: Ausgangspunkt der Moderne sind die ▶politischen Revolutionen in den USA und Frankreich sowie die ▶Industrielle Revolution in England. Die damit verbundenen Entwicklungen

(z. B. Demokratisierung, ▶Industrialisierung) wirken bis in die Gegenwart hinein. Die Moderne unterscheidet sich fundamental von den vorherigen Epochen. Mit dem Begriff werden insbesondere die Jahrzehnte um 1900 bezeichnet.

Modernisierung: Der Begriff bezeichnet den Wandlungsprozess hin zur ▶Moderne und seine außergewöhnliche Geschwindigkeit. Daher umfasst er die zahlreichen gesellschaftlichen (z. B. ▶Klassengesellschaft), kulturellen (z. B. ▶Individualismus), politischen (z. B. ▶Partizipation) und wirtschaftlichen (z. B. Massenproduktion) Veränderungen im Europa und Nordamerika des 19. Jh.

Modernisierungsdiktatur: Staatswesen, das versucht, ▶Modernisierung mithilfe diktatorischer Mittel durchzusetzen. Der Stalinismus, der ▶Nationalsozialismus und auch der Maoismus (in der Volksrepublik China) realisierten ihre Gewaltherrschaften mit modernen Herrschaftstechniken, Propagandainstrumenten und wirtschaftlichen Maßnahmen. So versuchten sie die Industrialisierung voranzutreiben (Sowjetunion und China), oder die industriellen Entwicklungen für ihre Kriegs- und Eroberungspolitik (NS-System) zu nutzen.

Modernisierungsverlierer: Menschen, die durch Prozesse der ▶Modernisierung ihre ökonomische Stellung teilweise oder ganz eingebüßt haben. Dazu zählen Gewerbetreibende und Handwerker, deren Berufe überflüssig geworden waren oder die unter dem Preisdruck der Massenware aufgeben mussten, Menschen, die ihre Wohnungen durch hohe Mieten verloren und in einen Abstiegsstrudel gerieten, Zugewanderte, die keine feste Stellung oder keinen sozialen und wirtschaftlichen Anschluss fanden, und Arbeiter, die durch Unfälle, Krankheiten oder Pleiten ihre Arbeit verloren.

Nationalbewegung: politische Bewegungen mit dem Ziel nationalstaatlicher Souveränität

nationale Befreiungsbewegung: Bewegung mit dem Ziel der Errichtung eines Nationalstaates

Nationalsozialismus: völkisch-antisemitisch-nationalrevolutionäre Bewegung, die in Deutschland während der Weimarer Republik von der 1920 in Nationalsozialistische Deutsche Arbeiterpartei (▶NSDAP) umbenannten DAP ausging. Es handelt sich dabei um eine von mehreren radikalnationalistischen bzw. faschistischen Bewegungen im Europa dieser Zeit. Der Nationalsozialismus gilt wegen seines Rassenantisemitismus (▶Antisemitismus), seiner auf kriegerische Expansion ausgerichteten Außenpolitik (▶„Lebensraum im Osten") und seiner Vernichtungspolitik (▶Konzentrationslager) aber als am radikalsten. Die NS-Politik war verantwortlich für ▶Terror gegen Oppositionelle und gemäß ihrer Ideologie „missliebige Personen", die ▶„Euthanasie", den ▶Zweiten Weltkrieg und den ▶Holocaust – die Shoah.

Nationalstaat: Staatsmodell, in dem das staatliche Gebilde auf der Idee einer nationalen Gemeinschaft beruht

Nationalversammlung: Bezeichnung für parlamentarische Versammlungen eines ▶Nationalstaates

Neokolonialismus: Begriff, der vom ghanaischen Präsidenten Kwame Nkrumah geprägt wurde. Im N. würde trotz formaler Souveränität das wirtschaftliche und politische System mancher Staaten von außen gesteuert und diese Staaten als Werkzeuge in ▶Stellvertreterkriegen missbraucht. Nkrumah charakterisierte den Neokolonialismus als die schlimmste Form des ▶Imperialismus, da sich der dominante Staat durch die formale Souveränität der entsprechenden Staaten auch jeder Verantwortung und Rechenschaft entledigt habe.

Neoliberalismus: Ansatz der Volkswirtschaftslehre und der Wirtschaftspolitik, der Wachstum durch freien Handel, weniger staatliche Kontrolle und mehr Wettbewerb verspricht bzw. zu schaffen versucht. Dazu sollen etwa gesetzliche Auflagen abgebaut (Deregulierung), Zölle und Steuern gesenkt sowie Sozialausgaben und staatliche Wirtschaftshilfen reduziert werden. Diese Maßnahmen werden in der öffentlichen Debatte oft wegen damit verbundener Kürzungen und Sparzwängen oder dem Abbau von Arbeitnehmerrechten kritisiert. Der N. diente den Regierungen verschiedener westlicher Länder seit den 1980er-Jahren (v. a. Großbritannien und USA) als Leitbild.

Neue Ostpolitik: die von der SPD/FDP-Koalition unter Bundeskanzler Willy Brandt und späterer Bundesregierungen ab 1969 praktizierte ▶Entspannungspolitik. Sie führte zu Verträgen mit der Sowjetunion, Polen und der Tschechoslowakei. Im Grundlagenvertrag mit der DDR bestätigte die Bundesrepublik Deutschland die nach 1945 entstandenen Grenzen, hielt aber fest, dass sie „auf einen Zustand des Friedens in Europa" hinarbeiten wolle, „in dem das deutsche Volk in freier Selbstbestimmung seine Einheit wiedererlangen" könne.

Neue Soziale Bewegungen: Bezeichnung für politische Protestgruppen, die v. a. aus der APO und den Studentenbewegungen der 1960er-Jahre hervorgingen (▶ 68er-Bewegung). Ziele: Verbesserung der Lebensbedingungen, u. a. Emanzipation von Frauen, ▶Menschen- und Bürgerrecht, Ökologie, Frieden und Abrüstung.

New Deal: 1933 als „Neuanfang" propagierte Reformpolitik des US-amerikanischen Präsidenten Franklin D. Roosevelt, mit der er die USA aus der Wirtschaftskrise führen wollte. Es handelt sich um mehrere Einzelmaßnahmen in zwei Etappen. Durch eine Eingrenzung des ▶Wirtschaftsliberalismus und sozialpolitische Maßnahmen hielt er die demokratische Ordnung stabil. Bereits im Präsidentschaftswahlkampf 1932 verlangte Roosevelt „eine Neuverteilung der Karten" (New Deal).

Nivellierte Mittelstandsgesellschaft: Begriff des deutschen Soziologen Helmut Schelsky (1912–1984) aus den 1950er-Jahren. Er hob für die Gesellschaft der frühen Bundesrepublik zwei grundlegende Tendenzen hervor: eine Angleichung der Lebensstile (Nivellierung) aufgrund verbreiteten Wohlstands sowie eine Ausweitung der gesellschaftlichen Mittelschicht, bedingt durch den sozialen Aufstieg von Arbeiterinnen und Arbeitern sowie den Eintritt von immer mehr Menschen in Dienstleistungsberufe.

Novemberrevolution: Am Ende des Ersten Weltkrieges weiteten sich Aufstände von Matrosen zu revolutionären Erhebungen im gesamten Deutschen Reich aus. Es kam zur Bildung von Soldaten- und Arbeiterräten und zum Sturz der ▶konstitutionellen Monarchien. Deutschland wurde eine ▶parlamentarische Demokratie, die Weimarer Republik (▶Weimarer Verfassung).

NSDAP: antidemokratische, antirepublikanische und antisemitische Partei, die 1920 aus der Deutschen Arbeiterpartei hervorging. Infolge eines vom Parteiführer Adolf Hitler (▶Führerprinzip) angeleiteten ▶Putsches wurde sie 1923 verboten. Nach der Aufhebung des Verbotes gewann die NSDAP ab 1925 immer mehr Anhänger und wurde zur stärksten Partei der extremen Rechten in Deutschland. Im Juli 1932 wurde die NSDAP erstmals stärkste Fraktion im Reichstag. Kurz nach der Machtübertragung am 30. Januar 1933 (▶„Machtergreifung") war sie bis zum Ende der NS-Herrschaft 1945 die einzige zugelassene Partei im Deutschen Reich.

Öffentlichkeit: Dieser politisch-soziologische Begriff entstand in der Aufklärung und richtete sich gegen den damals herrschenden Absolutismus. Öffentlichkeit meint den Bereich, der über den privaten hinausgeht und für die Allgemeinheit offen sein sollte. Im Idealfall sollten darin öffentliche Angelegenheiten, über die zuvor transparent informiert worden ist, frei diskutiert werden. Ein wichtiges Ziel ist auch die Kontrolle politischer Macht.

Ölkrise: Krise der weltweiten Versorgung mit Mineralöl als Energieträger und industriellem Grundstoff, die durch den rasanten Anstieg der Rohölpreise 1973 und nochmals 1979 ausgelöst wurde. Die Kostenexplosionen verringerten die Wirtschaftsleistung der Industrienationen und stürzten erdölimportierende Entwicklungsländer in eine Schuldenkrise. Erst seit Mitte der 1980er-Jahre stabilisierte sich der Ölpreis wieder. Die Verknappung war keine Folge versiegender Ölvorräte, wie anfangs befürchtet, sondern in erster Linie preisbedingt. Meist waren politische Gründe ausschlaggebend, weil Exportländer vor allem westliche Staaten durch Drosselung der Liefermengen unter Druck setzen wollten. Gleichwohl trat die Begrenztheit fossiler Brennstoffe (nicht erneuerbare Energien) ins öffentliche Bewusstsein.

Oligarch: im staatstheoretischen Sinn Mitglied einer kleinen Gruppe von Personen, die in einer Oligarchie (griech. oligoi: die Wenigen) die Herrschaft innehat. Im Zusammenhang mit Russland (▶ Russische Föderation) nach dem Zusammenbruch der Sowjetunion 1991 bezeichnet der Begriff eine Person, die in der russischen ▶ Transformationsgesellschaft durch ihre herausgehobene Stellung in der Gesellschaft ihren Einfluss und Reichtum massiv steigerte – in der Regel durch den günstigen Erwerb eines lukrativen Betriebs oder Teilen davon, die zuvor in staatlichem Besitz waren.

Osterweiterung: Prozess nach dem Zusammenbruch des Ostblocks, bei dem zahlreiche Staaten aus Ost- und Südosteuropa der Europäischen Union und der NATO beitraten. Ein Großteil davon gehörte zuvor zum Machtbereich der ehemaligen Sowjetunion.

Parlament (frz. parler: sprechen): Versammlung der Vertreterinnen und Vertreter einer politischen Gemeinschaft, in der wichtige Entscheidungen für das Staatswesen getroffen bzw. Gesetze verabschiedet werden. In ▶ parlamentarischen Demokratien ist das Parlament die gesetzgebende Gewalt (Legislative).
Ursprünglich war das Parlament eine von einem Herrscher einberufene Versammlung angesehener Männer eines Reiches. So wurde in England seit 1295 der „Große Rat" des Königs durch gewählte Vertreter des Landadels und der Städte ergänzt. Er war der Ursprung des englischen Parlaments, das sich seit dem 14. Jh. in eine Vertretung des Hochadels (House of Lords) und eine Vertretung des niederen Adels und der Städte (House of Commons) aufteilte.

parlamentarische Demokratie: politisches System, in dem ▶ Gewaltenteilung herrscht und das Parlament aus demokratisch gewählten Mitgliedern mit freiem Mandat die gesetzgebende Gewalt (Legislative) ausübt und die Regierung kontrolliert.

Parlamentarisierung: Transformationsprozess, in dem die Bedeutung eines ▶ Parlaments gestärkt wird. Eine Demokratie oder ▶ konstitutionelle Monarchie ist parlamentarisiert, wenn das Parlament die Regierung bestimmt.

Partito Nazionale Fascista (PNF): Partei der italienischen Faschisten, die sich aus den Kampfgruppen der „Fasci di Combattimento" entwickelte. Die Nationale Faschistische Partei bestand von 1921 bis 1943. Ab 1922 war der PNF mit Benito Mussolini als Ministerpräsident an der italienischen Regierung beteiligt und während der faschistischen Diktatur von 1926 bis 1943 Staatspartei.

Partizipation (lat. participare: teilnehmen lassen): in Demokratien unterschiedliche Möglichkeiten für Bürgerinnen und Bürger, in der Politik und der ▶ Zivilgesellschaft mitzuwirken: u.a. durch das aktive und passive Wahlrecht, in Parteien, Interessenverbänden, Bürgerinitiativen, durch Streiks, Petitionen oder Demonstrationen

Perestroika: ▶ Glasnost und Perestroika

Personenkult: übermäßige Verehrung einer Person als politischer Führer und gesellschaftliches Vorbild. Sie geht einher mit der übersteigerten Darstellung positiver Eigenschaften und Fähigkeiten der betreffenden Person in der ▶ Propaganda. Der Personenkult dient in totalitären Staaten zur Begründung und zum Erhalt der Macht, zum Unterbinden von Kritik und zur „Disziplinierung" der Bevölkerung.

Pluralisierung: (lat. plures: mehr) Entstehung neuer Lebensformen, z.B. gleichgeschlechtliche Lebenspartnerschaften, Fernbeziehungen, gewollt kinderlose Ehen u. Verringerung der durchschnittlichen Haushaltsgrößen

Pluralismus: innerhalb einer Gesellschaft oder eines Staates in allen Bereichen vorhandene Vielfalt gleichberechtigt nebeneinander bestehender und miteinander um Einfluss und Macht konkurrierender Gruppen, Organisationen, Institutionen, Meinungen, Ideen, Werte und Weltanschauungen

Politischer Liberalismus (lat. liberalis: freiheitlich): politische Strömung, die im frühen 19. Jh. entstand. Der politische Liberalismus zielte auf die Freiheit von adliger und kirchlicher Herrschaft und staatsbürgerliche Gleichheit ab. (▶ Liberalismus)

Politische Revolution: ▶ Doppelrevolution

Politisierung: Prozess des Entstehens oder Wachsens politischen Interesses oder Engagements. Die Mittel der ▶ Moderne, u.a. Zeitschriften, ▶ Propaganda, Massenversammlungen, führten zu einer Politisierung auch des Alltags, die sich u.a. im Kampf um das Demonstrations- und allgemeine Wahlrecht sowie die Gründung von Ortsvereinen auch in kleinen Städten und Dörfer manifestierte.

Postindustrielle Gesellschaft: Die überwiegend auf Wissen und Information (statt Rohstoffen) basierende Wertschöpfung wird als postindustriell (wörtlich „nach-industriell") bezeichnet. Eine postindustrielle Gesellschaft ist daher maßgeblich vom dritten ▶ Sektor geprägt.

Postmoderne: Bezeichnung für die Gesellschaft nach der ▶ Moderne, in der Grundannahmen der Epoche der Moderne (▶ Fortschrittsoptimismus, Innovationsstreben) kritisiert und infrage gestellt werden

„Prager Frühling": Bezeichnung für die kurze Zeit liberaler Reformen durch die herrschende kommunistische Partei unter Alexander Dubček in der Tschechoslowakei im Jahr 1968. Durch Truppen des Warschauer Paktes unter Führung der Sowjetunion wurde er gewaltsam beendet.

Präsidialkabinett: Von 1930 bis 1933 hatten die Regierungen im Deutschen Reich keine parlamentarische Mehrheit im Reichstag; sie waren auf das Vertrauen des Reichspräsidenten Hindenburg angewiesen, der nach der ▶ Weimarer Verfassung ohne parlamentarische Zustimmung Verordnungen mit Gesetzeskraft (Notverordnungen) erlassen durfte, wenn „die öffentliche Sicherheit und Ordnung erheblich gestört oder gefährdet" war (Artikel 48). Von der in der Verfassung vorgesehenen Möglichkeit, die Notverordnungen „auf Verlangen des Reichstages außer Kraft zu setzen", wurde mangels fehlender Mehrheiten und der drohenden Auflösung des Reichstages durch den Reichspräsidenten kein Gebrauch gemacht.

Primat der Schwerindustrie: Entwicklungsstrategie für die DDR und alle übrigen Länder des sowjetischen Machtbereichs, die sich nach dem Vorbild der Sowjetunion zuerst auf die Errichtung einer eigenständigen Bergbau-, Eisen- und Stahlindustrie konzentrierten. Andere Wirtschaftsbereiche sowie die Versorgung mit Verbrauchsgütern mussten dagegen zurückstehen.

Progressive Era (engl.: Progressive Ära): bezeichnet den Zeitraum um die Jahrhundertwende des 19. zum 20. Jh. in den USA. In dieser Phase versuchten Reformer, die sich selbst „progressive" nannten („Progressive Movement"), die Herausforderungen der modernen Industriegesellschaft, wie zum Beispiel das Auseinanderklaffen von wirtschaftlichem Wohlstand und sozialen Problemen, zu lösen. Dabei wurde dem Staat eine wichtigere Rolle zuerkannt. Bei der Gestaltung einer effizienten und gerechten Zukunft sollten u.a. die Rückbesinnung auf religiöse Werte und die Fortschritte in den Wissenschaften zusammenwirken.

Proletariat: Begriff, den Friedrich Engels für die besitzlosen Massen der Lohnarbeiter in der industriellen Gesellschaft prägte, deren Mitglieder nur ihre Arbeitskraft zu verkaufen haben.

Proletarische Familie: Im 19. Jh. galt die ▶bürgerliche Familie als Ideal für alle Gesellschaftsschichten. Allerdings konnte sich der Großteil der Bevölkerung diesen Lebensstandard nicht leisten. In Arbeiterfamilien mussten in der Regel auch die Frau, zum Teil auch die Kinder arbeiten, um den Lebensunterhalt der Familie zu sichern. In diesen proletarischen Familien waren Frauen einer Doppelbelastung ausgesetzt: Sie mussten einerseits arbeiten und andererseits die Rolle als Hausfrau und Mutter einnehmen.

Propaganda (lat. propagare: ausbreiten): Durch bewusste Steuerung beispielsweise der mündlichen und schriftlichen Medien und oft unter Einsatz von Massenmedien soll die Bevölkerung gezielt beeinflusst werden.

Pseudolegalität: bezeichnet eine vorgetäuschte gesetzliche Zulässigkeit einer Handlung, einer Duldung oder eines Unterlassens. Unter Berufung auf Gesetze und Verordnungen, die zum Großteil unter Ausschaltung politischer Gegner oder deren Einschüchterung zustande kamen, versuchten u.a. die Nationalsozialisten ihre Herrschaft zusätzlich zu legitimieren.

Putsch: bewaffneter politischer Umsturz oder Umsturzversuch durch das Militär, Teilen davon oder Milizen

Radikalnationalismus: radikale Ausprägung der Ideologie des Nationalismus. Sie zielt darauf ab, alle Mitglieder der „erdachten Gemeinschaft" (Benedict Anderson) einer Nation in einem ▶Nationalstaat zu vereinigen und die Identität der Nation im Staatswesen zu reproduzieren.

Rassendiktatur: Herrschaftsform der ▶Diktatur, die den Herrschaftsanspruch durch die Zugehörigkeit zu einer vermeintlichen „Rasse" begründet

Rassismus: Ideologie, die fälschlicherweise von einer Aufteilung der gesamten Weltbevölkerung in „höhere und niedere Rassen" ausgeht. Den „Rassen", die sich angeblich in einem „permanenten Kampf" befinden, werden stereotype äußere Merkmale und Eigenschaften zugeschrieben. Die Interessen der „höheren Rassen" werden über die der „niederen" gestellt. Nach nationalsozialistischer Ansicht sei die Aufgabe des Staates die „Reinhaltung der Rasse", weshalb die Ausgrenzung, Auslese und Vernichtung missliebiger Menschen folgerichtig seien. Heute gilt die Einteilung von Menschen in „Rassen" wissenschaftlich als unhaltbar.

Recht auf Arbeit: Rechtsgarantie, die allen Erwerbsfähigen den Anspruch auf eine Arbeitsstelle zubilligt. Das Recht auf Arbeit war in den DDR-Verfassungen von 1949, 1968 und 1974 verankert. Es galt als Errungenschaft des ▶Sozialismus im Vergleich zu westlichen ▶Sozialstaaten, die eine derartige Garantie nicht leisten und lediglich die Folgen der Arbeitslosigkeit für die Betreffenden abzumildern versprechen.

Reform: Umgestaltung und Neuordnung in größerem Umfang innerhalb des bestehenden politischen bzw. wirtschaftlichen Systems (▶Arbeiterbewegung)

Reichsverfassung: Bezeichnung für die Verfassungen des Deutschen Reiches; ferner wird der Begriff auch für die Verfassung des Kaiserreiches Österreich von 1848 verwendet.

Republik (lat. res publica: öffentliche Angelegenheit): Kennzeichen einer Republik sind seit der Französischen Revolution eine nicht monarchische Staatsform, eine ▶Verfassung, ein ▶Parlament, ▶Gewaltenteilung, bei der öffentliche Ämter durch Wahlen vergeben werden, und Volkssouveränität.

Republikanische Kultur: Kultur, die die Prinzipien der ▶Republik verinnerlicht hat und ihren Zielen folgt. Die republikanische Kultur war in Frankreich, auch im Vergleich zu Deutschland, aufgrund der Folgen der Französischen Revolution schon sehr früh ausgeprägt.

„Republikflucht": Verlassen der sowjetischen Besatzungszone bzw. der DDR ohne staatliche Genehmigung bzw. deren Versuch. In der DDR war Republikflucht ein Straftatbestand und wurde streng geahndet, u.a. mit Haftstrafen.

Revision: bezeichnet im historisch-politischen Sinn das Bestreben, bestimmte vertraglich geregelte Zustände, die oft infolge von Kriegen entstanden sind, rückgängig zu machen. Der Begriff wird u.a. in Bezug auf die Bestrebungen im Deutschen Reich, Bestimmungen des ▶Versailler Vertrages zu annullieren, verwendet.

Revolution: (lat. revolutio: Umwälzung): grundlegende und tiefgreifende Veränderungen; in der Politik wird von Revolutionen gesprochen, wenn der Zugang zur Macht in einem Staat in kurzer Zeit grundlegend verändert wird (z.B. Französische Revolution 1789). Revolutionen sind das Gegenteil von Reformen und mit weitreichenden kulturellen, sozialen, wirtschaftlichen und rechtlichen Veränderungen sowie in der Regel mit der Anwendung von Gewalt verbunden.

„Revolution von oben": Begriff in der Geschichtswissenschaft, der von Friedrich Engels geprägt und in den 1970er-Jahren durch Hans-Ulrich Wehler, Ernst Engelberg und Michael Stürmer aufgegriffen wurde. Er bezeichnet grundlegende Reformen, die von Herrschenden vollzogen wurden, um eine Revolution abzuwenden.

„Revolution von unten": Begriff in der Geschichtswissenschaft, der sich in Abgrenzung zum Begriff ▶„Revolution von oben" gebildet hat. Damit wird der grundlegende Wandel eines Systems bezeichnet, der von Gruppen eingeleitet und durchgeführt wurde, die vor der Revolution nicht zu den Herrschenden des Systems gehört haben.

Risorgimento (ital.: Wiedererstehung): bezeichnet in der italienischen Geschichte den Zeitabschnitt zwischen dem Wiener Kongress (1815) und der Ausrufung des geeinten Königreiches Italien (1861). Gleichermaßen umfasst der Begriff auch alle politischen und sozialen Bewegungen, die in diesem Zeitraum die Vereinigung Italiens in einem unabhängigen ▶Nationalstaat anstrebten. Ursprünglich war „Risorgimento" der Titel einer politischen Zeitschrift, die sich für dieses Ziel einsetzte.

„Roaring Twenties" (engl.: dröhnende Zwanziger): US-amerikanische Bezeichnung für die 1920er-Jahre. Sie waren geprägt von einer überschäumenden kulturellen Aufbruchstimmung, die sich parallel mit der prosperierenden Wirtschaft entwickelte. Radio und Film ergänzten die bisherigen Medien. Die Filmindustrie erlebte im kalifornischen Hollywood ihren Durchbruch. Neben Kinos und Musicaltheatern zählten Jazzlokale zu den neuen Attraktionen.

Rüstungswettlauf: auch Wettrüsten genannt; schrittweise erfolgende und sich gegenseitig steigernde militärische Aufrüstung konkurrierender oder miteinander verfeindeter Staaten bzw. Bündnissysteme. Das Aufrüsten zwischen den USA und der UdSSR während des Ost-West-Konfliktes (▶ Kalter Krieg ▶ Bipolarität) ist ein Beispiel für einen Rüstungswettlauf.

Russische Föderation: Bundesstaat, der 1991 – noch während des Bestehens der Sowjetunion – aus der Russischen Sowjetrepublik hervorging. Er besteht aus 85 Föderationssubjekten (Stand 2021): 22 Republiken, neun Regionen (Kraj), 46 Gebieten (Oblast'), drei Städten föderalen Ranges, einem Autonomen Gebiet und vier Autonomen Kreisen. Davon sind die Krim mit Sewastopol, die 2014 von Russland annektiert wurden, völkerrechtlich nicht anerkannt.

„Samtene Revolution": Bezeichnung für den Wandel in der Tschechoslowakei von einem sozialistischen Staat unter Führung der Kommunistischen Partei in eine ▶ parlamentarische Demokratie, zu dem wesentlich die friedlichen Proteste der Bevölkerung ab 1988 beigetragen haben. Václav Havel, einer der Initiatoren der Bürgerrechtsbewegung ▶ Charta 77 wurde am 29. Dezember 1989 zum Staatspräsidenten gewählt. Die ersten freien Parlamentswahlen fanden im Juni 1990 statt.

Schauprozess: öffentliches Gerichtsverfahren mit propagandistischer Zielsetzung. Die Anklagen in Schauprozessen sind oftmals konstruiert, die Verurteilungen stehen schon von Beginn an fest. Schauprozesse dienen der Ausschaltung politischer Gegner und der Einschüchterung weiterer Oppositioneller bzw. der gesamten Bevölkerung.

Schrittmacherindustrie: Bezeichnung für einen Industriezweig, der durch seine Nachfrage nach den produzierten Waren, sein Angebot und Innovationen die gesamte Wirtschaft beeinflusst. Eine solche Rolle nahm im 19. Jh. in Deutschland die Eisenbahn ein. Einerseits schuf sie die Nachfrage nach Kohle, Stahl und Maschinen, andererseits steigerte sie die Möglichkeit des Transports von Waren und Personen hinsichtlich Umfang und Geschwindigkeit und stimulierte so die gesamte Wirtschaft.

Sektor: Bereich der Wirtschaft. Es werden drei Sektoren unterschieden: Der erste Sektor umfasst die Landwirtschaft und den Bergbau, also die Produktion von Rohstoffen. Der zweite besteht aus Handwerk und Industrie, also das produzierende Gewerbe, das Rohstoffe zu Erzeugnissen weiterverarbeitet. Als dritter Wirtschaftssektor werden Dienstleistungen bezeichnet, also das Angebot von Fähigkeiten und Wissen.

Selbstbestimmungsrecht der Völker: Grundsatz, der auf den Ideen der Amerikanischen und Französischen Revolution fußt. In der „Oktoberrevolution" berief sich Wladimir I. Lenin 1917 darauf mit dem Ziel, das russische Vielvölkerreich zu zerschlagen. US-Präsident Wilson machte es am Ende des Ersten Weltkrieges öffentlichkeitswirksam zu einer zentralen Forderung der amerikanischen Außenpolitik. Während der Pariser Friedensverhandlungen 1919 stand vor allem das Streben einzelner Völker nach Eigenstaatlichkeit und Autonomie in politischen, wirtschaftlichen, sozialen und kulturellen Fragen im Fokus.

Shoah: ▶ Holocaust – Shoa

Sinatra-Doktrin: politische Richtlinie der Sowjetunion, benannt nach dem Lied „I did it my way" des US-amerikanischen Sängers Frank Sinatra. Der damalige Staats- und Parteichef Michail Gorbatschow verkündete sie am 25. Oktober 1989 bei einem Staatsbesuch in Finnland. Dabei erklärte er den Verzicht der Sowjetunion auf jegliche Gewalt gegen andere Staaten des Warschauer Pakts und gestand diesen im Gegenzug die volle Entscheidungsfreiheit bei der Gestaltung ihrer inneren Verhältnisse zu. Damit wurde die sog. Breschnew-Doktrin außer Geltung gesetzt, die 1968 nach der Niederschlagung des ▶ „Prager Frühlings" verkündet wurde. Mit ihr hatte sich die Führungsmacht des Ostblocks das Recht vorbehalten, den ▶ Sozialismus nach sowjetischem Vorbild notfalls auch gewaltsam zu verteidigen.

Singularität der nationalsozialistischen Verbrechen: Die NS-Vernichtungspolitik, die sich vorrangig gegen Juden wandte, richtete sich auch gegen andere Gruppen: Sinti und Roma, ermordete Zivilisten vor allem in Polen und der Sowjetunion, aber auch in den anderen besetzten Ländern (12–14 Mio. ermordete Zivilisten insgesamt), und als von der Norm abweichend definierte Gruppen wie homosexuelle, psychisch kranke und behinderte Menschen. Diese Vielzahl der verschiedenen Opfergruppen sowie die angestrebten und realen Opferzahlen sind einzigartig. Entscheidend ist jedoch die staatliche Planung als gesellschaftliches Gesamtkonzept und sowie die systematische und industrielle Durchführung der Vernichtung von Menschen.

SS (Abk. für Schutzstaffel): 1925 gegründete Parteiformation zum persönlichen Schutz Hitlers, ab 1934 „selbstständige Organisation" der ▶ NSDAP mit polizeilicher Machtbefugnis

Solidarność (polnisch: Solidarität) unabhängige polnische Gewerkschaft, die 1980 nach sozialen Unruhen in Gdańsk (Danzig) gegründet wurde. Unter ihrem Vorsitzenden Lech Walesa wurde sie zur wichtigsten oppositionellen Kraft im kommunistischen Polen. 1981 bei der Verhängung des Kriegsrechts verboten, arbeitete sie bis 1989 zum Teil im Untergrund weiter. 1989 wieder zugelassen, gewann sie die ersten freien Wahlen mit überwältigender Mehrheit. Im Dezember 1990 wurde Walesa Staatspräsident Polens.

Sockelarbeitslosigkeit: Erscheinung in westlichen Industrieländern seit Mitte der 1970er-Jahre, wonach ein Teil der Arbeitssuchenden unverändert (sprich: als „Sockel" der Arbeitslosen-Statistik) ohne Beschäftigung bleibt. Grund dafür ist, dass wirtschaftliche Aufschwünge nicht mehr für ▶ Vollbeschäftigung sorgen.

Sozialdarwinismus: Übertragung der biologischen Evolutionstheorie Charles Darwins (1809–1882) von der natürlichen Auslese und vom Kampf ums Dasein auf die Gesellschaft. Sozialdarwinistische Vorstellungen gingen von der angeblichen Überlegenheit bestimmter Individuen und Gesellschaften aus und rechtfertigten so den ▶ Imperialismus, die Rassenlehre (▶ Rassismus) und den ▶ Antisemitismus.

Soziale Frage: Während die ▶ Industrialisierung einerseits für Wachstum, Wohlstand und Arbeitsplätze sorgte, führte sie andererseits unter den Arbeitern zu großen Problemen in Form von geringen Löhnen, langen Arbeitszeiten, schlechten Arbeitsbedingungen, Wohnungsnot, Gesundheitsproblemen und geringer Lebenserwartung. Diese Not eines großen Teils der Bevölkerung und die Frage, wie diese Zustände beseitigt werden können, werden als Soziale Frage bezeichnet.

Soziale Marktwirtschaft: Wirtschaftsordnung, die soziale Gerechtigkeit auf der Grundlage einer leistungsfähigen, geregelten Wettbewerbswirtschaft (▶Marktwirtschaft) vorsieht. Das Konzept geht auf deutsche Nationalökonomen wie Alfred Müller-Armack (1901–1978) zurück, die seit den 1930er-Jahren mehr staatliche Aufsicht über die Wirtschaft forderten, um fairen und freien Wettbewerb zu sichern. In der Gründungsphase der Bundesrepublik vertraten zunächst die Unionsparteien dieses Konzept, ehe es im Laufe der 1950er-Jahre zum allgemein anerkannten Leitbild wurde.

„Sozialer Volksstaat": Von den Nationalsozialisten benutzter Begriff, der die „soziale/sozialistische Komponente" der ▶NSDAP zum Ausdruck bringen soll. Die scheinbaren sozialen Verbesserungen für die ▶„Volksgemeinschaft" wurden durchgesetzt unter Schädigung der Ausgeschlossenen und durch eine massive Staatsverschuldung.

Sozialismus: (lat. socius: Genosse) Wirtschafts- und Gesellschaftsordnung, die die Überführung privater Betriebe und Produktionsmittel in Gemeineigentum (Kollektivierung) vorsieht, um die Unterschiede zwischen Arbeitgebern und Arbeitnehmern aufzuheben. Als Ziel sozialistischer Politik gilt eine Gesellschaft ohne Klassengegensätze.

„Sozialismus in einem Land": Doktrin Stalins seit 1942. Mit der Idee vom Aufbau des „Sozialismus in einem Land" wendet sich die Sowjetunion unter Stalin von der Weltrevolutionstheorie des Sozialismus ab. Begründet wurde die neue Leitlinie mit den unterschiedlichen ökonomischen Verhältnissen in den verschiedenen Staaten. Die Sowjetunion sollte zum Vorbild für andere Staaten werden, daher wurde „Sozialismus in einem Land" zum Maßstab der politischen und wirtschaftlichen Veränderungen unter Stalin.

Sozialistenverfolgung: Aufgrund ihrer revolutionären Forderungen wurde die ▶Arbeiterbewegung vom konservativen Bürgertum und Adel als Bedrohung wahrgenommen. Für den deutschen Reichskanzler Otto von Bismarck galt die Sozialdemokratie als Reichsfeind und er versuchte, den Einfluss der Arbeiterbewegung gesetzlich auszuschalten. Dieses sogenannte Sozialistengesetz (1878) erlaubte Verbote sozialistischer Parteien, Organisationen und Druckschriften sowie politischer Versammlungen. Mit Gesetzen und Verfolgungsmaßnahmen ließen sich die sozialistischen Ideen aber nicht unterdrücken, weshalb die Sozialdemokraten bei den Reichstagswahlen ihre Stimmen bis 1890 verdreifachen konnten. Nach 1890 wurde das Gesetz nicht verlängert.

Sozialistische Revolution: der Theorie des ▶Marxismus folgend ein Etappenziel auf dem Weg zur Überwindung des ▶Kapitalismus und der Schaffung einer gerechten ▶„klassenlosen Gesellschaft"

Sozialstaat: Aufgabenbereich oder Anspruch eines Staates, durch die Bereitstellung öffentlicher Leistungen für soziale Sicherheit und Gerechtigkeit zu sorgen. Das Grundgesetz verpflichtet die Bundesrepublik in Art. 20, Abs. 1 auf dieses Staatsziel (Sozialstaatsgebot). Dazu wurden seit den 1950er-Jahren Gesetze verabschiedet, die die Entschädigung von Kriegsopfern und Vertriebenen, Unterstützung bei Arbeitslosigkeit, Unfällen und Krankheit sowie eine gesicherte Altersversorgung vorsahen.

Sozialistischer Realismus: ideologisch begründete künstlerische Stilrichtung im 20. Jh. Der Sozialistische Realismus wurde 1932 für alle Bereiche der Kunst der einzig zugelassene Kunststil in der Sowjetunion und später in anderen sozialistischen Staaten. Er sollte erzieherisch wirken im Sinne des Sozialismus und der Staatsführung. Realistische Darstellung, Volksverbundenheit und „Wahrheit" waren weitere Leitprinzipien. Häufige Themen waren das Arbeitsleben, die Zukunft der sozialistischen Gesellschaft und die Verherrlichung von Staatslenkern wie Stalin (▶Personenkult).

Staatliche Sozialpolitik: Zur Lösung der ▶Sozialen Frage entstand im Deutschen Reich eine Sozialgesetzgebung, die zentrale Nöte der Arbeiterschaft mildern sollte. Dazu gehörten eine gesetzliche Krankenversicherung für Arbeiter (1883), eine Unfallversicherung (1884) für die Folgen eines Betriebsunfalls sowie eine Alters- und Invalidenversicherung (1889), Vorläufer der heutigen Rentenversicherung. Damit wurde die soziale Absicherung der Arbeiter zur Aufgabe des Staates, was zur damaligen Zeit neu und für viele europäische Staaten ein Vorbild war.

Stellvertreterkrieg: militärischer Konflikt, den Mächte nicht direkt gegeneinander, sondern auf externem Territorium und/oder gegen eine dritte Macht führen

Systemkonflikt: Spannungen und Auseinandersetzungen, die aus Gegensätzen zwischen verschiedenen (politisch-gesellschaftlichen oder wirtschaftlichen) Systemen entstehen

Staatsverschuldung: Aufnahme von Anleihen, Darlehen und Krediten in öffentlichen Haushalten (in der Bundesrepublik Deutschland auf Bunds-, Länder- und kommunaler Ebene). Sie ist notwendig, wenn die Ausgaben höher sind als die Einnahmen.
Durch die Tilgung der Schulden und Zinszahlungen verringern Schulden den Handlungs- und Gestaltungsspielraum eines Landes. Wenn ein Staat seine Schulden nicht mehr bezahlen kann, spricht man von Staatsbankrott oder -insolvenz. Die Wirtschaftskrise und immense Staatsverschuldung der kommunistischen Staaten des Ostblocks war ein wesentlicher Grund für deren Zusammenbruch.

Stagflation: Zustand einer Volkswirtschaft, in der Stagnation (stillstehendes oder rückläufiges Wachstum sowie schwindende Beschäftigung) und Inflation (zunehmende Preissteigerung) gleichzeitig auftreten. Der Begriff verweist insbesondere auf die Lähmung der westlichen Industrieländer durch die Wirtschaftskrisen von Mitte der 1970er- bis Anfang der 1980er-Jahre.

Strukturwandel: Veränderung der Beschäftigungsstruktur einer Volkswirtschaft. Dabei vollzieht sich – vereinfacht erklärt – ein Übergang der Hauptmasse der Beschäftigten von der Landwirtschaft (Primärer ▶Sektor) zu Industrie und Gewerbe (Sekundärer Sektor) bzw. in Dienstleistungsberufe (Tertiärer Sektor). Diese Entwicklung dauert oft Jahrzehnte und kann durch staatliche Eingriffe und Lenkungsversuche nur geringfügig beeinflusst werden.

Systemwechsel: Übergang von einer politischen Ordnung zu einer grundsätzlich anderen

Take-off (engl.: Abheben eines Flugzeugs/einer Rakete): im Stufenmodell von Walt W. Rostow (1916–2003) die Bezeichnung für eine Phase sprunghaften Wirtschaftswachstums, wie z.B. das Wachstum der englischen Textilproduktion in wenigen Jahrzehnten ab 1780

Taylorismus: Der Ingenieur Frederick Winslow Taylor (1856–1915) entwickelte das – seiner Meinung nach – „wissenschaftliche Management", das einen streng geregelten Arbeitsablauf in Einzelschritten vorsah. Jeder Arbeiter hatte zwar nur noch wenige einzelne Handgriffe zu tun, diese jedoch in sehr kurzen Zeitabständen und extrem hoher Anzahl. Er wurde zum Bestandteil eines Automatismus, der die Effizienz steigern sollte.

Terror: Verbreitung von Angst und Schrecken durch angedrohte oder ausgeübte Gewalt, um Menschen gefügig zu machen oder einzuschüchtern

Tertiärisierung: Umwandlung einer von Industrie geprägten Gesellschaft hin zu einer Dienstleistungsgesellschaft (tertiärer ▶Sektor)

Toleranz (lat. tolerare: erdulden, ertragen): Haltung, die abweichende Ansichten, Einstellungen und Lebensweisen anderer duldet bzw. anerkennt. Toleranz wird als wichtige Grundlage für ein friedliches Zusammenleben in einer offenen Gesellschaft (▶ Zivilgesellschaft) betrachtet.

„Totaler Krieg": Art der Kriegsführung, bei der die gesellschaftlichen Ressourcen umfassend für den Krieg in Anspruch genommen werden. Der Begriff tauchte erstmals im Französischen („guerre totale") während des Ersten Weltkrieges auf. Propagiert wurde er während des ▶ Zweiten Weltkrieges durch Joseph Goebbels' Rede am 18. Februar 1943 im Berliner Sportpalast.

Totalitarismus: Konzept, das Diktaturen beschreibt, die neben der Beherrschung des Staates Anspruch auf Durchdringung aller gesellschaftlicher Bereiche und die Kontrolle bzw. Umerziehung der gesamten Bevölkerung im Sinne der für alle verbindlichen Ideologie erheben. Angewandt wurde es u.a. auf den Stalinismus und den ▶ Nationalsozialismus. Trotz der Kritik, dass mit der Totalitarismustheorie Unterschiede der einzelnen Erscheinungsformen nicht erfasst werden könnten und eine unzulässige Gleichsetzung erfolge (▶ Singularität der nationalsozialistischen Verbrechen), gilt sie als ein wichtiger wissenschaftlicher Ansatz.

Trade Union (engl.): Bezeichnung für Gewerkschaft

Transformationsgesellschaft: Bezeichnung für eine Gesellschaft, die durch einen politischen und wirtschaftlichen Umbruch einem tief greifenden Wandel in allen Lebensbereichen ausgesetzt ist. Betroffen waren nach dem Zusammenbruch der sozialistischen ▶ Volksrepubliken (▶ Sozialismus) alle Staaten des ehemaligen Ostblocks und damit unter anderem die Sowjetunion, deren Nachfolgestaaten und die DDR.

Transnationaler Konzern: Zusammenschluss aus mehreren Unternehmen mit Niederlassungen oder Tochterfirmen in verschiedenen Ländern. Durch die Präsenz in zahlreichen Staaten erhält der Konzern gesicherten Zugang zu den jeweiligen Märkten, kann Preisschwankungen, sinkende Nachfrage oder Engpässe in einzelnen Ländern besser ausgleichen und die Produktion bedarfsweise zwischen den Standorten verlegen, um Kosten zu sparen. Transnationale Konzerne sind sowohl das Ergebnis einer fortschreitenden ▶ Globalisierung (im Sinne weltweiter Verflechtung von Handel, Kapital und Arbeit), als auch deren entschiedenste Befürworter, da sie unter den Bedingungen freien internationalen Handels und geringer Regulierung besonders gut wirtschaften können.

„Umvolkung": Der Begriff entstand in den 1920er-Jahren und beschrieb die Entwicklung, dass sich „volksfremde Elemente" z.B. durch Umsiedlung in die bestehende Kultur eines Volkes mischen und dieses dadurch verändern. In der Zeit des ▶ Nationalsozialismus wurde der Begriff zum einen verwendet, um die Eingliederung deutschstämmiger Menschen aus anderen Staaten in das deutsche Volk zu beschreiben, zum anderen, um zu verdeutlichen, warum „rassisch" oder politisch unerwünschte, nicht in Deutschland lebende Bevölkerungsgruppen vom deutschen Volk ferngehalten werden müssten (▶ Rassismus).

Umweltverschmutzung: Umweltbelastung durch bestimmte stoffliche (feste, flüssige, gasförmige) sowie durch energetische Rückstände (Strahlen, Lärm, Erschütterungen).

Unabhängigkeitskrieg: Krieg, der von einer Bevölkerungsgruppe geführt wird, um die Souveränität über ein Territorium zu erlangen, das von einer anderen Macht kontrolliert wird

Ungarnaufstand: 1956 führte in Ungarn ein Volksaufstand zur Abschaffung der kommunistischen Einparteiendiktatur. Die sowjetische Armee beseitigte die neue Regierung und stellte die vorherigen politischen Verhältnisse wieder her.

Ungleiche Verträge: Verträge, bei denen einer der Vertragspartner seine überlegene Position zur Durchsetzung seiner Interessen nutzt. Nach der erzwungenen Öffnung Japans schlossen die westlichen Mächte Verträge mit dem Inselstaat ab, die ihre eigene Position stärkten. Zwischen 1858 (USA) und 1869 (Österreich-Ungarn) musste Japan den ausländischen Mächten niedrige Zölle, Nutzung von Häfen, eine eigene Gerichtsbarkeit und andere Vergünstigungen zugestehen, die die Souveränität des Landes einschränkten. Die Aufhebung dieser ungleichen Verträge war ein Hauptmotiv der durchgeführten ▶ Modernisierung Japans in den folgenden Jahrzehnten.

Urbanisierung: Prozess gesellschaftlicher Beschleunigung, Verdichtung und Neuorganisation. Das wichtigste Ergebnis dieses Prozesses war es, Räume gesteigerter menschlicher Interaktion entstehen zu lassen, in denen Informationen schnell ausgetauscht und optimal genutzt sowie neues Wissen unter günstigen institutionellen Bedingungen geschaffen werden konnten. Manche Historiker unterscheiden zwischen „Verstädterung" als einem quantitativen Prozess räumlicher Verdichtung und „Urbanisierung" als dem qualitativen Entstehen neuer Handlungs- und Erfahrungsräume, anders gesagt: der Entwicklung besonderer urbaner Lebensweisen.

Verfassung: zentrales Rechtsdokument, in dem die Grundordnung einer Gemeinschaft sowie die Rechte und Pflichten der Mitglieder der Gemeinschaft festgelegt sind

Verfassungsstaat: Staatswesen, in dem die Staatsgewalt, d.h. die Macht der Menschen, die den Staat repräsentieren, an eine ▶ Verfassung gebunden ist

Vernetzung: Herstellung von zuverlässigen Verbindungen zu einem Geflecht oder Netzwerk. Der Begriff lässt sich auf verschiedenste Bereiche anwenden: die Verknüpfung von Informationen und Kommunikationswegen durch moderne Datentechnik, die Errichtung und Pflege von Beziehungen zwischen Organisationen zur wirtschaftlichen, politischen oder kulturellen Zusammenarbeit oder der Aufbau regelmäßiger, zweckgerichteter Kontakte zwischen Personen (private oder soziale Netze).

Verfolgung: Als Verfolgung werden diskriminierende Maßnahmen oder die Anwendung von Gewalt aufgrund von (vermeintlichen) Gruppenzugehörigkeiten, Überzeugungen oder anderer Zuschreibungen bezeichnet.

Verkehrsrevolution: Die Dampfmaschine revolutionierte im 18. und 19. Jh. als Antriebskraft innerhalb kurzer Zeit die Beförderung von Personen und Waren. Die Kohle ersetzte als Energieträger die bisherigen natürlichen Ressourcen und ermöglichte Transport unabhängig von Wetter (Schiffe) und Tieren (Kutschen). Mit der Eisenbahn und dem Dampfschiff veränderten sich die Kapazität und Geschwindigkeit des gesamten Verkehrswesens.

Vernichtungskrieg: Krieg, dessen Ziel die vollständige Vernichtung des Gegners durch die massenhafte Ermordung der Bevölkerung oder die Zerstörung ihrer Lebensgrundlage ist

Versailler Vertrag: Ergebnis der Pariser Friedenskonferenz von 1919, an der das Deutsche Reich, Österreich-Ungarn und Sowjetrussland nicht teilnehmen durften. Der Vertrag wurde am 28. Juni 1919 im Schloss von Versailles unterzeichnet, trat am 10. Januar 1920 in Kraft, beendete mit weiteren Verträgen den Ersten Weltkrieg und war Grundlage für den Völkerbund. Er machte das Deutsche Reich und seine Verbündeten für den Kriegsausbruch verantwortlich (▶„Kriegsschuldartikel" 231) und legte Gebietsabtretungen sowie Wiedergutmachungsleistungen (Reparationen) fest.

Versorgungkrise: Zustand eines Landes oder einer Region, in denen Güter, die lebenswichtig sind oder für Bereiche einer Volkswirtschaft bedeutsam sind, nicht oder in ungenügender Menge zur Verfügung stehen. Das kann innenpolitische Gründe haben oder von gestörten (Handels-) Beziehungen zu anderen Ländern verursacht sein.

Versorgungsstaat: Staat, dessen Leistungsangebot für sozial Schwächere noch über das eines ▶Sozialstaats hinausgeht. Der Begriff wird entweder auf sozialistische Staaten (▶Sozialismus) und ihr Versprechen umfassender sozialer Fürsorge angewandt, oder er dient in westlichen Ländern als Warnung vor einer zu kostspieligen Sozialpolitik.

Verunsicherung: Sie entsteht bei Verlust von emotionaler Sicherheit und Störung von Vertrauen, wenn z.B. eine Möglichkeit zur Beeinflussung der Umwelt fehlt. Die ▶Industrialisierung und die Urbanisierung beschleunigten die Alltagsabläufe; niedrige Löhne, Massenquartiere und ▶Umweltverschmutzung brachten weitere Ängste in der Bevölkerung hervor. Gesellschaftliche Konflikte (▶Arbeiterbewegung) und sog. „Zivilisationskrankheiten" wurden ebenso gefürchtet wie Vereinsamung in der Masse oder technische Katastrophen (z.B. „Titanic"-Unglück 1912).

Vierjahresplan: Wirtschaftsplan der nationalsozialistischen Regierung, um binnen vier Jahren ab 1936 wirtschaftliche und militärische Kriegsfähigkeit durch Autarkie und Aufrüstung zu erreichen

Vierzehn Punkte: Am 8. Januar 1918, legte der US-amerikanische Präsident Thomas Woodrow Wilson in einer Rede vor dem US-Kongress einen 14 Punkte umfassenden Plan für eine Friedensordnung nach Beendigung des Ersten Weltkrieges vor. Bei den Friedensverhandlungen in Versailles 1919 bildeten die vierzehn Punkte eine wichtige Grundlage. Sie konnten allerdings nicht alle verwirklicht werden. Insbesondere die Durchsetzung des ▶Selbstbestimmungsrechts der Völker wurde nicht realisiert.

Völkerbund: nach dem Ersten Weltkrieg im Zusammenhang mit dem ▶Versailler Vertrag 1920 von 32 Staaten gegründete internationale Organisation zur Wahrung des Friedens und zur Zusammenarbeit aller Völker mit Sitz in Genf. Die 1945 gegründeten Vereinten Nationen sind Nachfolgerin des Völkerbundes.

Volksdemokratie: kommunistische Bezeichnung für einen Staat bzw. eine Gesellschaft nach 1945, in der zwar unterschiedliche Parteien bestehen können, bei der jedoch die jeweilige kommunistische Partei die Führung hat (Einheitsliste).

„Volksgemeinschaft": Nationales Ziel Hitlers war es, eine einheitliche und homogene „Volksgemeinschaft" zu schaffen, um politische und soziale Gegensätze einzuebnen. Aus dieser Gemeinschaft schloss die nationalsozialistische Ideologie politische Gegner, als minderwertig diffamierte Menschen (u.a. Juden) und sog. „Volksschädlinge" aus. Ein ▶„Klassenkampf", wie von Marx vorgesehen, sollte keinesfalls stattfinden.

Vollbeschäftigung: Zustand der Volkswirtschaft, in der eine Arbeitslosenquote von weniger als zwei Prozent erreicht wird

Vormärz: Epochenbegriff für die Zeit zwischen dem Wiener Kongress 1815 und der Revolution 1848; im engeren Sinne der Zeitraum zwischen der französischen Julirevolution von 1830 und 1848 in den Staaten des Deutschen Bundes. Geprägt war der Vormärz durch die aufkommenden Ideologien des Nationalismus, ▶Liberalismus und ▶Sozialismus sowie die sich gegen diese Strömungen richtende Politik der Restauration.

Wahlrecht: ▶allgemeines Wahlrecht ▶Zensuswahlrecht

Wehrmacht: Aus der Reichswehr der Weimarer Republik wurde 1935 mit der Einführung der allgemeinen Wehrpflicht die „Wehrmacht". Entgegen den Bestimmungen des ▶Versailler Vertrages wurde ein Friedensheer von 550 000 Soldaten (mit Luftwaffe und Kriegsmarine) aufgebaut. Ab Dezember 1941 übernahm Hitler den Oberbefehl über das Heer. Nach dem ▶Zweiten Weltkrieg wurden die Verstrickungen der Wehrmacht in die verbrecherische Kriegsführung des NS-Systems erst allmählich thematisiert und letztendlich nachgewiesen.

Weimarer Koalition: Bezeichnung für die Koalition bestehend aus der Sozialdemokratischen Partei Deutschlands (SPD), der katholischen Zentrumspartei und der linksliberalen Deutschen Demokratischen Partei (DDP). Schon während des Ersten Weltkrieges kooperierten die Fraktionen dieser Parteien. In der Verfassunggebenden ▶Nationalversammlung, bei deren Wahl am 19. Januar 1919 sie insgesamt 76,1 Prozent der Stimmen erhielten, bildeten sie erstmals die sogenannte „Weimarer Koalition".

Welfare state (engl.: Wohlfahrtsstaat): System von Institutionen in einem Staat, welches seine Bevölkerung in Fällen wie Arbeitslosigkeit, Krankheit, Unfall und im Alter unterstützt

Weltanschauungskrieg: Der Vernichtungskrieg gegen die Sowjetunion wurde von Hitler zum Weltanschauungskrieg stilisiert. Antisemitische, antikommunistische und rassistische Vorstellungen charakterisierten die Praxis des Krieges. Als Beispiele sind das Aushungern der Stadt Leningrad zu nennen (▶Rassismus und Antikommunismus) oder die Vernichtung der Juden in den Lagern der „Aktion Reinhardt" (▶Antisemitismus). Die ökonomischen und militärstrategischen Erfordernisse des Krieges wurden hinter die ideologischen Vorgaben zurückgestellt.

Weltwirtschaftskrise: ökonomische Krise, die in zahlreichen oder allen Ländern der Welt Auswirkungen hat. Konkret wird damit häufig die Krise der Wirtschaft nach dem Zusammenbruch der New Yorker Börse im Oktober 1929 bezeichnet. Ihre Folgen waren ein weltweiter Rückgang von Produktion und Handel, der Zusammenbruch von Banken sowie der Verlust von Sparvermögen, Massenarbeitslosigkeit und Verelendung. In Deutschland machte sie eine begonnene politische Entspannung (▶„Goldene Zwanziger") zunichte und stärkte die radikalen Parteien.

Wertewandel: Wandel der alltäglichen Umgangsformen innerhalb einer Gesellschaft

Widerstand: Als Widerstand wird im politischen Sinne die Verweigerung des Gehorsams oder das aktive oppositionelle Handeln gegenüber der Herrschaft bezeichnet.

Wiederbewaffnung: Einführung militärischer Strukturen in der BRD und der DDR nach dem Zweiten Weltkrieg in den 1950er Jahren

Wirtschaftsliberalismus: Grundidee des Wirtschaftsliberalismus (▶Liberalismus) ist, dass sich der Markt ohne staatliche Eingriffe durch freien Wettbewerb entwickeln soll. Auf diese Weise fördere der Einzelne, indem er seinen persönlichen Vorteil verfolge, das Gemeinwohl stärker, als wenn er bewusst zu diesem beitragen wolle. Die Idee geht auf Adam Smith (1723–1790) zurück, der die positiven Effekte von Arbeitsteilung, Spezialisierung und freiem Markt hervorhob. Der Wirtschaftsliberalismus stellt eine wichtige Grundlage der ▶Industrialisierung in England dar.

Wirtschafts-, Währungs- und Sozialunion: Staatsvertrag, bei dem diese drei Bereiche angeglichen und zu einem übergreifenden Ganzen zusammengeführt werden. Die Bundesrepublik Deutschland und die DDR schlossen am 18. Mai 1990 einen derartigen Staatsvertrag, der am 1. Juli 1990 in Kraft trat. Dabei wurde das Wirtschafts- und Sozialsystem der Bundesrepublik weitestgehend auf die neuen Bundesländer übertragen, die D-Mark als alleinige Währung eingeführt und Umtauschkurse zwischen DDR-Mark und D-Mark festgelegt.

Zensuswahlrecht: Form des Wahlrechtes, in der das Wahlrecht an ein bestimmtes Vermögen gebunden ist. Es kann auch eine Gewichtung der Stimmen nach Vermögen erfolgen.

Zentralverwaltungswirtschaft: Wirtschaftsordnung eines Landes, die von einer zentralen (staatlichen) Planungsbehörde kontrolliert wird (daher auch: Planwirtschaft). Die Behörde plant und steuert Produktion und Investitionen, Ausbildung und Beschäftigung sowie die innerstaatliche Preisentwicklung.

Zivilgesellschaft: Begriff, der durch den italienischen Theoretiker Antonio Gramsci (1891–1937) geprägt wurde. Er beschrieb die Zivilgesellschaft als die Gesamtheit aller nichtstaatlichen Organisationen der selbstständigen, politischen und sozial engagierten Bürgerinnen und Bürger, welche die öffentliche Meinung beeinflussen können. Gemeint sind alle Aktivitäten, welche weder Profit noch parteipolitische Interessen erzielen. Sie können zum Beispiel die Arbeit in Vereinen, Verbänden, Initiativen und sozialen Bewegungen beinhalten.

Zusammenbruchsgesellschaft: Der Begriff geht auf den deutschen Historiker Christoph Kleßmann (* 1938) zurück. Er kennzeichnet die deutsche Gesellschaft für die Zeit vom Kriegsende bis etwa 1948, die vom Wegfall der bisherigen politischen und sozialen Ordnung, von Demoralisierung und existenzieller Not geprägt war.

Zuwanderung: Bezeichnung für Migration, die die Perspektive des Ankommens in einem Verwaltungswesen einnimmt

Zwangsarbeit: unter Androhung von Gewalt oder Strafe erpresste Arbeitsleistung. Zwangsarbeit wird von totalitären Staaten (▶Totalitarismus) zur Disziplinierung, Bestrafung und Bereicherung eingesetzt. Nach der „Oktoberrevolution" und im russischen Bürgerkrieg wurden Zwangsarbeitslager errichtet. Unter Josef Stalin und seinen Nachfolgern bestand in der Sowjetunion ein Lagerkomplex (▶GULag) mit Millionen Zwangsarbeitern. Im ▶Nationalsozialismus wurden Häftlinge der ▶Konzentrationslager zu Zwangsarbeit herangezogen, im ▶Zweiten Weltkrieg zusätzlich Kriegsgefangene u.a. zur Rüstungsproduktion. Die Verpflichtung der Deutschen zum Reichsarbeitsdienst kann ebenfalls als eine Form angesehen werden. Auch in der DDR gab es solche Lager; Zwangsarbeit wurde besonders zur Disziplinierung von Jugendlichen eingesetzt.

Zwei-Drittel-Gesellschaft: Mitte der 1980er-Jahre geprägter Begriff, der auf eine grundlegende Spaltung der Gesellschaft aufmerksam macht. Demnach wird ein Teil der Bevölkerung als Folge von Arbeitslosigkeit oder zu niedrigem Einkommen von Armut bedroht und sieht sich dauerhaft vom Wohlstand der übrigen Gesellschaft abgehängt.

Zweiter Weltkrieg: Er begann am 1. September 1939 mit dem deutschen Überfall auf Polen. Mit der Kapitulation Japans am 2. September 1945 endete die Serie regionaler Kriege, die als Zweiter Weltkrieg in die Geschichte des 20. Jh. einging. Die Opferzahl ist bis heute umstritten: Die Forschung geht von ca. 75 Millionen Toten aus (Zivilisten, Soldaten, Opfer der NS-Vernichtungspolitik). Die Erinnerung an den Zweiten Weltkrieg ist bis heute in allen beteiligten Staaten für das nationale Selbstverständnis gegenwärtig und im Bewusstsein der Gesellschaft verankert.

Zwei-plus-Vier-Vertrag („Vertrag über die abschließende Regelung in Bezug auf Deutschland"): völkerrechtlicher Vertrag vom September 1990, benannt nach den sechs Vertragsparteien (Bundesrepublik Deutschland, DDR sowie die Siegermächte des Zweiten Weltkrieges USA, UdSSR, Großbritannien und Frankreich). Er legte u.a. Deutschlands endgültige Grenzen fest und übertrug ihm die volle Souveränität.

6 février (frz.: 6 Februar): Datum des sogenannten „Marsches auf Paris", mit dem 1934 rechtsextreme Vereinigungen in Frankreich versuchten, die linksliberale Regierung wegen eines Betrugsskandals zu stürzen. Es kam zu gewaltsamen Unruhen; letztlich blieb die Republik trotz dieser Krise aber erhalten.

68er-Bewegung: Angeregt durch die amerikanische Bürgerrechtsbewegung protestierten in der Bundesrepublik Deutschland seit Mitte der 1960er-Jahre Schülerinnen, Schüler und Studierende gegen die bestehenden politischen und wirtschaftlichen Verhältnisse, gegen überlieferte Vorstellungen in Elternhaus, Schule und Universität sowie gegen den Krieg der USA in Vietnam und die Notstandsgesetze. Die „kapitalistischen" Verhältnisse (▶Kapitalismus) sollten durch „sozialistische" (▶Sozialismus) ersetzt werden. Höhepunkte der 68er-Bewegung entstanden nach der Ermordung des friedlichen Demonstranten Benno Ohnesorg im Juni 1967 und nach dem Attentat auf den Studentenführer Rudi Dutschke im April 1968. Die „68er" stärkten das politische Interesse der Bevölkerung, förderten die Frauen- und Bürgerrechtsbewegungen (▶Bürgerbewegung), änderten Erziehungsstile und probierten neue Formen des Zusammenlebens aus.

Personenregister

Abbas, Ferhat 156
An-Nabhani, Taqiaddin 83
Adenauer, Konrad 31, 35, 51
al-Assad, Baschar 118
al-Assad, Hafiz 179
Arafat, Yassir 173

Bahro, Rudolf 106
Balfour, Arthur 172
Batista, Fulgencio 62, 66
Ben Gurion, David 173
Biermann, Wolf 77
Bohley, Bärbel 115
Brandt, Willy 69, 71, 78
Breschnew, Leonid I. 53, 102
Bruce, Kwassi 146
Bush, George H. W. 114, 121

Carter, Jimmy 63, 66
Castro, Fidel 62 f., 65, 66
Castro, Raul 66 f.
Chodorkowski, Alexander 118
Chruschtschow, Nikita S. 50, 60, 60–65, 68, 70
Churchill, Winston 28
Clay, Lucius D. 14
Conrad, Joseph 198 f.
Coudenhove-Kalergi, Richard Graf von 126

Dalos, György 102
Dubček, Alexander 53, 110

Eisenhower, Dwight D. 61
Erhard, Ludwig 42
el-Nasser, Gamal 154, 158, 178
Eppelmann, Rainer 77, 79 f.

Faisal I. (Emir) 150
Fanon, Frantz 157
Ferry, Jules 146
Fischer-Marum, Andrée 124 f.

Gandhi, Indira 158, 190, 191
Gandhi, Mohandas Karamchand 138, 151, 154 f., 160 f., 163, 164
Gauck, Joachim 55
Gerő, Ernő 60
George V. 180
Gorbatschow, Michail S. 11, 99–101, 105, 114 f., 121, 137

Havel, Václav 77, 110, 111, 112
Havemann, Robert 77
Hitler, Adolf 193
Ho Chi Minh 166 f.
Honecker, Erich 101, 109, 135
Hussein, Saddam 179

Jelzin, Boris 117, 118, 123
Jinnah, Muhammad Ali 161, 163
Johannes Paul II. 101

Kemal, Mustafa (Atatürk) 178 f.
Kenyatta, Jomo 55
Kennedy, John F. 51, 63–66, 68, 70, 79 f.
Kohl, Helmut 101, 114
Krenz Egon 114, 135
Kunert, Günter 105

Lenin, Wladimir I. 56
Lloyd George, David 150
Lugard, Frederick 145

Mao Zedong 21
Mandela, Nelson 185, 188, 189
Marum, Ludwig 124 f.
Marschall, George C. 29
Maizière, Lothar de 114, 116
Mdachi bin Scharifu 144

Mitterrand, François 120
Modrow, Hans 114, 115
Monnet, Jean 126 f.
Mountbatten, Louis Lord 164

Nagy, Imre 60
Nehru, Jawaharlal 154, 158, 163, 164
Nkrumah, Kwame 154 f., 159, 191, 192
Nyerere, Julius 191

Obama, Barack 66 f.

Palach, Jan 113
Putin, Wladimir 118

Rabin, Yitzak 173
Reagan, Ronald 98, 99

Scheuch, Klaus 122
Selenskyi, Wolodymyr 118
Schiller, Karl 45
Schlauch, Rezzo 80 f.
Schuman, Robert 126 f., 130 f., 193
Schürer, Gerhard 104
Sédar Senghor, Léopold 155 f.
Stalin Josef W. 21
Sukarno 154 f., 158

Thatcher, Margaret 120
Truman, Harry S. 24, 29, 126

Ulbricht, Walter 30 f., 38, 71

Walesa, Lech 100
Weizsäcker, Richard von 57
Wilson, Woodrow 20, 140, 148 f.
Wolf, Christa 106

Sachregister

Afghanistan 11, 23, 85, 98f., 129, 141, 250
Apartheid 138, 141, 184–188
Arbeiter- und Bauernstaat 43, **270**
Antisemitismus 172, 175, 176, **270**
▶ Holocaust – Shoah
Aufrüstung ▶ Rüstungswettlauf
Aufstand des 17. Juni 22, 50f., 54f., 58f., 101
Ausreisebewegung 38, 101, 114f., **270**

Berlin-Blockade 22
Besatzungszonen 12f., 21, 22, 30f., 36
Bipolarität 8, 23, 156, **271**
▶ Blockbildung ▶ Kalter Krieg
Bizone 30
Blockbildung 10–13, 20–41, **271**
Boom 36f., 39f., 40, 80f., 84, **271**
Breschnew-Doktrin 53, 56
Brexit 127, 129, 132
Bürgerbewegung 76f., 79, 100, 103f., 110–115, **271**

Charta 77 77, 110, 112, **271**
China 9, 21, 23, 68, 154, 193

Dekolonisierung 22, 138–201, **271**
Deutsche Einheit **271**
Deutsch-polnischer Grenzvertrag 119
Deutsch-sowjetischer Vertrag 119
Digitale Revolution 92f., **271**
Digitalisierung 87, 92f., **271**
Displaced Persons 13, 18f.
Dissidentenbewegung 69, 77, 110–113, **272**

Eiserner Vorhang 28, **272**
Emanzipation 76, 70, **272**
Entnazifizierung 14
Entspannungspolitik 11, 68–73, 99, **272**
Erster Weltkrieg 20, 49, 92, 140, 143, 148, 172, 178f., 180
Euro 85, 128f., 132f., **272**
Europäische Integration 8f., 85, 120, 126–133
Europäische Union 126–133, **272**

Finanzmärkte 92, **272**
Flucht und Vertreibung 13, 15–17, **272**
„Friedliche Koexistenz" 68, 70, **272**
„Friedliche Revolution" 8, 11, 68, 101, 114f., 121, **273**
Fünfjahresplan 43, **273**

„Gastarbeiter" 37, 46f., 178, 184–188, 191, 193, 196
Gewaltenteilung 33, 273
Gewaltloser Widerstand 138, 154f., 160, 163, 185, 196f., 248, **273, 284**
Gewerkschaften 34, 36, 42f., 52, 86, 95, 100f., 103, 152, 185, 270, 273, 277, 281, 283
Glasnost und Perestroika 11, 80, 99–101, 135, **273**

Globalisierung 66, 92–95, 128f., **273**
„Golden Age" 84, **274**
„Goldenes Zeitalter" ▶ „Golden Age"
Grundgesetz 22, 31, 33, 52, 78, 115, 119, 248, 271, 282
Guantánamo 66
GUS 100, 117, **274**

Helsinki-Prozess 11, 69, 72f., 77, 100, **274**
Holocaust 12, 176, 177, 195, 216, **274**

Imperialismus 54, 142, 163, 194, **274**
Imperium 142, 194, **274**
Innovationsdefizit 98, **274**
Integration 16f., 42, 169, **274**

Kaderpartei 99, **275**
Kalter Krieg 10–137, **275**
Kapitalismus 21, 79, **275**
„Kennedy-Impuls" 68, **275**
Keynesianismus 42, 44, **275**
Kirchen 55, 77, 101, 103
Kollektivierung 38, 41, 50, **275**
Kolonialismus 138–201, **275**
Kolonie, Kolonialreich 139–201, **275**
Kommunismus 20–23, 168f., **276**
Konferenz über Sicherheit und Zusammenarbeit in Europa (KSZE) ▶ Helsinki-Prozess
Konferenz von Potsdam 12f.
Konsumgesellschaft 36, 40, 57, 106, **276**
Korea-Krieg 23
Kuba-Krise 11, 62–67, **276**

Legitimitätskrise 99, **276**
Liberalismus 57, **276** ▶ Neoliberalismus

Machtkonflikt 21, **277**
Mandatsgebiet 140, 149, 172, 177, 179, **277**
Marktwirtschaft 22, 29, 93, 119, 122, **277**
Marshall-Plan 29–32, 126, **277**
Massenorganisation 34, 54, 80, 84, 109, 151, **277**
Mauerbau 11, 22, 38, 51, **277**
Mauerfall 8, 11, 101, 125
„Mehr Demokratie wagen" 76, **277**
Menschen- und Bürgerrechte 33f., 103, 112, 118, 139, 167, 193, **277**
Mental Hospital Wiesloch 18f.
Migration ▶ Auswanderung ▶ Zuwanderung ▶ Flucht und Vertreibung
Ministerium für Staatssicherheit 53, 80, 83, 114

Nahostkonflikt 84, 129, 141, 172–183
Nationalbewegung 116, 151, 166, 258, **278**
Nationale Befreiungsbewegung 155–157, 190, **278**
Nationalsozialismus 13, 14, 124, 155, 172, 175f., 223, 241, **278**
Nationalstaat 117, 148, 150, 152, **278**
NATO 11, 63, 121, 130, 140, 178
Neokolonialismus 139, 156, 192, **278**

Neoliberalismus 85, **278**
Neue Ostpolitik 58, 69, **278**
Neue Soziale Bewegungen 76f., **278**
Nivellierte Mittelstandsgesellschaft 42, **278**
Notstandsgesetze 52

OECD 39, 95, 103
Ölkrise 80f., 85, 88, 90, 96f., 173
Oligarch 118, 123, **279**
OPEC 96f.
Oral history 124
Osterweiterung 11, 126–129, **279**

Paneuropa-Union 126
Parlament 30–32, 114f., **279**
Parlamentarische Demokratie 22, 29, 31, 33f., **279**
Partizipation 76, 132f., **279**
Perestroika ▶ Glasnost und Perestroika
Planwirtschaft ▶ Zentralverwaltungswirtschaft
Pluralisierung 77, **279**
Pluralismus 30, 80, **279**
„Prager Frühling" 11, 22, 50, 53, 55f., 101, 110, 113, **279**
Primat der Schwerindustrie 38, 43, **280**
Propaganda 23, 149, **280**
Putsch 117, **280**

Rassismus 143, 144, 148, 155, 157, 170, 173, **280**
Recht auf Arbeit 38, **280**
Reform 11, 43, 60, 62, 66, 76–78, 99–101, 103f., **280**
„Republikflucht" 51, 53, 55, **280**
Revolution 11, 20, 60, 62, 66, 70, 121, 149, **280** ▶ „Friedliche Revolution" ▶ „Samtene Revolution"
Rüstungswettlauf 23, 27, 62–65, 99 ▶ Aufrüstung
Russische Föderation 9, 117–119, 129, **281**

SALT-Abkommen 11, 69
„Samtene Revolution" 100, 110–113, 121, **281**
Schwellenländer 84, 92
Sektor 36, 87, **281**
Selbstbestimmungsrecht der Völker 20, 56, 139, 148–153, **281**
Shoah ▶ Holocaust
Siegermächte des Zweiten Weltkrieges 12–15, 50, 80, 115, 119–120
Sinatra-Doktrin 101, **281**
Sockelarbeitslosigkeit 87, **281**
Solidarność 55, 100, 103f., **281**
Sozialdarwinismus 143, **281** ▶ Rassismus
Soziale Marktwirtschaft 37, **282**
Sozialismus 21–23, 43, 53, 56, 181, **282**
Sozialstaat 37, 87, 89, **282**
Stasi ▶ Ministerium für Staatssicherheit
Stellvertreterkrieg 23, **282**
Strukturwandel 87, 90f., 98–101, **282**

Suez-Konflikt   60, 137
Systemkonflikt   21, **282**
Staatsverschuldung   98, **282**
Stagflation   85, **282**

Transformationsgesellschaft   115–119, 121f., 125, **283**
Transnationaler Konzern   93, **283**
Trizone   21, 30f.
Tschernobyl   111

Ukraine   13, 15, 16, 111, 117, 118, 129, 251, 274
Umweltverschmutzung   80, 111, 112, **283**
Unabhängigkeitskrieg   154–159, 166, **283**
Ungarnaufstand   11, 22, 55, 60f., 101, 137, **283**
UNO   9, 65, 117, 153, 154, 161, 163, 172f., 177, 195

Vereinte Nationen ▶ UNO
Verfassung   21, 31, **283**
Vernetzung   93, **283**
Versailler Vertrag   145, 150, **283**

Versorgungskrise   13, 41, 50, 100, **284**
Versorgungsstaat   38, **284**
Vertrag über Freundschaft, Zusammenarbeit und gegenseitigen Beistand   11, 22, 53, 56, 65, 100, 108, 110, 242
Vertrag von Lissabon   128, 130
Vertrag von Maastricht   128, 130, 131
Vierzehn Punkte   140, **284**
Vietnam-Krieg   23, 166–169
Völkerbund   140, 149, 172, 180f., **284**
Volksdemokratie   22, 24f., 28, 33f., **284**
Vollbeschäftigung   37, 87, **284**

Währungsreform   31 ▶ Wirtschafts- und Währungsunion
Warschauer Pakt ▶ Vertrag über Freundschaft, Zusammenarbeit und gegenseitigen Beistand
Weltwirtschaftsgipfel   85
Weltwirtschaftskrise   92, **284**
Wertewandel   52, 77, 81, 139, **284**
WEU   130
Wiederbewaffnung   51, **284**

Wirtschafts- und Währungsunion   120 ▶ Wirtschafts-, Währungs- und Sozialunion
Wirtschafts-, Währungs- und Sozialunion   114, 119, **285**
„Wirtschaftswunder"   36f., 39 ▶ Boom

Zehn-Punkte-Programm   101, 106
Zentralverwaltungswirtschaft   22, 29, 43, **285**
Zivilgesellschaft   9, 57, 77, 95, 113, 173, 178, 190f., 245, **285**
Zusammenbruchsgesellschaft   13, 16f., 240, **285**
Zuwanderung   42, 93, 172, **285**
Zwei-Drittel-Gesellschaft   87, **285**
Zweiter Weltkrieg   9, 12, 14, 16f., 20f., 115, 119, 137, 154f., 156, 163, 166, 176, 217, **285**
Zwei-plus-Vier-Vertrag   115, 119, **285**

68-Bewegung   52, 56f., **285**

Bildnachweis

akg-images / Ladislav Bielik – S. 110;
- / SNA – S. 98;
Alamy Stock Photo / Allstar Picture Library Ltd – S. 99, 100;
- / GL Archive – S. 29;
- / Granger Historical Picture Archive – S. 31, 51;
- / Heritage Image Partnership Ltd – S. 69;
- / Barry Iverson – S. 179;
- / PA Images – S. 29;
- / Photo 12 – S. 23;
- / Shawshots – S. 38;
- / Svintage Archive – S. 14;
Archiv Neues Deutschland, Berlin – S. 60;
Baaske Cartoons / Fritz Behrendt – S. 135, 172;
Bergmoser + Höller Verlag, Aachen – S. 10, 33, 40, 106;
Berliner Morgenpost / Sibylle Haberstumpf – S. 190;
bpk-Bildagentur / Deutsches Historisches Museum, Indra Desnica – S. 34;
- / Deutsches Historisches Museum, Arne Psille – S. 266;
British Cartoon Archive, Universität von Kent: NG3674, Nicholas Garland, The Independent, 08. Juli 1988 – S. 105;
Bundesarchiv / Bild 183-D0616-0040-001 – S. 45;
Bundesarchiv / Stasi-Unterlagen-Archiv, Abteilung Vermittlung und Forschung – S. 83;
Bundeszentrale für politische Bildung / cc by-nc-nd/3.0/de/ – S. 94 (2);
Bundeszentrale für politische Bildung 2017 / www.bpb.de – S. 135;
Courtesy of Peter Katz and SAADA – S. 148;
© ddrbildarchiv.de / Prof. Herbert Sandberg – S. 28;
Deutsche Gesellschaft für Kartographie e.V. (DGfK), Weinböhla / Kartographische Nachrichten, Dr. Johannes Stoffers, Ausschnitte aus den Nebenkarten der Karten „Auslandsvertretungen der Bundesrepublik Deutschland", Stand: (a) 01.07.1971 und (b) 01.01.1982. – S. 72;
© Magdalena Gassner – S. 92;
Generallandesarchiv Karlsruhe / Signatur: 463 Wiesloch Nr. 2893– S. 19;
Getty Images Plus / iStockphoto, cveiv – S. 189;
Jan Grarup / www.madebygrarup.com – S. 175;
Horst Haitzinger, München – S. 50, 114;
Walter Hanel (Künstler) / Stiftung Haus der Geschichte – S. 73, 120;
Wolfgang Hicks (Künstler) / Stiftung Haus der Geschichte – S. 64, 154;
imago images / Allstar – S. 49;
- / Eckhard Stengel – S. 46;
Initiative Perspektivwechsel e.V. / Franky Mindja, www.initiative-perspektivwechsel.org – S. 196/197;
Institut für Stadtgeschichte Frankfurt / S7WER Nr. 260-1, Fotoslg. Inge Werth – S. 79;
INTERFOTO / Fine Art Images – S. 20;
- / fine art images, © VG Bild-Kunst, Bonn 2022 – S. 8;
IPON / Stefan Boness – S. 122;
© IWM – S. 153;
Kartographie Kämmer, Berlin / www.kaemmer.de – S. 174 (3);
Kostas Koufogiorgos, Stuttgart – S. 127;
KURIER / Grafik: Schimper – S. 10;
Mauritius Images / Alamy Stock Photo, Allstar Picture Library – S. 173;
- / Alamy Stock Photo, Allstar Picture Library Ltd – S. 118;
- / Alamy Stock Photo, American Photo Archive – S. 67;
- / Alamy Stock Photo, ARCHIVIO GBB – S. 30;
- / Alamy Stock Photo, Art Directors & TRIP – S. 178;
- / Alamy Stock Photo, BNA Photographic – S. 84;
- / Alamy Stock Photo, CPA Media Pte Ltd – S. 173;
- / Alamy Stock Photo, Dinodia Photos – S. 138;
- / Alamy Stock Photo, FLHC – S. 12;
- / Alamy Stock Photo, GL Archive – S. 167;
- / Alamy Stock Photo, Historic Collection – S. 164, 173;
- / Alamy Stock Photo, Keystone Press – S. 53, 184;
- / Alamy Stock Photo, Mccool – S. 54;
- / Alamy Stock Photo, Byron Motley – S. 62;
- / Alamy Stock Photo, Charlotte Thege – S. 187;
- / Alamy Stock Photo, Universal Art Archive – S. 136;
- / Alamy Stock Photo, Yuiyui – S. 186;
- / Alamy Stock Photo, Zoonar GmbH – S. 77;
- / Circa Images, Glasshouse – S. 62;
- / Keystone – S. 179;
- / Superstock, Sydney Morning Herald – S. 178;
- / TopFoto – S. 31, 51, 53, 150, 154, 155, 158, 185, 191;
- / TopFoto, Photoshot – S. 179;
- / United Archives – S. 21;
- / Worldbook Inc. – S. 21, 99, 114, 154, 155 (3), 161, 191;
Till Mayer, Bamberg – S. 166;
© mr-kartographie, Gotha / Erstveröffentlichung: Informationen zur politischen Bildung Nr. 338/2018, Europa zwischen Kolonialismus und Dekolonisierung, Bundeszentrale für politische Bildung/bpb, Bonn – Vorsatz vorne;
Originally published in: Daily Mail: 23/03/1948 – S. 32;
© Peter Palm, Berlin – S. 140/141, 180;
© paulflora.at & paulflora-rechte.com – S. 68;
Nach: J.-P. Peyroulou, Atlas of decolonizations, Autrement, 2014 – S. 153;
picture-alliance – S. 52, 77;
- / akg-images – S. 36, 42, 78;
- / AP Photo – S. 51;
- / Berliner_Kurier, Peter Kroh – S. 105;
- / Bildarchiv – S. 126, 127;
- / CSU Archives, Everett Collection – S. 28;
- / CTK, Nosekova Jana – S. 111;
- / dpa-infografik GmbH – S. 97;
- / dpa-infografik GmbH – S. 126;
- / Klaus-Dietmar Gabbert – S. 115;
- / Sergei Ilnitsky – S. 118;
- / Lehtikuva – S. 117;
- / Martin Sperling, © picture-alliance / dpa, farbl.bearbeitet: C. C. Buchner Verlag – Cover;
- / Lutz Rauschnick – S. 76;
- / Klaus Rose – S. 86;
- / Tewes – S. 53;
- / Zentralbild, Arno Burgi – S. 16;
- / Zentralbild, Klaus Franke – S. 115;
Presse- und Informationsamt der Bundesregierung / B 145 Bild-00009688, Engelbert Reineke – S. 69;
Karl-Heinz Schönfeld, Potsdam – S. 113;
Shutterstock / Everett Collection – S. 149;
- / Adam Isfendiyar – S. 138;
- / Anton Veselov – S. 118;
Solo Syndication / Cartoon by Leslie Gilbert Illingworth: ILW1404 – S. 32;
DER SPIEGEL 49/1982, Hamburg – S. 86;
DER SPIEGEL 50/1990, Hamburg – S. 107;
Klaus Staeck, 1983 / © VG Bild-Kunst, Bonn 2022 – S. 138;
Dieter Stade, Hemmingen – S. 25;
Statista GmbH, Hamburg – S. 27, 32, 194;
Stiftung Haus der Geschichte, Bonn – S. 61;
Süddeutsche Zeitung Photo / Bilderdienst – S. 8;
- / „Die Verführung", Ernst-Maria Lang, SZ vom 03.12.1988 – S. 109;
- / Sven Simon – S. 8;
- / Alfred Strobel – S. 44;
ullstein bild / ADN-Bildarchiv – S. 116;
© Virginia Museum of Fine Arts / Photo: Travis Fullerton – S. 142;
www.wikimedia.org / George – S. 182;
© ZDF 2022 – S. 74, 75;
© Zentrum für Militärgeschichte und Sozialwissenschaften der Bundeswehr – S. 15.

Hilfen zum richtigen Umgang mit Operatoren

Die Operatoren, also die konkreten Arbeitsanweisungen innerhalb einer Aufgabe, werden in drei Anforderungsbereiche (I, II, III) gegliedert. Dabei ist die wechselseitige Abhängigkeit der Operatoren zu beachten. Wie bei einer Treppe schließt die Stufe III die Stufen I und II ein, die Stufe II die Stufe I.

		III
	II	II
I	I	I

- Bei Operatoren aus dem Anforderungsbereich I (nennen, beschreiben, bezeichnen) stehen das Wiedergeben und Beschreiben von Inhalten und Materialien im Vordergrund. Es geht also um eine reine Reproduktionsleistung, die sich in der Regel explizit auf das angegebene Material bezieht.
- Operatoren aus dem Anforderungsbereich II (z. B. erklären, charakterisieren, darstellen usw.) stehen für das selbstständige Erklären, Bearbeiten und Ordnen bekannter Sachverhalte sowie das Übertragen („Transfer") gelernter Inhalte und Methoden auf andere Sachverhalte. Hier stehen also die Reorganisation bzw. der Transfer von Wissen und Erkenntnissen im Vordergrund.
- Operatoren aus dem Anforderungsbereich III (z. B. beurteilen, überprüfen) stehen für das Lösen von neuen Problemstellungen, aber auch für die Reflexion von eingesetzten Methoden und gewonnenen Erkenntnissen. Ziel ist es dabei, zu begründeten Urteilen zu kommen. Hier ist also problemlösendes Denken gefragt.

Operator*	Was ist zu beachten?	Wie ist vorzugehen?
analysieren (II)	Materialien oder Sachverhalte sind systematisch zu untersuchen und auszuwerten	- Stellen Sie den Zusammenhang zwischen den im Material (z. B. Statistik, Karikatur, Plakat, Text) enthaltenen Informationen und Ihrem Fachwissen her. - Dabei ist es wichtig, zunächst die wesentlichen Informationen aus Materialien auszuwählen und zu strukturieren. - In einem weiteren Schritt geht es um die Einordnung in den historischen Kontext.
begründen (II)	Aussagen (zum Beispiel eine Behauptung, eine Position) durch Argumente stützen, die durch Beispiele oder andere Belege untermauert werden	- Es geht darum, den kausalen, also begründeten Zusammenhang zwischen einem vorgegebenen Sachverhalt und Ihrem Fachwissen herzustellen. - Dabei ist es wichtig, die Aufgabenstellung zunächst genau zu erschließen, das Fachwissen zu strukturieren und auszuwählen sowie schließlich die Begründungen auszuformulieren.
beschreiben (I)	Sachverhalte schlüssig wiedergeben	- Hier ist vor allem genaues Lesen bzw. Beobachten gefragt.
beurteilen (III)	Sachverhalte, Aussagen, Vorschläge oder Maßnahmen untersuchen, die dabei zugrunde gelegten Kriterien benennen und ein begründetes Sachurteil formulieren	- Zunächst ist die Ausgangsthese – etwa „Beurteilen Sie, ob die Weimarer Republik an Defiziten ihrer Verfassung scheiterte" – zu erfassen und präzise darzulegen. - In einem zweiten Schritt ist die Aussage bzw. Behauptung argumentativ auf ihre Stichhaltigkeit zu prüfen bzw. zu erörtern. Auch die dabei angewandten Kriterien sind zu benennen. - Die Beantwortung der Aufgabe muss in einem begründeten Fazit münden.
bewerten (III)	Sachverhalte, Aussagen, Vorschläge oder Maßnahmen beurteilen, ein begründetes Werturteil formulieren und die dabei zugrunde gelegten Wertmaßstäbe offenlegen	- Im Fokus stehen hier die Wertmaßstäbe, also etwa auch die abweichenden Wertmaßstäbe der betreffenden Vergangenheit. - Somit sind Wertmaßstäbe zu definieren und gemäß der Kriterien zu bewerten.
bezeichnen (I)	Sachverhalte (insbesondere bei nichtlinearen Texten wie zum Beispiel Tabellen, Schaubildern, Diagrammen oder Karten) begrifflich präzise formulieren	- Die besondere Betonung liegt hier auf der begrifflichen Präzision. - D. h., Fachbegriffe sind hier in ihrer exakten Definition anzubringen bzw. Sachverhalte aus dem angegebenen Material auf den Punkt zu bringen.